中文社会科学引文索引（CSSCI）来源集刊

民间法

FOLK LAW

第31卷

主　编·谢　晖　陈金钊
执行主编·彭中礼

中南大学法学院 主办

中国出版集团有限公司
研究出版社

图书在版编目（CIP）数据

民间法. 第 31 卷 / 谢晖, 陈金钊, 蒋传光主编. -- 北京：研究出版社, 2023.6
ISBN 978-7-5199-1510-0

Ⅰ.①民… Ⅱ.①谢…②陈…③蒋… Ⅲ.①习惯法-中国-文集 Ⅳ.① D920.4-53

中国国家版本馆 CIP 数据核字 (2023) 第 108026 号

出 品 人：赵卜慧
出版统筹：丁 波
责任编辑：张立明

民间法（第31卷）

MINGJIANFA（DI 31 JUAN）

谢 晖 陈金钊 主编

研究出版社 出版发行

（100006 北京市东城区灯市口大街100号华腾商务楼）
北京建宏印刷有限公司印刷　新华书店经销
2023年6月第1版　2023年7月第1次印刷
开本：787mm×1092mm　1/16　印张：30.5
字数：638千字
ISBN 978-7-5199-1510-0　定价：118.00元
电话（010）64217619　64217652（发行部）

版权所有·侵权必究
凡购买本社图书，如有印装质量问题，我社负责调换。

民间法
（第31卷）

主　编

谢　晖　陈金钊

执行主编

彭中礼

集刊编辑部成员

施　瑶　王　健　尤　婷　郑志泽
陶文泰　田炀秋　张雪寒　曹瀚哲
彭　娟　符湘琳　左泽东　刘潇耀
申汪洋

总　　序

在我国，从梁治平较早提出"民间法"这一概念起算，相关研究已有25年左右的历程了。这一概念甫一提出，迅即开启了我国民间法研究之序幕，并在其后日渐扎实地推开了相关研究。其中《民间法》《法人类学研究》等集刊的创办，一些刊物上"民间法栏目"的开办，"民间法文丛"及其他相关论著的出版，一年一度的"全国民间法/民族习惯法学术研讨会"、中国人类学会法律人类学专业委员会年会、中国社会学会法律社会学专业委员会年会、中国法学会民族法学专业委员会年会等的定期召开，以及国内不少省份民族法学研究会的成立及其年会的定期或不定期召开，可谓是相关研究蓬勃繁荣的明显标志和集中展示。毫无疑问，经过多年的积累和发展，我国民间法研究的学术成果，已经有了可观的量的积累。但越是这个时候，越容易出现学术研究"卡脖子"的现象。事实正是如此。一方面，"民间法"研究在量的积累上突飞猛进，但另一方面，真正有分量的相关学术研究成果却凤毛麟角。因此，借起草"《民间法》半年刊总序"之机，我愿意将自己对我国当下和未来民间法研究的几个"看点"（这些思考，我首次通过演讲发表在2020年11月7日于镇江召开的"第16届全国民间法/民族习惯法学术研讨会"上）抛出来，作为引玉之砖，供同仁们参考。

第一，民间法研究的往后看。这是指我国的民间法研究，必须关注其历史文化积淀和传承，即关注作为历史文化积淀和传承的民间法。作为文化概念的民间法，其很多分支是人们社会生活长期积累的结果，特别是人们习常调查、研究和论述的习惯法——无论民族习惯法、地方习惯法、宗族习惯法，还是社团习惯法、行业习惯法、宗教习惯法，都是一个民族、一个地方、一个宗族，或者一个社团、一种行业、一种宗教在其历史长河中不断积累的结果。凡交往相处，便有规范。即便某人因不堪交往之烦而拒绝与人交往，也需要在规范上一视同仁地规定拒绝交往的权利和保障他人拒绝交往的公共义务。当一种规范能够按照一视同仁的公正或"正义"要求，客观上给人们分配权利和义务，且当这种权利义务遭受侵害时据之予以救济时，便是习惯法。所以，民间法研究者理应有此种历史感、文化感或传统感。应当有"为往圣继绝学"的志向和气概，在历史中观察当下，预见未来。把史上积淀的民间法内容及其作用的方式、场域、功能，其对当下安排公共交往、组织公共秩序的意义等予以分门别类，疏证清理，发扬光大，是民间法研究者责无旁贷的。在这方面，我国从事民族习惯法，特别是从史学视角从事相关研究的学者，已经做了许多值得赞许的工作，但未尽之业仍任重道远。其他相关习惯法的挖掘整理，虽有零星成果，但系统地整理研究，很不尽人意。因之，往后看的使命绝没有完成，更不是过时，而是必须接续既往、奋力挖掘的民间法学术领域。

第二，民间法研究的往下看。这是指我国的民间法研究，更应关注当下性，即关注当代社会交往中新出现的民间法。民间法不仅属于传统，除了作为习惯（法）的那部分民间法之外，大多数民间法，是在人们当下的交往生活中产生并运行的。即便是习惯与习惯法的当下传承和运用，也表明这些经由历史积淀所形成的规则具有的当下性或当下意义。至于因为社会的革故鼎新而产生的社区公约、新乡规民约、企业内部规则、网络平台规则等，则无论其社会基础，还是其表现形式和规范内容，都可谓是新生的民间法。它们不但伴随鲜活的新型社会关系而产生，而且不断助力于新社会关系的生成、巩固和发展。在不少时候，这些规范还先于国家法律的存在，在国家法供给不及时，以社会规范的形式安排、规范人们的交往秩序。即便有了相关领域的国家法律，但它也不能包办、从而也无法拒绝相关新型社会规范对人们交往行为的调控。这在各类网络平台体现得分外明显。例如，尽管可以运用国家法对网络营运、交易、论辩中出现的种种纠纷进行处理，但在网络交往的日常纠纷中，人们更愿意诉诸网络平台，运用平台内部的规则予以处理。这表明，民间法这一概念，不是传统规范的代名词，也不是习惯规范的代名词，而是包括了传统规范和习惯规范在内的非正式规范的总称。就其现实作用而言，或许当下性的民间法对于人们交往行为的意义更为重要。因此，在当下性视角中调查、整理、研究新生的民间规范，是民间法研究者们更应努力的学术领域。

第三，民间法研究的往前看。这是指我国的民间法研究，不仅应关注过去、关注当下，而且对未来的社会发展及其规范构造要有所预期，发现能引领未来人们交往行为的民间法。作为"在野的"、相对而言自生自发的秩序安排和交往体系，民间法不具有国家法那种强规范的可预期性和集约性，反之，它是一种弱规范，同时也具有相当程度的弥散性。故和国家法对社会关系调整的"时滞性"相较，民间法更具有对社会关系"春江水暖鸭先知"的即时性特征。它更易圆融、自然地适应社会关系的变迁和发展，克服国家法在社会关系调整中过于机械、刚硬、甚至阻滞的特点。惟其如此，民间法与国家法相较，也具有明显地对未来社会关系及其规范秩序的预知性。越是面对一个迅速变革的社会，民间法的如上特征越容易得到发挥。而我们所处的当下，正是一个因科学的飞速发展，互联网技术的广泛运用和人工智能的不断开发而日新月异的时代。人类在未来究竟如何处理人的自然智慧和人工智能间的关系？在当下人工智慧不断替代人类体力、脑力，人们或主动亲近人工智慧，或被迫接受人工智慧的情形下，既有民间法是如何应对的？在人类生殖意愿、生殖能力明显下降的情形下，民间法又是如何因应的……参照民间法对这些人类发展可以预知的事实进行调整的蛛丝马迹，如何在国家法上安排和应对这些已然呈现、且必将成为社会发展事实的情形？民间法研究者对之不但不能熟视无睹，更要求通过其深谋远虑的研究，真正对社会发展有所担当。

第四，民间法研究的往实看。这是指我国的民间法研究，应坚持不懈地做相关实证研究，以实证方法将其做实、做透。作为实证的民间法研究，在方法上理应隶属于社会学和人类学范畴，因此，社会实证方法是民间法研究必须关注并运用的重要工具。无论社会访谈、调查问卷，还是蹲点观察、生活体验，都是研究民间法所不得不遵循的方法，否则，民间法研究就只能隔靴搔痒，不得要领。在这方面，近20年来，我国研究民间法，特别是研究民族习惯法的一些学者，已经身体力行地做了不少工作。但相较社会学、人类学界的研究，民间法研究的相关成果还远没有达到那种踏足田野、深入生活的境地。绝大多数实证研究，名为实证，但其实证的材料，大多数是二手、甚至三手的。直接以调研获得的一手材料为基础展开研究，虽非没有，但寥若晨星。这势必导致民间法的实证研究大打折扣。这种情形，既与法学学者不擅长社会实证的学术训练相关，也与学者们既没有精力，也缺乏经费深入田野调研相关，更与目前的科研评价体制相关——毕竟扎实的社会学或人类学意义上的实证，不要说十天数十天，即便调研一年半载，也未必能够成就一篇扎实的、有说服力的论文。因此，民间法研究的往实看，绝不仅仅是掌握社会学或人类学的分析方法，更需要在真正掌握一手实证材料的基础上，既运用相关分析工具进行分析，又在此分析基础上充实和完善民间法往实看的方法，甚至探索出不同于一般社会学和人类学研究方法的民间法实证研究之独有方法。

第五，民间法研究的往深看。这是指我国的民间法研究，要锲而不舍地提升其学理水平。这些年来，人们普遍感受到我国的民间法研究，无论从对象拓展、内容提升、方法运用还是成果表达等各方面，都取得了显著的成就，但与此同时，人们又存有另一种普遍印象：该研究在理论提升上尚不尽如人意，似乎这一领域，更"容易搞"，即使人们没有太多的专业训练，也可以涉足，不像法哲学、法律方法、人权研究这些领域，不经过专业训练，就几乎无从下手。这或许正是导致民间法研究的成果虽多，但学理深度不足的主要原因。这尤其需要民间法研究在理论上的创新和提升。我以为，这一提升的基点，应锚定民间法学术的跨学科特征，一方面，应普及并提升该研究的基本理念和方法——社会学和人类学的理念与方法，在研究者能够娴熟运用的同时，结合民间法研究的对象特征，予以拓展、提升、发展。另一方面，应引入并运用规范分析（或法教义学）方法和价值分析方法，以规范分析的严谨和价值分析的深刻，对民间法的内部结构和外部边界予以深入剖析，以强化民间法规范功能之内部证成和外部证成。再一方面，在前述两种理论提升的基础上，促进民间法研究成果与研究方法的多样和多元。与此同时，积极探索民间法独特的研究方法、对象、内容、范畴等，以资构建民间法研究的学术和学科体系——这一体系虽然与法社会学、法人类学、规范法学有交叉，但绝非这些学科的简单剪裁和相加。只有这样，民间法研究往深看的任务才能有所着落。

第六，民间法研究的比较（往外）看。这是指我国的民间法研究，不仅要关注作为非制度事实的本土民间法及其运行，而且要眼睛向外，关注域外作为非正式制度事实的民间法及其运行，运用比较手法，推进并提升我国的民间法研究。民间法的研究，是法律和法学发展史上的一种事实。在各国文明朝着法治这一路向发展的过程中,都必然会遭遇国家法如何对待民间法的问题,因为国家法作为人们理性的表达,其立基的直接事实基础,就是已成制度事实的非正式规范。随着不同国家越来越开放性地融入世界体系,任何一个国家的法制建设,都不得不参照、尊重其他国家的不同规范和国际社会的共同规范。因此,民间法研究的向外看、比较看,既是国家政治、经济、文化关系国际化,人民交往全球化,进而各国的制度作用力相互化(性)的必然,也是透过比较研究,提升民间法学术水平和学术参与社会之能力的必要。在内容上,比较研究既有作为非正式制度事实的民间法之比较研究,也有民间法研究思想、方法之比较研究。随着我国学者走出国门直接观察、学习、调研的机会增加和能力提升,也随着国外学术思想和学术研究方法越来越多地引入国内,从事比较研究的条件愈加成熟。把国外相关研究的学术成果高质量地、系统地迻译过来,以资国内研究者参考,积极参与国际上相关学术活动,组织学者赴国外做专门研究,成立比较研究的学术机构,专门刊发民间法比较研究的学术专栏等,是民间法研究比较看、向外看在近期尤应力促的几个方面。

当然,民间法研究的关注路向肯定不止如上六个方面,但在我心目中,这六个方面是亟须相关研究者、研究机构和研究团体尽快着手去做的;也是需要该研究领域的学者们、研究机构和研究团体精诚团结、长久攻关的事业。因此,在这个序言中,我将其罗列出来,并稍加展开,冀对以后我国的民间法研究及《民间法》半年刊之办刊、组稿能有所助益。

创刊于2002年的《民间法》集刊,从第1卷到第13卷一直以"年刊"的方式出版。为了适应作者及时刊发、读者及时阅读以及刊物评价体系之要求,自2014年起,该集刊改为半年刊。改刊后,由于原先的合作出版社——厦门大学出版社稿件拥挤,尽管责任编辑甘世恒君千方百计地提前刊物的面世时间,但结果仍不太理想。刊物每每不能按时定期出版,既影响刊物即时性的传播效果,也影响作者和读者的权利。《民间法》主编与编辑收到了不少作者和读者对此的吐槽。为此,经与原出版社厦门大学出版社及甘世恒编辑的商量,从2020年第25卷起,《民间法》将授权由在北京的研究出版社出版。借此机会,我要表达之前对《民间法》的出版给予鼎力支持的山东人民出版社及李怀德编审,济南出版社及魏治勋教授,厦门大学出版社及甘世恒编审的诚挚感谢之情;我也要表达对《民间法》未来出版计划做出周备规划、仔细安排的研究出版社及张立明主任的真诚感谢之意。期待《民间法》半年刊作为刊载民间法学术研究成果的专刊,在推进我国民间法研究上,责无旁贷地肩负起其应有的责任,也期待民间法研究者对《民间法》半年刊一如既往地予以宝贵的帮助和支持!

是为序。

陇右天水学士 谢 晖
2020年冬至序于长沙梅溪湖寓所

原　序

　　自文明时代以来，人类秩序，既因国家正式法而成，亦藉民间非正式法而就。然法律学术所关注者每每为国家正式法。此种传统，在近代大学法学教育产生以还即为定制。被谓之人类近代高等教育始创专业之法律学，实乃国家法的法理。究其因，盖在该专业训练之宗旨，在培养所谓贯彻国家法意之工匠——法律家。

　　诚然，国家法之于人类秩序构造，居功甚伟，即使社会与国家分化日炽之如今，前者需求及依赖于后者，并未根本改观；国家法及国家主义之法理，仍旧回荡并主导法苑。奉宗分析实证之法学流派，固守国家命令之田地，立志于法学之纯粹，其坚定之志，实令人钦佩；其对法治之为形式理性之护卫，也有目共睹，无须多言。

　　在吾国，如是汲汲于国家（阶级）旨意之法理，久为法科学子所知悉。但不无遗憾者在于：过度执著于国家法，过分守持于阶级意志，终究令法律与秩序关联之理念日渐远离人心，反使该论庶几沦为解构法治秩序之刀具，排斥法律调节之由头。法治理想并未因之焕然光大，反而因之黯然神伤。此不能不令人忧思者！

　　所以然者何？吾人以为有如下两端：

　　一曰吾国之法理，专注于规范实证法学所谓法律本质之旨趣，而放弃其缜密严谨之逻辑与方法，其结果舍本逐末，最终所授予人者，不过御用工具耳（非马克斯·韦伯"工具理性"视角之工具）。以此"推进"法治，其效果若何，不说也知。

　　二曰人类秩序之达成，非惟国家法一端之功劳。国家仅藉以强制力量维持其秩序，其过分行使，必致生民往还，惶惶如也。而自生于民间之规则，更妥帖地维系人们日常交往之秩序。西洋法制传统中之普通法系和大陆法系，不论其操持的理性有如何差异，对相关地方习惯之汲取吸收，并无沟裂。国家法之坐大独霸，实赖民间法之辅佐充实。是以19世纪中叶、特别20世纪以降，社会实证观念后来居上，冲击规范实证法学之壁垒，修补国家法律调整之不足。在吾国，其影响所及，终至于国家立法之走向。民国时期，当局立法（民法）之一重大举措即深入民间，调查民、商事习惯，终成中华民、商事习惯之盛典巨录，亦成就了迄今为止中华历史上最重大之民、商事立法。

　　可见，国家法与民间法，实乃互动之存在。互动者，国家法借民间法而落其根、坐其实；民间法藉国家法而显其华、壮其声。不仅如此，两者作为各自自治的事物，自表面看，分理社会秩序之某一方面；但深究其实质，则共筑人间安全之坚固堤坝。即两者之共同旨趣，在构织人类交往行动之秩序。自古迄今，国家法虽为江山社稷安全之必备，然与民间法相须而成也。此种情形，古今中外，概莫能外。因之，此一结论，可谓"放之四海而皆准"。凡关注当今国家秩序、黎民生计者，倘弃民间法及民间自生秩序于不顾，即令有谔谔之声、皇皇巨著，也不啻无病呻吟、纸上谈兵，终其然于事无补。

近数年来，吾国法学界重社会实证之风日盛，其中不乏关注民间法问题者。此外，社会学界及其他学界也自觉介入该问题，致使民间法研究蔚然成风。纵使坚守国家法一元论者，亦在认真对待民间法。可以肯定，此不惟预示吾国盛行日久之传统法学将转型，亦且表明其法治资源选取之多元。为使民间法研究者之辛勤耕耘成果得一展示田地，鄙人经与合作既久之山东人民出版社洽商，决定出版《民间法》年刊。

本刊宗旨，大致如下：

一为团结有志于民间法调查、整理与研究之全体同仁，共创民间法之法理，以为中国法学现代化之参照；

二为通过研究，促进民间法与官方法之比照交流，俾使两者构造秩序之功能互补，以为中国法制现代化之支持；

三为挖掘、整理中外民间法之材料，尤其于当代特定主体生活仍不可或缺、鲜活有效之规范，以为促进、繁荣民间法学术研究之根据；

四为推进民间法及其研究之中外交流，比较、推知相异法律制度的不同文化基础，以为中国法律学术独辟蹊径之视窗。

凡此四者，皆须相关同仁协力共进，始成正果。故鄙人不揣冒昧，吁请天下有志于此道者，精诚团结、互为支持，以辟法学之新路、开法制之坦途。倘果真如此，则不惟遂本刊之宗旨，亦能致事功之实效。此乃编者所翘首以待者。

是为序。

陇右天水学士　谢　晖

序于公元2002年春

目　录　　民间法（第31卷）

总序/原序 　　　　　　　　　　　　　　　　　　　　　　　　　　谢　晖 / I

政策的法理

应在法律中确认国家政策的规范属性和地位
——以最高人民法院的一个"司法观点"为分析对象　　　　　　　刘作翔 / 3
司法裁决中的政策考量
——以后果主义为分析视角　　　　　　　　　　　　　　　　　　王　彬 / 11
论现代国家治理中的政策司法化　　　　　　　　　　　　　　　　　宋　菲 / 21
绿色发展政策在知识产权法领域的法律化路径
——以对绿色专利强制许可制度的检验为视角　　　　　　　　　　汪　叶 / 34
国家政策在指导性案例中的适用探析　　　　　　　　　　　　　　　尤　婷 / 48
国家政策司法审查制度的构建　　　　　　　　　　　　　　　　　　侯人峰 / 62

制度分析

"实用法治主义"：一个概念与路径的初步分析　　　　　　　　　　熊　征 / 83
论交易习惯法的法源地位及其适用　　　　　　　　　　　　　　　　陈奕豪 / 94
乡约与国家法关系史论　　　　　　　　　　　　　　　　　　　　　金　欣 / 107
论中国民间药方的法律属性及其立法保护　　　　　　　　　　　　　李琴英 / 123
仲裁机构的民间性回归路径研究　　　　　　　　　　　　　　　　　方　熠 / 138
论习惯司法适用的程序与标准　　　　　　　　　　　　　周俊光　李玉椰 / 150
公序良俗原则在背俗型侵权中的司法适用　　　　　　　　罗蓉蓉　肖攀诚 / 165
宗法解纷到国家司法：近代家事诉讼的制度化及其演进　　　　　　江　晨 / 183
民事调解的在线化之维：特征审视、问题呈现与优化向度　　　　　贾洪琳 / 200

经验解释

论人民调解的适用范围
　　——基于民间纠纷的考察　　　　　　　　　　　　　　　梁德阔 / 219
从习俗主导到法律干预
　　——论自然人称姓规范体系的演进　　　　　　　马洪伦　贺丽媛 / 233
实践论下的"良俗"判断　　　　　　　　　　　　　谢　郁　刘　力 / 249
村规民约中环境规制的生演逻辑
　　——基于制度经济学的解释　　　　　　　　　　林雅静　胡　苑 / 269
新型农村社区纠纷解决中的民间法适用：问题与路径　　　　张　旭 / 290
现代法治社会民间法功能再反思　　　　　　　　　　　　　于　鑫 / 308
传统与现代的糅合：网络平台线上多元解纷模式的完善　　丁亚琦 / 322

实证分析

边疆治理视域下民族民事习惯的司法适用
　　——基于210份裁判文书的法理分析　　　　　　闫晓君　韩　丽 / 339
高等学校教师职称评审外审程序的法治与自治
　　——以台湾地区教师升等为镜鉴　　　　　　　　　　　杜国强 / 354
民间法视野下"事实替代"的个案考察与法律限制
　　——以美国"同性婚姻合法化"案件为例　　　　　　　张玉洁 / 371
陕甘宁边区司法的"常识"之维　　　　　　　　　　　　　董安静 / 386
艰难的平衡：少数民族狩猎文化权的现代困境与消解
　　——以台湾地区"王光禄案"为例　　　　　　　　　　何　浩 / 403
风水纠纷的裁判困境及其优化方法
　　——基于263份裁判文书的分析　　　　　　　　　　　周盼盼 / 421

域外经验

习惯法像个洋葱：习惯法的多层路径及其在当代世界中的地位
　　　　　　　　　　　［波兰］简·巴兹利·克拉克拉　著　于庆生　译 / 439
司法政策的制定与法律的独特功能　［美］理查德·S.凯　著　黄玉媛　译 / 456

政策的法理

应在法律中确认国家政策的规范属性和地位

——以最高人民法院的一个"司法观点"为分析对象[*]

刘作翔[**]

> **摘 要** 国家政策在调整民事关系和民事司法裁判中发挥重要作用。由于政策具有不稳定性、形式多样性以及缺乏指导性和可操作性等特点,《民法总则》中删除了国家政策的规定。《最高人民法院民法典总则编司法解释理解与适用》解释了国家政策不能作为民法渊源的司法观点。在研究法律与国家政策问题过程中,需明确国家政策和法律存在三种关系:法律指导性的政策、法律之中的政策以及法律之外的政策,从而正确评判国家政策的功用。
>
> **关键词** 法律 国家政策 法律渊源 司法裁判

党的十八大到二十大承续提出和坚持的"新法治十六字方针",即"科学立法、严格执法、公正司法、全民守法"。法治国家建设要求公正司法,而公正司法的前提是严格司法。从法治的角度,严格司法最朴素的解释就是严格依照法律作为司法的主要依据。但是在司法过程中,法律是不周全的,法治再发达的国家,再完备的法律体系,都不可能做到无一疏漏,总会出现法律缺位的情况,或者有法律,但法律又不明确。在这种情况下,就要寻找其他的途径来解决。现代司法有个法治理念叫"法官不得拒绝裁判",或者说"法院不得拒绝裁判",但是当司法中找不到相关的法律依据时,法官又"不得拒绝裁判",这时,就需要寻找如何弥补法律漏洞的途径和方法,以使案件得到解决。

1986年通过的《民法通则》第6条规定:"民事活动必须遵守法律,法律没有规定的,应当遵守国家政策。"这样一个条款意味着在法律缺位的情况下,国家政策成为民事

---

[*] 国家社会科学基金重点项目"'重大改革于法有据'理论与实践研究"(项目项目编号:18AFX001)。
[**] 刘作翔,法学博士,上海师范大学哲学与法政学院光启学者特聘教授,博士生导师。

活动的一个规范类型和依据，在从事民事活动时没有相关法律的情况下，可以到国家政策里面去找；2017 年通过的《民法总则》第 10 条删除了国家政策的规定，变成了"处理民事纠纷，应当依照法律；法律没有规定的，可以适用习惯，但是不得违背公序良俗"。在当时的立法说明里面，没有看到为什么删除国家政策的说明理由；2020 年《民法典》通过的时候，也没有对为什么取消国家政策做一个说明。

一直到 2022 年 9 月 12 日，"民事法律参考"公众号发表了一篇文章，介绍了最高人民法院民法典贯彻实施工作领导小组编著《最高人民法院民法典总则编司法解释理解与适用》（人民法院出版社出版）中的一个观点，题目是《最高法司法观点：国家政策不作为民法渊源，并不等于说国家政策在调整民事关系和民事司法裁判中不发挥作用》。内容如下：

《民法典》总则编中的第 10 条规定："处理民事纠纷，应当依照法律；法律没有规定的，可以适用习惯，但是不得违背公序良俗。"《民法通则》第 6 条规定："民事活动必须遵守法律，法律没有规定的，应当遵守国家政策。"从学者观点和国外立法看，民法的渊源包括法律、习惯法、判例、法理、学说等。《民法典》总则编在起草过程中对民法的渊源问题进行过反复研究和论证，最终规定了法律和习惯，删除了国家政策。

《民法典》总则编没有将国家政策作为民法法源。主要理由是：第一，政策不具有稳定性；第二，政策往往不以公告的形式告之于全体国民，有的只以内部文件的形式下达给各有关机关；第三，政策的规范性太弱，缺乏对具体行为的指导性和可操作性。随着我国市场经济体制的建立和健全，依法治国方略的全面推进，不宜再将国家政策作为直接的民法渊源：一是中国特色社会主义法律体系已经基本建成，民事法律已经基本完备，已经基本解决了无法可依的问题，适用国家政策增补民事法律漏洞的空间已经非常小了。二是党的十八大后全面加强依法治国，法治的基本内涵在于依照法律而不是依照政策来治理社会关系。三是国家政策的优势是灵活性，但其缺点是不稳定和不公开性，不利于形成社会关系的稳定预期。

国家政策不作为民法渊源，并不等于说国家政策在调整民事关系和民事司法裁判中不发挥作用。在司法裁判中，国家政策可以通过民法中引致条款发挥作用，如认定为不可抗力、情势变更、社会公共利益等情形；或者作为诚信原则、公序良俗原则的新内涵以平衡当事人的利益以及个人利益与社会利益，国家政策的目的同样可以实现。很多重要政策对民事活动具有很强约束，如小产权房、房屋限购、《民事诉讼法解释》第 28 条规定的政策性房屋等，在涉及民事纠纷时，国家政策可以作为裁判说理的依据。[①]

以上《最高人民法院民法典总则编司法解释理解与适用》一书的"司法观点"中，

[①] 参见最高人民法院民法典贯彻实施工作领导小组编著：《最高人民法院民法典总则编司法解释理解与适用》，人民法院出版社 2022 年版。

我们第一次看到了为什么国家政策从《民法典》中被删除的原因。从这个司法观点透露出来几个什么问题呢？

一、这个观点有价值的积极的方面

第一，它第一次回答了国家政策从《民法典》中被删除的原因。我一直在关注这个问题。1986年《民法通则》第6条规定"民事活动必须遵守法律，法律没有规定的，应当遵守国家政策。"即从事民事活动时，在没有法律规定的情况下，国家政策作为应当遵守的依据，但并没有看到有关的说明；2017年《民法总则》通过时，在第10条删除了国家政策，纳入了习惯，也没有看到为什么要删除国家政策，在当时的立法说明里面，没有提到为什么《民法总则》第10条删除了国家政策；到2020年《民法典》通过的时候，也没有对为什么取消国家政策做一个说明。最高人民法院的这个司法观点，第一次回答了我们一直以来的一个疑惑，就是对《民法典》为什么取消国家政策的原因做了回答。

第二，这个观点中，在对《民法典》删除国家政策的原因进行了一些分析之后，又对国家政策的作用和功能做了适当的肯定，即"国家政策不作为民法渊源，并不等于说国家政策在调整民事关系和民事司法裁判中不发挥作用。在司法裁判中，国家政策可以通过民法中引致条款发挥作用，如认定为不可抗力、情势变更、社会公共利益等情形；或者作为诚信原则、公序良俗原则的新内涵以平衡当事人的利益以及个人利益与社会利益，国家政策的目的同样可以实现。很多重要政策对民事活动具有很强约束，如小产权房、房屋限购、《民事诉讼法解释》第28条规定的政策性房屋等，在涉及民事纠纷时，国家政策可以作为裁判说理的依据"。就是说，在调整民事关系和民事司法裁判中，国家政策仍然会发挥作用。并且提出了一个"民法中引致条款"的概念。

以上两点，是这个司法观点有价值的、积极的方面。

二、这个观点存在的问题

但是这样一个司法观点，是存在问题的，有以下几点。

第一个问题，它的解释根据是什么？从这个司法观点的来源看，它是最高人民法院民法典贯彻实施工作领导小组编著的《最高人民法院民法典总则编司法解释理解与适用》一书中所表达出来的。那么，它到底是一个司法解释？还是一种学理解释？语焉不详。从书名看，是对最高人民法院民法典总则编"司法解释理解与适用"，又是司法解释，又是理解与适用，到底是什么，含糊其词。这是不严谨的。因为这两者有实质的区别。从发布这个司法观点网络中的用词，是"最高法司法观点"，既然是司法观点，应该属于学理解释的范畴，而不是司法解释的范畴。但是，由于它是最高人民法院民法典贯彻实施工作领导小组编著发布的一个观点，有较大的影响力。

我们知道，在中国，关于法律解释有立法解释和司法解释等。而司法解释在1981年全国人大常委会关于法律解释的决议以及后来2015年修订的立法法中给它一个界定，就是最高人民法院、最高人民检察院对审判、检察工作中具体应用法律的解释，它是仅限于在具体法律应用过程中。但是关于《民法典》第10条为什么取消国家政策，它是一个立法问题，对立法问题的解释应该由立法机关来作出说明，最好是通过法律审议过程中的立法说明。而作为司法机关为什么做出这个说明？这个说明的根据在哪里？

第二个问题，对法律渊源概念的误用。这个观点讲到，《民法典》在起草过程中，对民法的渊源进行了反复研究和论证，最终规定了法律和习惯，删除了国家政策。它把习惯也作为民法的一个渊源，这样就涉及法律渊源理论。法律渊源是什么呢？法律渊源是指有效力的法律表现形式，而有效力的法律表现形式在我们国家到哪里去找呢？到《立法法》中去找，但是我们在《立法法》里面就根本找不到习惯可以作为法律渊源的表现形式。所以它认为，《民法典》规定了法律和习惯，这两个是民法渊源，国家政策删除以后就不是民法渊源，这是对法律渊源理论的误用。关于这个问题，我在《法律科学》2019年第3期有一篇文章，题目是《法源的误用——关于法律渊源的理论思辨》。① 在这篇文章里面，我进行了详细的分析和说明。今年在扬州大学法学院和华东政法学院有两场讲座，我专门就法律渊源理论这个问题进行了很详细的说明。②

第三个问题，对国家政策的作用和功能的错误解读。这个司法观点对《民法典》总则编删除国家政策的主要理由是："第一，政策不具有稳定性；第二，政策往往不以公告的形式告之于全体国民，有的只以内部文件的形式下达给各有关机关；第三，政策的规范性太弱，缺乏对具体行为的指导性和可操作性。"随之，又解释了不宜再将国家政策作为直接的民法渊源的理由："一是中国特色社会主义法律体系已经基本建成，民事法律已经基本完备，已经基本解决了无法可依的问题，适用国家政策增补民事法律漏洞的空间已经非常小了。二是党的十八大后全面加强依法治国，法治的基本内涵在于依照法律而不是依照政策来治理社会关系。三是国家政策的优势是灵活性，但其缺点是不稳定和不公开性，不利于形成社会关系的稳定预期。"以上对国家政策的作用和功能的解读是不正确的。

第一，所谓的国家政策不具有稳定性只是相对的。相对于法律而言，国家政策的变化是较大的。但是，恰恰是国家政策的这种变化性，使国家政策具有灵活性，可以及时回应社会生活的变化需求。而且，更重要的一点是，法律中作为规范类型的政策，只是一种指引性条款，并不是具体的国家政策内容。具体的国家政策内容如果进入法律，那就成为法律规范的组成部分。

第二，所谓国家政策不具有公开性。这是过去那种国家政策的表现方式。随着法治化的进程，国家政策也有一个法治化的要求。除涉及国家机密等外，国家政策也要求以公开

---

① 参见刘作翔：《"法源"的误用——关于法律渊源的理论思辨》，载《法律科学》2019年第3期。
② 参见刘作翔：《"法源"概念误用的解决之道：规范体系理论》，载《扬州大学学报（人文社会科学版）》2022年第5期。

的方式告知于社会和民众。

第三，所谓的国家政策规范性较弱，缺乏对具体行为的指导性和可操作性。这一点恰恰相反。它没有看到，我们国家的许多法律的落实，恰恰要通过法律中的国家政策指引性条款去落实。在司法中，国家政策恰恰是比法律要更具体，更具有操作性。

第四，说中国特色社会主义法律体系已经基本建成，民事法律已经基本完备，适用国家政策增补民事法律漏洞的空间已经非常小了。这一点，无法解释我们国家现行有效的290多部法律中，有100多部法律200多个法律条文中所载明的国家政策指引性条款。我简单列举一例，如《中华人民共和国这些企业促进法》第11条："国家实行有利于小型微型企业发展的税收政策，对符合条件的小型微型企业按照规定实行缓征、减征、免征企业所得税、增值税等措施，简化税收征管程序，减轻小型微型企业税收负担。"第12条："国家对小型微型企业行政事业性收费实行减免等优惠政策，减轻小型微型企业负担。"第14条："国务院有关部门应当制定中小企业政府采购的相关优惠政策，通过制定采购需求标准、预留采购份额、价格评审优惠、优先采购等措施，提高中小企业在政府采购中的份额。"其他的法律中还有很多这样的规定。就是说在我们的法律中，有大量的国家政策条款直接进入了法律条文中。按照这一司法观点，它叫引致条款。我在过去的研究中，把它叫作指引性条款，我们法律中有相当多的条款直接就规定了国家政策的内容，比如国家的税收政策、国家的财政政策、国家的房地产政策、房屋租赁政策等等，这些政策直接在法律条款中体现。在具体适用法律的时候，必须到这些国家政策里面去寻找它具体的政策内容。

第五，说全面加强依法治国，法治的基本内涵在于依照法律而不是依照政策来治理社会关系。这一观点，一是还停留在改革开放初期那种对于法治的初级理解上，二是对于法治理论的发展缺乏了解，没有真正理解党的十八届四中全会提出的实现"国家和社会生活法治化"和"努力实现国家各项工作法治化"的命题，以及党的二十大提出的"全面推进国家各方面工作法治化"的重大命题。

当然，这个司法观点对国家政策做了如此多的否定性判断，但是又不得不承认国家政策在特定的情况发挥着功能。这实际上涉及国家政策在中国的法治结构和社会治理中处于一个什么地位。虽然《民法典》第10条删除了国家政策作为一种规范类型，但是它并不能消除法律体系中，我称之为的"法律中的国家政策"的重要作用。

三、这个观点所涉及的法学理论问题

这样一个司法观点，它涉及哪些法学理论呢？我觉得涉及以下这么几个法学理论问题。

第一个问题，涉及我国民法的发展过程。从1986年《民法通则》到2017年《民法总则》，再到2020年《民法典》的颁布，在这个过程中它涉及的国家政策作为民事活动以及处理民事纠纷的一种规范类型的变化过程。1986年《民法通则》第6条中就明确地讲到，"民事活动必须遵守法律，法律没有规定的，应当遵守国家政策。"到了2017年，《民法总则》取消了国家政策，到2020年的《民法典》的总则编部分，基本上照抄了《民法总则》的内容。在这个发展过程中，国家政策到底起到了什么作用？这个问题还有很大的研究余地。

第二个问题，涉及关于法律渊源的理论争论。什么是法律渊源？不要看这么一个小小的问题，它实际上涉及我们国家法律渊源理论。什么是法律渊源？法律渊源不单是一个法理学的问题，而是整个法学各个部门法都涉及的问题。刑法有渊源问题，民法有渊源有问题，诉讼法有渊源问题，甚至宪法、国际法等各个法律部门都有法律渊源问题。法律渊源是什么呢？就是我前面讲到的有效力的法律表现形式。我们学习法律，到底什么是法律？法律是通过什么方式表现出来的？由于各个国家的法律制度不同，在不同的国家它有不同的法律表现形式。中国是制定法国家，它的法律表现形式是由国家的立法法来规定的，就是哪些东西可以成为法律渊源，即法律表现形式，它是由中国的《立法法》来规定的。但是这几年在我们国家，关于法律渊源理论引起了很大的混乱，所以这里面就涉及法律渊源理论的争论。

第三个问题，涉及法律解释权的准确运用。我前面讲了，尽管这是一个学理解释，是最高人民法院的一个司法观点，但是，关于《民法典》为什么取消国家政策，它是一个立法问题，它是属于立法说明的问题。但是在《民法总则》和《民法典》制定过程中，立法机关关于法案的说明中没有涉及这个问题。本来应该由立法机关说明的问题而没有说明，却由司法机关来作出说明，这样的解释主体是否合适？所以怎么样来准确地运用法律解释权，是需要斟酌的。

四、如何看待国家政策在中国社会治理以及民事活动中的作用和功能

如何看待国家政策在中国社会治理以及民事活动中的作用和功能，是一个重要的实践问题。美国法学家波斯纳在同斯卡里亚大法官①论战时讲到："很难想象一个国家可以在没有政策的情况下去运行，去作出判决。"②但现在我国有些学者一提到政策，就把它同人治、长官意志、随意性等等同起来，赋予政策一种非常负面的评价和印象；还有学者认为，现在在法律的覆盖面已经很广了，国家政策没有必要了；还有人将"国家政策"界定为计划经济时代的产物；等等。以上的诸种思维还停留在改革开放初期那种将法律和政策对

---

① 安东宁·格雷戈里·斯卡利亚（Antonin Gregory Scalia），生于1936年3月11日，是美国法学家。有名的保守派，曾任美国最高法院大法官。自1986年起担任此职，直到2016年2月13日病故，是美国最高法院服务时间最长和最资深的大法官。

② 参见戴昕：《认真对待现实主义——评〈波斯纳法官司法反思录〉》，载《环球法律评论》2015年第3期。

立起来的状况下。那时候要解决的是依法治国,还是依政策治国的问题,是涉及治国方略的重大选择;而在经历了40多年的依法治国实践之后,在建设新时代的进程中,要解决的是在依法治国的治国方略下,如何发挥政策作为现代国家治理中的一种非常重要的规范类型的作用。

在研究中国的法律与国家政策问题过程中,我发现国家政策和法律有三种关系。

第一种,法律指导性的政策。从党的十八大到二十大,每次大会都要做出许多的重大决策,这些重大决策对法律的制定和实施起着重要的指导作用。再具体一点就是立法政策和司法政策。立法政策和司法政策直接指导着立法工作、立法的趋向和司法的运作。比如立法规划就是具体的立法政策,指导着具体的立法工作。司法政策如"宽严相济"的刑事政策,指导着法官在司法实践中的行为。

第二种,法律之中的政策。在我国现行有效的290多部法律里面,据不完全统计,有100多部法律的200多个条款中直接有国家政策条款,如技术政策、产业政策、税收政策、残疾人就业优惠政策、价格政策、就业政策、财政政策、社会保险政策、公共政策、国家货币政策、民族贸易政策、外汇管制政策、自由贸易政策、文化政策、体育政策、文物政策、航运政策、教育政策,等等。现行法律中涉及的政策条款比我们想象的要多得多。例如,《中华人民共和国城市房地产管理法》(1994年通过,2007年第一次修正,2009年第二次修正,2019年第三次修正)第55条规定:"住宅用房的租赁,应当执行国家和房屋所在城市人民政府规定的租赁政策。"

第三种,法律之外的政策。即当法律缺位时,国家政策就成为我们遵循的依据。《民法通则》第6条便是其中的典型。可是,《民法总则》即《民法典》将它取消了。这也是我们认为问题最为突出的地方。一方面,全面建成社会主义现代化强国"两步走"的战略安排,无论是2035年还是2049年,中国始终处在社会转型期。转型期的社会关系处在不断地变化过程中,我们的民事法律规范还不足以囊括所有的民事生活。另一方面,由法律规范直接过渡到习惯,中间存在着大量的空白地带。习惯有其自身的特点,例如它的不成文性、地方性、多元性等,导致它无法解决普遍性的问题。在法律规范没有明确规定,而习惯又仅局限于地方性知识的时候,如何要求法院做到不得拒绝裁判、如何要求法院做到"同案同判",将成为基层司法的一个大问题。

即便仅考虑第一种和第二种情形,国家政策在司法过程中、社会实践过程中所发生的作用,也远远超出了人们的想象,它的作用被远远地低估了。而在建设社会主义法治国家的新时代,对于已经相对稳定的社会关系,有必要用法律的形式将它们固定下来;而对于还不十分稳定却普遍存在的社会关系,习惯显然无能为力(更不要说,习惯本身就具有多种面相,有良习、有陋习,也有中性的习惯,并非所有的习惯都可以成为裁决依据),但是具有灵活性特点的国家政策却恰好能够填补这一漏洞,引导司法裁判、达成纠纷解决;并且,等到社会关系相对稳定的时候,还可以将这类本身就具有普遍性的政策法律化。毕竟，和习惯不同，国家政策的制定本身就要遵循法治原则，即国家政策不得同宪法、法律有冲突。这既是国家政策的制定原则，也是在法律缺位时适用国家政策的原则。由此导致，法律之外的国家政策和法律规范的衔接比习惯和法律的衔接更为顺畅。于是，第三种法律和政策的关系，不仅在理论上是可行的，而且在现实中是有需求的。

因此，有必要在法律规范中重新确认国家政策的规范属性和地位，形成法律、政策、习惯三位阶规范渊源结构，即"处理民事纠纷，应当依照法律；法律没有规定的，应当遵守国家政策；法律和国家政策没有规定的，可以适用习惯，但是不得违背公序良俗"，进而弥补民事司法中的法律漏洞。

以上的思路具有一种灵活性和包容性。一旦新的社会关系出现，需要法律规范时，可进入法律层面；需要国家政策规范时，可进入国家政策层面；而国家政策又是一个不断变化着的体系，有些成熟的国家政策可能转变为法律，有的国家政策可能因不具有适时性而被废除，也会有新的国家政策产生而进入国家政策体系之中。而法律规范对国家政策的这一确认，恰恰可以体现中国法律迥异于外国法律的"中国特色"。

The Normative Nature and Status of National Policy Should be Confirmed in the Law
——Take a "judicial view" of the Supreme People's Court as the object of analysis

Liu Zuoxiang

Abstract: National policy plays an important role in adjusting civil relations and civil judicial decisions. As the policy is characterized by instability, diversity of forms, lack of guidance and operability, the provisions of national policy have been deleted from the General Provisions of the Civil Law. The Understanding and Application of the Judicial Interpretation of the General Provisions of the Civil Law of the Supreme People's Court explains the judicial view that national policy cannot be a source of civil law. In studying the issue of law and national policy, it is necessary to clarify that there are three kinds of relations between national policy and law: the policy guided by law, the policy within law and the policy outside law, so as to correctly judge the function of national policy.

Key words: law; national policy; source of law; judicial decision

司法裁决中的政策考量*
——以后果主义为分析视角

王 彬**

摘 要 公共政策是现代社会治理的重要工具，政策考量是司法裁判沟通法律系统与政治系统的重要方式。本体论意义上的政策是独立于法律之外的规范性文件，在司法裁判中作为补充法源而存在，其适用是为了实现法律所促进的社会目标；而方法论意义上的政策则是后果导向的法律适用方式。政策通过显性适用、隐性适用和衡平适用等方式进入到司法判决之中，有利于司法裁决的深度证成，实现法律效果与社会效果的统一。基于司法的政治功能，在司法决策中进行政策考量具有正当性，但必须明确政策考量的界限，防止法律沦为政治的工具。

关键词 后果主义 政策考量 公共政策 政治功能

面对转型社会的变动不居与利益格局的更迭分化，后果主义审判是法律话语系统在其他话语系统压力之下的路径选择，是司法裁判回应社会变迁的重要进路。后果主义审判作为回应型司法，往往在开放的法律渊源中追寻后果考量的依据，从而通过后果考量不断沟通法律话语系统与政治、道德话语系统，促进现代社会自治型司法向回应型司法的转型。随着法院参与公共治理的不断深入，政策作为补充法源或者间接法源的裁判依据地位已经确立，依据政策的司法裁判已经成为后果主义审判的实践形态。但是，随着政治国家意志在司法领域中的不断渗透，法院参与公共治理角色的不断强化，法律与政策的界限日趋模糊，因政策实施造成的不当意外后果在司法领域逐渐扩散。为此，后果考量的法律渊源依据需要通过理性的方式进行识别与证立，因为任何判决的做出都必须说明理由，"为判决

---
* 国家社会科学基金项目"法律论证的人工智能建模研究"（项目编号：21BFX033）。
** 王彬，法学博士，南开大学法学院教授，博士生导师。

结果提供一般性的依据，并阐明援引、选择这些依据的依据"。① 这就需要在法律方法论的层面上对司法裁判中的政策进行正确定位，考察法院依据政策进行后果考量的空间与路径，并确立政策在法律适用中作为后果考量依据的界限。

一、政策的概念界定：本体与方法

尽管政策早已作为一个法律概念写入了中国法律文本，但是，"政策"这一概念无论在理论界还是在实务界都没有清晰的界定，这导致法律理论往往因政策之名为政治理论背书，在实践中国家权力则因政策之名过度扩张。到底何为政策，实际上在不同学科中其界定存在差异，在不同国家因政治体制的差别其表现亦有所不同。

在政治学理论中，"政策一词在社会和政治中最常见的用法，是指在分析不同方案之后，慎重采纳和实施（或预计要实施）一个行动过程或预期行政过程"②。根据该种解释，政策是为实现某种行政目标的优选方案，是在政治过程中所形成的行动计划或者纲领。因此，政策的制定和执行是现代政府展开工作的必要内容和重要形式，政策"是我们选出的官员为满足人类需要、解决社会内部纷争而宣布的一组目标以及所采取的相应行动"③。可见，在政治学的语境下，政策是一定政治实体为实现特定社会目标而采取的用来调控社会行为和发展方向的行动方案。

相较于政治学意义上的政策，法律语境下的政策概念存在某些差异。"政策"作为一个法律概念，更多体现在英美国家的法律体系中。"反映在英国文献和法院判决中的见解的大意是说，在所有法律部门中，与审判有关的唯一类型的公共政策乃是法律政策，在司法中形成的以考虑公共利益为根据的新法律规则，应该被看作是英国法律史上一个已经确定了的篇章。"④ 因此，在法律语境下，公共政策往往是能够体现公共利益的法律规则或原则。在英美法系中，"公共政策"经常出现在法官的判决中，但往往并不以具体的规范性法律文件为载体形式进行表达，而往往是"公共利益"或者"社会福利"的代名词。在我国，政策往往具有规范性文件的具体表达形式，政策作为国家意志的贯彻通过行政机关的规范性文件进行发布，以行政法规、行政规章和行政规定等规范性法律文件加以体现，或者以党政机关直接下发的"红头"文件作为载体。随着法院参与公共治理的角色不断强化，法院对政策的创制和执行愈加频繁，政策在司法系统中往往以最高法院统一发布的司法解释、指导性案例、会议纪要、通知等司法文件作为载体。比如，最高人民法院在

---

① 陈林林：《裁判的进路与方法——司法论证理论导论》，中国政法大学出版社2006年版，第9页。
② ［美］斯图尔特·S. 那格尔：《政策研究百科全书》，林明等译，科学技术文献出版社1990年版，第156页。
③ ［美］詹姆斯·M. 伯恩斯，杰克·W. 佩尔塔森，托尼斯·E. 克罗宁：《美国式民主》，谭君久等译，中国社会科学出版社1993年版，第679页。
④ ［美］埃德加·博登海默：《法理学——法哲学和方法》，张智仁译，上海人民出版社1992年版，第420－421页。

2010年颁发《关于贯彻宽严相济刑事政策的若干意见》，该司法文件明确将"宽严相济"作为我国基本的刑事政策。

随着政策在立法、司法与执法领域的全面渗透，政策不但具有明确规范性法律文件的表达形式，而且在司法裁判中经常作为裁判依据，这导致政策与法律的界限愈加模糊。但是，这并非意味着政策与法律可以混同。

首先，政策以维护公共利益为目标，以实现社会福祉为旨归，故政策往往被作为实现社会治理的重要手段。"国家政策缘于国家行政权力为执行国家、政府和社会治理职能或提供公共服务时，基于特定目标制定和发布的规范与准则。"① 但是，法律作为法治社会的行为规范和裁判规范，其首要功能是对个体权利的保障，并确定个人私权与国家公权的界限。根据德沃金的区分，原则和规则是个体权利存在的依据，而政策指向的则是涉及政治、经济等方面的社会整体目标。② 原则和政策作为法律的重要组成部分，前者体现了法律作为价值理性的方面，而后者则体现了法律作为工具理性的方面。这样，政策和原则作为法律论证的不同论据，在法律论证中展现为不同的功能。"政策论证通过展示一个决策是否促进或者保护某个共同体的目标来正当化这个决策，而原则论证则通过展示该决策是否维护一定个体或集体的权利来正当化这个决策。"③

其次，政策作为实现特定社会目标的行动方案，往往因其特定的目标性而具有权宜性和灵活性，尤其是在社会发展的非常态状况下，政策往往作为应对特定时期、解决特定社会问题的权宜之计；而法律作为指引公民和政府如何行为的规范体系，法律的安定性和权威性是法治所维护的首要价值，因此，法律往往具有恒定性和持久性，但往往因安定性而导致僵化性，政策往往是弥补法律僵化性的重要手段。比如，在2018年中共中央、国务院发布的《关于开展扫黑除恶专项斗争的通知》中，明确强调"要严格贯彻宽严相济的刑事政策"，这意味着刑事政策是扫黑除恶的重要手段，在特定时期其社会治理功能会被特别强调。

最后，在思维方式上，基于法律的论证和依据政策的论证具有很大不同。美国法学家胡恩认为，在美国的司法实践中，存在五种不同种类的法律论证模式，分别是基于文本的论证、基于立法意图的论证、基于先例的论证、基于传统的论证和基于政策的论证。④ 前四种均属于基于法律的论证，而基于政策的论证区别于其他论证形式。大致而言，基于法律的论证为"规则导向"的论证，而基于政策的论证则为"后果导向"的论证。在司法裁决中，无论是基于法律文本、立法意图还是先例或历史传统，法官在裁判中都是试图"向后看"，发现立法者过去的政治决定或者裁判者的先前做法，试图维护法律的连续性和

---

① 彭中礼：《为国家政策辩护——基于〈民法总则〉第十条的思辨》，载《探索与争鸣》2019年第7期。
② [美]德沃金：《法律帝国》，李冠宜译，台湾时英出版社2002版，第22－27页。
③ 参见[美]德沃金：《认真对待权利》，信春鹰、吴玉章译，上海三联书店2008版，第119页。
④ Wilson Huhn, *The Five Types of Legal Argument. Second edition*, Carolina Academic Press, 2008, p.51.

稳定性，并试图通过逻辑的方法保证裁判结论来自过去的法律决定，从而维护法律的安定性与自治性，因此，基于法律的论证是向后看的、教义式的、原则论的、逻辑优先的思维方式。然而，基于政策的法律论证本身是后果主义法律论证的实践形式。在胡恩看来，基于政策的论证不同于其他论证形式，它本质上是一种"后果主义的论证"，其核心要义在于对法律的某种解释和适用将会带来某一特定的后果，该后果从法律的视角来看是否具有可接受性。[①] 政策本身以维护公共利益和社会福利作为目标，基于政策的法律论证实际上是通过司法裁判来实现一定社会目标的说理方式，从而对未来发生积极性的影响，因此，基于政策的论证是向前看的、试探性的、后果论的思维方式。

综上所述，"政策"这一概念往往在本体论和方法论两个层面加以运用。本体论意义上的政策指的是作为实体的规范性文件，为了促进社会治理，政策往往由政府部门来颁布，对于司法裁判而言，政策是一种非常重要的法源，具有弥补法律漏洞、防止法律僵化适用的功能。从方法论意义上来理解政策，政策并不是独立于法律的规范性文件，而是指以目的论思维方式来理解和适用法律，相对于教义学思维而言，政策思维并不追求法律体系的自足性，而更为关注法律适用的功能，是从后果出发来证立裁判理由的法律思维。著名刑法学家李斯特在论及刑事政策与刑法学的关系时特别指出："刑事政策给予我们评价现行法律的标准，它向我们阐明应当适用的法律；它也教导我们从它的目的出发来理解现行法律，并按照它的目的具体适用法律。"[②] 在这个意义上，刑事政策学实际上也是理解和适用刑事法律的方法论，体现了目的论或后果论思维在刑事裁判中的应用。

二、政策考量的空间：基于司法的政治功能

在理论上，尽管政策与法律之间存在一定差别，但是，在现代法治社会，法律不仅仅是个体权利的保护手段和国家公权的规制方式，而且是实现公共治理的有效工具；尤其是，法院作为政治机关不仅肩负着实现规则之治的法律功能，承担着纠纷解决的社会功能，还具有促进社会良性治理的政治功能。因此，法律与政策作为公共治理的有效工具相辅相成，基于政策的后果考量在司法裁判中就具有合理的存在空间。

首先，法律供给的不足与粗放导致公共政策在司法领域必然存在，甚至在特定时期，公共政策对司法裁判具有主导作用。长期以来，我国在立法上长期以来奉行"宜粗不宜细"的方针，这对于"后发型"的法治国家来说是必要的。因为立法的过程是一个立足本土资源并通过法律移植，将域外法律文化与本土法律文化不断调适的过程，是政治国家理性建构与市民社会经验演化的互动过程。所以，法律体系的完善需要在立法与社会实践

[①] Wilson Huhn, *The Five Types of Legal Argument. Second edition*, Carolina Academic Press, 2008, p. 51.
[②] [德] 李斯特：《德国刑法教科书》（修订译本），徐久生译，法律出版社2006年版，第3页。

的磨合中逐步推进，不能照搬照抄，更不能一蹴而就。立法的简单化虽然为法律汲取本土资源提供了发展空间，但是，这将为法官的裁判带来困难，粗放的法律制度难以应对社会发展过程中所涌现的新问题。相较于立法机关，法院往往能够及时地对社会问题进行回应，对社会现实的了解和反馈更具敏感性和及时性，因此，通过司法裁判创制公共政策来回应社会的变动，就成为司法机关义不容辞的责任。在这种情况下，法院应当像"立法者一样思考"，通过对裁判所引起的系统性后果进行考量，从而通过司法判决创制公共政策并引领社会发展。

其次，为降低社会转型带来的政治风险，需要法院通过对社会效果的考量来创制或适用公共政策。频繁的政治经济体制改革能够有效促进社会转型，但是也带来了社会整体利益格局的变化，从而导致全局性的社会纠纷形成，就业安全、贫富分化、社会保障成为社会矛盾的聚焦领域。有数据表明，"改革开放以来，集资纠纷、土地纠纷、职工下岗等具有社会性的纠纷形态不断出现，它们的去向将决定着社会的公平和稳定程度"①。法律因其稳定性以及对程序的依赖性，对于社会转型带来的剧烈变动，对于全局性和整体性社会问题的解决往往捉襟见肘，但是，颇具权益性和目标性的公共政策却更具优势。同时，随着人类改造自然和社会能力的逐渐提升，社会进步的阴暗面越来越支配着政治与社会，各种不确定性因素在影响着整个社会的运行，人为的风险因素逐渐替代自然风险影响着人类社会，制度风险、技术风险、市场风险等无时无刻不在影响着人类生活。风险社会的来临意味着法律决策的任务逐渐从财富的分配转向风险的分配。"在各种事故频发的风险社会，加强受害人的各种法益的保护，无疑具有充分的社会伦理基础。"② 因此，在这种情况下，司法裁判追随公共政策，通过适用政策实现某个特定时期的社会目标、保护某个群体的利益，无疑是降低政治风险、回应风险社会诉求的理性选择。

最后，为应对非常态下的社会需求，司法裁判需要因应形势需求，通过公共政策创制例外，缓解法律常态化与社会非常态化之间的矛盾与冲突。法律往往具有一般性，这难以应对特殊历史时期非常态的社会形势，在非常社会状态下，法院严格依法裁判有可能造成实质上不公，对法律做出变通适用又可能形式上违法，这使法院陷入"哈姆雷特式"的两难境地。为此，法院应当积极主动地面向公共政策，通过对社会效果的考量来适应非常态的社会形势。因此，"以原则为基础、以政策为导向的法律学说也就是对法律推理之专断性不可或缺的解毒剂"③。在美国"经济大萧条"的20世纪30年代，美国最高法院积极配合政府推行"新政"，大量地违反先例或者创造先例，尽管遭到保守派法官的违宪质疑，但是，最终通过司法判决有效适用或创制公共政策，顺应了历史发展的趋势，促进了美国

---

① 参见朱景文：《中国诉讼分流的数据分析》，载《中国社会科学》2008年第3期。
② 参见郑晓剑：《组织过错理论与受害人保护》，载《法制与社会发展》2013年第6期。
③ [美]罗伯托·曼戈贝拉·昂格尔：《法律分析应当为何？》，李诚予译，中国政法大学出版社2007年版，第95页。

的国家转型和社会转型。无独有偶，在我国金融危机时期，为维护国家安全和经济健康发展，法院同样肩负起保护国内产业经济的历史使命，通过能动司法执行公共政策并实现了良好的社会效果。

尽管公共政策在司法裁判中存在着合理空间，但是，这并不意味着公共政策能够直接决定个案的裁判结论。因为国家政策具有内在矛盾性，要确定其法律地位，需要对其进行必要的规制。① 国家政策充分体现了行政权力的扩张，若在司法中对政策不加审查或约束，可能导致权力结构的失衡；国家政策往往反映特定的政治意图，不加论证地适用政策有可能导致法律与政治界限的混同，使司法成为实现某种政治意图的工具，而沦为政治的附庸。因此，通过公共政策进行后果考量应当因循一定的裁判尺度和标准，应当运用法律方法将政策转化为裁判规范。

其一，在司法裁判中，公共政策的适用应当以"社会福利最大化"作为根本准则。按照经济学家科斯的观点，"在对各种社会格局进行选择时，我们必须考虑各种社会格局的运行成本，以及转成一种新制度的成本"②。这意味着公共政策作为一种制度的实施将会带来公共资源的重新配置，从而会产生一系列制度运行的成本。事实上，并非任何体现政府目标和社会目标的行动方案都可以作为后果主义裁判的考量依据。比如，在20世纪80年代，为实现社会稳定，我国采取运动性执法的方式打击犯罪，在司法中实行"严打"的刑事政策，尽管这在短时期内对于实现良好的社会秩序具有一定效果，但是，该刑事政策的司法实施却以侵犯人权和破坏法律程序作为代价。故此，只有促进制度运行成本最小化和社会整体收益最大化的公共政策，才能成为法官进行后果考量的依据。这意味着公共政策的司法实施不能以牺牲个体权利和群体利益为代价，其实施应促进制度效益、个体利益和群体利益的整体最大化。再以"武松打虎著作权"纠纷案为例。该案裁判之后，最高法院通过会议纪要的形式创制了一项公共政策，"对于一些在诉讼中继续存在的特殊侵权行为，也要根据案件具体情况，合理平衡当事人之间以及社会公众的利益，考虑执行的成本和可能性，对于判决停止侵权将导致执行结果明显不合理或者损害公共利益的，可以适当加重侵权人的赔偿责任而不判决停止有关的销售、使用行为"③。在该类案件中，通过政策导向的后果考量最终实现了诉讼两造的双赢，并最终维护了市场秩序和社会公共利益，从而实现了社会福利最大化的政策目标。

其二，公共政策作为后果考量依据必须以法律漏洞的存在为前提，法律漏洞的识别是适用公共政策的前提性程序。公共政策作为补充法源和间接法源，并不能直接作为法官的裁判依据，但其具有填补法律漏洞的功能。为此，法官只有在穷尽正式法律渊源、存在复

---

① 彭中礼：《论国家政策的矛盾及其规制》，载《法学》2018年第5期。
② [美] 罗纳德·R. H. 科斯：《社会成本问题》，刘守英等译，上海三联书店1994年版，第52页。
③ 该政策表述于2007年1月全国法院知识产权审判工作座谈会中曹建明的讲话记录中，参见孔祥俊：《论裁判的逻辑标准与政策标准——以知识产权法律适用问题为例》，载《法律适用》2007第9期。

数法律解释或者严格适用规则出现实质不公正的案件情形中，才能适用公共政策进行司法裁判。在司法实践中，公共政策代表利益冲突中的长远利益和社会整体利益，法官可根据公共政策选择最佳的法律解释结论，在利益衡量中将公共政策作为衡量个体利益、制度利益、群体利益与社会利益的依据，从而运用公共政策填补法律漏洞。

其三，通过公共政策的后果考量在根本上不能与现行法秩序中的正义基本标准相冲突。正如博登海默所说，"尽管应该认为公共政策乃是一种非正式法律渊源，这一渊源在实在法表示出模棱两可或沉默时法官可适当地适用，但如果执行公共政策与正义的基本标准发生冲突，那么法官应有否决的权力"①。这意味着法官运用公共政策进行后果考量，不能有违法律基本价值，不得侵害个体权利，运用公共政策的后果考量应当与现有法律体系保持一致，甚至法官还具有对公共政策进行司法审查的义务。

其四，通过公共政策的后果考量应当以防范意外后果的出现作为界限。在社会多元化的背景下，为实现特定社会目标或者回应某一群体的利益诉求，政策的制定与考量不可避免地会产生意外后果从而形成负面影响。"从直接原因上看，政策制定时信息获取的不足、经济分析的缺乏、利益保护的简单化处理等是导致公共政策出现意外后果的主因；从根本上分析，是源于公权力机构对自身能力的过度自信以及对私权主体行为复杂性的认识不足。"② 为此，法官的政策考量需要借助社会科学知识进行判断，通过社会科学的运用预测裁判可能引起的扩展性后果；法官应立足全局在整体的政治系统机制中考量裁判对其他机构的可能影响，从而对裁判引起的系统性后果做出可能的预测，从而形成对政策考量意外后果的有效防范。

三、政策考量的路径：政策性理由的司法证成

随着国家意志通过公共政策在司法裁判领域中的不断渗透，法院参与公共治理的角色不断强化。公共政策就不仅仅是政府进行社会治理的重要手段，而且成为法官进行个案裁判的重要尺度。在司法裁判中，公共政策往往以显性的规范性法律文件存在，或者以隐性的政策性理由存在。根据公共政策进行后果考量，往往通过以下方式进入到司法判决之中。

其一，显性适用。为促进某种法律目标在特定时期的实现，最高人民法院往往通过发布司法解释和指导性案例的方式，明确宣示或者创制公共政策。最高人民法院的司法解释已经不是一个规范意义上的解释问题，而是根据社会发展需要所进行的综合性决策过程。"法律解释的问题不在于寻求对法律文本的正确理解，而在于为某种具体的司法裁决提出有根据的且有说服力的法律理由。"③ 因此，最高人民法院的司法解释往往突破了法律文

---

① ［美］埃德加·博登海默：《法理学——法哲学和方法》，张智仁译，上海人民出版社1992年版，第422页。
② 应飞虎：《权利倾斜性配置研究》，载《中国社会科学》2006年第3期。
③ 苏力：《解释的难题：对几种法律文本解释方法的追问》，载《中国社会科学》1997年第4期。

本意图或者立法意图而存在实质性造法。尽管最高人民法院的司法解释权来自全国人民代表大会的直接授权,法官可以直接援引司法解释来判案;但是,在司法过程中,对于创制公共政策的司法解释,法官仍然需要根据法律意图对公共政策的合法性进行判断,对于严重违背或超越立法意图的司法解释可以选择回避适用。以最高人民法院关于奸淫幼女的司法批复为例,该司法批复在事实上修正了我国刑法中第236条第2款的规定,以"明知对方不满14周岁"作为奸淫幼女罪的主观要件,这实际上违背了刑法条款中的立法意图,违背保护14岁以下少女这一相对弱势群体的公共政策,存在越权解释的嫌疑。对于此类司法解释,法官在案件裁判中应当回避适用。①

其二,隐性适用。在司法裁决中,公共政策往往体现为"后果导向"的政策性理由而影响法官的判断,这类政策性理由尽管并没有明确通过规范性法律文件的方式予以表达,但是,它往往隐含在法律体系之中,成为法律解释的依据。这一类公共政策在本质上起到一种"默认规则"的作用,正如桑斯坦所说,"法律体系最重要的任务之一就是建立默认规则,并且默认规则能够大大降低决策成本"②。在司法裁决中,法官运用政策性理由进行后果考量,往往通过法律解释的方式进行,即政策性理由往往是法官解读法律含义的根据。"当法律制度的标准或规则没有为争论提供明确的解决方案时,政策论证可以被定义为法官决策的实质性理由。相比于要求法律制度的明确规则和原则的权威性理由而言,政策论证要求证明一个适当规则选择的目标性价值。"③ 因此,政策作为一种隐性的实质性理由区别于权威性理由,其对法律结论的支持并非来自某种权威性的"来源",而是来自其内容本身的"说服力"或"证明力";具体而言,政策性理由体现了社会目标的可欲性,从而法官通过运用政策性理由对某种社会目标进行考量,对法律规则在个案中的适用情形进行解释,实现裁判妥当性与合法性的统一。

在疑难案件或影响性案件中,政策作为后果论证的评价标准,法官可运用对后果论证进行验证和评估。法官做出某个司法决策是否符合长远的社会目标,是否有利于实现良性的系统性后果,公共政策往往是评价裁判后果的重要指标,在这个意义上,政策性理由的运用有利于司法裁决的深度证成。以轰动一时的"药家鑫"案为例,④ 在此案中,存在两个政策性理由可以作为药家鑫免死的理由:一是药家鑫是初犯且具有自首情节,如果将其判决死刑,则不利于以后类似案件中激励犯罪人归案自首,反而可能会激励犯罪人抱有总

---

① 苏力:《司法解释、公共政策和最高法院——从最高法院有关"奸淫幼女"的司法解释切入》,载《法学》2003年第8期。
② [美]卡斯·桑斯坦:《选择的价值:如何做出更自由的决策》,贺京同等译,中信出版社2017年版,第5-15页。
③ John Bell, *Policy Arguments and Legal Reasoning*, Zenon Bankowski, etc., eds, *Informatics and the Foundations of Legal Reasoning*, Kluwer Academic Publishers, 1995, pp.73-97.
④ 该案案情为:药家鑫交通肇事将人撞伤,因担心被害人记下其车牌号码,他不积极施救反而惧怕承担责任,从驾驶室取刀将被害人连捅八刀杀死,后来在其父亲陪同下,药家鑫自首归案。参见:药家鑫故意杀人案一审判决书,陕西省西安市中级人民法院(2011)西刑一初字第68号。

归一死的心理而继续犯罪；二是药家鑫是独生子女，尽管罪责自负原则是我国刑法基本原则，但是判决独生子女死刑总会产生"殃及效果"，这将会导致失独家庭的产生，从而产生严重的社会问题。①

其三，衡平适用。在司法裁决中，整体性的公共利益与个体性的当事人利益往往会发生冲突，以维护公共利益为目标的公共政策会影响个案裁决的实质公正。在这种情况下，法官则通过或显性或隐性的方式来适用公共政策，通过裁判说理协调法律与政策的关系，从而实现个案中的利益衡平。在方法论意义上，政策是附着于法律内部的目标性理由。一般而言，法官之所以适用政策，是为了更好地实现法律所促进的社会目标，更好地发挥法律的社会治理功能。在政策考量中，为了缓和公共利益与个体利益的紧张关系，有必要通过利益衡平，实现法律安定性和个案裁判可接受性的统一。当政策作为理解和解释法律的实质性理由时，政策性理由可以成为目的解释的依据，或者转化为法律原则加以适用，从而有利于在复数解释中做出选择，增强判决的说服性。以"王珍诉彭翠玉房屋买卖合同纠纷案"为例，在房屋买卖合同履行中，双方出现分歧但未能积极协商解决，其间商品房限购政策出台导致交易无法完成，双方因此发生纠纷而诉至法院。在该案中，法官运用"情势变更"原则对该房屋限购政策进行了释明，将限购政策的出台作为阻却合同正常履行的情势，判决购房者不承担违约责任，卖房者也不需补偿升值损失，从而兼顾了两者的利益平衡，达到了法律效果与社会效果的统一。

四、结语：政策考量的意义与界限

法律作为现代社会的治理工具，无法完全成为一个封闭的"自创生系统"，而必须及时回应社会发展的紧迫需要。为此，法官通过政策考量及时回应社会发展要求，无疑具有功能意义上的正当性，这是回应型司法的应有之义。司法裁决中的政策考量在功能意义上解释和适用法律，通过适用政策弥补法律漏洞，通过个案裁判的示范效应影响社会利益的分配格局，从而实现司法的政治功能。但是，司法不能沦为政治的工具，司法的首要职责仍是维护法律的权威，这是法官首当其冲的职业伦理。因此，回应型司法必须建立在自治型司法的基础之上，这意味着政策考量不能突破法治的界限，必须通过充分的裁判说理建立适用政策的"法内依据"，通过对政策性理由的运用实现法律论证的"深度证成"，从而将政策考量纳入法教义学的框架之中。

---

① 参见朱苏力《从药家鑫案看刑罚的殃及效果和罪责自负——纪念〈法学〉复刊30周年·名家论坛（一）》，载《法学》2011年第6期。

Policy Considerations in Judicial Decisions
——Consequentialism as an Analytical Perspective

Wang Bin

Abstract: Public policy is an important tool for modern social governance, and policy considerations are a crucial approach for judicial decisions to communicate between the legal system and the political system. Policy in the ontological context is a regulatory document independent of law, existing as a complementary source of law in judicial decisions and applied to achieve the social goals promoted by law, while policy in the methodological context is a consequence – oriented way of applying law. Policy enters into judicial decisions through explicit application, implicit application and equitable application, which is conducive to the in – depth evidence of judicial decisions and achieve the unity of legal and social effects. Based on the political function of justice, policy consideration in judicial decision – making is justifiable, but the limits of policy consideration must be clearly defined to prevent the law from becoming a tool of politics.

Key words: consequentialism, policy considerations, public policy, political function

论现代国家治理中的政策司法化[*]

宋 菲[**]

摘 要 司法政策作为法律与政策结合的产物，在现代国家治理中发挥着重要作用。当下我国政策的司法化具有两重理论前提：一是党的领导与依法治国的关系，二是法院的司法职能；基于此，政策的司法化就呈现出司法文件、典型案例和司法解释三种表现形式，且各自有着不同的司法治理效能。受制于多方原因，当下我国的政策司法化过程一定程度上存在政治话语和法治话语的混淆，这制约了当下的社会主义法治建设。为全面提升司法政策的社会治理效能，我们需要规范政策的司法化过程，主要表现在：有效整合国家治理体系中的多元社会规范；根据司法政策的不同功能实现公共政策向司法政策的转化；以及结合法院层级和案件类型，对司法政策进行区别化运用。

关键词 治理现代化 司法政策 公共政策 功能主义

当前我国正处于改革发展重要战略机遇期和多样社会矛盾高发期，现代社会治理中的诸多问题需要诉诸制度与规范的双向规制。司法政策作为法律与政策结合的产物，一方面连接法律规范和制度规则，一方面连接国家政策和民间习惯，是当代中国规范体系有机整合的产物，自然构成现代化社会治理中必不可少的环节。[①] 而且从现在的司法治理体系来看，司法政策也日渐扮演重要角色。然而，受制于理论和现实等方面原因，当下的司法政策研究一直存在空洞化、应景化问题，体现在众多研究成果中，大都将司法政策作为政治与法律在社会治理中博弈的结果，未能结合治理现代化的需求，妥善处理司法政策与社会

---

[*] 司法部法治建设与法学理论研究项目"大数据时代司法治理效能提升路径研究"（项目编号：21SFB4013）、国家社科基金项目"数字弱势群体权益法律保障的理论基础与实践路径研究"（项目编号：22CFX040）阶段性成果。

[**] 宋菲，法学博士，聊城大学讲师。

[①] 刘作翔：《当代中国的规范体系：理论与制度结构》，载《中国社会科学》2019年第7期。

变迁的关系。此时，如何立足国家治理体系和治理能力现代化的内在逻辑，关注政策司法化的理论前提和具体方式，继而针对司法政策参与社会治理过程中遇到的现实难题，从多角度构建规范的化解路径，提升司法政策的社会治理效能，这无论是对丰富司法政策的社会治理理论、完善当下司法改革，还是最终推进中国式现代化进程，均意义重大。

一、政策司法化的理论前提

司法政策是政策的重要表现形式。对司法政策的探讨，"既要遵照政策和司法政策的一般理念，也要根据国家实在法有关政策的具体规定，还要沿循既有政策制定和落实的实践"①。此时，研究政策司法化就必须把握两方面重要理论：一是党的领导和依法治国的关系，这是讨论从政策到司法政策的前提；二是我国法院所具有的司法政策和社会治理任务，这是法院出台司法政策的依据。

（一）党的领导与依法治国的关系

"在现代国家，法治是国家治理的基本方式，是国家治理现代化的重要标志，国家治理法治化是国家治理现代化的必由之路。"② 党的二十大报告为我国全面建成社会主义现代化强国作出两步走的战略部署。报告指出，在未来五年是全面建成社会主义现代化国家开局起步的关键时期，主要任务目标之一就是国家治理体系和治理能力现代化要深入推进，中国特色社会主义法治体系要更加完善。全面建设社会主义现代化国家是一项伟大而艰巨的事业，在此过程中我们要坚持和加强党的领导，坚持党的领导也是中国式现代化的本质要求。同时，我们要"坚持全面依法治国，推进法治中国建设……在法治轨道上全面建设社会主义现代化国家"。

首先，党的领导与依法治国具有相统一关系。两者主要在人民这一主体上相统一，即党的领导的主要目标就是为了人民，依法治国的关键也在于人民，中国特色社会主义法治是为了人民、依靠人民、造福人民、保护人民的法治，它同样以人民为主体，通过依法治权、依法限权的方式保障人民的法律权利不受侵犯。所以两者归根结底都是以人民利益为根本，两者高度统一于全心全意为人民服务的内在要求中。两者的统一关系就决定了党的领导和社会主义法治必须要相互保障，做到两个"必须"。一方面，党的领导是我国社会主义法治建设之灵魂，是法治中国建设的根本保障；另一方面，党的领导必须要依靠社会主义法治。

其次，党作为最高的政治领导力量与法律作为最重要的行为规范，两者之间又存在性质上的差别。也正是因为两者性质不同，所以强行将"党"和"法"放在一起比较并追

---

① 谢晖：《论司法政策及其法治使命》，载《法学杂志》2022 年第 3 期。
② 张文显：《法治与国家治理现代化》，载《中国法学》2014 年第 4 期。

问"何者大"的问题就是一个典型的违反"同一律"的逻辑错误。中国共产党作为最高政治领导力量，坚持党的领导是实现中国特色社会主义最根本的保障，是应对国内外各种危机和风险过程中全国人民的主心骨，是实现中国式现代化的巨大力量和本质要求。而党的领导的有效实现需要借助于为人们树立行为标准的法律规范。"法律、政策、道德、党规等都是国家治理现代化之规则体系的组成部分，但在国家治理现代化的众多规则中，法律是最基本的部分。"① 法治作为国家治理的基本方式，一方面要强调多元治理主体要依法治理，做到权有法定、权依法行、权责一致；另一方面要强调各种治理手段、治理策略、治理政策要通过法律来确认或认可，做到法外因素的合法化。同样，虽然中国共产党作为最高领导力量，领导人民制定法律、实施法律，但是党在发挥领导作用时其自身也要在宪法法律的范围内活动，做到依宪治国、依宪执政。习近平总书记也曾指出，"要进一步推进党的领导入法入规，善于使党的主张通过法定程序成为国家意志、转化为法律法规，推进党的领导制度化、法治化、规范化。"② 这也是在现代化治理中，党的执政能力法治化、执政方式法治化的直观体现。执政能力法治化和执政方式法治化决定了党通过政策、主张等发挥领导作用时要得到法律的确认或认可，表现在司法治理中就是通过政策司法化的过程完成党对司法治理的领导作用。

（二）我国法院的社会治理职能

1. "国家机关"属性决定法院的政策执行职能

司法政策是党的政策与国家公共政策司法化的结果，是法院找到的执行和贯彻党的政策和国家大致方针的结合点、切入点。法院通过司法政策完成党对司法工作的领导，贯彻、实施党与国家对国家治理现代化的总体部署和改革方针。"一般来说，我国的司法政策是特定时期国家宏观政策、内政外交形势和社会经济文化发展需求在司法中的凝聚和体现，是政治和法律交互作用的产物。"③ 通过司法政策，法院将政治方向、政治策略、政治主张贯穿到司法实践中，以弥合稳定的、理想的法律规范与改革中的、现实的政治社会生活之间的缝隙，实现司法的政治职能。"最高人民法院不是游离在执政党之外的'独立组织'，而是以政党为领导核心所领导的国家机构中的一部分。"④ 也就是说，人民法院作为国家的审判机关，除了其具有定分止争、案结事了的审判裁决功能外，还应当作为"国家机关"承担重要的政治职能和社会治理职能，发挥"超个案治理功效"⑤。国家治理现代化本身就是一个系统性的巨大工程，需要诸多权力行使、制度设计、措施实施等协同完

---

① 韩克芳：《法治在国家治理现代化中的地位、作用及其实现路径》，载《江西社会科学》2019年第12期。
② 习近平：《推进全面依法治国，发挥法治在国家治理体系和治理能力现代化中的积极作用》（2020年2月5日），收录于《习近平论坚持全面依法治国》，中央文献出版社2020年版，第273页。
③ 孔祥俊：《司法哲学与裁判方法》，人民法院出版社2010年版，第70页。
④ 彭中礼：《最高人民法院司法解释性质文件的法律地位探究》，载《法律科学》2018年第3期。
⑤ 沈明敏：《国家治理现代化视域下的司法治理》，载《甘肃理论学刊》2021年第4期。

成，除了政党、立法、执法等层面，司法治理也是重要的治理方式。为发挥其政治职能和社会治理职能，保障属于中央事权的司法权能在全国具有统一的司法适用标准，保障中央对各级法院的统一领导，最高人民法院通过制定司法政策的方式完成其政治功能。该任务是由其在国家权力配置的角色和在司法运行过程中的"最高"法院的地位所决定的，这就要求最高人民法院应当承担一定的政治职能。① 也即，"司法政策是人民法院政策性功能的集中表现和载体。"② 只不过在此过程中需要注意，通过政策的司法化完成司法的政治使命，只能是司法按照司法规律运行后'外溢'出来的客观社会效果。裁判者不能无视依法裁判的规则标准，将司法完全作为一种政治统治工具而造成司法绝对附庸于政权的局面。

2. 通过司法的裁判职能执行公共政策

国家治理体系和治理能力现代化的实现离不开法治思想、法治手段、法治道路。"现代法治为国家治理注入良法的基本价值，提供善治的创新机制，法治对于国家治理现代化具有根本意义和决定作用。"③ 国家治理的基础要依靠规则制度，而国家治理的目标方向需要借助价值观念来指明。国家治理现代化的良法善治特点决定其应具有秩序、公正、人权、效率、和谐等基本价值。其中，公平正义是现代法治的核心价值追求，让人民群众在每一个司法案件中感受到公平正义，是法治在司法层面提出的不懈追求的目标。司法裁判的最基本职能是将立法成品适用到每个实案中解决纠纷、化解矛盾，而从最直观的实际效果看，"通过司法的社会治理"也确实成为公众实际可见且其治理效果最易被感知的一种重要的治理方式。司法作为解决各种各样社会矛盾的第一站，也成为反馈社会矛盾的晴雨表和预警显示器。④ 司法的基本裁判功能决定其主要通过个案发挥治理效能，实现价值引领作用。司法的价值引领同样预示着法官不能"两耳不闻窗外事"仅仅机械简单地适用法律条文，还要"放眼世间百态"努力实现社会效果、政治效果与法律效果的相统一。而具体到案件裁决中，法官不仅要贯彻"以事实为根据，以法律为准绳"的基本原则，还要坚持贯彻党和国家的政策，通过司法裁判活动执行公共政策实现社会治理功能。可以说，"司法参与公共治理的表现形式之一，就是将公共政策纳入裁判活动之中。……公共政策司法不仅有助于拓展司法参与公共治理的范围，也有助于提升司法公共治理的能力"⑤。而司法政策也因其形成是以党和国家的政策为指导思想和根本导向的，故而成为政策进入司法活动的重要桥梁。

---

① 参见左卫民等：《最高法院研究》，法律出版社2004年版，第40-41页。
② 焦洪昌、潘塑：《论司法政策的规范内涵、适用范围和实际功效——以最高人民法院制定的司法政策为例》，载《北京行政学院学报》2021年第5期。
③ 张文显：《法治与国家治理现代化》，载《中国法学》2014年第4期。
④ 杨建军：《通过司法的社会治理》，载《法学论坛》2014年第2期。
⑤ 方乐：《司法参与公共治理的方式、风险与规避——以公共政策司法为例》，载《浙江社会科学》2018年第1期。

二、政策司法化的主要形式

政治与法治的关系的最直接体现就是政策与法律之间的关系。立法过程是贯彻国家政策最集中的阶段，通过立法机关直接或间接将党和国家的政策纳入法律体系中，经由立法过程转化为法律规范的政策，自然而然地成为司法、执法、守法的依据。但因立法程序的严格性、效力稳定性以及标准明确性等特点，无法通过立法及时吸收政策。而政策司法化因其灵活的特性自然而然成为政策指导法律运行的较优选择。从最高人民法院发布文件看，当下我国政策司法化主要通过"司法文件""指导性案例""司法解释"的形式展现，①这三种文件载体又因其在司法裁判中的适用特性的不同，而表现出不同的司法功能。即司法解释性质文件往往具有一种内部指引功能，指导性案例因其"准法源"地位而具有一种参照功能，司法解释因其法源地位而发挥一种"裁判依据"功能。

（一）司法文件

最高人民法院发布的司法文件也可以称为狭义的司法政策，即除了司法解释，最高人民法院针对司法活动制定的内部指导文件。通过查询最高人民法院官网可知，其栏目设置将"司法文件""司法解释""指导案例"并列，而"司法文件"的表现形式主要是"意见""纪要""通知""办法""规划"等。根据司法文件有无审判业务的标准，司法文件可以分为与审判业务相关的司法解释性质文件以及与审判业务无关的司法行政性质文件。针对司法解释性质文件的功能的探讨，彭中礼教授指出其功能是多向度的，认为从外部角度来看司法解释性质文件具有承载政治意图、执行公共政策和接轨国家机关的功能；从内部角度来看司法解释性质文件具有形塑裁判理念、规范漏洞填补、统一裁判标准的功能。②正是因为司法解释性质文件"向上"可以连接国家政治，"向下"可以指导司法裁判，所以司法解释性质文件成为培育政策司法化的优良沃土，是一种重要的司法政策载体。

无论从产生还是内容来看，司法文件均和一定时期的社会主要矛盾和经济发展任务相关，并与法律规则、党的政策、公共政策、民间习惯等众多社会规范具有社会治理上的一致性。如2017年9月8日，中共中央、国务院发布《关于营造企业家健康成长环境弘扬优秀企业家精神更好发挥企业家作用的意见》，最高人民法院为了贯彻文件精神，随即于

---

① 对司法政策范围的研究，特别是针对司法政策是否包含司法解释问题，存在两种观点：一种观点认为，司法政策包括最高人民法院针对司法活动所作出的各类文件、意见、通知、会议纪要，司法解释等。参见李大勇：《论司法政策的正当性》，载《法律科学》2017年第1期。另一种观点认为，司法政策不包括司法解释，司法解释是具有明确授权制定的具有裁判依据功能的规范性法律文件，司法政策是最高人民法院自身制定出来的内部指导文件。参见焦洪昌、潘塈：《论司法政策的规范内涵、适用范围和实际功效——以最高人民法院制定的司法政策为例》，载《北京行政学院学报》2021年第5期。

② 参见彭中礼：《最高人民法院司法解释性质文件的法律地位探究》，载《法律科学》2018年第3期。

2018 年 1 月 2 日出台了《最高人民法院关于充分发挥审判职能作用为企业家创新创业营造良好法治环境的通知》，此文件对保护企业家合法权益、营造良好法治环境具有重要意义。湖北省荆州市中级人民法院审理的一批有关金融借款合同案件，直接在裁判理由部分援引该司法文件，贯彻此文件中保障企业家的精神。如在"松滋中银富登村镇银行有限公司、龚娟金融借款合同纠纷案"①中，二审法院直接援引此司法文件第五条，论证"金融借款的最高利率不能超过民间借贷最高利率"这一观点。再如党的十八大以来，党中央高度重视和大力发展我国生态文明建设，在科学总结建设的经验和成就的基础上，形成了以习近平同志为核心的党中央在推动生态文明建设过程中的理论创新、实践创新、制度创新，开创了社会主义生态文明建设的新时代，形成了习近平生态文明思想。② 最高人民法院为使各级法院在审判过程中坚持习近平生态文明思想的指导作用，于 2018 年 8 月出台了《最高人民法院关于深入学习贯彻习近平生态文明思想为新时代生态环境保护提供司法服务和保障的意见》，该意见强调在环境审判工作中要以习近平生态文明思想为指导，用司法审判的方式为污染防治、生态安全保护、经济高质量发展及生态文明体制改革等提供保障。各级法院在习近平生态文明思想的指引下，发布了各种有关环境审判的典型案例，如最高人民法院为全面展现人民法院对环境资源审判的工作情况，在连续发布中国环境资源审判白皮书的基础上，首次发布年度环境资源典型案例，即《2019 年度人民法院环境资源典型案例》共 40 起典型案例，分别涉及刑事类、民事类、行政类和环境公益诉讼及生态环境损害赔偿案件类。同时，地方法院也陆续公布本地区环境资源典型案例，如天津市、甘肃省、黑龙江省、重庆市、江苏省、广东省、海南省、四川省等相继发布了本地区年度环境资源审判典型案例。这些案例之涉及与运用，涉及多重法律规范，共同指向社会治理现代化目标。

（二）典型案例

成文法演绎思维模式的最大弊端就是因不同裁判者对制定法的不同理解，造成法律适用的不统一问题。对此，最高人民法院通过发布典型案例以个案裁判方式确立法律具体明确的适用标准，一定程度上弥补制定法适用不统一的问题。也正是因为典型案例直接面对的是司法审判实践，通过遴选并发布具有指导意义的典型案例，也成为落实党与国家政策的一种较为灵活的方式。③ 实践中，司法典型案例的形式具有多种，如最高人民法院专门遴选并定期发布的指导性案例、最高人民法院公报案例、审判参考案例、特定时期或特定

---

① 案件号：（2022）鄂 10 民终 2191 号。同类案件还有（2022）鄂 10 民终 1664 号、（2022）鄂 10 民终 1666 号、（2022）鄂 10 民终 1910 号、（2022）鄂 10 民终 1421 号等。
② 张云飞：《深入学习贯彻习近平生态文明思想》，载《中国社会科学报》2018 年 5 月 21 日。
③ 参见杜群、都仲秋：《实施〈长江保护法〉的司法导向——基于最高人民法院司法政策的分析》，载《北京理工大学学报（社会科学版）》2023 年第 1 期。

事项典型案例等。从指导效力上来看，指导性案例具有最强效力；其次是最高人民法院公报案例；最后是典型案例。在国家应急时期，最高人民法院通过发布典型案例参与社会治理、贯彻国家政策也成了重要的手段。例如2020年疫情暴发初期，最高人民法院发布《人民法院依法惩处妨害疫情防控犯罪典型案例》（第一批、第二批、第三批），以及发布《全国法院服务保障疫情防控期间复工复产典型案例》（第一批、第二批、第三批）。这些典型案例一端连着国家政策，一端连着法律法规，实现了通过司法裁判活动将政治要素与法律要素在社会矛盾化解中的融通。

这些典型案例现实地将党和国家政策转化为司法政策。最高人民法院通过指导性案例发挥政策的导引作用，就是"在指导性案例中融入一定的司法政策来对法律规则和立法政策进行引导和调整，旨在对未来类似的案件提供指导和引导"。而对指导性案例的样本选择和基本事实、裁判理由、裁判要点的提炼整合中，明显"体现着最高人民法院司法政策的宏观指向与微观立场"[①]。这些典型案例不仅遵循"法律的逻辑"，而且遵循"政治的逻辑"，其案例选择所考量的一个重要因素就是"公共政策因素"。如党的十八大以来，党中央高度重视构建新发展格局，注重以全面加强保护知识产权为主线，强调改革创新这一根本动力，深化推进知识产权保护工作体制机制改革，以实现建设知识产权强国的目标。为贯彻落实党中央、国务院关于知识产权工作的决策部署，加强知识产权的法治保障，最高人民法院已发布近30例知识产权类指导性案例，"侵害发明专利权""侵害植物新品种权"也成为指导性案例中的核心关键词。[②] 再如自党的十八大明确提出"生态文明建设"目标，最高人民法院为推进生态文明建设提供司法保障，至今为止已发布多起生态环境保护的指导性案例，如指导性案例127号至136号、指导性案例172号至176号。这些案例涉及水域生态、大气环境、土质资源、生物多样性等保护，最高人民法院选取这些指导性案例为生态环境保护案件设定裁判尺度，这其中很大因素有对生态文明建设政策的考量。

（三）司法解释

除司法文件和典型案例外，司法政策的另一重要表现形式就是司法解释。而且相比其他两种形式，司法解释具有最直接的法源地位和裁判效力。就其法源地位而言，根据1981年通过的《全国人民代表大会常委会关于加强法律解释工作的决议》，最高人民法院的司法解释权来源于全国人大常委会的明确授权，是全国人大常委会法律解释权的分化。这一特性在《立法法》中也有所体现，《立法法》中规定，最高院作出的属于审判工作中具体应用法律的解释，应当及时向全国人大常委会备案。正是因为最高院作出司法解释的权力来源于全国人大常委会，所以司法解释权具备明显的宪法性依据。就其裁判功能而言，司

---

① 王绍喜：《指导性案例的政策引导功能》，载《华东政法大学学报》2018年第5期。
② 参见郭叶、孙妹：《最高人民法院指导性案例2021年度司法应用报告》，载《中国应用法学》2022年第4期。

法解释与全国人大常委会所作的法律解释具有同等裁判地位,可直接作为"裁判依据"发挥作用。而且,根据2007年4月1日生效并于2021年6月18日修改的《最高人民法院关于司法解释工作的规定》可知,司法解释通常有"解释""规定""规则""批复""决定"五种专属形式。

司法解释因其特定的法源价值,加之相较于立法而具有的灵活性,当下已成为最高人民法院执行党和国家政策、参与现代司法治理的重要方式。在特定时期或针对特定社会事务国家出台政策方针之后,最高人民法院往往会将国家政策中的主要思想或精神,通过制定司法解释的形式贯彻到法律适用过程中,以便紧跟国家全局性、统一性的治理步伐。通过这种特殊的转变方式,既发挥了政策的导向作用,又为政策披上合法化外衣。如以行政诉讼为例,行政诉讼制度是"法治政府"的重要一环,是限制公权力、保障私权利的里程碑式的重要制度创新。为深入贯彻习近平法治思想,最高人民法院于2018年2月发布了《最高人民法院关于适用〈中华人民共和国行政诉讼法〉的解释》,这部司法解释在巩固并深化行政审判体制、保障当事人合法权益、明确原被告主体资格、畅通"民告官"救济通道等方面具有重要的意义。以及2021年4月1日生效的《最高人民法院关于正确确定县级以上地方人民政府行政诉讼被告资格若干问题的规定》也是为"法治政府"建设注入的一剂强心针。再如党的十八大以来,党中央重视互联网的发展与治理,党的十九大把"网络强国"作为重要的国家战略,党的二十大再次强调"网络强国"战略,并提出"健全网络综合治理体系,推动形成良好网络生态"。为贯彻党依法治理网络空间的精神,最高法联合最高检还共同出台司法解释,对刑法中新增相关网络犯罪的定罪量刑标准予以明确,其目的在于为营造风清气正的网络空间提供更为有力的法治保障,最大限度地为利用刑法打击网络犯罪指明方向。

三、政策司法化的规范路径

政策司法化一方面实现了党对司法活动的领导,让司法活动遵循国家总体部署,实现司法裁判的法律效果、政治效果和社会效果有机统一;另一方面,如果过度强调司法的政治性效果,也会造成政策的"泛用"甚至被"滥用"。但从司法政策的当下运用来看,一定程度上存在政治话语和法治话语的混淆。政策司法化过程不仅是人民法院对党和国家政策方针的遵守,而且是法院运用法律手段参与社会治理的一种重要方式。此时,司法政策作为连接司法政治功能与裁判功能的桥梁,要借助法治话语,实现司法对国家政策的遵守。然而,为规避政策理解错位等风险,最高人民法院往往直接将政治话语纳入到司法政策中,使司法政策出现政治与法律两种话语体系。司法治理作为国家治理体系中的一种新模式,不同于借助公共政策以管理式模式的行政治理。行政治理更多是"由政府统治与政府管理有机组成",强调的是一种权力的纵向管理与服从的治理方式;司法治理虽然也涉及国家权力、国家职能的发挥,但是这种治理模式更多体现为以一种审判权中立的姿态,解决平等双方权利主体的纠纷而附带的对社会稳定的治理作用。两种治理模式的不同，决定了治理过程中运用的话语体系各有特点。政治话语和法律话语各有其应遵循的逻辑与规则，并各自具有自己封闭的话语体系。一般地说，司法机关更多以"合法或非法""权利或义务""实质正义或程序正义"作为主要的符码，从而"形成一种独特的法律思维方式"。

针对该话语混淆问题，如何将政策司法化过程纳入规范路径，是发挥党和国家政策在司法中引领作用的关键。结合政策司法化的不同类型及其在司法治理中发挥的不同作用，我们可将政策司法化的规范路径归纳如下：第一，有效整合国家治理体系中的多元社会规范，妥善处理法律规则与社会治理的关系；第二，根据不同类型司法政策的功能，严格审视政策转化程度，同时结合不同司法政策的"法源"地位，强化司法政策适用中的论证说理；第三，根据不同层级法院审判任务和不同类型案件的审判特点，区别对待司法政策的实施和贯彻程度，确保司法政策运用的实效性。

（一）有效整合多元社会规范进行国家治理

从法与社会关系角度来看，上述政策司法化难题出现的一个重要原因在于未妥善处理法律规则之治和社会治理之间的关系。法律与政策有着各自的治理重点、路径与方式，仅从结果主义的社会纠纷化解来看，我们对此并无必要详细界分。法只是调整社会矛盾的一种方式，甚至都不是最有效的方式，其特殊性只是在于依靠国家强制保障实施。现代国家和社会的治理，首先表现为规范体系的治理。在当今社会治理中，法律规范、党内法规、党的政策、国家政策、社会规范、民间习惯等，都是当代中国社会中客观存在的规范类型，并在各自的不同场域中发挥着功能和作用。① 也就是说，高质量的政策司法化重要的不是将党的政策、国家政策、社会规范等纳入法律规范，也不是将党内法规、民间法塑造为法律，而是如何在现代化国家治理目标要求下，有效实现各种社会规范之间的价值整合，这是我们在化解当下的政策司法化难题时，首先需要树立的基本原则与立场。

在政策司法化过程中，该价值整合不是多种社会规范"九龙治水"，其重在准确界定各种不同规范类型在社会治理结构和法治结构中的地位、作用及其相互关系。在现代法治国家，为了实现社会治理的规范化和制度化，党的政策、公共政策、民间习惯都需要直接转化为司法政策，或间接发挥司法政策的司法治理效能，只不过它们转化为司法政策的方式和最终形式存在区别。伴随党的领导加强，现在党的政策已更全面、更深入地通过司法政策的形式进入司法甚至法律体系，该变化最直接的体现就是党内法规已成为社会主义法治体系的重要部分。只不过在具体适用中，由党的政策转化而来的司法政策往往是作为裁判背景或司法语境。其次，就公共政策而言，这不仅是当下政策司法化的关键场域，也是

---

① 刘作翔：《当代中国的规范体系：理论与制度结构》，载《中国社会科学》2019年第7期。

该问题研究者的主要关注点。司法实践中,大量的司法政策都是经由公共政策转化,将公共政策的社会治理目的转变成为司法治理目的。最后,就民间习惯而言,受习惯法在我国并未明确列入法律规范体系,司法裁判对习惯要素的考虑只能通过间接方式。而且,相比党的政策或国家政策通常面向全国,民间习惯参与社会治理更多的还是存在于基层或特定领域。① 此时,当整合民间习惯要素为司法政策进行国家与社会治理时,这些习惯性要素往往充当了裁判的理由,而不能作为裁判之依据,并集中适用于地方法院对司法政策的解释和执行过程中。

(二) 根据不同司法政策的功能进行转化

如上几方面问题虽然有着不同的表现形式,但其实质都是在政治和社会效果影响下,法律的规范性被消解。一方面,治理现代化过程中,虽然我们必须注重党的领导地位,强调党的领导与全面依法治国的相统一,但是这两者的统一更侧重于"以人民为中心"这一根本目的,而并不是说两者实施手段相一致。尽管党和国家的政策对其予以一定的政治指导,但也绝不可能将司法政策看作是对国家政策的简单复制。另一方面,司法政策的发布与出台本身就是司法参与国家治理的主要方式,主要发挥法院的政治职能。但是对于行政治理、行政政治职能来说,司法治理具有鲜明的独特性,即司法政策要借助裁判功能的外溢效果实现治理功能。这就决定了,在司法治理模式中,司法机关所执行的政治任务并不能简单等同于司法政治化或政治司法化。国家政策作为政府治理的主要手段,在其进入司法治理体系时,要先"入乡随俗"转化为法律治理手段,用法律的基本原则、基本规范来衡量政策的正当性。从功能视角看,司法政策应当以法律为出发点,并以法律规定作为判断的标准。尽管在具体操作中,司法政策的运行或许会适度偏离法律轴心,但其所起到的导向功能必须限定在法律的框架之内。

就此而言,针对不同司法政策在裁判过程中的功能差异,其转化要求也不同。首先,司法解释具有法源地位,在裁判中主要被用作裁判的大前提发挥裁判依据的功能,加之其备受"超越立法权限"争议,所以,利用司法解释执行国家政策的前提就是要严格按照立法者公布的制定法为解释依据,执行好"解释"法律的任务。1981 年通过的《全国人民代表大会常委会关于加强法律解释工作的决议》作为司法解释权的权力来源性文件,该文件明确规定最高人民法院所作的司法解释在本质上只能是对现行有效的法律规范在适用过程中出现的法律条文的含义、法律概念以及法律适用条件等具体法律适用问题加以解释、作出说明,即使司法解释受国家政策的指引和影响,但是更多还是需要先将政策纳入立法中,然后再通过司法对所立之法进行解释以贯彻落实国家政策。若因立法的滞后性来不及

---

① 褚宸舸、李德旺:《近十年人民调解"枫桥经验"研究的回顾与展望(2008—2017)》,载谢晖、陈金钊主编:《民间法》(第 21 卷),厦门大学出版社 2019 年版,第 120 页。

将国家政策纳入其中，司法解释也应当在严格遵循基本法律原则、法律精神、制定法基本文义的基础上，用法律体系同化国家政策，让政策从话语体系、表现形式、适用方法等方面都满足法律的基本特征。其次，相对于法律解释，最高院发布的司法文件因其在裁判中不发挥裁判依据的功能，其更多是作为一种提升裁判可接受性的论证材料，或者为裁判提供一种政治背景，所以对司法文件类司法政策的合法性要求要低于司法解释。至少司法文件不需亦步亦趋受立法者原意或法律文本客观含义的限制，最高人民法院在司法文件的内容上具有更大自由性。但是毕竟司法文件会指引司法裁判的功能，所以对进入司法文件的国家政策还需要进行一些风险评估，例如政策内容的合法性、合理性及内部一致性评估、政策实施方式的法律性评估、以及政策实施后果的可接受性评估等。① 最后，借助典型案例阐释司法政策蕴含的裁判规则。从当下我国司法改革的整体内容来看，典型案例的指引作用日益凸显。在司法政策运用问题上，当无法通过规范立法或教义学解释进行"正面回应"时，发布典型案例"倒逼"法律规范或司法政策实施，进而引领后案裁判，统一法律适用，无疑将是发挥司法政策治理效能的一种重要方式。

（三）结合法院层级和案件类型区别化运用司法政策

从法院内部看，因不同层级法院所承担的审判任务不同，以及不同类型法院所审理的案件特点不同，这决定了不同法院在对待国家政策的态度是不同的。尽管从司法政策的制定主体看，享有司法政策创制权的法院仅限于最高人民法院，但是从司法政策的贯彻实施看，各级法院都是运用和执行司法政策的重要主体。所以，在分析法院通过司法裁判执行国家政策时，我们就不得不考虑法院的层级以及案件的类型等因素。

由于不同层级法院在裁判中的审理重点不同，它们对司法政策的贯彻和落实也不同。我国法院系统是四级法院二审终审制，上下级法院之间的组织安排不同于行政机构的管理与被管理的关系，而是一种"上下级法院之间相互独立、上下级法院之间实行职能分层、发生法律效力的判决具有终局性"的审级构造模式。审判活动最重要的两个部分是事实审和法律审，当然对于事实问题的审理和法律适用问题的审理这两部分不能完全割离。下级法院和上级法院都通过审判活动解决纠纷，但是"下级法院往往多聚焦于具体社会纠纷的直接解决和对具体案件问题的专门指引，上级法院则多聚焦于维护法律的统一和在同类案件问题上规则创制"②。上下级法院审判职能的如此分配，主要因在化解案件纠纷时法院不仅要考量具体案件当事人的私人利益和目的的显现价值，而且还要考量因此案而涉及的类群体的社会公共利益和目的的隐形价值，并且需要在这两种不同价值中权衡，以实现法律效果和社会效果的统一。对于政策进入司法裁判中，下级法院

---

① 参见方乐：《司法参与公共治理的方式、风险与规避——以公共政策司法为例》，载《浙江社会科学》2018年第1期。
② 杨知文：《现代司法的审级构造和我国法律层级结构改革》，载《华东政法大学学报》2012年第5期。

应当抱有更谨慎的态度。

除法院层级外,司法政策也因案件类型的差异,呈现出相应的区别。仅就民事案件和刑事案件来说,两者在制定和运用司法政策时无论是在理念还是内容方面,均存在明显不同。民法属于私法,奉行平等主体之间的私法自治原则,强调法无禁止即可为,赋予了法律主体广泛的自由;刑法属于公法,奉行罪刑法定原则,强调法无授权不可为。落实到相应的司法政策上,民事领域有关调解的司法政策和刑事领域有关宽严相济的司法政策,就构成鲜明对比。刑法的谦抑性以及罪刑法定原则要求政策在进入刑事案件时要尊重刑事法律,接受刑事法律规范的制约。而且只有与刑事法律精神一致的政策才能进入刑事案件,所发挥的也只是一种辅助刑事法律适用的作用。相比刑法的谦抑性,政策在民事案件裁判中,则发挥着更加抽象宏大的裁判指引作用。甚至是,国家政策一度在民事案件裁判中充当了重要的法源。1986年颁布的在中国发挥三十几年效力的《民法通则》,该法第六条就明确规定,"民事活动必须遵守法律,法律没有规定的,应当遵守国家政策"。虽然现在生效的《民法典》中该条已经修改,但从当下有关民事司法程序及涉及裁决合同纠纷的司法政策来看,国家政策在民事审判中仍然发挥着重要的指引作用。

结 语

中国特色社会主义司法的根本特征是人民性、政治性和法律性的有机统一。在现代国家治理体系中,司法的一个显著特点就是它不仅在私法领域,更重要的是在规范社会与国家、公民与政府关系的公法领域获得了引人注目的发展,这也是司法政策的社会治理效能。如果说司法是维护社会正义的最后一道防线,公平正义是司法的灵魂,那么司法政策无疑将是筑牢转型社会秩序和正义防线的重要基石之一。当实在法不能解决棘手社会问题时,具有政治与法律双重特征的司法政策无疑将是重要选择。此时,如何在社会治理视域下,挖掘政策司法化的理论基础和表现形式,并针对已有的政策司法化难题构建化解对策,必将成为中国式现代化建设进程中司法治理乃至整个社会治理研究的重要课题。

On the Judicialization of Policy in Modern State Governance

Song Fei

Abstract: As the product of the combination of law and policy, judicial policy plays an important role in modern national governance. The judicialization of China's policies has two theoretical prerequisites: The first is the relationship between the leadership of the Party and the rule of law, and the second is the judicial function of the court; At present, there are three forms of expression: judicial documents, typical cases and judicial interpretations, and each has different judicial governance effectiveness. Subject to many reasons, there is confusion between political discourse and rule of law discourse in the process of policy judicialization in our country to a certain extent, which restricts the current socialist rule of law construction. In order to comprehensively improve the social governance efficiency of the judicial policy, we need to standardize the judicial process of the policy, The main performance is: effectively integrate the multiple social norms in the national governance system; According to the different functions of judicial policy, realize the transformation of public policy to judicial policy; And the differentiated application of judicial policies in combination with court levels and case types.

Key words: governance modernization , judicial policy , public policy , functionalism

绿色发展政策在知识产权法领域的法律化路径
——以对绿色专利强制许可制度的检验为视角

汪 叶*

摘 要 绿色发展政策在多个部门法中得到了立法贯彻,但在知识产权法领域却存在着法律化不足的问题。为了实现政策目标,学界有观点主张建立绿色专利强制许可制度,该路径应当在"政策法律化"的理论框架下进行审视。"政策法律化"是一个广义的概念,对其成立条件应当遵循"两阶六步"的检验过程,即在政策维度上检验政策稳定性、目标同一性与实施保障性,在法律维度上检验其与法学理论的契合度、与现有规则的融合度以及已有制度的铺垫情况。以这一标准检验绿色专利强制许可制度,可以得出肯定的答案:绿色发展政策在我国具有长期性,设立绿色专利强制许可制度与绿色发展政策的目标一致,且能够对绿色发展战略的实施提供保障;它与知识产权法中的利益平衡理论相契合,也体现了国际公约的规则与精神,同时,我国已有的行政强制许可与司法强制许可也为其可行性提供了充分的支撑。短期而言,可以通过司法解释或者通过部门规章将"公共利益目的"扩大解释涵盖绿色技术专利的实施;长远来看,在《专利法》中设立绿色技术专利强制许可条款才是最终解决方案。

关键词 绿色发展政策 政策法律化 绿色技术 绿色专利强制许可

一、现状、问题与解决思路

绿色发展政策追求环境保护与经济发展的和谐统一,是对生态文明建设的新理解、新诠释、新发展,近年来在宪法、法律、行政法规等规范性法律文件中得以广泛体现。但

---

* 汪叶,法学博士,湖南大学法学院助理教授。

是，在知识产权法领域中，这一政策却始终存在着贯彻力度不够、法律化程度不足的问题。

(一) 绿色发展政策及其法律化情况

2015年党的十八届五中全会正式确定了绿色发展理念，绿色发展要求"发展环境友好型产业，降低能源和物质消耗，保护和修复生态环境，发展循环经济和低碳技术，使经济社会发展与自然协调发展"。① 2017年党的十九大把"增强绿水青山就是金山银山的意识"首次写入党章。2019年党的十九届四中全会在《中共中央关于坚持和完善中国特色社会主义制度、推进国家治理体系和治理能力现代化若干重大问题的决定》中专门强调，"坚持和完善生态文明制度体系，促进人与自然和谐共生"。2022年党的二十大报告中提出"中国式现代化是人与自然和谐共生的现代化"，并专章强调"推动绿色发展，促进人与自然和谐共生"的使命和任务。在党的政策指引下，国务院及各部委都相继颁布了促进绿色发展的实施性政策，涉及经济、能源、技术、税收、投融资等社会发展的方方面面。2020年，国家发展改革委、司法部印发《关于加快建立绿色生产和消费法规政策体系的意见》的通知，将党中央、国务院的顶层设计进行了细化实化，明确了绿色生产和消费法规政策体系的改革方向。2021年《国务院关于加快建立健全绿色低碳循环发展经济体系的指导意见》，"首次从全局的高度，全方位全过程推行绿色规划、绿色设计、绿色投资、绿色建设、绿色生产、绿色流通、绿色生活、绿色消费，提出了一系列可操作、可落地的政策措施，完成了绿色发展制度体系由'战术体系'向'战略体系'的转型"。② 2023年国务院新闻办颁布《新时代的中国绿色发展》白皮书，进一步明确中国要坚定不移地走绿色发展道路。

在绿色发展理念下，国家不断推动生态法治化建设。生态法治化旨为推进生态文明建设，以法治思维方式构建严密的制度体系来保护生态环境，制定与环境治理、环境保护直接相关的法律法规以及司法与行政执法体系。近年来，生态法治化取得了较大成果，绿色发展政策在多个部门法中得到了立法贯彻：2018年生态文明被写入《宪法》，2019年绿色原则被写入《民法典》。据官方报道，"在'十三五'时期，我国制修订的生态环境法律法规多达17部，'十四五'将大力推动生态文明体制改革相关立法"③。这其中有对具体政策文件的贯彻，比如在2017年中共中央办公厅、国务院办公厅印发了《生态环境损害赔偿制度改革方案》之后，《民法典》以及《长江保护法》《森林法》《土壤污染防治法》

---

① 张云飞：《全面把握"绿色发展"》，载《学习时报》2015年11月9日。
② 孙秀艳、陆娅楠：《〈关于加快建立健全绿色低碳循环发展经济体系的指导意见〉发布，绿色发展如何迈上新台阶?》，载《人民日报》2021-3-25。
③ 郄建荣：《"十三五"制修订17部生态环境法律法规 "十四五"将大力推动生态文明体制改革相关立法》，载《法治日报》2021年12月3日。

《固体废物污染环境防治法》等多部专项法律都规定了生态环境损害赔偿的责任机制,也有基于绿色发展政策理念的法律修订,比如2019年《资源税法》的修改就明确了"推动绿色可持续发展"的立法导向。① 地方政府也颁布了行政规章以促进各项绿色发展政策的实施,例如2021年北京市发布《生态涵养区生态保护和绿色发展条例》,推动生态涵养区生态保护和绿色发展;2021年深圳市发布《深圳经济特区绿色金融条例》,回应中央经济工作会议的要求"加大对绿色发展的金融支持"。总的来说,我国在立法上制定了以《环境保护法》《清洁生产促进法》《循环经济促进法》为主体、涵盖绿色生产生活等一系列推进生态环保、绿色生产和消费的法律、细则或行政规章。

(二) 绿色发展政策在知识产权法中的法律化路径问题

贯彻绿色发展政策,助力生态文明建设,知识产权法理应发挥很大的作用,这是由知识产权法的自身性质所决定的:其一,知识产权法天然具有极强的政策属性,历来受到政策的深刻影响,正如学者指出的那样,"知识产权的公共政策性构成其显著特性,并塑造了其独特的财产性";② 其二,《民法典》明确规定了绿色原则,并将其作为民法的基本原则之一体现在法律规范和司法审判中,作为民法的一部分,知识产权法自然应当予以呼应;其三,绿色发展与生态文明建设离不开绿色技术的创新与推广,而知识产权制度是与绿色技术最为接近的制度。

目前,绿色发展政策在知识产权法中的体现有二:一是在知识产权侵权责任承担上以环保因素对停止侵权请求权的限制,③ 二是在专利申请保护上以环保因素对绿色技术开放优先审查的绿色通道。但是对此的规定并不完善,效果也并不显著。比如,绿色技术开放优先审查并未使得绿色专利的数量显著提升,④ 主要原因在于目前绿色技术的创新还处于初级阶段。⑤ 可以说,绿色发展政策在知识产权法中的法律化并不成功,是因为缺乏了作为关键抓手与着力点的制度。在国内绿色技术创新能力薄弱的情况下,可以考虑将目光放在国内外已有绿色技术的推广上。绿色专利强制许可制度因而进入了学术界的视野,它是一项以绿色技术为核心、促进环保友好型技术推广应用的方案。有观点指出,"绿色技

---

① 参见王萍等:《推动绿色可持续发展:立法导向进一步明确》,中国人大网,http://www.npc.gov.cn/npc/c30834/201908/a5352631ede04eb39db937e5c6f14af1.shtml,访问日期:2022-12-28。
② 孔祥俊:《论知识产权的公共政策性》,载《上海交通大学学报(哲学社会科学版)》2021年第3期。
③ 例如晶艺公司诉广州白云机场专利侵权案,广东省广州市中级人民法院(2004)穗中法民三初字第581号民事判决书;晶源公司诉富士化水、华阳公司专利侵权案,福建省高级人民法院(2001)闽知初字第4号民事判决书,最高人民法院(2008)民三终字第8号民事判决书。
④ 绿色专利数据参见陈小辉,方正之,邓婷心:中国绿色技术创新指数报告(2021),https://www.01caijing.com/finds/report/details/323551.htm,访问时间:2023-1-15。
⑤ 2022年8月30日,全国人大常委会执法检查组关于检查环境保护法实施情况的报告显示,"环境质量得到显著改善,污染防治攻坚战阶段性目标如期完成",然而目前生态环境保护工作中最为严峻的问题是"生态环境技术目前处在起步阶段,不足以应对日益严峻的生态环境问题,环保科技支撑能力还需进一步加强,生态环保成果转化和推广应用机制不完善等"。

是加速'双碳'目标实现的'催化剂',在我国构建绿色技术专利强制许可制度是实现'双碳'目标的必要环节、履行国际义务的具体要求以及构建专利生态化的关键路径……(应当)在现行专利制度的框架内增加绿色技术专利强制许可条款、将环境利益明确纳入公共利益的范畴、健全许可使用费定价机制以及完善强制许可主体及救济程序……"① 那么,绿色发展政策在知识产权法中正确的法律化路径是建立绿色技术专利强制许可制度吗?要回答这个问题,就必须基于"政策法律化"这一理论框架进行条件检验。

(三) 政策法律化框架下的条件检验方案

1. 政策法律化的定义与范围

政策法律化指的是将政策性文件中的政策转化为规范性法律文件中的规范。政策性文件是承载政策的文本,比如,中共中央作出的"决定",政府机关颁布的"通知""行动方案""指导意见""行动意见"等;规范性法律文件既包括全国人大及其常委会制定的宪法与法律,也包括行政法规、地方性法规与规章等,② 这些文件以"法""条例""办法""细则"等作为名称。最高人民法院的司法解释依其实质的"准立法"性质而属于延伸意义上的规范性法律文件,按照《最高人民法院关于司法解释工作的规定》,限于以"解释""规定""规则""批复"和"决定"为名称的文件;最高人民法院颁布的"意见""指导意见"等文件不能被归类为司法解释而属于政策性文件,尽管其中可能有类似规范的表述,但是却缺乏对下级司法机关的明确约束力。

政策分为抽象的理念性政策与具体的实施性政策,前者涉及有关目标、理念、准则、任务,后者涉及实施方案、步骤和具体措施。③ 政策法律化不仅指理念性政策在法律中转化为原则,比如在《民法典》中设立绿色原则,也包括政策转化为规则的情形,即将实施性政策转化为法律规则,或者基于理念性政策直接设立法律规则。比如,2005 年前后中央提出了宽严相济的刑事政策,这属于理念性政策;2010 年 2 月最高人民法院印发了《关于贯彻宽严相济刑事政策的若干意见》,这属于刑事司法领域的实施性政策;2011 年全国人大常委会颁布了《刑法修正案(八)》,除了将《关于贯彻宽严相济刑事政策的若干意见》中的部分政策内容法律化之外,还直接根据宽严相济刑事政策对许多刑法规则进行了大范围、大幅度的修正。④

2. 政策法律化的条件及其检验路径

关于政策法律化的条件,我国学界的论述大体相近。比如,有观点认为法律化的前提

---

① 张任萍、乔瑜:《"双碳"背景下绿色技术专利强制许可的法律问题及破解》,载《河北科技大学学报(社会科学版)》2022 年第 2 期。
② 参见陈潭:《浅论政策合法化与政策法律化》,载《行政与法》2001 年第 1 期。
③ 参见郭武、刘聪聪:《在环境政策与环境法律之间——反思中国环境保护的制度工具》,载《兰州大学学报(社会科学版)》2016 年第 2 期。
④ 参见陈兴良:《刑法的刑事政策化及其限度》,载《华东政法大学学报》2013 年第 4 期。

是该政策经过实践证明在现在和将来的一段时间内是适用的、有效的、成熟的、长期稳定的，同时对全局有重大影响且有立法必要；① 有观点指出，"拟法律化的政策必须是稳定的、经过实践检验的、可固定化的且为全社会所普遍接受的事项"；② 还有观点提出了两个条件，一是适宜性条件，即拟转化为法律的政策在内容上必须是可以具体化为权利义务的、必须要求由全社会来普遍遵守的、适合于动用国家强制力来保障遵守的事项，二是成熟性条件，即必须是稳定的、可固定化的、并在现阶段能为全社会所普遍接受的事项。③ 这些观点存在较为明显的缺陷：其一，条件设置较为零散，不成体系，没有提出明确的检验步骤；其二，所谓有效的、成熟的、经过实践检验的政策仅可能指实施性政策，因为理念性政策的宏观性与抽象性就意味着它不会具备这些性质，理念性政策直接转化为法律规则也不可能与这些条件相匹配；其三，所谓为全社会所普遍接受的条件也并不现实，因为民意在许多问题上本就分裂，更何况一些政策因其专业性而不被社会民众所明了，政策制定者在这些领域往往更有远见；其四，所有的论述都是从政策的维度出发，但仅有个别观点体现了从法律兼容性角度出发的思考。

为了克服上述观点的缺陷，关于政策法律化的条件本文提出"两阶六步"的检验方案。"两阶"指的是在整体上分成了政策维度的条件与法律维度的条件两个层面。其根据在于，法律本就兼具政治性与专业性这双重属性，是政治家智慧与法学家智慧的结晶。政策法律化，政治是动力，立法是归宿；政策是出发点，法律是落脚点；政策侧重功利，法律坚守公正。因此，在政策维度上，应当以积极、活跃的思维去关注政策自身的维持与实现，尤其是检验法律化是否能够更好地达成政策目标；在法律维度上，应以冷静、专业的态度约束政策的冲动，从理论、规则、体系等方面思考政策法律化的兼容性问题。

政策维度包括三个方面检验内容：（1）政策自身的稳定性。不是所有的政策都可以法律化，只有那些关乎国家经济社会发展的重大事项，较为持续且稳定的政策才可以被法律化。若是一项政策朝令夕改，则与法律的稳定性相违背，显然不具备法律化的前提条件。（2）法律化与政策目标的一致性。之所以要法律化，是为了更好地实现政策目标，因而法律与政策应具有同一目标、追求同一价值；如果经评估，法律化后可能偏离甚至妨害政策目标的实现，那么当然就不宜将其转化为法律。（3）法律化对政策实施的保障性。除了目标这一结果外，还应当考虑法律化对于政策实施过程的贡献，换言之，法律化应当对政策的实施提供切实的保障，通过保障过程促成结果实现。

法律维度也包括三个方面的检验内容：（1）与法学理论的契合度。法律有自成一套的理论体系，政策的转化必须找到合适的法理基础。如果无法找到契合的理论作为锚点，那么法律化的正当性就会大打折扣。（2）与现有规则的融合度。这既指与本国法律体系之间

---

① 参见陈潭：《浅论政策合法化与政策法律化》，载《行政与法》2001年第1期。
② 倪斐：《政策与法律关系模式下的公平竞争审查制度入法路径思考》，载《法学杂志》2021年第8期。
③ 参见方世荣：《论政策转化为法律的基础与条件》，载《湖北行政学院学报》2006年第4期。

的兼容性，即不与现有法律规则发生原则性的冲突，在部分情况下也指与国际公约中的规则、精神的匹配程度。(3) 已有制度的铺垫情况。存在基础性制度通常意味着设立新制度的成功可行性越大，对于政策法律化的支撑力就越高。

二、绿色专利强制许可的政策维度条件之检验

绿色发展政策法律化的出发点是通过法律制度的稳定性，来保障绿色发展政策目标的实现。绿色发展政策的稳定性为法律化提供了前提条件，法律制度与绿色发展政策目标一致性是绿色发展政策法律化的最终追求，法律制度保障绿色发展战略的实施是绿色发展政策法律化的基本要求。绿色专利强制许可制度是否是绿色发展政策法律化的可行方案，首先需要从政策维度进行条件检验。

（一）政策稳定性

法律制度以可预见性的规范形式调整人们在社会活动中的行为，稳定性是法律制度的内在要求。稳定的法律制度给予人们行动稳定的预期，不稳定的法律制度将使社会生活陷入无序状态。法律制度的稳定性特征要求政策法律化过程中政策的稳定性。政策的稳定性关系到政策的有效实施以及政策目标的实现。如果政策频繁变动、朝令夕改就会影响政策的执行和目的的实现。

从绿色发展政策的历史演化过程来看，随着人们对经济发展与环境保护关系的认识深入，国家的发展战略也进一步地探索深化。从经济与自然协调发展理念，到"人口、经济和资源"的可持续发展理念，再到"物质文明和生态文明和谐发展"的科学发展观，党和国家的发展战略和政策逐步成熟，在习近平生态文明思想指引下，确定了坚定不移的绿色发展之路。"绿色发展更具包容性，既包括传统可持续发展中所关注的人口和经济增长与粮食和资源供给之间的矛盾，同时也强调气候变化对人类社会的整体性危机"。① 绿色发展强调经济、社会与自然的共生以及发展目标的多元化。经过了长期的演进过程，至目前，绿色发展彰显了中国式现代化的显著特征，成为社会发展的主基调。就未来发展来看，党的二十大报告中强调，"推动经济社会发展绿色化、低碳化是实现高质量发展的关键环节"，未来几年是全面建设社会主义现代化国家的关键时期，要完整、准确、全面贯彻新发展理念，推进绿色发展。② 可见，绿色发展是一种深入、稳定且持久的国家政策。绿色发展政策是人类应对生态环境变化所带来的不确定性影响的确定性对策，这种确定性决定了绿色发展政策的稳定性，这种稳定性是绿色发展政策法律化的前提。

具体到知识产权法律体系，随着绿色发展政策的深入实施，绿色知识产权法律制度必

---

① 胡鞍钢、周邵杰：《绿色发展：功能界定、机制分析与发展战略》，载《中国人口·资源与环境》2014年第1期。
② 参见胡金焱：《绿色低碳发展要坚持创新引领》，载《经济日报》2023-1-19。

是一种未来趋势,知识产权法律制度必会发生相应的顺应与变革,绿色专利强制许可制度便是这变革中的一个尝试。绿色发展政策的持续稳定推定,离不开绿色技术的创新推广,这一具体绿色发展路径的选择是持久稳定的,决定了有利于绿色技术创新推广的绿色专利强制许可制度不会是短期尝试,而是一项稳定的制度。

(二) 目标一致性

法律和政策在社会目标实现上的基本功能具有高度一致性。法律的目的性决定了其对社会问题的回应性。绿色政策法律化是法律对绿色发展的回应,这种"回应型法"又可称为"目的型法",它以追求对人类有益的普遍的善或共享价值为目标。① 绿色发展政策法律化以追求人类和社会整体绿色发展为目标,其结果是受这一政策目标检视和指导,并不断回应社会现实的自我完善过程。然而"普遍的目的势必是软弱无力的,也就是说,它们太抽象、太模糊,以致它们既未提供判决的指导,也未提供清晰的评估标准……因此,回应型法的一个重要方面就是界定使命,即,把普遍的目标转化为具体的目标"。② 绿色发展的具体目标是多元的,促进绿色技术的创新与推广是其中一项具体目标,绿色专利强制许可制度便是对这一具体目标的回应。

实现绿色发展的关键因素是绿色技术的创新与推广。绿色发展政策要求以生态科技推动绿色发展,推广先进绿色技术,"依靠绿色技术创新破解绿色发展难题"③。绿色技术的创新突破需要科技水平的积累,"生态环保成果转化和推广应用机制不完善"是现阶段影响绿色发展的主要障碍。在短期内寻找解决之道的关键是在现有制度中寻找突破口,在自身环保技术成熟之前,以法律制度来促进先进环保技术的推广应用,专利强制许可制度不失为一种选择。专利强制许可可以节省环保技术的许可成本,提高先进技术的传播效率,对绿色专利实施强制许可有助于绿色技术在环境修复中的推广。④ 专利制度本身是一项环保中立制度,与环境保护的关系不是很大。⑤ 以专利法律制度来促进解决环保问题,其实是在现有专利法律制度上注入环保政策的目标。这是政策法律化的体现,是法治生态化的体现。

法治生态化是在现有的与生态环保无直接关系的法律体系中融入生态政策目标,除了追求最为基础的公平正义之外,将绿色发展价值纳入相关法律的价值体系。知识产权制度是一项兼顾技术创新与"人本主义和和谐价值"的制度,知识产权制度的构建不仅要关注

---

① 参见肖明明:《法律的工具性与目的性——读〈转变中的法律与社会〉》,载《人民法院报》2015-2-6。
② [美] P. 塞尔兹尼克、P. 诺内特:《转变中的法律与社会:迈向回应型法》,季卫东、张志铭译,中国政法大学出版2004年版,第93页。
③ 习近平:《为建设世界科技强国而奋斗——在全国科技创新大会、两院院士大会、中国科协第九次全国代表大会上的讲话》,载《人民日报》2016年6月1日。
④ 参见宁清同、南靖杰:《生态环境专利强制许可探析》,载《科技与法律》2020年第5期。
⑤ See Gormley P. *Compulsory Patent Licenses and Environmental Protection*, Tulane Environmental Law Journal. 131 (1993).

当代人与后代人的发展利益，还要兼顾人与自然的和谐发展。① 在知识产权制度中，与生态科技关系最为密切的是专利法律制度。法治生态化可以具体地表现为专利生态化②，即在专利制度的构建中，全面贯彻可持续发展目标，将绿色发展理念纳入其中，使专利法朝着与生态环境相协调的方向发展。绿色专利强制许可是将环保价值融入专利制度中的一种尝试，也是绿色发展政策法律化的尝试。政策法律化是一种有目的改造世界的活动，这种目的性决定了法律化的中心不是逻辑而是生活的意义，法律制度的构建"是一种具有某种社会目的的实践活动，是实现各种社会目的的手段，而实现社会目的的过程，就是围绕某些利益来划定不同主体之间的权利义务关系的过程"。③ 绿色专利强制许可围绕着环保价值这一公共利益与绿色专利权人的私人利益对专利权人和相关主体之间进行了权利义务的制度安排。这一过程是实现绿色技术推广目的的过程，也是实现绿色发展政策目标的过程。这也体现了法律的目的价值，是人们追求自身完善与社会整体发展目标对法律制度的发展和完善要求。④

（三）实施保障性

保障政策实施直接关系到政策目标的实现。法律是"目的－工具"价值的统一，法律的目的价值"表达了人和社会通过法律要去追求和维护的价值目标，以及要通过怎样的途径来达成这些目标"。⑤ "工具性规范"就是追求保障实现上述价值目标的规定或规范，是一些具体的规则、程序。绿色专利强制许可制度所追求的目标与绿色发展政策一致，是为保障这一政策目标实现所进行的具体制度的安排。

绿色发展政策是围绕着绿色发展的一系列政策的集合，包括关于生态环境保护的目标、理念、准则等的抽象性政策和关于生态环境保护的方案、计划和具体措施等实施性政策。抽象性的绿色发展政策为政策法律化提供了立法指引，实施性的绿色发展政策对于政策目标的实现至关重要。将具体的实施性政策法律化、制度化，能够促进政策的实施（而不是将绿色发展作为口号宣传），从而防止政策空洞化。绿色专利强制许可制度就是对实施性绿色发展政策的法律化。绿色发展依靠绿色技术，绿色技术推广政策是绿色发展政策的具体措施。为了推广绿色技术，2021年，国家发展改革委等四部委联合印发《绿色技术推广目录（2020年）》，要求"各地结合实际加大绿色技术推广力度，为推动经济社会发展全面绿色转型、打赢污染防治攻坚战、实现碳达峰碳中和目标提供有力技术支撑"。

---

① 参见吴汉东：《知识产权法价值的中国语境解读》，载《中国法学》2013年第4期。
② 周长玲：《专利法生态化法律问题研究》，中国政法大学2007年博士论文，第23页。
③ 参见裴宏辉：《合规律性与合目的性：科学立法原则的法理基础》，载《政治与法律》2018年第10期。
④ 参见李德顺：《如何认识法律的价值——有关价值思维方式的一个经典命题》，载《哲学研究》2014年第4期。
⑤ 李德顺：《如何认识法律的价值——有关价值思维方式的一个经典命题》，载《哲学研究》2014年第4期。

2022年国家发展改革委、科技部联合印发《关于进一步完善市场导向的绿色技术创新体系实施方案（2023—2025年)》，提出要健全绿色技术推广机制，"以节能降碳、清洁能源、资源节约集约循环利用、环境保护、生态保护修复等领域为重点，适时遴选先进适用绿色技术，发布绿色技术推广目录"。然而如何具体实施绿色技术推广计划，不是单纯依靠政策文件能解决的，政策的落地落实需要制度来保障。将绿色技术纳入专利强制许可是促进绿色技术推广的有效方式，因为即使确定了绿色技术推广目录，大量先进的绿色技术都通过专利手段掌握在专利权人手中，尤其是现阶段先进绿色技术主要掌握在发达国家手中，寻求专利许可的成本将大大阻碍先进绿色技术的推广。绿色专利强制许可可以使得绿色技术需求方在满足专利强制许可适用条件的情况下，通过支付许可费用就可以应用绿色技术，从而极大提高绿色技术的推广效率，促进绿色技术的转化应用，最终保障绿色技术推广政策的实施。

三、绿色专利强制许可的法律维度检验

"并非所有政策都可以且都能够实现法律化，政策法律化应当有其合理的限度。"[1] 只有那些符合法律系统运行规则的政策才可被转化为法律条款，也即政策法律化后的法律制度必须与法理基础相契合、与现有规则相融合才具备正当性，同时，具备一定制度基础的法律制度更具备可行性。

（一）与法学理论的契合度

探求一项法律制度的正当性，是评价和检验该制度在"特定历史条件下以普遍化的价值体系为标准的自我价值判断和价值证成，并寻求公共领域的价值认同"。[2] 专利强制许可制度本身的正当性论证中，基于利益平衡理论对专利权的限制是主要的原因。仅仅从专利权本身的角度出发，强制许可制度是一种非自愿许可，是一国专利主管机关根据一定条件，不经专利权人的同意准许他人实施发明或者实用新型专利的一种法律制度。专利强制许可适用的情形中，包含紧急情况和公共利益需要的情形。考虑到公共利益而对专利权人的专有权利进行限制是利益平衡理论的体现。利益平衡理论作为一种解释法律的方法，早在20世纪60年代便已兴起，多适用于民法领域。利益平衡本质上是"利益主体根据一定的原则和方式对利益进行选择、衡量的过程，而与这一过程相伴随的，是不同利益主体间的利益冲突"。[3] 知识产权法中利益平衡理论的基本内涵是对知识产权人的权利义务进行合理配置，衡量权利人和公共利益之间的冲突。利益平衡理论要实现的价值目标呈现多样性，在绿色专利强制许可的情境下，该制度除了保障绿色技术专利权人的专有权利之外，

---

[1] 屈振辉：《试论公共政策法律化的限度》，载《兰州商学院学报》2007年第6期。
[2] 胡波：《"法的正当性"语义考辨》，载《甘肃政法学院学报》2009年第4期。
[3] 参见冯晓青：《论利益平衡原理及其在知识产权法中的适用》，载《江海学刊》2007年第1期。

还要兼顾社会公众及时获得先进环保技术改善生态环境的基本权利。

保障社会公众对先进环保专利技术的接近是利益平衡的具体体现。在专利权人的权利限制与环境污染治理的公共利益之间，专利强制许可进行了一次平衡，那就是牺牲专利权人的许可选择权。绿色技术专利权人仅仅充分公开自己的绿色专利，并不足以使社会公众及时接近先进环保技术，因为先进技术的许可成本与推广效率都比较低。以药品专利许可为例来了解强制许可介入的正当性，社会公众对药品需求非常具体，促使药品生产商有足够的动力去寻求药品专利的许可，具体的药品需求或生命健康权此时转化为了抽象的公共利益，或者说公共利益此时被具体化为药品可及性。专利使用者寻求专利许可的动力更强，在寻求正常许可遇到障碍后，专利权与公共利益的关系失衡，强制许可制度便是调整专利权与公共利益平衡的关键。不同于药品专利技术，绿色专利技术使用者寻求专利许可的成本更高，而且寻求专利许可的动力不足，社会公众对环保价值的认识不如生命健康权那么具体，有些企业采用绿色技术或者清洁能源更多的原因是来自于国家政策的压力，这就导致绿色技术正常的许可和推广会遇到更多障碍，绿色技术专利权的保护与生态环境公共利益之间的关系失衡，专利强制许可制度便有介入调整的正当性。因为从长远来看，绿色专利推广应用之后毫无疑问会有利于生态环境的保护，有利于社会公共利益。这与绿色发展政策所追求的社会目标是一致的，在追求生态和谐的共同价值认同中，绿色专利强制许可与绿色发展政策都体现了公共利益价值。绿色专利强制许可是利益平衡理论在公共利益价值和专利权人保护之间的运用。

(二) 与现有国际规则的融合度

将环保问题纳入全球治理的视野中，不同国家的发展阶段不同，环境问题以及解决环境问题的方式亦不同，然而人类生活的地球是共同的，这需要在国际视野中去寻求环保问题的解决之道。1992年联合国环境与发展大会正式批准了《联合国气候变化框架公约》（简称 UNFCCC）。公约第4条正式明确提出"共同但有区别的责任"原则（Common but Differentiated Responsibilities），确定了国际环境合作原则，这是一项共同的国际气候政策。该原则提出国际社会在应对气候变化这一突出的全球性环境问题上，应当考虑发达国家和发展中国家的不同作用，各国对保护全球环境应负共同但有区别的责任。这一原则在其他的国家公约中也有体现，例如，《联合国人类环境会议宣言》中就提到"要照顾到发展中国家，应他们的请求而供给额外的国际技术和财政援助的需要"。《巴黎气候变化协定》同样倡导"共同但有区别的责任"原则，要求发达国家承担减排责任，转移自身绿色技术到发展中国家。"共同但有区别的责任"原则要求以不同的方式对待不同类别的国家，是一种"实质的公平",① 也有学者将其称为气候正义②。我国多次在国际气候峰会中重申这一原则,这也是我国履行国际气候责任的体现。

共同但有区别的责任原则要求在全球环境治理过程中发达国家在环保技术和产品等方面应当照顾到发展中国家的现实需要。目前发达国家与发展中国家环保科技水平发展不平衡,先进的绿色环保技术掌握在发达国家手中,中国现有的尚处于起步阶段的生态环境技术不足以应对日益严峻的生态环境问题,引进国际先进的绿色技术是应对生态环境危机的重要方式,而引进国际先进环保技术的方式之一就是专利强制许可制度。专利强制许可制度作为一种政策性工具,发展中国家可以利用强制许可手段对先进的环保技术进行许可,促进该技术在国内的推广应用。就像向发展中国家和最不发达国家提供急需的药品那样,发达国家应当向其提供环境友好型技术以帮助他们尽快消除严重的环境污染和破坏。这是环境治理全球化中发达国家应当承担的绿色责任。

"绿色技术专利强制许可"一词最早可以从 UNFCCC 中推导出来,公约虽没有直接指明绿色专利强制许可制度,但公约中规定"发达国家负有向发展中国家提供绿色技术或服务的责任,使后者可以利用绿色技术治理本国环境问题"。这里的提供绿色技术为绿色技术实施强制许可制度的构建提供了土壤。气候问题纳入法治化过程中的权利义务关系协调与专利法的环保价值追求相碰撞的结果是专利强制许可制度。"气候正义"要求各国承担共同又有差别的环保责任,这种差别责任体现在技术上是在专利权人与环境保护之间进行倾斜。我国坚决维护"气候正义",针对绿色技术进行专利强制许可是实施"共同但有区别的责任"这一国际气候政策的客观行动,是为全球环境可持续发展进行的制度探索。

(三) 已有制度的铺垫情况

1. 行政强制许可方式

我国 1984 年颁布的第一部《专利法》中就规定了专利强制许可。当时的专利强制许可规定比较简单,并不包括专利权人权利滥用的情形以及公共利益条款。后来为了加入世界贸易组织的需要,我国先后于 1992 年和 2000 年对专利法进行修改,对专利强制许可的适用情形进行了改变。为了满足 TRIPS 协议第 31 条 b 项的要求,1992 年修订的《专利法》增加了专利强制许可适用的两种情形,包括(1)拒绝许可,(2)紧急情况和公共利益需要,即在国家出现紧急状态或者非常情况时,或者为了公共利益的目的,专利局可以给予实施发明专利或者实用新型专利的强制许可。2000 年专利法保留了拒绝许可与紧急情况、公共利益需要这两种情形。2008 年《专利法》第三次修改,同样是为了体现与国际

---

① 陶迎:《对美国拒绝批准京都议定书的法理分析——国际环境法的视角》,载《重庆环境科学》第 23 卷 2001 年第 10 期。
② 参见曹明德:《中国参与国际气候治理的法律立场和策略:以气候正义为视角》,载《中国法学》2016 年第 1 期。

条约接轨（《多哈宣言》中涉及为公共健康目的进行专利药品的强制许可内容），进一步对强制许可内容进行修改并新增，新增了因公共健康而实施的专利强制许可，继续保留了紧急情况、公共利益需要的适用情形。2020年新修改的《专利法》在专利强制许可方面的内容没有发生变化。在整个专利法条文中，强制许可条款共11条，占据了专利法所有条款的15%，足见其重要性。从专利强制许可制度本身来看，《专利法》中明确规定的专利强制许可程序是行政强制许可，即由专利行政机关决定是否向申请人发布专利强制许可。

基于现有专利强制许可制度的规定，通过司法解释的方式将环保价值解释进入"公共利益目的"，可以使绿色专利强制许可具备可行性。将"公共利益目的"扩大解释涵盖绿色技术专利的实施，就可以达到专利行政强制许可的基本条件。然而，"公共利益目的"的解释是一项复杂的法律解释问题。公共利益是一种动态概念，其内涵随着社会、经济等情势的变化而不断变化，不可能有固定且明确的认定标准，①专利法及司法解释中并没有具体解释公共利益，公共利益的认定是裁判者结合当前相关社会、经济等因素，平衡各种利益的自由裁量过程。1992年《专利法》修改增加了"公共利益需要"适用强制许可的情形后，随后几次修改都保留了公共利益条款，并在2005年国家知识产权局印发的文件《涉及公共健康问题的专利实施强制许可办法》第3条中提到"在我国预防或者控制传染病的出现、流行，以及治疗传染病，属于2000年专利法第49条中的为了公共利益目的的行为"。《中国传染病防治法》中明确划分了传染病的类型和等级，从而可以确认"公共利益目的"的范畴。例如为控制新冠疫情就属于"公共利益目的"。类比到环境保护，公共利益是一个边界并不清晰的范畴，环境污染程度或者资源浪费程度到什么程度，属于为了公共利益目的需要对他人的绿色专利进行强制许可呢？《刑法》第338条规定了环境污染事故罪的处罚，根据环境污染事故的等级情况来确定事故责任的量刑。可以理解，为了治理这些重大环境污染事故或者特别重大环境污染事故应该是属于"公共利益目的"情形之一。因此，可以通过司法解释或者发布部门规章的方式将环保价值解释入"公共利益目的"，从而使绿色技术纳入专利强制许可的适用情形中。

2. 司法强制许可方式

政策和法律的互动很多时候都体现为司法政策的试行。法院常常以公共政策作为各种司法裁判的理由，并用该方式来权衡各种社会利益。② 司法政策本质上也是公共政策的一种。绿色原则在知识产权法中的渗透也体现在司法政策中。在绿色专利强制许可上，司法政策为绿色专利强制许可提供了参考。绿色专利的司法强制许可路径是一种试行和探索。司法强制许可是指在绿色技术专利权人的专利未经许可被他人实施的情况下，法院首先认

---

① 参见陈维凤、徐传伟：《社会公共利益的理性思辨》，载《山东法制报》2016-3-4。
② 参见李大勇：《论司法政策的正当性》，载《法律科学》2017年第1期。

定使用人赔偿绿色技术专利权人的损失，然后再确定绿色专利的实施事关公共利益，判决绿色技术专利的实施人可以继续实施，但需承担支付"合理费用"，从而达到强制实施绿色技术专利的目的。这种由法院认定的"停止侵害判决适用的例外"同样可以达到强制许可的目的。"停止侵害判决适用的例外"最早来源于 2008 年最高人民法院副院长曹建明在第二次全国法院知识产权审判工作会议上的讲话中，提到"如果停止侵权会造成当事人之间的利益的极大失衡，或者不符合社会公共利益，或者实际上难以执行，可以根据案件具体情况进行利益衡量，在采取充分切实的全面赔偿或者支付经济补偿等替代性措施的前提下，可不判决停止侵权行为"①。2009 年最高人民法院发布《关于当前经济形势下知识产权审判服务大局若干问题的意见》第 15 条也明确指出："如果停止有关行为会造成当事人之间的重大利益失衡，或者有悖社会公共利益，或者实际上无法执行，可以根据案件具体情况进行利益衡量，不判决停止行为，而采取更充分的赔偿或者经济补偿等替代性措施了断纠纷。"

司法强制许可的经典案例是武汉晶源环境工程有限公司与日本富士化水工业株式会社、华阳电业有限公司侵犯发明专利权纠纷案②，该案被评为 2009 年中国知识产权司法保护十大案件，可见其示范意义。在该案中，被告制造使用了与涉案专利方法相配套的烟气脱硫专利装置而被认定侵犯了原告的专利权。但考虑到火力发电厂配备烟气脱硫设施符合环境保护的基本国策和国家产业政策，且供电情况直接影响地方的经济和民生，如果责令被告停止使用专利方法又将对环境造成污染，法院平衡权利人利益与社会公众利益，对原告的停止侵害诉讼请求未予支持，而是判令被告向原告支付相应的使用费。在本案中法院即以环保政策作为司法裁判的理由。在判决前，专利使用者未经允许使用专利技术的行为属于侵权行为，应当承担赔偿责任，但是由于使用该技术有利于环境保护，法院判决专利使用者不停止侵权，对于判决之后的继续使用行为，可以看作是专利权人的非自愿许可，是由法院确定的"强制许可"。之后这一绿色司法政策于 2016 年被纳入《最高人民法院关于审理侵犯专利权利纠纷案件应用法律若干问题的解释（二）》第 26 条中。这是绿色发展政策与专利法之间的互动，在法律缺位的情况下，国家政策、司法政策对司法裁判起着影响作用，时机成熟时，政策会内化为确定性的法律规范。

四、结语

通常以上分析，我们可以看到，将设立绿色专利强制许可制度作为绿色发展政策在知识产权法领域中的法律化路径，无论是在政策维度上，还是在法律维度上，都是经得起检验的。短期而言，政策法律化的最便捷方式是通过司法解释或者通过部门规章将"公共利

---

① 曹建明：《深入学习贯彻十七大精神，努力建设公正高效权威的知识产权审判制度》，载《人民法院报》2008-3-4。
② 参见最高人民法院（2008）民三终字第 8 号民事判决书。

益目的"扩大解释涵盖绿色技术专利的实施;长远来看,在《专利法》中设立绿色技术专利强制许可条款才是最终解决方案。最后,从制度可行性角度来说,理论上无论是行政强制许可方式还是司法强制许可方式都能实现绿色专利强制许可的目的;从具体的可操作性层面来说,面对目前专利强制许可"零"实施的现状,应当看到专利强制许可制度本身存在的缺陷并就许可程序与许可费用等进行相应的改进,同时也应看到绿色技术专利强制许可不同于诸如药品专利强制许可的特殊性,对绿色专利强制许可的可操作性应报以信心。

The legalization Path of Green Development Policy in the Field of Intellectual Property Law
——From the Perspective of Testing the Compulsory Licensing Systemof Green Patents

Wang Ye

Abstract: The green development policy has been legislated and implemented in many sectoral laws, but there is a lack of legalization in the field of intellectual property law. In order to achieve the policy objectives, the academic suggested to establish the compulsory green patent licensing system, but the system should be examined under the theoretical framework of "policy legalization". "Legalization of policy" is a broad concept, and its establishment conditions should follow the "two – layer and six – step" test process, that is, to test the stability of policy, the identity of objectives and the implementation of security in the policy dimension, and to test its compatibility with legal theory, the integration with existing rules and the bedding of existing systems in the legal dimension. By testing the compulsory license system of green patents with this standard, we can get a positive answer: the green development policy has a long – term nature in China, and the establishment of the compulsory license system of green patents is consistent with the goal of the green development policy, and can provide guarantee for the implementation of the green development strategy; It is consistent with the theory of interest balance in intellectual property law, and also reflects the rules and spirit of international conventions. At the same time, the existing administrative compulsory license and judicial compulsory license in China also provide sufficient support for its feasibility.

Key words: green development; policy legalization; green technology; green patent compulsory license

国家政策在指导性案例中的适用探析*

尤 婷**

摘 要 在司法裁判中，国家政策总是通过各种方式影响着司法裁判，指导性案例中也不例外。通过对指导性案例中国家政策的适应梳理，总结出指导性案例适用国家政策的实体要件、程序要件，可为司法活动提供参照模板。指导性案例适用国家政策能够促进法律规范的制定或完善、指引和规范司法活动和实现实质正义的需求。但是在现有的指导性案例中适用国家政策标准、方法、说理等存在缺陷。为此，在指导性案例中适用国策政策时应该明确标准、优化适用方法、完善说理等，为规范指导性案例中国家政策的适用作出创新。

关键词 国家政策 指导性案例 司法适用

一、问题提出

党的二十大提出"严格公正司法。公正司法是维护社会公平正义的最后一道防线"[①]。法治国家的建设要严格公正司法，严格公正司法的前提是有着严格司法。从法治角度来看，严格司法最朴素的解释就是严格依照法律作为司法的主要依据。[②] 由于法律具有滞后性等固有的缺陷，即使是再发达的法治国家，也不可能做到完美无瑕。为此，就需要其他的路径进行弥补。《民法典》第12条规定："法律另有规定的，依照其规定。"因此，据不完全统计，在现行的260多部法律里面有80部法律中的250多个条款直接有政策的条款[③]，如《黑土地保护法》第3条："国家实行科学、有效的黑土地保护政策，实行……"

---

* 国家社会科学基金重大项目"中国共产党司法政策百年发展史研究"（项目编号：21ZDA120）。
** 尤婷，法学博士，中南大学法学院博士后。
① 《党的二十大报告学习辅导百问》，学习出版社、党建读物出版社2022年版，第32页。
② 参见刘作翔：《司法中弥补法律漏洞的途径及其方法》，载《法学》2017年第4期。
③ 参见刘作翔：《当代中国的规范体系：理论与制度结构》，载《中国社会科学》2019年第7期。

由此可知，政策在司法活动中发挥着重要的作用，在指导性案例中亦是如此。

2011年11月26日，最高人民法院发布《关于案例指导工作的规定》，正式确立指导性案例制度，2015年最高人民法院又发布《〈关于案例指导工作的规定〉实施细则》（以下简称《实施细则》），继续推进案例指导制度的实践运行。指导性案例是经过层层筛选最后由最高人民法院按照一定的程序编发的，在今后的类案审判中具有"应当参照"的效力。指导性案例制度作为一种新的制度，虽然发展时间较短，但是在当前中国的政治——司法话语体系中已经拥有了不容置疑的正当性。① 从最高人民法院发布的案例来看，截至2023年1月12日，最高人民法院共发布指导性案例211个，涵盖民法、刑法、行政法、行政诉讼法、环境法等。作为理论与实践、问题与规则的桥梁，指导性案例的发布，都会引起广大学者的关注，并发布大量高质量的成果，② 但对这些成果仔细分析发现，主要研究指导性案例的功能③、效力④和运用⑤等，但对国家政策在指导性案例中的适用研究相对较少，主要集中在对个案的研究⑥。其实，指导性案例实施之初，最高人民法院工作人员提出指导性案例的功能之一就是正确地适用司法政策，⑦ 只是多数学者在研究过程中更倾向于对法律规范等"内在视角"，忽视了以政策为视角的"外在因素"。

指导性案例中的国家政策体现了当代中国转型要求的"活生生的生活关系"，将深藏于特殊关系后的社会结构和公众福祉纳入司法之中，以保持法律、司法和整个社会变迁之间互动关系的流畅。⑧ 在指导性案例中，直接适用政策的案例较多，⑨ 如指导性案例7号⑩，最高人民法院指出："依据《最高人民法院关于适用〈中华人民共和国民事诉讼法〉审判监督程序若干问题的解释》裁定……"再如，指导性案例21号⑪，最高人民法院指出："根据国务院《关于解决城市低收入家庭住房困难的若干意见》第十六条规定……"

---

① 参见雷磊：《指导性案例法源地位再反思》，载《中国法学》2015年第1期。
② 彭中礼，郭迪阳：《论指导性案例中的"基本事实"及其相似性判断》，载《湖南大学学报（社会科学版）》2022年第3期；杨知文：《指导性案例裁判要点的法理及编撰方法》，载《政法论坛》2020年第3期；孙光宁：《法律解释方法在指导性案例中的运用及其完善》，载《中国法学》2018年第1期。
③ 参见刘汉天，肖冰：《良法善治的推进——以案例指导制度的功能实现为视角》，载《南京社会科学》2020年第11期。
④ 参见胡云腾，于同志：《案例指导制度若干重大疑难争议问题研究》，载《法学研究》2008年第6期。
⑤ 参见彭中礼：《司法判决中的指导性案例》，载《中国法学》2017年第6期。
⑥ 如黄琳，王惠：《刑事政策视野下正当防卫制度的适用——以"两高"指导性案例、典型案例为例》，载《人民检察》2021年第1期；陈兴良：《施某某等聚众斗殴案：在入罪与出罪之间的法理把握与政策拿捏——最高人民检察院指导性案例的个案研究》，载《法学论坛》2014年第5期。
⑦ 参见蒋安杰：《最高人民法院研究主任胡云腾——人民法院案例指导制度的构建》，载《法制日报》2011-1-5。
⑧ 参见张友连：《论指导性案例中的公共政策因素——以弱者保护为例》，载《法学论坛》2018年第5期。
⑨ 在185个指导性案例中，直接适用的政策案例有43个，占比约23%。
⑩ 参见指导案例7号：牡丹江市宏阁建筑安装有限责任公司诉牡丹江市华隆房地产开发有限责任公司、张继增建设工程施工合同纠纷案。
⑪ 参见指导案例21号：内蒙古秋实房地产开发有限责任公司诉呼和浩特市人民防空办公室人防行政征收案。

等。那么在指导性案例中如何适用政策？有何缺陷？应当如何优化？本文将对现有的指导性案例进行梳理分析，以探究指导性案例中政策运用的规律，对实现法律效果和社会效果相统一具有重要意义。

二、国家政策在指导性案例中适用的表现

国家政策是指在一定的历史时期内，政府为了解决或缓和那些政治日程上的问题而提出的政治决议，如经济、社会、环境等，① 是党和国家治国理政意志的政治体现，执政党在宪法和法律的框架中发布相关政策，以实现对国家事务的领导。指导性案例制度作为司法改革的一个重要措施，不仅能够在司法技术上提供一种"具体到具体"的法律适用手段，以实现法律适用的统一性，而且还能够实现促进司法政策的贯彻。② 通过对现有指导性案例的分析，总结出指导性案例适用政策的实体要件、程序要件等。

（一）明确了指导性案例适用国家政策的实体要件

1. 指导性案例适用国家政策的前提条件

虽然我国的法律体系已经相当发达和完善，但是由于社会关系的复杂性、立法者认知的局限性等，使得法律不可能穷尽和涵盖所有的社会关系，且现有法条不可能包罗万象，从而形成立法模糊或立法空白。国家政策作为一种政府的行政纲领，在司法活动中，能够弥补立法的不足。

第一，法律规定不明晰。以指导性案例131号③为例，该案判决的实体法依据主要是《民事诉讼法》第55条、《环境保护法》第58条，但这两个法条规定得比较抽象，面对复杂多变的环境损害问题，显得有些捉襟见肘。就停止侵权的方式而言，无论是《民事诉讼法》第55条，还是《环境保护法》第58条并未明确地规定，不能及时对环境损害进行救济。而《最高人民法院关于审理环境民事公益诉讼案件适用法律若干问题的解释》（以下简称《解释》）对《民事诉讼法》第55条、《环境保护法》第58条原则性规定进行了深化，从行为上看，包含了污染环境行为和破坏生态行为；从损害状态来看，包括环境公益的实际损害（恢复性和补偿性保护）和环境公益损害的重大风险（预防性保护）。可见，该条规定实际上明确了四种侵害环境公益的典型行为类型。④ 从损害救济来看，原告可以依据司法政策《解释》第1条提起诉讼。

---

① 参见肖金明：《为全面法治重构政策与法律关系》，载《中国行政管理》2013年第5期。
② 参见王绍喜：《指导性案例的政策引导功能》，载《华东政法大学学报》2018年第5期。
③ 参见指导案例131号：中华环保联合会诉德州晶华集团振华有限公司大气污染责任公益诉讼案。
④ 参见程多威，王灿发：《生态环境损害赔偿制度的体系定位与完善路径》，载《国家行政学院学报》2016年第5期。

第二，法律规定处于空白。以指导性案例130号①为例，该案的判决的实体法依据主要是《侵权责任法》第8条。环境损害包括环境污染或破坏导致的人身权、财产权以及生态环境本身的损害。但是在当时的法律中②只规定了对人身权、财产权的损害，缺失对生态环境本身的救济。③长期以来，我国现有的立法中并未针对生态环境损害赔偿的行为人建立明确的赔偿制度，显然这种立法的缺失直接影响着生态环境的救济。为此，为了落实《环境保护法》中所确定的"预防为主、综合治理、损害担责"原则，在2015年，中共中央办公厅、国务院办公厅发布《生态环境损害赔偿制度改革试点方案》，2017年印发《生态环境损害赔偿制度改革方案》（以下简称《改革方案》），确立了生态损害赔偿制度的原则、主体、适用范围等内容，为法院审判生态环境损害赔偿案件提供了规范指南。因此，在指导性案例130号的裁判理由中，法院认为，依据《改革方案》，重庆市人民政府有权提起生态环境损害赔偿诉讼。

2. 指导性案例适用政策的规范要件

第一，政策具有规范性。在法律规定不明晰或法律处于空白的情形之时，法官应当仔细分析案件中所涉及的社会关系，并以此来寻找相应的其他审判依据，如政策。政策在一定程度上能够预防纠纷和规范纠纷处理结果。在指导性案例21号中，法院认为："只有在法律法规规定不宜修建防空地下室，并适用免除缴纳防空地下室易地建设的有关规定。"本案中，根据国务院办公厅发布的《关于解决城市低收入家庭住房困难若干意见》第16条和建设部等七部委发布的《经济适用住房管理办法》第8条，对于经济适用住房等保障性住房建设项目免收各种行政事业性收费的规定，虽然没有明确规定其调整对象，但从立法本意来看，其指向的对象应是合法建设行为。因此，上诉人就未按照相关要求修建地下防空地下室，属于不履行法定义务的违法行为，建设单位应当依法缴纳防空地下室易地建设费的，不适用廉租住房和经济适用住房等保障性住房建设项目关于"免收城市基础设备配套设备费等各种行政事业性收费"的规定。为此，根据国务院办公厅发布的相关规定，法院的裁判合法。在司法活动中，国家政策具有规范性，可以为同类案件提供系统的规则。

第二，政策不能违背国家法治原则。一般来说，国家政策的制定内容必须在法律范围之内，否则就无意义。以指导性案例38号④为例，原告田永于考试作弊，按照被告北京科技大学根据原国家教委关于严肃考场纪律的指示精神制定的《关于严格考试管理的紧急通知》规定，凡考试作弊的学生一律按照退学处理，取消学籍。在行政诉讼中，法院认为，高等学校依法具有相应的教育自主权，有权制定校纪、校规，并有权对在校学生进行教学

---

① 参见指导案例130号：重庆市人民政府、重庆两江志愿服务发展中心诉重庆藏金阁物业管理有限公司、重庆首旭环保科技有限公司生态环境损害赔偿、环境民事公益诉讼案。
② 指导性案例130号发布之前。2022年颁布的《民法典》第1234条、1235条均属于对生态化解损害赔偿责任的规范，为探索生态环境损害赔偿制度奠定了民事实体法的规范基础。
③ 参见尤婷：《论生态环境损害赔偿制度》，载《中南林业科技大学学报（社会科学版）》2018年第6期。
④ 参见指导案例38号：田永诉北京科技大学拒绝颁发毕业证、学位证案。

管理和违纪处分，但是其制定的校纪、校规和据此进行的教学管理和违纪处分，必须符合法律、法规和规制。但是在本案中，对原告作出退学处理所依据的《关于严格考试管理的紧急通知》与《教育法》第 28 条第 1 款第 5 项及《普通高等学校学生管理规定》第 35 条相抵触。那么北京科技大学制定的《关于严格考试管理的紧急通知》中对于考试作弊按退学处理的决定，其合法性问题存疑。

（二）明确了指导性案例适用国家政策的程序要件

在司法程序中，国家政策能够影响司法裁判的结果。"政策是法律的灵魂，法律是政策的具体化。"因此，在司法审判中，往往存在法律与政策的交织。在具体的纠纷解决中，如何恰当地运用法律或政策作为裁判依据成为司法活动中的一个重大决策。

1. 发现程序

第一，当事人提出。在诉讼过程中，当事人都会尽可能地寻找对自己有利的法律法规和政策。以中国生物多样性保护与绿色发展基金会、秦皇岛方圆包装玻璃有限公司环境污染责任纠纷案为例①，在裁判文书中原告中国生物多样性保护与绿色发展基金会与被告秦皇岛方圆包装玻璃有限公司均提到司法政策《解释》。当事人之所以在诉讼过程中提出政策主要原因是增加胜诉的机率，在中国生物多样性保护与绿色发展基金会、秦皇岛方圆包装玻璃有限公司环境污染责任纠纷案中，原告和被告均提到《解释》，并以此作为诉讼依据。

第二，法院主动查明。在一般情况下，法院在适用政策时会坚信制定政策是合法的，即符合宪法与法律的原则和精神，且在程序上是正当的，因此他们对政策采取顺从态度。② 在解纷过程中，若法律空白时会及时主动地运用政策。以指导性案例 130 号为例，在裁判理由中，法院所依据之一是《生态环境损害赔偿制度改革试点方案》，认为重庆市人民政府有权提起生态环境损害赔偿诉讼。

2. 审查程序

由于政策缺乏稳定性，不能根据情势的变化及时作出相应的调整。③ 因此，受这种因素的影响，法院在运用过程中必然会对其进行审查。

第一，国家政策不能溯及既往。如指导性案例 174 号④，2013 年 9 月 2 日发布的中国生物多样性红色名录中五小叶槭评定为"极危"。2016 年 2 月 9 日，五小叶槭列入《四川省重点保护植物名录》。2018 年 8 月 10 日，世界自然保护联盟在其红色名录中将五小叶槭

---

① 参见（2018）冀民终 758 号，指导案例 132 号是根据此案例编撰。
② 参见刘伟忠：《政策适用主体及其政策态度分析》，载《社会科学研究》2007 年第 4 期。
③ 参见刘伟忠：《政策适用主体及其政策态度分析》，载《社会科学研究》2007 年第 4 期。
④ 参见指导案例：中国生物多样性保护与绿色发展基金会诉雅砻江流域水电开发有限公司生态环境保护民事公益诉讼案。

评估为"极度濒危"。当时我国《国家重点保护野生保护植物名录》中并无五小叶槭。而雅砻江上牙根梯级水电站项目在2006年提交了规划报告，2013年1月6日、4月13日国家发展改革委办公厅批复：同意牙根二级水电站、牙根一级水电站开展前期工作。由此可知，牙根梯级水电站项目的开展是在五小叶槭纳入《四川省重点保护植物名录》之前。为此，法院认为，由于牙根梯级水电站建成后可能会对案涉地五小叶槭原生存环境造成破坏、影响生产，而牙根梯级水电站项目处于预可研阶段，只责任被告在项目可研阶段，加强环境影响评估并履行法定审批手续才能进行下一步工作。

第二，国家政策应符合法治原则。以指导性案例88号①为例。1999年7月15日、7月28日，简阳市政府针对有偿使用期限已届满两年的客运人力三轮车发布《关于整顿城区小型车辆营运秩序的公告》（以下简称《公告》）和《关于整顿城区小型车辆营运秩序的补充公告》（以下简称《补充公告》），其中《公告》要求"原已具备有合法证照的客运人力三轮车经营者必须在1997年7月19日至20日到市交警大队办公室重新登记"，《补充公告》要求"经审查，取得经营权的登记者，每辆车按8000元的标准（符合《公告》第6条规定的每辆按7200元的标准交纳经营权有权使用费）"。原告认为《公告》与《补充公告》属于重复收费，故向法院提起诉讼，一审、二审法院四川省简阳市人民政府作出的《公告》《补充公告》均符合标准，维持市人民政府作出的行政行为。2016年3月最高人民法院裁定提审本案。关于被诉行政行为合法性问题，从法律适用上看，该文件对营运证实行有效期限有偿使用与地方性法规并不冲突。基于行政执法和行政管理需要，客运经营权需要设置一定的期限，但原告并不知道其经营权有偿使用的期限，因此，从行政程序上看，程序明显不当。2017年5月3日，最高人员法院在行政判决中认为四川省简阳市人民政府作出的《公告》《补充公告》违法。

三、国家政策在指导性案例中适用的正当性

（一）促进法律规范的制定或完善

习近平总书记指出："党的政策是国家法律的先导和指引，是立法的依据和执法司法的重要指示"②。法律是治理国家，维护社会稳定的重要手段之一，但是法律并不是万能的，在制定过程中不可能面面俱到，不能解决所有的社会问题。为了解决现实问题，一般是政策先行，指导着司法活动。政策是法律形成的原始形态，是制定时的材料来源。在司法审判中，法官不得不考虑政策，把政策作为实践操作中的重要考量因素之一，充分考虑到制定法律时所面临的社会政治环境。③

以指导性案例130号为例，该案件类型属于生态环境损害赔偿案件。该案件在审理

---

① 参见指导案例88号：张道文、陶仁等诉四川省简阳市人民政府侵犯客运人力三轮车经营权案。
② 何毅亭：《坚持依法执政》，载《人民日报》2014-12-5。
③ 参见张弘，赵方圆：《政策在行政诉讼中的适用研究》，载《北方法学》2014年第1期。

时，法院的依据之一是 2015 年中共中央办公厅、国务院办公厅印发的《生态环境损害赔偿制度改革试点方案》（以下简称《试点方案》），《试点方案》只在重庆、湖南等 7 省（市）开展试点，其主要目的是为了破除"公地悲剧"所导致的"企业污染、群众受害、政府买单"的僵局。此时《试点方案》规定缺乏统筹性，且只有部分地方实施该方案。政策进入司法裁判过程，一方面为新的社会现象提供裁判规则和引导，另一方面也为将来的立法积累实践经验。①

为了构建生态损害赔偿制度，2017 年中共中央办公厅、国务院办公厅印发《生态环境损害赔偿制度改革方案》，并在全国推广实施。为了进一步巩固和完善，2019 年 6 月，最高人民法院出台了《关于审理生态环境损害赔偿案件的若干规定（试行）》（以下简称《若干规定（试行）》），力求通过专门的司法解释的形式为生态环境损害赔偿案件在审理时提供可操作的规范指南。从指导性案例 130 号中法院审判时所依据的《试点方案》，到最高人民法院发布的《若干规定（试行）》，再到 2022 年实施的《民法典》第 1234 条、1235 条对生态损害赔偿的规定。这是通过深入考察后，从政策到法律转变，也无疑宣示着政策能够影响立法，也能够在特定的条件下转化成法律。同时也不难看出党和国家对相关国家政策发挥"转抽"作用，在根本上也影响着立法的基本方向、目标、原则和制度措施等。②

（二）指引和规范司法活动

党的二十大提出，公正司法是维护社会公平正义的最后一道防线，③是法治建设中不可或缺的部分。近年来，我国正处于社会转型时期，各种社会问题接踵而至。传统上，受各种因素的现实，现有的司法机制并未在当事人的权益保护上发挥出应有的作用，相关机制亟待建立或完善。为了弥补不足，党和国家会在一定的时期为了达到某种目的而制定相应的国家政策，其目的是为了调整和规范社会利益结构，以促进社会经济健康、快速地发展。④法律作为秩序的象征，其目的是为了调整和规范社会利益结构，保障社会的有序发展。作为公共产品，政策与法律一样，它们都能够满足社会的某种需求。

司法机关为了推动司法改革并在指导性案例中运用的政策来源：一是最高人民法院发布的司法解释，如指导性案例 80 号⑤、81 号⑥在裁判理由中参见了《最高人民法院关于

---

① 参见宋亚辉：《公共政策如何进入裁判过程——以最高人民法院的司法解释为例》，载《法商研究》2009 年第 6 期。
② 参见谷佳杰：《中国特色诉讼调解制度之 70 年变迁与改革展望——基于司法政策对诉讼调解影响的分析》，载《山东大学学报（哲学社会科学版）》2019 年第 6 期。
③ 《党的二十大报告辅导读本》，人民出版社 2022 年版，第 37－38 页。
④ 参见陈标，夏道明：《试析公共政策执行失灵》，载《长江大学学报（社会科学版）》2005 年第 5 期。
⑤ 指导案例 80 号：洪福远、邓春香诉贵州五福坊食品有限公司、贵州今彩民族文化研发有限公司著作权侵权纠纷案。
⑥ 指导案例 81 号：张晓燕诉雷献和、赵琪、山东爱书人音像图书有限公司著作权侵权纠纷案。

审理著作权民事纠纷案件适用法律若干问题的解释》；二是最高人民法院发布的座谈纪要，如指导性案例34号①在裁判理由中参见了《最高人民法院关于审理涉及金融不良债权转让工作座谈会纪要》；三是最高人民法院、最高人民检察院共同发布的规范性文件，如指导性案例104号②在裁判理由中参见了《最高人民法院、最高人民检察院关于办理环境污染刑事案件适用法律若干问题的解释》；四是最高人民检察院、公安部共同发布的规范性文件，如指导性案例61号③在裁判理由中参见了《最高人民检察院、公安部关于公安机关管辖的刑事案件立案追诉标准的规定（二）》；五是中共中央办公厅、国务院办公厅共同发布得规范性文件，如指导性案例129号④在裁判理由中参见了《生态环境损害赔偿制度改革方案》；六是国务院办公厅发布的规范性文件，如指导性案例21号在裁判理由中参见了《关于解决城市低收入家庭住房困难的若干意见》等。这些文件均属于政策的范畴，这些文件都是针对实践中存在的现实且迫切问题的回应，能够指引和规范司法活动。再如最高人民发布的各种以"通知""意见"为名称的政策文件，对下级法院的审判工作有着实质性的影响。

通过上述的整理可知，在司法活动中所融入的国家政策，其载体主要是最高人民法院制定的关于法律适用的解释、批复、通知等抽象的法律文件，同时还有座谈会形成的纪要等。这些国家政策是国家政权机关为了实现或维护社会稳定，以权威的政令形式发布规则，所有的公民在一定范围内遵守。国家政策虽然不是法律，但也能够影响公众的行为。由于国家政策以国家强制力为后盾而得到有力的推广，在司法活动中能够影响审判结果，从而指引和规范司法活动。

（三）实现实质正义的需求

作为当代中国社会的基础性特征，转型发展把社会、经济、文化等要素集合一起，构成了一个复杂的社会改造和进步的过程。在这个过程中，各种社会矛盾穷出不尽。在社会快速发展的过程中，必然在某些案件处理中出现法律与民意脱节的现象。为了弥补法律的不足，实现实质正义，不得不引入政策。法律与政策都属于上层建筑的产物，两者对管理社会秩序有着重要的作用，能够解决社会矛盾，化解纠纷等。

指导性案例中的国家政策得以将体现当代中国转型要求的"活生生的生活关系"以及深藏于特色关系后的社会结构和公众福祉纳入司法活动中，以保持着法律、司法和整个社会变迁之间互动关系的流畅。⑤以指导性案例174号为例，牙根梯级水电站列入规划并开

---

① 指导案例34号：李晓玲、李鹏裕申请执行厦门海洋实业（集团）股份有限公司、厦门海洋实业总公司执行复议案。
② 指导案例104号：李森、何利民、张锋勃等人破坏计算机信息系统案。
③ 指导案例61号：马乐利用未公开信息交易案。
④ 指导案例129号：江苏省人民政府诉安徽海德化工科技有限公司生态环境损害赔偿案。
⑤ 参见张友连：《论指导性案例中的公共政策因素——以弱者保护为例》，载《法学论坛》2018年第5期。

展前期工作时,《四川省重点保护植物名录》《国家重点保护野生植物名录》《五小叶槭种育苗技术规程》并未发布,为此,法院判决:"责令被告在项目可研阶段,加强对案涉五小叶槭的环境影响评价并履行"。习近平总书记指出:"既要金山银山,又要绿色青山""绿色青山就是金山银山"。环境保护与经济发展并不是完全对立的,而是相辅相成。从指导性案例 174 号可知,摆正环境保护与经济发展的关系,不仅有利于维护公共利益,也有利于真正达到环境保护的目的。

四、国家政策在指导性案例中适用存在的缺陷

(一)国家政策在指导性案例中适用标准不明

1986 年 4 月 12 日,第六届全国人民代表大会第四次会议修订通过的《民法通则》第 6 条规定:"民事活动必须遵守法律,法律没有规定的,应当遵守国家政策。"2017 年 3 月 15 日,十二届全国人大五次会议表决通过的《民法总则》第 10 条规定:"处理民事纠纷,应当依照法律;法律没有规定的,可以适用习惯。但不得违背公序良俗。"此时,《民法总则》中已经用"习惯"取代了"国家政策",从而实现了民法法源的重大变革。[①] 2020 年 5 月 28 日,十三届全国人大第三次会议表决通过的《民法典》中也延续了这个规定。但是在现有的法律中,依然有不少法律条文提到适用"政策"。为此,国家政策在司法活动中的地位不能忽视。[②] 然而,由于国家政策具有短期性和易变性,法官在审理时可能难以准确地理解。在司法活动中,法律并未明确规定国家政策适用的标准,在司法实践中难免会破坏法律的可预期性。

众所周知,在司法活动中,法官要秉承"以事实为依据,以法律为准绳"的司法原则[③]。《最高人民法院关于裁判文书引用法律、法规等规范性法律文件的规定》第 1 条规定,裁判文书应当依法引用相关的法律、法规等规范性法律文件作为裁判依据。在现有的指导性案例中,虽然每一个指导性案例都有相应的法律依据,但是部分案例所提供的相关法条往往与案件最具有争议性的法律问题并无直接关联性,如指导性案例 131 号,裁判要点、裁判理由中直接适用司法政策作为说理依据,似乎指导性案中所陈列的相关法条的价值与意义需要进一步探讨。再如指导性案例 19 号[④],该案发生于 2008 年 11 月 25 日,一审裁判时间为 2010 年 5 月 18 日,终审时间为 2010 年 8 月 5 日,而《侵权责任法》是 2010 年 7 月 1 日开始实施,显然,一审判决的时候《侵权责任法》并未生效,根据法不溯及既往原则,《侵权责任法》明显不能成为裁判的法律依据。通过对这些案例的裁判理

[①] 参见彭中礼:《论国家政策的矛盾及其规制》,载《法学》2018 年第 5 期。
[②] 参见王洪平:《论"国家政策"之法源地位的民法典选择》,载《烟台大学学报(哲学社会科学版)》2016 年第 4 期。
[③] 《民事诉讼法》《行政诉讼法》《刑事诉讼法》中明确规定要"以事实为根据,法律为准绳"。
[④] 指导案例 19 号:赵春明等诉烟台市福山区汽车运输公司、卫德平等机动车交通事故责任纠纷案。

由分析可知，法官主要是根据国家政策进行审判。指导性案例是实践与理论的桥梁，若未对现有的法律规定给予应有的尊重，过多或采取不当的方式适用国家政策，不仅不能发挥出国家政策应有的功效，还可能会引起不良反应，甚至会损害司法审判的独立性，降低司法权威。

（二）国家政策在指导性案例中适用存在方法不当

马克思说："法官除了法律没有上司。"[①] 但国家政策的出现，特别是司法政策，法官在审理案件时不仅需要考虑法律的运用，还必须将司法政策作为影响裁判的重要因素。在纠纷化解过程中大多数是采用科层管理制度，科层制是一种典型的金字塔形状，权力主要集中在顶层。而司法政策制定的主体不仅包含了最高人民法院、最高人民检察院，还包含了执政党的中央委员会及其部门、国家权力机关。[②] 因此，这些主体发布的政策在司法活动中被广泛地运用。

由于政策具有不稳定性、不公开性等特点，不利于社会关系的稳定，为此，《民法总则》删除了"适用政策"的规定，《民法典》也继承了这一做法。由此可知，在司法裁判中，国家政策不能成为司法裁判的依据。[③] 但是在实践中，如政策中的纪要，尽管最高人民法院在关于印发《全国法院民商事审判工作会议纪要》的通知中指出："纪要不是司法解释，不能作为裁判依据进行援引。"但是在指导性案例34号中，对于债权转让合同效力争议问题，法官直接依据的是《最高人民法院关于审理涉及金融不良债权转让案件工作座谈会议纪要》（以下简称《纪要》）。指导性案例34号是通过二审终审后的案例改编，也就是说二审法院认可了《纪要》作为裁判依据的属性。在笔者看来，这一援引在实质上已经构成了裁判依据，因为判断纪要是否是裁判依据的标准，并不是说该《纪要》出现在裁判文书的哪个部分，而是该《纪要》在裁判文书中起到何种作用，是否运用《纪要》进行了裁判。由于指导性案例具有准法源地位，在指导性案例中直接运用类似于"纪要"的政策，不仅架空了法律规范，而且也会加强上下级法院之间的"行政化"趋势，使得类似的纪要文件成为司法判决的常态，从而陷入"恶性循环"。

（三）国家政策在指导性案例中适用存在说理不清

由于政策缺乏明晰性，会出现模棱两可、含糊不清的现象，造成裁判文书论证不足、说理机械等。

第一，论证不足。以指导性案例19号为例，根据裁判要点和裁判理由，可以归纳出三种不同出借机动车号码给他人套牌的情形：第一种是"机动车所有人或者管理者将机动

---

① 《马克思恩格斯全集（第1卷）》，人民出版社1989年版，第76页。
② 参见谢晖：《论司法政策及其法治使命》，载《法学杂志》2022年第3期。
③ 参见《最高人民法院民法典贯彻实施工作领导小组》，人民法院出版社2022年版，第79页。

车号牌出借他人套牌使用";第二种是"明知他人套牌使用而其机动车号牌不予制止";第三种是明知他人套牌使用而其机动车号牌不加制止,反而提供方便的。仔细分析这三种情形,不难看出,这三种情形存在明显的不同,但是在指导性案例19号裁判理由主要是围绕案件进行论证,针对上述与案件不同的地方,仅用"切实维护被害人的合法权益和机动车管理秩序"国家政策进行回应,难以使人信服,以至于未达到指导性案例遴选的标准。

第二,说理机械。以指导性案例131号、132号①为例,这两个案件无论是在案情上还是在审判依据上等都存在诸多的相似之处,但是在审判结果中却存在殊异。以虚拟成本计算为例,指导性案例131号依据的是2014年环境保护部办公厅发布的《环境损害鉴定评估推荐方法(第Ⅱ版)》,生态环境数额为虚拟治理成本3~5倍,在该案中,取参数值5,而在指导性案例132号虚拟成本计算取值为3。在《环境损害鉴定评估推荐方法(第Ⅱ版)》中对于虚拟成本如何恰当的取值,规定的并不明晰,在指导性案例中,对于虚拟成本的计算也只是简单的提到依据《环境损害鉴定评估推荐方法(第Ⅱ版)》。若在类案中,法院在审判时对于虚拟成本的取值,该如何准确和判断存在解释论上的难题。

五、国家政策在指导性案例中的适应优化路径

(一)国家政策在指导性案例中适用标准的优化

由于我国处于转型时期,国家政策在一定范围内被法律所确认,其重要性不言而喻。国家政策与法律一样,其目的是化解纠纷,维护社会和谐。为了实现目标,在解纷过程中,运用国家政策时也应该像法律一样尽可能地维护各方的正当权益,尽可能地达到平衡。但是,国家政策在调整社会关系过程中只起辅助作用,因此,国家政策在司法裁判中也应该遵循一定的规则。

一是适度适用原则。法律在一定程度上总是滞后于当代的社会关系,成文立法欲调整的社会关系与立法预设相比要复杂得多,新的社会关系矛盾关系会出现,已有的各种社会关系在新条件新形势下的冲突、碰撞中产生新问题、新情况;而且抽象成文法规在具体化个别案件事实上,亦有空白、模糊之处,无论是法律规制还是法律原则都蕴含着适用弹性。② 法官在审理案件时需要及时地对案件进行审判,国家政策的出台能够弥补法律之治的缺失。但值得注意的是,国家政策无论是在司法中的定位、效力等都低于法律,只有立法存在空白、模糊等问题时才能适用政策。

二是合法性原则。根据法治原则,国家政策的制定和实施不能超越法律红线,否则会影响国家政策的合法性,也难以实现公平正义。随着法治进程的推进,我国法律体系已经

---

① 参见指导案例132号:中国生物多样性保护与绿色发展基金会诉秦皇岛方圆包装玻璃有限公司大气污染责任民事公益诉讼案。

② 参见齐恩平:《民法适用解释的政策检视》,载《南开学报(哲学社会科学版)》2012年第5期。

基本成型，但成文法具有抽象、概括性等特点，法官在解决新型纠纷时难免会遇到立法不足等困境，如生态环境损害赔偿，法官的审判依据之一就运用了国家政策。① 政策的制定与实施是为了回应社会发展的诉求，这些诉求通过指导性案例进一步增加了说服力和可信度，但是在适用过程中，"合法性"始终是政策的一个特别重要的因素，即政策的适用始终在法律规制的尺度范围内。

三是公平正义原则。国家政策是党和国家治国理政意志的体现，能够减少人与人之间的冲突，将有限的资源高效地配置，从而实现社会福利的最大化。为此，国家政策的制定与实施都要坚持公平正义，不得损害公众的合法权益。

（二）国家政策在指导性案例中适用方法的优化

国家政策并非正式的法律渊源，也不是法律规范，国家政策的价值在于对立法不足的补充。由于多数的政策只是原则性的规定，在适用过程中弹性较大，在一定程度上降低了法律规范在适用中的预期性。因此，在肯定国家政策在司法中的作用同时，也应该考虑如何在运用政策时不限制法官应有的自由裁量权。

一是明确政策制定程序。国家政策的内容和程序都应该保持谨慎的态度，避免政策发布的随意性。对已经确定的政策文件应该以官方文件发布，避免以会议的讲话或者会议纪要等形式出现。为此，在制定政策的程序上，要从提出问题、确定目标、设计方案、论证方案、选择方案、政策试验、政策决策这几个步骤出发。在提出问题上，提出问题是政策制定的第一步，也是关键部分，要确定该问题是否是重要的问题，是否经过调研等；在确定目标上，目标是政策制定的一个重要程序，即解决问题需达到一个什么样的目的，政策的制定就是为了实现这个目标；在设计方案上，即怎么办的问题，要结合实际问题进行设计政策；在论证方案上，为了实现目标，设计和拟解决问题，实现目标的政策方案；在论证方案上，就是在已经设计的政策方案上进行广泛的研讨，听取各方意见，对该政策方案作出正确的预判；在选择方案上，经过多方讨论、评估，选择最科学、最符合实践的政策方案；在政策试验上，在经过多方打磨后，在一定的范围内进行检验，以确保方案具有可行性；在政策决策上，就是相关部门把选定的政策方案，提交有关机关公布。②

二是建立政策反馈机制。国家政策在一定时期内不仅能够影响公众的行为，还能影响司法裁判。为此，需建立国家政策适用情况的反馈报告机制，重点掌握国家政策影响个案自由裁量的情况，内容包括在个案中对事实的认定、裁判标准、赔偿额度等，以便及时对国家政策的实施与修正或废止，这样不仅能使司法与政策形成良性的互动，还能够维护法官合理的自由裁量权的行使。

---

① 参加指导案例130号：重庆市人民政府、重庆两江志愿服务发展中心诉重庆藏金阁物业管理有限公司、重庆首旭环保科技有限公司生态环境损害赔偿、环境民事公益诉讼案。
② 参见程洪恩：《政策制定程序的初步探索》，载《理论探讨》1992年第1期。

三是建立政策向法律转化机制。实践中，国家政策总是通过各种方式影响着国家的法治进程，并对法律制定和实施发生重要影响。① 国家政策中也蕴涵着各种权利义务关系，政策及时地转化成法律，将其权力（权利）、义务等标准的法律问题进行处理。法官在行使自由裁量过程中不仅仅只展示个案的公平正式，还需要展现出理性的过程。

（三）国家政策在指导性案例中适用说理的完善

第一，充分论证。指导性案例具有政策引导功能，最高人民法院通过指导性案例中融入政策对法律的规制和立法政策进行引导和调整，旨在未来类似案件提供指引和引导。② 为此，作为指导性案例中的裁判理由，若没有充足的理由进行支撑就会失去指导性案例原有的权威性。对于法律适用而言，法官适用国家政策时具有更大的自由裁量权，因此，法官有义务在个案裁判针对适用国家政策作出合理的论证。《最高人民法院关于加强和规范裁判文书释法说理的指导意见》提出："法官行使自由裁量权处理案件时，应当坚持合法、合理、公正和审慎的原则，充分论证运用自由裁量权的依据，并阐明自由裁量所考虑的相关因素。"因此，若依据了相关政策进行审判，那么在文书中应该充分的阐述为什么适用政策。

第二，增强与案件的互动和调适。在审判过程中一定是坚持法律优先，只有出现法律漏洞或法律模糊时，法官才可能适用国家政策进行裁判。在依法审判过程中，结合具体的案件，适当地运用政策，从而实现个案结果符合实质正义。这样不仅化解了当事人双方的矛盾，而且实现了社会和谐。由于指导性案例的主要功能在于"指导"，因此，法官在审判中如何运用政策，如何使个案符合实质正义等，就不能机械地适用法条，而应该结合具体的案例深层次地理解，既实现法律效果又实现社会效果。

六、结语

在社会法治进程中，国家政策与法律一样，不仅对经济、社会、文化等都有着重要的影响，而且也影响着立法、执法、司法。特别是在司法中，国家政策不仅影响着法官思维，也能够成为审判的依据，指导性案例制度作为司法改革的举措之一，经过不断地完善，在司法话语体系中已经拥有了不容置疑的正当性。然而，指导性案例制度的功能之一就是正确适用国家政策，只要适用得当，就能够较好指导类案的审理，也能够成为治理社会的良好手段。因此，本文分析现有指导性案例中适用国家政策的现状、价值、问题并加以探讨，以期本研究能够使人们能够更好理解指导性案例，更好地了解国家政策在司法活动中的作用。

---

① 参见袁明圣：《公共政策在司法裁判中的定位与适用》，载《法律科学（西北政法学院学报）》2005年第1期。

② 参见王绍喜：《指导性案例的政策引导功能》，载《华东政法大学学报》2018年第5期。

National policy in guiding case for analysis

You Ting

Abstract: In judicial adjudication, national policies always influence judicial adjudication in various ways, and guiding cases are no exception. Through the adaptation of national policies in guiding cases, the entity and procedural requirements for the application of national policies in guiding cases are summarized, which can provide a reference template for judicial activities. The application of national policies in guiding cases can promote the formulation or improvement of legal norms, guide and regulate judicial activities and realize the needs of substantive justice. However, there are defects in the application of national policy standards, methods and reasoning in the existing guiding cases. Therefore, when applying national policies in guiding cases, we should clarify the standards, optimize the application methods and perfect the reasoning, so as to make innovations in standardizing the application of national policies in guiding cases.

Key words: national policy; guiding case; judicial application

国家政策司法审查制度的构建*

侯人峰**

摘　要　国家政策作为治国理政的重要手段，其在促进经济建设、推动社会发展等方面发挥了突出作用。构建国家政策司法审查制度能够切实维护公民权益、加强法治政府建设、完善国家政策监督体制、实现公私法有效衔接。同时，构建国家政策司法审查制度有宪法和法律作为规范依据，且有域外经验及司法判例作为镜鉴。从制度设计来看，国家政策的司法审查制度应当遵循合法性与合理性并存、实体问题与程序问题并重及司法尊让等原则，从启动主体、审查主体、审查方式、审查范围等细节着眼构建具体审查制度。

关键词　国家政策　司法审查制度　监督制度

一、问题的提出

司法审查是近现代法治国家普遍确立的制度。通常认为司法审查分为两大模式：分散审查模式和集中审查模式。前者由各级法院承担审查职责，后者则由专门建立的法院或相关委员会进行。① 我国学界对这一概念的研究起步较晚，一般认为1989年制定的"《行政诉讼法》是司法审查法"。② 根据现有文献研究不难看出，司法审查的相关研究多集中在具体行政行为、司法审查制度本身等领域，而对国家政策这一重要规范的司法审查却鲜有研究。

在当今时代，国家政策已然成为协调社会利益、维护社会秩序的重要举措。从理论上

---

* 国家社会科学基金重大项目"中国共产党司法政策百年发展史研究"（编号：21ZDA120）。
** 侯人峰，中南大学法学院硕士研究生。
①　参见张千帆：《司法审查制度比较研究》，译林出版社2012年版，第103页。
②　罗豪才、王天成：《中国的司法审查制度》，载《中外法学》1991年第6期。

看，第一，国家政策依其规范性、强制性等特征直接对政策相对人权益产生重要影响，并指引、规制其行为；第二，国家政策是我国司法实践中不可忽略的因素，其往往是诉讼两造争议的焦点所在，正确理解、审查国家政策有利于司法活动的高效进行；第三，国家政策同国家全方位建设紧密联系，成功的国家政策将直接推动国家的迅猛发展，反之亦然。从实践上看，在"孙桂花诉浙江省环保厅案"[①]"郑晓琴诉温岭市人民政府案"[②]"赵全社等人诉西安市雁塔区人民政府案"[③] 等一系列典型案例中，国家政策均成为影响当事人权益的核心要素，同时亦是此类案件争议的关键，这也再次反映出审查国家政策的必要性和紧迫性。因而通过司法审查手段加强国家政策的合法性建设在深化全面依法治国等多个方面均具有重要的现实意义。

值得注意的是，对国家政策的司法审查有诸多问题需要研究。例如：第一，规范性文件与国家政策属于两个相近但不同的概念，并非所有的规范性文件均为国家政策，那么何种主体制定的规范性文件是国家政策？第二，国家政策的司法审查是否存有限度？第三，审查标准又当作何规定？等等。针对这一系列问题，本文拟在现有规范基础上进一步研究，以期推动相关制度和理论的发展。

二、国家政策司法审查制度构建的必要性

国家政策作为国家治理的重要手段，对社会诸多方面均有深远影响，故围绕其构建相关司法审查制度具有深刻的现实基础和必要性。因而本部分拟从维护公民权益、推进法治政府建设、完善相关监督体系、实现公私法有效衔接等角度进行阐述，从而为制度构建提供理论基础。

（一）维护公民权益的必然要求

人民是国家的主人，人民利益至高无上，因此保障人民权益不受侵犯理应成为我国司法工作和国家政策制定的中心任务。但国家政策作为公共利益的重要载体，其在某些领域不可避免地会影响公民权益的实现，因而需要司法审查对公民权益加以维护：

第一，司法审查为公民维护自身合法权益提供了合法途径。当公民遭受某些不当国家政策的侵害时，"可以间接地或直接地……诉请人民法院进行司法审查、裁决，这可以在更广范围内和更高层次上依法保障公民的合法权益"。[④] 国家政策的司法审查作为一种维护权益的途径，区别于其他"弱"途径，因其以司法权力这一国家公权力为保障，能够保证审查的中立性、公正性以及执行的强制性，进而有效维护当事人的合法权益。

---

① 参见浙江省杭州市西湖区人民法院（2015）杭西行初字第291号行政判决书。
② 参见浙江省台州市中级人民法院（2015）浙台行终字第186号行政判决书。
③ 参见陕西省高级人民法院（2019）陕行终678号行政判决书。
④ 刘俊祥：《抽象行政行为的司法审查研究》，中国检察出版社2005年版，第283页。

第二，司法审查能够纠正国家政策中某些不合法侵犯人民权益的内容。根据《立法法》第91条和第93条规定，部门规章和地方政府规章在没有法律等上位规范作为依据的情况下，不得任意设定有损公民、法人和其他组织的权利或者增加义务的规范，也不得增加自身权力或减少自身法定职责。举重以明轻，作为法律下阶规范的国家政策更应受此约束和规范。这一规定也为国家政策的司法审查提供了审查标准和法律依据。

（二）推进法治政府建设的重要手段

法治政府是依法治国的关键所在，牢牢抓紧这一关键要素对于全面推进依法治国能够产生重大作用。司法审查制度作为司法机关制约行政机关的重要手段，其有助于加强政府自身建设及其依行政权颁布的国家政策，从而切实推动法治政府的建设，并最终实现全面依法治国的宏伟目标。基于此，司法审查的介入便更具现实价值。

1. 司法审查的介入有助于规范政府自身

国家政策作为调整社会关系、分配社会利益的重要举措，各级政府理应在"法治轨道上"对其合理利用。但我国当前社会情况复杂，法治政府建设水平仍有待提高，个别单位未能切实做到依法行政，甚至最大化个人或部门利益，进而实现以权谋私的目的。① 这在整体上阻碍法治政府的实现。在此背景下，司法审查作为我国监督体系中的重要组成部分，能够有效提高国家政策制定阶段的合法性及合理性，并在国家政策执行阶段对其给予必要监督，进而规范政府行为，限制公权力的不当使用，维护政策相对人的合法权益，为法治政府建设提供保障。

2. 司法审查的介入有助于完善国家政策本身

（1）司法审查有助于提高国家政策的规范性。理论上看，当今学界及实务界对国家政策的定位、程序、内容、主体等问题缺乏清晰的界定，实践中国家政策制定主体多样，制定程序各异，由此便产生一系列问题：第一，每一项国家政策的出台是否遵循科学、合理的制定程序？第二，国家政策制定主体众多，各机关擅长专业领域不同、人员素质存在差异，其质量有待检验。第三，由于我国政法体制②的影响，政策与法律的关系经历了漫长的历史变革，其中政策适用的规范问题值得考虑。司法审查制度介入，能够有效从制定主体、制定权限、制定程序、制定标准、制定内容等多个层面对国家政策进行审查，从而提高国家政策规范性。

（2）司法审查有助于减少国家政策执行过程中的问题。当前我国政府在执行国家政策

---

① 参见程静:《中国抽象行政行为司法审查制度的建构》，载《西南大学学报（社会科学版）》2008年第4期。

② 当代中国政法体制主要包括两方面："在条块关系中，以块块管理为主的同级党委领导体制；在央地关系中，党内分级归口管理和中央集中统一领导体制。"对此问题的研究可参见侯猛:《当代中国政法体制的形成及意义》，载《法学研究》2016年第6期。

当中存在一系列问题有待解决：第一，为了不合法的目的而故意避开法律直接依据政策做出行为；第二，只适用地方政策而不适用中央的有关政策，进而侵害当事人合法权益；第三，违法或错误适用不违法的政策等。① 而司法审查为国家政策的执行提供了监督的渠道和方式，从而减少上述问题的出现，以切实维护公共利益及个人利益。

（三）完善国家政策监督机制的必要途径

理论界将国家政策的监督机制大致分为立法机关监督、行政机关监督、司法机关监督、政党监督、公民监督、利益集团监督、大众传媒监督等七大类。② 但从实践角度看，这些监督机制的效力有待完善：第一，人大作为我国权力机关理应有效监督国家政策的制定与执行，但由于人大实际地位、人大代表产生方式③及法律规定过于原则化等原因，致使人大的监督并未发挥其应有作用；第二，行政机关作为国家政策的主要制定主体，由其对自身创制的政策进行审查，其效力更有待考察；第三，非国家公权力主体的监督效力与威慑力有限；第四，上述多数监督体制通常情况下"没有行政行为的利害关系人的参与……使得上述监督形式有名无实。"④ 鉴于当前监督机制的不足及权力制约的现实需要，通过司法审查途径对国家政策进行监督则更有其必要性。

司法审查是法院以法律规范为依据、以司法权为基础展开的活动，该性质使其得以避免形成其他机制的上述不足，并在对国家政策的监督中具有独特优势：第一，从法律规定及行使主体角度看，其区别于立法机关的监督。一方面，我国立法对司法审查制度已通过《行政诉讼法》《行政复议法》等法律做出较为完善的制度设计，因而对国家政策进行司法审查有相关的法律作为依据和指引；另一方面，司法审查由职业法官进行，其通常具有更高的监督意识与政治参与感。第二，从主体角度看，其区别于行政机关的监督。我国司法机关独立于行政机关而存在，由司法机关展开对国家政策的审查能够保障结果的客观性。第三，从权力性质角度看，其区别于其他社会主体的监督。司法机关的司法权力是以国家强制力为后盾，因而有足够的权威性保障结果的执行。第四，从参与主体角度看，司法审查是切实保障国家政策相对人参与的审查制度，该相对人不仅有权启动程序，更有资格直接参与审查当中，此种制度设计既利于审查的规范，又利于相对人利益的表达和对结果的接受。司法审查通过上述优势得以实现对国家政策的有效监督，并推动现有监督机制形成一个互补互充的统一体系。

---

① 参见朱应平：《民生行政政策的适用及其规制》，法律出版社2017年版，第153—161页。
② 参见张国庆：《公共政策分析》，复旦大学出版社2004年版，第373—383页。
③ 参见何海波：《行政诉讼法》，法律出版社2016年版，第44页。
④ 傅思明：《中国司法审查制度》，中国民主法制出版社2002年版，第252页。

（四）实现公私法有效衔接的重要方式

"政府的任务是服务和增进公共利益。"① 其在面临特定时期的公共问题②时，常常运用国家政策加以解决，以期切实维护公共利益，因而政策因公共利益而生，其目的也是追求公共利益的实现。③ 但在此过程中，部分同公共利益不相协调或冲突的个人利益不可避免地受到影响。这种公共利益与个人利益之间的矛盾状况贯穿国家政策始终并直接影响国家政策的质量与实效，对此应当采取合适机制妥善解决。

司法审查因其具有监督行政权力、保障相对人合法权益的功能而成为衔接二者的有效方式：从公共利益角度看，司法审查能够确保"公共利益"的客观和适当。法院依其独立性、专业性、权威性等特点，能够尽可能多地调动各类资源实现对公共利益的分析，首先审查该公共利益是否客观存在，是否有制定主体的部门或地方利益渗透；其次审查该公共利益的确定是否适当，是否因不合理扩大公共利益范围而侵害私人合法权益；最后审查政府为实现公共利益而制定的国家政策是否合法、合理。从个人利益角度看，司法审查能够切实保障个人利益。一方面，司法审查通过对公共利益与个人利益的权衡比较确定个人利益是否应当受到损害，若不受损害公共利益能否实现。另一方面，当个人利益必然受到损害时确保其受到最小损害，且不得低于某项特定的标准，进而使得该损害在相对人可接受范围内。通过对公共利益与个人利益两方面的审查，得以合理确定二者的界限，进而实现公私利益最大化，并提高国家政策的实效。

三、国家政策司法审查制度构建的可行性

（一）我国宪法及法律提供了规范基础

在推进全面依法治国的时代，一切制度的构建都应当以法律为依据，不得同宪法、法律相抵触。从此理念出发，对国家政策进行司法审查符合当今宪法、法律的规定和理念。

1. 国家政策的司法审查制度构建符合我国宪法规定

宪法，如韩大元所述："作为国家根本法和最高法，宪法应当成为法律权威中的权威，具有至上的地位。"④ 因此国家政策司法审查制度应符合宪法规范。

第一，国家政策的司法审查符合司法机关的宪法定位。根据我国《宪法》第三条规定，国家行政机关与审判机关之间是监督与被监督的关系，因此，国家政策作为行政权力

---

① ［美］詹姆斯·安德森：《公共政策》，唐亮译，华夏出版社1990年版，第222页。
② "公共问题实际上是公共利益的具体表达。"参见卢坤建：《公共政策释义》，载《中山大学学报（社会科学版）》2001年第4期。
③ 参见李玲玲、梁疏影：《公共利益：公共政策的逻辑起点》，载《行政论坛》2018年第4期。
④ 韩大元：《论宪法权威》，载《法学》2013年第5期。

张力的体现，① 由司法机关对其进行监督审查符合我国宪法规范。

第二，国家政策的司法审查符合宪法对社会主体活动的规范要求。根据我国《宪法》第五条、第四十一条规定，各类社会主体的活动都应当在宪法、法律的范围内进行，并受到人民群众的监督。国家政策作为国家机关实施的活动，应当受到此处宪法规定的约束。

第三，国家政策的司法审查符合我国宪法精神。我国《宪法》第二条规定："中华人民共和国的一切权力属于人民"，人民是国家的主人。对国家政策进行司法审查一方面是保障人民民主、维护人民合法地位和权益的宪法理念的展现，另一方面也是将人民群众意志融入司法活动及行政活动的重要途径，从而真正实现对"国家、经济、文化、社会事务"的管理。

2. 国家政策的司法审查制度构建符合我国现行法规定

我国现行法律对国家政策是否具有可诉性并无明文规定，但《行政诉讼法》第六条、第五十三条、第六十四条及《行政复议法》第五条、第七条等法律对规范性文件的可诉性已有相关规定。②

那么基于上述规定，国家政策是否具备可诉性从而能够对其进行司法审查？对此问题可以从构成要件这一维度进行分析。

第一，国家政策制定主体是国家机关，虽然对这里国家机关具体所指为何有所争议，但共同点都认为政策的制定者应当是掌握国家公权力的机关，其能够代表国家意志，行使国家权力，因而国家政策符合规范性文件的主体要件；第二，从国家政策制定内容和效力来看，其内容对于不特定主体具有普遍约束力、规范效力且可反复适用，能够规范、指导、制约主体的行为，因而符合规范性文件的内容和效力要求；第三，从其表现形式来看，国家政策通常表现为"意见、通知、决定、会议纪要（公开在法定公报上的）、措施和方法等形式"。③ 从此种意义上看，国家政策通常以规范性文件形式加以展现。综上，国家政策应有可诉性，因此对于国家政策进行司法审查是可欲的而且是现实的。

此外，从反面来看，《行政诉讼法》第五十三条明确将规章排除在附带性审查之外，而并未对包括国家政策在内的其他规范性文件加以排除，因而对国家政策进行司法审查并无法律明文规定的障碍，符合现行法精神。

（二）域外司法审查制度提供了参考经验

19世纪初期，司法审查制度作为特有现象出现在了美国，并随后在日本、印度、德意

---

① 参见彭中礼：《论国家政策的矛盾及其规制》，载《法学》2018年第5期。
② 如《中华人民共和国行政诉讼法》第53条规定："公民、法人或者其他组织认为行政行为所依据的国务院部门和地方人民政府及其部门制定的规范性文件不合法，在对行政行为提起诉讼时，可以一并请求对该规范性文件进行审查。"
③ 彭中礼：《论国家政策的矛盾及其规制》，载《法学》2018年第5期。

志联邦共和国、意大利等国家确立。①

上述各国的司法审查制度在审查体制、审查范围、审查依据、审查理由等方面为我国国家政策司法审查制度的构建提供了大量可借鉴的经验：第一，审查主体经验。域外国家司法审查主体颇具代表性的有英美模式、法国模式和德国模式。其中英美国家并无专门行政法院，而是通过普通法院进行针对行政权的司法审查活动。德国和法国则通过设立专门行政法院进行。但二者亦存有不同，其中德国行政法院"不仅与普通法院相分离，也独立于行政机关"，②而法国行政法院"作为行政机关的一个分支产生，由高级别的公务员组成。"③笔者认为我国现行法院系统在对行政权力进行司法审查的过程中仍存有诸多不足，德国此种三级体系、高度独立的行政法院系统值得借鉴。④第二，起诉时机经验。美国通过设置"成熟原则"和"穷尽救济原则"等方式从起诉时机方面限制司法审查的滥用。前者强调行政程序是否发展到最后阶段，即是否达到法院进行审查的程度。后者则着眼于起诉前当事人多大程度上穷尽救济。⑤我国在对国家政策进行司法审查过程中亦应注意此类问题，以避免造成司法资源浪费等后果。第三，审查结果经验。德国法院可以审查任何形式的违法，其结果是行政法院有权力变更行政决定，并在特定条件下，可以以自己的决定代替行政机关的决定。⑥德国此种经验和精神值得立法者纳入立法考量，在一定限度内扩大人民法院司法变更权，以更好发挥司法审查的监督功能。此外，英国的"自然公正原则"、⑦美国关于事实问题的相关规定⑧及日韩等国家的制度实践亦为我国相关制度构建提供了借鉴经验，在此不一一展开。

虽然我国在意识形态、政治体制、社会文化背景、经济发展水平等方面与他国存在明显差异，但在法治与经济全球化的浪潮推动下，各国联系愈发紧密，彼此之间并非完全对立，因此上述经验在立足于我国实际的前提下完全可以被选择性地吸收，进而纳入我国制度构建当中。

---

① 参见于海洋：《司法审查制度的传播》，载《理论学刊》2009年第11期。
② [荷] 勒内·J. G. H. 西尔登、[荷] 弗里茨·斯特罗因克：《欧美比较行政法》，伏创宇、刘国乾、李国兴译，中国人民大学出版社2013年版，第141页。
③ [英] L. 赖维乐·布朗、[英] 约翰·S. 贝尔、[法] 让-米歇尔·加朗伯特：《法国行政法（第五版）》，高秦伟、王锴译，中国人民大学出版社2006年版，第45页。
④ 关于建立行政法院的必要性及可行性等问题：参见段薇、刘权：《法、德行政法院考察及其启示》，载《云南行政学院学报》2017年第6期；梁凤云：《关于对中国特色行政法院体系的基本设想》，载《行政法学研究》2015年第1期；马怀德：《行政审判体制改革的目标：设立行政法院》，载《法律适用》2013年第7期；江必新：《中国行政审判体制改革研究——兼论我国行政法院体系构建的基础、依据及构想》，载《行政法学研究》2013年第4期；陈有西：《我国行政法院设置及相关问题探讨》，载《中国法学》1995年第1期等。
⑤ 参见王名扬：《美国行政法》，中国法制出版社2005年版，第636—653页。
⑥ 参见 [印] M. P. 赛夫：《德国行政法——普通法的分析》，周伟译，山东人民出版社2006年版，第135页。
⑦ 参见王名扬：《英国行政法》，北京大学出版社2007年版，第116—123页。
⑧ 参见 [美] 皮特·L. 施特劳斯：《美国的行政司法》，徐晨译，商务印书馆2021年版，第428—434页。

（三）已有司法实践提供重要思路

我国法律虽未对国家政策的司法审查做出明确规定，但司法实践中已出现对国家政策进行司法审查的先例。例如，"刘传轮诉荣成市人民政府"[1]案件中，再审法院以"不违反上位法规定""符合规范性文件制定的程序性要求"为由认定《荣成市人民政府关于印发荣成市畜禽养殖"三区"划定方案的通知》合法；"杨志强诉北京市通州区台湖镇人民政府案"[2]中，法院认定《关于对患有重大疾病人员住院费用进行年终困难补助的实施意见》等文件中的相关规定并无法律依据且与政策制定目的相悖，故认定相关行政行为不妥；"韩国财诉被告西宁市住房保障和房产管理局案"[3]中，法院以对规范性文件"单独提起行政诉讼不符合法律规定"为由驳回起诉；"毛爱梅、祝洪兴诉浙江省江山市贺村镇人民政府案"[4]"朱某诉上海市公安局交通警察总队案"[5]等案件中法院以相关文件并非做出行为所依据的文件为由不予支持原告请求；"广东奥凯电子有限公司诉梅州市公安局梅江分局、梅州市公安局"[6]案件中，法院以"上诉人并未在一审提起本案行政诉讼时一并提出该项请求"为由不予支持；在"蒋兵、张士荣诉舒城县不动产登记中心案"[7]中，法院以"内部职能部门的指示行为"为由认定"不属于人民法院审查范围"；等等。

上述案件表明国家政策的司法审查在我国司法实践中具备可行性，且这类案件在审查依据、起诉时效、审查内容等诸多方面为具体的制度构建提供了重要思路：第一，法院对国家政策仍坚持附带性审查而不得直接起诉；第二，上位法已成为诸多法院认定法律效力的惯行标准；第三，众多法院仅选择审查本案直接相关或依据的国家政策而并非对案件所涉及或仅仅参照的政策均进行审查；第四，对制定程序法院亦会进行审查；第五，对起诉时效也有法院认为应当在一审中提出；第六，部门内部行为不予审查等。上述案件虽是不完全概括但已在一定程度上为制度的构建打下基础。然而此类司法实践仍停留在个案经验层面，未能形成相关制度体系。此外上述案件的存在亦反映出对国家政策进行司法审查具有紧迫性，因此应尽快在吸收上述案件经验的基础上，对相关制度进行科学合理的构建，进而实现国家政策司法审查的规范化运行。

四、国家政策司法审查制度构建的主要原则

"原则为分析和处理事务的根本准则。"[8] 在我国法律规定尚未明确之时，国家政策的

---

[1] 参见最高人民法院（2020）最高法行申 3083 号行政裁定书。
[2] 参见北京市第三中级人民法院（2016）京 03 行终 72 号行政判决书。
[3] 参见青海省西宁市城北区人民法院（2016）青 0105 行初 57 号行政裁定书。
[4] 参见浙江省衢州市柯城区人民法院（2016）浙 0802 行初 19 号行政判决书。
[5] 参见上海市第三中级人民法院（2016）沪 03 行终 147 号行政判决书。
[6] 参见广东省梅州市中级人民法院（2021）粤 14 行终 33 号行政判决书。
[7] 参见安徽省舒城县人民法院（2021）皖 1523 行初 71 号行政判决书。
[8] 高其才：《法理学》，清华大学出版社 2007 年版，第 47 页。

司法审查亦应当以特定审查原则为指导，以保障实践运行的统一和规范。

(一) 合法性与合理性并存原则

国家政策的司法审查应当同时遵循合法性与合理性原则。合法性原则为各国司法审查所规定，且在我国已获得普遍认可。合法性原则包括消极与积极两方面，前者要求法律超越一切行政机关的表达，一切行政机关制定的规范与法律冲突时均为无效；后者要求任何行政权力的运行应当符合法律要件，亦即法律授权是国家政策的必要前提。① 在对国家政策的合法性审查中，应当从是否有法律授权与是否与法律相冲突两方面展开；同合法性原则相比，司法审查是否遵循合理性原则仍有争议，在此笔者认为对国家政策的司法审查应当遵循合理性原则。一方面，理论层面看，"行政合法性与合理性不仅在理论上成为我国行政法的基本原则，而且具体体现于我国行政单行法律规范中。二者在行政管理领域中共同发挥着制约行政权的作用。"② 且从政治学角度看，法律不仅表达权威主体的意志更要符合正当有效的事物，因此在合法性之外，应当有一系列规范以牵制行政权力的行使而不至被滥用。③ 另一方面，从法律规定看，《行政诉讼法》第 70 条和第 77 条更是规定对于"滥用职权"和"明显不当"的行政行为法院可认定违法，从而在法律层面进一步明确了合理性审查的存在。是故对合理性原则的适用有其理论和法律基础。

(二) 实体问题与程序问题并重原则

国家政策的司法审查应当做到实体审查与程序审查并重。实体问题在国家政策的司法审查中体现四方面：一是审查制定主体是否适格、制定权限来源是否正当；二是审查制定内容是否合法、合理；三是基于上述审查能否做出公平公正判决，依法合理维护公共利益与个人利益。程序问题在国家政策的司法审查中体现在三方面：一是国家政策制定和执行的过程本身是否符合法定程序；二是司法审查过程本身是否规范；三是正当程序原则的适用。国家政策的审查应当遵循正当程序原则。"正当程序原则在行政诉讼中的应用，可以成为观察中国法院现实态度和实际职能的一个窗口。"④ 一方面，通过正当程序的运用有利于在技术层面实现司法权力对行政权力的有效监督，保障国家政策的规范化、程序化、合理化；另一方面，对于司法审查制度本身，正当程序原则的适用极大程度上扩展其范围，同时提高司法审查的灵活性。⑤ 韦德曾说："只有依靠程序公正，权力才可能变得让

---

① 参见 [印] M. P. 赛夫：《德国行政法——普通法的分析》，周伟译，山东人民出版社 2006 年版，第 126—133 页。
② 王东伟：《行政诉讼中合理性审查研究》，中国社会科学出版社 2020 年版，第 27 页。
③ 参见龚祥瑞：《行政合理性原则》，载《法学杂志》1987 年第 2 期。
④ 何海波：《司法判决中的正当程序原则》，载《法学研究》2009 年第 1 期。
⑤ See Edward S. Corwin, Marbury v. Madison and the Doctrine of Judicial Review: *12 Michigan Law Review*, 572 (1914).

人能容忍",① 因此唯有将程序正义引入国家政策的司法审查中,司法权和行政权的运行才更易令人接受。综上,法院在司法审查过程中应当在肯定程序正义基础上充分实现实体正义,从而真正实现司法正义。②

（三）司法尊让原则

司法尊让原则是指"法院在司法推理论证的过程中对政府部门的判断给予适当的尊重",③ 其涉及的是"法院需要在多大程度上尊重行政机关的判断"④ 的问题。具体而言,法院在国家政策的司法审查过程中应当从下述层面实现尊让:第一,国家政策的解释层面。若行政机关对其制定的国家政策依其专业性能够在其职权范围内做出合理解释,法院应当尊重该解释,"法院不能也绝对不能在选择指导某一具体行动的理由时以自己代替权威机构",⑤ "笼统地让法院用自己认为正确的标准代替行政机关的解释是不可取的"。⑥ 第二,国家政策的处理层面。在我国现有体制之下,国家政策的制定作为行政权力的体现,在司法审查过程中即便被认定违法或可撤销,法院亦无依据直接认定其无效、撤销该政策或对该政策加以变更,对其实质意义上的处理只能交由行政机关自身定夺。

五、国家政策司法审查制度的具体设计

前文已在学理上论证了国家政策的司法审查制度构建具备必要性与可行性,但对于如何进行制度构建,则仍存疑问,一方面司法审查制度在中国研究本就短暂,其中诸多问题有待探讨;另一方面,国家政策所具有的特殊性质又对制度构建提出难题。因此本部分拟通过几个疑难问题的讨论从而实现制度的构建。

（一）明确司法审查启动主体

启动主体的问题是关于谁有权力对国家政策提起司法审查的问题,是司法审查的前端问题,只有明确启动主体,司法审查制度才能展开。本部分将分别对几类主体进行分析。

1. 其他国家机关能否作为启动主体

在中国社会环境下此处国家机关主要是三类,即人大、人民检察院和其他政府部门。

（1）人大不应成为启动主体。一方面,从我国政治体制来看,人大是我国权力机关,与司法机关和行政机关是领导与被领导的关系,因此在地位上人大高于司法机关,将人大

---

① [英] 威廉·韦德:《行政法》,徐炳、楚建译,中国大百科全书出版社 1997 年版,第 94 页。
② 参见彭卫民:《在程序与实体之间：新时代中国司法正义的整体建构》,载《社会科学家》2019 年第 4 期。
③ 付婧:《香港法院在涉选举案件中的司法尊让》,载《法学评论》2017 年第 4 期。
④ 何海波:《行政诉讼法》,法律出版社 2016 年版,第 100 页。
⑤ Taylor, G. D. S., Judicial Review of Improper Purposes and Irrelevant Considerations: 35 *The Cambridge Law Journal*, 289 (1976).
⑥ 高秦伟:《政策形成与司法审查：美国谢弗林案之启示》,载《浙江学刊》2006 年第 6 期。

作为启动主体是对二者关系的颠倒；另一方面，我国在长期历史发展当中已经形成"人大监督"的特有监督体制，这种监督是"最高层次监督"。① 因此人大可以通过此种途径对国家政策加以监督而无须依靠司法审查。

（2）人民检察院可以成为启动主体。第一，检察院作为启动主体符合宪法规定。我国《宪法》一方面规定检察院作为"国家的法律监督机关"，另一方面又确立了检察与行政的平等地位，因而作为监督机关的检察院对国家政策进行审查符合其地位与职责。第二，从实践来看，我国存在"行政公益诉讼"制度，检察院作为原告对侵害公共利益的行为进行监督已有实践基础。国家政策作为能在一定地域内对不特定主体产生效力的规范，存在侵犯公共利益的可能乃至现实危险，因此检察院依其职权进行起诉符合我国实际。第三，有学者指出我国《行政诉讼法》规定公民、非机关法人和其他组织都可以依法请求对规范性文件的审查，那么作为国家公权力机关的检察院更无理由被排除在外。② 综上检察院应当具备启动主体资格。

（3）其他行政机关在一定情况下可以作为启动主体。马怀德指出："在衡量行政机关是否具有原告资格时，要注意区分该行政机关作为行政主体与民事主体的双重身份。"③ 当行政机关作为普通民事主体并未行使行政职权时，其与作为行政相对人的公民、法人、其他组织地位无异，当其受到制定机关颁布的国家政策不利影响时应当赋予其提起司法审查的主体资格。如前文所述，实践中政策制定混乱，部分政策甚至沦为部门或地方盈利的工具，因此部门利益冲突在所难免，此时赋予其启动主体资格一方面是对国家政策进行监督的需要，另一方面也是对有关机关合法权益的保障。

2. 作为国家政策相对人及利害关系人的公民、法人或者其他组织可以依法启动程序

这一点在我国《行政诉讼法》中已有近似规定无须讨论。但此处有两点问题值得厘清。

（1）公民无权对侵犯公共利益的国家政策提起诉讼。虽然我国是人民民主国家，公民对不法行政行为提起诉讼有宪法依据，但在实践中，公民无论从经济实力相对较弱、专业知识较为匮乏等角度来看，还是从其具有固有的个人私利来讲，其都无法完全真正为"公共"谋得利益。且从域外视角来看，虽然各国整体走向是由严到松，但仍未完全放开公民对公共利益的诉讼，例如在美国当事人也只能对法律规定的特定事项提起诉讼。在我国无论是司法审查制度还是行政公益诉讼制度均尚不健全的今天，直接赋予公民在此类案件中的启动主体资格则跨度太大，其可行性有待商榷。

（2）社会组织可以有条件地对侵犯公共利益的国家政策提起诉讼。一方面，社会组织

---

① 华友根、刘传琛：《人大监督的形成、变化、性质、地位及其完善》，载《上海社会科学院学术季刊》1999年第1期。

② 参见杨寅：《论行政公益诉讼审理制度的完善》，载《政治与法律》2022年第5期。

③ 马怀德：《行政法与行政诉讼法学案例教程》，知识产权出版社2014年版，第228页。

较之个人有更多资金、人力等支持，其"对于公益的关注更加全面、无私……由他们来启动诉讼，更能接近公益诉讼之真义"①。另一方面，我国《民事诉讼法》《环境保护法》等将社会组织列为民事公益诉讼的主体，虽然行政公益与民事公益二者有区别但亦有交叉，我国现行法的这种规定为社会组织参与行政公益诉讼，特别是针对侵害公共利益的国家政策提起诉讼提供了制度经验。但由于我国当前社会组织种类繁多，性质、能力差异较大，因而应当在信誉、能力等多方面予以限制，进而保障公共利益的有效维护。

（二）明确审查主体

根据《行政诉讼法》的规定，当前我国对规范性文件的司法审查遵循"谁审案，谁审查"原则，即由审查行政行为的法院对其所依据的规范性文件进行审查。依此规定，笔者认为对国家政策的司法审查同样应当以此为原则。但此处存在一点问题需要讨论：基层法院能否审查国家政策及如何审查。

（1）基层法院有权审查国家政策。诚然，基层法院因其级别较低，由其审查国家政策确有不足之处：一方面，基层法院独立性有限。从外部系统来看，其作为地方法院难以避免受到地方政府的人事及财政的影响；从内部系统看，"行政审判庭作为法院的一个内设机构，同样受制于法院内部行政化的不合理干预"②。另一方面，较低级别法院审查较高级别主体制定的规范性文件时易产生顾虑，难以实现司法公正。③

但笔者认为上述缺陷的存在只应成为制度改革的方向，不应成为否定基层法院审查国家政策的理由。第一，否定基层法院司法审查权力于法无据。基层法院的地位、属性、职权等均有《宪法》《法院组织法》等规范为保障和依据，并严格依法履行，在现有法律未做修改的前提下对其否认将会破坏我国法律体系的统一和司法系统的有效运行。第二，基层法院更能切合当地实际作出判决。基层法院扎根于基层社会本身，较之其他级别法院其对当地实际情况更为清楚，因而得以更全面审视国家政策在当地产生的影响并做出合理的判决。第三，基层法院进行司法审查是对国家政策全面监督的需要。一个政策的制定与执行是需要面向全社会，因而就有必要接受全社会的监督。基层法院作为国家公权力机关，由其通过司法审查进行监督是司法权对行政权监督的应有之义。第四，对特定重大、复杂案件，现行制度有能力合理解决。因此应当在承认基层法院的司法审查权基础上，合理运用"提请制度"等现有制度对特殊情况进行变通处理，即可有效弥补基层法院在国家政策司法审查中的缺陷。

（2）基层法院司法审查模式。原则上，对于案件中被诉行政行为依据的国家政策均应

---

① 葛君：《行政公益诉讼原告资格研究》，载《东南大学学报（哲学社会科学版）》2020年第6期。
② 马怀德：《行政审判体制改革的目标：设立行政法院》，载《法律适用》2013年第7期。
③ 参见何海波：《论法院对规范性文件的附带审查》，载《中国法学》2021年第3期。

由基层法院的行政审判庭依照常规路径进行审查。但对于特定或重大的"敏感案件",①可以通过以下两类方式实现审查:第一,审判委员会审查。基层法院通常面临专业与政治多个层面的冲突,"这种冲突与压力,已超出了一个法官应当承受的范围,也是其所不能承受的。要承担这种政治与社会功能,可能更多需要的是政治资源、政治权威所带来的政治协调能力。在基层法院,既具有政治协调能力,又具有审判权威的,非审委会莫属"②。第二,通过"提请制度"由上级法院审查。根据《行政诉讼法》第二十四条规定,基层法院在审理国家政策时,对于重大、疑难、复杂或基层法院认为因级别相差过大等原因其不适合审查的国家政策可以提请上级法院进行审查。因而以常规方式为原则、以审委会制度及提请制度审查为例外的审查模式构成了基层法院审查国家政策的合理路径。

(三)明确审查方式

法院的司法审查大致可以分为直接审查和附带审查。直接审查是指将审查对象直接纳入法定审查范围,由当事人针对其直接提起诉讼;附带审查是以国家政策为依据的行政行为对当事人造成侵害,当事人起诉该行为时可以请求法院一并对所依据的政策进行审查。结合我国实际,笔者认为,对国家政策的审查方式应当以附带审查为原则,但在例外情况下允许直接审查的存在。

(1)坚持以附带审查为原则。这不仅是当前法律所明文规定的,还有深刻的法理与社会基础:第一,国家政策是针对不特定主体、可反复适用的规范,当其尚未通过其指导的具体行为对当事人造成影响之前,其对当事人并未产生实际损害,因而此时不存在法院介入的必要。第二,具体案件为审查提供了作出判断的基础与依据。③ 在国家政策审查中,应将其与具体案情相结合,若仅对单一的政策进行审查,则缺乏评判的依据和参照。第三,采用附带审查是对行政权力运行效率的尊重。行政机关因管理范围、管理方式等原因,效率在其中具有重要地位,甚至有学者提出要"以有效率的行政权为基点,构建现代行政法的三大基本原则"。④ 国家政策的制定和行使作为行政机关的重要权力,也必然追求效率的提高。因而"在司法对行政进行审查之必要性无可争议的前提下,要确保行政权的效率",⑤ 若对国家政策实行无条件的直接审查,则会导致国家政策难以实现制定目的,甚至会让司法审查成为有心之人的"挡箭牌",效率则更无从谈起。第四,从当今我国司法与行政机关关系的角度讲,二者之间悬殊的地位也注定对国家政策采取直接审查难以取

---

① 对"敏感案件"的理解可参见丁卫:《基层法院立案的政治与经济逻辑剖析》,载《求索》2017年第12期。
② 洪浩、操旭辉:《基层法院审判委员会功能的实证分析》,载《法学评论》2011年第5期。
③ 参见傅思明:《中国司法审查制度》,中国民主法制出版社2002年版,第271页。
④ 章剑生:《现代行政法基本理论》,法律出版社2008年版,第40页。
⑤ 章剑生:《现代行政法基本理论》,法律出版社2008年版,第514页。

得良好的实效,进而"对原本尚未完全建立起的司法公信力无疑是一种打击"。① 第五,是与《行政复议法》实现衔接的举措。行政复议与行政诉讼作为我国行政法中既重要又相互联系的两个制度,二者之间应当保持相当程度的稳定。根据《行政复议法》规定,我国行政复议中对规范性文件采取的是附带审查,若此时在《行政复议法》不进行修改的前提下,在行政诉讼中对国家政策采取直接审查则会导致二者间缺乏衔接。

(2) 应当允许部分"直接审查"的情况存在。笔者认为在坚持以附带审查为原则的前提下应允许直接审查的存在,但需限制在下述两种情形:第一,行政公益诉讼。随着我国行政公益诉讼制度逐步建立,检察机关在相关案件中发挥了重要作用,若完全杜绝对国家政策进行直接审查,则在法律层面排除检察机关监督国家政策的可能。此外,随着我国社会的发展,公益团体的实力逐步增强,虽然我国尚未完全允许公益团体在行政公益诉讼中发挥作用,但结合国际实践等角度,应当预见在不远的未来,公益团体在取得一定资格之后也能够代表受到国家政策侵害的当事人伸张权利,因此允许对国家政策进行直接审查的例外,也是为日后我国法治实践发展留下出路。第二,再审难以实现权益保护目的的情形中。在此情形下允许直接审查的存在更利于当事人权益的保护。如有的学者认为,在我国两审终审的审判制度下,当事人在二审后若大量选择再审则会影响法律权威,且再审的程序未必通畅。因而若当事人在再审难以申请的情况下直接对作为依据的政策提出审查,则对当事人的权益也是一种保护,② 且这种保护不会导致滥诉的发生。

(3) 司法机关应当对行为所依据的国家政策依其职权审查,而无论当事人是否在诉讼中提出申请。第一,这是司法监督职权的体现,当国家政策因行政行为已经进入诉讼程序,则不存在公民滥诉或司法机关的过度审查而侵犯行政机关的职权,此时司法机关应当充分发挥其监督职能对相关国家政策进行审查;第二,司法机关主动审查涉及的国家政策一方面能够杜绝当事人日后再增加相关诉讼请求,从而提高诉讼效率,另一方面国家政策作为行政行为做出的具体依据,只有对其进行审查才能理解被诉行为作出的逻辑、理由等,从而更加公平的审理案件;第三,司法机关主动审查国家政策后,能够通过判决、形成建议等形式反馈给做出机关,进而为其日后做出政策或决定提供参考,提高行政的科学性。

(四) 明确审查范围

国家政策的司法审查范围是指法院在受理案件后能在多大程度上对于被诉国家政策进行审查,其"实际上是在行政机关和法院之间进行权力和责任的分配"③。我国当前对国家政策如何审查并无明确规定,笔者结合相关法律及理论观点认为,法院的司法审查应当

---

① 王欢:《抽象行政行为司法审查制度探析》,载《湖南社会科学》2011 年第 4 期。
② 参见曾祥华:《论对规范性文件的司法审查》,载《河北法学》2015 年第 9 期。
③ 王名扬:《美国行政法》,中国法制出版社 2005 年版,第 669 页。

从国家政策的有效性、合法性、合理性三个方面展开,并以有效性为前提,以合法性为原则,以合理性补充。

1. 有效性审查

"有效性审查是形式审查",① 其是司法审查程序顺利进行的逻辑前提,因而法院应当在一审进程中对国家政策的有效性进行审查,只有被审查的国家政策具有有效性,也即其并非不成立、不生效,或已被废止、撤销,才有对其进行后续审查的可能和必要。

2. 合法性审查

(1) 审查制定主体。第一,审查国家政策的作出是否有法律、法规、规章②的明确授权。对于国家机关未经授权即制定政策的,应当视为主体越权。第二,制定主体应当遵循我国法律、法规、规章关于国家政策制定的"法定事务管辖权、地域管辖权或层级管辖权"③ 等方面的明文规定,对于违反明确规定的直接可确认违法。

(2) 审查制定内容。内容的合法性审查主要指对国家政策的内容是否符合法律、法规、规章等规范进行的审查。第一,如前文所述,国家政策规范层级低于法律、法规、规章等规范性文件,原则上国家政策的内容不能与上述规范相冲突,"与高等法相抵触的法律根本就不是法律",④ 同样与法律相抵触的国家政策难以称为国家政策。第二,若法律对相关内容并无明文规定,制定主体可以在其职权范围内,依据法律原则、规范体系、法律精神等要素确定国家政策的内容,此时不能仅以国家政策的内容没有上位法依据而宣告违法。第三,利用法律、法规、规章等审查国家政策的内容时应当结合社会实际进行,"不考虑立法目的和社会影响,机械适用法律、法规、规章条文,可能达不到良好效果"⑤。第四,以国防、外交等国家行为为内容的国家政策不适于司法审查。国家行为不具有可诉性已经是行政法实务和理论界通说观点,对于以其为内容的国家政策亦不应当受到审查。第五,制定内容不得违背上级国家政策。对此处的"法"应作扩大解释,将上位机关制定的相关政策纳入其中,对于地方政府违反国务院等中央机关的政策而制定的国家政策同样应当做违法处理。此外,上述主体制定的内部指示性文件、过程性文件等原则上亦不可被视为国家政策。

(3) 审查制定程序。程序的审查主要是对程序是否完善、是否合乎法律规定等方面进行的审查。第一,审查依据。审查原则上以相关法律、法规、规章等为依据,但我国对国家政策制定程序尚无明确法律规定,因而可以借鉴《行政诉讼法》《行政处罚法》《全国

---

① 耿玉娟:《规范性文件附带审查规则的程序设计》,载《法学评论》2017年第5期。
② 通常认为"规章的授权"是种"委托",其与授权存在区别,但法院在司法审查中往往会将二者等同。参见陈运生:《行政规范性文件的司法审查标准——基于538份裁判文书的实证分析》,载《浙江社会科学》2018年第2期。
③ 程程、闫尔宝:《规范性文件司法审查强度刍议》,载《湖南社会科学》2022年第2期。
④ Mauro Cappellett, Judicial Review in Comparative Perspective: 58 *California Law Review*, 1018 (1970).
⑤ 何海波:《论法院对规范性文件的附带审查》,载《中国法学》2021年第3期。

推进依法行政实施纲要》《国务院关于加强实现政府依法行政的决定》《法治政府建设实施纲要2021—2025年》等规范中对具体行政行为和规范性文件制定程序的相关规定进行审查。第二，审查要素。对国家政策制定程序应从以下几个要素进行审查：是否具备法定步骤、是否符合法定顺序、是否符合法定形式、是否符合法定时限等。① 需要注意的是，从上述要素进行审查时应将程序区分为两类："一是必备要件，另一是选择要件。"② 对前者的违反将直接影响国家政策效力并使得制定机关承担相应责任，而后者因国家政策种类不同而有差别，因而对其的违反一般并不影响国家政策的效力。第三，审查应当遵守重点审查原则。从理论上看，国家政策制定程序繁琐，有学者总结政策的制定大致涉及确认政策问题、确定政策目标、组织政策方案的设计、政策方案的最终决定等③多个环节，若对所有程序都进行审查则既无可能亦无必要。从实践上看，法院也采取了重点审查，审查主要集中在听证、批准、备案和公布这几个环节。④

3. 合理性审查

"在法庭上，任何一种人类行为都必须予以合理性说明。"⑤ 但对于如何进行合理性审查，学界存有不同观点。笔者认为，从尊重行政权力的运行以及平衡行政权力与司法权力的关系角度看，对于合理性审查不宜规定过于明确的标准，而应当确立原则性的规定，以实现法院对不同政策的"运动式"合理性审查，从而避免行政机关在制定国家政策时被"条条框框"所束缚而难以制定具有创造性和预见性的政策。

（1）比例原则。比例原则"最早在德国警察法领域得到普遍适用"，⑥ 现已是德国公法上的重要原则。运用比例原则审查国家政策应当从适当性、必要性和均衡性三方面入手。第一，适当性审查。国家政策的制定应当具备目的的正当性，这是政策制定的必要条件。对于国家政策审查时应当审查其能否实现政策制定的目的，只有当政策意图解决的问题确需该政策的支持，制定主体才可制定国家政策以推动政策目的的实现。第二，必要性审查。必要性原则一方面指应当选择对私人权益侵害最小的手段，另一方面指不存在其他对私人权益侵害更小的手段。⑦ 国家政策通常为公共利益而制定，其在实践中难免对部分个人利益造成损害，因而司法审查中应当审查政策制定主体在制定时是否尽可能全面考虑可采用的手段。第三，均衡性审查。其是指"手段追求的目的与手段造成的侵害必须合乎一定比例，既不可小题大做，也不可大题小做。"⑧ 在审查中应当注意国家政策可能造成

---

① 参见傅思明：《中国司法审查制度》，中国民主法制出版社2002年版，第120页。
② 李莉红、李淮：《行政规范性文件司法审查构造论》，载《学术论坛》2017年第6期。
③ 参见张国庆：《公共政策分析》，复旦大学出版社2004年版，第130页。
④ 参见陈运生：《行政规范性文件的司法审查标准——基于538份裁判文书的实证分析》，载《浙江社会科学》2018年第2期。
⑤ ［德］拉德布鲁赫：《法学导论》，商务印书馆2013年版，第23页。
⑥ 于文豪：《基本权利》，江苏人民出版社2016年版，第141页。
⑦ 参见蒋红珍：《论比例原则——政府规制工具选择的司法评价》，法律出版社2010年版，第248页。
⑧ 梅扬：《比例原则在行政协议中的适用》，载《哈尔滨工业大学学报（社会科学版）》2021年第4期。

个人权益的损害是否能被国家政策带来的增益填补，否则该政策则丧失制定的必要。对均衡性的判断更多要结合个案实施加以衡量，通过影响公共利益和个人利益的多重因素角度进行权衡。

(2) 禁止肆意原则。在此要求下，"行政与司法机关应当针对不同的行为模式，适用相对应之法规范。若对同样行为模式者，则应当平等执行法律，而不应当因为其对象不同，而异其法律之效果"。① 在运用禁止肆意原则对国家政策审查时应当从以下角度审查：第一，是否存有不正当目的。即制定国家政策所追求的目的违反法律规定或追求目的不正当。第二，是否忽视相关因素。在国家政策的制定过程中忽视法律规定应当考虑或结合社会实际明显应当考虑的因素，或考虑法律规定不应当考虑的因素。② 第三，是否违反体系的一以贯之。国家政策应当保持其内部体系以及与其他规范体系的统一，而不应冲突。

(五) 明确审查结果

根据我国《行政诉讼法司法解释》规定及学界通说观点，人民法院享有对规范性文件"违法判断权、拒绝使用权、选择使用权"等若干权力。笔者认为对于国家政策的司法审查同样可以借鉴此处规定，即人民法院有权对国家政策合法与否进行判断，并根据最高人民法院《关于审理行政案件适用法律规范问题的座谈会纪要》规定说明理由。对于合法的国家政策，人民法院有权确认其效力，并作为支持相关行政行为合法的证据加以适用。对于违法的国家政策，人民法院只可选择不予适用，而不能宣布其无效或直接予以撤销。③ 对此类国家政策由裁判机关向制定机关提出处理意见并可以选择抄送至同级政府或上级机关。

需要注意，人民法院作出的上述判决具有非终局性和相对性。一方面，上述判决不具有最终效力，当事人对人民法院关于国家政策判定不服的可以依法提起上诉，并由上级法院作出终局判决；另一方面，该判决效力仅及于此案件而并不具有普世效力，即该国家政策依然可以作为其他行政行为的依据，受相同政策影响的当事人只能另行提起诉讼解决纠纷。④ 该特性的存在也反映出了附带性审查的违法监督具有不彻底性，⑤ 值得立法者进行思考和完善。

(六) 关于宪法如何在司法审查中发生作用的探讨

宪法是我国的根本大法，在我国规范体系之内居于最高地位，因而在国家政策的司法

---

① 朱应平：《民生行政政策的适用及其规制》，法律出版社2017年版，第211页。
② 参见王名扬：《美国行政法》，中国法制出版社2005年版，第682—683页。
③ 参见程琥：《新〈行政诉讼法〉中规范性文件附带审查制度研究》，载《法律适用》2015年第7期。
④ 参见何海波：《行政诉讼法》，法律出版社2016年版，第40页。
⑤ 参见王世涛、刘雨嫣：《抽象行政行为司法审查制度设计的规范分析》，载《青海社会科学》2016年第1期。

审查过程中同样不可忽视宪法的作用。但对于宪法在司法审查中的具体功能和运行机制，学界存在诸多观点，譬如有学者认为应当"授予司法机关统一行使违宪审查权力"①，还有学者认为宪法"应当是也必须是司法审查的最高依据与最终依据"②，等等。结合上述观点和法律规定，笔者认为，宪法条款不可直接作为司法审查的依据，但宪法精神、目的及相关规定应当在司法审查中起到指引作用。具体理解如下。

（1）不赋予司法机关合宪性审查权符合我国当前制度选择和宪法自身性质。首先，"作为一种宪法制度，合宪性审查制度必须遵循宪法所确立的政治体制架构。"③ 也即应当在人民代表大会制度的基础之上建立，而不能一味地模仿美国等国家的制度选择。④ 其次，2018年我国"全国人大宪法与法律委员会"正式诞生并被赋予"推进合宪性审查"等职责，由此其肩负起合宪性审查的重任。因此，拒绝司法机关行使合宪性审查符合我国制度现状。最后，《宪法》规范往往过于宽泛，其中许多为原则性的规定，因而若其作为司法审查的直接依据则难免违背"禁止向一般条款逃逸"原则。

（2）法院可以依据宪法精神对国家政策进行司法审查。此基于下述三个方面：第一，宪法自身的要求。《宪法》规定"一切国家机关"都"负有维护宪法尊严、保障宪法实施的职责。"法院作为国家司法机关，通过运用宪法精神对国家政策进行司法审查符合其宪法职责的要求。第二，规范体系的要求。上文所述，国家政策的制定应当与法律相契合，举轻以明重，宪法作为我国最高规范，其精神自然不得被国家政策所违反。第三，司法机关"贯彻最高人民法院司法政策的要求"。⑤ 最高人民法院发布的《关于在人民法院工作中培育和践行社会主义核心价值观的若干意见》中指出："审判执行各类案件……都必须忠于宪法法律的内容和精神。"因此，法院负有依据宪法精神审查国家政策的职责。

六、结语

"司法审查的目标是制约行政权，而不是代替行政权。"⑥ 因此构建国家政策的司法审查制度目的是为规范国家政策的制定与运行，使其得以在法律的轨道上有序进行，从而真正实现国家政策制定的初衷。但关于制度构建仍存在问题值得进一步探讨：第一，国家政策本身的概念界定不够清晰，其内涵与外延仍有待学界进一步讨论，只有在明晰国家政策概念的基础上，才能切实制定与其相契合的制度及规范；第二，受制于我国法律规定的缺

---

① 陈力铭，《违宪审查与权力制衡》，人民法院出版社2005年版，第169页。
② 罗豪才：《中国司法审查制度》，北京大学出版社1993年版，第447页。
③ 刘志刚：《论我国合宪性审查机构与合宪性审查对象的衔接》，载《苏州大学学报（哲学社会科学版）》2019年第3期。
④ 司法审查权力是一种由司法部门宣布联邦和州立法违宪的权力。See Brink, David O. Legal Theory, Legal Interpretation, and Judicial Review, vol. 17, *Philosophy & Public Affairs*, 134 (1988). 美国学者在研究司法审查制度时也多是在此视角和前提下展开。
⑤ 朱应平：《民生行政政策的适用及其规制》，法律出版社2017年版，第223页。
⑥ 刘丽：《行政规范的司法审查》，载《河北法学》2005年第6期。

失，本文对国家政策的讨论更多是借鉴有关规范性文件的规定展开，而并未能够实现对国家政策研究的聚焦化。因此笔者认为立法者应当正确认识国家政策的重要地位，通过法律规范对国家政策的相关问题加以明确，进而为国家政策的司法审查提供规范保障。

The Construction of the Judicial Review System of National Policies

Hou Renfeng

Abstract: As an important means of governance, national policies play a prominent role in promoting economic construction and social development. The construction of a judicial review system for national policies can effectively protect the rights and benefits of citizens, strengthen the construction of the law – based government, improve the supervision system of national policies, and realize the effective interface between public and private laws. At the same time, the construction of a judicial review system for national policies is based on the constitution and laws, and there are overseas experiences and judicial precedents as a reference. From the perspective of system design, the judicial review system of national policies should follow the principles of co-existence of legality and reasonableness, substantive and procedural issues go hand in hand, and judicial deference, building the specific review system from the details of initiating subjects, review subjects, review methods, and review scope.

Key words: National Policy; Judicial Review System; Supervisory System

制度分析

"实用法治主义"：一个概念与路径的初步分析*

熊 征**

> **摘 要** "实用法治主义"是中国传统特色法治的一般形态，其内涵不是法的治理实用性与法治主义的简单叠加。"法治主义"以其"超验正义"为国家对社会的改造注入意识形态合法性；"实用性"则系于"重人生""事中庸"的道德哲学，试图拉近抽象的法概念、法原则与现实生活之间的鸿沟，实现政通人和，解决实际问题。两者的矛盾结合，藉由中国的特殊语境，呈现为一个相互嵌入的、具有内洽性的整体单元。古往今来，"实用法治主义"中的法治观历经变化，但其实用性并不稍减。这种实用性或是中国法治道路的历史性选择。
>
> **关键词** 实用性 法治 法家 道德

引 言

"西方法律学说和法律实践的核心是法律的独立性，即法律作为一个独立的自成体系的领域与社会和政治生活在诸多层面上的分离。"① 与此相对，中国的法律发展史则表明了法律与社会、政治、文化因素的诸多牵连甚至"合谋"。在这方面较有代表性的研究是，黄宗智通过对清代以来民事法律的表达与实践的深入分析，提出了"实用道德主义"的概念，用以描述清代法律推理既在于道德理想也在于实用性的独特模式。在他看来，清代律典一方面坚持强调道德理想，将其置于律条的首要位置，另一方面也承认司法实践中这些理想与现实的背离。因此，律典在用道德包装自己的同时，也纳入了与道德理想（以成文

---

* 四川省哲学社会科学重点研究基地项目"四川'三州'地区社会治安网格化协同治理机制研究"（项目编号：SR21A03）。
** 熊征，法学博士，西华大学法学与社会学学院教授，硕士生导师。
① 於兴中：《法理学前沿》，中国民主法制出版社2015年版，第144页。

法形式表现出来）相背离甚至矛盾的条款以指导司法实践。①"这种模式违背了西方大陆形式主义法律对法律原则普遍性和逻辑一致性的强制要求，但在清代则被成功并入两种不同的思维方式之下。"②"实用道德主义"萌发于中国封建社会，在民国时期与革命根据地时期得到传承发展，甚至在改革时代，也能见到在法院妥协性调解中的"实用道德主义"思维。

黄宗智运用实证方法对中国法律的"实用道德主义"作了系统、精彩的阐述，但笔者仍试图从一个相近的角度对这一法律特色做出一补充性质的阐释，并提出"实用法治主义"的概念作为分析之基础。其中的"实用"主要是指以政治的、民生的、社会的等多个面向呈现出来的面向实际的考虑。从儒教到三民主义，再到社会主义新道德，意识形态决定着这种实用性的取向；而"法治主义"，从宽泛意义上讲，其内涵既指法律形式主义，也包括传统工具论意义上的以法治世的种种理念。对中国历代法治主义③的理解，不能将其与实用性相分离，动态的实用性概念证成中国的法治主义。这正是"实用法治主义"的侧重点不同于"实用道德主义"之处。

在"实用道德主义"概念的基础上，本文力图证明，"实用法治主义"中一以贯之的"实用性"考虑不仅是通过权变与对经验的重视实现封建道德理想的统治方略的一部分，它也充分体现在近当代中国实现法治理想的进程中。虽然治理的手段与理念今非昔比，但这种将理想宏图的坚持与注重其实用性的变通相结合的本质始终未变。

一、古代中国的"实用法治主义"：从垂法而治到儒法合流

（一）法家的以"法"治世

"春秋战国时期，诸子百家尽管在治国方式上存在着激烈争论，但他们对法的精神的探索始终是从社会现实和道德人伦着手的，带有明显的功用型、务实型特点"。④管仲、商鞅等法家人物的刑治思想就是一个代表。虽然他们在重刑主义的工具论外，也表达了"刑无等级""一断于法"等接近西方近代资产阶级法律思想的观点，但两者在价值取向和内涵上不可同日而语。西方近代资产阶级法律思想固然有使人们摆脱神学桎梏，为新兴资产阶级发展铺平道路的功利性。但纵观历史，西方"民主""自由""平等""法治"等思想的确立与勃兴并非无本之木，这些思想早在古希腊古罗马的自然法时期就已扎根，经

---

① 参见黄宗智：《清代以来民事法律的表达与实践：历史、理论与现实（卷三）》，法律出版社2014年版，第176页。
② 黄宗智：《清代以来民事法律的表达与实践：历史、理论与现实（卷三）》，法律出版社2014年版，第153页。
③ 本文在宽泛意义上，从历史生成的角度来理解法治主义。它不仅指近代民主制度下产生的法治主义，也包括中国古代法家所主张的法治主义，以及历代王法的秩序景观，尽管它们的内涵几乎完全不同。
④ 丁以升：《道家的法自然观及其影响——兼与西方自然法思想比较》，载《华东政法学院学报》1999年第5期。

过市民社会的充分发育、社会政治集团与利益群体间的谈判、妥协与大量法学家的不懈努力臻于成熟。中世纪以降,"神学主义"法律观的消亡,使得这些近代意义上的法律思想在长期的幕后蛰伏后登上前台,复兴光大,成为西方现代法治的基石。因此,西方近代法律思想有着根深蒂固的观念基础与特定的社会结构支撑,它的出现既带有偶然性又带有历史发展的必然性。相比之下,主张以"法""术""势"治国的中国古代法家思想,是针对战国时期的政治斗争而迅速发展起来的,法家学派的应时而生及其石破天惊的法律主张悬浮于社会之上,其意在申明重刑主义对于治世之效果,带有明显的成就霸道的政治功利。在法家看来,法即是刑,它必须体现皇权意志,维护集权专制。这在实践中导致了一种强调权力忽视权利、强调实效忽略程序、强调暴政反对礼教的逻辑。有学者指出,法家理论的出发点就是"暴力万能论"和"君权绝对论",这也使得中国的法治主义从诞生之初就带有强烈的血腥气与实用主义倾向。

作为法家治世理念的"对标",儒家提倡贵贱分野、尊卑、长幼、亲疏有别,所谓"无分者,人之大害也,有分者,天下之本利也"。① 因此,"礼",才是维持这一差异性的社会模式的理想行为规范。② 法家所倡导的"一刑、一教"与此根本对立,但在对现实世界与人际关系的判断上法家并没有超越儒家的等级观念,他们并不否认也不反对贵贱、亲疏、尊卑、长幼的分别及存在。③ 由于缺乏对权利、自由、平等等核心概念神圣性的认知与信仰,法家的法治止步于功利的治世层面,所谓"国之所以治,端在赏罚,一以劝善,一以止奸"。④ 法所中介的价值并未真正进入法家的"法眼","法不阿贵,绳不挠曲"⑤等观念本是无源之水,它们未能牵制住法(刑)的实用主义倾向,并任由其走向极端:"刑用于将过""以刑去刑,虽重刑可也"。⑥ 同时,因为缺乏对法的本源性原理的追问,"法"在社会上没有成为一种专门知识,法家学派在知识界鲜有"特权阶级意识",亦不自诩为超然于人民的法律科学大师。知识与权力不能共生,这又使得法家在实现君临天下,大治于法(刑)的理想宏图过程中,表现出一种强烈的亲近世俗权力的本能。理论上无上限的实用主义与权力崇拜相结合,导致了一种绝对"服从"秩序的观念。在家国一体的构造中,法家对自然经济环境中的"服从"秩序的追求,最终未能维持封建统治的政治平衡与稳定。⑦ 法家的法治主义盛极而衰。

---

① 方勇、李波注:《荀子》,中华书局2015年版,第142页。
② 瞿同祖认为"礼"的正确含义为"异",与乐之为"同"者不同。礼分为贵贱、尊卑、长幼、亲疏以维持社会分化(social differentiation);乐则以音声节奏激起人的相同情绪——喜怒哀乐——产生同类感的作用,以维持社会团结(social solidarity),两者皆为社会组织所不可缺,不可偏废。参见瞿同祖:《中国法律与中国社会》,中华书局1996年版,第273页。
③ 参见瞿同祖:《中国法律与中国社会》,中华书局1996年版,第282页。
④ 瞿同祖:《瞿同祖法学论著集(第二版)》,中国政法大学出版社2004年版,第319页。
⑤ 陈奇猷:《韩非子集释》,上海人民出版社1974年版,第88页。
⑥ 蒋礼鸿:《商君书锥指》,中华书局1986年版,第107页。
⑦ 参见刘肖生:《中国古代法治主义思想的成就》,载《烟台大学学报》1994年第4期。

（二）礼刑合一下的"法治主义"

揆诸历史，德礼之治被视为传统封建社会的主流，所谓"安上治民，莫善于礼"①，"礼者，君之大柄也……所以治政安君也"。②但在崇尚德治理想的同时，封建国家并不弃用政刑，是谓"以刑辅教，当于治体"。③治恶惩奸是治理国家的现实需要。即使儒家"五教"经过汉儒董仲舒的改造拔高至天下一统的国家意识形态，法治主义方略的立竿见影亦让统治者难以割舍。在历史逻辑的牵引下，"法"（刑）与"礼"有机地结合起来，直至铸成礼法合一的格局。在这一格局中，"法（刑）"的使命是峻礼教之防，以"法"来维护一种多棱、模糊且有着内在价值冲突的日常生活规范，这就赋予了"法"以高度的机动性与柔韧性。纵观中国封建社会，"礼"有兴衰、沉浮之变，但"礼"作为一种本体性的治理方略，实难在内容或形式上加以功利性的改造。而与"势要"相伴的"法"则可应时而变，且能更好地掩饰权力结构的不对等，因此，法家的抱法处势则治、刑罚世轻世重等思想观念受到了诸多帝王事实上的认可与采纳。与此同时，统治精英将法家"法治主义"的毫无通融与急功近利色彩相中和，祛除了其中些许暴力血腥因素（如文景时期的刑制改革），添加了更多伦理与伦常观念，使其实用性的内涵更为丰富，包容性更强。经过改造之后的礼法合一下的"实用法治主义"成为近当代"实用法治主义"的雏形。

二、"实用法治主义"的法哲学溯源

在《三松堂自序》中，冯友兰提到实用主义的真谛在于，"认识来源于经验，人们所能认识的，只限于经验"。④这种"真理论"是人类社会早期在祛魅之后的物质匮乏时代生存、发展的普遍策略。但在中国古代礼法社会，实用主义还有其形成的特殊哲学渊源。这里需要顺带提及的是肇始于19世纪70年代的"法律实用主义"。作为"法律实用主义"的集大成者，波斯纳认为，"实用主义的"，在法律实践上是一种考虑所有相关因素并注重系统后果的实践性推理，必要时它甚至会因为策略而采用法律形式主义的修辞。⑤所以，"实用主义审判就是法官旨在做出的最合理的，考虑在最广泛的意义上既包括个案的后果也包括系统的后果的决定"⑥。这实际上与中国古代官员以模糊儒家伦理作为柔性规范处

---

① 阮元：《十三经注疏》，中华书局1980年版，第2556页。
② 郑玄注、孔颖达疏：《礼记正义》卷21《礼运》，载李学勤主编：《十三经注疏》，北京大学出版社1999年版，第795页。
③ 孔颖达：《尚书注疏》（卷3），上海古籍出版社1987年版，第82页。
④ 冯友兰：《三松堂自序》，河南人民出版社2001年版，第179页。
⑤ 参见[美]理查德·A.波斯纳：《法律、实用主义与民主》，凌斌、李国庆译，中国政法大学出版社2005年版，序言（二）。
⑥ [美]理查德·A.波斯纳：《法律、实用主义与民主》，凌斌、李国庆译，中国政法大学出版社2005年版，第19页。

理纠纷有异曲同工之妙。① 所不同的是，法律实用主义是一种以达尔文的进化论为圭臬的行动哲学，它以法律与道德、意识形态色彩的分离为特征，而中国的"实用法治主义"所奉行的恰恰是"重人生、事中庸"的道德哲学。

（一）重人生的实用主义旨归

中国古代哲学家尊天道、信天命（理、志），但又避免实质性地探讨相关抽象问题。《易经·系辞》中的"形而上者谓之道，形而下者谓之器"② 高度概括了道家思想，但道家并未对"道"这个重要的哲学范畴做出严密的逻辑论证，而是以"道可道，非常道；名可名，非常名"③ 来解释"道"的只可意会，不可言传。这种道家以其一贯的浪漫、飘逸、松散方式建构其哲学体系的做法实际上也代表了我国古代文人的具象思维特性，即从生活实践出发，特别注重研究形而下的"器"，不假外求，不事形而上的抽象问题，不去应付形而上的实体（终级意义上的造物主）。"无论是'天人合一''道'，还是孟子讲的尽心、知性、知天、'养浩然之气'，庄子的'天地与我并生，万物与我为一'，魏晋玄学家的'言不尽意，得意忘象'，都是一种只能靠主体以其价值取向在经验范围内体悟的思想。"④ 用普罗泰戈拉的话来说，"人是万物的尺度，现实不过是人们为自己的目的而理解外部世界的方式而已"⑤。这样的哲学态度导致对人生与作为人的"主体性"的重视，并将对人的精神、思想或行为的改造，视为达致理想世界的不二法门。儒家的克己复礼、法家的一赏一刑、墨家的"兼相爱则治，交相恶则乱"⑥，以及道家对精神的逍遥与解脱的主张，无一不在表明，"人们的智识主要是工具性的而不是沉思性的"⑦，其指向的是一种反本质主义的"求诸己"的人生实用主义哲学。

（二）事中庸的道德主义哲学

"不偏之谓中，不易之谓庸。"⑧ "中庸"并非特殊历史时期所加诸的折中调和、平庸保守之意。"中"，实谓"不偏不倚，无过不及之名"⑨，即要求中正，行正道、走中道。"庸"谓恒常不变的天下之定理，它是对真理的坚守，所谓"上不荡于虚无，下不局于器

---

① 有学者认为，以模糊儒家伦理作为柔性规范来处理纠纷是中国传统法官的主要思维方式。参见孙笑侠、熊静波：《判决与民意——兼比较考察中美法官如何对待民意》，载《政法论坛》2005年第5期。
② 程颐：《二程集》，中华书局1981年版，第118页。
③ 河上公注，王卡点校：《老子道德经河上公章句》，中华书局1993年版，第1页。
④ 于铭松：《论中国古代哲学的流变与基本特征》，载《广东省社会主义学院学报》2007年第2期。
⑤ G. S. Kirk, J. E. Raven, M. Schofield, *The Presocratic Philosophers*, 2nd ed., Cambridge University Press, 1983, p. 411.
⑥ 孙诒让：《墨子间诂：诸子集成（第5册）》，岳麓书社1996年版，第77页。
⑦ ［美］理查德·A. 波斯纳：《法律、实用主义与民主》，凌斌、李国庆译，中国政法大学出版社2005年版，第9页。
⑧ 程颢、程颐：《二程集》，中华书局2004年版，第160页。
⑨ 朱熹：《四书章句集注》，中华书局1983年版，第17页。

用，惟变所适，惟义所在"①。这是一种"中"之用的生存智慧和道德观念。此中道、真理在为人处世上可比之为忠恕之道。《礼记·中庸》说："极高明而道中庸"；②《论语·雍也》说："中庸之为德也，其至矣乎！"③ 在儒家看来，中庸之道实乃君子之道，道德高尚之人必行中庸之德，这对于饱受儒学熏陶的古代官员所追求的为官之道产生了深远影响。就听讼断狱而言，就是要守中正、致中和，防止礼法适用过程中的"过"与"不及"。

关注现世人生的态度与传统中庸思想，既是封建王朝一以贯之的治世方略，亦构成了我国古代法哲学观的渊源。由此衍生出司法领域非常重要的两个原则：济弱精神（原则）与对实质正义的追求。两者相辅相成，体现为一种在职权主义下充分权衡"情、理、法"的个案实现，而非从一个抽象概念出发，通过三段式逻辑推论所能得到的结果。西方非胜即负的对抗式诉讼结构与概念体系是不被允许存在的，也是难以想象的。权利不是"政刑"欲捍卫的唯一价值甚至不是主要价值，如何实现共存才是司官"执中两用"下的头等大事。因此，尽管在官方表达上，儒家的道德理想被视为我国古代封建社会立法的根本准则，它不必然导致一种本质主义的"法治"模式，这种道德理想实际上已经预设了在实践中考虑更为具体的情形，实现更具个性化人文关怀的断狱之机。④

三、从儒家的道德理想到新时期的法治愿景："实用法治主义"的变与不变

古往今来，"法治主义"的内涵历经变化，其所表现出的实用性并不稍减。⑤ 这一点从对历代婚姻家庭纠纷案件的处理可见一斑。

"三纲"礼教以及"七出""三不去"，是封建社会规制夫妻关系的圭臬，也是传统法官裁断婚姻纠纷的依据。但在儒家看来，女性依附于男性，是较弱意义上的社会主体，因而更需要接受仁、义的垂问，以维持社会均衡。由此构成了捍卫夫权与救济"妇权"的内在紧张关系。汉儒董仲舒曾以"春秋之义……妇人无专制擅恣之行"⑥ 决狱：妇人虽违背"夫为妻纲"的要求，但若其行为合乎情理，亦可宽宥。何谓"合乎情理"？从董仲舒对"夫死未葬，私为人妻"案⑦的论述看，"合乎情理"即合乎礼教框架中的人情事理，注重解决的是年轻孀妇更嫁、生活的现实问题，而不是对"夫为妻纲"的盲从。如此衡情度

---

① 王通：《文中子中说》，上海古籍出版社1989年版，第11页。
② 朱熹：《四书章句集注》，中华书局1983年版，第35-36页。
③ 何晏注，邢昺疏：《论语注疏》，载李学勤主编：《十三经注疏》，北京大学出版社1999年版，第82页。
④ 融通是非不妨借的"情"与泾渭不可分的"法"，不似道德说教这般简单，它所需要的不仅是司法官吏高超的司法技艺，还对统治者在家国一体的权力体系中合理架构与认知"法"提出了更高的工具主义要求，并因此加强了"法"在意识形态层面上的实用性。
⑤ 当然，由于法治的形式性加强，其工具性、实用性势将由显性转化为隐性。
⑥ 李昉：《太平御览》，中华书局1960年版，第2868页。
⑦ 甲夫乙将船，会海风盛，船没溺流死亡，不得葬。四月，甲母丙即嫁甲，欲皆何论。汉律：夫死未葬，擅为人妻，当弃市。董判：臣愚以为《春秋》之义，言夫人归于齐，言夫死无男，有更嫁之道。妇人无专制擅恣之行，听从为顺，嫁者归也，甲又尊者所嫁，无淫之忿，非私为人妻也。明于决事，皆无罪名，不当坐。参见马国翰：《玉函山房辑佚书·春秋决事卷（影印本）》，广陵书社2004年版，第1220—1221页。

理，归根结底还是一种事后的实用主义追认。此案所确定的断狱原则通过其后历代封建官员灵活务实的审判风格得以延续，形成了中国传统法官的平民意识。即使在司法程序严谨的宋代，为体现矜恤弱势群体，维护现实伦常的人文精神，使情法轻重各适其中，士大夫或依法而断，或变通循法，或依情而断的情形一仍其旧。① 及至近代，查阅部分清代案例，② 我们依然不难发现封建司法官员跳过律文或教条，凭借所谓"正义衡平的感觉"③对婚姻家庭纠纷所作的判决。

近代以降，从清末变法修律到民国初期的制宪运动再到国民党政府时期的六法全书，救亡图存与权力斗争的现实需要迫使统治者参照西方资产阶级法律体系和法律原则建立起了一整套法律制度，但西方形式主义法律的移植与中华法系的解体并没有摧毁中国的实用法治主义思维。这种中国法中固有的实用主义成功地进行了空间拓殖，成为统治阶级以法律协调传统因素（如土地永久持有的观念、男尊女卑的观念等）与不断市场化、平权化的社会发展之间的张力的惯习。④ 国民党立法者虽然添加了男女平等的思想，但他们也提倡调和资本主义原则与对社会公正的关切和同情穷人的传统观念。⑤ 因此，面对婚姻、继承等家庭内部纠纷，"法院首先做的可以说是通过钻法律的空子来逃避法律的概念框架"，⑥以实用性思维调和制度急剧变迁过程中的冲突，同时保持与传统的连续。

到了革命根据地时期，中国共产党制定了一系列以公平、公正、平等、自由为内涵的现代法律制度。1931年《中华苏维埃共和国婚姻条例》规定："确定男女婚姻以自由为原则，废除一切封建的包办强迫和买卖婚姻制度，禁止童养媳。实行一夫一妻，禁止一夫多妻。"该条例强调了合法婚姻、性别平等和离婚自由，代表着不同于封建社会或阶级压迫社会的一种全新价值追求。然而，因与广大农村地区的实际相龃龉，新型婚姻条例在形式主义的司法逻辑下招致了许多男性农民的反对。究其原因，违背妇女意愿的包办婚姻在传统封建社会十分普遍。同时，"先纳聘财而后婚成"的聘礼婚往往需要耗费男方较多的财力。在这一旧有的制度和文化构建中，赋予女性绝对的离婚自由，给家庭中的男性带来了巨大压力，增加了家庭关系的不稳定性，为农民投身革命运动、"扩红"等带来消极影响。面对这一难题，要么改变现实，对农村的传统文化制度进行彻底的改造，要么改变法律，

---

① 参见张利：《宋代司法文化中的"人文精神"》，河北大学2008年博士学位论文，第71页。
② 参见黄宗智：《清代以来民事法律的表达与实践：历史、理论与现实（卷二）》，法律出版社2014年版，第127-139页。
③ 参见［日］滋贺秀三：《中国法文化的考察——以诉讼的形态为素材》，载滋贺秀三：《明清时期的民事审判与民间契约》，法律出版社1998年版。
④ 《大清民律草案》将亲属、继承篇交由法律修订馆会同礼学馆起草，"以趋近两千年之礼教民情"即是一例。
⑤ 参见黄宗智：《清代以来民事法律的表达与实践：历史、理论与现实（卷二）》，法律出版社2014年版，第169页。
⑥ 黄宗智：《清代以来民事法律的表达与实践：历史、理论与现实（卷二）》，法律出版社2014年版，第171页。

放弃对社会主义社会和谐理想与法治宏图的坚持。① 而中国共产党采取了第三条道路,即既坚持了社会主义社会的法治理想,又对农民的反对做出了非常务实的让步。

这种所谓"非常务实的让步"主要是通过形式多样的调解技术得以完成。比如,通过细致深入的"马锡五式"调解,大多数婚姻纠纷得到解决,国家法亦得以维护,法律借助调解的治理取得了巨大成功。② 不仅是婚姻纠纷,为取代传统的以封建道德观念为圭臬的乡村社区调解,灌输全新的革命意识形态,共产党将行政机关调处与法庭调解推广至几乎所有的"人民内部矛盾"领域,尤其是法庭调解,成为革命政权力图解决法治理想与现实情况相矛盾问题的"前沿阵地"。这实际上是在割裂的外表下通过对传统实用主义的重构性阐释,对依托调解所体现出的法意的接续。③ 尽管1980年代的"文化反思"热潮展开了对传统文化的无情批评,但这种文化反思本身已经裹挟了实用主义的考虑,即从工具意义上评价文化对于社会发展的功效。实用性既是批判的逻辑起点,又成为批判的对象,"实用法治主义"因此被批判地予以继承。"特别是越往晚近,帝制中国的法意传统……(与) 中国文化中久经检验而证明为对于人世生活具有普世意义的法意精神……(以及) 隔断法律的人文挂念和普世情怀,获得了有限的校正。"④ 与之相应,调解经历了一个否定之否定的发展过程,它在中国当代司法体系中的功能强化与价值寄托,尤其是其从一种民间自发秩序上升到彰显国家意志的"大调解"联动治理体系,昭示着"实用法治主义"道路在近当代中国的延续、修正和深化。

四、现代法治语境下的"实用法治主义"

"中国近30年来的法制变革本身,是在错综时空条件下,一种基于世俗理性主义的政治选择……旨在藉由法权安排的抽象一体性重整社会,救济政治合法性,回归常态政治。由此,法治成为一种国家资源与国家战略。"⑤ 换言之,现当代法治一经出生便带有救世的强烈工具性托付。与以往不同的是,现代法治主义从根本上源于市场经济所要求的契约精神与程序规制,它不仅在形式、口号上,在实质内容上亦应体现法治之要求。现代法治,在以形式法治为主导的前提下,融入了实质合法性、实质正义、实质合理性等实质法治的要素。⑥ 然而,由于传统管理型思维的影响与制度建设的滞后,法制建设首先和主要地成为秩序重整的技术要素,⑦ 成为治世组合拳中的一分子,以及维护社会秩序与稳定的

---

① 参见强世功:《权力的组织网络与法律的治理化——马锡五审判方式与中国法律的新传统》,载《北大法律评论》2000年第2期。
② 参见强世功:《法制与治理——国家转型中的法律》,中国政法大学出版社2003年版,第115-123页。
③ 参见许章润:《中国的法治主义:背景分析(下)》,载《法学》2009年第5期。
④ 许章润:《中国的法治主义:背景分析(下)》,载《法学》2009年第5期。
⑤ 许章润:《中国的法治主义:背景分析(上)》,载《法学》2009年第4期。
⑥ 参见高鸿钧:《现代西方法治的冲突与整合》,载高鸿钧主编:《清华法治论衡第1辑》,清华大学出版社2000年版。
⑦ 参见许章润:《中国的法治主义:背景分析(上)》,载《法学》2009年第4期。

现实政治处方,尽管"法治"的这种结构性定位对于我国当前社会中的种种失范现象具有很强的针对性。因此,有学者才会声称,"法治无论是作为良法的统治,还是作为服从于规则治理的事业,其重心都不在法院,而是在政党和政府"。① 在这样的背景之下,"实用法治主义"承载了更多的现世意义。

首先,"实用法治主义"不仅承继自人们所熟知的治世模式,它也由国情所决定。从共时性上看,我国是一个多民族国家,地域辽阔且差异大,地区间发展不平衡,边疆、民族问题错综复杂。"多重的中国"形成"时间的丛集"。② 在社会转型背景下,叠加各类矛盾冲突的交叉耦合,形式主义法律的一统性治理殊难实现。韦伯在理想型上所提出的法律形式主义代表的是西方现代工业文明的普遍特征,形式主义法律以自由竞争的市场经济、共生共强的国家——社会关系以及民主、法治观念与体制的充分发展为前提条件,而这些条件在我国现阶段尚不完全具备。

其次,"实用法治主义"体现了另一层意义上的现代性。这种现代性是将被誉为"东方之花"的调解、法意、群众路线、实事求是的传统与形式法律相拉锯、打磨而出现的结果,其事实上形成的一些积极特征与多元并存的原则和方法,已足可以称为具有中国特色的现代性。③ 由此,中国当代司法职业主义与民主主义之间的紧张关系得以调和的路径,以及一些地方政府部门既尚法又重势的现象——如在主张依法治理的同时,运用"大调解""严打"等运动式治理方式解决实际问题——便能得到解释。由此,我们更能够理解,边疆、民族地区司法机关有限度地适用民族习惯法或民间地方法处理刑事案件等违背形式主义法律要求的做法,并没有在方略上构成对中国特色法治国家建设核心内涵的否定。这些看似背反的做法本身是一种下意识探索中国法治现代性的实践尝试,是从现实出发,根据不同情形来适用法律规则的逻辑。

最后,"实用法治主义"是特定时期推行国家(人民)意志的需要。苏力曾指出,"送法下乡是国家权力试图在其有效权力的边缘地带以司法方式建立或强化自己的权威,使国家权力意求的秩序得以贯彻落实的一种努力。"④ 换言之,法律在解决纷争的同时,还有一项政治任务:协助政权合法性建设。20 年后的今天,国内外环境已发生极为广泛而深刻的变化,中国发展面临一系列新的挑战。对于国家法而言,其首要任务是为经济增长和社会稳定大局保驾护航,配合举国体制的优势,防范化解因各类社会风险和公共危机(如重大公共卫生事件、灾害等)。常规司法权力技术在这一点上力有不逮,这就要求国家法在适用过程中以"治理"为导向,对于哪些是可以容忍的,哪些是可以协商的,哪些是

---

① 强世功:《"法治中国"的道路选择:从法律帝国到多元主义法治共和国》,载《文化纵横》2014 年第 4 期。
② 参见许章润:《中国的法治主义:背景分析(下)》,载《法学》2009 年第 5 期。
③ 参见黄宗智:《清代以来民事法律的表达与实践:历史、理论与现实(卷三)》,法律出版社 2014 年版,第 213 页。
④ 苏力:《送法下乡——中国基层司法制度研究》,中国政法大学出版社 2000 年版,第 30 页。

必须坚决取缔的事项，体现出一定的政治认知性与韧性。这种法的治理与国家（人民）的意志和主张得到遵循相一致。

结 语

有学者认为，当司法作为一种权力技术被裹挟到国家治理的实践中，法律便无法建立独立于政治、道德和经济的自身逻辑，无法确立其内在的自主性，而这种自主性恰恰是现代法治的必需条件。① 实用性在一定程度上侵蚀了法律的自主性，影响了法律的内在运作逻辑，但无论是在古代中国还是在当下，法治主义中的实用性与自主性都是辩证的存在。实用与自主的矛盾结合，如同理想化的原则与实际的适用之间的分歧，被精英阶层视为理所当然，它不必然会给中国的法律人，尤其是贴近熟人社会的基层司法者带来心理上的张力。因为在中国的特殊语境下，实用主义所要解决的正是在法的不同逻辑间进行权衡与选择的重要问题。这正应了霍姆斯的那句名言："法律的生命在于经验，而不在于逻辑"。②

中国当代追求的"法治主义"在内涵与价值取向上与法家的"缘法而治"以及儒法合流之后的"衡情度理"已然不同：后两者由于其狭隘的功利性常被看作市侩哲学，而当代实用法治主义恰恰强调要超越传统意义上为我所用的国家主义，强调"法治"与社会、文化、个体之间的协调，是将整体效用作为最高目的的实用主义，集价值合理性与工具合理性为一身。但在思维逻辑上，它们存在一定的延续性。这表现在，从情、理出发，在法律框架内灵活裁断，其目的无论是过去的"举错暴众""申明礼教"，还是当下的"三效合一"，均不同于始终以法律自身的逻辑内洽性、规则统一性与程序至上为归宿的西方形式主义法律。尽管实用主义面临"缺乏形式与灵魂，不具有正义或自然法观念的基础；以大众思维制作判决；无法防止法律中反动的变化"③ 等诟病，似乎只有形式主义才能与"法治"若合符契，但从法现实主义的角度看，"法律所需要的是一种相对于后果而言、而非相对于先例而言的逻辑……更具实验性、更灵活的逻辑渗透到法律当中，这是社会的、也是智识的需要"。④ 若法律要素的组合与作用机制无法与其所处的社会形成同步，陷于僵化，形式主义的外壳必将反过来成为束缚法律发展的桎梏。

在中国社会起承转合的关键时期，价值、观念与标准的多元化，难以支撑起一个高度认同的形式主义内核，不同阶层、群体间的利益冲突，更应当在一个开放的、探索性的、面向现实的法律环境中予以协调。这不是要将形式主义从法治内涵中排除出去，亦非否认

---

① 参见强世功：《权力的组织网络与法律的治理化——马锡五审判方式与中国法律的新传统》，载《北大法律评论》2000 年第 2 期。
② Oliver W. Holmes, *The Common Law*, Harvard University Press, 1963, p. 5.
③ ［美］理查德·A. 波斯纳：《法律、实用主义与民主》，凌斌、李国庆译，中国政法大学出版社 2005 年版，第 113 页。
④ ［美］理查德·A. 波斯纳：《法律、实用主义与民主》，凌斌、李国庆译，中国政法大学出版社 2005 年版，第 55 页。

"形式法律"的先赋价值,而是要求"法"以更加入世的姿态来适应当前环境与社会形势发展变化的需要。因而,对中国"实用法治主义"的经验考察并不是对法律形式主义的反动,它只是试图为法律形式主义信仰提供一个关联性的解释。这种解释立足于中国特色法治的"实践—知识—信仰"的历史经验。

On Connotation and Mechanism of the "Practical Legalism" in China

Xiong Zheng

Abstract: The "practical legalism" is the general form of legalism with Chinese characteristics, and its connotation is not a simple superposition of the practical governance and legalism. The doctrine of legalism injects ideological legitimacy into the state's transformation of society with its transcendental justice. And the former one, practicability, originated from the moral philosophy of "valuing the life" and "upholding the doctrine of Mean", attempting to shorten the gap between the abstract legal principle and the real life and to resolve practical problems with practical mastery. The composition of the two make a functional powerful management tool, which is logical internally. From ancient China to the present, the doctrine of rule of law in the phrase of "practical legalism" changes a lot, but the practicability remains the same. Such practicability sits as a heavy attribute in the rule of law in China.

Key words: practicability; legalism; legalist school; morality

论交易习惯法的法源地位及其适用[*]

陈奕豪[**]

摘　要　《民法典》第10条规定交易习惯法为次要法源，不符合习惯法的历史地位和法学理论。习惯法具有现行法的变革功能和过时法的废止功能，并非只有在法律没有规定时才发挥效用。交易习惯法与任意性规范的顺位，应当按照新法与旧法、特别法与普通法的关系进行判断。交易习惯法需要满足"法的确信"和"惯行"等要件，但与民俗习惯法相比，其惯行要件应适当放宽。判例不能取代习惯法，前者只有满足"法的确信"要件，才能构成后者，最高法院可以通过司法解释和指导案例，确认并指导适用在个案中发现的交易习惯法。我国缺乏对交易习惯的汇编，应完善习惯的调查方法和明确法官的说理义务。

关键词　法源　交易习惯法　法的确信　任意性规范　合会制度

一、交易习惯法的法源地位和问题的提出

根据我国《民法典》第10条，只有在法律没有规定的情况下，才能适用习惯，该法条明确了交易习惯法仅具有补充制定法的效力，是劣后于制定法的次要渊源，在比较法上，该规定与《瑞士民法典》第1条相当。[①] 然而，从习惯法作为法源的理由来观察，交易习惯法与制定法的位阶并非无可争议。习惯法的效力来源于公众就某习惯具有法律约束力的认可，这是法律体系承认习惯法为法源的根本，而法律是由国家立法机关代表公众行使权力，通过法定的立法程序制定，背后所体现的也是公众的意志，认为交易习惯法劣后于制定法，与上述认识相矛盾。

---

[*]　国家社会科学基金重点项目"先合同协议研究"（项目编号：16AFX015）。
[**]　陈奕豪，法学博士，广州医科大学法学系讲师。
[①]　参见王泽鉴：《民法总论》，北京大学出版社2009年版，第64页。

实际上，在成熟的制定法产生以前，习惯是最重要的法源，并且，早期的制定法也是由习惯发展而来的，例如著名的罗马法就是对当时社会生活习惯的"汇编"。① 即便是对大陆法系民法的概念和结构体系有重大贡献的潘德克顿学派，在当时也需要借民族精神的幌子，将罗马法的精髓移植入本国法。后随着国家中央权力的膨胀和实证主义法学的兴起，不少国家制定了民法典，并企图以成文法作为唯一的法源，习惯法的法源地位被直接或间接的否认。然而，在制定一部"万能"民法典的希望破灭后，各法学流派复相争鸣，法源理论重新由单一走向多元，习惯法的法源地位再次获得确认。目前，习惯法"从补充性的效力更进一步，试图获得（与制定法）对等的法源地位"。②

有学者认为，现代越来越缜密的制定法体系，外加习惯调查和适用的困难，直接导致习惯法的生存空间越来越小，法律统一、成文、复杂化成发展趋势，习惯法的作用日渐式微。③ 现代的习惯法只能在制定法的夹缝中"艰难"生存，习惯法只是制定法的补充渊源。这种观点是不正确的，只要社会生活一直流动变化，习惯法的产生就不会因为成文法的编撰而被阻止。如我妻荣教授就认为，习惯法不仅作为法律的最初现象，在成文法多么完备的社会中，习惯法也是不断产生的。④ 具体到交易习惯法，一方面，随着金融、科技等的发展创新，商事关系不断发生变化，因而要求相关的调整规则也应当及时更新。交易习惯法在具有高度创新能力的商人的推动下，源源不断地产生；另一方面，随着全球经济一体化的影响，亟须成熟的交易规则为日益频繁的国际贸易保驾护航，与制定全球统一的贸易法相比，承认当事人之间已经形成的交易习惯法无疑更切合实际。可以说，嗅觉敏锐的商人通过形成新的交易习惯法，能够及时填补制定法规则的真空，甚至是淘汰落后的制定法，使得规范体系更符合商事关系注重效率的要求，交易习惯法应当被置于与制定法同等的位置。

交易习惯法作为重要法源，肯认其与制定法具有对等地位，对交易习惯法的成立要件、交易习惯法与制定法的适用位阶等问题具有重要影响。在认可交易习惯法与制定法对等的前提下，本文通过考察传统民法理论的习惯法标准，结合交易习惯法的特殊性，对交易习惯满足何种条件才能构成习惯法、法官如何确认交易习惯法的存在、交易习惯法与任意性规范的适用顺序如何等交易习惯法的司法适用问题进行探索，并从我国台湾地区合会制度的发展中借鉴经验。通过上述工作，以期为法官运用交易习惯法裁判案件提供参考。

---

① 参见杨建军：《惯例的法律适用——基于最高人民法院公报案例的考察》，载《法制与社会发展》2009年第2期。
② [日]我妻荣：《我妻荣民法讲义Ⅰ新订民法总则》，于敏译，中国法制出版社2008年版，第17页。
③ 参见葛洪义：《法理学》，中国政法大学出版社1999年版，第193－194页。
④ 参见[日]我妻荣：《我妻荣民法讲义Ⅰ新订民法总则》，于敏译，中国法制出版社2008年版，第16页。

二、交易习惯法的法条依据、判断标准和认定方法

(一) 适用交易习惯法的依据：《民法典》第 10 条

在《民法典》出台以前，我国《民法通则》第 6 条明确规定，民事活动必须遵守法律，法律没有规定的，应当遵守国家政策。① 而对于习惯法的法源地位，则未予明确。新通过的《民法典》第 10 条明确将习惯法作为民法的法源，为法官适用交易习惯法裁判案件提供了直接的依据。

学者对于该条是否包括事实习惯的问题，存在争议。持肯定观点的学者认为，该条采取的表述是"习惯"而非"习惯法"，从扩宽法源的目的出发，应当认可该条包括事实习惯。② 按照我国传统的理解，法源作为法的表现形式，需要满足权力机关的立法或者民众具有法的确信等严格条件，而事实习惯明显不满足该要求。但如果认为法源概念不仅包括效力（规范性）渊源，也包含认知（准规范性）渊源，③ 那么将事实习惯纳入《民法典》第 10 条则不存在法理障碍，同时也符合《最高人民法院关于加强和规范裁判文书释法说理的指导意见》（法发〔2018〕10 号）第 7 条要求法官运用习惯、法律原则和立法目的等作为裁判理由，增强裁判文书说服力的规定。

值得注意的是，有部分学者以习惯和习惯法认定难度为由，一般性地否认习惯法与事实习惯的区分，④ 认为对《民法典》第 10 条中的"习惯"应当采取事实习惯的理解。实际上，习惯法和事实习惯在是否满足法的确信要件、是否以当事人同意作为适用前提、法官可否直接引用作为裁判依据和当事人的举证责任分配等问题上存在显著区别，明确区分习惯法和事实习惯，有利于根据两者的不同性质对交易习惯的司法适用进行指导。而上述认为法的确信标准模糊导致难以区分习惯法和事实习惯的疑虑，可以由法官借助以往的判决、文献著述和群众对习惯法的态度，以及习惯在多大程度上符合之前已经形成的法之确信这几个方面进行判断，⑤ 该问题并非不能解决。在比较法上，包括瑞士和德国在内的大陆法系国家也倾向于区分习惯法和事实习惯。⑥

---

① 由于《民法通则》的出台正值我国由计划经济向市场经济的摸索过渡时期，因而还未能很好地界分市场和政府之间的关系，该条规定有其历史背景。

② 参见孟强：《民法总则中习惯法源的概念厘清与适用原则》，载《广东社会科学》2018 年第 1 期。

③ 前者可以作为直接的裁判依据，后者只能作为裁判理由。参见雷磊：《习惯作为法源？——以〈民法总则〉第 10 条为出发点》，载《环球法律评论》2019 年第 4 期。

④ 参见王洪平、房绍坤：《民事习惯的动态法典化——民事习惯之司法导入机制研究》，载《法制与社会发展》2007 年第 1 期；参见汪洋：《私法多元化的观念、历史与中国实践，〈民法总则〉第 10 条的理论构造与私法适用》，载《中外法学》2018 年第 1 期。

⑤ 参见 [德] 卡尔·拉伦茨：《法学方法论》，陈爱娥译，商务印书馆 2004 年版，第 303 页。

⑥ 参见苏永钦：《"民法"第一条的规范意义——从比较法、立法史与方法论角度解析》，杨与龄主编：《民法总则争议问题研究》，清华大学出版社 2004 年版，第 9 – 10 页。

(二) 将交易习惯认定为习惯法的标准

1. 传统民法将习惯认定为习惯法的通行标准

习惯构成习惯法的判断标准，与习惯法的效力来源相关。关于习惯法的效力来源主要有三种学说，分别是"国家承认说""惯行说"和"确信说"。① "国家承认说"认为，习惯法的效力来源于立法机关明示或默示的同意，该学说过分强调国家公权力在习惯法形成过程中的作用，不符合历史发展和社会事实。实际上，在制定法成熟以前，人们根据社会自发产生的习惯来调整自身的行为，而正是因为习惯法能够成为人们的行为规范，也才成为法官裁断纠纷的依据，习惯法的效力来源独立于国家公权力。

与"国家承认说"相反，"惯行说"认为，习惯法的效力基础在于该习惯"经久长行"的外观事实，强调人类模仿的本能、适应性以及对此前行为的敬畏心。② "惯行说"虽然认识到了重复行为对人的心理影响，但对习惯法的拘束力来源则不求甚解，同样存在缺陷。目前，关于习惯法效力来源的通说为"确信说"。该说受到历史法学派的影响，强调习惯法的效力来源于共同体内人民的"法之确信"，③ 同时，"确信说"没有放弃惯行要件。

根据"确信说"的观点，习惯构成习惯法需要满足"惯行"要件（外因）和"法的确信"要件（内因）。"惯行"要件要求构成习惯法的习惯必须是古老、稳定、为相关领域的人所熟悉并反复践行的。④ 而"法的确信"要件，则是指相应领域的人确信被实践的习惯具有法的属性，即具有法律约束力，倘若该习惯得不到遵循，则共同生活不能持续。⑤ "惯行"要件是判断"法的确信"要件的重要参考，两者互为表里关系，但是，具备"法的确信"才是习惯法的本质特征。拉伦茨教授认为，"认定存在习惯法与否，关键不是看实践，而是看它是否具备了'法的确信'，即人们是否普遍认为它是正确的。"⑥

2. 我国《民法典》关于习惯法的要件及相关问题

"确信说"也是我国习惯法效力来源的通说，⑦ 法官将习惯认定为习惯法需要满足"惯行"和"法的确信"两个要件，其中，人们对惯行要件基本没有不同意见，而在关于法的确信内容及认定上则存在较大争议。例如，有学者认为，在现代动辄数百万人口的国

---

① 参见胡长清：《中国民法总论》，中国政法大学出版社1997年版，第30页。
② 参见［德］斐迪南·滕尼斯：《共同体与社会——纯粹社学的基本概念》，林荣远译，商务印书馆1999年版，第157页。
③ 参见吴从周：《试论判例作为民法第1条之习惯法：为我国判例制度而辩护》，载《台大法学论丛》第39卷第2期。
④ 参见［法］雅克·盖斯旦、吉勒·古博：《法国民法总论》，陈鹏等译，法律出版社2004年版，第478－479页。
⑤ 参见王泽鉴：《民法总则》，中国政法大学出版社2001年版，第58页。
⑥ ［德］卡尔·拉伦茨：《德国民法通论》（上册），王晓晔等译，法律出版社2003年版，第17页。
⑦ 王利明：《论习惯作为民法渊源》，载《法学杂志》2016年第4期。

家中，形成习惯法极为困难，目前的习惯法基本上是在最高法院一贯的观点支持下，通过法院的不断践行而形成的判例法，习惯法中确信的主体已经由群众转变为法官；① 另有观点则提出，对中国这样幅员辽阔、人口众多、具有民族多样性的国家来说，认定公众对某一习惯是否具有法的确信应当局限在一定的区域内。并且，法的确信虽然交由法官进行判断，但需要其在长期的体验和调查中，就公众对该习惯具有法的确信有所认知和把握后进行确定。②

实际上，在法的确信的普遍性问题中，如果按照第一种观点硬性要求某习惯成为习惯法必须满足全国民众的确信，那么习惯法早已销声匿迹，这与现实中存在区域或民族习惯法的事实不符，对习惯法确信的普遍性严苛要求不切实际。而对法的确信内容的认定，第一个观点选择性地忽视习惯法与判例的区别，将两者简单等同的做法存在问题；第二个观点虽然就法的确信需要法官在个案实践中进行认定是正确的，但由于习惯法具有法律的规范效力，因而对其认定也还需要严格要求法院的层级和相应路径，该问题将在下文详细论述。

此外，根据我国《民法典》第10条的规定，习惯法作为法源，还需要满足"法律未有规定"和"不能违背公序良俗"两个要求。如前所述，关于习惯法只能在法律没有规定时才能发挥作用的要件，并非没有争议。习惯法来源于群众的实践，是生活中的"活法"，某种习惯构成习惯法是因为人们相信该规范具有法的效力，习惯法与法律应当处于同等法源地位。在习惯法与制定法产生冲突时，应当依据新法和旧法、特别法和普通法的关系决定其位阶，例如，在"顶盆过继"案中，③ 尽管《民法典》第1127条已经规定了法定继承的顺序和范围，但法官实际上倾向于按照"顶盆过继"的习俗处理；又如，在涉及少数民族的风俗习惯与法律相冲突时，也应当从尊重民族文化多样性和少数民族群众生活稳定的价值出发，肯认前者优先于后者适用。④《民法典》第10条将习惯法作为第二法源，只有在法律没有规定时才能发挥作用，这是不合理的。

3. 将交易习惯认定为习惯法的细微之处

将交易习惯认定为习惯法也需要满足惯行和法的确信两项要件，但基于交易习惯本身的特殊性及对效率价值的倚重等理由，判断交易习惯是否构成习惯法的条件应适当放宽。首先，就交易习惯的"惯行"要件而言，"时间要素"较为宽松。一般而言，因为商人间的来往频繁，信息交流迅速，并且商人通常也倾向于借鉴和使用成熟的定型化合

---

① 参见吴从周：《试论判例作为民法第1条之习惯法：为我国判例制度而辩护》，载《台大法学论丛》第39卷第2期。
② 参见王林敏：《论习惯法中的"法的确信"》，载《甘肃政法学院学报》2011年第1期。
③ 参见青岛市李沧区人民法院（2005）李民初字3460号民事判决书；参见青岛市中级人民法院（2006）青民一终字206号民事判决书。
④ 参见杜健荣：《民族习惯法司法适用的困境与应对——以我国台湾地区的司法实践为参照》，载《民间法》第23卷。

同条款,所以在商事领域形成习惯法的时间较为短暂。① 但需要注意的是,这并不意味着可以放弃形成交易习惯法的时间要素。有学者主张,基于今天信息传播的便捷,习惯可以快速传播,因而习惯法形成的时间要素已经不再被需要,在现实中甚至有"即刻"形成的习惯法。② 实际上,时间要素的存在不仅是为了让习惯能够充分有效地传播,更是为了检验该习惯的合理性,习惯法需要时间证明其具有稳定性特征,并在相应的群体间形成"法的确信",忽视习惯法的时间要素并不妥当。拉伦茨虽然认为习惯存续的时间不是习惯法的决定性因素,但其也明确指出,习惯法中法的确信需要借持续的实践来显现。③

其次,交易习惯的出现是为了适应特定类型的交易需求,能够提高交易的效率,因而较容易被商人接受并得到大量应用,商人群体对交易习惯形成"法的确信"更加容易,并且,交易习惯"法的确信"判断标准也比民俗习惯清晰。具体来说,虽然法的确信来源于当事人是否在主观上具备"义务感",但这种义务感需要从群体对该习惯的态度进行判断。如果当事人违背某交易习惯,会受到商人群体的共同抵制并施以惩罚,进而迫使其纠正违反习惯的行为,那么就可以表明该交易习惯已然在商人群体中形成法的确信而成为法律。④ 此外,虽然相较于法技术规定的范畴,在具体化法伦理原则方面,更容易形成法的确信,但在商事交易中,由于商人团体的专业性、信息传播的快捷性和谋求提高交易效率的迫切需求,涉及法技术规定的交易习惯形成习惯法也相当便捷。

最后,在交易习惯能够产生更大效益,促进行业或整体经济利益的增长时,该项交易习惯即具有经济上的合理性,⑤ 更容易获得司法的肯认。然而,有学者认为,交易习惯更注重效率而非公平等价值、同时更少涉及身份和弱势群体的保护,因此,与民俗习惯相比,交易习惯合乎公序良俗乃是常态,无需特别分析。⑥ 该观点是错误的,公平是法律的重要价值,对交易习惯法而言也是如此。我国台湾地区在选择合会习惯法成文化的规范模式时,正是考虑到单线性合会过度剥削一般会员的利益,因而才在其"民法"债编中采取团体性合会规则。⑦

---

① 参见苏永钦:《"民法"第一条的规范意义—从比较法、立法史与方法论角度解析》,载杨与龄主编《民法总则争议问题研究》,清华大学出版社2004年版,第21页。
② 参见[法]雅克·盖斯旦、吉勒·古博:《法国民法总论》陈鹏等译,法律出版社2004年版,第478页。
③ [德]卡尔·拉伦茨:《法学方法论》,商务印书馆2016年版,第303页。
④ 参见宋阳:《论国际商事惯例(习惯)中的主观要素》,载《环球法律评论》2019年第2期。
⑤ See Juliet P Kostritsky, Interpretive Risk and Contract Interpretation: A Suggested Approach for Maximizing Value, 2 *Elon Law Review*, 114 (2011).
⑥ 参见陈彦晶:《商事习惯之司法功能》,载《清华法学》2018年第12期。
⑦ 参见黄茂荣:《法学方法与现代民法》(第三版),中国政法大学出版社2001年版,第522-530页。

（三）将符合标准的交易习惯认定为习惯法的路径

1. 判例与交易习惯法的关系

随着各国民法典的编撰和"法的确信"形成及认定的困难，习惯法逐渐空心化，因而上述学者才会提出将判例代入习惯法。① 然而，判例和习惯法之间存在着重要区别，两者不能简单等同：一方面，判例公布时起即具有法律拘束力，可以约束往后法院的判决，使得"同案能够同判"，但法院在认为有新的见解或者有更好的解释时，可以选择废弃原来的观点。而当习惯演变为习惯法之后，法官不得随意更改该规定；另一方面，主张将判例作为习惯法的表现形式，② 无疑混淆了习惯法的效力来源。法院的判例虽然具有一定的拘束力，但其拘束力来源于法院的权威以及判决理由给人的信服力。相反，习惯法并非因为形成判例而具有法的拘束力，而是习惯中所持的观点使人们产生了"法的确信"，最终才形成了习惯法。当然，在判例中的一贯观点被公众一般的法律意识所接受时，判例也可以形成习惯法。

因此，一般来说，"司法判例是一个必不可少的法律认识渊源，但不是一个相当于成文法或习惯法的法律渊源"。③ 除了形成"法的确信"因而获得规范效力以外，判例只是法官认识的媒介，其通过对法源适切的规范解释和补充，从而具备事实的规范效力。通说认为成文法典垄断了现代法源的表现形式，当代习惯法唯有在判例中方可寻得，④ 实际上强调的是，现代形成习惯法的难度极大，基本上需要由法官借助判例的方式来"形成"。

2. 司法实践为发现并确认习惯法的重要路径

法官在司法实践中，如果发现满足习惯法要件的交易习惯，那么可以根据《民法典》第10条的规定进行裁判，司法实践是发现习惯法的重要路径。不仅如此，法院通过持续性的判例形成法的确信时，也可以发展新的习惯法，缔约过失和积极侵害债权制度，就是由德国最高法院在司法实践中发展而来的。⑤ 然而，由于法官一旦将某习惯认定为习惯法，那么该习惯法就可以直接作为法院裁判的依据，因此，对习惯的确认应当慎之又慎，需要在司法实践中明确习惯法的确认路径，并指导法官适用习惯法。

在我国的现行法律制度下，最高法院可以借助司法解释和指导案例，确认在具体个案中发现的习惯法，并对其适用做出指导。有反对意见指出，根据我国《立法法》第104条的规定，司法解释的目的限于"符合立法目的、原则和原意解释具体的法律条文"，而指导案例主要是针对"同案不同判"的问题，将之适用于案件事实基本相同的案例群。因

---

① 参见吴从周：《试论判例作为民法第1条之习惯法：为我国判例制度而辩护》，载《台大法学论丛》第39卷第2期。
② 参见彭诚信、陈吉栋：《论〈民法总则〉第10条中的习惯》，载《华东政法大学学报》2017年第5期。
③ [德]卡尔·拉伦茨：《德国民法通论》（上册），王晓晔等译，法律出版社2013年版，第16-17页。
④ 参见汤文平：《中国特色判例制度之系统发动》，载《法学家》2018年第6期。
⑤ 参见朱庆育：《民法总论》（第二版），北京大学出版社2016年版，第40页。

此，将司法解释和指导案例作为确认习惯法的方法路径，不仅违背了司法解释和指导案例的使命，而且会使得作为司法机关的最高法院事实上享有立法权限，有违现代法治观念。① 事实上，虽然在现代法治国家中，习惯法基本上是以法官发现并适用的方式表现出来并为人们所认识，但普遍赞同法官适用习惯法并非是通过"认可"而创制法律的活动。因为无论如何，交易习惯必须满足法的确信要件才能具有法的效力，借助司法解释和指导案例确认习惯，是法院根据法律的授权在司法实践中对习惯法做出认定，使之能够更好地服务于案件目标的实现，并不违背法律对两者的限制。

三、交易习惯法与任意性规范的顺位和习惯法的证明

（一）交易习惯法与任意性规范的优先顺位探讨

如果交易习惯法与任意性规范发生冲突，何者优先适用？有观点认为，习惯并非如历史法学派和法社会学派所认为的那样，是确认裁判规则的基本和首要因素，习惯法在我们现代社会远没有制定法那么重要，它只是辅助发现公正处理方法的要素之一。② 相比之下，任意性规范是通过严格的立法程序制定的，确认任意性规范效力优先有助于维护法律的统一和权威，③ 因此，任意性规范优先于交易习惯法，后者只能在法律没有规定时发挥作用。如王泽鉴就曾提出习惯仅有补充法律的效力，故习惯的成立时间，无论在法律制定之前或其后，凡与成文法相抵触的，均不能认为有法的效力。④ 我国《民法典》第10条也赞同此种观点。

然而，交易习惯法与任意性规范具有同样的权力基础（群众受拘束的意思），处于相同的法源位阶，两者之间的区别仅在于制定程序。⑤ 在法律已经承认习惯法为民事规范组成部分的情况下，仅出于维护法律体系的统一和权威，不能成为任意性规范优先适用的理由。实际上，学者考虑优先适用任意性规范，并非因为规范的效力高于习惯法，最主要是前者的确定性高于后者，更符合法律安全和可预期的需求，⑥ 但该理由同样是不充分的。虽然任意性规范的成文法性质，使得规范内容更为明确且方便为人们知悉，但在某一交易习惯法更为著名且受到普遍信赖的情况下，承认习惯法的优先适用，反而能够满足规范的可预测性和安定性的需求。

在法学方法上，习惯法不仅具有证明事实、补足制定法的功能，还具有现行法的变革

---

① 参见孟强：《民法总则中习惯法源的概念厘清与适用原则》，载《广东社会科学》2018年第1期。
② 参见王洪平、房绍坤：《民事习惯的动态法典化——民事习惯之司法导入机制研究》，载《法制与社会发展》2007年第1期。
③ 参见王利明：《论习惯作为民法法源》，载《法学杂志》2016年第11期。
④ 参见王泽鉴：《民法总则》，北京大学出版社2009年版，第62页。
⑤ 参见黄茂荣：《法学方法与现代民法》，中国政法大学出版社2001年版，第291页。
⑥ 参见朱庆育：《民法总论》，北京大学出版社2016年版，第41页。

功能和过时法的废止功能，① 在任意性规范已经难以适应社会变动的情况下，新的习惯法可以取代旧的任意性规范。② 具体到商法领域，在 P2P、金融衍生品、共享经济等新兴事物层出不穷，而立法或司法程序反应缓慢的情况下，针对此等新的法律关系即有形成交易习惯法来填补制定法漏洞的需求。而即便制定法针对某一事项已有规定，但在商人舍弃已有的任意规范而另外形成交易习惯法的情况下，也不应当将任意性规范的缰绳继续套用于交易实践。因为商事领域更加注重交易效率，商人舍弃已有的任意规范而形成并肯认某一交易习惯法，足以满足淘汰落伍的任意性规定的条件。再者，一般认为任意性规范来源于对以往成熟交易经验的总结，商人在后来的交易中总结经验形成新的习惯法，理所应当优先于任意性规范适用。

因此，认为任意性规范概括优先于交易习惯法，与法学方法理论不符，在司法适用中也会因为违反实践需求而被打破，交易习惯法与任意性规范的适用顺位应当根据新法与旧法、特别法和普通法的关系进行判断。至于交易习惯法内容的明确问题，可以交由对交易习惯法的调查和法官的说理义务完成。

(二) 交易习惯法的查明和说理问题

交易习惯法的存在和内容的证明，是交易习惯司法适用的难点问题，法国等国家通过将交易习惯（法）汇编成册来解决该难题。③ 在这些国家中，当事人可以通过举证某交易习惯（法）已经被纳入贸易文本或者类似的书面文件，来证明交易习惯（法）的存在。④ 不少学者建议，我国也应该对交易习惯（法）进行搜集整理。⑤ 然而，虽然汇编"成文"确实有利于交易习惯法的司法适用，但在我国习惯汇编遥遥无期的情况下，明确对交易习惯法的调查方法和法官的说理义务，更加重要。

法官在适用交易习惯法裁判案件时，应当结合当事人提供的证据、专家的证人证言和法官通过主动调查获得的材料，运用逻辑推理和日常生活经验对交易习惯法的内容和范围进行确定。需要注意的是，交易习惯法因其不成文的特征，内容很可能不如法律规定那样确定，对交易习惯法的适用标准应适当放宽。例如，根据某些地方的交易习惯法，卖方负

---

① 参见王洪平、房绍坤：《民事习惯的动态法典化——民事习惯之司法导入机制研究》，载《法制与社会发展》2007 年第 1 期。

② 参见 [德] 卡尔·拉伦茨：《德国民法通论》（上册），王晓晔等译，法律出版社 2003 年版，第 18 页。另外，拉德布鲁赫教授也曾提出"法律要排斥习惯的陈规旧律，而习惯则要蚕食陈旧老弱的制定法。"参见 [德] 拉德布鲁赫：《法学导论》，米健、朱林译，中国大百科全书出版社 1997 年版，第 2 页。

③ 参见 [法] 雅克·盖斯旦、吉勒·古博：《法国民法总论》，陈鹏等译，法律出版社 2004 年版，第 495 页。

④ 参见董淳锷：《商事自治规范司法适用的类型研究》，载《中山大学学报》（社会科学版）2011 年第 6 期。

⑤ 参见罗筱琦、陈界融：《交易习惯研究》，载《法学家》2002 年第 5 期；周林彬、王佩佩：《试论商事惯例的司法适用——个经济法学的视角》，载《学术研究》2008 年第 10 期。

责为买方送货，但送货的距离范围不明确；又如卖方和买方签订了一份货物买卖合同，按照该地区的交易习惯法，该合同标的物约定的数量和某项指标含量均为估计数，根据情况允许上下浮动一定的百分比。在这些情形中，交易习惯法只是确定了大概的方向和内容，案件的裁判还需要法官根据综合情况进行判断。此外，法官应当剔除不合理的交易习惯法，例如各种限制自由交易的商业惯例即使获得行业公认，法官也不能肯认其为习惯法而适用。

交易习惯法属于法律体系的一员，与事实习惯不同，法官在裁判案件时可以主动适用。并且，在该交易习惯的内容模糊不清时，法官负有查明义务。法官应当说明该习惯法的具体内容，披露获取该习惯法的途径，并在裁判理由中就该习惯符合习惯法的构成要件进行仔细论证。法官必须摒弃过去那种不加说明和不予论证的习惯法适用方式，否则会陷入习惯法适用的司法"神秘主义"，非但抑制了习惯法作为民间法调解当事人纠纷的功能，而且会使得当事人不能理解裁判理由，导致"案了事未了"的窘境。为了规范法官适用交易习惯法，最高人民法院在制定涉及习惯法适用的《民法典》司法解释时，应当将相关规则细化。当事人在就法官适用交易习惯法裁判案件的结果不服时，可以以法律适用错误为由提起上诉。

四、以合会制度为例说明交易习惯法的确定

（一）习惯法上的合会制度

合会是一种民间金融互助形式，一般由信誉良好的自然人（称为会首）发起，邀请他人（称为会员）参加。会首和会员约定定期出资筹集会款，尔后首期会款由会首无息使用，其余各期会款由会员依约定方法标借，标到会款的会员称为死会，而未标到会款的会员称为活会。会首在会员未缴纳出资时负有垫付义务，并在死会会员未偿还标款时负连带清偿责任。① 在最初的发展阶段，合会是作为亲属或者同事朋友之间的经济互助性质的融资模式，发展到现在则兼具投融资和储蓄等多重功能。我国内地禁止个人或公司向社会非法集资，因此我国合会制度属于传统的民间互助性质，② 但合会参与者可以在不违反法律的情况下，享有一定的盈利。

在1964年中央出台的《中共中央转发邓子恢〈关于城乡高利贷活动情况和取缔办法的报告〉》中曾指出："广东城乡（如广州、汕头、韶关、湛江）标会很盛行，除个别带互助性质的以外，绝大部分属于高利贷性质……"可见我国很早就意识到合会的普遍性，但一直没有立法。合会是我国民间流行的融资模式，在民间金融中最具社会现实性和影响力。关于合会的调整规则一直以习惯的形式存在，并且这些习惯被群众认为具有法的拘束

---

① 参见黄茂荣：《法学方法与现代民法》（第三版），中国政法大学出版社2001年版，第537页；参见江苏省张家港市人民法院（2020）苏0582民初10591号。
② 参见福建省三明市中级人民法院（2020）闽04民终2054号。

力：一旦合会的成员违反这些习惯，如活会会员到期不缴纳会费、死会会员到期不偿还会费以及会首不将会费交付给死会会员，那么其信誉将大大受损，在日常生活和生产经营中也会被其他合会成员所排挤。由此可见，合会的调整规则具有习惯法的约束力。事实上，我国台湾地区的合会一开始即由习惯法进行调整。①

（二）判例对合会习惯法的确认

合会成功的关键在于会首的号召力和信用，是一种单纯信用类的融资模式。在发生倒会（即会首破产，无法清偿会款）时，会首和会员之间的权利义务关系容易发生纠纷，对这些纠纷的裁决需要根据合会的类型进行区分。按照会员之间有无直接关系，可以将合会制度的类型分为单线关系合会和团体性合会，在单线关系合会中，直接的法律关系只存在于会首与会员之间，会员之间无直接的法律关系；而在团体性合会，除会首与会员外，会员与会员间亦有合同关系。②

我国台湾地区一开始就通过司法判例确认合会制度。在台湾"最高法院"1960年台上字第1635号判例要旨中，明确"台湾地区合会性质乃会员与会员间缔结之契约，会员相互间除有特约外，不发生债权债务关系"。从上述判例要旨可以看出，我国台湾地区司法实务采取的是单线关系合会，该判例在其后的司法实务中得到遵循。③ 我国也有法院案例支持单线关系的合会模式。④

（三）合会制度从习惯法走向成文法

鉴于合会制度在司法实务中的重要性，我国台湾地区在1999年修订"民法"债编的过程中，选择将合会制度成文化，但与判例不同的是，合会的成文法采取的是团体性的合会规则（我国台湾地区"民法"第709之1~9条）。苏永钦教授对此提出批评，认为前述"最高法院"的判例一概采取单线关系合会，忽视当事人的意思，而现在立法者在正确认识到社会存在两种合会规则的情况下，仍然只规定一种合会模式，同样扭曲了私法自治，应当对该条进行目的性限缩。⑤ 该批评是不正确的，正是因为前述判例的实践，让人们认识到了单线关系合会存在的不足，所以才立法采取团体性合会的方式。

在单线关系合会中，会员仅对会首具有返还请求权，会员所交付的会费被视为会首的财产，这导致了一系列的问题：在会首不将会费转移给中标的死会会员时，不被视为欺诈；在倒会时，会员所缴付的会费构成会首的财产，会首的一般债权人有权就该财产获得

---

① 参见陈荣文主编：《农村合作金融的法制创新》，知识产权出版社2011年版，第436页。
② 参见陈吉栋：《由"习惯法"到"习惯立法"——以"祭祀公业"与"合会"为线索》，载《交大法学》2017年第3期，第83页。
③ 参见黄茂荣：《法学方法与现代民法》（第三版），中国政法大学出版社2001年版，第516页。
④ 参见浙江省台州市中级人民法院（2017）浙10民终2549号。
⑤ 参见苏永钦：《私法自治中的国家强制》，中国法制出版社2005年版，第59-60页。

赔偿。事实上，单线关系合会忽视了死会会员所得到的借款，来自活会会员所缴纳会费的牵连关系。并且，活会会员在缴纳会费时，其目的是让死会会员标得会费而享有利息，并非增益会首的财产。① 因此，单线关系合会破坏了会首与会员之间、活会会员与死会会员之间的利益平衡，使得活会会员的基本生活利益受损，不符合公平正义原则和公序良俗的要求。

合会的习惯法规则应当以团体性合会为主，对团体性合会的规制，应衡量会首和会员对合会的付出，以及期待获得的利益进行判断。对会首来说，其作为合会的"发起人"，承担一定的义务（如对未偿还的借款承担连带责任），他所获得的对价是首期会款的"无息"使用；而会员要么是为了获得后期标费的使用（死会），要么是为了所缴会费的利息（活会）。因此，可以将团体性合会的内容总结如下：团体性合会是指在会首的召集下，会员间通过竞标利息的方式，实现定序融通资金、获取利息收益的非法人团体。② 在该合会中，会员缴纳的会费属于全员共同所有，而非构成会首的财产，活会会员对死会会员所标借的会费享有返还请求权，会首对此承担连带清偿责任。

五、结语

优化营商环境要求政府最大限度减少对市场活动的直接干预，切实降低制度性交易成本，从而最大程度激发市场活力。交易习惯法作为商事主体在日常交易中自发产生和遵守的规则，在构建良好营商环境中扮演着重要角色。然而，"制定法中心主义"一直占据法学理论和司法实务的主导地位，很多司法工作者在潜意识中形成了制定法优先的观念，对交易习惯法持消极态度。即便若干裁判文书引用交易习惯法解决纠纷，也往往没有说明该习惯法的内容，而是使用"根据交易习惯（法）"等表述一笔带过，此种做法不利于尊重商事领域的自治性。客观上，我国没有汇编成册的"成文"习惯，查明交易习惯的重担落在法官的肩头上，再加上司法工作者运用交易习惯法解决纠纷的经验不足，这两方面的原因造成了交易习惯法运用的窘境。为了解决上述问题，我国应尽早开展对交易习惯法的调查和汇编工作，并明确交易习惯法的重要法源地位和相关运用规则，本文对此提出了若干建议。此外，我国台湾地区的合会制度从判例确认到成文法的发展过程表明，交易习惯法对制定法依然具有显著的影响，而制定法也能够反哺完善交易习惯法。

---

① 参见黄茂荣：《法学方法与现代民法》（第三版），中国政法大学出版社2001年版，第524-527页。
② 参见黄茂荣：《法学方法与现代民法》（第三版），中国政法大学出版社2001年版，第527-530页。

On the legally original status and application of transaction customary law

Chen Yihao

Abstract: Article 10 of the Civil Code stipulates that customary transaction law is a secondary source of law, which does not accord with the historical status and legal theory of customary law. Customary law has the function of reforming the existing law and repealing the outdated law, and it is not only effective when the law does not provide for it. The application order of transaction customary law and arbitrary norms should be judged according to the relationship between new law and old law, special law and common law. The customary law of transaction needs to meet the requirements of opinio juris and customary conduct, but compared with the civil customary law, the customary conduct requirements should be relaxed. Case Law can not replace customary law, the former can only constitute the latter if it satisfies the requirement of opinio juris. Through judicial interpretation and guidance of cases, the supreme people's court can identify, guide the application of the customary law found in individual cases. Our country lacks the compilation of transaction custom, should consummate the method of custom investigation and clear judge's explaining duty.

Key words: source of law, customary law of transaction, opinio juris, arbitrariness norm, system of He Hui

乡约与国家法关系史论*

金 欣**

摘 要 乡约在中国历史悠久，它与国家法的关系在不同时代也不相同。宋代的《吕氏乡约》是独立于国家法之外的自治规范，但与国家法并不冲突，王阳明增损后的乡约强调遵守国家礼法，减少了自治性成分。明代中央政府提倡乡约，约文通常由官员起草，乡约是地方性的道德风俗倡议书和共同生活规范，是国家治理乡村的一种工具。清代初期乡约完全是国家权力和意识形态的宣传品，并与国家法结合起来对乡村进行思想控制。清末，国家对地方的控制力减弱，地方权力扩大，乡约成了地方性互助和自治的规范，虽然不违背国家法，但对国家权力有一定的对抗性。民国时期，国家建设未完成，乡约是乡绅和知识人的自治实践，填补国家权力和法律所不及的空间。新中国的乡规民约产生初期有制度创新的作用，但在得到国家权力承认后，变成了半自治的基层规约。我国的社会自古不发达，乡约作为基层社会规约和组织，始终缺乏独立性，大多时候受国家权力的推动和规制，与国家法并不冲突，有时会对国家法权有一些负面作用，但不会造成实质性威胁。

关键词 乡规民约 民间法 国家法 乡村治理 自治

乡约产生于宋代，相关制度经宋、明、清、民国，一直延续至今。乡约有两种含义，首先是指基层社会中施行的规约文本，其次是指一种基层组织和制度，在清代亦指这种组织中的领导职位。在第一种含义中，乡约基本上与通常所言的乡规民约或村规民约同义，是社会规约中的主要类型；第二种含义的基层组织和制度通常是以乡约文本为基础或与之

---

* 中国法学会部级重点委托课题"法治文化视野下的乡规民约研究"（项目编号：CLS＜2018＞ZDWT25）。
** 金欣，法学博士，西安理工大学法律系讲师。

相关而产生的，因此两者息息相关。① 但不管是社会规约还是基层组织，乡约的宗旨都是劝善美俗和道德教化，同时具有防盗、防灾等社会互助和自治性功能。这些功能与国家的职能有不少重叠，所以在乡约发展过程中，总是会与国家法产生关系，二者的关系对认识乡约和国家法都极为重要，因此需要深入探讨。

作为中国社会中民间规约和基层组织的一种，乡约的特点是以一定范围的地缘共同体为基础（通常是村落），同时以血缘为纽带（通常是宗族），而形成的"生活规则及组织"，② 这两点与国家法和国家的正式制度都有显著不同。民国时期和新中国成立后的国家法就是国家颁布的实定法（positive law），传统中国的国家法则是国家主导和维持的通行全国的礼法秩序，包括国家提倡的礼的观念和形式，其中主要是情理大义等原则性政策，以及政府颁布的法律文本，包括律令、科条等技术规则。③ 本文所论的古代中国乡约与国家法的关系，就是在乡约与实定法和乡约与礼法秩序这两个方面展开。

乡约作为社会规约，可以分为现实中的乡约和书面上的乡约，前者是有实际效力的乡约，后者只是文人或官员们的设想，将之写入著作，并未施行。本文主要关注的是现实中的乡约，兼及个别有影响的书面上的乡约。对乡约与国家法的关系，目前已经有一些研究，④ 这些研究要么只关注新中国成立以后的乡规民约与国家法的关系，要么论述比较笼统，混淆了乡约与乡村习惯法，忽视了乡约与国家法关系在历史上不同时期之不同；缺乏长时段的历史变迁的梳理，也未探讨具体每个时代乡约与国家法的关系。本文将以乡约发展史中各历史时期具有代表性的乡约为基础，⑤ 探讨不同时期乡约与国家法的关系。

一、宋代乡约：国家法之外的自治规范

出身行伍的赵匡胤建立宋朝后，将宰相在官僚体系中的权力降低，皇帝的权力相应的增加，但国家制度本身较为松散，中央权力较弱，加之长期受到北方少数民族政权的侵

---

① 关于乡约概念的讨论，参见张明新：《乡规民约存在形态刍论》，载《南京大学学报（哲学·人文科学·社会科学版）》2004年第5期；董建辉：《"乡约"不等于"乡规民约"》，载《厦门大学学报（哲学社会科学版）》2006年第2期；许娟：《新型乡约若干问题探讨》，载《法学论坛》2008年第1期；黄熹：《乡约的命运及其启示——从吕氏乡约到南赣乡约》，载《江淮论坛》2016年第6期。

② 张中秋：《乡约的诸属性及其文化原理认识》，载《南京大学学报（哲学·人文科学·社会科学版）》2004年第5期。

③ 参见马小红：《礼与法：法的历史连接》（修订本），北京大学出版社2017年版，第93-97页；王志强：《我们为什么研习法律史？——从法学视角的探讨》，载《清华法学》2015年第6期，第37页。

④ 相关研究参见袁兆春：《乡规民约与国家法关系分析——兼论乡规民约与国家法的冲突与协调》，载《济南大学学报》2000年第1期；丁炜炜：《乡规民约与国家法律的冲突与协调》，载《理论月刊》2006年第4期；冒蓓蓓：《乡规民约与国家法的互动》，载《江苏警官学院学报》2007年第1期；向均锋：《冲突与调适：乡规民约与国家法的关系研究》，载《学理论》2014年第23期；王振：《乡规民约与国家法的冲突与协调》，中共中央党校2016年硕士学位论文；孙明春：《儒法交融下的乡约变迁研究》，中国人民大学2017年博士学位论文，第125-145页。

⑤ 中国古代的主要乡约目录，参见刘笃才等：《民间规约与中国古代法律秩序》，社会科学文献出版社2014年版，第72页。

扰，黄仁宇说宋朝"是中国历史上最软弱的一个朝代"。① 但是宋代的经济和社会政策却比较务实，力求国家富强，更有王安石变法这样的制度改革运动。最早的乡约《吕氏乡约》就是在这一变革失败后产生的。②

（一）《吕氏乡约》

乡约最早产生在北宋熙宁九年（1076年），由关中蓝田地区人称"三吕"的吕大忠、吕大钧和吕大临三兄弟发起拟定，具体由吕大钧起草、实行，③ 俗称"吕氏乡约"或"蓝田乡约"。三吕是关中理学的开创者张载的弟子，都曾入仕多年，他们秉承儒家理念，将理学学以致用，制定和推行乡约，用以教化人民，改变风俗。《吕氏乡约》内容包括四句十六字的约文和相应的详细规定，同时有"聚会"和"主事"两项，整体篇幅较小。《吕氏乡约》从熙宁九年（1076年）在蓝田实行，到吕大钧元丰五年（1082年）去世，实行了短短五年，但是影响却极为深远。萧公权指出了吕氏乡约的独特性，他认为："《吕氏乡约》于君政官治之外别立乡人自治之团体，尤为空前之创制。……此种组织不仅秦汉以来所未有，即明初'粮长''老人'制度之精神亦与之大异。盖宋、明乡官、地保之职务不过辅官以治民，其选任由于政府，其组织出于命令，与乡约之自动自选自治者显不同科也。"④ 也就是说，《吕氏乡约》的主要特点是其独立于现有行政制度，同时具有强烈的自治性。

《吕氏乡约》与国家法的关系，要从礼和国家制定法两方面来论述。首先，作为传统的儒家知识分子，吕大钧深受周礼思想之影响，"好古甚切，并且以为周礼比可行于后世"，因而礼的思想是《吕氏乡约》之根本。⑤ 约文第一条"德业相劝"论述了个人修身与人际关系及事功方面应坚持的道德准则，从中能看出强烈的儒家思想。比如"能治其身""能治其家"和"能居官举职"，明显受到《礼记·大学》中所言的"修身齐家治国平天下"的影响。约文第二条"过失相规"，指出了十五种过失，都是从个人修养出发的品行问题，本条反对的酗酒、赌博、斗殴和诬讼也是国家法所禁止的，但乡约坚持礼的理念，重在预防和劝诫。第三条"礼俗相交"，主要是人们交往应遵守的礼仪，具体到婚丧嫁娶。第四条"患难相恤"指出了如果遇到危难该如何相互帮助，如何救济贫困等问题。后面还规定了具体的惩罚手段，主要是罚金。同时还规定了每月一次聚会和聚餐，对聚会

---

① 黄仁宇：《中国大历史》，生活·读书·新知三联书店1997年版，第127页。
② 有学者认为乡约之产生是因为"北宋乡村'官治'的不足"。参见程泽时、徐晓光：《托古制与历史实证：乡约新论》，载《政法论丛》2016年第4期。
③ 参见杨开道：《中国乡约制度》，商务印书馆2015年版，第44－47页。
④ 萧公权：《中国政治思想史》（二），辽宁教育出版社1998年版，第496页。
⑤ 参见杨开道：《中国乡约制度》，商务印书馆2015年版，第39－41页。但萧公权认为《吕氏乡约》与《周礼》思想有根本不同，因为《周礼》所描述的基层社会单位是政府主导的，而《吕氏乡约》是"乡人自愿、自发的合作，在道德、教育、社会关系和经济互助等四方面共同努力"的自治计划。参见萧公权：《中国乡村：19世纪的帝国控制》，张皓、张升译，九州出版社2018年版，第239页。

事宜可共同商议解决。对乡约所规定的人与人之间的关系，吕大忠在《吕氏乡约》的跋中言："人之所以赖于邻里乡党者，犹身有手足，家有兄弟"。在吕大忠看来，乡约所要规范和维持的邻里关系其实是类似于一种家庭关系，因此乡约其实是一种扩大的家事规范，因而其核心内容是道德，也就是要符合儒家的礼教，并将其具体化，变成规约条文。《吕氏乡约》出现的大背景是官方所推行的"礼制下移"，① 因此在一定程度上顺应了官方的大潮流。所以《吕氏乡约》与礼并不冲突，而是将其细化，将儒家的教化和礼教规范化，形成一种有轻微惩罚机制的规范文本。但是因为《吕氏乡约》属于自愿加入，因此规范的执行力度让人怀疑，所以有学者言《吕氏乡约》"既是一个地方自治的制度，也是一种社会理想"。②

从国家制定法方面来看。宋王朝建立后，皇帝大权独揽，虽仍保持了三省制，但是以中书省为主，并极大地削弱了宰相的权力，"最高行政令的决定权在皇帝"。③ 宋王朝建立初期，赵匡胤较为重视法律制度，为了政权稳定和国家治理，命令窦仪等官员修订律法，建隆三年（963年）颁布了《宋刑统》。这部法律是以《唐律疏议》和后周的《显德刑统》为基础修订而成，主要是刑事法律。除此以外，皇帝的诏敕也被认为是法规，将其编辑后称为"编敕"，《宋史·艺文志》等文献中还记载了许多有关农业、水利等方面的敕（现在已经失传），亦为当时法律规范。④ 从上文的论述可以看出，《吕氏乡约》完全是这些国家制定法以外的民间民事规范，与这些以刑事法律为主的国家制定法并不冲突。

《吕氏乡约》是官员兼士绅主导制定的民间规约，反映了儒家知识分子的"悲观情怀"，他们持一种退化的社会观，即相信上古社会风俗更为良好，此后风俗败坏，所以必须"以类相ови"，"以集中教化的方式约束"人民的内心。⑤ 《吕氏乡约》虽然与政治无涉，与礼教和国家制定法并不冲突，但就如萧公权所指出的，它是空前的民间自治组织和规范，完全独立于基层的国家制度县级政府之外，有"结党营私"的嫌疑，因此乡约一出就受到许多质疑，吕大防曾提议将乡约改为"家仪或家学"，"以免干政之嫌"。⑥ 乡约在这样的背景下实行了五年，效果如何，不得而知，目前缺乏足够的资料。

（二）《增损吕氏乡约》

北宋灭亡后，吕大钧的三十卷著作《诚德集》在关中失传，大学者朱熹家藏此书，并

---

① 参见孙明春：《儒法交融下的乡约变迁研究》，中国人民大学2017年博士学位论文，第29页。
② 牛铭实：《中国历代乡约》，中国社会出版社2005年版，第13－14页。本文所引《吕氏乡约》皆据该书附录。
③ 钱穆：《中国历代政治得失》，生活·读书·新知三联书店2005年版，第71页。
④ 关于宋代立法的简要状况，参见黄源盛：《中国法史导论》，广西师范大学出版社2014年版，第258－262页。
⑤ 参见杨念群：《基层教化的转型：乡约与晚清治道之变迁》，载《杨念群自选集》，广西师范大学出版社2000年版，第270－271页。
⑥ 参见牛铭实：《中国历代乡约》，中国社会出版社2005年版，第12－13页。

发现了《吕氏乡约》的价值,将其增删后重新出版。朱熹自述增删《吕氏乡约》是为了"彼此交警,教人善俗",他主要对聚会的程序和"礼俗相交"部分进行了修改,对聚会程序和内容规定更加严密,把吕大钧《乡仪》一书的部分内容增加进乡约,并删去了原乡约具有惩罚性的条款,其他地方也有较多修改。

朱熹是理学宗师,经他增删后的《吕氏乡约》之内容比原乡约更保守,更强调对现行体制和法律的遵从,更重视教化作用。第一条"德业相劝",朱熹增加了"能肃政教"和"畏法令",删去了带有群体性内容的条文,如"能为众事"和"凡有一善,为众人所推者,皆书于簿以为善行"。第二条"过失相规",朱熹进行了一些细节修改,这些修改体现了朱熹对礼法的强调,比如将犯义之过中的"逾违多端",改为"逾礼违法"。第三条"礼俗相交"修改最多。杨开道认为《吕氏乡约》这一条并不完善,内容空洞,规定亦不够严格,①朱熹增加了更为细致的礼仪规定。第四条"患难相恤",主要进行了文字上的修正。朱熹对集会一项修改最大,将原乡约较为随意的集会改为读约之礼,并对礼仪进行了细致的说明。可以看出这些都是基本的儒家礼法思想。另外,南宋的国家法与北宋差别不大,所以增损后的《吕氏乡约》也是在国家法之外的社会规范和道德教化文本,完全处在社会生活和民事法律领域,与以刑事法律为主的国家法不冲突,朱熹还两次在约文中强调了对国家法的遵从。②

(三) 小结

《吕氏乡约》是独立于国家法之外的自治规范,在国家法的范围内,并与国家法不发生关系。朱熹增损的《吕氏乡约》只是书面上的文本,在现实中是否实行过十分可疑。杨开道言:"朱子的眼光,完全在修身齐家,安内攘外,并没有看见乡村是一切社会的基础,乡村建设是一切政治的基础,所以整个的乡治,人民自治,在朱子手里没有丝毫的进展。"③ 经过朱熹增删后的《吕氏乡约》不仅如原始版本一样在国家法的范围内,而且强调了遵守国家礼法,并减少了原有的自治成分。

二、明代乡约:符合国家法的地方性规范

蒙古人入主中原建立了元朝,由于统治阶层出身游牧民族,骁勇善战,所以不重视文治,对中国的统治主要是"防制反动"和"征敛赋税",④ 因此与农耕文明紧密联系的乡

---

① 参见杨开道:《中国乡约制度》,商务印书馆2015年版,第75-76页。
② 朱熹在对"德业相劝"的解释中,将"畏法令"包括在"业"之中。而在"过失相规"中列举的"犯义之过"的第二条就是"行止逾违",解释曰"逾礼违法,众恶皆是"。
③ 杨开道:《中国乡约制度》,商务印书馆2015年版,第92页。
④ 参见钱穆:《国史大纲》(修订本下册),商务印书馆1996年版,第643页。

约并未进入他们的社会治理体系。① 乡约到明代展现了极大的活力,明代采取"重典治乱世"的策略,在刑事法律《大明律》之外,还有许多"法外用刑",典型的就是特别刑法《明大诰》。② 在基层,明初并未建立乡约制度,而是在乡村设置了起着教化和部分民事纠纷裁决功能的老人制度,并号召举行饮酒礼,希望通过教化劝诫乡民守法。朱元璋还将一系列教化文本编为《教民榜文》,其中最重要的是他亲自拟定的后来被称为"圣谕六言"的六条规则。在传统中国,皇帝的圣训即国家法,而且比一般国家法的位阶更高。《圣谕六言》成为乡约宣讲的中心内容,产生了很多注释本,在明清两代都有极大影响。

永乐年间,明成祖朱棣命令全国诵读《吕氏乡约》,此后民办和官办的乡约开始兴起,但是发展迟缓。正德年间国家和社会出现危机,社会秩序混乱,地方官员和士绅组织的乡约大量出现。到嘉靖八年(1529年)以后,国家开始向全国推广乡约,不仅向乡村,也向城坊推广,③ 此时"在组织上,乡约由民间自发的教化组织转化为政教合一的基层行政组织",④ 更注重宣讲"圣谕六言",同时把乡约和保甲紧密地结合起来。在政府的倡导下,比较有代表性的乡约有《南赣乡约》和《乡甲约》等。

(一)《南赣乡约》

王阳明在明正德十三年(1518年)颁布了《南赣乡约》,萧公权认为是"明代乡约之肇始"。⑤ 王阳明巡抚赣南,为了应对频繁的农民集体抗争事件,他首先采取措施增强了官军的实力,进而平息多起骚乱和暴动。此外他还推行十家牌法,进行乡村治理。在地方暴力事件平息,人民生活稍微安定后,王阳明兴办社学,参考《吕氏乡约》拟定了《南赣乡约》,用以教化人民。在一封信中,王阳明解释了制定乡约的原因,他说:"古之礼,存于世者,老师宿儒,当年不能穷其说,世之人,苦其烦且难,遂皆废置而不行;故今之

---

① 有几位学者论及元代的《龙祠乡约》,如王君、杨富学:《〈龙祠乡约〉所见元末西夏遗民的乡村建设》,载《宁夏社会科学》2013年第1期;马晓英:《元代儒学的民间化俗实践——以〈述善集〉和〈龙祠乡约〉为中心》,载《哲学动态》2017年第12期。目前能搜集到的材料所叙述的《龙祠乡约》的大致情形是:1985年,河南濮阳杨氏家族把"在家族内部流传了600余年"的《述善集》抄本公布于世。《述善集》成书于元末明初,收录诗文等多种题材的文章,共三卷,四万余言,第一卷主要是《龙祠乡社义约》(即《龙祠乡约》)。《述善集》虽成书于元代,但是从序言来看,可能在明代才受到重视。其内容比《吕氏乡约》更简单、平实,是对设立"龙王社"的一些具体规定,主要内容是社内的互助,也涉及一些赏罚问题。《述善集》重新面世后,当地政府组织了学术研讨会,因其制定者是西夏遗民,所以特别受到宁夏地区学者的重视,但是因为缺乏其他史料的佐证,因此《龙祠乡约》的真实性、历史价值、在当时的实际影响还需要进一步研究和探讨。职是之故,本文不专门论述该乡约与国家法的关系。《龙祠乡约》全文见《元代西夏移民文献〈述善集〉校注》,焦进文、杨富学校注,甘肃人民出版社2001年版,第23-25页。与该书同时出版《述善集》的研究文集,参见何广博主编:《〈述善集〉研究论集》,甘肃人民出版社2001年版。

② 参见黄源盛:《中国法史导论》,广西师范大学出版社2014年版,第294页。

③ 参见曹国庆:《明代乡约发展的阶段性考察——明代乡约研究之一》,载《江西社会科学》1993年第8期。

④ 董建辉:《明清乡约:理论演进与实践发展》,厦门大学出版社2008年版,第173页。

⑤ 萧公权:《中国政治思想史》(二),辽宁教育出版社1998年版,第521页。

为人上，而欲导民于礼者，非详且备之为难，惟简切明白，而使人易行之为贵耳。……非天子不议礼制度，今之为此，非以议礼为也，徒以末世废礼之极，聊为之兆以兴起之。故特为此简易之说，欲使之易知易从焉耳。冠、婚、丧、祭之外，附以乡约，其于民俗，亦甚有补。"① 由此可以看出，《南赣乡约》是在基层的推行礼的方式。

《南赣乡约》篇幅比《吕氏乡约》大，它首先论述乡约的组织形式和人员配置（有约长、约副和约正等18名乡约领导人和工作人员），乡民参加乡约要缴纳费用。这样的乡约组织内部分工更明确，更科层化，也有更多的经费举办活动；接着规定乡民相互帮助等事项，同时规定了乡民对国家纳粮等强制性义务的服从，对乡村出现的纠纷，如果约长不能处理，就直接告官。也对婚丧嫁娶等习俗做了规定。最后，详细规定乡约聚会颇为机械的仪式和程序。其中对饮酒仪式的规定极为详细，这明显是受到明太祖朱元璋所提倡的乡饮酒礼的影响。② 在乡约中，王阳明还多次强调了对礼的遵从。总之，《南赣乡约》由政府推动，其规定与儒家理念和礼教十分契合，是推行作为国家法一部分的礼，且都局限在民事领域，也与明代的实体法刑法《大明律》等并不相悖。

通读《南赣乡约》，会发现整篇乡约都是以训斥乡民的口吻叙说，其原因是这个乡约是政府推行的强制性规约，它的制定者是官员，提倡和推行亦是靠基层的国家权力，所以《南赣乡约》之本质仍来源于礼，同时掺杂了阳明心学，由于其官方性质，它在一定程度上可以看作基层政府的倡议书和地方性法规，是国家法的非正式下位法，并无丝毫的自治性成分。

（二）《乡甲约》

《乡甲约》是吕坤的政事著作《实政录》中的一部分。吕坤是一位刚正不阿的官员和思想家，从政经验丰富，曾在山西任职二十一年，《实政录》就是这段时间他颁布的告谕和教令的合集。在《乡甲约》中，吕坤以乡约为中心，将乡约和保甲结合起来，"用乡约劝善惩恶，用保甲缉奸弭盗"。③ 在吕坤看来，保甲和乡约结合，可以有"化民成俗"之功效，但是朝廷虽然把乡约作为制度，但是各级官员实施不力，因此他撰写《乡甲约》希望让乡约发挥它本应有的功能。在他的主持下，按《乡甲约》的设计成立了120个乡约，在当时产生了较大影响。

《乡甲约》篇幅不大，分为三部分，第一部分"乡甲至要"申明了乡约的宗旨和基本原则，规定乡约领导人要做到"五不扰"；第二部分"乡甲会规"论述乡约集会的方式和仪式；第三部分"乡甲事宜"是对集会具体内容的规定，共有19条；第四部分"乡甲会图"，以示意图展示了乡约集会的方式，在聚会时中央位置的座子上必须摆放圣谕，体现

---

① 王守仁：《王阳明全集》（上），中央编译出版社2014年版，第186页。
② 参见董建辉：《明清乡约：理论演进与实践发展》，厦门大学出版社2008年版，第192页。
③ 牛铭实：《中国历代乡约》，中国社会出版社2005年版，第34页。

了乡约的最高权力来源。① 第二部分条目最多，是《乡甲约》的重点。乡约的领导人由州县官员选择，并对他们进行培训，这些乡约领导人可以调解乡村纠纷，同时记录乡村的善行与恶行，最终由基层政府进行奖赏或惩罚。其中特别规定了连坐的制度，即对大奸大恶，如果四邻和甲长不举发，都会受到连坐。这完全是对国家法的直接执行。

杨开道说《乡甲约》既是乡村教育的工具，也是乡村治理的工具，是中国政教不分传统的体现，而且吕坤本人并不相信人民的自治能力，只相信官员对人民的治理。② 这样的评价是准确的，《乡甲约》的乡约设置和基层政府结合得极为紧密，所以可以看作国家行政和国家法之下具体规则的执行或下位法，已经完全没有了自治的性质，成了国家道德教化和暴力镇压相结合的工具。

（三）小结

明代乡约的组织规则和实行乡约之权利，起初并无国家法之规定和依据，一般是由地方政府自由裁量。③ 但是从嘉靖朝起，在国家的提倡和号召下，全国许多地区的地方官员都制定并实行了乡约，④ 也产生了一些持续时间较长的民办乡约，但官办仍是主流。根据王崇峻的统计，在明代有记录主持乡约的87人中，64人是官方身份，平民身份只有23人，可见绝大多数乡约是由地方官员主持。⑤ 同时，与唐宋时期相比，明代国家制度更为集权，宰相被取消，皇帝独揽一切大权，中央只是把乡约作为基层治理的制度来实施，因此大多数乡约由政府官员直接拟定，并使乡约成为强制性的半官方组织，起着风俗倡导和生活规范的作用，这一定程度上是国家权力的触手伸向基层的表现。乡约道德教化的成分与宋代相比有所减少，几乎失去了自治成分，虽有一些有自治性的民办或私行的乡约，但影响力有限。因此，明代的乡约在填补国家法所不至处的民事纠纷和日常事务规则空缺之外，完全是国家行政权力治理乡村的工具，是国家法权阴影下的衍生物。

三、清代乡约：从思想控制工具到独立的地方性规约

清代的制度大多沿袭明代，而在明代制度里加上了少数民族政权的私心，皇帝的权力更集中，很多政策目的在于对占大多数的汉人之控制，所以钱穆说："清代政治，制度的意义少，而法术的意义多。"⑥ 清朝皇帝借助儒家理论来塑造统治的正当性，因此把蕴含着儒家道德观念和礼教的乡约拿来作为教化人民和治理乡村的工具，在保甲之外，用乡约

---

① 参见吕坤：《吕坤全集》（中），中华书局2008年版，第1061－1071页。
② 参见杨开道：《中国乡约制度》，商务印书馆2015年版，第131－132页。
③ 参见朱鸿林：《孔庙从祀与乡约》，生活·读书·新知三联书店2015年版，第272页、第348页。
④ 明代实行乡约的记录，参见刘笃才等：《民间规约与中国古代法律秩序》，社会科学文献出版社2014年版，第89－91页。
⑤ 参见王崇峻：《维风导俗：明代中晚期的社会变迁与乡约制度》，文史哲出版社2002年版，第137页。
⑥ 钱穆：《中国历代政治得失》，生活·读书·新知三联书店2005年版，第131页。

的宣讲进行思想控制,所以历代皇帝都大力推广乡约。顺治九年(1652年)皇帝发布了第一道圣谕,内容照搬明代的六谕,刻碑颁行各省,并设置相应官办乡约机构,命令地方官员每月初一十五向乡民宣讲圣谕。康熙九年(1670年),又颁布了圣谕十六条,此后出版了很多解释的版本,最为著名的是雍正二年(1724年)的《圣谕广训》,其内容是"雍正根据康熙的圣谕十六条,逐条演绎出数百字的说明",是"各种宣讲的范本",① 向全国基层政府广泛推行。清代的实体法主要是《大清律例》《清会典》和各部院衙门的则例,在这些实体法使用中,满人和汉人并不平等,满人享有一些特权和豁免权,但是乡约却对满人和汉人都提倡,同时还向维吾尔族、苗族等少数民族推广。

(一) 乡约宣讲及与律法融合

《圣谕广训》是对儒家理念的通俗化宣扬,强调孝悌、人伦和息讼等传统的儒家理念,并将乡约与保甲结合起来。这些内容不仅与国家法不冲突,还特别提倡遵守法律,比如圣谕十六条中就有"讲法律以儆愚顽"的条文,《圣谕广训》与六谕相比,"更强调防止犯罪行为和反社会行为",② 也就是更多地强调了对国家法和儒家社会伦理规范的遵守。《圣谕广训》是清王朝乡约的最高文本,推出后就要求全国讲读,体现了国家最高统治者对乡约这一治理工具的重视。这是以国家行政手段,强行灌输统治者认可的儒家理念。此时乡约举行时所讲读之内容是远在国家权力最顶端的皇帝所定,所以极为笼统,而且无视各地方的差异性,与乡村的实际生活距离较远,教化成了乡约的主要作用,作为实际行为规范的作用几乎没有。因此在推行的过程中,造成乡约"形式化、空洞化",乡绅和普通乡民对乡约都缺乏兴趣。③ 同时由于乡约制度的科层化,也就产生了乡约领导人与基层政府勾结起来把持乡政、滥用权力、危害乡民等传统官僚制固有的弊端。④

在举行乡约宣讲圣谕的过程中,出现了乡约与国家法融合的现象。在乡约举行时的讲读环节,除了"讲谕"之外,还经常有"读律",宣传与圣谕中相关的法律,讲读与律相关的条例、成案等,此一现象1737年由康熙下令实施,以后逐渐普及。在乡约和律法联合讲解的情况下,"讲谕"是教化和思想控制,"读律"则是威慑,二者一文一武结合起来控制基层乡村的人民。因此,在清王朝中央政府的提倡之下,"在清代中晚期所举行的乡约中,宣讲圣谕已与解读律例成案等朝廷官方法律规范融为了一体"。⑤ 官方在提倡乡约的同时,又对底层组织多加防范,因此乡约领导人成了国家权力触手在基层的非正式末梢,自己的职权行为受到很大限制,在人民中的威望和地位也十分低下。

---

① 牛铭实:《中国历代乡约》,中国社会出版社2005年版,第56页。
② 萧公权:《中国乡村:19世纪的帝国控制》,张皓、张升译,九州出版社2018年版,第221页。
③ 参见董建辉:《明清乡约:理论演进与实践发展》,厦门大学出版社2008年版,第232－235页。
④ 参见段自成:《清代北方官办乡约研究》,中国社会科学出版社2009年版,第190－206页。
⑤ 孙明春:《约法之争:明清乡约与律法的融合及冲突》,载《法律适用》2018第22期。亦参见萧公权:《中国乡村:19世纪的帝国控制》,张皓、张升译,九州出版社2018年版,第225页、第229页。

(二) 地方军事化与新乡约

私行乡约明代已有之，有的甚至超越国家法动用私刑，因此国家权力对私行乡约十分警惕，对很多采取了极力打压的措施，参与者往往会身陷囹圄，明代的舆论也对私行乡约持否定态度。① 但是到了清末，中央政府的经济实力和军事能力皆不足，为应对内部叛乱和外敌侵略，授权地方而由汉人士绅组织成立了地方武装，典型的如团练以及后来的湘军、淮军等。湘军采用的组织方式是把团练和乡约结合起来，以乡约的灌输来团结军队，鼓舞士气，② 这种现象孔飞力称之为"地方军事化"，③ 这在客观上助长了地方权力的增长，弱化了国家对地方的控制力。到咸丰朝以后，地方军事化让保甲制度和乡约的主导权落入地方士绅之手，湖南的许多士绅通过团练跃升为军事将领。此一时期比较有代表性的是《江阴县乡约》。

咸丰五年（1855年），太平天国占领了金陵，江苏省的士绅和官员希望在团练这种有形的军事防卫之外，建立乡约进行"无形的防卫"。④ 江苏省的江阴县、常熟县等地纷纷设立了乡约。与圣谕的内容不同，新乡约之特点是增加了新的更为具体的内容，同时建立了专门的机构乡约局来推行乡约，更为重要的是因为国家权力的虚弱，虽然此前的乡约基本上都有士绅执行，但是政府掌握着控制权，此时乡约的主导权从政府转移到地方士绅的手中，乡约从单纯的国家教化，变成了地方士绅参与的新型教化和社会规范，具有极强的自治性。乡约鼓励人们相互帮助、共同防卫，体现了社会权力的增长和新理念的形成。而在岭南地区，由于团练的设置耗资较大，因此建立了以乡约为组织的防卫队伍，兼具自卫救援和教化功能，地方书院和社学成为乡约聚会和操练兵丁的场所。⑤ 乡约在清末演变成自我防卫的组织，说明国家权力较弱，无法保护地方的安全、维持社会的稳定，已经没有韦伯所言的"垄断暴力使用"的能力，⑥ 因此社会组织得以发展，士绅有了施展能力的机会，以乡约等形式来维护基层社会秩序。

此时，国家已不再是基层治理权力和观念的唯一来源，地方的独立性更强，客观上消解了国家权力和一体化的国家观念。在清末新政和立宪运动开始后，由于国家的提倡，这种士绅主导的新型乡约在全国各地都有出现，体现了国家基层政权和社会结构的变迁。江苏省各地的乡约虽然仍在国家法之下，仍以教化内容为主，但是由地方乡绅主导，有了更

---

① 参见孙明春：《儒法交融下的乡约变迁研究》，中国人民大学2017年博士学位论文，第125–130页。
② 参见杨念群：《基层教化的转型：乡约与晚清治道之变迁》，载《杨念群自选集》，广西师范大学出版社2000年版，第283–284页。
③ 参见［美］孔飞力：《中华帝国晚期的叛乱及其敌人：1796–1864年的军事化与社会结构》，谢亮生、杨品泉、谢思炜译，中国社会科学出版社1990年版，第13–15页。
④ 参见牛铭实：《中国历代乡约》，中国社会出版社2005年版，第72页。
⑤ 参见杨念群：《基层教化的转型：乡约与晚清治道之变迁》，载《杨念群自选集》，广西师范大学出版社2000年版，第287–300页。
⑥ 参见［德］马克斯·韦伯：《学术与政治》，冯克利译，商务印书馆2018年版，第44页。

多的规范性和自治性成分,从国家权力的控制中走了出来,变成了真正的地方性互助规约,但是在风雨飘摇的晚清时期乡约除了自卫和互助,所能发挥其他作用也十分有限。

(三) 小结

清王朝建立后,国家权力更为集中,乡约由礼部管理,① 国家垄断了乡约的内容,将乡约作为教化底层民众,进行思想控制的工具,完全成了官方组织,是宣传国家法的工具,产生了许多官僚制固有的弊端。而这种官办乡约在宣讲圣谕的同时,还会宣讲国家法,乡约宣讲与律法融合体现了清王朝权力向社会基层的延伸,消除了社会自我组织和自治能力的形成。乡约与国家法相得益彰,成为国家统治的软硬的两个侧面。但是到了清末,国家权力的控制力大为减弱,地方社会势力兴起,士绅在基层重建了具有规范性的乡约,这些乡约虽然与国家法并不矛盾,但是在一定程度上解构了国家权力。

四、民国乡约:弱国家下的自治性规约

辛亥革命后建立的中华民国,国家结构由传统的帝国转变为民族国家。民国初军阀混战持续多年,1928年北伐完成后国家形式上完成了统一,但中央政府实际控制的只有长江流域的几个省,对其他省的控制力很弱。民国初期许多法律沿用了清末修律时制定的新律,传统的礼法体系被废除,此后相继完成了民法、刑法等主要法律的立法工作,形成了相对较为完备的现代国家法律体系。

民国建立在清帝国的解体和革命之后,军人在当时社会中的影响力提升,中国社会由清末的"绅军政权",变成了"军绅政权"。② 这些新军阀带领军队占据一方,与国家或合作或冲突只因利益,缺乏对国家的效忠意识,中央政府也要依靠政党和派系关系来与地方建立关系或使之受命于中央,因此民国时期的国家能力十分虚弱,国家没有能力把它的触手深入国家的最底层。

在乡村,国家废除了传统的宗族制度,但对乡村控制力却空前的虚弱,相应的是对乡村榨取的变本加厉。清末已经出现了知识分子城市化,留在乡村的传统士绅和精英也不愿充当国家在最基层的机器,纷纷移居城市,而使很多地方乡村的土豪劣绅、地痞等进入国家权力底层的末梢,充当中间人,鱼肉乡里。民族国家与实行间接统治的传统国家不同,实行直接统治,③ 所以需要扩大国家权力,但是民国时期国家权力的扩张却产生了杜赞奇所称的"国家政权的内卷化",即"国家政权无能力建立有效的官僚机构而取缔非正式机

---

① 参见董建辉:《明清乡约:理论演进与实践发展》,厦门大学出版社2008年版,第233页。
② 参见陈志让:《军绅政权:近代中国的军阀时期》,广西师范大学出版社2008年版,第5页。
③ 参见 Charles Tilly, *Coercion, Capital and European States*, AD 990 – 1990, Basil Blackwell, 1990, pp. 103 – 107。

构的贪污中饱——后者正是国家政权对乡村社会榨取的必然结果"①。民国时期的国家权力的扩张是通过省政府一层间接实现的,这削弱了国家对基层的直接控制,也让基层出现了一定程度的"无政府状态"。在这种情况下,直隶、山西和广西等省兴办村治时,制定了乡规民约,也有梁漱溟和晏阳初等知识分子发起的乡村建设运动,也提倡乡约。民国知识分子提倡乡约,与晚清时期梁启超等人的提倡比较类似,他们都看到了乡约的自治属性与他们意欲建设的、新的倾向民主化的政制相吻合,以求用乡约改造乡村和塑造新民。比如梁漱溟就认为,他提倡的是宋代带有自治成分的乡约,因为这样的乡约可以包含地方自治,与纯粹的地方自治不同,乡约的优点是在自治的同时还"注意人生向上"。②

此一时期比较有代表性的是翟城村的乡规民约。翟城村的乡约起始于清末新政时期,在政府的支持下,乡绅米春明主持制定了乡规民约,有《查禁赌博规约》和《看守庄稼规约》两种,规定了禁止赌博和防止盗窃等方面的内容。民国成立后,国家提倡自治,1915年内务部颁布了《地方自治试行条例》及《施行细则》,翟城村所在的县拨款给该村兴建村公所。此后翟城村在米氏父子的主导下先后推出了《改良风俗规约》《平治道路简章》《卫生所规约》和《共同保卫简章》等乡规民约。③ 这些规约具有很强的自治性,但与国家法不冲突,为国家法律和权力所不及的乡村社会提供了生活规则和行为规范,受到了直隶省和中央政府的肯定和表彰。但是自治本身需要国家提供稳定的法律和政治环境,自治的很多问题最终需要国家法来解决,民国政府无法给翟城村提供这样的大环境。在社会和经济环境恶化的情况下,到20世纪30年代中期,宗教和封建迷信组织占据了翟城村,土匪恶棍横行,国家的权力和法律又不能消除这些阻碍村治的因素,乡规民约和相关组织就流于形式,逐渐起不到应有的作用。

民国时期,由于国家政权不统一,民族国家建设尚未完成,国家能力较弱,国家无法给乡村提供良好的自治环境,乡规民约多由政府和知识分子提倡,乡绅和知识分子来实行,填补国家法不及的乡村社会规则之空缺,但是在旧的社会规则体系完全解体,新的社会规则还没有建立起来的时期,乡规民约虽有其实行的空间,但没有实行的环境。

五、新中国乡规民约:自发形成与有限自治

新中国成立后,国家对乡村的控制空前加强,并对乡村进行了土地改革和集体化改造,旧的乡村组织被新兴的国家权力末梢机构人民公社取代,在传统乡村社会起主导作用的士绅阶层被摧毁,乡约也就不复存在。

改革开放初期,国家的法律极为缺乏,基层的人民公社逐渐瓦解,社会治安问题较

---

① [美]杜赞奇:《文化、权力与国家:1900-1942年的华北农村》,王福明译,江苏人民出版社2003年版,第53-56页。
② 梁漱溟:《乡村建设理论》,上海人民出版社2006年版,第156-157页。
③ 参见李德芳:《民国乡村自治问题研究》,人民出版社2001年版,第17-40页。

大，为了更好地维持乡村秩序，1980年广西果地村成立了村民委员会，并制定了村规民约，可惜未能保留下来。与之相邻的果作村也制定了《村规民约》和《封山公约》，① 从这两份规约可以看出当时村规民约的内容和特点。两个规约中，《村规民约》第一条申明村规民约之意义："必须提高思想觉悟，认真体会安定团结的重要意义"。除了这条概括性的表达之外，其他皆是针对乡村生活中出现的具体问题，设置禁止性和处罚性规则。这两个规约在当时国家法律真空的状态下为乡村提供了社会生活规范。其显著的特点是该村规民约是由新型的乡村社会精英（党员）发动的自我制度改革，而这种改革最终得到了国家权力的认可和国家法的承认。时任中央政法委员会书记的彭真肯定了广西成立村民委员会和制定乡规民约的行为，1982年颁布的《中华人民共和国宪法》也承认了村委会这一组织，1998年全国人大常委会又通过《村民委员会自治法》，进一步规范这一村民自治组织。《村民委员会自治法》规定"村民委员会是村民自我管理、自我教育、自我服务的基层群众性自治组织，实行民主选举、民主决策、民主管理、民主监督"，赋予了村民自治和民主决策正当性，同时用国家法规范了村规民约。

《村民委员会自治法》对村规民约的规范主要体现在以下几个方面。首先，规定村民委员会及其成员要遵守国家各位阶的法律法规，同时"遵守并组织实施村民自治章程、村规民约"。其次，规定村规民约由村民会议制定和修改，并需要报基层政府备案。再次，规定村规民约不得与国家法律抵触，"不得有侵犯村民的人身权利、民主权利和合法财产权利的内容"，如果违反由基层政府"责令改正"。最后，规定"驻在农村的机关、团体、部队、国有及国有控股企业、事业单位及其人员"必须遵守村规民约。这是用国家法规范了村规民约，有学者称为"乡约的法制化"。② 经过"法制化"，可以使村规民约在不抵触国家法的情况下，吸收当地的习惯法和民间法，为乡村治理和社会生活提供规则和依据，同时一定程度的保护村民权利，醇化乡村风俗。因为国家权力延伸的较为深入，留给乡村自治的空间较小，所以村规民约只是有限自治的地方性规约。

作为地方性和小区域性的行为规范，乡规民约可以填补国家法律不能也不必深入的社会领域的规则之空缺，为该领域中的乡村共同体提供规则，设定村民的责任和义务，"协调个人与集体的关系"，有利于国家的治理。③ 但此时的乡约与国家法的关系与传统中国和民族国家建设尚未完成的民国时期已极为不同，乡规民约也有消解和抵触国家法的地方。④ 首先，国家法是任何地方性规约的上位法规，因此任何地方性规约不能与国家法矛盾，如果矛盾自然无效。这是基本的法律原理，但是因为我国幅员辽阔，各地的习惯法、

---

① 参见徐勇：《乡村治理与中国政治》，中国社会科学出版社2003年版，第1-10页。
② 参见王广：《好规矩共遵守——乡规民约代代传》，中华书局、齐鲁书社2017年版，第136-138页。
③ 关于改革开放后乡规民约的特点，参见张静：《基层政权：乡村制度诸问题》，社会科学文献出版社2019年版，第72-117页。
④ 关于改革开放后乡规民约出现的问题，参见许娟：《新型乡约若干问题探讨》，载《法学论坛》2008年第1期，第109-111页。

民间法差异较大，国家对乡规民约的直接规制仅仅是制定后的备案，缺乏专业的审查，因此可能出现乡规民约与国家法冲突的情况。比如一些乡规民约有限制村民人身权利的规定。其次，在上一条的基础上，规范化的乡规民约可能引导民众规避法律。比如对一些刑事案件采取"私了"的方式解决。最后，一些乡规民约宣传的道德内容可能与现代法治精神相违背。梅因在分析法律变革的时候，曾言："所有进步社会的运动"，都"是一个'从身份到契约'的运动"。① 中国传统社会是一个身份社会，随着乡村的现代化，有些乡约过于强调基于身份社会的道德说教，这与法治社会赖以存在的契约观念相矛盾，因此不利于法治文化在乡村的形成，继而对国家法的实施产生消极作用。

总之，新中国的乡规民约是村民自发进行的制度创新，之后受到国家权力和国家法的承认，并经过一个"法制化"的过程，最终与国家法定的乡村自治组织结合在一起。虽然乡约可能与国家法产生一些抵牾，② 但多数发生在民事领域，加上乡约规范的管辖范围十分有限，这些抵牾不足以对抗国家权力和国家法，消解国家的法治进程。

六、结语

纵观乡约与国家法关系的发展史，最早的《吕氏乡约》昙花一现，是独立于国家法之外的自治规范，③ 但与国家法并不冲突。经过朱熹这样的大儒改造后，已经基本上失去了自治色彩。到了明代，中央政府提倡乡约，乡约通常由官员起草，是一种地方性道德风俗的倡导书和共同生活规范，具有强制性，是官方执政的工具，完全在国家法的范围内。虽然出现过一些自治性的私行乡约，但许多都受到国家权力的压制。清代初期的乡约是国家思想控制的工具和意识形态、法律的宣传品，完全失去了自治成分和规范色彩，到清末国家对地方的控制力减弱，地方权力扩大，乡约成了乡绅实行乡村改革和地方自治与互助的规范文本，虽然不违背国家法，但对国家权力有一定的对抗性。到民国时期，国家能力较弱，乡约成为乡绅和地方知识人的自治实践，填补了国家权力和法律所不及的空间，与国家法并不违背。新中国的乡规民约产生初期有制度创新的作用，但在国家制度改变后，变成了半自治的基层规约。可以看出从古到今，乡约虽然多由士绅或乡村精英执行，但多数情况下都在国家法和权力的压制之下，自治性都较为有限，极少与国家法有冲突，也不足以对国家法造成威胁。

---

① ［英］梅因：《古代法》，沈景一译，商务印书馆1959年版，第97页。
② 有学者论述的国家法与乡约的冲突实为乡村习惯法与国家法的冲突。参见袁兆春：《乡规民约与国家法关系分析——兼论乡规民约与国家法的冲突与协调》，载《济南大学学报》2000年第1期。作为基层规约文本的村规民约，主要在道德和简单民事领域，与国家法直接冲突的情况较少。
③ 杨念群认为乡约具有契约属性，笔者并不赞同。所谓契约，参与者多为平等主体，若是不平等主体，也要征得各位参与者的同意。中国历史上的乡约皆由乡村精英和政府主导，大多时候还具有强制性，所以缺乏这两个基本的属性。杨念群的观点参见杨念群：《基层教化的转型：乡约与晚清治道之变迁》，载《杨念群自选集》，广西师范大学出版社2000年版，第270页。

乡约与国家法这种关系是因何而形成的？这是因为中国社会自古以来的"政治功能发达"，①社会自身并不发达，国家的大共同体始终压制着社会中的小共同体，虽然有"皇权不下县之论"，但是国家并非对县以下的乡村社会缺乏控制力，汉唐间县下的乡、里、丘组织十分发达，而且形成了常设职和科层式的对上负责制；②到清代，县下不仅有吏和各种佐杂官，③更有受过儒家教育的乡绅，所以国家权力间接地延伸到社会之中，因此乡约虽然以自治为目的而产生，但是始终缺乏独立性，通常会受到国家权力的推动，成为国家礼法体系的组成部分，清代更变了科层化的基层组织，成为县级政府与乡村联系的渠道。乡约与国家法的效力范围不同，绝大多时候与国家法并不冲突，有时会对国家权力有一些负面作用，但不会造成实质性威胁。乡约与国家法不冲突并不是完全只有正面作用，国家权力过大，会压制社会的活力，国家把国家法权推广到社会的最基层，可能扰乱原有"乡土中国"的社会秩序。④要避免这样的情况发生，就需要国家立法尽可能地吸收基层习惯法的成分，并给乡村自治留下足够的空间，这样才能建立一个良性乡村社会治理秩序。

一百多年前，到美国旅行的法国青年学者托克维尔惊叹美国小镇的自治对人民爱国心的培养，他进而认为："爱国心是一种通过实践而养成的眷恋故乡的感情"。⑤当代中国已极为现代化，政治、经济已经高度发达，但仍需要认真对待中国古代的法传统，⑥发展乡约和乡村自治，可以培养乡民的公民意识，促进他们对国家和国家法的认同，进而构建良性的乡村基层社会治理秩序。

Historical Treatise on the Relationship between Rural Compact and National Law

Jin Xin

Abstract: Rural compact has a long history in China, and its relationship with national law has varied from era to era. In Song dynasty, *Lü's Rural Compact* is an autonomous norm independent of national law, but it does not conflict with national law. Later, Wang Yangming re-

---

① 参见［法］谢和耐：《中国社会史》，耿昇译，江苏人民出版社1997年版，第28页。
② 参见秦晖：《传统十论》，复旦大学出版社2003年版，第23-30页、第93-98页。
③ 参见胡恒：《皇权不下县？：清代县辖政区与基层社会治理》，北京师范大学出版社2015年版，第301-323页。
④ 参见许章润：《说法 活法 立法》，载《比较法研究》1997年第2期；费孝通：《乡土中国 生育制度》，北京大学出版社1998年版，第57-58页。
⑤ ［法］托克维尔：《论美国的民主》，董果良译，商务印书馆1989年版，第83页。
⑥ 参见金欣：《认真对待中国古代法》，载《中国社会科学报》2019年7月10日。

vised this compact and especially emphasizes its adherence to state etiquette and law, reducing the autonomy component. The central government of the Ming Dynasty advocated rural compact, the texts of which were usually drafted by officials, they were local moral and customary initiatives and norms of common life, and a tool for the state to govern the countryside. In early Qing dynasty, rural compacts were purely propaganda for state power and ideology, combined with national law to exercise ideological control over the countryside. However, at the end of the Qing Dynasty, the central government's control over localities weakened, local power expanded, and the rural compacts became the norm of local mutual aid and autonomy, although not contrary to national law, but a certain antagonism to state power. During the Nationalist period, nation – state building was not completed, and rural compact was a practice of self – governance by the gentry and local intellectuals, filling the space that the state power and national law did not enter. In the early years of the People's Republic of China, the village rules and regulations had the function of institutional innovation, then they were approved by the government, they became semi – autonomous grass – roots regulations. Society in our country has been underdeveloped since ancient times, and rural compact which as grass – roots social statutes and organizations, have always lacked independence and have been driven and regulated by the power of the State most of the time, which does not conflict with national law and sometimes has some negative effect on national legal authority, but does not pose a substantial threat.

Key words: Rural Rules and Regulations; Folk law; National law; Rural Governance; Autonomy

论中国民间药方的法律属性及其立法保护

李琴英[*]

摘　要　中国民间药方既属于民间知识，又是中医药传统知识，可以成为我国非物质文化遗产法制的保护对象。寺庙药签是民间流传药方的重要形态，近年来受"商业化""城市化"等因素的影响而处于快速沦失的过程中。因此，我国需要通过建立包括寺庙药签在内的民间药方数据库，并由国家卫生和健康委员会、文化和旅游部、国家中医药管理局、国家宗教事务局等部门联合发布相关文件，全面系统地对包括寺庙药签在内的民间药方予以保护与合理利用，传承和发展中华优秀传统文化。

关键词　民间药方　寺庙药签　传统知识　知识产权　非物质文化遗产

国务院《关于印发中医药发展战略规划纲要（2016—2030年）的通知》提出："健全中医药法律体系，进一步完善中医药传统知识保护等领域相关法律规定，构建适应中医药发展需要的法律法规体系，指导地方加强中医药立法工作。"我国寺庙药签等民间药方历史悠久，世代相传，属于中华优秀传统文化。为促进优秀文化遗产的创造性转化与创新性发展，我国需要制定或修改民间药方相关法律政策，使包括寺庙药签在内的民间药方能够得到有效保护与合理利用。

一、中国民间药方的历史渊源及其社会功能

（一）民间药方的历史渊源

中药在我国至少已经有2000多年的历史，是我国医药学的重要组成部分。[①] 草药治疗

---

[*] 李琴英，法学博士，福建警察学院讲师。
[①] 参见刘光瑞、刘少林：《中国民间草药方》，四川科学技术出版社2008年版，第2页。

和单验方治病在某些常见疾病、多发病、杂症医治过程中体现出"简、便、效、廉"等特征，因而深受广大人民群众欢迎。在长期的实践中，人们逐渐认识到多味中药组合运用能产生更好的疗效，由此形成方剂。方剂由药物组成，以辨证论治为前提，按照组方原则，选择适宜的药物，将中药有序配伍组合而成的处方。① 在这些方剂中，部分药方不同于一般的中药方剂，它们以贴敷、涂搽、熨灸为主，口服为辅，不仅药源充足而且制作简便，非常适合广大人民群众使用。这类药方往往有着丰富的临床实践经验积累，但是没有形成传统医药学理论体系，甚至许多都没有被《五十二病方》《皇帝内经》《伤寒杂病论》《肘后备急方》等传统古医药典籍所记载，被视为民间验方、单方、秘方。由此，某一区域或人群长时间用于预防和医治疾病，蕴含丰富临床实践经验，但尚未被典籍收录记载，却具有独特疗效的处方即为民间药方。② 这类药方具备治疗显著、获取药材便捷、成本低廉、制作方法简单、副作用小等特点，在民间代代相传，又经过千百万群众验证，不断完善，是劳动人民与疾病斗争中的结晶，是我国医药学宝库中的一颗璀璨明珠。③

药签属于民间药方的一部分，因许多签方都没有被医学著作所记载，而未形成传统医学理论体系。纵观其发展历史，在一定程度上能够展现出民间药方的发展历程。"药签"，顾名思义，是为治病而设，是我国古代医巫未分化的象征，是为患病前往寺庙求医的人设的灵签，在写着编号的药签上印写药物名称、用量及适应症，以神的名义而设置，以民间崇拜信仰极深的神的名义而设置。④ 寺庙药签则是在原有药签上产生的。药签的形式虽然会因为寺庙的不同而有差异，但是有一些共有的形式，例如大部分药签上会标明以下内容：寺庙名、科别、签名、份量煎煮法、药签解、签诗等。⑤

我国寺庙药签多源于民间信仰。以福建省为例，福建省气候潮湿闷热，冬夏季节易发疾病，且疾病难以从病人的身体上根除。当时医疗技术和医疗条件有限，个体发病不仅很难痊愈，也很容易在群体中快速扩散。因此，闽越族人开始在患病求医时寄托于神力，供奉医神，求神问药逐渐成为闽南人的一种民俗。唐宋时期，福建虽相对安定，但是求神问药这种信仰得到传承，民间医生将药方与道教"抽签"占卜信仰结合，形成药签。这些医神既包括福建本土神灵，也包括名医死后被供奉为的医神，譬如董奉、吴夲、惠利夫人等；僧尼道士中，医术精湛的也会被百姓奉为医神，如三平祖师；还有如妈祖等因其治病救人，也被奉为医神。明清时期，朝廷为巩固统治，将民间一些医神封神，使地方信仰合法化。

---

① 参见彭欣、王均宁：《中药方剂学》，中国中医药出版社2015年版，第3页。
② 参见陈仁寿：《民间医药的内涵实质及研究意义》，载《医学与哲学（人文社会医学版）》2008年第10期。
③ 参见满江、易磊：《民间验方》，青岛出版社2014年版，第1页。
④ 参见黄颖：《福建寺庙药签形成原因探析》，载《福建中医学院学报》2010第2期。
⑤ 参见邱登茂：《从台湾寺庙药签看民俗疗法与中医学的关系》，载《北京中医药大学学报》2004年第4期。

而进入到现代社会，民间药方的生存条件日趋严峻。20世纪20年代以来，受激进现代化、商业化、城市化等潮流的冲击，民间药方的药或者科目逐渐遗漏、失传。以寺庙药签为例，泉州花桥慈济宫的药签以前设有内科、外科、妇科、儿科四个科目，每科有100首，共400首，而现仅存157首，科别也已经遗失。实际上，民间药方在现代社会仍然具有很高的应用价值。历史上，我国就存在较大的人口基数，寺庙药签等民间药方之所以能够存续，就是因为它们接受了长时间的"临床试验"，展示了其治病救人的强大功能。另一方面，我国人均GDP和发达国家相比差距较大，贫困地区和贫困人口较多。复杂的生理、心理和社会诸因素相互作用，使得人类身体处于健康和疾病之间的"亚健康"状态，人们仍然对某些疾病认识不足、无法治愈。因而，人们除了求助现代医疗条件以达到治好疾病的目的外，还可以借助于带有神秘色彩的民间验方、秘方、偏方，以寻求治愈的可能性。

近年来，我国愈加重视对民间药方的保护传承及开发利用，中央层面相继出台相关法律法规鼓励对民间药方的研究。民间药方中的秘方、验方、单方等，值得继续发掘、整理、提高，是我国中医药学宝库的重要部分。为此，我国需要重视民间草医的经验和土、单、验方的调查、整理、汇编工作。我国《中医药法》第三十九条明确规定，国家鼓励组织和个人捐献有科学研究和临床应用价值的中医药文献、秘方、验方、诊疗方法和技术。此外，相关部门均出台相关文件，鼓励对民间医药知识的挖掘整理与保护开发，譬如《国务院关于扶持和促进中医药事业发展的若干意见》《中共中央、国务院关于促进中医药传承创新发展的意见》《关于实施基层中医药服务能力提升工程的意见》《关于加强民间医药工作的意见》等，均指出要重视民间医药的挖掘、整理、推广、应用工作，重视民间医药的保护与利用，民间医药工作要坚持挖掘整理与总结利用并重、传承保护与开发推广结合、政府扶持引导与发挥市场机制作用并举，要收集筛选民间中医药验方、秘方和技法，建立合作开发和利益分享机制。

(二) 民间药方的社会功能

我国民间药方源远流长，是中医药学的重要组成部分，为保障我国各族人民健康发挥了重要作用。民间药方具备独特疗效，尤其是针对一些常见疾病、多发病和疑难杂症，是中医药研发新药自主创新的重要素材，能够发挥中医药特色优势，更好满足广大人民群众日益多元化的中医药服务需求。以寺庙药签为例，寺庙药签的治疗方法亦被部分学者视为一种民俗疗法。民俗疗法，包括当地的社会文化、习惯用药方法、对于疾病的认知等，是一个民族治疗疾病的方法。① 进而言之，药签作为一种民俗疗法，它的社会功能不仅在于

---

① 参见邱登茂：《从台湾寺庙药签看民俗疗法与中医学的关系》，载《北京中医药大学学报》2004年第4期。

辅助现代医疗系统治疗疾病，其对于维护社会和谐稳定、促进文化认同也具有一定作用。其具体体现在：一是心理治疗作用，寺庙信仰可以起到安稳民众内心的功能；二是维护社会稳定，尤其是维护不同族群、民族的团结和谐关系；三是促进地域文化认同，寺庙药签等民间药方因地域不同又带有地方特色，可以促进地方民众的文化认同。

民间药方具有悠久的历史和丰富的临床实践积累，其辨证论治的中医治疗特色使它在当代生命科学前沿探索、应对复杂疾病的健康挑战、实现医学模式的调整和转变等方面，显示出强大的生命力。[①] 现代社会，若把大数据分析应用到宝贵的民间药方资源的整合上，对民间药方中的中医药文化加以整理和挖掘，提取民间药方中关于中医药的治疗方法与药材知识，将使其变得可理解、可接受、可量化和可实证。这将不仅能充分保持民间药方这一文化遗产的活力，更能向世界呈现中医药文化，增强国际社会对传统中医药的理解。同时，民间药方属于中医药文化的重要组成部分，是中华民族医学宝库中的明珠。虽然当前饱受争议，社会各界对其是否具有科学性、现代价值等问题争论不休，但它所具有的文化价值不容忽视。在现今"一带一路"的建设中，我国若能充分发挥传统医药文化优势进行文化输出，不仅能为人类健康事业发挥更大作用，还能带动中医药旅游，促进社会经济发展。

第一，医药功能。从医学上看，民间药方在当代医学领域具有合理性和科学意义，这主要体现在以下几个方面：其一，民间药方经过了千百万人民群众的验证，来源可靠，疗效显著。譬如，有的寺庙药签来源于医家著作、医家门徒和民众收集整理医家生前治疗疾病和民间良医献出的验方等，其来源有据可查，并且疗效显著。其二，民间药方的功效具有双重性，包括药物治疗和心理治疗，其治病原理是心理作用和药理作用的复合表现。其三，药物考辨。民间药方中的药签将中药名、药用部位及功效特点考辨清楚。如"凤凰退"在《中医大辞典·中药分册》中描述为："凤凰退为雉科动物家鸡的卵壳内膜，功能养阴、润肺、开音、止咳。"[②] 其四，民间药方注释。譬如历来医家、学者对药签中所用的药物来源、效用、应用、药理、常用处方等方面进行分析，指出每签的主证、病因、病机、治疗机理等，对签方的原方名及出典进行了考察等，这些注释能够引导民众抽取药签后正确用药。其五，民间药方组方用药既遵循中医经典理论，又在此基础上突破和创新，尤其富于浓厚的地域特色，包括：整体观点，辨证论治；师承古训，勇于创新；药方精炼，轻剂取胜；重视脾肾，提倡食疗；廉简治法，方便易行。

第二，文化功能。民间药方是中医药文化的重要组成部分，具备文化的道德规范功能、启蒙教化功能和心理调适功能。[③] 首先，民间药方具备道德规范功能，在一定程度上

---

① 参见《中医药在当代的地位和作用》，摘编自第二届岐黄论坛大会报告，作者陈凯先为中国科学院院士、上海中医药大学教授、中国科学院上海药物研究所研究员。
② 参见李经纬等主编：《中医大辞典》，人民卫生出版社2004年版，第359-360页。
③ 参见尹伊君：《王国武．民俗文化的特征、功能与传承》，载《学术交流》2009年第11期。

缓和了当地医患关系，发挥着民间法对医患关系的调整作用。民俗是在特定民族、时代和地域中人民群众长期共同生活形成的一种民间文化。"民俗一旦形成，就成为一种基本力量，规范着人们的行为、语言和心理。"① 许多民间药方往往成为一种民俗，譬如寺庙药签，能够规范求签者求医问药的行为，不仅缓和了当地医疗资源不足的矛盾，同时，在寺庙药签制作过程中也体现了对医患矛盾的解决，是作为"民间法"，在《医疗纠纷预防和处理条例》等法律之外对医患关系进行调整。其次，民间药方发挥着启蒙教化作用。以保生大帝药签为例，在闽南一带，神医保生大帝拥有众多信众，慈济宫或者其他供奉保生大帝的庙宇众多。大多数慈济宫都提供保生大帝药签以供患者卜取。在缺医少药的时代，患病的民众多到慈济宫求取药签，之后自己根据药签内容采集草药熬制服用。在这个过程中，闽南人大多都认识中草药，闽南中医药文化已经融入了福建人的日常生活。最后，民间药方具备心理调适功能。民间的验方、秘方、偏方往往具备神秘色彩，能够为病人对抗疾病提高精神力量。譬如在湖南省涟源市龙山药王殿的药王签，可以治病救人，效果极好，极具神秘色彩。龙山药王殿珍藏了一本《药王孙思邈灵丹灵签》手抄本，书上共载有这类药方签390个384签，其中有6方无签。这些药签，分科分用，一方一签，对病下药，不同药签中所标注的配方和用药方法也各不相同。主持卜签者，懂得诊病的基本辨证施治方法，在主持卜签时会询问病人病症并给病人选定药签，将药签给病人后会叮嘱病人好转后要再次卜取药签。病人好转或者无变化再次来到药王庙时，主持卜签者会根据病人的状况决定如何给病人卜签。药王殿的药王签为求签人（或者家人等）增强了抵抗各种疾病的精神力量。患者通过卜取药王签获得心理抚慰，有力量去面对疾病，以更积极的态度取药治病，获得心理救赎。

从社会治理与发展角度看，民间药方不仅可以满足民间老百姓对医疗资源的需求、维护社会稳定，也可以促进中医药相关产业发展。首先，从民间百姓的角度来看，民间药方之所以能够存续至今，得益于其所带有的心理慰藉与医药双重属性，使其能够给身患疾病的百姓带来极大的心理安慰。不同于西医，中医更加讲求患者的精神状态和心态好坏，拥有一个良好、乐观、稳定的心理状态，对于中医药发挥作用有着极大的帮助作用。因此，民间药方的双重属性并不是古代人民无意间发现的随机组合，而是无论对于社会治理还是医药疗效都具有极大促进作用的必然选择。其次，民间药方促进了中医药文化产业和传统医药产业的结合发展。千百年来，民间药方作为一种文化的标志，在我国得到十分稳固的传承。在当今时代，随着现代化程度的逐步提高，传统中医药文化和传统医药行业都受到不同程度的冲击，渐渐消失在万物互联的洪流之中。而实际上，我国仍然存在着相当一部分百姓，尤其是年纪稍长的老人，仍然对中药抱有极高的敬畏之心。这也说明，以民间药方为代表的两大产业发展仍然具有必要性。以寺庙药签为例，寺庙药签产业的发展将使得

---

① 黄龙光：《论民俗文化与民族凝聚力》，载《玉溪师范学院学报》2007年第4期。

其不断融入现代生活，在监管部门的管控下，使其正规化、产业化、现代化；在振兴传统产业的同时，也有利于树立文化自信，传播中华传统特色文化。

当然，尽管民间药方在特定时期对特定地区人群的身体健康发挥着积极作用，不可否认的是，部分民间药方本身带有一定封建迷信色彩，其药效未经临床试验统计，亦使其现代应用存在相当大的风险。首先，民间验方、秘方、偏方存在部分错误之处。以寺庙药签为例，寺庙药签中存在一些不实的签方，患者过于相信药签，使用这些不实的药签，伤财费力的同时还可能延误病情，最终致使结果无法挽回。湖南涟源龙山药王殿中的药王签有6方无签，除了实在药物的药签，也存在红衣服7件、黄衣服7件、水饭一盅子、铁符一支等"不实在药签"。① 患者如果抽取这些不实在的药签，又很相信药王赐予的药签，很可能会将钱财花于这些无法治病的药签上，耗时耗力却无法治病，最终可能延误病情。其次，民间药方中的部分中药本身毒性大，患者在未经过专业医生问诊的前提下自行服用，很可能无法治病的同时还会因误食中药而中毒。譬如，2017年株洲新闻网曾报道石峰区冯某去寺庙求药签后自行前往药店配药服用，服药后便开始出现胸闷、心悸、气促、四肢末端麻木、恶心呕吐等症状。医院检查后发现，冯某在寺庙里求来的药签中有一味药是"附片"，"附片"是由中药附子切片而成，有回阳救逆、温补脾肾、散寒止痛等功效，而附子本身有毒，处理不当则会造成中毒，危及生命。冯某正是因误食附子而急性药物中毒（附片）。② 民间药方在现代社会既有其积极作用，又存在消极影响。因此，更应该加强对民间药方的保护研究，对民间药方进行整理分类，将不合时宜却又极具地方文化特色的民间药方保护性传承，将效果显著、疗效明显的民间药方创新性发展和利用。

二、中国民间药方的法律属性及其产权保护

（一）民间药方的法律属性

2008年9月9日，丽水市人民政府发布的《关于公布第二批非物质文化遗产名录的通知》中规定，庆元县卢福神庙药签作为民间知识，被列入非物质文化遗产加以保护。《云南省景谷傣族彝族自治县民族民间传统文化保护条例》第二条第一款第（九）项规定，民族民间传统医药及医学属于民族民间传统文化。《中华人民共和国中医药法》第四十三条规定，中医药传统知识持有人对其持有的中医药传统知识享有不受他人非法侵害的传承使用的权利，并得以依法对他人获取、利用其持有的中医药传统知识享有知情同意和利益分享等权利。《甘肃省文化资源分类方案》中规定传统医药和医药卫生属于民间知识类别。由此可见，民间药方属于民间知识，是民间传统文化中的一部分；又因其具有医药特征，

---

① 参见曾有幸：《龙山药王信仰初探》，https：//www.chinesefolklore.org.cn/forum/viewthread.php?tid=30731，访问日期：2022-10-02。
② 参见杨胜兰：《迷信大爷庙里求"药签"致中毒专家提醒服用这味药材一定要当心》，https：//www.zznews.gov.cn/news/2017/1013/269428.shtml，访问日期：2022-10-02。

亦属于中医传统知识。同时，该民间知识被认定为非物质文化遗产的，应当纳入《非物质文化遗产法》保护范围。

第一，传统知识。传统知识作为一个专业术语，已经在国际上被广泛采用。《生物多样性公约》第8条j款规定，传统知识是与生物多样性的保护相关的知识，是存在于土著和地方社区的传统生活方式，是被国家立法所认可的，该知识的拥有者认可公平地分享因利用传统知识而得到的收益。世界知识产权组织（WIPO）将传统知识界定为基于传统之上的创新和创造，该传统可以是传统文学、科学著作、设计、商标、名称和符号等，可以是工业、科学、文学或艺术领域，该创新创造由智力活动产生。① 由此可知，传统知识基于特定民族信仰，依据习惯和传统使用，代代相传并不断发展。② 部分民间药方属于一种民俗，譬如寺庙药签，同样基于特殊地区或者特定民族的医神信仰，依据代代相传的传统，患者前往供奉医神的寺庙求神问药。因此，民间药方符合传统知识的基本要件，也属于传统知识的一部分。传统知识具有传统性、族群性、地域性等特征，作为中医传统知识的民间药方，也具有上述特征。

第二，非物质文化遗产。民间药方如果经国家法定程序确定为非物质文化遗产的，其属性应当属于非物质文化遗产。《非物质文化遗产法》第二条第一款第（三）项规定，传统技艺、医药和历法是各族人民于实践中形成并世代相传的传统文化的表现形式，属于非物质文化遗产的一种。民间药方的传承与发展具有悠久历史，特定民族经过世代相传，已经融入民族传统文化之中。实质上，民间药方已经基本满足非物质文化遗产构成要件；但在形式上，民间药方是否属于非物质文化遗产，国家应当通过法定程序予以认定。譬如，庆元县卢福神庙药签被列入非物质文化遗产，可以受到《非物质文化遗产法》保护。卢福神庙的药签文义简要，药方与现今的方剂大不相同，极具研究价值，丽水市人民政府将其列入非物质文化遗产进行保护。因此，民间药方中，类似于卢福神庙药签被列入非物质文化遗产的，可以受到非遗法的保护。除此之外，对于一般民间药方，国家应当通过认定、记录等方式将其保存；对于具有医药价值，能够起到传承中华优秀传统文化作用的，国家应当依照法定程序，认定民间药方传承人，促进其传承与发展。

（二）民间药方的知识产权保护

知识产权（Intellectual Property），是指一种民事权利，针对人们具备创造性的智力劳动成果享有，包含著作权、商标权等。创造性和权利主体是知识产权的核心内容，就前者而言，药签等民间药方的组方用药既遵循中医经典理论，又在此基础上具有突破和创新，

---

① See WIPO Report on Fact - finding Missions on Intellectual Property and Traditional Knowledge (1998 - 1999), Intellectual Property Needs and Expectations of Traditional Knowledge Holders, Geneva, April, 2001, p. 25.
② 参见朱雪忠：《传统知识的法律保护初探》，载《华中师范大学学报（人文社会科学版）》2004年第3期。

尤其富于浓厚的地域特色。以闽台寺庙药签为例，其不仅在用药规则、遣方思路等方面基本符合中医理论基础，更是明显考虑到闽台两省的地域、气候以及因此产生的常见证候、多发证候及其生成和转归机制，同样考虑到民间求医问药的心理特征以及药物的经济取向和价值①。而寺庙能否成为寺庙药签知识产权的权利主体？实践中，以少林寺、灵隐寺等为代表的寺庙均注册有众多商标，涵盖各个方面，譬如衣服、食物、住所等。无论是为了应对"恶意抢注"等目的，还是尚未开发的商业功能，寺庙已然成为知识产权的权利主体。因此，药签等民间药方作为一项知识产权权利存在，理应得到法律保护。具体而言：

我国《著作权法》中所称著作权以作品为前提，作品是包括文字作品、口述作品等在内的以一定形式表现的智力成果，具有独创性，在文学、艺术和科学领域之内。药方不具有独创性。在内容上不具备独创性，药方所进行的表述是中医配方通常的表述方式，大部分中医配方都会通过配方名、主治、药物、制法、用法、附记的方式组方。在表述形式上也不具备独创性，将中药药名排列、组合的药物表述体现的是技术信息，不是具备独创性的智力成果。尽管民间药方无法纳入《著作权法》的保护范围，但对于民间药方而言，其所具有的非公知性以及独特的价值属性，使其仍有可能成为商业秘密的保护主体。以寺庙药签为例，在非公知性上，药签是签占的一种，是专为患病者而设，以抽签形式获得药方。药签所载的药方，是医药精粹，是历代地方民间医生的智慧和经验，是医药精粹，并不为普通公众所知悉。在商业价值上，无论药签本身是否收费，其都能够为寺庙带来相应的客流量、知名度及社会评价等间接收益。譬如，位于厦门海沧镇青礁村的青礁慈济宫，依托其药签业务，吸引了大量香客。不仅如此，出于同样对保生大帝的信仰，对慈济精神的认可，台湾地区的百姓在节假日也会前往青礁慈济宫参拜，并求取药签。药签为青礁慈济宫带来客流量，使得青礁慈济宫香火鼎盛，为青礁慈济宫带来了经济收益。因此，可以根据民间药方的重要程度，引入《反不正当竞争法》《专利法》等法律规范，实现对民间药方系统化、多层次的保护路径。我国《反不正当竞争法》第九条规定，商业秘密，是指技术信息、经营信息等商业信息，该信息具有商业价值，不为公众所知悉，并经权利人采取了相应保密措施。因此，对于具有较高的医学价值且其药方属于秘密，并经权利人采取相应保密措施的技术药方，可以认定为商业秘密。此外，更多民间药方同时具有实用性，因此也应当受到《专利法》保护。《专利法》第二条规定，发明创造是指对产品方法或者其改进所提出的新的技术方案的发明、对产品的形状构造或者其结合所提出的适于实用的新的技术方案的实用新型和对产品的整体或者局部的形状图案或者其结合以及色彩与形状图案的结合所作出的富有美感并适于工业应用的新设计的外观设计。因此，民间药方具备创造性的，可以获得发明专利；民间药方具备实用性的，可以获得实用新型专利；部分民间药方中，外观、形状、图案具备新颖性的，可以获得外观设计专利。同样，具备一定名

---

① 参见黄颖、林端宜：《闽台寺庙药签研究概况》，载《光明中医》2009 年第 1 期。

气的民间药方也可以享受《商标法》保护。《商标法》第八条规定,可以作为商标申请注册的是一些标志,这类标志包括文字、数字、图形、声音等,也包括以上要素的组合,这类标志能够将自然人、法人或者其他组织的商品与他人相区别。以寺庙药签为例,部分地区的寺庙药签已经具备一定名气,成为某一寺庙或者某一地区寺庙特有的东西,足以成为与其他商品区别开来的标志,譬如闽南地区的保生大帝药签。对这类名气极大的药签,可以注册为商标,避免被他人抢注,损害保生大帝寺庙的利益。随着我国社会现代化程度的不断提高,民间医药文化的作用逐渐被压缩。因此,长久来看,在民间药方的民间医药文化作用与医疗作用的双重作用中,更加应该注重的是其本质上的医疗作用,而将民间医药文化作用作为一种独具特色的传播、发展途径。不难看出,民间药方的功能归根结底在于治病救人,因此在保护与发展的过程中应当尤其注重其实用功能是否能够实现。通过《专利法》对民间药方的实用功能,即治病救人的药方进行保护,是对传统知识最为重要也是最为核心的保护任务。通过《商标法》将具有高知名度、历史底蕴深厚的民间药方纳入保护范围,则可以有效避免被其他企业或者个人抢注商标,进而建立起法律层面的保护机制。我国民间药方中所蕴含的中医药知识由于在医疗实践中展现出来的良好疗效及保健功能,加上存在历史悠久,传之久远,至少在华人世界享有良好的声誉和评价。这些便构成了我国民间药方知识的衍生知识产权利益。①

（三）民间药方的权利归属问题

我国《中医药法》第四十三条对中医药传统知识的产权归属进行了规定,中医药传统知识持有人具有对中医药知识的传承使用权,中医药知识被利用的知情权及利益分享权。但是,何为中医药传统知识的持有人,法律上并未进行明确规定。有学者认为,中医药传统知识的持有人应当是指创造、创始、发展和保存中医药传统知识的人。② 实践中,中医药传统知识的持有人包括个人、企业、社会组织及少数民族等。

国际上,也对传统知识持有人进行了广泛讨论。在 IGC 的"保护传统知识条款草案"中,非洲集团在吸收了各方对传统知识的目标和原则后,发表了代表发展中国家的言论,认为应当公正和公平地分享传统知识利用的利益,承认传统知识持有人的相关权益,当他人使用其传统知识时需获得传统知识持有人的事先同意,保护传统知识持有人的知情权,和传统知识持有人分享传统知识利用产生的收益,确保传统知识持有人的收益权利。③ 归根结底,由于发展中国家往往占有相对丰富的传统知识资源,但却受到全球化经济的影

---

① 参见严永和:《论传统知识的知识产权保护》,法律出版社 2006 年版,第 269 页。
② 参见梁艳:《传统知识非专有产权保护模式研究——以中医药法为契机》,载《甘肃社会科学》2017 年第 6 期。
③ 参见 W1P0/GRTKF/IC/9/5,保护传统知识:经修订的目标与原则,2006 年 1 月 9 日,第 8 页,附件第 26 页。

响，一方面信息流通性强，传统知识在国际社会上往往处于危险的境地，时刻面临着被窃取的风险；另一方面，发展中国家自身经济水平不足，难以完全开发传统知识的市场并从中获利，因此需要发达国家资本介入进行市场化开发，以谋求共同获利。而在这一过程中，如果不注重保护传统知识持有人的相关权利，将会导致经济、政治、文化等多个层面的国际乱象。可见，对于传统知识持有人的尊重及保护极为必要，应当承认传统知识持有人的权利，以保障传统知识持有人的事先知情同意权，防止传统知识被盗用，并建立相关的执法制度。其中，传统知识持有人主要包括持有传统知识并持续使用及传承传统知识的社区及个人，且受益人不应只限于集体。也有一种观点认为，集体应当作为传统知识持有人，受益人应当是土著居民及社区或者国家，传统知识是由社区和土著居民或者某个国家共同创作、共享、开发与维护，其权益应当属于集体。[①] 可见，我国对于传统知识持有人的争论并未完全达成共识，但是，集体作为传统知识的持有人，学界已经形成基本共识。

民间药方属于中医传统知识，其产权归属应当属于中医药传统知识的持有人。民间药方作为一种传统民间技艺，对其的产权归属可以参考传统民间技艺的产权归属。我国《传统工艺美术保护条例》第七条规定，制作传统工艺美术产品的企业和个人，可以向当地县级人民政府负责传统工艺美术保护工作的部门提出要求保护的品种和技艺的申请。因此，作为传统民间技艺产品的制作者的个人和企业有权提出传统民间技艺的保护申请，可以享受传统民间技艺的产权保护。以寺庙药签为例，寺庙属于团体，是非法人组织，依据相关法律规定，由寺庙制作的作为传统技艺的寺庙药签，寺庙可以享有产权。寺庙药签属于寺庙财产，但这种财产区别于寺庙的房屋等固定资产，寺庙药签属于中医药传统知识，其产权归属应当属于特定寺庙。寺庙作为一个集体，行使中医药传统知识的法定权限，其他人使用寺庙药签的，应当获得寺庙同意，并分享相关收益。

三、中国民间药方的立法保护建议

（一）加强民间药方的产权保护

《国务院关于扶持和促进中医药事业发展的若干意见》（国发〔2009〕22号）中指出，通过完善中医药专利审查标准和中药品种保护制度和制定中医药传统知识保护名录，建立中医药传统知识专门保护制度。《国务院关于新形势下加快知识产权强国建设的若干意见》（国发〔2015〕71号）中提出，针对作为非物质文化遗产的中医药传统知识，要加强开发利用。国家中医药管理局、国家民族事务委员会、国家发展和改革委员会等《关于加强新时代少数民族医药工作的若干意见》中指出，针对少数民族医药知识产权保护，要充分利用知识产权制度保护少数民族医药及其创新成果，增强少数民族医药知识产权保护意识。最高人民法院印发《关于贯彻实施国家知识产权战略若干问题的意见》的通知（法发

---

① 参见 W1P0/GRTKF/IC/25/6，保护传统知识：条款草案，2013年5月30日，附件第42页。

200916号）中指出，要保护传统知识、民间文艺和其他一切非物质文化遗产，根据历史和现实，公平合理地协调和平衡在发掘、整理、传承、保护、开发和利用过程中各方主体的利益关系，保护提供者、持有者知情同意和惠益分享的正当权益，合理利用相关信息。也就是说，中医传统知识的开发与利用受知识产权保护。在传统知识保护中，应当处理好中医药传统知识持有者与开发利用者的关系，平衡双方利益。对民间药方的保护，也要注意处理好民间药方持有人和开发利用者的关系，让民间药方持有人也能分享民间药方开发利用的收益。目前中医药知识产权保护主要采用"专利保护、中药品种保护、商标保护、商业秘密保护等方式。"① 因此，民间药方中符合相关法律规定的，也能获得相应的知识产权保护。

民间药方作为中医药传统知识，蕴含着丰富的医药价值、文化价值等，民间药方持有人在开发与利用民间药方时，应当利用知识产权保护自身权益。对于民间药方中符合《专利法》规定的，民间药方持有人可以申请发明专利、实用新型专利和外观设计专利，享受专利法保护；对于民间药方中符合《商标法》规定的，民间药方持有人可以申请注册商标，享受商标法保护。其他利用者开发与利用特定民间药方的，应当取得民间药方持有人同意，并分享相关收益。

（二）建立民间药方数据库和保护名录

我国《中医药法》第四十三条规定了国家建立中医药传统知识保护数据库、保护名录的法定职责。2016年，中共中央、国务院印发的《"健康中国2030"规划纲要》中指出，要建立中医药传统知识保护制度，制定传统知识保护名录。国务院《关于印发"十三五"卫生与健康规划的通知》（国发〔2016〕77号）中明确，加强中医药传统知识保护，编撰出版《中华医藏》，建立中医药传统知识保护数据库。国务院关于印发《中医药发展战略规划纲要》（2016—2030年）的通知（国发〔2016〕15号）中提出，在加强对传统制药技术及老药工经验的继承应用、对中医药民间特色诊疗技术的挖掘整理等中医药传统知识保护与技术挖掘中，要建立中医药传统知识保护数据库、保护名录和保护制度。民间药方作为中医传统知识，国家具有建立民间药方数据库及保护名录的法定义务。

名录制度来源于国际社会对文化遗产保护的实践，"名录"体系的建立是一种自上而下的制度安排，是我国对联合国教科文组织文化遗产"名录"制度的移植与呼应。② 在我国，名录制度被应用于一些亟待拯救留存的物种和文化遗产。譬如，国家林业和草原局、农业农村部发布了《国家重点保护野生动物名录》以保护濒危野生动物，农业农村部制定发布《农业植物品种保护名录》以保护植物品种，国务院公布《国家级非物质文化遗产

---

① 唐蕾、胡俊勇、陈孝、宋启洪、李正华：《论传统中医药的知识产权保护》，载《中国实用医药》2007年第34期。

② 参见柏贵喜：《"名录"制度与非物质文化遗产保护》，载《贵州民族研究》2007年第4期。

代表性项目名录》以保护非物质文化遗产。因此，为了更好保护民间药方，国家可以建立民间药方保护名录。

目前，我国民间药方的生存状况堪忧，许多民间验方、秘方、偏方已经失传。以寺庙药签的生存现状为例。一方面，许多寺庙已经丢失、遗落了自己的药签。譬如泉州花桥慈济宫现仅存药签157首，且未标明科别。另一方面，不同寺庙的药签签方大不相同。譬如深沪宝泉庵内有从台湾等地收集的药签424首，分为内科药签120首、外科60首、儿科60首、眼科84首、跌打科100首，白礁慈济宫现有内科药签120首、外科28首、儿科36首，两个寺庙的药签科目和药方均不一样。因此，建立民间药方数据库及保护名录可以更好保护包括寺庙药签在内的民间药方，避免此类民间药方继续遗漏、丢失，也可以更好对寺庙药签类的民间药方进行开发利用。

建立民间药方数据库及保护名录既是国家法定义务，又是民间药方生存现状下的迫切需求。因此，国家应当及时建立民间药方数据库及保护名录，利用数字技术，将民间药方的数据库及保护名录予以公开，并对公众开放。此外，民间药方数据库及保护名录的建设应当确定已经文献化、书面化的民间药方，并参照国际专利分类标准，根据民间药方中的传统中医药知识的特点，进行标准化分类，以确保专利行政和司法机构能够进行全面高效率检索。促进民间药方数据库及保护名录与有关国际机构建立联结，以确保国家的、地区的、国际的专利机构和有关司法机构获得足够的民间药方知识信息。①

（三）建立民间药方的行政登记制度

行政登记制度属于一种民间药方的行政保护。行政保护是指除专利、商标保护之外，依靠国家行政机关的行政法规对民间药方知识产权进行保护，其优势在于可以凭借较简单的程序确认民间药方持有人对于其民间药方的权利，阻止一些侵权行为。②《市场主体登记管理条例》中第三条规定："市场主体应当依照本条例办理登记。未经登记，不得以市场主体名义从事经营活动。法律、行政法规规定无须办理登记的除外。"因此，民间药方想要进入市场，并对其开发利用，必须进行行政登记。此外，行政登记是在审查批准基础上依据申请人申请将涉及相关人财产权等方面的法律事实予以书面记载并发放相应证件的行为，它既是由行政机关负责进行的一种事实情况统计，又是确认特定权利义务关系的一种法律制度和行为。③因此，为了能够进入市场，以及确定民间药方的权属和相关权利义务，有必要对民间药方进行行政登记。

中医药传统知识的存在是一项事实，对其保护无须履行任何手续，这是合理的。④但

---

① 参见严永和：《论传统知识的知识产权保护》，法律出版社2006年版，第272页。
② 参见黄旭东：《贵州民族民间医药知识产权保护研究》，载《贵州社会科学》2006年第2期。
③ 参见司坡森：《试论我国行政登记制度及其立法完善》，载《政法论坛》2003年第5期。
④ 参见WIPO/GRTKF/IC/19/5，保护传统知识：条款草案，2011年5月20日，附件第11页。

是，中医药传统知识不仅仅体现为一种知识，依照法律规定，中医传统知识持有人对中医传统知识还享有传承使用权等权利。因而，作为权利主体而存在的中医传统知识持有人，应当通过法定方式确认其权利。我国民间药方虽产生于民间，但是归根结底仍需服务于广大公民，它的所有权应当属于民间药方持有人。部分民间药方属于集体所有，譬如寺庙药签，拥有药签的寺庙因法定原因或者事实不可能再存续的，应当归属于佛教或者道教团体。而民间药方权利的归属必须予以登记明确，以便于其他利用民间药方的主体能够及时征求民间药方持有人的同意，并分享相关收益。当然，民间药方的真正价值就在于其秘方，对于秘方的具体内容是否公开，应当由民间药方持有人决定。《政府信息公开条例》第十五条规定"涉及商业秘密、个人隐私等公开会对第三方合法权益造成损害的政府信息，行政机关不得公开"。《企业信息公示暂行条例》第三条规定"县级以上地方人民政府有关部门公示的企业信息涉及企业商业秘密或者个人隐私的，应当报请上级主管部门批准"。民间药方中的秘方，涉及商业秘密，对其公开，会损害民间药方持有人的合法权益，依据相关法律，可以不予公开。因而，我国民间药方登记制度应当坚持有限公开原则，赋予民间药方持有人以选择权利。

（四）制定《关于促进民间药方保护和开发的意见》

我国地广物博，民间药方数量及其繁多，是我国民间非物质文化的一块瑰宝，成为弥补当前公有医疗资源不足的关键。现代社会，疾病纷繁复杂，在亟须"问药治疗"的时代，民间药方扮演着愈加重要的角色。我国必须对民间药方这一民间知识进行保护，保护其独特的药物技术与秘密，促进文化传承与发展。同时，政府有关部门应当会同医药部门进行尽职调查，在充分调查收集整理的基础上形成具有全国性的和凸显地方特色的民间药方保护的相关规定，由国家卫生和健康委员会、国家中医药管理局、国家宗教事务局、文化和旅游部等联合发布《关于促进民间药方保护和开发的意见》，为各地保护民间药方和传承非物质文化遗产提供指导，该意见主要包括总则、行政登记、知识产权保护、非物质遗产认定、扶持措施和附则，具体内容如下：

第一部分"总体要求"，主要包括民间药方的定义、范围、制定目的等，同时对其他总括问题进行统领性规定，确定民间药方作为中医传统知识在国家治理、社会治理中的重要作用，充分保障民间药方持有人的合法权利，平衡民间药方持有人及开发利用人的利益。

第二部分"行政登记"。民间药方持有人享有对中医传统知识的权利，应当对该权利进行登记并公开宣示自身的权利。政府有关部门享有对民间药方管理的法定职责，对于民间药方存在的实际情况，政府应当进行调查并作初步登记。同时，应当明确行政机关登记的要求及程序，在民间药方登记信息公开上采取有限公开原则，尊重民间药方持有人对民间药方是否完全公开的权利。

第三部分"知识产权保护"。民间药方属于中医药传统知识，本身具有相当的医学价值，应当受到知识产权的保护。具体而言，民间药方具有较高的医学价值且其药方属于秘密，并未向社会公开的，可以采取商业秘密的保护方式。对基于民间药方开发出来的药品，具备新颖性、创造性和实用性的，应当申请专利保护。而具有高知名度、历史底蕴深厚的民间药方应当将其名称注册成商标，避免被其他企业或者个人抢注商标，搭民间药方的顺风车，获取商业利益。对于民间药方持有人以外的单位或者个人，开发民间药方的，应当取得民间药方持有人的同意，并与民间药方持有人分享相关收益。

第四部分"非物质文化遗产认定"。民间药方属于民间知识，也属于民族民间传统文化，因其世代相传且与当地的文化相融合，具有文化价值，符合非物质文化遗产的认定标准。县级以上人民政府及文化主管部门应当依照《中华人民共和国非物质文化遗产法》的规定，对民间药方是否属于非物质文化遗产作出认定。对于属于非物质文化遗产的民间药方，应当按照非物质文化遗产法对其进行保护、开发与利用。

第五部分"扶持措施"。对"民间药方"等中医药传统知识的保护与挖掘，事关中医药事业传承与发展，应当明确其为中央与地方共同财政事权，由中央财政和地方财政共同承担财政支出责任。国家对民间药方等中医药传统知识的保护必须提供财政支持。此外，民间药方持有人开发其民间药方的，国家应当给予民间药方持有人财政、税收及金融政策支持，推动民间药方与旅游融合发展。

四、结语

建立健全民间药方的法律保护制度势在必行，不仅是从非物质文化遗产方面，还是从民间信众对它的求医问道方面，它的产生实际上是对我国医药不足之处的弥补，一方面它起着治病救人的作用，而另一方面它也是调解社会医药纠纷、维护社会和谐的民间智慧成果。对其加强法律保护，既是对我国传统民间非物质文化遗产的保护，又是对民间智慧成果的尊重。不仅如此，对民间药方进行合法监管，更可以达到激发民众创造力的效果。一方面可以促进民间传统医药产业发展、防止国家医疗资源垄断，带动市场活力；另一方面也可以发扬传统中医药文化，更好地发挥民间药方"双重属性"特点。换言之，既能在实质上完成医疗任务、造福百姓，也能带动所在地旅游产业和传统文化产业的发展。因此，国家对民间药方领域出台政策性文件予以保护，既能够增强国民文化自信，也能够带动当地经济发展，功在当代，利在千秋。而制定政策性文件过程中，要注重参考我国立法体系，将民间药方加入我国传统文化保护阵列之中，使其更加体系化、规范化，在新时代的复杂形势下稳定发挥其固有的璀璨光辉。

On the legal attribute and Legislative protection of Chinese folk medicine

Li Qinying

Abstract: Chinese folk prescriptions are both folk knowledge and traditional knowledge of Chinese medicine. They can be protected by our intangible cultural heritage legal system. The temple medicine stick is an important form of folk medicine prescription, which is in the process of rapid decline in recent years due to the influence of "Commercialization" and "Urbanization". Therefore, our country needs to establish the folk medicine prescription database including the Temple Medicine label, relevant documents were jointly issued by the National Health and Health Commission, the Ministry of Culture and Tourism, the state administration of traditional Chinese medicine and the state administration of religious affairs, the folk prescription including the temple medicine stick should be protected and used rationally in an all – round and systematic way, so as to inherit and develop the Chinese excellent traditional culture.

Key words: folk remedies; temple swabs; traditional knowledge; intellectual property; intangible cultural heritage

仲裁机构的民间性回归路径研究*

方 熠**

> **摘 要** 在现行《中华人民共和国仲裁法》颁布以前，我国仲裁体系长期以行政仲裁为主体，具有浓重的"官方化""行政化"色彩，严重违背了仲裁隶属于民间法范畴而固有的民间性本源。随着《中华人民共和国仲裁法（修订）（征求意见稿》的颁布，我国仲裁法制度已迈入全新的改革阶段，但仲裁机构的诉讼化和官本位倾向依旧明显，仲裁规则内容刻板僵化、地方政府和法院行政化干预严重等问题依然存在，未能实现仲裁机构的民间自治，阻碍了其市场化与国际化发展。为进一步修正仲裁机构的行政化倾向严重，促进其回归民间性本位，我国应当进一步完善仲裁市场机制、确立仲裁制度中的有限监督原则和充分尊重当事人意思自治。
>
> **关键词** 仲裁机构 行政化 诉讼化 意思自治

一、民间性本位分析

针对仲裁机构民间性的法律释义，《中华人民共和国仲裁法》（以下简称"仲裁法"）及 2021 年 7 月 30 日由司法部研究起草并向社会公布的《中华人民共和国仲裁法（修订）（征求意见稿）》（以下简称"《意见稿》"）中均未给予明确规定，各国立法中也鲜有提及。但无论是从司法实践还是从学理层面考究，仲裁机构的自治性法律地位毋庸置疑。在国际仲裁的司法实践中，仲裁机构的民间性已然被视为是仲裁机构独立性与仲裁裁决合法性的默示前提，成为仲裁行业的惯例而获得广泛认可。如若违背该原则，其裁决结果在跨境的承认与执行程序中将面临巨大阻力。

---

* 天津市教委人文社会科学科研计划项目（项目编号：2021SK163）。
** 方熠，法学博士，天津师范大学法学院讲师。

学界关于仲裁机构的民间性定义曾提出过不同的理论，有学者认为仲裁机构民间性是基于社会系统功能分化论和市民社会理论发展而来的组织形式结构导向。[①] 该观点将仲裁机构的体系构架与法社会学理论相结合，概要描述仲裁机构民间性的合理之处。也有学者直接从《仲裁法》条款中寻求依据，认为《仲裁法》第14条即是对仲裁机构民间性的规定，并依据该条款细化为包括两个方面：第一，仲裁机构独立于行政机关的管辖；第二，机构的内部管理形式区别于行政机关本身。[②] 但仲裁机构的民间性本位作为该理论体系中的核心前提，其内涵远不止于此。通过考察各国长期的仲裁实践不难发现，仲裁机构的民间性内涵边界不仅指组织构成的非官方性和独立于行政干预的自治性，还包括仲裁程序的正当性、仲裁员的公正性以及仲裁机构作为市场主体的竞争性等内容。从整个仲裁制度的框架体系出发，其又与仲裁的设立、选任、回避、裁决以及监督等方面紧密相连，贯穿于仲裁程序的始末，构成仲裁理论体系中民间性本位研究的重要组成部分。

因此，仲裁机构的民间性本位取决于仲裁的自治属性，是由仲裁的历史沿袭、合同属性以及效率价值共同决定与影响的根本法律性质。[③] 作为一种私力救济制度，仲裁最初起源于传统的商人社会，并随着社会发展至商品经济时期用于解决城邦之间及各港口之间的跨境交易，形成了以商人为主体、商事纠纷（主要贸易纠纷和海事纠纷）为客体的建立在友好协商基础上的民间性争议纠纷解决机制。这种制度排除了国家的法院管辖，构成早期仲裁的运作模式。因此，如若从历史的视角审视仲裁的属性则不难发现，仲裁法本是由商人自发形成的民间法，之后的仲裁体系虽融入了国家法的元素，但其依旧在国家法的发展中延续着该种基于商人共同体对自由贸易的自治追求，并和国家法律秩序之间保持了最低限度的联系。因此，商人社会的自治规则很大程度上塑造与影响了仲裁制度的形成与发展。尽管仲裁法已不再完全隶属于纯粹的民间法范畴，但其固有的民间性并未在此融合的过程中退减。

同时，仲裁协议中合同属性所蕴含的契约自由原则也为仲裁机构的民间性提供了合理依据。作为私法领域中最基本的原则，契约自由是市场经济体制、民主代议制度以及人文主义伦理共同催化的产物，其内容倡导私主体之间的地位平等、关系自由以及意思自治等方面，具体表现为当事人缔约的自由、选择相对人的自由、决定合同内容和形式的自由以及合同变更、解除的自由等，其核心本质在于制定私法领域的边界以免受国家意志和法律命令的随意干涉。[④] 契约自由原则体现了民事主体之间关系状态的实质是不受国家法律的任意限制，具体到仲裁领域则表现为当事人可以自由约定或选择适用仲裁规则，享有对仲

---

① 参见周江：《也谈仲裁机构的民间性》，载《北京仲裁》2007年第2期。
② 参见刘丹冰：《试论中国商事仲裁法律制度演进中的政府作用与修正》，载《广东社会科学》2014年第1期。
③ See Jeffrey Waincymer, *Procedure and Evidence in International Arbitration*, Kluwer, 2012, p.16.
④ 参见谢鸿飞：《合同法学的新发展》，中国社会科学出版社2014年版，第18页。

裁程序的决定权和处分权等内容。因此,仲裁协议作为仲裁程序的基石,其达成的方式及所包含的契约自由原则也决定了仲裁的民间性本位,构成仲裁以机构作为组织形式进行独立裁决的合法性,也是其不受国家法律任意干预的前提。①

值得强调的是,仲裁的效率价值也决定着仲裁机构应当坚持其民间性本位。效率一词原本是经济学概念,指在预算约束范围内,以最小的成本获取最大的利益。但经济分析法学派的形成与发展以及经济学在法学各部门的逐步渗透,使得效率价值作为法律多元化价值的一种也越来越受到法学界的重视。具体到仲裁领域,仲裁制度的诞生很大程度上是基于商人的具体实践,因此商人之间的商事纠纷解决最为显著的特征就在于对效率的追求。② 从形式上看,仲裁制度最早是由商人之间依据共同意愿寻求德高望重的第三人进行居中裁量,并无机构形式的束缚(该制度称为临时仲裁制度),具有民间性、临时性和效率性。③ 但随着常设机构的成熟与发展,目前更为主流的仲裁形式是出于便于管理等需求而建立的机构仲裁模式。虽然设立的模式发生了变更,但为了保障仲裁的效率价值,机构仲裁的管理主体只能是仲裁机构本身,否则不仅会突破仲裁自治的本质要求,也会致使仲裁机构沦为另一种类似于法院的司法机关。

因此,仲裁的民间性本位来源于商人自治规则的影响,是由仲裁协议的合同属性及仲裁效率价值共同塑造的根本性本位,不因仲裁机构的组织形式的发展而改变。

二、民间性改革的演进历程

为了保障仲裁机构的自治性、仲裁员的独立性、仲裁程序的效率性以及裁决结果的公平性与可执行性,一直以来仲裁机构改革内容的重点都在于保持和维系仲裁的民间性本位,避免其因机构框架的形式要素影响而受到源于公权力的任意约束。基于此,仲裁机构的民间性改革历程可根据国家对仲裁的干涉程度分为三个重要阶段:第一个阶段是在仲裁发展初期。此时仲裁的活动范围仅局限于"熟人社会",对国家公权力的影响较小,因而国家对仲裁采取放任不干涉的态度。④ 第二个阶段是随着跨境贸易的增多,商事仲裁的范围逐步扩大,国家对仲裁的态度也由"不干预"转变为"过度干预",并以立法的形式将仲裁纳入国家司法体系中。⑤ 如若严格以民间性本位作为仲裁的参照标准,此时的仲裁制度已隶属于国家法下的司法体系,仲裁机构也应被视为国家诉讼机关。然而,这种严格的干预最终以商人利益集团为主力军的仲裁实践者们通过与国家统治者的对抗而发生了改

---

① 参见李昌超:《仲裁协议合意不当及其救济》,载《社会科学家》2018年第1期。
② 参见曹兴国:《国际投资仲裁效率的追求、反思与平衡》,载《江西社会科学》2021年第4期。
③ 参见刘晓红、冯硕:《论国际商事仲裁中机构管理权与意思自治的冲突与协调——以快速仲裁程序中强制条款的适用范围为视角》,载《上海政法学院学报(法治论丛)》2018年第5期。
④ 参见赵爱玲:《数字赋能,增强国际仲裁发展新动力》,载《中国对外贸易》2022年第10期。
⑤ See Gary Born, *International Commercial Arbitration: Commentary and Materials*, Brill, 2021, p. 677.

变，① 国家通过确立有限干预原则将国家法与仲裁法的关系推进到独立共存的第三个阶段。有限干预原则也作为20世纪60年代初以来一些国家仲裁立法改革的基本准则，指导着各国在法律层面通过限制国家公法对仲裁的干预来确保仲裁自治化与民间化发展，通过扩大可仲裁范围来突破传统国家立法对仲裁主体与可仲裁范围的限制。② 不仅如此，一些国家甚至超越了传统国家法以及国际社会普遍认可的《纽约公约》和《示范法》中对仲裁协议生效要件的形式要求，实现当事人的意思自治。例如，1996年新西兰《仲裁法》中明确承认了口头仲裁协议的有效性等。这些国际上的立法改革无论是扩大可仲裁性范围还是宽松仲裁协议有效性的要求，其核心本质都是各国通过突破原有的国家法对仲裁的干涉以希冀仲裁在自由化与民间化的道路上有序发展。这些法律上的改革不仅为之后各国的仲裁法现代化修改奠定了基础，也为仲裁机构的民间性本位提供了法律支持。可见，西方仲裁机构在其建立之初就具备了较为完善的法律与理论支持，加之商人阶层的已然壮大和市民社会的自治体系，国家对仲裁机构的干预起初就极为有限。③ 例如，美国仲裁协会就以其不受行政和司法干预、具有民间性与独立性而著称于世界，在受理的仲裁案件数量上遥遥领先。④

相较之下，由于我国长期受到封建统治的影响而缺乏由商人社会自发形成的本土化仲裁制度，因此仲裁直至晚清时期才被法律移植到中国，并遵循着由政府主导的"自上而下"的思维逻辑而建立。这一时期我国仲裁机构也未能脱离政府的行政管辖，于1904年成立了中国第一个商人协会以解决商人之间以及中国商人与外国商人之间的商事纠纷。理论上此时的商会即是早期的仲裁机构，但该商会的职权被称为"裁判"，属于公权力范畴。⑤ 因此，我国早期仲裁机构徒有"商会"之名，但本质仍属于国家的公权力机关。

1949年新中国成立后，我国才开始建立近代意义上的仲裁制度。但由于此时我国受到计划经济的影响，一直延续着苏联时期的行政仲裁制度，导致仲裁机构隶属于不同行政机关的管辖之下来解决专属性的经济纠纷。仲裁机构的管辖权也是通过行政法规进行约束，并非来自当事人的意思自治，具有浓重的行政色彩。直至20世纪末，随着我国改革开放力度的增强以及对外贸易和经济的飞速增长，传统行政仲裁难以满足新兴的商事需求，加之国际仲裁立法改革的推动和影响，我国才开始进行仲裁的立法革新，其中最为显著的成果就是1994年8月31日第八届全国人民代表大会常务委员会第九次会议通过的《中华人

---

① 参见高杨：《中国法下仲裁保全和临时措施制度之研究》，载《北京仲裁》2021年第2期。
② See Albert Marsman, *International Arbitration in the Netherlands*: With a Commentary on the NAI and PCA Arbitration, Kluwer, 2021, p. 127.
③ 参见郭树理：《民商事仲裁制度：政治国家对市民社会之妥协》，载《学术界》2000年第6期。
④ 参见 Thomas J. Stipanowich, Amy J. Schmitz, *Arbitration*: Practice, policy and Law, Aspen Publisher, 2022, p. 37.
⑤ 参见张松：《从公议到公断：清至民国民间商事解纷形式的嬗变》，载《政法论坛》2014年第9期。

民共和国仲裁法》。① 该法在仲裁的民间性改革道路上，尤其是在仲裁机构民间性本位的确立与回归上都具有里程碑式的意义。首先，我国不再实行严格意义的双轨制并取消国内"行政仲裁"制度，对国内仲裁机构进行重新组建以独立于行政机关的管辖，实现"政仲分离"的目的。依据《仲裁法》，政府机关只能对仲裁机构进行宏观上的引导，有关仲裁机构的人事任免、日常管理以及利益分配等内容均应当由机构自行决定，体现了仲裁机构的民间性、公益性以及独立性。第二，仲裁委员会也不再按区域划分设立，而是独立的民间性组织。尽管《仲裁法》并没有具体规定仲裁机构的法律性质，但是却明确否认了其行政性并在设立方式上区别于行政机关。第三，仲裁机构的管辖权也源于当事人的意思自治，即仲裁必须基于当事人通过合意达成的书面协议进行申请，区别于早期仲裁权受行政法的授权约束，是权力来源归属性上的根本转变。

由此，我国仲裁机构才正式从法律层面初步具备现代意义上的民间性特征，但由于我国刚刚经历了经济体制大转型，商事仲裁制度也处于初步发展时期，国家对仲裁的管控与干预程度仍然较为浓重，导致机构立法改革的实效并不理想，具体表现在：第一，仲裁机构在组织体系的设置上显现的行政化。由于《仲裁法》仅禁止了政府机关对于仲裁机构的行政管辖权，却没有明确划分两者关系之间的界限，甚至某种程度上立法者出于对实际情况的考量而默许了地方政府设立仲裁机构的合法性，导致实践中一些地方性仲裁机构并不是基于市场需要而是借助政府的行政资助建立，并在其后的发展中难以自给自足而逐步沦为政府的行政工具，徒有外观属性上的独立性，实则依属于行政机关的行政机构。第二，仲裁机构的法律属性深受行政仲裁时期传统观念的影响。由于《仲裁法》并未明确规定仲裁机构的法律属性，导致实践中，尤其是较为落后地区的仲裁机构深受传统观念与惯例思维效应的影响，仍然把仲裁机构当作行政机关，包括机构的人事任免、内部管理、监督流程等方面均参照行政单位模式，严重影响仲裁机构的独立性与民间性。例如，为更好贯彻落实《仲裁法》关于仲裁机构的管理规定，国务院办公厅于1995年10月颁发了《重新组建仲裁机构方案的通知》，其中规定仲裁机构应当独立于行政机关并参照事业单位的管理模式，但部分地方政府却误解、误判《通知》内容，对仲裁机构采取"行政事业单位"的管理形式。在人员分配上，某些仲裁机构的工作人员构成中部分官员占比超过半数，出现行政机关和仲裁机构联合办公的现象。此种"上命下行"的行政管理观念根深蒂固地影响和摧毁着仲裁机构的自治化与民间化发展。第三，仲裁机构在财政上的行政依赖严重。在财政方面，由于《仲裁法》没有进行明确的规定，实践中仲裁机构采取的管理方式是2003年国务院四部委颁布的"收支两条线"政策，即仲裁收入被视为是政府的财政收入而直接纳入至"收支两条线"的行政财务体制，严重违背了仲裁机构"自收自支"的民

---

① 参见何晶晶：《仲裁法修改背景下我国引入临时仲裁制度的几点思考》，载《广西社会科学》2021年第12期。

间性要求。

尽管在2007年第十届全国政协五次会议上对于改正"仲裁收费行政化"的议案进行了讨论，相关部门也进行了有关预算管理错误的修正。① 但实务运作中仍有部分仲裁机构延续了错误的财政管理形式并继续依靠政府财政拨款的经费赖以生存，导致仲裁机构的收支与地方政府的收支严重混同，削弱仲裁机构的市场竞争力。基于此，一些仲裁机构通过寻求内部改革以实现财政独立，如北京仲裁委采用的"民间机构"（folk pattern）改革模式，这种模式将仲裁机构的性质定义为社会团体。② 在此种模式的改革推动下，北京仲裁委自1999年起就已经实现了经济独立，并自2002年起开始纳税，其财政独立也得到了世界范围内的认可。另一种模式是深圳国际仲裁院发起的"法定机构"（statutory agency pattern）改革形式。通过这种发展，深圳国际仲裁院获得了财政上的独立自主并吸引了大量的海外人才。尽管这两种去行政化的改革模式都取得了显著的效果，但是这两种方案对中国其他地区的仲裁机构改革的借鉴意义并不大。因为无论是北京还是深圳都集中了大量的政治、经济、人才等资源优势，实践中很难辨别这两种机构改革的成就是否没有这些地域优势的加持。由于中国经济发展的不均衡，中国还有很大一部分的仲裁机构分布在其他非一线城市，甚至是一些落后的偏远地区，完全没有上述优势可言。在此背景下，这两种改革模式运用在这些受制于资源发展分配不均等因素影响的仲裁机构中是否可以达到如期效果不得而知。

三、民间性本位回归困境

《仲裁法》的立法改革并未真正恢复仲裁机构的民间性本位，其主要原因在于：

第一，政府的行政干预。受到商品经济始终未能占据主流经济体制的历史因素影响，仲裁制度在我国未能经历类似于西方的民间自觉自治的发展过程，导致政府干预在仲裁制度的建立与发展中均发挥着不可替代的作用。因此，法律移植的结果导向让接受式仲裁本身就形成了一种体制性断裂，"仲裁行政化"也集中体现在仲裁机构与政府关系层面，包括仲裁机构的法律属性、行政权对仲裁权的制约以及仲裁机构发展进程中的政府参与和干涉等。如若对政府在仲裁制度中的作用不予以及时修正，仲裁机构的民间性本位则难以回归。

虽然《仲裁法》试图通过立法层面来明确否认仲裁机构具有行政属性以协调与更正机构和政府间的关系，但由于《仲裁法》始终对仲裁机构法律地位的具体归属含糊其词，导致本就缺乏仲裁内生条件的中国仲裁制度在经历强制性变迁下形成实质性依赖国家公权力

---

① 梁慧星：《关于纠正将"仲裁收费"作为"行政事业性收费"错误的提案》，http://www.bjac.org.cn/news/view?id=981，访问日期：2022-11-16。
② 参见袁发强、刘弦、邓伟龙、王美文：《中国仲裁机构往何处去——国内部分仲裁机构运行情况调研报告》，载《北京仲裁》2010年第1期。

供给的制度安排。虽然在仲裁制度的发展进程中政府推进模式曾发挥过不可替代的优势，包括在重新组建仲裁机构过程中资源整合的效率性与优先性以及在仲裁制度推广中的广泛影响力等。但明确的法律边界缺失必然会致使政府行政权力的过度介入，仲裁难以回归本位。针对此问题，《意见稿》第十三条明确确立了仲裁机构属于非营利性法人，意味着法律将进一步划清仲裁机构与政府之间的关系，承认其市场主体的法律地位。根据《民法典》的有关规定，非营利性法人中法人和其成员之间在经济关系上具有非营利属性，包括法人设立目的的公益属性、法人经营获得的收入应当遵循禁止分配原则以及法人的财产不得通过任何方式归私人所有。因此，我国法律在界定非营利法人的非营利性时仅限于对二者之间经济关系层面的判断，并未禁止非营利性法人的商业行为。基于此，《仲裁法》赋予仲裁机构非营利性法人属性也意味着其可以在保障公益性与民间性的同时兼具市场竞争性。若从功能属性的视域下看，仲裁机构的市场竞争性保障了机构在市场经济的可自治支配地位，同时又反向证明了仲裁机构的独立性与民间性本位。另一方面，仲裁机构的非营利性也意味着其在组织管理上应当区别于行政机关，是依法成立、拥有独立财产的社会组织，可以依照法律和章程独立开展活动，消除"官办"或"半官办"的仲裁机构管理模式。综上，《意见稿》试图通过对仲裁机构法律属性的明确规定以赋予其市场主体的资格身份，实现机构在市场竞争机制中的自治运行，并区别于行政机关的管理模式。但这样的改革并不彻底，仍存在政府干预的遗留问题。例如，依据《意见稿》第十七条，仲裁机构的费用仍采用政府定价的传统方式。虽然此种做法一定程度上可以减少仲裁机构报价乱象的问题，但如此规定却严重阻碍仲裁机构的本位回归，与仲裁机构的市场竞争性、自治性和独立性相背离。除此之外，实践中由于受到资源分配、发展不均等因素的约制与影响，一些置于偏远地区的仲裁机构在实际运行中仍受支配于当地政府，其民间性难以保障与复原。

第二，法院的司法干预。基于我国仲裁制度的秩序构建远远晚于国家法，并且发展缺乏本土范式的文化滋养，以至于我国仲裁制度和法院司法制度存在趋同甚至混同的倾向，此种现象也被称为"仲裁诉讼化"。[1] 虽然目前仲裁和诉讼均是较为常见的商事纠纷解决方式，但两者存在本质差异。首先，仲裁是基于当事人的自由意志将争端交由中立的第三方进行纠纷解决的争议机制，而诉讼则是法院基于公权力依法行使审判权，二者汲取的权力属性存在根本的不同。其次，仲裁属于民间性的私力救济制度，具有自愿性、灵活性、专业性、高效性与保密性的特点，而诉讼则属于国家机关提供的公力救济路径，具有公权性、强制性以及公开性的特征。正是基于仲裁与诉讼在权力属性及法律地位的内核不同，两者的机构组织形式也存在本质区别，体现在仲裁机构的仲裁权源自当事人基于意思自治达成的仲裁协议，而法院的管辖权则依据国家的法律命令。同时，仲裁机构之间的法律地

---

[1] 参见张绍忠：《以仲裁鉴定制度破解仲裁诉讼化》，载《仲裁研究》2010年第2期。

位平等，相互之间没有行政与级别管辖。法院则属于国家公权力机关而代表国家意志，在管理上实行级别和地域管辖。因此，仲裁机构与法院之间无论在内核还是组织形式下的性质与管理形式都存在本质差异。尽管如此，在实践中，由于仲裁裁决管辖的法院可以对仲裁程序及结果予以适当监督与支持的权力，导致一些仲裁机构出现诉讼化、法院化的发展模式，表现在仲裁规则强制性、仲裁程序刻板性以及仲裁机构下的仲裁庭缺乏自治性等问题，致使仲裁丧失其固有优势而演变为一种趋近于诉讼制度的纠纷解决机制。

关于仲裁机构的诉讼化问题，《仲裁法》的立法者仅在法律规定中明确了仲裁机构与法院在组织机构形式下的管理与性质的不同，但却未阐释及梳理两者内核的差异以及在此种差异性下两者的组织机构在互动关系中的界限问题。相较之下，《意见稿》针对该问题进行了明确，即通过承认仲裁庭的自裁管辖权，将仲裁权归还给仲裁庭与当事人来削弱司法权对仲裁权的干涉。仲裁庭的自裁管辖权是国际商事仲裁中的重中之重，决定着仲裁的开始并贯穿于仲裁程序的始终，影响着仲裁裁决的效力与执行。仲裁庭在仲裁程序中的管辖权不受到来自法院等相关诉讼程序的影响，包括确定仲裁庭对案件是否能够管辖以及限制法院介入仲裁管辖权的时间和条件。① 仲裁自裁管辖权理论最早由联邦德国高等法院在一项裁决中确立，即由仲裁员享有对仲裁协议的范围优先作出决定以代替传统国家法院对仲裁协议有效性的决定权。② 当事人由此可以对仲裁案件是否继续享有可预见性的权利，协调了仲裁程序与司法监督的平衡，其一经确立就获得了各国的法律和国际公约的广泛认可。例如，《欧洲国际商事仲裁公约》《欧洲统一仲裁法》《华盛顿公约》以及《示范法》中均有对仲裁自裁管辖原则的规定。但我国的《仲裁法》却未提及该原则，这在某种程度上是默许法院依据司法权就仲裁案件的管辖实行决定与监督的权力，是司法权可以凌驾仲裁自治权的依据。

为进一步限制法院司法权在仲裁制度中的权力行使范围，此次《意见稿》第二十八条明确承认了仲裁庭的自裁管辖原则，即仲裁庭是对当事人根据意思自治所达成的书面仲裁协议中管辖权异议的首要裁定者，在案件的管辖决定权中具有优先于其他司法机关的抉择性。这既是对司法干预的有效限制，也是对当事人为仲裁庭管辖期待权的落实，提升了仲裁庭及仲裁机构的独立性与自治性。不仅如此，《意见稿》还参照了《示范法》的条款给予仲裁庭相对全面的临时措施决定权，在进一步保障当事人权利的同时细化了仲裁庭的自治权，弱化了法院对仲裁机构中的过度干预。尽管如此，法院的司法干预问题并未彻底根除，仍然影响困扰着仲裁机构的民间性回归。例如，在对裁决的司法监督层面上，《意见稿》将涉外仲裁裁决的审查机制修改为与国内仲裁裁决相同的实体与程序双重审查制度。

---

① 参见孙南申、胡荻：《国际商事仲裁的自裁管辖与司法审查之法律分析》，载《武大国际法评论》2017年第3期。
② See Franco Ferrari, Friedrich Rosenfeld, John Fellas, *International Commercial Arbitration: A Comparative Introduction*, Edward Elgar Publishing, 2021, p. 58.

虽然这种修订符合《意见稿》将国内仲裁制度与涉外仲裁制度并轨的改革初衷，但却为法院过度司法干预提供了更大空间的可能，也和国际通行的有限司法审查机制背道而驰，逆向扩大了法院干涉仲裁机构的范围。[①]

第三，意思自治的缺乏。仲裁作为植根于传统商人社会并由商人通过社会行动与理性建构而自发形成的自助救济路径，其运行的首要前提是尊重当事人的意思自治。在自治范畴的规范框架下实行基本的机构组织管理。然而，仲裁实践中，各地仲裁机构的规则因不低于《仲裁法》的有关规定标准而表征出内容僵化、刻板化的缺陷。一方面丧失仲裁灵活性、高效性等基本优势；另一方面也为仲裁机构易于控制、干预提供了可能。例如，《仲裁法》对可仲裁范围进行了限制，规定仲裁程序只能发生在平等的民事主体之间。相应地，各地仲裁规则中也加入了相关限制要求以否定当事人之间有关投资仲裁、体育仲裁等非平等民事主体之间的仲裁意志。不仅如此，一些仲裁机构规则甚至实行强制名册制度，严重侵犯了仲裁当事人对仲裁员的选任权。对于这些问题，《意见稿》进行了修订，其中第2条将可仲裁范围的主体由平等主体的限制扩大为自然人、法人和其他组织，并将不能仲裁的行政争议范围由"依法"不能仲裁缩小至"法律规定"的不能仲裁。针对强制名册制度，《意见稿》第五十条修订为推荐名册制，即当事人可以选择名册之外的仲裁员裁决其案件以尊重当事人个体的私人意志。《意见稿》的修订也促使一些先进的仲裁机构认知理论的更新并修改相关规则内容以尊重当事人的意思自治。尽管如此，各地仲裁规则仍然存在内容僵化、实施弱化、效果散化等问题，难以贯穿实现对当事人意思自治原则的遵循。

四、民间性回归路径

正是基于仲裁机构外部难以摆脱政府的行政干预、法院的司法干涉以及内部又未建立以意思自治为基准的仲裁规则，导致仲裁机构在民间性的回归路径上困难重重。虽然《仲裁法》和《意见稿》都对仲裁机构的民间性本位回归做出过立法完善的努力，但其内容都存在一定的局限。为此，本文认为仲裁机构的民间性回归路径中可以通过以下三方面呈现。

首先，完善仲裁的市场机制，通过市场规制摆脱政府的行政干涉。无论是《仲裁法》还是《意见稿》虽都试图在法律层面肯定或进一步明确仲裁机构的法律属性，但由于我国仲裁市场机制的不成熟，导致仲裁机构仅具有法律层面的非营利性法人的市场竞争主体身份，而在实际中难以适应现行市场。例如，一些地区的仲裁机构的仲裁案源是由当地政府专门提供，这无疑挤兑了其他仲裁机构的市场资源，造成了不公平竞争、市场失灵等负面影响，甚至一些仲裁机构效仿此类行为而沦为依附于政府机关的行政机构。这也意味着，

[①] 参见古黛：《仲裁司法审查中"一事不再理"问题裁判思路评析》，载《北京仲裁》2020年第3期。

仲裁机构摆脱行政干预若仅通过明确机构自身的市场主体法律属性并不彻底，而是应当将仲裁机构置于完全的市场环境中加以革新。因此，从本源上解决行政干预的前提是建立自由、公平、完善的仲裁市场竞争体系，尊重市场需求，允许市场竞争主体的多样化、多维度发展。但显然，我国现行以仲裁机构主义为核心的市场机制难以满足多元化的商业需求，这不仅不利于我国仲裁市场的自由发展，也容易致使市场内的主体缺乏竞争力而受到外界权力的过度干预。针对此问题，许多学者提出应当允许多种仲裁形式加入市场竞争，以此提升市场活力与竞争力。① 例如，允许临时仲裁参与市场竞争，在增加市场竞争力的同时也将满足现时商事需要，无法独立生存发展的仲裁机构也将优胜劣汰，实现仲裁市场自我优化进入良性循环。引入临时仲裁制度也意味着我国仲裁实践中不再以仲裁机构所在地作为判断仲裁法律发生地的唯一标准，将确认仲裁地的选择权与决定权交由仲裁当事人以确保仲裁的私法自治。与机构仲裁相比，临时仲裁是由早期仲裁雏形直接演变而来具有更为悠久的发展历史。由于临时仲裁的程序可以由当事人自行协商确立，往往和机构仲裁相比也更加灵活便捷，节约当事人的成本经济。② 正因如此，临时仲裁制度在国际上被普遍承认与运用。但我国《仲裁法》却对临时仲裁的合法性予以法律否认，《意见稿》也仅在涉外仲裁领域中允许临时仲裁。这不仅违背了《意见稿》并轨的初衷，也不利于仲裁市场的自我更新与完善。

其次，确立有限监督机制，明晰法院与仲裁机构互动中的关系边界。法院与仲裁机构的关系及边界一直是学界较为关注的重点，若未达到最低限度的司法干预，则可能会影响仲裁程序及结果的公正性。但如若法院超过了其应有的职权范围，则可能会造成过度干预仲裁而影响仲裁机构的独立性与自治性。有限监督的合理性源于仲裁中的程序正当原则，即仲裁员作为仲裁活动的裁决者。在仲裁过程中可能会受到诸多因素影响，应当通过对仲裁裁决的事后监督来对仲裁中的程序性事项予以及时修正。这也是仲裁公平、效率以及秩序价值目标下的基本要求，核心本质是法院司法权对仲裁权行使的有限监督。基于此，国际通行的做法是确立国家法院可以对仲裁实行干预的最低界限，即二者的互动关系应当仅限于法院在仲裁程序中提供司法支持。同时对仲裁结果的司法审查范围必须是在有限监督的限度之内的程序性事项，而对于实体性问题则属于仲裁权的自治范畴。因此，有限司法审查制度可以兼顾与平衡仲裁的公平价值与效率价值，明确划分法院和仲裁机构互动关系中的边界，也为当事人滥用自治权通过仲裁损害第三人甚至公共利益时，法院可以依法进行监督和干预提供前提。有限干预原则是在法院与仲裁动态互动的关系中逐步发展确立起来的基本原则，在各国的仲裁实践中被普遍运用与遵循。但由于我国仲裁制度起步与发展都较为缓慢，各地仲裁机构的发展水平不均等原因，导致《仲裁法》的立法者侧重于维护

---

① 参见毋爱斌：《〈仲裁法〉引入临时仲裁制度体系论》，载《社会科学家》2022年第1期。
② 参见郑春贤：《临时仲裁的仲裁原则及法律效力——评〈中国临时仲裁实务指南〉》，载《社会科学家》2021年第3期。

仲裁的公正价值，对国内仲裁实行程序与实体的双重审查制度，而《意见稿》修订也将双重审查制度的范围扩大至涉外仲裁。这不仅违背国际通行的有限审查机制，也加大了法院司法权对仲裁机构的干预程度，阻碍仲裁机构的民间性本位回归。

第三，建立意思自治观念，将尊重当事人的意思自治作为仲裁规则的核心原则。仲裁的意思自治原则可追溯到古希腊、古罗马时期，并在法国大革命之后得以正式确立，其核心内涵在于除实体法与冲突法外之，程序法中当事人的自治也应被尊重。这是当事人置身于市民社会所享有的不侵犯他人权利和不违背基本伦理道德、公共秩序及公共利益下对争议法益享有和解与处分的权利，是宪法对行为自由权的承认。意思自治原则作为仲裁制度的首要与基本原则，其适用的范畴应当是在不得违反一国强行法并受国家公权力的监督和必要干预的前提下贯穿于整个仲裁程序与规则之中。这并不意味着仲裁民间属性的丧失，而是强调国家的干预和监督是以有限与必要为前提。简言之，就商事仲裁领域而言，自治是原则，干涉是例外，这在各国立法与国际公约中均得以广泛的承认。因此，各地仲裁规则的内容也应当在不违背国家公共利益与强行法、不违反机构管理的基本秩序下最大限度尊重当事人的意思自治，发扬仲裁灵活性、效率性的固有优势。而实践中，各地仲裁机构规则，尤其是落后地区的仲裁机构规则具有强制性、僵化性特征，包括仍然适用强制名册制度、仲裁程序的规定繁琐、仲裁员的聘任要求过高、裁决制度僵化等。这不仅是对当事人仲裁自治权的过度干预，无法满足当事人的商事需求，也难以体现仲裁机构作为一种私力救济组织的民间属性。因此，仲裁机构应当进一步需求机构改革，尤其在《意见稿》出台后，对仲裁规则过于僵化刻板、过度干预限制当事人意思自治的内容予以及时的更新与修正。

五、小结

关于仲裁机构民间性的法律释义，我国现行法律均未明确规定，各国立法中也鲜有提及，但无论是司法实践还是学理层面，其民间性法律地位毋庸置疑。这关系到仲裁组织构成的非官方性和独立性、仲裁程序的正当性、仲裁员的公正性以及仲裁机构作为市场主体的竞争性等内容。仲裁机构的民间性本位是由仲裁的自治属性、合同属性以及效率价值共同决定与影响的根本法律性质。但由于我国长期的历史原因，导致仲裁机构存在地方政府行政化干预严重、仲裁机构诉讼化倾向明显以及规则内容刻板僵化等方面问题。《意见稿》虽然对仲裁机构的民间性回归进行了一定的努力，但仍然存在着诸多不足。基于此，本文提出实现路径可以通过三重维度：完善仲裁市场机制，通过市场竞争手段进一步摆脱政府的行政干涉；确立仲裁制度中的有限监督原则，指引和规范法院和仲裁机构动态关系的边界；以及优化仲裁规则，将尊重当事人意思自治作为制定机构规则的核心原则，在不违背强行法与机构管理秩序下最大限度地尊重当事人自治权的行使。

A study on the return path of arbitration institutions to nongovernmental nature

Fang Yi

Abstract: Before the promulgation of the current Arbitration Law, China's arbitration system has been dominated by administrative arbitration for a long time, with a strong "official" and "administrative" color, which seriously violates the inherent folk origin of arbitration that belongs to the category of civil law. With the Arbitration Law of the People's Republic of China (Revised) (Draft for Comments) China's arbitration law system has entered a new stage of reform since the promulgation of the People's Republic of China, but the tendency of litigation and official standard of arbitration institutions is still obvious, the content of arbitration rules is rigid and rigid, the local government and the court administrative intervention is serious, and other problems still exist. The failure to realize the civil autonomy of arbitration institutions has hindered its market-oriented and international development. In order to further correct the serious administrative tendency of arbitration institutions and promote their return to the folk standard, China should further improve the arbitration market mechanism, establish the principle of limited supervision in the arbitration system and fully respect the autonomy of the parties.

Key words: arbitration institution, administrative, litigation, party Autonomy

论习惯司法适用的程序与标准[*]

周俊光 李玉椰[**]

摘 要 作为司法渊源的习惯，其适用不仅可以获得理论上的说明，同时也可在实践中得到证成。对习惯司法适用的考察可从程序和标准两个方面具体展开。就程序而言，包括三方面内容，即当事人对习惯的主张、当事人对习惯的举证、法官对习惯的查明与确认。就标准而言，可分为习惯司法适用的肯定性标准和否定性标准，前者指向习惯的长期性、确定性和强制性，后者指向关于习惯的普遍争议、关于习惯的内部冲突以及习惯明显违背理性。

关键词 习惯 习惯法 司法适用 法律渊源

习惯的司法适用是习惯理论的重要部分，在一定意义上，甚至可以认为是习惯理论的核心部分。自民间法/习惯法研究在国内铺陈展开以来，关于民间法/习惯法的司法适用研究即成为其中的热点，产出了一系列令人瞩目的成果。不过其中大多不脱于一种宏观和静态视角的考察，其结论亦不外民间法/习惯法应主动或自觉结构司法，即习惯与司法的"良性互动"。问题在于，"民间习惯进入司法，完成习惯到习惯法的转变，在法制史中似乎是个自然发生的进程，但事实上，习惯自身不会自动转变为习惯法，习惯自己不会主动地进入法官的判决书、替当事人解决纠纷"[①]。实践中，习惯结构司法，成为法官裁判的规范性依据，不仅需要明确理论上的宏观指引，同时更需廓清实践中的微观操作。据此，习惯司法适用所关涉的问题包括：习惯司法适用的必要性、可能性如何？习惯司法适用的程序如何展开？相应的适用标准如何确定？对以上问题的思考和回应，即构成本文展开的

---

[*] 国家社会科学基金一般项目"以人民群众满意为指向的司法公信力实证研究"（项目编号：21BFX002）；湖南省社科基金青年项目"湘西苗、侗少数民族民间文学的法文化研究"（项目编号：19YBQ069）。
[**] 周俊光，法学博士，湖南师范大学法学院讲师，硕士生导师。李玉椰，湖南师范大学法学院硕士研究生。
[①] 王林敏：《民间习惯的司法识别》，中国政法大学出版社2011年版，第67-68页。

具体思路。

一、作为司法渊源的习惯

（一）习惯作为司法渊源的理论分析

从学理上看，法律渊源是一个涉及法律之所以由来，与法的资源、进路紧密相关的概念。缘于立法与司法的两分，法律渊源同样可作立法与司法的两分。就司法渊源而言，关注的是司法过程即法官的法律适用、法律发现和法律续造等问题。换言之，司法渊源所关注的，是法官在司法过程中，究竟是选择适用法律还是习惯、道德等问题。①

习惯可否作为司法裁判的规范性依据？答案是肯定的。理由在于，经由立法者而制定出来的法律，难以满足法官在司法中的规范需要，因之，法官不得不在法律之外寻找据以裁判的其他规范。习惯正是这些"非法律"规范中较有代表性的一类。

具体来讲，作为一类经由立法者制定而成的规范，法律本身的滞后性、模糊性、宏观性决定了其在面对司法个案时往往"捉襟见肘""力不从心"。所谓滞后性，是指法律在面对变动不居的社会生活时，所欲调整之社会关系，与实际关于该关系之规定间所存在的脱节现象。所谓模糊性，是指法律在面对连贯通融、具象细微的社会生活时，所欲调整之社会关系，与实际关于该关系之规定间在文字上的含混/歧义现象。所谓宏观性，是说法律的调整对象，主要指向那些之于国家/社会而言乃是较为基础与重要的社会关系，也因之，法律对其调整对象的调整方式也必然是趋于宏观和抽象的（即法律在大多数情况下只是对其欲调整之对象作概括性质的一般规定），由此，在面对具体的司法个案时，法律就可能因从"从一般到特殊"的适用，而导致个案不正义的情况发生。

如上局限决定了经由立法者而制定出来的法律难以满足法官实践中的规范需要。诚如卡多佐所言："纵然我们以人类思维能力的极致来陈述法律，但一夜之间，新问题又将堆积如山。"② 一方面，法律难以为法官的司法裁判提供必要且充分的规范依据，另一方面，法官又不能以法无规定为由拒绝裁判。正是在这样的两难境地下，法官突破法律，通过适用其他规范来化解自身困境，再是理所不过。就习惯而言，其之为司法裁判规范性依据的可能性主要有二：一方面，习惯本身即是经由民众日常生活与社会交往而成的一类规范。社会实践的一个常见趋势是，民众往往会根据自己的生活需要，生成各种不同的规范："法典是制定者的法典，生活是人们自己的生活。在生活过程中，人们会按照对自己便利的方式去实施生活行为。并且，并不是每一种生活行为都会上升到法律行为，所以，法律

---

① 参见汪洋：《司法多元法源的观念、历史与中国实践——〈民法总则〉第10条的理论构造及司法适用》，载《中外法学》2018年第1期。另可参见雷磊：《法的渊源：一种新的分类法及其在中国语境中的运用》，载《河北法学》2021年第11期；以及彭中礼：《法律渊源论》，方志出版社2014年版，第192-197页。

② ［美］本杰明·卡多佐：《法律的成长：法律科学的悖论》，董炯、彭冰译，中国法制出版社2002年版，第13页。

并不一定就会成为人们生活的主要调整器。相反,既有的习惯规则、宗教规范、道德规则乃至正义观念都会在不知不觉中发挥应有的作用。"① 另一方面,基于经验而成的习惯,本身就具有重要的规范作用。这种作用不仅体现在习惯之于民众行为的指引/预测,更体现为习惯对于日常纠纷的调处/解决。纠纷一经产生就要进入法院,或按照法律的规定进行处理,这既不符合常识,也不符合逻辑。民众面对生活中的纠纷,通常的做法是按照彼此认可的习惯进行处理。如美国夏斯塔县的牧民,当发生因牲畜越界而造成的损失时,并不会按照法定的侵权规则进行处理,毋宁是依照通行当地、基于"让自己活,让别人也活"理念下形成的习惯进行处理——反倒是那些将纠纷提交到法院的人会被牧民们称为"怪人""烂苹果"。②

另外,习惯之于司法裁判的规范可能,还可从立法与司法在运行逻辑、指导原则等方面的差异得到说明:"立法为了最大限度地统摄社会生活,因而必然要'高于生活';而司法所涉及的总是具体、现实的社会生活,司法过程和结果都是社会生活的重要组成部分,人们抵制'高于生活'的司法。习惯及习惯性规范在国家立法和司法实践中地位的不对等,就意味着法官裁判案件的裁判规范体系可能已经超出了国家制定法的体系,那些未能进入国家制定法体系的习惯性规范可能已经在法官裁判规范体系中占据了重要位置。事实也确实如此。"③

(二) 习惯作为司法渊源的实践梳理

从历史上看,西方两大法系就习惯的司法适用曾存在较大分歧,不过,伴随理念、制度方面的更新,这种分歧正在逐渐消弭。

具体来讲,普通法系为法官在法律之外寻找其他规范提供了广阔的制度空间。所谓普通法,从生发看就是在习惯基础上形成的。诺曼人登陆英格兰后,为消除英格兰境内司法实践的混乱与无效率,英王威廉通过国王令状、王室法院、巡回法庭等一系列措施,在排挤社区法庭、封建法庭,以及教会法院管辖权的同时,以经过适度变通的英格兰本地习惯作为审判依据。经过长期的实践,这些习惯逐渐演化为适用于整个英格兰的普通法。④ 布莱克斯通指出:"所谓不成文法,不仅包括那些一般意义上的习惯,或者准确来看应当被称为是普通法,同时也包括有在王国特定地方适用的特殊习惯,以及那些只为特定法庭以

---

① 彭中礼:《不成文法是法律渊源吗?——以民间习惯为例》,载谢晖、陈金钊主编:《民间法》(第12卷),厦门大学出版社2013年版,第174页。

② 参见[美]罗伯特·埃里克森:《无需法律的秩序——邻人如何解决纠纷》,苏力译,中国政法大学出版社2003年版,第77页。

③ 王新生:《习惯性规范研究》,中国政法大学出版社2010年版,第304页。

④ 参见[比]卡内冈:《英国普通法的诞生》(第2版),李红海译,中国政法大学出版社2003年版,第24-36页。

及特定法官所习惯性遵守的特殊法律。"① 并且，习惯并非总是作为裁判的规范性资源而存在于司法实践中，在一些特定的情境中，习惯甚至具有一种规范判准的功能："近年来，我们寻求习惯，至少很多时候不是为了创造新规则，而是为了找到一些检验标准，以便确定应当如何适用某些既定的规则……习惯必须决定这里是坚持了还是背离了这些标准。"②

就大陆法系而言，缘于理性主义思潮的影响，认为法官只需在查明案件事实的基础上，在既定的法律中寻找到最为恰当的规定，进而在两者间构造起法律意义上的联系，即可得到最为妥当的裁判结果。这样一种观念不可能为习惯留出司法适用的制度空间："只要通过理性的努力，法学家们便能塑造出一部作为最高立法智慧而由法官机械地运用的完美无缺的法典……所有的要求都可由理性独立完成，似乎过去从未有过立法，唯一需要做的是调动起国内最有力的理性，通过运用这一理性获取一部完美的法典，并使那些具有较弱理性的人臣服于法典的内容。"③ 以《法国民法典》为例，该法第5条规定："审判员对于其审理的案件，不得用确立一般规则的方式进行判决。"从司法角度看，该条款的规定意味着法官在司法中所可能遇到的所有问题，法典都已预先将答案交给了他们："法官无论遇到多么复杂的情况，都能在庞大的法典中像查字典一样检索到现成的解决方案。"④

当然，这种关于法律的"美好理想"早已为实践中的困难所打破——所谓"完美无缺的法典"，不过是缘于"全能理性"而来的不切实际的幻想："法国法学家开始承认，《法国民法典》第5条的规定在事实上是失败了，今天传授给法国学生法律的初级教科书，面对《法国民法典》和已经接受的罗马法传统，毫不含糊地说，司法判例课是法律渊源课。"⑤ 实际上，该条款的规定也未被后续的《德国民法典》所继承。在具体的司法裁判中，德国的法官总是强调《德国民法典》所规定的法律是指"一切有规范力的规则"，以及判例对裁判活动的重要意义："在现代社会发展变化面前，原有的德国法律所暴露出来的'死角'和'空白'，都由法院的判例来予以填补。"⑥ 判例之所以能够填补法律存在的"死角"和"空白"，端在于法官所使用的裁判规则并不局限于立法者所制定的法律——习惯等其他规范同样可因其规范力而进入法官的裁判规则体系，不论其是否采取公开的方式。

如果说，西方文明因其源远流长的法治情结，倾向于将法律作为社会中主要甚至唯一的规范准则，那么，中华文明则因其深厚的"和谐"理念而倾向于将法律与其他规范放在同一层面进行考量。⑦ 这种差异反映在司法中，就体现为中国的司法者们总是自觉不自觉地将

---

① Blackstone, *Commentaries on the Law of England*, Cavendish Publishing Limited, 2001, p. 47.
② [美] 本杰明·卡多佐：《法律的成长：法律科学的悖论》，董炯、彭冰译，中国法制出版社2002年版，第36-37页。
③ [美] 庞德：《法律史解释》，曹玉堂、杨知译，华夏出版社1989年版，第13页。
④ 彭中礼：《法律渊源词义考》，载《法学研究》2012年第6期。
⑤ [美] 庞德：《普通法的精神》，唐前宏、廖湘文、高雪原译，法律出版社2001年版，第127页。
⑥ 何勤华：《德国法律发达史》，法律出版社2000年版，第52-53页。
⑦ 参见梁治平：《寻求自然秩序中的和谐：中国传统法律文化研究》，中国政法大学出版社1997年版，第218-220页。

习惯、道德等规范运用到具体的司法个案中去，以求得司法效果与社会效果的有机统一。

具体来讲，传统中国社会始终是一个以道德（这种道德的制度化表达即是"礼"）而非法律为本位的社会形态。在这样一种社会中，法律从制度安排上看并不具有相对其他规范的优越地位。在很多时候，法律甚至是作为其他规范（如道德）的一种补充性的救济/惩罚措施而发挥作用。换言之，传统中国的司法实践，是一个糅合了法律与其他规范的"综合性"实践过程。在这一过程中，司法者不仅要以"国法"作为裁断案件的规范依据，同时也要考虑那些可能产生事实上之规范力的各种"非法律"规范。不妨这样理解，那就是对于传统中国社会而言，习惯起码构成司法者除法律外的一种必要渊源，即司法者不仅要以法律作为基本依据，同时也会以习惯作为必要参酌。以清代为例，"不仅《大清律例》等国家正式法典在'法院'审判活动中得到严格遵守，而且成案、习惯法、情理、律学著作等也是司法官判案的重要依据……在清代的民事审判中适用习惯法的判例还是随处可见的。"①

就当代语境而言，缘于多方面因素影响，新中国的司法曾一度"排斥"习惯的适用。一方面，既有法律中诸如"以事实为根据，以法律为准绳"的规定，实则否定了习惯作为司法规范性依据的适用可能；另一方面，既有法律中关于习惯的一般性规定的阙如，亦制约了法官在案件中适用习惯的具体操作。② 不过，这些限制并不能抑制实践中习惯以多样化的方式"流入"司法："尽管当代中国制定法对于习惯采取了某种贬抑、有时甚至是明确予以拒绝的态度，但在司法实践中，习惯还是会顽强地在法律中体现出来，对司法的结果产生重大影响，实际上置换了或改写了制定法。"③ 正如中国古代的司法者们总是能够通过一定的"技巧"来为习惯进入司法创造空间，新中国的法官们也总是能够在习惯与法律之间寻找到一个稳妥的平衡点，并通过对习惯的适用，以确保其裁判做到真正意义上的"案结事了"。进入新时期以来，伴随中国特色社会主义法治理念的不断完善，习惯之于司法的重要意义也正逐渐为学界和实务界所关注并达成共识。2020 年 5 月 28 日表决通过，2021 年 1 月 1 日起正式施行的《民法典》第 10 条："处理民事纠纷，应当依照法律；法律没有规定的，可以适用习惯，但是不得违背公序良俗。"对习惯作为民法渊源的一般地位做出了规定，其相较从前仅在《合同法》《物权法》中对习惯适用做特殊化规定的办法，无疑具有相当的进步意义。④

二、习惯司法适用的程序分析

对习惯司法适用的考察，可从两个方面具体展开：一是适用程序方面的分析，其所关

---

① 何勤华：《清代法律渊源考》，载《中国社会科学》2001 年第 2 期。
② 在民事领域，在《民法典》第 10 条确定习惯之为民事法律领域一般法源地位之前，实际上仅有《合同法》《物权法》等关于"交易习惯""当地习惯"的特别规定，为法官在司法中适用习惯留下了一定的空间。
③ 苏力：《送法下乡：中国基层司法制度研究》，中国政法大学出版社 2000 年版，第 240 页。
④ 参见刘成安：《民法典时代民事习惯的司法适用——以援引〈民法典〉第 10 条的裁判文书为分析对象》，载《法学论坛》2022 年第 3 期。

涉的,是习惯需要通过怎样的司法程序,才能作为法官裁判之规范性依据的相关内容;二是适用标准方面的分析,其所关涉的,是习惯需要符合怎样的标准,才能作为法官裁判之规范性依据的相关内容。如上两点,分别表征习惯司法适用的形式与实质要求,若习惯的司法适用没有按照特定的程序进行,或其内容本身意味着对法律的违背,那么,对习惯的司法适用就必然是非理与非法的。

尽管从学理上看,习惯进入司法是一个自然而然的过程,但习惯作为一种"非法律"规范并不会自动、主动地结构司法,成为法官裁判的规范性依据。实践中,"是诉讼的各方参与人将习惯导入司法的,而各方参与人将习惯导入司法则是通过程序进行的。"① 从程序上看,习惯的司法适用至少存在三方面内容,即(1)当事人对习惯的主张;(2)当事人对习惯的举证;(3)法官对习惯的查明与确认。其中,对习惯的主张指向习惯司法适用的启动程序;对习惯的举证指向习惯司法适用的证明环节;对习惯的查明与确认标示了习惯司法适用的可能与必要,即只有在得到法官认可的情况下,习惯才能真正作为裁判的规范性依据。

(一)习惯司法适用的启动

缘于司法的被动性特征,习惯唯有诉讼启动后才能结构司法。实践中,不仅当事人——包括原告和被告,可在特定的诉讼程序中提起关于习惯的适用请求,甚至法官也有可能在特定情形中依职权产生对习惯的适用需求,进而启动关于习惯的适用程序。换言之,尽管司法的启动只能依赖于当事人的主动提起,但制度仍然赋予包括法官在内的诸参与者启动习惯司法适用的相应权力/权利,即习惯的司法适用实际可由包括双方当事人与法官在内的诉讼参与者在诉讼程序中分别提起。②

其一,当事人在起诉时主张习惯。从当事人视角看,如果习惯构成原告一方主张权利的规范依据,那么,其即可在起诉时将该习惯与诉讼请求一并提出,由此,则习惯通过当事人的诉讼行为(即原告的起诉)而结构到具体的司法中去。如果当事人不愿将纠纷提交至法院,或可以通过其他途径化解纠纷,那么,法院只能面对纠纷而"望洋兴叹"。落实到习惯,意味着当事人——即原告如果不提起诉讼,则习惯无论如何也不可能结构到司法中去。这似乎也是涉及与习惯相关的司法案例并不常见的一个重要原因:民间的纠纷大多可以通过民间的非正式途径——如居委会、村委会或其他第三方调解等而消化在民间/基层,因之,较少会有习惯能够结构到具体的司法中去。这就意味着,对习惯的司法适用而言,最大的障碍并非理论上的分析困难,毋宁是相关案例的难以获得。

其二,当事人在诉讼中主张习惯。如果原告在起诉时并未涉及习惯,或习惯并非原告

---

① 王林敏:《民间习惯的司法识别》,中国政法大学出版社2011年版,第68页。
② 参见李可、司艺:《〈民法典〉第10条"习惯"司法适用该程序机制实证研究》,载《北方法学》2022年第4期。

诉求的规范依据，而仅构成某一待证事实的辅助证明，那么，其是否可以在司法程序启动后再将习惯作为其诉求的规范依据，或作为待证事实的规范依据？答案是肯定的。与之相对应，如果习惯是被告的规范依据，或是对其待证事实起证明作用的规范依据，则被告同样可以在诉讼过程中主张该种习惯。换言之，无论是原告还是被告，均可在司法的具体过程中——包括事实调查和法庭辩论阶段，提出自身关于习惯的适用主张。就原告而言，一方面，其可在诉讼过程中变更诉讼请求，这是原告的一项基本权利；另一方面，某些对待证事实起辅助性证明作用的习惯，只能由其在事实调查阶段提出。① 就被告而言，想要提出习惯作为自身主张的规范依据，只能在法院立案、进入诉讼程序之后。缘于实践中习惯与（诉讼）事实的紧密关联，被告提出习惯的最佳时机是在法庭调查阶段，当然在法庭辩论阶段提出习惯也当为程序所允许。②

其三，法官根据职权提出习惯。除当事人对习惯的主张外，一种特殊的情形就是法官依职权提出习惯，这种情形在实践中并不少见。如为确定某一行为是否属于疏忽行为时，法官即有必要先确定一个正常人所理解和遵循的习惯意义上的谨慎标准是什么；在有关渎职或不能胜任某一职业的案件中，法官也有必要先查清关于适当职业行为的习惯性标准。再如，为了确定商业行为中的具体权利义务，法官通常需要在查明相关法律规定的基础上，同时查明通行于该商业行为中的具体习惯。这就是博登海默所谓之习惯对司法领域的"间接性渗入"。③ 如上情形中，当事人可能并没有在诉讼中适用习惯的意图，但法官为了更好地履行职责，即有可能在司法过程中主动提出习惯。此外，亦不排除这样一种情况的存在，即当事人未能将习惯予以明确的规范化表达，而是以所谓"公平""正义"等代之，这个时候，法官也应对这种"模糊化"的习惯予以澄清和说明。

（二）当事人对习惯的举证

通过当事人的主张，某一习惯即结构到具体的司法中去。不过，通过当事人主张而将习惯引入司法的情形，与法官依职权而将习惯引入司法的情形颇为不同：前种情形中的习惯，很可能只是当事人眼中的"规范"，而法官对其则一无所知。因之，当事人必须在法

---

① 如在彩礼返还类案件中，要求返还彩礼的一方主张自身已经根据习惯给付了彩礼，即是要求通过习惯来证明自身给付彩礼的事实。此时，法官就需要根据当事人提出的习惯，同时结合其他证据来判断当事人之间是否存在有给付彩礼的客观事实。

② 以山东青岛"顶盆过继"案为例，被告石忠某就是在该案进入实质性的诉讼阶段后才提出"顶盆过继"的民间习惯，并以此作为其继承房屋的权利根据，此时，原告石坊某并不能阻止石忠某通过"顶盆过继"来主张自身的正当权利，而是只能从法律的强制性规定方面予以反驳，即认为这种通过习惯的权利主张并不能对抗自己所拥有的已经通过公证的房屋赠与合同。关于"顶盆过继"案，可参见《八年前的公证书》，来源：http://www.cctv.com/program/jjyf/20060417/101904.shtml，2022年12月22日访问。

③ ［美］博登海默：《法理学：法律哲学与法律方法》，邓正来译，中国政法大学出版社2004年版，第498页。

官面前证明习惯是真实和有效的,而后习惯才可能具有司法上的意义。① 就习惯的证明看,其要旨在于解答如下三个问题,即:谁来证明?证明什么?证明的标准如何?此三者相互关联,缺一不可。

首先,在参与到司法过程的主体中,应由谁承担证明习惯的义务?根据"谁主张、谁举证"的原则,习惯的证明理应由提出习惯的一方当事人承担。不过,并不排除这样一种情况的存在,即一方当事人主张习惯后,另一方当事人否认该习惯的存在或该习惯之于案件的具体作用。这个时候,由于另一方当事人对习惯的存在/作用持反对意见,则当事人的证明义务即为另一方当事人的证否义务所取代,这并不超出习惯举证责任的合理分配限制。理由在于,如果连当事人自己都不清楚习惯为何,或究竟是否遵循了习惯,那么,再来谈习惯的司法适用无异于缘木求鱼、南辕北辙:"习惯法之成立,以习惯事实为基础,故主张习惯法则,以为攻击防御方法者,自应依主张事实之通例,就此项多年惯行,为地方之人均认其有拘束其行为之效力之事实,负举证责任。如不能举出确切可信之凭证,以为证明,自不能认为有此习惯之存在。"②

其次,关于习惯的司法证明,其所指向的内容究竟为何?从学理上看,负有证明义务的当事人,其所关涉的证明事项主要有三:(1)需要证明习惯本身的存在与有效,这是习惯结构司法的事实前提;(2)需要证明习惯的具体内容,即关于习惯中权利/义务、权力/责任的具体配置,这是习惯结构司法的规范前提;(3)当事人还需就自身对习惯的遵循/遵守做出证明,这是习惯结构司法的客观性要求。仍以"顶盆过继"案为例,该案中主张"顶盆过继"的被告,一则需要证明"顶盆过继"的真实有效,及其相应的权利/义务(从义务上看,"顶盆过继"要求行为人以死者"儿子"身份为死者发丧送终;从权利上看,"顶盆过继"同时赋予行为人以合法继承死者遗产的权利);二则还需证明自身业已完成"顶盆过继"所要求的行为内容(即以死者"儿子"身份为死者发丧送终的义务)。

最后,证明的标准问题。从学理上看,关于习惯的证明标准包括:(1)长期性,即习惯具有长期和固定的存在状态;(2)有效性,即习惯之于民众日常生活的规范效力。③ 不过,这只是关于习惯证明标准的一种理论化解读,至于实践中如何操作,还要受具体案件的制约。如就长期性而言,一种习惯性做法究竟要持续多久才可以被称为习惯?其在实践中是一个很不好判断的事情。仍以"顶盆过继"案为例,当事人对"顶盆过继"这一习惯至多能以一种"故老相传"或"自古以来"的提法作为佐证,想要就该习惯的长期存在做一个确切的证明几乎是不可能的。再如,就有效性而言,作为一种规范的习惯可能仅

---

① 参见韩富营:《习惯司法适用的本体、主体和规则问题研究》,载谢晖、陈金钊、蒋传光主编:《民间法》(第23卷),厦门大学出版社2019年版,第345-347页。
② 王泽鉴:《民法总则》,北京大学出版社2009年版,第46-47页。
③ 参见周俊光:《论习惯的生发路径》,载谢晖、陈金钊主编:《民间法》(第29卷),研究出版社2022年版,第157-158页。

具有一种事实上的执行力而无法律意义上的强制力（当然，如果习惯具备类似法律的强制力，恐怕也就没有进入司法以取得救济的必要了），由此，负有证明义务的当事人可能很难就习惯的有效性进行说明。

（三）法官对习惯的查明与确认

如果说，习惯司法适用的举证主要与当事人相关，那么习惯司法适用的查明与确认则更多与法官相关。实践中，当事人对习惯的主张和举证仅表明习惯业已结构司法，至于习惯最终能否获得适用，则完全取决于法官的判断："'习惯法'的产生掌握在社会的手中，但'习惯法'的司法适用却完全掌握在法官手中。"① 倘若法官认为习惯之于案件具有重要意义，则可在查明与确认的基础上，将习惯作为裁判的规范性依据；倘若法官认为习惯之于案件不具有相关意义或仅具有负相关意义，那么，其亦可在查明与确认的基础上，拒绝将习惯作为裁判的规范性依据。对习惯的查明与确认前承当事人对习惯的主张和举证，后接法官对习惯的采纳和适用，无疑构成习惯司法适用的核心环节。

根据对习惯的查明是否由法官依职权主动进行，可对习惯的查明做主动与被动的区分。如前文所述，法官对习惯的主动查明通常是因为法官认为习惯之于案件可能具有重要意义，故在司法过程中主动查明习惯。因之，法官对习惯的主动查明更多依赖于法官的长期办案经验与所谓之"法感"，其构成衡量法官业务能力的重要指标。被动查明则更多缘于当事人的司法实践，即针对特定习惯的主张和举证。在司法过程中，当当事人提出某一习惯并完成对该习惯的证明后，法官通常并不会立即对习惯做出确认，而是出于当事人对习惯的举证不充分或其他原因（如根据案情需要，法官认为有必要对习惯进行更加全面和深入的调查），而对习惯的存在与效力作补充调查，然后才谈得上是对习惯的确认。② 对法官查明习惯的此种区分，一则有助于更好理解习惯进入司法之于法官立场的不同操作路径，二则有助于更好理解法官在查明习惯过程所可能采取的不同方法。

就法官在查明习惯过程中所涉及的具体方法，有学者立基于英美法系相关实践，根据习惯和习惯法的区分对其进行考察。就习惯而言，查明方法包括：（1）助理法官；（2）地方贤达；（3）经典教科书或习惯汇编；（4）目击证人。就习惯法而言，查明方法则包括：（1）习惯的法典化；（2）判例法或先例；（3）司法先例。③ 由于我国并未实行判例制度，故法官在司法过程中不会遇到所谓"习惯法"的查明问题。结合域外经验与本土实际，可认为包括地方贤达、目击证人在内的查明方法构成我国法官查明习惯的可行

---

① 许瀛彪：《〈民法典〉时代习惯法源司法适用探究》，载广州市法学会主编：《法治论坛》（第59辑），中国法制出版社2020年版，第83页。
② 参见李可：《论习惯的司法运行》，载《学海》2019年第5期。
③ 参见王林敏：《民间习惯的司法识别》，中国政法大学出版社2011年版，第80－81页，第95－100页，第104－105页。

方法。

所谓地方贤达，即"专家证据"，是指法官通过向专业人士咨询意见以查明习惯的一种办法。实践中，常有法官为确定与案件相关的事实/规范而向特定机构/专家咨询专门意见。如为查明特定商业交易中的习惯性做法，法官即有向商业行业机构等发出协助请求的必要，而机构所反馈的习惯性做法通常也构成法官裁判案件的规范性依据。① 法官为查明习惯而咨询的地方贤达，既可能指向行业协会/社会团体中的权威人士，也可能指向村寨/寺院中的"寨老"（傣族）、"德古"（彝族）、"阿訇"（回族）、"活佛"（藏族）等。总而言之，能够为习惯提供证明的，必然是那些在社群中具有较高地位和权威的专门人士。② 至于目击证人在一定程度上可以理解为是弱化版的"专家证据"。尽管目击证人的证言证词可能会存在这样那样的缺陷，但目击证人仍然构成查明习惯的一种重要方法。理由在于：一个规则存在与否，是否构成特定群体/行业的观念共识与行为准则，那些生活/工作在其中的民众也是有发言权的。如果特定群体/行业中的大多数人都认可某一习惯的存在，那么，这些意见对于法官也应具有一定的规范效力。

三、习惯司法适用的标准分析

习惯司法适用的标准，是指针对习惯作为裁判之规范性依据而设定的相应标准和准则，法官据此确定习惯究竟能否获得有效的司法适用。缘于习惯司法适用标准之于实践的重要意义，很多国家都设有较为明确的习惯司法适用标准。③ 就理论层面，亦有不少学者专门就习惯司法适用的标准问题展开探讨。④ 以司法渊源视角观之，对习惯司法适用的标准分析，需强调如下四点预设：其一，注重从习惯本身出发，这是习惯司法适用的规范基础。其二，注重司法场域，这是习惯司法适用得以展开的现实基础。其三，注重正/反面考察，以期实现对适用标准的全面和深入分析。其四，注重宏观视野与微观操作的有机结合，以期适用标准具有较好的可操作性。

基于前述四点预设，本文对习惯的司法适用标准做肯定/否定性条件的区分。肯定性条件指向习惯的长期性、确定性和强制性，否定性条件指向关于习惯的普遍争议、关于习

---

① 参见董淳锷：《商业行规的司法适用——实证考察与法理阐释》，载《清华法学》2020 年第 1 期。
② 参见周世中：《民族习惯法进入司法审判的前提条件与路径探讨》，载《社会科学家》2017 年第 1 期。
③ 以英国为例，在英国的司法制度中，只有符合以下标准的习惯才能够作为司法裁判的规范性依据：（1）久远性；（2）合理性；（3）确定性；（4）强制力；（5）连续性。参见何勤华：《外国法制史》，法律出版社 2001 年版，第 202 页。以民国为例，1913 年民国大理院通过发布判例而对习惯司法适用的相关标准做出了规定：（1）要求有内部要素，即人人有法之确认心；（2）要求有外部要素，即于一定期间内就同一事项为同一行为；（3）须系法令所未规定之事；（4）须无悖于公共秩序与社会利益。参见李卫东：《民初民法中的民事习惯与习惯法：观念、文本和实践》，中国社会科学出版社 2005 年版，第 131 页。
④ 参见谢晖：《论民间规范司法适用的前提和场域》，载《法学论坛》2011 年第 3 期；王利明：《论习惯作为民法渊源》，载《法学杂志》2016 年第 11 期；高其才：《论人民法院对民事习惯法的适用》，载《政法论丛》2018 年第 5 期；陈洪磊：《〈民法典〉视野下我国民族民事习惯的司法运用——基于 235 份裁判文书的分析》，载《华中科技大学学报（社会科学版）》2021 年第 5 期等。

惯的内部冲突以及习惯明显违背理性。

(一) 习惯司法适用的肯定性条件

习惯司法适用的肯定性条件，是指习惯作为司法之规范性依据的成立条件。只有这些条件具备，习惯才能获得有效的司法适用。

首先，习惯的长期性。从学理上看，习惯的生发需要经历特定的时间过程，对于某些特殊习惯，其形成甚至需要经历足够漫长的实践过程："习惯的形成与变迁均需要一定的时间，在流动性较差、信息比较闭塞的社区，习惯的形成尤其需要长时间的积累，甚至是祖祖辈辈的口耳相传。"[1] 习惯的这一特性，实则构成其在时间维度中的合理根据。有学者主张将对习惯的长期性要求做绝对化的处理，即将对习惯的长期性要求等同于对习惯的漫长历史过程的要求。如布莱克斯通认为，如果一个"习惯"不具有足够漫长的历史过程，那么，其就不可能构成真正意义上的习惯，更不用说作为法官裁判的规范性依据："假如一个人能够说明某一习惯的起源历史，那么，这个习惯就不能被称为是'好'的习惯。"[2]

不过，将长期性作为习惯司法适用的肯定性标准，并不意味着要将这种长期性理解为布莱克斯通意义上的"漫长不可考的历史过程"。毋宁是将对习惯长期性的考察，同习惯的生发，以及其与当代实践理性间的关系相勾连，进而确定针对某一特定习惯的司法判准，是否有必要回溯至与该习惯起源相关联的历史过程中去。具体来讲，如果习惯仅表现为是共同体精神、文化、价值观念等的产物，那么，对习惯的司法适用就必须强调习惯的长期和历史性存在，因为习惯需要通过历史过程中的正当性来确立其之于当下语境的稳固地位；如果习惯能从其生发上找到实践理性的依据，对习惯司法判准的考察重点即在于该实践理性之于历史与当下不同语境中的协调问题，据此理解，则不用过于强调习惯的长期存在。当然，这种办法只是理论上的一种分割，历史传统与实践理性往往并不容易区分。也因之，习惯的长期性总是构成法官需要密切关注并予以充分说明的一个内容。

其次，习惯的确定性。作为一种规范的习惯，应在内容与形式两个方面具备基本的确定性，否则，其无法满足主体之于规范的可预期性和操作化要求，自然也就谈不上司法适用的问题。从内容上看，确定性要求习惯具有关于权利/义务、权力/责任的明确配置；从形式上看，确定性要求习惯具有确定的表达形式，尤其是文字化的表达形式。假如一项习惯因为过于粗糙而无法归纳出确定的规范内容，或即便能够归纳出来，也缺乏明确的权利/义务、权力/责任内容，那么，其自然不具有进入司法的必要和可能："如果一种民间规范不具有权利和义务的分配功能，也就同样不宜在司法中运用之，作为法律适用的渊源或

---

[1] 王林敏：《民间习惯的司法识别》，中国政法大学出版社2011年版，第112页。
[2] Blackstone, *Commentaries on the Law of England*, Cavendish Publishing Limited, 2001, p.56.

根据。道理显而易见，一种裁判根据不能恰当地给纠纷主体分配权利和义务，则案件事实就无法据之合理地处理。"①

一般来说，社会中存在的大多数习惯都不存在确定性方面的问题，否则习惯就不具有成为习惯的可能。不过，习惯之于社会层面的确定并不一定等于习惯之于司法层面的确定。在具体的司法过程中，习惯往往会因当事人对习惯规范性内容的提炼不足，或是表达形式方面的含糊而呈现为一种不确定的状态："习惯是人们在一定范围内基于实践或是机会而形成，这种实践所体现出来的特征没有规律性，并不是绝对规定，存在着很大的偶然性。……受专业知识和法学水平的限制，当事人很难明晰习惯内涵及其外延。"② 经由当事人主张或举证的关于习惯的一种常见的不确定情形是，当事人不自觉地将习惯的适用予以扩大化解释，使得习惯呈现为在适用方面的不确定状态。换言之，实践中经常会遇到习惯确定性不足的问题，这个时候，法官即有必要通过具体的查明方法，将习惯予以确定化的处理，而不是放任这种不确定状态的存在。

再次，习惯的强制性。在韦伯看来，尽管习惯并不能像法律那样，可以凭借（国家）强制机器来保证施行，但是，这只能说明习惯和法律存在强制方式上的差别，而不等于习惯和法律存在强制性上的差别。③ 实际上，凡欲探讨规范、或规范的落实，通常都离不开规范的强制性，只不过这种强制并不一定指向国家意义上的强制。此外，由于司法总是意味着对某一具体规则的排他性适用，因之，法官总是需要承担对其适用的说理义务。在适用规范为法律的情况下，其说理义务仅指向对其他法律规则的排除；而在适用规范为习惯的情况下，该说理义务则既指向对法律排除，也指向对习惯的适用。倘若习惯不具有强制性，或仅具有较低的强制性，法官即可径行排除习惯的司法适用。因为强制性缺乏/不足的习惯通常不能为法官提供适用的充分理由。

从强制性出发，要求司法适用的习惯必须满足相应的强制性要求。问题在于，应当如何把握习惯的强制性？布莱克斯通的回答是，将习惯的强制性与习惯的排他性适用相勾连，即将"强制"做"必然适用"意义上的解释。④ 这样一来，只有那些不以当事人的个人偏好而得到普遍适用的习惯，才符合司法关于习惯强制性的要求。值得注意的是，虽然法官可以习惯的必然适用作为其强制性的确认标准，但是，在对习惯的强制性进行确认之前，必须以当事人对习惯的有效认知作为必要前提。理由在于，法官不能要求一个对习惯无认知/认知可能的主体（如一个新到当地的外国游客）遵守特定的群体/地方/行业习惯。这既不符合情理，也不符合习惯，更不会是法律的要求。换言之，习惯的强制性需要建立

---

① 谢晖：《论民间规范司法适用的前提和场域》，载《法学论坛》2011年第3期。
② 韩富营：《习惯司法适用的本体、主体和规则问题研究》，载谢晖、陈金钊、蒋传光主编：《民间法》（第23卷），厦门大学出版社2019年版，第346页。
③ 参见 [德] 马克斯·韦伯：《经济与社会》（第一卷），阎克文译，上海人民出版社2010年版，第442－443页。
④ Blackstone, *Commentaries on the Law of England*, Cavendish Publishing Limited, 2001, p.68.

在当事人知道/应当知道习惯的基础上,否则,对习惯的适用反而可能造成某种事实上的不正义。

(二) 习惯司法适用的否定性条件

习惯司法适用的否定性条件,是指否认习惯作为司法之规范性依据的成立条件。一旦习惯符合否定性条件的内容,法官即可拒绝习惯的司法适用。

首先,关于习惯的普遍争议。当社群中存在关于习惯的普遍争议,法官即可排除习惯的司法适用。理由在于,倘若社会中关于习惯的争议是经常并且普遍的,则只能说明已发生的社会事实并不具有普遍性,难以形成社会意义上的"常规"。由此,习惯缺乏必要的客观载体,而只能是一种主观的臆造,自然更就谈不上适用。

习惯的司法适用要求排除关于习惯的普遍争议,不过,实践中法官仅需就习惯普遍争议中的事实性方面做出判断,至于规范性方面的争议,则构成法官查明习惯的职责之所在(即当习惯存在价值方面的争议时,其是作为法官查明和确认习惯的具体对象而呈现于法官面前的)。具体来讲,针对习惯的普遍争议,指向关于习惯的事实和价值两个方面。前者是关于习惯是否真实和客观存在方面的争议,后者则是关于习惯之内容、意义等方面的争议。由于习惯本质上是一种同等情形再现时带有专断性的纠纷解决办法,实践中关于习惯的价值方面的争议,是客观存在(并且很常见)并可以通过举证、查明等办法达成共识的。不过,就习惯的事实方面的争议——即习惯是否真实存在方面的问题,则不可以存在争议,因为其是从社会事实中归纳出来的客观状态,不属于可争议的价值范畴。总而言之,习惯的存在是一回事,习惯的内容是另外一回事。将普遍争议作为习惯司法适用的否定条件,意味着"普遍争议"仅指向关于习惯的事实性方面争议,而不包括关于习惯的价值性方面争议,因为关于价值的争论并不影响习惯的客观存在,且这种争论完全可以通过法官对习惯的查明来获得处理。

其次,关于习惯的内部冲突。一个习惯的成立必然要求不存在与之相反/对立的其他习惯,因为习惯总是建立在共同的"同意"之上,彼此相反/对立的习惯不可能都是"合格的"习惯。① 值得注意的是,在同一个习惯体系中,不会真正存在两个或两个以上彼此相反/对立的习惯,除非所谓的相反/对立仅指向诸如程度等的内容。理由在于,习惯始终是生活中的习惯,生活的逻辑决定了习惯在逻辑上的一致性,那些与习惯发生冲突的规则,会在具体的实践过程中,或是为习惯所吸收/转化,或是为习惯所抛弃/排斥。因之,彼此相反/对立的习惯,只可能在不同的习惯体系之间出现。正如《民事习惯调查报告录》所记载的那样,一个地方的习惯不允许外嫁的女儿继承遗产,但是,另一个地方的习惯恰好是允许外嫁的女儿继承遗产。当法官面对冲突的习惯时,其既可择一习惯而适用之,也

---

① Blackstone, *Commentaries on the Law of England*, Cavendish Publishing Limited, 2001, p.58.

可径行排除习惯的司法适用。

另外,并不排除这样一种情况的存在,即当事人所主张的习惯乃是一种虚假的习惯。实践中,当事人为了获得对自己有利的裁判结果,通常并不在意以一个虚假的习惯作为诉求的规范性依据。这个时候,法官也可以习惯的体系化特征将之排除。具体来讲,习惯从来不是孤立、零星的存在,在某一习惯的"身旁",必然存在与该习惯相关,或是确保该习惯落实的"配套性"习惯。对法官而言,对习惯的查明完全可以通过对其"配套性"习惯的查明来实现。倘若当事人所主张的习惯明显缺乏与之相关的"配套性"习惯,那么,法官即有理由充分怀疑该习惯的真实性与客观性,至于其司法适用,自然不用再做更多考虑。

再次,习惯明显违背理性。明显违背理性的习惯不能在司法中得到适用,这不仅是理论上的主流观点,同时也在实践中得到广泛支持。从学理上看,作为否定性条件的"明显违背理性",仍不脱对习惯本身的合理性追问。

对习惯的合理性追问首先应以习惯本身的历史属性作为参照。所谓习惯的历史属性,是指那些在习惯生发过程中起到相应基础性作用的历史事实和历史关系。倘若某一习惯的产生和由来主要取决于其历史因素,即主要是习惯的历史属性在发挥作用,那么,就应当承认历史之于现实的有效约束,以习惯的历史合理作为判断习惯合理性的首要标准。但是,如果某一习惯的产生和由来主要是实践理性的结果,则应当相对弱化习惯的历史合理,强调现实合理之于习惯合理性判准的主导作用。理由在于,实践理性完全可能根据具体情势的变化,创造不同于习惯的其他规则,缘于实践理性主导而生的习惯,在这种规则面前并不具有优先地位:"那些极少反映特定文化传统或信仰感情、只体现特定历史之实践理性的社会习惯,即使在历史事实中没有什么明显不合理的地方,也难以拥有超越现实理性的正当理由,也就难以被接受为正当的规范。"①

对习惯合理性的考察还可以法律的理性作为参照。一方面,法律的理性是社会理性的规范抽象,具有普遍性和一般性;另一方面,法律的理性得到国家的承认,具有国家意志性和强制力。另外,习惯的司法适用必然要求习惯的理性在某种程度上契合法律的理性,那些明显违背法律理性的习惯实际很难在司法中得到适用。从现实上看,法律的理性一则体现在法律的具体规则中,这就意味着对习惯的合理性考察可以法律规则作为直接的标准;二则体现在法律的一般原则中,在没有明确法律规则的情况下,对习惯的合理性考察也可以法律原则作为间接的标准。

结　语

作为一类源于民众日常生活和社会交往而成的规范,习惯自有其存在、生发的规律。

---

① 王新生:《习惯性规范研究》,中国政法大学出版社2010年版,第340页。

换言之,习惯本身即构成一种"自在"的规范。不过,如果将习惯放置于更广阔的社会场域中去考察,则其功能的实现与实践,都会面临来自其他规范的冲突和挤压。就一个多元规范并存的法治社会而言,习惯所面临的最主要、也是最重要的"伙伴",就是法律。实际上,无论习惯愿意也好,不愿也罢,其之于现实语境中的具体实践,总是需要面对来自法律的自觉不自觉的强制/干预,而习惯本身也总是自觉不自觉地同法律发生或明或暗、或轻或重的结构性关联。① 在这种情况下,以法律渊源——尤其是司法渊源为切入点,展开对习惯实践的相关分析就显得必要:"制定法的目的是为了法治之下纠纷的和谐解决和秩序的安定有序,这与习惯等不成文法的作用在本质上是一样的,从这个视角来看,认真对待不成文法,也就认真对待了法律渊源。"②

On the Procedures and Standards of Customary Law's Judicial Application

Zhou Junguang, Li Yuye

Abstract: Custom law, as a source of judiciary, the application of which can not only be explicated in theory, but verified in judicial practice. The investigation of customary judical application unfolds from two aspects: procedures and standards. For procedures, there are three parts, namely, the claim of the party to the custom law, the proof of the custom law by the party, and the identification and confirmation of the custom law by the judges. For standards, there are positive and negative standards of custom law's judical application. The former focuses on the long-range character, certainty and compulsion of custom law, while the latter focuses on the general dispute on custom law, the internal conflict on custom law as well as the obvious violation of reason on custom law.

Key words: custom, custom law, judical application, source of law

---

① 参见谢晖:《论民间法结构于正式秩序的方式》,载《政法论坛》2016年第1期。
② 彭中礼:《不成文法是法律渊源吗?——以民间习惯为例》,载谢晖、陈金钊主编:《民间法》(第12卷),厦门大学出版社2013年版,第181-182页。

公序良俗原则在背俗型侵权中的司法适用

罗蓉蓉　肖攀诚[*]

摘　要　公序良俗原则作为连接民法规范与公民权益的纽带之一,其重要性不言而喻。从数量上看,适用公序良俗原则的案例层出不穷,案件的类型也渐趋多元化。司法实践中缺乏规范一致的判断标准以及对于公序良俗原则的向度把握不够严谨,导致法律的适用过程缺乏逻辑性和体系性。从性质上看,司法实践日新月异,侵权法规则相较于层出不穷的新情况,在适用时具有相对滞后性。当公序良俗原则适用于侵权案件时,存在适用不规范、"向一般条款逃逸"等乱象,有必要从立法上完善公序良俗原则适用的判断标准,实现顶层立法与司法适用的辩证统一。在审理类案时,应参考已有的优秀典型案例,对事实大致相同的案件进行实证分析,做到同案同判,维护司法秩序的一致性和稳定性。适用公序良俗原则分析案件事实,必须进行合理的证成,提供有力的理论支撑和事实依据。

关键词　公序良俗原则　背俗型侵权　司法适用

违反公序良俗原则类型的侵权又称为"背俗型侵权"。从立法体例而言,《德国民法典》明确规定了"背俗型侵权"的请求权基础。我国虽未直接从立法上规定"背俗型侵权",但有关司法解释和相关的指导案例实际上承认了"背俗型侵权"的案件类型,这也为学界探讨公序良俗原则作为侵权案件裁判的法律依据提供了理论支撑。

一、问题的提出

公序良俗原则本身的模糊性和不确定性,导致司法实践中适用公序良俗原则出现了一系列问题,尤其是公序良俗原则在背俗型侵权案件中的适用问题。以法院的部分裁判为

---

[*] 罗蓉蓉,法学博士,湖南师范大学法学院讲师,硕士生导师。肖攀诚,湖南师范大学法学院硕士研究生。

例,对于实践中的部分"请托行为",一些法院会以违反公序良俗原则而判决行为无效,部分法院则会以不属于法院受理范围为由而驳回起诉;① 同时涉及婚姻和继承问题而被称为"适用公序良俗原则第一案"的泸州遗赠案,② 该判决存在着"向一般条款逃逸"等问题;在部分裁判文书中,对于公序良俗原则的不规范表述也体现出司法实践中忽视两个概念之间的本质区别,③ 从而导致逻辑和理论上的混乱。本文将着重针对这些问题提出相应的解决路径,以期为理论与司法实践提供一些参考。

首先,公序良俗原则在适用过程中尤其是背俗型侵权案件中的适用缺乏总括性的类型总结,导致类案中出现同案不同判等问题层出不穷;另外公序良俗本身的概念内涵具有抽象性,导致司法实践中公序良俗没有统一的价值秩序,对于公序良俗的理解过于主观片面,价值秩序的混乱必然会传导至司法实践当中去,故将公序良俗原则在背俗型侵权案件中进行类型化适用意义重大。

其次,公序良俗原则在背俗型侵权案件中的价值取向和适用限度模糊不清,这同样会导致出现同案不同判的问题,且由于没有明确的价值取向,使得公序良俗原则在适用中容易"向一般条款逃逸",故有必要结合我国的社会现状和优秀文化传统明确其向度。

最后,当公序良俗原则适用时,在个案裁判中缺乏必要的逻辑和理论论证,不利于判决公信力的形成,削弱了法的教育作用。因此判决书中应当有相应的论证说理部分,明晰公序良俗原则在背俗型侵权个案中适用时的证成路径,从而为公序良俗原则的适用提供理论和价值上的论证支撑。

二、类案实证分析

(一)司法裁判中侵权案件适用公序良俗原则的定量分析

笔者在"中国裁判文书网"上以"公序良俗原则"和"侵权"为关键词检索后发现:共有2736篇裁判文书,时间跨度从2003年到2022年;法院层级上,从基层法院至最高人民法院都有涉及;从案由上来看以民事案件占主导地位,共有案件2364件;从地域的适用数量上来看,以广东省最多,共有286件案件;从文书类型上看,绝大部分文书属于判决书,共有2609份,只有少量为裁定书;最后从关键字上看,关联度最高的为"赔偿责任"和"交通事故",这也与现实情况和案件性质契合度较高。

笔者再以"善良风俗"和"侵权"为关键字组合进行检索后发现:较前述检索结果,

---

① 参见(2016)苏06民终289号民事裁定书、(2015)聊民一终字第760号民事判决书、(2015)沈中民一终字第01623号《民事裁定书》、(2015)聊民一终字第761号《民事判决书》、(2014)聊民一终字第762号《民事判决书》、(2015)沈中民三终字第259号《民事判决书》、(2014)昌中民申字第57号《民事判决书》、(2015)聊民一终字第968号《民事判决书》。

② 参见(2001)纳溪民初字第561号《民事判决书》、(2001)泸民一终字第621号《民事判决书》。

③ 参见(2014)阿左民一初字第1476号《民事判决书》、(2015)锦民终字第00198号《民事判决书》、(2015)镇民终字第01330号《民事判决书》。

此次共检索到 3110 篇文书；时间跨度上较前次检索更大，从 1999 年横跨至 2022 年；法院层级同样是四级法院都有涉及；案由情况与前次检索相同；从地域的适用数量上来看，与前次不同，以河南省为最多，共有 264 份文书涉及；其他情况大致相同，但是此次检索从文书类型上多了一份通知书。因 2010 年以前的样本数量较少，故以 2010 年至 2021 年为时间跨度，分别以"善良风俗""公共秩序""公序良俗""公序良俗原则"为关键字并加上"侵权""民事案由"作为检索条件，根据中国裁判文书检索到的样本，直观情况如下图所示。

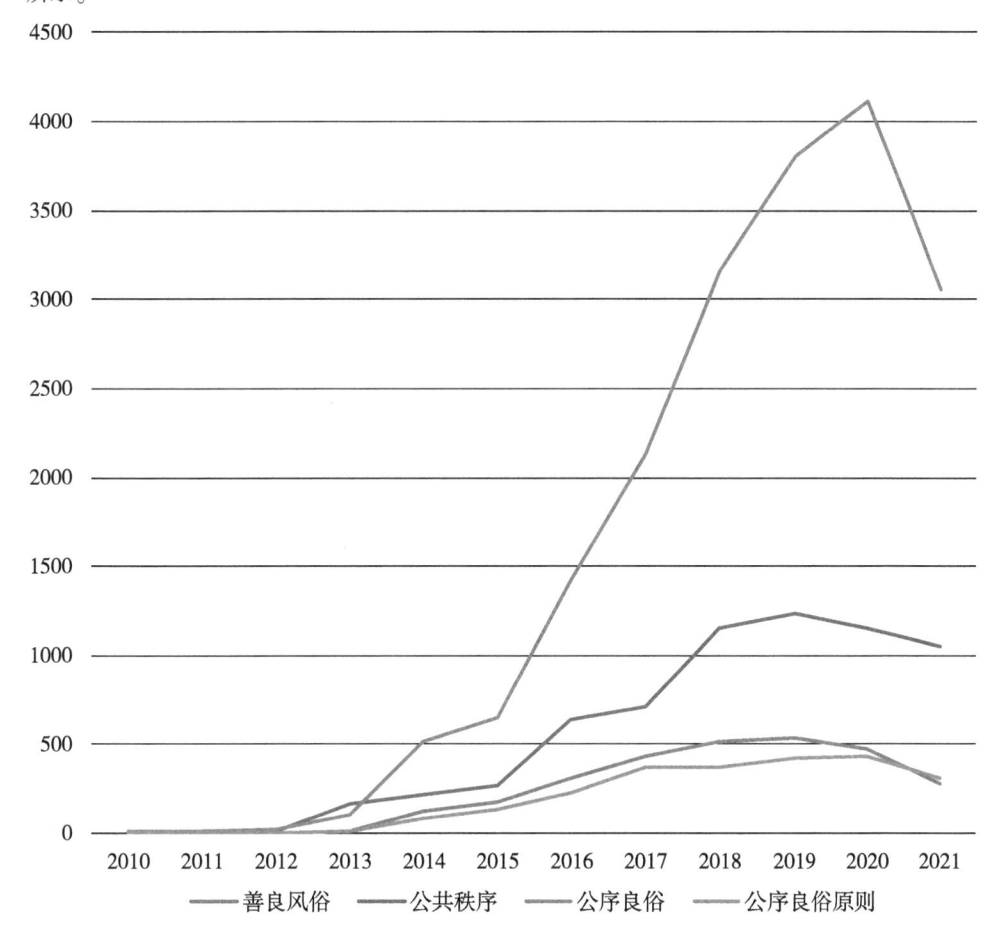

司法裁判中侵权案件适用公序良俗原则情况

综上来看，首先，司法实践侵权案件中适用公序良俗原则的数量近年来与日俱增，判决书中运用我国优秀传统文化作为说理依据也越来越普遍，这表明司法实践中法官越来越重视案件的裁判应当与中华民族优秀传统文化的价值取向相契合，且其中或多或少会涉及运用公序良俗原则作为弥补法律漏洞的法律依据或者在说理部分作为论证依据。其次，从上述数据可以发现，经济较为发达地区在侵权案件中适用公序良俗原则作为裁判依据或者说理依据的概率更大,这与经济发达地区对优质人才的吸引力更强而使得法官水平相对更高且更敢于运用法律技术以契合案件事实有关联。最后,实践中也存在一些问题,如将"善良风俗"与"公序良俗"的基本概念相混淆或者直接以"善良风俗"代替"公序良俗原则"。① 当然,随着我国《民法典》的颁布和施行,这些问题得到一定改善。

(二) 司法裁判中侵权案件适用公序良俗原则情况的定性分析

从所检索到的案例中选取一些个案进行分析后,可以对以公序良俗原则作为侵权依据的案件进行分类:第一种类型主要以交通事故侵权等违反公共秩序案件为代表,此类侵权案件中通常有明确的侵权法规则,但在个案中适用侵权法规则会对一方当事人显失公平,因而选择适用公序良俗原则;第二种类型以"非法请托行为""婚外情"等同时违反公共秩序和善良风俗案件为代表,此时适用侵权法规则会明显违背比例原则;第三种类型主要以违反民间某些特定善良风俗如丧葬权、祭奠权等民法并无明确规定的例外人格权案件等为代表,此类案件中公序良俗原则的适用同时还承担着补充法律漏洞的功能。除了侵权案件中存在公序良俗原则的适用之外,其他各种类型案件中也存在以公序良俗原则作为裁判依据的情形,如物权纠纷、合同纠纷、注意义务等。

如前分析,可以发现公序良俗原则在个案中的适用存在一些问题。首先,没有明确公序良俗原则本身的内涵和法律性质。很多案件中,从判决书的文字表述来看,部分法官将公序良俗原则实际上作为强制性规范进行运用,然而原则的本质并非如此,必须要明确原则仅仅只作为填补漏洞或者维护个案公正而作为一般性的条款才可适用。其次,对需要适用公序良俗原则的具体侵权行为类型把握不准,在适用过程中存在向一般条款逃逸的问题。实践中存在有具体侵权规则可资适用的情形下也适用公序良俗原则的情况。实际上只有在缺乏具体规则、规则与案件事实完全不符而无规则可适用或者同时存在规则与原则但为了个案公正,且该侵权行为违反了社会最低道德底线时才可弃规则而审慎适用原则。② 通过以上分析可以看出,司法实践中有必要将公序良俗原则的适用条件、适用的案件类型具体化,为案件的审理提供相对清晰的"准绳"。

三、公序良俗原则在背俗型侵权中适用的类型化探析

由于公序良俗内涵的模糊性和不确定性,在探析公序良俗原则在背俗型侵权中适用的类型之前,有必要对公序良俗的内涵进行简要论述。公序良俗,即公共秩序与善良风俗的简称,是法国、日本、意大利等国以及我国澳门和台湾地区的"民法典"中使用的概念。在《德国民法典》中,与公序良俗相当的概念是善良风俗。在英美法中,与此相近的概念

---

① 参见蔡唱:《公序良俗在我国的司法适用研究》,载《中国法学》2016年第6期。
② 参见赵万一、吴晓锋:《契约自由与公序良俗》,载《现代法学》2003年第3期。

则是公共政策。① 从不甚严格的意义上来说，所谓公序，即公共秩序，可理解为社会一般利益，在我国现行法上包括社会经济秩序和社会公共利益；所谓良俗，即善良风俗，可理解为一般道德观念，也即我国现行法上所称的社会公德。② 事实上，公序良俗的外延较为宽泛，而其内涵与我国当下所弘扬的社会主义核心价值观中的具体内容一脉相承。如社会主义核心价值观中的文明、和谐、平等、公正、法治、友善等精神内核同样可以融入公序良俗原则的内涵当中去；再如我国儒家优秀传统道德文化所弘扬的"仁爱兼利"的人际和谐原则，力图构建和谐亲善的温和社会风尚等，都可以内化为公序良俗原则的深层次内涵。

公序良俗原则在侵权案件中适用的具体类型是指在何种情况下侵权案件应当适用公序良俗原则作为裁判依据。实践中并非所有案件都可以适用原则作为裁判依据，毕竟每一个案件都有其独特性，必须根据具体情况具体分析。从法的微观结构来看，原则和规则都属于构成法律规范中法的要素之一，对于原则与规则之间的适用顺序法理学上也有基本规定，如"穷尽法律规则方得适用法律原则"等。③ 因此，结合法理学上的规定与个案正义，具体而言，可以适用原则作为裁判依据的主要有以下几种情况：第一种情况是公序良俗原则与侵权法规则在个案中均可适用；第二种情况是公序良俗原则与侵权法规则在个案中的价值取向上完全相冲突，必须择其一适用；第三种情况是指在侵权法规则缺位即在某些情形下属于立法空白，对该类案件找不到裁判依据的情况下，可以适用公序良俗原则作为裁判依据，以弥补立法上的空白。原则作为一种普适性的特殊规则，更多的是从整体和全局的视角来指导立法，司法实践中单纯以原则作为裁判依据的情况并不普遍。接下来将结合个案具体论述这三种情况。

(一) 公序良俗原则与侵权法规则均可适用

首先，有必要从法理学的角度来厘清原则与规则之间的关系。原则有公理性原则和政策性原则之分。通常意义上公理性原则是指由法律本身之事理推导而成的原则，且其内容只和法律有关，具有一定的普适性；而政策性原则是指国家在某一特殊时期因地制宜而制定的原则，具有针对性。④ 根据上述分类来看，公序良俗原则当然属于公理性原则。另外，公序良俗原则也属于基本原则、实体性原则。正因公序良俗原则本身所具有的公理性、普适性属性，当公序良俗原则与侵权法规则同时存在时，且此时若适用侵权法规则明

---

① 参见李岩：《公序良俗原则的司法乱象与本相——兼论公序良俗原则适用的类型化》，载《法学》2015年第11期。
② 参见张钦昱：《〈民法典〉中的公共利益——兼论与公序良俗的界分》，载《暨南学报（哲学社会科学版）》2021年第7期。
③ 参见李涛、郑远民：《"公序良俗原则"在司法适用中的问题及建议》，载《长春理工大学学报（社会科学版）》2019年第2期。
④ 参见谢鸿飞：《公序良俗原则的功能及其展开》，载《探索与争鸣》2020年第5期。

显对于一方当事人不公平，特定情况下为了个案的正义，也可以考量优先适用公序良俗原则。但在公序良俗原则与侵权法规则皆存的情况下若要优先适用公序良俗原则时，法官在判决书中必须对弃规则而适用原则的情形进行必要的论证说理。一方面，此种情形有悖于法理学上对于原则与规则在适用上先后顺序的规定，法官有义务在判决书中进行必要的论证说理，以说明在某一个案中相较于规则而言，原则的适用更有利于个案正义的实现；另一方面，这也可以在一定程度上限制法官自由裁量权的行使。

以某一侵害相邻权案件①为例：原告A与被告B为同一建筑物上下楼邻居关系，A在楼下，B在楼上。A与B的户型相同，但B入住后将厨房位置改为卫生间，且该卫生间正好位于A的厨房上方。原告A入住后发现，厨房明显有异味，且能清楚听到楼上水流声。后经交涉后被告B采取了一定的措施，但问题并未实质性解决，后双方协商无果。本案中实际上存在明确的法律规则可以适用，即民法关于相邻关系的规定。显然在本案中，被告B侵犯了原告A的相邻权，法院完全可以被告侵害原告的相邻权为依据裁判被告按原有的户型布局合理利用房屋的功能区。但本案法院援引了公序良俗原则作为裁判依据，认为被告将厨房改为厕所的行为有违公序良俗，严重影响了原告的正常生活，并以此支持了原告的诉求。从实际效果来看，该案适用公序良俗原则较相邻权规则而言更贴合案件的实际情况，在说理上的接纳度能更好地契合民众心理，法的教育作用也能更好彰显。

从此案中可以看出，当侵权法规则和公序良俗原则并存时，特定情况下适用公序良俗原则可能更具说服力。相较于规则的确定性、生硬性的"冰冷"而言，原则在某些情形下如果运用得当会更加灵活且更具"温情"，当和具体案件结合时更有"人间烟火气息"，这也是由原则更强的包容性和涵盖力所决定的。任何法律规则均由假定条件、行为模式和法律后果三个要素构成，其适用过程也只是涵摄的过程，侵权法规则自然也不例外；但反观原则，具有普适性、统领性；原则不仅关注案件的共性，特定情形下也能关注案件的个性。也正因如此，其在特定情形下的适用才没有那么多构成要素的"拘束"。关于原则与规则之间的适用问题，早期已有较多的学者对该问题进行过探析，如哈特的"第一性规则"与"第二性规则"理论、德沃金的"规则缺失时创设原则"理论等，但早期大多数学者的论证主要集中于当规则缺位时原则应如何适用的问题，少有学者论述当原则与规则并存，为了个案正义弃规则而适用原则时的价值取向与法官的论证义务及过程。综上所述，具体到本部分要探讨的公序良俗原则与侵权法规则相一致情形下的具体适用问题上，笔者认为，当个案中既可适用侵权法规则，又可适用公序良俗原则作为定案依据时，首先应先遵守法理学中对法律原则与法律规则有关适用顺序上的规定，即"穷尽法律规则，方得适用法律原则"。但如前文所述，在特殊情况下，即如果是在适用侵权法规则作为裁判依据明显不符合民众朴素的法情感和正义感时，可以赋予法官适用原则并行使必要的自由

---

① 参见重庆市城口县人民法院（2016）渝0229民初521号民事判决书。

裁量权，维护个案的实质正义，当然，法官也必须在判决书中履行必要的论证义务，防止自由裁量权的滥用。

(二) 公序良俗原则与侵权法规则须择一适用

实际上，个案中当规则和原则并存时，绝大部分情况下还是会适用规则作为裁判依据，毕竟大部分个案都能找到合适的、相对应的、确定性的规则来解决纠纷，也正是因为规则的确定性特征才使得法律规范具有相对稳定性而不至于滑向极端自由裁量的"人治陷阱"，因此当原则和规则一致的情况下弃规则而用原则的情况还是较为少见。但是，实践中也可能会出现这样一种情况：适用规则中所规定的权利很可能会造成明显不符合"一般理性人价值观"的后果，也即规则的适用可能会违背社会民众朴素的法情感和法认知。法律的适用当然也应该符合常识和理性，而不是僵硬地机械适用，应力求避免滑向教条主义。因此，当公序良俗原则与侵权法规则在个案中的价值取向与个体的利益分配上完全相冲突，必须择其一适用时，基于实现个案正义的需要，法官可通过行使自由裁量权而适用公序良俗原则作为裁判依据，当然，如前所述，判决书中必须对适用公序良俗原则作为裁判依据进行合理的论证。

同样地，具体到司法实践中看，以某一具体案件①为例：原告 A 与被告 B、C 是同胞姊妹关系，农村土地承包到户时共同承包了一块土地，后被告 B、C 将部分土地转让给被告 D 并达成土地转让协议，后被告 D 将其父亲葬于此地。后原被告双方发生争议，原告 A 诉请法院要求确认被告 B、C 与被告 D 签订的土地转让协议无效。纵观本案，从规则上来看，原告 A 当然有权以侵犯其有效的土地承包经营权作为起诉理由，要求被告返还部分土地承包经营权，被告 D 的父亲已然下葬于此，如果此时支持原告诉请而要求被告迁离其父亲的坟地未免过于不近人情，由于其与公序良俗原则相冲突，法院最终以公序良俗原则为依据判决不予支持原告的诉请。也正是因本案涉及民间善良风俗，法院在规则与公序良俗原则之间选择适用原则，并对其进行了必要的说理论证："基于本案涉及农村丧葬风俗习惯，虽然我国提倡火葬多年，但在农村土葬依然是普遍存在的风俗习惯，国家对此并未强行禁止。按我国民间传统风俗，入土为安是对死去亲人的安慰，一入葬就不能轻易破坏。被告的父亲既已下葬不宜再另行搬迁，基于埋葬行为具有特殊的道德意义，本案应按照善良风俗原则处理。"本案原可以适用侵权法以侵犯原告土地承包经营权作为裁判依据进行裁判，但综合案件事实及价值衡量，最终在有规则适用的前提下放弃规则而适用公序良俗原则作为裁判依据，更符合我国社会实际和传统道德标准。事实证明，该案后来也取得了良好的社会效应。美国司法历史上的一个著名案件帕尔默案，同样也是法官以原则作

---

① 参见云南省镇雄县人民法院（2015）镇民初字第 1627 号民事判决书。

为裁判依据并借原则为规则创设例外情形的典范。① 该案中，厄尔法官在判决书中的说理部分论证道："本判决并未增加帕尔默的痛苦和惩罚，并未超出法律的规定范围。判决并没有剥夺他的任何财产，而只是认为他不应该通过其犯罪行为获得财产，这是他因其罪行应得的报应。法律原则与法律规则，同样属于人们应当遵守的行为标准，但不同点在于，法律原则是一种最佳化命令，不仅关注"应该如何"的问题，也关注"最好是什么"的问题，是规则的基础本源；而法律规则是原则内容的具体化，关注于确定性的命令。本案的焦点在于，是否能够从自己的错误行为中收获利益，也即是否应该只重法律事实，而不顾立法意义和法律实效。"② 该案的判决，充分使用了法律原则的柔性和宽泛性，在动用自由裁量和价值判断的同时进行了充分的理论论证，而非只言片语的主观断案，是弃规则而运用原则判案的经典案例。

本质上说，当公序良俗原则和侵权法规则必须择其一适用时，其背后折射出的是法律体系在运作过程中本身所蕴藏的利益衡量机制在起作用，也即这种选择需要裁判者根据自身内心的道德价值标准做出判断。况且，当作为大前提的侵权法规则无法适用于作为小前提的某一个案时，此时为了个案实质正义的实现需要适用公序良俗原则，其根源是借原则为规则创制了一种规则本身所不具有的例外外延。从逻辑学上来讲，原则的内涵少、外延广；而相较于原则，规则的内涵丰富、外延窄；正是因为规则的内涵丰富、确定性强导致其外延较小，那么这就会导致规则的外延必然能够完全列举，这一前提下，通过原则来为规则创设例外是否合理呢？笔者持赞同意见，因为根据前文从法理学上对此也进行了分析，当穷尽了法律规则之后发现没有适合案件特殊性的法律规则时，当然可以结合法律的体系性、整体性特征，从而适用法律原则以弥补法律规则不能适用例外情形的缺失。但是，当法律原则与法律规则的适用陷入"两难境地"时，也不能一味地适用法律原则，换句话说不能碰到任何无法适用法律规则的情况时就任意通过法律原则为法律规则创制例外，如前文所述，当有规则而适用原则时是有一定条件限制的，必须是在个案中若适用规则将导致对于一方当事人而言明显不公平的情形下，通过适用原则更有利于个案实质公正的实现，且在适用原则时必须结合个案案情在判决书履行论证义务。

（三）公序良俗原则在侵权法规则缺位时的适用

有学者认为："在规则缺位或存在开放（空缺）结构的情形下，适用原则来判案必须符合能将其中的价值判断加以正当化的规范性要求。这又涉及超越法律（如客观化的规

---

① 参见张卓明：《用原则断案时的论证义务——以"里格斯诉帕尔默案"为例》，载《常熟理工学院学报》2008 第1期。
② 桑本谦、纪建文：《司法中法律解释的思维过程探析——就审判利格斯诉帕尔默案与德沃金的对话》，载《法学论坛》2002年第3期。

则）的评价标准问题。"① 从理论上说，无论多么完善的法律体系，也都会存在一定的法律漏洞，这是由千变万化的社会存在与法律规则的有限性这一不可调和的矛盾所决定的。如此一来，当个案中的情形超出了法律规则所能涵盖的范围，则无法由法律规则来解决纠纷，必须借助外延更大，涵盖性、适用性更强的法律原则以填补法律漏洞。

1. 部分侵权法规则缺位

实践中也会存在这么一种情况，对于某一情形下，个案中存在与其案件情况相关联的法律规则，但该法律规则不能完全作为解决案件纠纷、作为案件裁判依据的规则，也即存在原理相同，但细节有区别的法律规则，在案件中无法直接援用该法律规则。

下面以具体案例②作为例证：原告A与被告B相约喝酒，酒后，二人由被告B驾驶原告A的汽车返程，返程途中，原告A从车中坠落，被告B继续驾车独自离开，后原告A被人发现后送至医院急救，经救治无效死亡。原告A的母亲对被告B提起诉讼，请求法院判决被告B侵犯原告A的生命权。本案中，原告A的生命权受到了侵犯，但是结合案件的实际情况来看，被告B对原告生命权的侵犯并非直接性的，甚至是被告B并不希望看到的结果，其主观上并不存在故意的情形，虽然存在与案件相关的侵权法规则但却无法直接适用，也即本文所说的存在部分侵权法规则缺位的情形。此案后来法院权衡利弊后也是援用了公序良俗原则，认定被告B违反了酒局中醉酒后双方负有相互照料的基本义务，违反了日常生活中的善良风俗，后判决被告B应承担30%的民事责任。当然，也有人认为被告B的行为属于好意施惠或者可以适用诚实信用原则，但笔者认为被告虽然没有故意，但不可否认其存在一定程度的过失，虽不能直接适用侵权法规则，但依然违背了基本的善良风俗，且是双方相约喝酒，被告本具有将醉酒状态的原告送回的义务，适用好意施惠太过牵强；另外，诚实信用原则更多是在交易双方的情形下适用，强调的是商业规则下的契约精神，而此案主要是违背了日常的善良风俗，公序良俗原则更加贴合案件的实际情况。③

在此案中，法院的论证依据是："在此过程中（包括饭前、饭后的共处阶段），双方应互负基本的照料义务，该照料义务，符合我国的公序良俗和人之常情。但在原告摔落车外后，被告未对其进行照料或采取施救措施，导致原告未能在第一时间得到救治，其行为有悖善良风俗。"④ 在当时《民法典》并未颁布，也不存在侵犯生命权或其他相关侵犯人格权的规定，因此存在法律漏洞，经过利益衡量后，该法官选择公序良俗原则作为裁判依据。对该案进行分析后不难发现，当侵权原则存在部分缺位需要援引公序良俗原则时，应当结合已有的与案件事实相关联的侵权法规则所具有的价值内涵和价值判断，并根据法理

---

① 林来梵、张卓明：《论法律原则的司法适用——从规范性法学方法论角度的一个分析》，载《中国法学》2006年第2期。
② 参见济南市天桥区人民法院（2014）天民园初字第457号民事判决书。
③ 参见王利明：《论公序良俗原则与诚实信用原则的界分》，载《江汉论坛》2019年第3期。
④ 济南市天桥区人民法院（2014）天民园初字第457号民事判决书。

学上有关法律漏洞填补规则的相关规定，合理援引公序良俗原则对案件进行裁判，在判决书的说理部分结合案情对援引公序良俗原则作为裁判依据的缘由进行严谨、深刻的论证。

2. 存在法律漏洞

最后一种情形是法律上完全存在法律漏洞，无规则可适用的情形。此种情形下也要注意当规则缺位援引法律原则时，各个原则之间优先级的问题，也即必须结合案件的实际情况合理适用符合案件事实和实际情况的法律原则，权衡好各个原则之间适用的利弊。司法实践中其实很早就存在适用公序良俗原则以弥补法律漏洞的司法案例，例如，以违反公序良俗原则为依据支持法律并无规定的"祭奠权"、①支持法律并无明文规定的"探望权"、②或者实践中根据传统风俗寄托人们哀思的"丧葬权"等。以上这些实质上都是由于法律并无明文规则，法院因此援用公序良俗原则创设了侵权法规则中的例外，也即前文中所说的外延的例外。当然，在援用公序良俗原则或者其他任何原则作为裁判依据时都必须深刻把握好原则背后的价值取向及其利益衡量，并结合案件的事实判断，经严谨审慎论证说理后，再合理选择符合案情的法律原则。

关于规则缺位即存在法律漏洞情形下原则与规则如何适用的问题，国内与国外早期已有学者提出了相关理论。如我国台湾学者王泽鉴先生将其理解为"关于某一个法律问题，法律依其内在目的及规范计划，应有所规定，而未设规定。"国外学者哈特对此提出了"第一性规则"与"第二性规则"理论，他认为法律应当由"第一性规则"和"第二性规则"构成，而"第二性规则"又是由"承认规则""审判规则"和"修改规则"构成，"承认规则"是其中的核心，是验证法律适用的重要标准。"第一性规则"属于设定义务的规则；"第二性规则"属于创设权利的规则。如此一来，从哈特的视角来看，法律实际上变成了"绝对化"的概念，一旦规则缺位，对于案件中所可能涉及的"规则的例外"则只能通过法官行使自身的自由裁量权来应对。鉴于此，德沃金提出"规则缺失时创设原则"理论，他主张寻求一种更为科学的理论来解决"规则缺失情况下的例外"，由此他主张在规则之外创设原则，以探求当存有法律规则漏洞时适用原则作为法律体系中的"唯一正解"。当然，德沃金的本意是为了解决哈特理论中当规则缺位理论下法官自由裁量权过于主观化的问题，所以借引入原则将此种情况"相对客观化"。对此，德国著名法理学家阿列克西在接纳德沃金的理论前提下进一步推陈出新，提出原则与规则两者的"不确定性特征"和"确定性特征"都仅仅是"初显特征"，无论是原则还是规则都需要根据其"初显特征"结合实践中的具体个案来进一步权衡分析后再适用。③ 从早期国内外学者的观点来看，不难察觉对于规则缺位时如何适用原则来填补法律漏洞的理论都是在基于前一学者的理论上不断改进的，阿列克西的规则与原则适用理论已经基本趋于用原则作为规则的补

---

① 参见山东省东营市中级人民法院（2014）东民一终字第 166 号民事判决书。
② 参见北京市第一中级人民法院（2016）京 01 民终 622 号民事判决书。
③ 参见何国萍：《民法基本原则的冲突与协调》，中国政法大学 2011 年硕士学位论文，第 24 页。

强，在适用时结合个案进行权衡分析，并以此增强法律的体系性。纵观规则与原则理论的发展路径，这种思路对于文中所探讨的问题也有借鉴意义。

四、公序良俗原则在背俗型侵权中适用的具体条件及向度

在具体案件中，公序良俗原则适用的具体标准和界限是什么？其背后所折射出的价值取向又何去何从？本部分将着重对这些问题进行探讨。

（一）具体判断条件

相比而言，原则较规则的普适性更强，但是，并不意味着可以对原则进行滥用。除了前述适用原则时必须进行严谨的论证工作，在适用公序良俗原则之前还需要进行准确的判断和界定。

根据前文的类案分析，发现目前在侵权案件中考虑适用公序良俗原则主要存在以下问题：第一，以朴素的道德价值观念来判断公序良俗原则能否作为裁判依据，并没有从法律的规范层面对案件进行分析。如作为开创适用公序良俗原则先河的"泸州遗赠案"，[①] 该案虽然在公序良俗原则的适用上具有导向意义，但是对于该案中的具体判决和论证说理方面上依然存在瑕疵，如：判决虽然迎合了普通民众对于背叛婚姻行为的唾弃，符合普世价值观，但却忽视了有关继承法的基本规定，也忽视了行为人不同行为的具体区分，受舆论价值导向过大等。第二，案件事实类似的情况存在同案不同判的情形。对不同法院类似案情的判决结果进行比较分析，发现在同样以公序良俗否定协议（合同效力）时，出现矛盾甚至是同类案情出现完全相反的判决结果。[②] 如有的法院断定装修工人在房屋内非正常死亡降低房屋价值属于恶俗，而有些法院则在存在非正常死亡时，判决管理不善的承揽人承担损害赔偿责任。[③] 第三，混淆"公序良俗"与其他概念。如在司法实践中有些判决书中直接将"公序良俗"与"社会风俗""道德观念"等概念视为同一概念，并列使用，[④] 这些混用表明部分司法裁判不但对概念内涵、外延、适用范围界限等问题认识不清，而且根本无视概念差异问题。针对上述司法实践中存在的问题，有必要明确公序良俗原则在背俗型侵权司法实践中适用的具体条件和基本步骤。

首先，确定个案类型。"公序良俗"是公共秩序和善良风俗的合称，因此，对于公序良俗原则适用的一个前提标准就是案件事实必须涉及"公共"和"善良"，并且必须明确

---

① 参见四川省泸州市中级人民法院（2001）泸民一终字第621号民事判决书。
② 参见金锦萍：《当赠与（遗赠）遭遇婚外同居的时候：公序良俗与制度协调》，载《北大法律评论》2004年第1期。
③ 参见陆丹：《公序良俗原则在遗嘱继承中的适用研究——以"泸州遗赠案"为视角》，载《吉林工商学院学报》2018年第3期。
④ 参见（2014）玄锁民初字第70号民事判决书、（2013）太民一初字第02871号民事判决书、（2015）黔毕中民终字第1361号民事判决书、（2011）宝市中法民一终字第584号民事判决书。

一定是在侵权法规则穷尽或者适用侵权法规则明显不符合个案正义的前提下才能适用公序良俗原则。具体而言，前文中已明确了公序良俗的内涵并归纳了公序良俗原则在背俗型侵权中适用的三大具体类型，当司法实践中遇到背俗型侵权案件时，应当先明确属于哪一种具体类型，框定案件大致的类型范围，这样有利于后续适用公序良俗原则时的利益衡量和价值判断。当判断公序良俗的具体内容时，一方面需查明公序良俗的内容，查明现实生活中是否存在相应的公序良俗，另一方面需判断行为是否违反公序良俗。我国司法适用中，对这两个方面的问题都未加以重视。其次，参考类案判决。可以将实践中适用公序良俗原则作为裁判依据的具有导向意义的优秀裁判进行类型化和体系化，并将其专门作为一类指导案例进行公布，以供参考借鉴，为以后的同类型案件提供模板，这也有利于同案同判。只有真正做到类案统一标准、同案同判，才能限制法官自由裁量权的行使，并在适用公序良俗原则对当事人进行利益分配时有一把衡量的"标尺"，准确遵循自由心证原则。① 最后，严谨说理论证。结合前文中对公序良俗内涵的分析，注意对公序良俗与其他类似的概念之间进行准确的区分：如公序良俗和社会公共利益之间、与一般道德标准之间等，厘清概念的准确内涵。说理论证中还需要结合其他法律法规、当下时代民众的主流价值观念以及社会主义核心价值观等多方面，并根据侵权法的立法导向，为公序良俗原则在侵权案件中的准确适用作出合逻辑成体系的判决。

（二）公序良俗原则在侵权案件中的向度

向度，即价值取向和适用限度。向度与判断条件不同，后者主要是公序良俗原则在何种情况或事实下才能在侵权案件中适用的问题；② 而公序良俗原则的向度则是指公序良俗原则本身所内含的价值取向和其本身在整个民法原则体系的适用限度问题。明确了公序良俗原则的在侵权案件中的向度，能更好地理解公序良俗原则的规范意义，从而发挥其在特定案件中适用时的价值指引作用，最终从法治层面展现我国的社会主义核心价值观，彰显我国的文化自信。

1. 价值取向

结合公序良俗原则在背俗型侵权中适用的现有优秀案例中的裁判说理部分来看，其价值取向可以概括为："以中国特色社会主义核心价值观为具体导向，并结合中华民族优秀传统道德伦理及优良风俗习惯"。公序良俗是公共秩序和善良风俗的合称，公共秩序代表的是社会基本的运作秩序，善良风俗代表的是社会的优良传统道德风尚。中国特色社会主义核心价值观中"自由""平等""公正""法治"和"文明""和谐""诚信""友善"的基本理念实质上分别契合了公序良俗原则中公共秩序和善良风俗的理念和内

---

① 参见杨德群：《公序良俗原则比较研究》，湖南师范大学2014年博士学位论文，第136页。
② 参见毛永俊：《公序良俗原则与侵权责任法一般条款——兼评我国〈侵权责任法〉第二条》，载《贵州师范大学学报（社会科学版）》2010年第2期。

涵。而此类案件中涉及的有关中华民族优秀传统文化的价值取向主要是集中在具体案件中进行论述。如毁坏他人祖坟的行为属于剥夺他人合理地追思、纪念逝者的权利，破坏了我国弘扬孝道亲情的优良传统和人伦风俗；背叛婚姻的行为实际上间接损害了社会的和谐稳定，不利于社会内在凝聚力的形成等。① 从逻辑上看，公序良俗原则还有一个很重要的作用：作为连接侵权法和人格权法之间的桥梁。② 民法典将人格权法独立成编后，当公民个人的人格权遭到侵犯时，大多数情况下都是适用侵权法来作为侵权者责任承担的依据；但是当公民个人合法权益在人格权中并未规定时，如前文案例中的祭奠权或探望权，则需要援用与公民人格权利益关联较深的公序良俗原则来弥补法律规则的例外。③ 从中华民族优秀传统文化的角度来说，之所以将公序良俗原则规定为我国民法中的原则之一，也与我国自古以来强调"德行教化"的伦理道德有关，其价值取向也证明其与我国的优秀传统文化是一脉相承的。因此，仅从理论上来说，裁判者如果能够对我国注重人伦教化的优秀传统道德文化有较为深刻的理解，则在公序良俗原则的价值取向和个案适用上会更加透彻。

当前，中国特色社会主义进入新时代，多元化的价值取向、新兴观念和新生事物也使我国的司法实践面临新挑战、新业态。④ 司法的发展理应与时代的进步同频共振。我国司法实践的价值取向当然应当符合新时代的整体价值取向，即符合中国特色社会主义核心价值观和"努力让人民群众在每一个司法案件中感受到公平正义"的司法理念。具体到本文所探讨的问题中来，公序良俗原则在背俗型侵权案件中适用的价值取向当然也应当符合中国特色社会主义核心价值观的精神内核。

2. 适用限度

所谓限度，也即适用的界限和程度问题。同理，公序良俗原则在侵权案件中的适用限度即指侵权案件中的适用界限和程度问题。那么，该如何判定公序良俗原则在侵权案件中的适用限度？结合前文所论述的价值取向不难得出结论：既然公序良俗原则适用的价值取向是必须符合我国社会主义核心价值观的精神内核，而适用限度又必须体现价值取向，则公序良俗原则在背俗型侵权个案中的适用限度应当是："以中国特色社会主义核心价值观倡导下的正向社会利益和正向道德风尚的弘扬为限度"。所谓正向社会利益，即人民群众认同的集体共同利益，符合人民群众内心的朴素正义秩序；所谓正向道德风尚，即前文所讲的能适用于当下社会主义核心价值取向的优秀传统道德人伦。

关于限度值得探讨的另一个问题是，公序良俗原则与民法上的其他原则之间的适用界限应当如何界分的问题。事实上，民法典颁布后，我国民法在体系性上有所增强，单就原

---

① 参见李双元，杨德群：《论公序良俗原则的司法适用》，载《法商研究》2014 年第 3 期。
② 参见王轶：《论民法诸项基本原则及其关系》，载《杭州师范大学学报（社会科学版）》2013 年第 3 期。
③ 参见易军：《民法基本原则的意义脉络》，载《法学研究》2018 年第 6 期。
④ 参见梁上上：《公共利益与利益衡量》，载《政法论坛》2016 年第 6 期。

则来看，每个原则之间的界限实际上都比较明显，如诚实信用原则主要用于指引商事活动双方应当恪守基本的契约精神；① 公平原则主要强调订立契约时应当合理确定和分配契约双方的权利和义务关系等。② 但是当结合具体案件的事实后再考量该适用何种原则时往往又会显得模棱两可，使得不同的原则之间在适用时往往会使司法工作者陷入进退维谷、左右两难的境地。且由于公序良俗原则在侵权案件中也会承担一定比例的利益分配功能，与公平原则的适用有极大的相似性，因此会导致公序良俗原则与公平原则二者之间在适用上可能会更加难以界分。③ 其实，只要牢牢把握住各个原则之间的实质区别便能迎刃而解，比如公平原则主要侧重于责任承担和损失分担的角度上适用，而公序良俗原则虽然也承担一定的利益分配功能，但更重要的是通过利益分配对现有的社会主义核心价值观念和优秀传统道德风俗文化的弘扬指引，以及在面对新情况下法官运用公序良俗和其所掌握的自由裁量权将公民合法但缺乏明确规范的行为予以正当化，其实质是法官对现有规范例外情形的目的性扩张，④ 最终达到法律对公民所起的教育作用最大化的目的。明确了这两点的区分，在绝大部分侵权案件中，公序良俗原则与其他原则之间的适用限度都能很好地区分。⑤

3. 避免向一般条款逃逸

当侵权案件适用公序良俗原则时，还需要着重关注的与限度相关的问题是法官适用不规范的问题，其中一个典型现象就是"向一般条款逃逸"的问题。⑥

向一般条款逃逸通常是指法官在裁判案件的过程中，一旦遇到不属于常规的案件便不经研究，忽视既有的、可适用的、现存的强制性规范，而直接适用普适性的原则性规范。典型性的表现如，认为侵犯他人财产权、人身权属于违反公序良俗原则，认为侵犯法律有明确规则的人格权属于违反公序良俗原则等。不可否认这些行为当然属于违反公序良俗，但是当有具体规则的情形下，放弃与案件事实相符的规则不适用而适用普适性的原则，则会导致规则形同虚设，而公序良俗原则成为"案件裁判的口袋"，⑦ 最终造成法律缺失其应有的精密性。现实中应当着力避免此种情形的出现，合理适用原则与规则也是法官裁判水平的体现。

---

① 参见于飞：《公序良俗原则与诚实信用原则的区分》，载《中国社会科学》2015年第11期。
② 参见于飞：《基本原则与概括条款的区分：我国诚实信用与公序良俗的解释论构造》，载《中国法学》2021年第4期。
③ 参见陈吉生，金锦城：《公序良俗的非确定性与裁判结果的确定性探析》，载《法律适用》2008年第5期。
④ 参见易军：《民法上公序良俗条款的政治哲学思考——以私人自治的维护为中心》，载《法商研究》2005年第6期。
⑤ 参见戴孟勇：《论公序良俗的判断标准》，载《法制与社会发展》2006年第3期。
⑥ 参见徐亚文，李紫琦：《公序良俗原则司法适用的实践研究》，载《河南科技大学学报（社会科学版）》2022年第2期。
⑦ 参见王道发：《公序良俗原则在侵权法上的展开》，载《法学评论》2019年第2期。

五、公序良俗在背俗型侵权中适用的证成路径

(一) 内部证成

法的内部证成是按照一定的推理规则从相关前提中逻辑性地推导出法律决定的过程。内部证成的基本逻辑形式是通过涵摄在法律规范和法律事实中反复往返，经过演绎推理，使得法律事实该当于所适用的法律规范的所有构成要件，最终作出符合法理的和情理的判决结果的过程，该过程即法律适用模式中的逻辑涵摄模式。① 从法律技术和逻辑上讲，内部证成最广泛有效的逻辑工具为三段论推理，三段论推理与涵摄是内部证成的核心组成部分。但是，三段论推理的适用也并非机械地适用，而应当结合案件事实、公序良俗原则内涵、法律规范本身所蕴含的价值取向，融情入理，在法律证成的过程中充分发挥法律的教育和评价作用，不仅要符合形式逻辑，还要符合实质逻辑，内部证成中发挥作用的涵摄模式必须保证具有连贯性、可普遍性以及完整性。②

以具体侵权案件中适用公序良俗原则作为裁判依据、但内部证成过程较为深入的案件为例："根据我国的传统道德观念'入土为安'是对死者的告慰，现杨承芳的骨灰已安葬，骨灰不仅是一种单纯的物质，它是死者人格利益的延伸，具有人格象征意义，对死者近亲属来说，是亲人寄托哀思、具有特殊意义的物。原告、第三人分别作为死者的母亲与女儿，现都在田东居住生活，杨承芳的骨灰也安葬田东，原告与第三人前去祭拜均很便利，在此情形下，原告主张返还杨承芳的骨灰，该院不予支持。"③ 这是某一以侵犯骨灰安葬权为争议焦点的案件中法官在判决书中的说理部分。若以该案为例对适用公序良俗原则进行司法三段论证成，其内部证成过程为：首先结合案情对现有法律规范进行涵摄后发现，我国法律并未规定"骨灰安葬权"这一权利，因而没有符合该案案情可直接适用的侵权法规则，通过进一步涵摄可以发现，该案属于公序良俗调整的范围，故公序良俗原则可以作为该案的大前提；确定大前提后，再根据本案的案件事实与公序良俗原则进行判断比对，进一步确定案件事实符合公序良俗原则的规制范围后，则可以确定作为小前提的案件事实可以适用公序良俗原则作为裁判依据；最后，结合案件事实、公序良俗原则的实质内涵及法理进行如上述法院深刻严谨的论证说理，最终得出判决结果。所以，在侵权案件中适用公序良俗原则作为裁判依据并进行内部证成时，结论部分的说理环节尤为重要，它是法官在援引公序良俗原则的前提下行使自由裁量权并为侵权规则创制例外的内部证成的核心部分，也是法律规范所规定的法律后果能够适用于相关法律事实的结论性论断。当必须弃规则而适用原则的情况下，法官在内部证成的过程中必须审慎进行。

---

① 参见雷磊:《新兴（新型）权利的证成标准》，载《法学论坛》2019年第3期。
② 参见张静焕:《论外部法律证成》，载《法律方法》2017年第1期。
③ 广西壮族自治区百色市中级人民法院（2016）桂10民终1222号民事判决书。

(二) 外部证成

相对于内部证成而言，外部证成过程更加复杂严谨。[①] 司法实践中作为小前提的法律事实中的构成要件大部分情况下无法与法律规范的构成要件完全一致，此时就需要外部证成对作为大前提的法律规范中的某一构成要件作更深入的论证，"这时外部证成需要法官将价值判断纳入对个案法律前提的考量，在事实与法律规范中流连往返，直到论证出个案中的法律事实能够落入现有的法律规范之内。"[②] 对于"背俗型侵权案件"而言，当适用公序良俗原则作为裁判依据时法律事实无法与公序良俗原则的构成要件相符合时，同样需要对该构成要件进行外部证成。这并非意味着对公序良俗原则本身的正确性持怀疑态度，而是通常而言在法律适用过程中内部证成和外部证成往往具有内在的关联性，两者需要相互印证。内部证成与外部证成形成了法官对具体个案判决的逻辑思维过程，只有内部证成和外部证成的过程都确保正确，才能保证法官作出的法律决定兼具可预测性和可接受性，才能最终共同保证法律决定的整体正确性。

法理上看外部证成并不具备完型的逻辑体系框架，而法官们往往囿于各自生活经历经验、价值标准的多元化导致缺乏一致的价值判断，映射到司法实践中行使自由裁量权时就必然产生不同的判决结果，这也是造成类案不同判甚至同案不同判司法现状的根源之一。当然，这并不意味着外部证成的过程为"镜花水月"毫无根据，司法实践中各类优秀指导案例和裁判文书、相关司法解释均可资外部证成过程以借鉴。对"背俗型侵权"案件，其规范化外部证成路径可依下列思路：假设构成公序良俗原则的两个要件公共秩序为 m_1，善良风俗为 m_2，违背公序良俗原则的法律后果为 R，那么公序良俗原则为 $T(m_1, m_2) \rightarrow R$，此时若有案件事实 A，此时将 A 代入 $T(m_1, m_2)$ 使得 $T(A) \rightarrow R$ 得以合理证成即为规范化的外部证成过程，但这一过程因涉及价值衡量而无法通过逻辑结构进行展现。具体而言，可将上述外部证成过程规范化为三个步骤：首先，形成公序良俗原则类案价值体系。此过程需要检索"背俗型侵权"指导性案例、相关司法解释、符合前文所述正向社会利益向度的社会风俗习惯等，在法官内心形成较为一致的价值判断基本标准。其次，对"背俗型侵权"案件事实进行预判。在具有相对一致的价值判断标准前提下，预判案件是否属于"背俗型侵权"类案，对案件进行审判前分流，筛选出"背俗型侵权"并运用公序良俗原则进行法律分析。最后，对筛选出的"背俗型侵权"案件事实能够适用公序良俗原则这一法律大前提进行论证说理，且论证说理过程中应体现前述的公序良俗原则类案价值体系，使得"背俗型侵权"案件事实适用公序良俗原则得以成立，最终形成公序良俗原

[①] 参见张天择：《指导性案例参照中的类案判断尺度内部证成与外部证成》，载《南大法学》2022年第1期。

[②] 王彬：《逻辑涵摄与后果考量：法律论证的二阶构造》，载《南开学报（哲学社会科学版）》2020年第2期。

则在"背俗型侵权"案件中适用的规范化外部证成的逻辑闭环。

因此,通过论证背俗型侵权案件的案件事实与公序良俗原则的内涵相契合,从而证明得以适用该原则,即完成外部证成的任务。结合上述外部证成路径,以某遗赠协议效力案①为例,该案判决书中关于遗赠协议效力问题的论述,首先对公序良俗原则的内涵进行了剖析和阐释,"民事法律制度中的公序良俗原则,要求民事主体的行为需要遵守公共秩序、符合善良风俗,以此作为标准和原则判断民事行为的合法性,意图通过伦理秩序和道德价值对行为人外在利益的衡量,实现对行为人意思自治的一种约束和限制。"而后对行为人的事实行为与公序良俗原则的关联性进行了论证,"高某通过遗赠方式将房产份额赠与尚某,虽表达形式体现了个人意愿及意思自治,但个人处分权的行使应建立在社会公共秩序与善良风俗的框架内,行权的合法性判断应以法律规定及公序良俗作为共同标准。"此案中对于当事人尚某违反公序良俗的行为与公序良俗原则之间的关联性与该当性的论证过程,即属于背俗型侵权案件中外部证成的重要部分。如前所述,结合该案不难看出,外部证成缺少成型的逻辑框架,法官之间又存在生活经验和价值判断的差异,致使最终决定外部证成结果的依据具有很大的不确定性和复杂性。在"背俗型侵权"案件中对公序良俗原则进行外部证成并将其与案件事实紧密联系,既能限制法官自由裁量权的合理运用,又能尽可能保证公序良俗原则适用过程不失偏颇,其重要性不言而喻。

结 语

从宏观上来讲,原则在司法实践中的适用缺乏统一的适用标准,实践中依然存在为了结案率而"和稀泥""向一般条款逃逸",要解决这一类案件中的司法乱象还需要从立法技术上和法官群体的素质提升上下功夫。

从微观上来看,通过对公序良俗原则在侵权案件中的适用情况分析,同样可以看出上述存在的问题,而公序良俗原则中所包含的公共秩序和善良风俗又有其特殊性所在,会随时代的变迁而不断丰富其内涵,发展出适应时代需求的判断标准。当然,上述这些有关法律原则在适用中的问题是任何社会在时代变迁的洪流下都不可避免的、必然要经历的、不断被修订的过程。

总之,任何法律技术和法律原则的适用,最终都会因实践的检验和修订而不断走向规范与科学,但是,在原则和规则不断走向规范的巨轮下,立法者和司法者们都应谨记从传承了五千年的中华民族优秀传统文化中汲取其中所积淀的精华,把握好公序良俗原则及其他任何法律原则、规则的内核,无论适用方式如何变化,都应明确其根本在于符合民众心中对于实质正义的向往。如此,才能最终实现法律的"顶层设计"与公民的"权益诉求"达成中和的"中庸之道"。

---

① 参见北京市朝阳区人民法院(2015)朝民初字第19569号民事判决书。

The judicial application of the principle of publicorder and good customs in the infringement of defamation

Luo Rongrong, Xiao Pancheng

Abstract: As one of the links between the norms of civil law and the rights and interests of citizens, the importance of the principle of public order and good taste is self – evident. In terms of quantity, there are numerous cases of applying the principle of public order and good taste, and the types of cases are becoming more and more diversified. The lack of consistent judgment standards in judicial practice and the lack of rigorous grasp of the principle of public order and decency have led to a lack of logic and systematization in the application of the law. By nature, judicial practice is changing rapidly, and tort law rules have a relative lag in application compared to the endless new situations. When the principle of public order and morality is applied to infringement cases, there are irregularities in the application and "escape to the general provisions", etc. It is necessary to improve the judgment standard of the application of the principle of public order and morality from the legislation and realize the dialectical unification of top – level legislation and judicial application. In the trial of such cases, reference should be made to the existing excellent typical cases, and empirical analysis should be conducted for cases with roughly the same facts, so as to achieve the same judgment in the same case and maintain the consistency and stability of the judicial order. The application of the principle of public order and morality to analyze the facts of the case must be reasonably evidenced, providing strong theoretical support and factual basis.

Key words: the principle of public order and good customs, vulgar infringement, judicial application

宗法解纷到国家司法：
近代家事诉讼的制度化及其演进*

江 晨**

摘　要　中国家事诉讼的制度化伴随着晚清修律而生成，既有内生需求，也有外力推动。家族的有限性和自治的局限性导致总有家事纷争溢出宗族，国家从未置之不理，中国社会自身内在需求需要制度予以回应；政治秩序压力和社会思潮变革推动家事诉讼制度加速建构。家事诉讼在近代政权跌宕中历经数次修订，制度的生成、演进有其内在逻辑："家庭革命"的对象实质是宗法家族，家庭作为法律调整对象的意义得到确认；藉由内生动力对移植"蓝本"进行创新，制度生成之初就纳入了国家视角和家事传统，随后通过实践理性在制度演进过程中取舍选择；法律家对中西方家事观念和法律思维的差异保有自觉，积极明确地追寻中国家事诉讼自身独特的现代性。

关键词　宗法解纷　家事诉讼　制度化　演进

我国家事诉讼研究成果在 2016 年前屈指可数，主要是翻译、介绍域外人事（家事）诉讼法。这是因为长期以来，民事诉讼法的研究热度远弱于民事实体法；在民事诉讼领域，相对于财产关系，家庭身份关系亦被认为是次要的。自 2016 年最高人民法院启动家事审判改革试点工作后①，家事诉讼开始得到较多的学术关注，研究的视野不再局限于介

---

* 司法部法治建设与法学理论研究部级科研项目（编号：20SFB2016）。
** 江晨，法学博士，上海政法学院讲师。
① 参见《关于开展家事审判方式和工作机制改革试点工作的意见》（法〔2016〕128 号）。

绍域外法，而是提出中国家事诉讼法的立法建议①、区分家事诉讼和家事非讼二元法理②，关注家事审判实践和调解机制，有意识地建构家事诉讼规则③。但总体而言，上述研究的方法仍聚焦于横向国别比较和域外借鉴④，甚至认为家事诉讼法对中国而言是全新事物。偶有对当代家事审判、家事解纷的实证研究⑤，而近代及更早的家事诉讼史一般仅在婚姻法史、民事诉讼史中顺带讨论⑥，专题研究几乎无人问津。家事诉讼在近代晚期正式立法并开展了几十年的制度化实践，这段历史对于联结古今中外家事诉讼具有格外重要的意义。现有研究确立了"家事"诉讼不同于一般民事诉讼的意识，却尚未建立"中国"意识，缺乏对中国自身家事诉讼历史变迁的研究。域外德、英、日等国固然法律发达，但家庭领域传统惯性极强，宗教教义影响很大，横向比较借鉴意义十分有限。因此，亟须将家事诉讼近代生成和演进史系统梳理和阐释，使其"中国"要素得以看见和触摸，和"家事"要素一起形塑中国式现代化的家事正义。

清末民初社会变革的一个重要内容就是适应政治潮流对宗法伦理进行改造，甚至进行"家庭革命"⑦。鸦片战争后，列强攫取了在华领事裁判权，随着民族危机加剧与国人民族意识觉醒，朝野均深感事态之严重，为废撤领事裁判权，清末变法修律在此背景下展开，⑧家庭法自然成为近代法制革新的重要领域。一般认为，是清末的法制变革，使得家事纠纷进入正式的国家司法程序中。中国传统社会以农耕文明为主，血缘家族组织高度稳定，社会以"宗族家庭"为基本单位，自给自足的宗族生活更多依赖身份关系而生存发

---

① 参见刘敏：《〈中华人民共和国家事诉讼法〉建议稿及立法理由书》，法律出版社 2018 年版；杜万华：《论深化家事审判方式和工作机制改革》，载《中国应用法学》2018 年第 2 期；赵秀举：《家事审判方式改革的方向与路径》，载《当代法学》2017 年第 4 期。

② 参见陈爱武：《论家事案件的类型化及其程序法理》，载《法律适用》2017 年第 19 期；赵蕾：《问题、案例与程序：家事非讼事件的类型化研究》，载《云南大学学报（法学版）》2014 年第 4 期。

③ 参见张海燕：《家事诉讼证据规则的反思与重构》，载《政治与法律》2018 年第 11 期；陈爱武：《论家事检察公益诉讼》，载《国家检察官学院学报》2020 年第 5 期；任凡：《论家事诉讼中未成年人的程序保障》，载《法律科学》2019 年第 2 期。

④ 参见张艳丽：《中国家事审判改革及家事审判立法——兼谈对台湾地区"家事事件法"的借鉴》，载《政法论丛》2019 年第 5 期；[英] 西蒙·休斯（Simon hughes）、[英] 爱德华·蒂姆普森（Edward Timpson）：《英国家事司法的发展前景》，唐嘉臻译，《中国应用法学》2017 年第 5 期；罗冠男：《近现代意大利家庭法的发展阶段与借鉴——从与中国比较的角度》，载《政法论坛》2018 年第 6 期。

⑤ 参见穆红琴《山西永济县家事审判实践变迁及启示——以永济县家事诉讼档案为基础（1949—1999）》，华东政法大学 2012 年博士论文；巫若枝：《30 年来我国家事纠纷解决机制的变迁及其启示——基于广东某县与福建省厦门市五显镇实践的分析》，载《法商研究》2010 年第 2 期。

⑥ 参见王新宇：《民国时期婚姻法近代化研究》，中国法制出版社 2006 年版；陈刚主编：《中国民事诉讼法百年进程（各卷）》，中国法制出版社 2009-2014 年版；[美] 黄宗智：《清代以来民事法律的表达与实践：历史、理论与现实》，法律出版社 2014 年版；于明：《晚清西方视角中的中国家庭法——以哲美森译〈刑案汇览〉为中心》，载《法学研究》2019 年第 3 期；朱汉国：《从离婚诉讼看民国时期婚姻观念的演进》，载《河北法学》2013 年第 6 期。

⑦ 参见赵妍杰：《为国破家：近代中国家庭革命反思》，载《近代史研究》2018 年第 3 期。

⑧ 参见李全在：《"革命军北伐，司法官南伐"——1927 年前后的政权鼎革与司法人事延续》，载《近代史研究》2021 年第 6 期。

展。传统国家法视社会基层的"户婚田土钱债"为"薄物细故",让渡给宗族乡长等民间主体运用乡土规则解决,没有形成像刑事诉讼审判程序那样系统严密的制度框架,民事诉讼法因而没能成为一个独立自足的法律领域。但是,这并不意味着国家不重视家庭秩序,传统正义体系中的律典制度"以刑为主",是因为它能够凭借庞大有效的非正式正义体系来解决大部分的民间细事纠纷。[①] 宗法解纷是国家司法的先决社会基础,是儒家"礼—法"并用的实质运作,是历代统治者有意识的模式选择和制度安排。

伴随着近代"家庭革命",传统宗族家法式微,作为传统家事解纷主要机制的宗法逐步退出历史舞台,包括宗族作为解纷主体的退场、家法族规作为解纷规则的退场以及由宗族家长代表家族成员资格的退场。同时,清末变法修律之初,立法者就将家事诉讼作为民事诉讼的特殊程序,予以制度化的立法表达,展现了国家积极通过司法程序解决家庭纠纷的态度和立场,并提供了比较清晰明确的解决家庭"细故"的程序规则。宗法解纷"退场"后,国家司法机关作为解纷的法定主体,国家法替代了乡土规则,宗法家规成为裁判的主要依据,家事诉讼遵循一套形式理性的规范程序,至于具有代表家族成员资格的宗族,则在此过程中将权利交还给家庭(基于婚姻和亲子关系的小家庭)中的个人。

近代家事诉讼制度化生成和演进的历史,是联结传统家事解纷机制与现代家事审判制度的关键点。当代中国法律人普遍认同的观念和制度大体上是舶来的和现代的,但是,传统法律在家庭等身份关系领域影响很深、遗留最多;家庭关系也不同于财产关系,具有极强的传统惯性。家事解纷机制在近代如何从宗族家法演变为国家司法,并在立法上生成了现代意义的家事诉讼制度;家事诉讼将家庭纷争导入国家司法机关后,对社会产生了什么样的影响;移植法的建构性、形式理性和中国传统的个案平衡、实质理性观念如何在司法实践中不断冲撞与协调、革新时期艰难的司法实践又如何影响了家事诉讼制度的取舍,这些历史亟须被真正发掘、梳理和阐释。

一、立法演进:清末民初的表达

亲属关系是儒家文化最核心的部分,宗法家制在传统法制和意识形态中居于核心地位。《大清刑事民事诉讼法草案》于1906年编成,结束了中国长期缺少程序法典的历史。但是,在清末"礼法之争"中,虽面临内忧外患、内政外交的巨大现实压力,保守礼教派仍坚守宗法家制为不可撼动的禁地,强烈反对该部草案,使之最终搁置成为废案。随后法部确立了民、刑诉讼法分别立法的思路,并起草了《各级审判厅试办章程》(以下简称《章程》)作为办案的程序法依据,该部《章程》首次对家事诉讼作出了制度化表达、并付诸实施。其第四章规定检察官职权包括"民事保护公益,陈述意见"(第97条),第111条进一步规定,"检察官对于婚姻事件、亲族事件、嗣续事件等民事诉讼之审判,必

---

① 参见[美]黄宗智:《中国的新型正义体系:实践与理论》,广西师范大学出版社2020年版,第184页。

须莅庭监督。"① 婚姻、亲族和嗣续事件是传统中国典型的家事纠纷类型，对这类纠纷特别设置了检察官莅庭监督的制度以实现"保护公益"的目标。

1911年，汪荣宝等中国学人及日本专家松冈义正等人耗时三年多，以1890年日本民事诉讼法及1877年德国民事诉讼法为蓝本，修订完成了《大清民事诉讼律草案》（以下简称《草案》）。松冈义正对《草案》所调整的民事关系进行了明确的分类："民事诉讼之目的物，为私法关系，私法关系分为两种，一为纯粹之私法关系，二非纯粹之私法关系，公益私益，皆有关系。前者为财产权之关系，即普通关系，法律上不必有特别规定，后者之办法如何，必须有特别规定。"② 因为，"财产上之盈虚，为个人之关系，甲得乙失，均之为国民所有。其有形之财产，乃可保存。公益事件，为国家运命上之关系，一有不正，则无形之秩序，受害已深。国家不能以自体之利害，委之私人之意见。"③ 其中非纯粹之私法关系指的就是家庭身份关系，即发生在婚姻、家庭、亲属领域的纷争，关涉公益，须有特别的制度规范。基于此，《草案》恢复了被日本民事诉讼法起草者所弱化的④、德国民事诉讼法固有的人事诉讼程序，并增加了德国法未设立的亲子关系事件程序。⑤ 人事诉讼是大陆法系法律及学理上关于自然人身份权利义务关系诉讼的称谓，即本文所言之家事诉讼。《草案》人事诉讼程序包括宣告禁治产事件、宣告准禁治产事件、婚姻事件和亲子关系事件四种类型，并未承袭《章程》中的亲族和嗣续事件。遗憾的是，这部中国历史上首部民事诉讼法典未及颁行，清廷即告覆灭。虽然清末的民事诉讼法均未正式实施，但1907年《章程》一直得以施行，其中关于检察官莅庭监督家事诉讼的规定，事实上已经开始构建制度化的家事诉讼。

1917年，北洋政府司法部发出《指示关于非讼事件各款令》，就非讼事件各款作出了解答："人事诉讼程序中的禁治产和宣示亡故事件性质上均为非讼事件，适用非讼法理，不同于具有权利争议性的婚姻、嗣续、亲子事件。"⑥ 将家事事件区分为有权利对抗性的诉讼事件和不具有权利对抗性的非讼事件，分别适用不同的程序法理和规则，可谓对家事诉讼制度化的再次确认，并进行了更精细的理论划分。1921年颁布（1922年7月正式实施）的《民事诉讼条例》（以下简称《条例》），是中国历史上首部颁布实施的民事诉讼法典，其第六编人事诉讼程序在《草案》的基础上恢复了嗣续事件、增加了宣示死亡事件两种家事事件类型；另将《草案》中的禁治产和准禁治产宣告事件程序合二为一；亲族事件

---

① 王士林：《法院编制法释义》，载陈刚主编：《中国民事诉讼法制百年进程（清末时期·第一卷）》，中国法制出版社2004年版，第490页。
② [日]松冈义正口述：《民事诉讼法》，熊元襄编，李凤鸣点校，上海人民出版社2013年版，第46页。
③ [日]松冈义正口述：《民事诉讼法》，熊元襄编，李凤鸣点校，上海人民出版社2013年版，第161页。
④ 参见日本后于1898年单独制定的《人事诉讼程序法》。
⑤ 参见张勤：《清末民初的民事诉讼法及大陆法系的影响——以法典结构为视角》，载《外国法制史研究》2009年卷。
⑥ 陈刚主编：《中国民事诉讼法制百年进程（民国初期·第一卷）》，中国法制出版社2009年版，第61页。

则彻底消失于家事诉讼类型中。这样，家事诉讼的类型为五种具体的事件程序，数量上超过了作为蓝本的《德国民事诉讼法》。

后南京国民政府修订的《民事诉讼法》分两次颁布施行，一是1930年2月颁布施行了第1条至第534条；二是1931年2月颁布施行了第535条至第600条即人事诉讼程序部分。之所以未能将人事诉讼程序一同公布，是因为当时《民法》亲属、继承编尚在修订过程中，立法者认为，应待亲属、继承实体法通过后，结合实体法进行人事诉讼程序的修订后再行颁布。总体而言，南京国民政府时期的人事诉讼程序是对北洋政府《条例》人事诉讼程序的体系性传承。主要修订的是：在家事诉讼类型上删除了嗣续事件和准禁治产程序，在亲子关系事件类型中增设了收养事件；在程序规则上废除了检察官莅庭监督的制度。嗣续事件作为北洋政府《条例》中恢复的家事诉讼类型，指无子者收养他人之子以承继宗祧，是我国传统文化重要组成。新法取消嗣续、增设收养，嗣续与收养有很大差异：立嗣条件严格，必须是在男子无后时立同姓男子为嗣；而收养则仅指在养父母和养子女之间建立拟制血亲，收养人无论男女，且收养异姓女子等均不作限制，将现代身份关系法理贯彻得更为彻底。删除准禁治产事件程序主要是立法技术的考量，因为准禁治产事件可准用禁治产事件程序，无单独规定的必要。至于为何废除检察官对家事诉讼的监督机制，笔者所及之立法史料中除检察制度整体性的"保废"之争外，① 尚未发现废弃其监督家事诉讼职责的明确理由。发源于法国的近代检察制度中，民事检察主要是基于检察官承担公益监督职责的法理，而家事纠争自古在中国被视为私事，公权力尽量不予干预，对其公益性认知还非常有限。结合当时的司法实践和社会观念，能推测出或许是由于家事检察监督之基础——家事公益属性的观念超越了当时的社会认知。

二、内生和外力：家事诉讼制度化生成的动因分析

如果仅从立法表达的文本分析，家事纠争从宗法解纷到国家司法的过程无疑是由民初变法修律的"移植性"外力生成的。然而，立法的表达未必是起点或原因，也可能是社会变迁的结果。在中国近代社会风云骤变之前的两三百年间，传统社会中已经酝酿着巨大的社会变动："与工商业空前繁荣相伴随的是商业化、城市化、平民化、世俗化的经济社会变化趋势，这一系列暗潮汹涌的社会变迁是中国正以自己的方式步出中世纪而迈向近代。"② 西方影响下的"突变"并非家事诉讼制度化的唯一动因，中国社会自身的"渐变"无疑也是家事诉讼生成的重要动力。

---

① 参见陈刚主编：《中国民事诉讼法制百年进程（民国初期·第一卷）》，中国法制出版社2009年版，第98－100页。

② 马敏：《中国近代史学术话语体系建设的若干思考——中国近代史"三大体系"建设笔谈（一）》，载《近代史研究》2022年第4期。

(一) 内生: 宗族的有限性和宗族自治的局限性

中国历史上,"为防止官僚制走向彻底自律,皇权一贯倾向于限制文官政府的规模和层级,这导致地方政府对基层的实际渗透力明显弱于现代国家"①。于是,为了实现有效的间接治理和社会控制,皇权不得不重视家庭自治和宗族的治理,并赋予宗族内的尊长以法律特权,如瞿同祖所言:"家族是最初级的司法机构"。② 不过,大量文献表明,传统社会的世家宗族并非常态,"累世同居之士,虽若甚多,实则九牛之一毛。"③ 比较普遍的还是以小家庭为单位,"只有着重孝悌伦理及拥有大量田地的极少数仕宦人家才会形成宗族家法,其中,教育、传承的原动力及经济实力缺一不可,不易办到。一般的情形,家为家,族为族"④。中国很多朝代都有"抑兼并"的措施,目的是防止土地变得过于集中、出现豪强地主势力,这其中有养民惜民的成分,但是防止经济地位挑战政治权力,也是一个重要考虑。因而,在中国历史上,较少有能世代积累财富的大家族。明清时期确实存在不少强宗巨族,但主要在东南沿海,不具有全国范围的广泛性和普遍性。

家庭成员之间的纷争始终大量存在,梁启超认为在中国家庭中"相处熙睦、形迹言语、终身无间然这,万不得一焉。"⑤ 除了忍让、妥协等家庭内部自治消化,以及民间乡邻劝说调解外,总有无法自治和调解的纷争。宗族的有限性决定了无法"全覆盖"地开展解纷,宗法管理下的家族秩序自明清以来显然满足不了社会的需求。从百姓的视角来看,国家视作"细故"的家事纠纷,却关切着自身利害,十分重要,而且任何一州一县,总是重案少、细故多,需要国家提供一套用以解决"细故"争执的程序。对皇权而言,不能无视这种纷争对社会安定和统治秩序带来的负面影响,需要设置疏导解决的出口,在没有宗族可以委托的场合,事实上提供着官方裁判的机制。

虽然皇权一定程度上要借助儒家伦理和宗族力量维持有效的统治,但是族权和皇权之间始终存在矛盾和张力。"国家在利用宗族的同时,也对它进行严格的控制,家规族规、乡约行规等均需呈官批准。"⑥ 所以宗族相对于国家的"自治"是非常局限的,既不完整、也不独立。虽然皇权和族权分别对刑事和民事领域进行治理的二元模式是我们常见的对传统社会的表达,但是,当我们探寻实在的传统生活,就会发现,在明清判牍等档案中,亲属相争的案件占据了相当比例,国家司法解决家事纠纷并不少见。⑦ 清末《草案》并未颁

---

① 赖骏楠:《家产官僚制与早期现代法——韦伯理论与清代的对话》,载《清华法学》2022年第4期。
② 瞿同祖:《中国法律与中国社会》,商务印书馆2010年版,第28-29页。
③ 吕思勉:《中国制度史》上海教育出版社2002年版,第313页。
④ 瞿同祖:《中国法律与中国社会》,商务印书馆2010年版,第5页。
⑤ 梁启超:《饮冰室合集》,中华书局1989年版,第40页。
⑥ 汪雄涛:《中国法律史研究的三种神话——基于明清社会的反思》,载《法学评论》2013年第12期。
⑦ 参见 [美] 黄宗智:《清代以来民事法律的表达与实践:历史、理论与现实》,法律出版社2014年版,第22-28页。

行,但彼时已有大量家事纠纷请求启动国家司法程序,据 1913 年 9 月 5 日《大公报》报道,"近来法庭诉讼,男女之请求离婚,实繁有徒,此皆前此未有"①。如果宗族能有效地管控纠纷的话,应当不会有如此多的案件溢出宗族,进入国家司法。②

(二) 外力:政治秩序的压力和社会思潮演进

即便如此,我们并不能将家事诉讼制度化完全归因于内生因素。虽然近代之前已经萌芽的商业化、城市化、平民化、世俗化,影响了人口的居住、职业、阶层流动等,家均人口减少,家族社会在清末已有消解的迹象。但是,家庭领域的传统惯性很强,家庭变迁的过程通常十分缓慢,宗族和国家在解纷地位上的继替应当是缓慢且渐进的。然而,伴随着"家庭革命"的社会思潮、变法修律的政治压力、宗族家法的式微和现代国家的形成,法律需要对思想变革和社会结构变迁进行有效回应,宗族解纷的退场和国家司法的登场被加速推进。

作为近代民主思潮重要组成部分的家庭变革思潮,不仅对社会生活、社会结构产生了千丝万缕的影响,对家事诉讼的制度化生成亦具有重要的推动作用。"自戊戌变法时期,封建婚姻、家庭制度和纲常名教因明显阻碍民族进步、国家富强而成为社会变革力图清理的目标。"③ 辛亥革命时期,民主思潮高涨,君主专制的"家族政治"被推翻,提出了顺应世界趋势的分居、异财、小家庭制、人伦平等等"新家庭"主张,力图以此克服传统大家族的诸多弊端。"新文化运动时期,无政府主义者不满足于改复式大家庭为单式小家庭而主张废婚毁家",④ 小家庭也成为"旧家庭"的一种,应被革新。然而,"衡量现实不能仅以理想为尺度,还要以历史为尺度,因为摧毁进步的不仅可能是所谓的保守势力,也可能是对完美乌托邦的迷恋。在旧世界构建乌托邦的设想由于经济压迫以致经营惨淡、人心涣散而很快失败,废婚毁家的主张最终回到了争取实现合理的家制上来。"⑤ "新家庭"方案,既是世界性的趋势,也是中国近代经济政治变动带来的家庭制度变迁博弈的结果。"中国传统社会认为家庭是不可道及的隐私,耻道家事,几千年传下的家族谱牒,大抵总是'节孝图题咏''寿序'之类,香烟氤氲中难以见到家庭的真相。"⑥ 近代在西方思想传播下的家庭变革思潮打破了家庭朦胧别的面纱,推动了包括家事诉讼在内的家庭结构、功能等方面的变革。

"新家庭"的观念迅速普及,影响着个人、家庭和国家的关系;迫于内忧外患,法律移植工作几乎在同时期卓有成效地开展。法律、国家司法制度如何有效回应家庭观念变革和家庭结构、功能变迁变成了不可回避的问题。民国政府面临政治秩序的压力,为了司法

---

① 《无妄.闲评二》,载《大公报》1913 年 9 月 15 日。
② 参见汪雄涛:《中国法律史研究的三种神话——基于明清社会的反思》,载《法学评论》2013 年第 12 期。
③ 徐建生:《近代中国婚姻家庭变革思潮论述》,载《近代史研究》1991 年第 3 期。
④ 参见汉一:《毁家论》,载《天义报》第 4 期;鞠普:《毁家谭》,载《新世纪》第 49 期。
⑤ 徐建生:《近代中国婚姻家庭变革思潮论述》,载《近代史研究》1991 年第 3 期。
⑥ 徐建生:《近代中国婚姻家庭变革思潮论述》,载《近代史研究》1991 年第 3 期。

主权独立，成为一个法治健全的近代国家，需要快速且激进的立法方案，体系性移植具有一定文化同源性的日本等大陆法系立法成为当时的最佳选择，体系性移植无疑加速了家事诉讼制度化的进程。

通常而言，家庭法包含了实体法和程序法。鉴于中国千余年来"重实体、轻程序"的法律传统，在家庭旧制遇到剧烈冲击的时候，通过实体法建构"新家庭"秩序方是当务之急。然而，"清末变法修律乃至民国肇造，《民法》的编撰欲步日本后尘，创立法典，自媲德法，然屡修屡废，至1928年尚无所成。"① 数次对家庭实体法的修订编撰均未正式施行，直至1931年南京国民政府的《民法》亲属、继承编出台。几十年间，国家司法机关审理家事案件，没有可以依据的新实体法规范，只得援引1910年《大清现行刑律》中的"民事有效部分"及少数民事特别法规，以及习惯、判例、民法草案、学说见解等条理作为权宜方案。另外，家庭法领域的一个重要特征就是实体法的大量留白，尊重家庭自治，由家庭成员商量着办，唯有涉及公共秩序、善良习俗、弱者保护等领域，才会设置规范，国家意志延伸到家庭领域通常保持相当的谦抑性。

这些特征决定了家事诉讼的制度化生成更具价值，一方面，旧秩序被打破、新规范缺位的混乱之际，不仅国家司法缺乏适法依据，家庭自治和乡邻劝解等解纷机制也缺乏可援引的规范。这时，只有将家庭纠纷导入国家诉讼机制中，才可能建立规范健全的裁判标准，如果没有国家司法产生相对统一的适法标准，家事纠纷解决的结果将会出现大量甚至极端的散乱、个别化。另一方面，家事诉讼的制度化将家事纷争导入国家司法，让大量的家庭现状和矛盾冲破传统宗族的屏障而"被看见"，此时个案具有了超越个案的意义，基于司法实践再进行实体法的制定更符合客观事实，家事诉讼在促进和完善家庭实体法制定上同样发挥了重要作用。

综言之，是内生动力和外部推力共同促成了近代家事诉讼的制度化，现有研究成果汇总往往较为强调外力因素，内生因素则无人问津。中西家庭领域观念和制度差异甚大，例如，"中国家庭制度关键在于父母亲和子女一体的法则，而西方则在于夫妻一体的法则;"② 中国立法的逻辑是归纳式的，而西方以演绎逻辑为根本；中国法制实践强调实质理性、个案衡平，而西方更重视形式理性、制度主义。当西方冲击中国时，中国接受西方什么、不接受什么，以及取舍选择的标准，均受到传统文化观念和价值标准的制约。中国近代法的导入是中国自身决定的，在此，"显然包含着中国自身朝向近代蜕变的要素"。③ 若无内生因素，家事诉讼即使被迫登上历史舞台，也难以持续发挥应有功能，更不会在时代变迁中，未随法律的废止而消失在社会生活中。

---

① 黄盛源：《民初大理院公序良俗原则的构建及其法理》，载《法学》2021年第5期。
② [美] 黄宗智：《中国的新型正义体系：实践与理论》，广西师范大学出版社2020年版，第96页。
③ [日] 寺田浩明：《从明清法看比较法史》，载邱澎生、何志辉编：《明清法律与社会变迁》，法律出版社2019年版，第47页。

三、实践理性与家事诉讼的演进

如果从法律的实际运作出发,便会看到"舶来的法律条文几乎不可避免地要经过重新理解才能适应中国社会现实。"① 如前所述,清末制定的人事诉讼程序虽未及颁行,但近代社会中总有家事纠纷溢出至国家司法范畴,且1907的《章程》中人事诉讼制度一直有效施行,意味着通过国家司法解决家事纠纷的合法性、正当性和必然性。在解纷机制上向现代诉讼转型的同时,实体法仍以旧传统为依据,无疑对司法者提出了挑战。民国时期最高审判机关——大理院及其后的最高法院在新旧糅杂的背景下,创造性地运用判例、解释例的方法应对立法欠缺和旧秩序惯性,承担起"司法兼营立法"的双重任务。"据不完全统计,大理院在1912至1927年间汇编判例三千九百多种、公布解释例两千多件,其中亲属和继承判解最多。"② 制度改写易、移风易俗难,而家事领域却是典型的风俗社会。通过对历史档案中判词、解释例的研究,可以发现家事诉讼的制度表达和实践理性之间的互动关系。

(一) 从诉权的专属性否定了宗族的实体权利资格

诉权专属性是指家事诉讼中仅具有婚姻、亲子等身份关系的当事人才有权起诉,典型地体现为阻断宗族等第三人通过行使诉权对族人的身份权进行干预、支配。例如,在顾清高等与唐永林等同居纠纷裁判中记载:"夫妻同居之诉非第三人所可提起,又由夫或妻起诉者不得以第三人为被告,此民事诉讼条例第六百六十八条第一项已设有明文规定。原告顾清高、顾唐氏系顾开林之父母,被告唐永林系唐小宝囡之父,均系第三人,而顾清高、顾唐氏竟与顾开林一同起诉,并以唐永林为被告,实难认为合法。"③ 判决顾清高、顾唐氏之诉及顾开林其他之诉均驳斥,可见婚姻纠纷中,能够起诉的仅限夫妇两人。

在嗣续、亲子身份关系案件中,同样强调诉权的专属性,例如,民国五年统字第455号解释所涉案例(民国五年六月二十日大理院复江苏高等审判庭电),江苏高等审判厅原电"大理院钧鉴:甲死后,嫡妻乙以庶子丙名义发讣治丧。族长丁系已经认知之奸生子。遵照钧院统字第418号解释,应以他无应继之人为限,援例得告争。现竟欲别图应继之人。丁以族长名义谓丙系异姓子,非甲亲生,应行另立继嗣起诉。并声明即仅求另立继嗣,告而不争。丁有无诉权,请解释是遵。"大理院回函解释:"查本院判例,自己及直系卑属无继承权者,无论现继之人是否异性均不得对之告争。丁既非应继,又非应继人代

---

① [美]黄宗智:《中国的新型正义体系:实践与理论》,广西师范大学出版社2020年版,第146页。
② 王维佳:《通过私法的治理——近代以来我国政治秩序推进与家庭法的变迁》,浙江大学2015年博士论文,第40页。
③ 江苏省高级人民法院:《民国时期江苏高等法院(审判厅)裁判文书实录》,法律出版社2013年版,第698页。

理，自可驳斥。"① 本案中，虽然寡妇择立的嗣子是异姓，按旧律传统属"异姓乱宗"，并不合法。大理院对实体是否合法未置可否，而从诉权的角度确认族长丁本人因无继承权，也非有继承权之人的直系尊长，没有诉权，故对其提起的诉讼予以驳斥，否认了族长对族内他人身份关系的诉权，即没有原告资格。在随后的判解中，大理院反复强调继承权是告争权的基础，强化了家事诉权专属性。传统法律中，只要寡妇立嗣行为违法，反对者就可以告争，对诉权主体没有限制，大理院则在无实体新律阻断宗族干预、支配族人身份权的现状下，以"诉讼驳斥"的方式对诉权主体进行限定：无诉权者起诉时，国家司法并无审理之必要。

当家事诉讼将纷争导入国家司法程序中，宗族不仅在程序上丧失了解纷主体的地位，实体上对族人的干预、支配权也在国家司法实践中事实上被阻断。既然裁判否定了宗族的诉权，意味着在生活规范层面，宗族也失去了干预、支配他人家庭关系的权利资格，家庭实体规范事实上被重构了。在家庭革命的浪潮之下，实体旧律已严重不合时宜，若机械适用旧律不仅无法发挥家事诉讼的功能，也不可能有效回应家制变革，更无法为政治秩序革新贡献司法的力量。从这个意义上说，家事诉讼实践并未将自己的使命局限于适用和实施法律，而是作为追求社会理想的工具，透过家事诉讼进行家庭制度和社会关系的合理化、标准化，因而，人们的家庭生活秩序也变得更加依赖国家司法。

(二) 形式理性与道德济弱

不同于西方法律从纯粹的形式理性出发，中国法律传统向来有道德济弱的制度安排，例如，农村土地买卖中很少像西方那样"绝卖"，而是采取典权的形式，使经济困难所迫转让土地的人长时期保持有利的回赎权。家事诉讼实践中同样体现了司法者倾向于道德济弱、实质理性，强调离婚后的扶助义务，考量时代中作为被解放群体的女性在离婚后的生存困境，通过司法判决接济弱者。例如，民国四年（1915年）赖刘氏离婚案："二十六岁的商业主赖维周以不守妇道为由，与二十三岁的赖刘氏离婚。凭族戚立约，退还刘氏妆奁，并给刘氏银一百两，刘氏娘家兄弟刘玉成当场押领。"② 再如，泰兴地方审判厅民庭判决同级检察厅起诉姜焕章呈诉伊期妻姚氏不守妇道一案："姜姚氏屡盗夫家财物换吸鸦片，经夫劝诫不唆，青年少妇夜宿烟馆实属不自检束。其夫忿恨欲死，已成怨偶。与其强合而互仇，何若离异而相安。因此泰兴地方审判厅民庭判决姜焕章与姜姚氏准其离婚。同时免除姜姚氏犯盗物罪之刑。免刑原因是盗物之罪发生于婚姻关系未绝之时，应援《暂行刑律》第三百八十一条免除其刑。姚氏与焕章现虽恩断义绝，泰兴地方审判厅民庭也考虑到姚氏经离异、母家贫乏、单身无以自赡的情况，故酌令姜焕章给洋十元以资津贴。"③

---

① 郭卫编：《大理院解释例全文》，成文出版社1973年版，第257页。
② 赖刘氏告赖维周等案，《江津地方法院诉讼案卷》，藏重庆市江津区档案馆，1919年，案卷号0030。
③ 江苏高等审判厅：《江苏私发汇报》1912年版，第六册各厅批判第二十三。

"离婚原因如果由夫构成,则夫应暂给其妻以相当之赔偿或抚慰费。至其给予数额,则应斟酌其妻之身份年龄及自营生计之能力与生活程度,并其夫之财力而定。"① 婚姻有过错的一方应承担钱财负担是符合形式逻辑的。而上述两例中,夫并无过错,且也不属于双方均无过错的情形,反而是在妻有不守妇道、盗窃、吸食鸦片等"过错"的情况下,裁判仍然考虑了对女性经济的扶助、罪责的免除,这样的司法实践和西方形式理性的逻辑无疑是矛盾的。

按照西方形式逻辑出发,当制度被建构了,个案中的事实只需要按照法律构成要件予以剪裁,通过演绎推理就能够得出普适、标准化的答案。然而我们不能忽视的是,家庭领域中西方权利本位观和我国伦理本位观有着本质差异,权利强调利己、伦理强调利他。所以西方家庭关系以夫妻一体为核心,婚姻双方是契约关系,视离婚为解除契约,违约者承担责任。中国当时的社会现实是女性解放运动刚刚启蒙,绝大多数女性未曾接受教育、没有收入来源、依附于夫生活。司法者在裁判中根据夫的财力适当予以资助,不至令离婚后的女性生无所依,表达了对纯粹形式理性和个人本位的警惕,对个人权利和家庭伦理之间的理性考量。

(三) 判决和调解机制的融合共生

宗族解纷主要是用传统(教化式)调解的方式,而告官的案件则很少调解,一般直接判案。汪辉祖曾明确指出,"盖听断以法,而调处以情",调解乃是民间社区所为,而法庭则是要求明确断案的。② 我们把明清法庭想象为以调解为主要处理民间纠纷方法的习惯,主要受到清代官方表达的影响,③ 以及中国当代司法调解的误导。传统行政兼理司法的模式下,身处基层的州县官员难有足够的精力和耐心在家事案件中开展"诉诸情感"或个案衡平的调解。在家事诉讼制度化和专门司法机关设立后的近代社会,判词中不断彰显着诉权保障、处分原则、缺席判决等符合现代程序法理的制度,这在宗族调解中是不可能适用的。

从空间的完整性角度而言,对近代家事诉讼的研究应该将目光同时关注到中央苏区的家事解纷实践,革命根据地家事立法的特点在于:主要移植借鉴的蓝本是苏联法而非德国、日本法;只颁行了家事实体法,并无专门的家事诉讼法。1931《中华苏维埃共和国婚姻条例》(以下简称《婚姻条例》)模仿了苏联激进的1926年《婚姻与离婚、家庭与监护法》,对婚姻家庭革命的力度更甚于南京国民政府《民法》的亲属、继承编。④ 因此,不同于民国政府运用家事诉讼"看见"家庭并创制家庭实体法,中央苏区家事司法实践的主

---

① 大理院八年上字1099号判例,转引自王坤、徐静莉:《大理院婚姻、继承司法档案的整理与研究》,知识产权出版社2014年版,第122页。
② 汪祖辉:《学治臆说》,载王云五主编:《丛书集成》,商务印书馆1939年版,第16页。
③ 参见〔美〕黄宗智:《清代以来民事法律的表达与实践:历史、理论与现实》,法律出版社2014年版,第7页。
④ 参见庄秋菊:《中央苏区婚姻政策的历史考察》,载《党史文苑》2019年第8期。

要任务则是贯彻、落实家庭实体法。《婚姻条例》的立法超前性与当时的历史情境存在着矛盾冲突,为此,必须通过家事司法积极调整,例如,"提高红军家属离婚的条件、尽可能维系农民的婚姻关系,因而创造性地在家事司法中大量使用调解,发挥群众路线的积极性,主动进行劝归。"① 这种将传统民间调解引入国家司法的实践,在新中国成立后继续沿用于包括家事纠纷在内的民事审判制度,也是真正意义上当代司法调解的起源,在当今家事审判方式改革中亦被再次强调。② 调解传统在双方均无过错的家事纠纷中能成为纠正西方过分对抗性、唯形式理性、必分对错胜负的诉讼制度。③ 关键的是,司法调解不同于传统民间调解,引入了诉权保障要素,调解不成时仍应做出裁判。这种一方面对国家司法裁判形式进行变通,引入调解,另一方面对民间调解进行改造,赋予程序保障,体现了司法者的实践智慧。

（四）检察官监督家事诉讼制度的流转衍变

早在清末1907年颁行的《章程》中就已设置了检察官监督家事诉讼的制度,监督的方式主要是"莅临庭审、陈述意见,提起、变更诉讼,提起反诉,为声请、上诉及其他诉讼行为,因维持婚姻而提出新事实和证据方法等,"④ 家事审判中如不待检察官莅庭而为判决者,其判决为无效。民国时期金绶先生阐释其法理在于:"人事诉讼案件由于均涉及婚姻效力、废继、归宗、亲权丧失等身份利益,与公益有重大关系,故均应当由检察官莅厅陈述意见,事件及日期应提前通知检察官,检察官莅场者,应将其姓名及所为之声明记明笔录,体现出检察官监督公益性质的民事诉讼的职责。"⑤

民国元年江苏高等审判厅刊印的《江苏司法汇报》中有一起案件:农人陆春林呈诉范宝生族串赖婚恳恩公断一案（1912年2月12日,由苏州地方审判厅民庭判决）,在判决理由中阐明:"此案在《民事诉讼律》上位特别诉讼中之人事诉讼,而当事人请求确认婚姻成立之案件也。婚姻事件于公益上有重要关系,故本厅……,且片请检察官莅庭以实行公益之维持。"判决书的末尾还在推事落款之后载明"莅庭检察官曾渤"。⑥ 泰兴地方审判厅民庭判词:判决同级检察厅起诉姜焕章呈诉伊期妻姚氏不守妇道一案,判词末尾亦列明"检察长朱锡申莅庭"。检察官陈述意见亦有所记录,例如,三年上字460号判例判词:"总检察厅检察官李杭文陈述意见略谓,此案上告人与被上告人沈瑞林业经离异,而沈瑞

---

① 周欢:《革命传统与婚姻制度——简论中央苏区婚姻法》,载《人民法院报》2022年1月4日,第5版。
② 参见《最高人民法院关于进一步深化家事审判方式和工作机制改革的意见（试行）》（法发〔2018〕12号）中就家事调解作出规定:"人民法院审理家事案件,应当增强调解意识,拓展调解方式,创新调解机制,提高调解能力,将调解贯穿案件审判全过程。"
③ 参见［美］黄宗智:《中国的新型正义体系:实践与理论》,广西师范大学出版社2020年版,第45页。
④ 陈刚主编:《中国民事诉讼法制百年进程（民国初期·第一卷）》,中国法制出版社2009年版,第95页。
⑤ 金绶:《民事诉讼条例详解》,中华印刷局1923年版,转引自陈刚主编:《中国民事诉讼法百年进程（清末时期·第二卷）》,中国法制出版社2004年版,第121页。
⑥ 苏州地方审判厅民庭判词,《江苏司法汇报》,1912（2）,各厅批判第14-16页。

林之娶沈陶氏是妻非妾，如果原审认定事实不误，则所判并无不合云云。"①

然而，南京国民政府1931年修订人事诉讼程序时删去了检察官监督家事诉讼的制度。究其原因，主要适用于刑事领域的检察制度本身已经面临激烈的"保废"之争。② 经过了20年的法制革新，法律职业活动逐渐形成专业壁垒，未经专门训练的人无法从业，司法人员实际非常紧缺，甚至在政权鼎革之际出现了"革命军北伐，司法官南伐"现象。③ 1926年旨在废撤领事裁判权的法权会议上，列强认为中国"经训练之法官人数过少"，按照《调查法权委员会报告书》统计，中国法院和司法官员情况是："各级新式法院139所、法官（包括推事与检察官）1293人。"④ 对家事诉讼而言，在人员紧张的现实下，检察官须在所有家事诉讼中莅庭确有压力。其次，检察官仅莅庭形式意义大于实质意义，关于代行起诉、反诉、上诉、举证等程序权利，鲜少见于裁判档案中，实际发挥的维护家事公益的作用十分有限。最后，传统观念认为家庭纷争系"家务事"，纯属私益范畴，对其所涉公益性的理解尚未成形成社会普遍认知。"观念对于制度具有引力作用，当社会观念领先制度太多，它会拉动制度前进；当制度超前于观念太多，社会观念又会将制度拽回它的水平，"⑤ 没有社会观念支撑的制度难有持久的生命力。

四、近代家事诉讼制度化生成与演进的内在逻辑

第一，近代"家庭革命"的对象实质是传统宗法家族，家庭仍然具有作为法律调整对象的意义。近代"家庭革命"的表述，如果仅仅从政治和社会意义上理解不致有太大问题，但从法律意义上理解时，则须澄清家庭法调整对象之家庭，与宗族、家族是泾渭分明的概念。在传统宗族的屏障下，家庭以及家庭中的个人难以和国家法发生连接，宗族中的"身份人"很大程度上否定了"权利人"，导致很长时间，我们误认为权利和身份一定是对立的。然而，家庭身份关系并非对个人权利的否定，而是为权利增加了一个维度：个人除了是国家的国民，还是家庭的成员。所谓"为国破家"⑥、"毁家建国"⑦ 中的"家"，其实指向的是传统宗族、家族，并非以婚姻和亲子为基础构建的家庭。澄清这种差异之所以十分必要，是因为如果家庭也是近代破除的对象，那么国家就不仅冲破家族，而且也穿透了家庭，直接面向了个体的人。章太炎曾言："家庭如能打破，人类亲亲之义、相敬相

---

① 大理院书记厅编辑：《大理院判决录》1915年6月，第460号判例。
② 参见陈刚主编：《中国民事诉讼法制百年进程（民国初期·第一卷）》，中国法制出版社2009年版，第98－100页。
③ 参见李全在：《"革命军北伐，司法官南伐"——1927年前后的政权鼎革与司法人事延续》，载《近代史研究》2021年第6期。
④ 法律评论社编：《调查法权委员会报告书》，载《法律评论增刊》1926年12月，第143－151、174页。
⑤ 刘瑜：《可能性的艺术：比较政治学30讲》，广西师范大学出版社2022年版，第373页。
⑥ 赵妍杰《为国破家：近代中国家庭革命反思》，载《近代史研究》2018年第3期。
⑦ 朱明哲：《毁家建国：中法"共和时刻"家庭法改革比较》，载《中国法律评论》2017年第6期。

爱之道,泯灭无遗。则社会中之一切组织,势必停顿。社会何在?国家何在?"①瞿同祖则从家庭功能角度分析,"家庭虽则也是曾吸收了很多政治、经济、宗教等功能,但是它有一个基本的抚育作用守得住,虽则其他的功能已经逐步移了出去,它还是能存在。氏族在生育制度中其实并不是一个必需及重要的组织。它是靠其他功能而得到发展机会的。一旦其他的功能不再利用亲属关系,氏族也就会像一朵花一般的萎谢了。"②在家庭变革思潮中出现过的废婚毁家设想,不过"昙花一现"。随着当代国家亲权、家庭社会学等理论发展,国家取代家庭的主张被证明并不可行,否则的话,民事诉讼只要设置解决平等主体之间纠纷、保护个人权利的普通民事诉讼机制即可,完全没有必要将家庭成员间的纷争作为特殊的事件类型,设置不同于一般民事诉讼的特殊程序法。家事诉讼制度化意味着家庭作为法律调整对象的意义不仅没有被否定,反而被确认、被凸显、被制度化:"家庭和家庭中的每个人作为法律对象具有彼此独立的价值和意义。"③

第二,家事诉讼的制度化绝非仅由外力迫使,正是内生动力使得家事诉讼在生成之初就将国家视角和家事传统纳入法律,并在演进的过程中予以理性选择。长期以来,家事诉讼近代史的研究偶尔混杂于实体家庭法史研究中,缺乏专门、系统的阐释;对其制度化的动因,无非作为变法修律的组成部分,以西法东渐、废撤领事裁判权等外力作用一言以蔽之,少有对家事诉讼制度化"渐变"的内在动因研究。从明清史料来看,近代之前的几百年间,关于婚姻、亲属、继承等家事诉讼的判牍并不罕见,国家司法事实上从未置之不理。宗法解纷不仅是家事治理的实践,更是一种道德理想和官方表达,随着越来越多实践档案的研究,我们难以忽视家事诉讼制度化的内生动力。是内生的需求和外力的推动,让家事诉讼在晚清时制度化生成并在民国时期不断演进,在制度移植之初就并非如有论者所言之"照搬照抄"④,随后更是通过实践理性在制度演进过程中进行着具有中国立场的取舍选择。

家庭领域的传统观念具有很强的延续性,且中西方家庭观念有很大区别,例如,在中国法律看来,夫妻间的结合和父母子女间关系的性质是不一样的。前者可以是暂时的(可以离异),后者则是永久的。正如宋代名儒周密所言:"父子天合、夫妇人和","这是家庭主义道德顽强持续的另一个重要例证和阐明。"⑤作为人事诉讼程序蓝本的1877年德国人事诉讼程序中并未规定亲子关系事件,而中国在1911年《草案》首次设置人事诉讼程序时就增设了"蓝本"中并没有的亲子关系事件,如果不是基于对中国社会家庭秩序、家事纷争"渐进"的理解和把握,恐怕很难在借鉴移植之初就超越"蓝本",进行本土化的创制。西方20世纪末也开始探讨家庭的永续性,强调婚姻可以解散,但亲子家庭持久存

---

① 章太炎:《讲学大旨与〈孝经〉要义》,载章念驰编:《章太炎演讲集》,上海人民出版社2011年版,第372页。
② 费孝通:《生育制度》,生活·读书·新知三联书店,2014年版,第399页。
③ 江晨:《家事程序法研究》,华东政法大学2020年博士论文,第22页。
④ 参见谢振民:《中华民国立法史》,中国政法大学出版社2000年版,第991页。
⑤ [美]黄宗智《中国的新型正义体系:实践与理论》,广西师范大学出版社,2020年版,第96-97页。

在，以此观点调整家事法，创设了所谓离婚后家庭的概念，① 再次印证了中国家事传统中的文明程度。再如，清末1907《章程》中家事诉讼类型包括了亲族事件，亲族事件显然是将家事的范畴界定在传统的大家族内，也是对异于"蓝本"的传统观念的制度化生成，当然，其后制度演进中立法者彻底放弃了亲族事件，这也是和家庭变革思潮相适应的。

家事诉讼在近代制度化生成后，虽然随着政权的跌宕经历了数次修订，但是，司法实践却保持了相对稳定性，法律家们通过实践理性检验其和家庭观念、社会结构的匹配程度，以及适用效果，较为谨慎地权衡取舍、精进制度。例如，前述亲族事件在制度文本中仅存在了4余年，清末主持修律的沈家本也认为宗法制度已徒具形式，应废除旧家制，② 随后即成为历史。再如，嗣续事件最初出现于1907年《章程》之中，1911年《草案》中并无此种家事事件，1921年《条例》中又恢复其作为家事事件的法定类型，后在1931《民事诉讼法》中被删除，"两立两废"无非因为嗣续的根基在于维系宗族血统和财产的内循环，而民间社会大量存在"异姓承嗣"现象，可以被理解为"是在宗法伦理的入侵下被国家法排除出去的行为和规矩，"③ 南京国民政府在起草继承法时候对此经过专门讨论后确定只以亲等规定遗产继承，不再规定宗祧继承。④ 相应地，人事诉讼程序也不再将嗣续事件作为家事诉讼类型。还有检察官监督家事诉讼的机制，在制度流转衍变中成为历史，直至今日中国尚未开启检察官监督家事诉讼的机制，以及家事公益诉讼的制度化，使之真正成为历史上的"惊鸿一瞥"。近代检察制度"保废"之争、社会发展水平和国家能力的局限在当代几乎不成为障碍，观念的制约恐怕才是根本的，经由观念变迁推动的制度变迁才是牢靠的、坚固的。

第三，中国近代家事司法实践一定程度坚守了个案的实质理性，这不仅是传统正义体系中实质道德主义的延续，也是近代法律家们对西方形式理性自觉的警惕，更是在从"实质非理性"到"实质理性"的过程中追寻着中国司法文化和制度的现代化改造。18世纪的工业革命极大地改变了社会关系和社会结构，消灭了各民族的特殊性，与此相适应，以形式主义法律为表征的近代法律系统在西欧社会形成。近代中国急遽变革之际，也是西方制度主义席卷而来之时，形式理性法学及相关理论被广泛引入中国。"不过，从西方具体来到中国的，并不是西方法传统的全部，而是其特殊的近代形态，在西方法上，近代法亦与其传统法对立。"⑤ 而且，社会现象不同于自然现象，它往往具有极其复杂的成因，我

---

① 参见［澳］帕特里克·帕金森：《永远的父母：家庭法中亲子关系的持续性》，冉启王译，法律出版社2015年版，第63、91页。
② 参见徐世虹主编：《沈家本全集》，中国政法大学出版社2010年版，第675页。
③ 杜正贞：《由"礼、法、俗"看明清"禁立异姓为嗣"的法律演变和社会实践》，载《明清法律与社会变迁》，法律出版社2019年版，第177页。
④ 参见胡长清：《中国民法继承论》，商务印书馆1936年版，第261页。
⑤ ［日］寺田浩明：《从明清法看比较法史》，载邱澎生、何志辉编：《明清法律与社会变迁》，法律出版社2019年版，第35、47页。

们不可硬把中国的历史和现实盲目地塞进西方近代的理论框架。

西方形式演绎逻辑和中国经验归纳逻辑的差异，决定了中国的法律家们不会在家事诉讼制度化后，就想当然地认为通过制度演绎即可实现家事正义和秩序。相反，制度化更多地是主动将家事纠纷导入国家司法视野，破除宗族解纷的封闭性和个别性，依托近代司法官员的法律素养和家国情怀，通过大量判词释义归纳出真正对中国社会、中国家庭更为妥当的制度。例如，家事审判中体现出的道德济弱，运用演绎逻辑是无法解释的。"创设现代司法文化与制度，是一个具有浓郁民族色彩的司法体制与机理的转型过程，绝不意味着沿袭久远的民族传统精神与形式的历史性消逝。"[①] 再如，家事司法实践既有民国政府司法机关的实践，也有中央苏区的实践。从时间的延续性和空间的完整性上，可以对家事诉讼制度化进行比较全面的阐释和把握。无论是民国的"远师欧陆、近法东洋"，还是中央苏区的"苏联范本"，都是体制性的移植。然而，西方中心主义下所谓普适的制度，并不能抹去国家视角的差异性。调解作为中国传统非正式正义的重要形式，在西方观念中是难以理解的，因而被称为"实质非理性"。中央苏区在家事司法中引入了民间调解，但调解的主体是具有国家公职身份的司法、行政人员，调解不成仍有诉权予以保障，创造性地启动了司法调解制度。调解究竟是"实质理性"还是"实质非理性"尚待商榷，但家事司法调解无疑向着"实质理性"迈进了一大步。无论是家事司法调解还是道德济弱，我们不应只将其理解为制度理想对社会现实做出的妥协，从实质理性的角度出发，所谓妥协实质上是法律家们积极明确地在考量、创建中国自己独特的现代家事诉讼制度。

家事诉讼制度化生成和演进过程中，中国在西方制度主义、形式理性的入侵下，依然保留了国家视角，并系统地追寻中国自己独特的现代性。正因为如此，中央苏区的家事司法调解机制在其后很长时间里都是处理包括家事案件在内的民事案件的指导思想；民国政府的人事诉讼程序虽然在制度文本上随着"六法全废"成为前尘往事，但家事诉讼形式、主体、规则等并未随法律的废止而消失于社会生活中。

五、结语

清末民初法制变革在"全盘西化"的话语体系遮蔽下，被遗忘了近代之前中国社会自身渐进发展的内生动力，也被忽视了法律家们对中国自身现代化的追寻和创造，家事诉讼制度化是裹挟于其中的一个剖面。在历史法学方法论的视野下，"法学概念和原理，绝非任意臆断的产物，实为真实之存在，并经由长期而精深的探求。"[②] 近代家事诉讼制度化生成和演进的历史，是联结传统家事解纷机制与现代家事审判制度的关键点。在家事法观念上，西方以夫妇一体为核心，中国以亲子一体为核心；西方以"个人权利"为本位，中

[①] 公丕祥主编：《近代中国的司法发展》，法律出版社2014年版，第6页。
[②] [德] 费里德尼希·卡尔·冯·萨维尼：《论立法与法学的当代使命》，许章润译，中国法制出版社2001年版，第23页。

国以"家庭伦理"为本位;在法律思维中,西方倾向形式理性和程序逻辑,中国则倾向道德和实质理性,均有很大差异。在近代特殊历史背景下,他们共同作用于家事诉讼的制度化和演进中。单一地关注其中任何一面,无论是全盘西化还是本土生发,都会脱离家事诉讼所面临的基本实际。这段历史生动地呈现了立法逻辑和实践理性中既充分学习西方形式理性、制度逻辑,也尊重中国家事传统、实质理性、非正式正义系统,这些看似不能兼容的观念和思维,却通过实践理性融合共生,形塑了中国式家事正义实现方式,对当下的家事审判方式改革深有启发。

From clan family law to family litigation: The institutionalization and evolution of family litigation in Modern China

Jiang Chen

Abstract: The institutionalization of family litigation was generated along with the revision of laws in the late Qing Dynasty, which had both inherent demands and external forces. The limitations of the family itself and the autonomy have resulted in family strife spilling over the clan constantly, while the State has never ignored it. The endogenous demands of Chinese society require an institutionalized response. And the pressure of political order and the reform of social ideology have already accelerated the construction of the family litigation system. Family litigation has undergone several revisions in the ups and downs of modern regimes, and the generation and evolution of the system has its own internal logic: The object of the "family revolution" is substantially the patriarchal family, and the significance of the family as the object of legal adjustment was confirmed. By the innovation of transplanted "prototype" through endogenous impetus, the institution was born with a national perspective and family traditions, and then trade – offs are constantly made according to practice and reason in the process of institutional evolution. Moreover, the difference between Chinese and Western family concepts and legal thinking should be noted, so the distinctive modernity of family litigation in China itself should be actively and explicitly pursued.

Key words: clan family law, family litigation, institutionalization, evolution

民事调解的在线化之维：
特征审视、问题呈现与优化向度

贾洪琳*

> **摘　要**　在移动互联网、大数据和云计算等技术的驱动下，以在线调解为代表的多元纠纷解决机制得到了快速发展。线下调解的经验主导、人格信任、关系理性等特征在基层治理中卓有成效，而在线调解的专业化、系统信任和交易理性等特征对提高调解质效、降低时间成本以及当事人利益最大化方面有所裨益。对两种机制的关系探析进一步揭示了机制运行差异的问题表征，即存在分工与技术操作难题、年龄结构与纠纷类型差异、双重信任危机、调解员权威缺失等问题。对此，通过多元渠道互补、信任体系建设和权威角色再造等纾困路径能够消弭机制差异带来的挑战，为在线调解的长效发展提供有力保障。
>
> **关键词**　在线调解　信任　理性　专业化

因应于社会公众的现实需要与司法科技创新的不断推动，在线调解得以蓬勃发展。不断涌现的在线调解机构在域外已取得一定进展，如美国的 Square Trade、Online Ombuds Office、Modria 以及美国仲裁协会提供的在线调解、德国的 Cybercourt、加拿大创新"机器人调解员"模式的智能调解 Smartsettle 电子谈判系统。有研究认为，目前全世界已有 100 个提供在线调解的机构。① 近年来，我国各类调解平台日益渐增，由最高人民法院建立的人民法院调解平台（tiaojie.court.gov.cn）于 2018 年 2 月正式上线，截至 2022 年 11 月中旬已调解案件 3660.06 万件；各地调解组织为创新机制纷纷建立在线调解平台，如四川成都市"和合智解 e 调解平台"、浙江"浙化平台"、福建"莆田调解"；同时，不同领

---

*　贾洪琳，天津财经大学法学院博士研究生。
①　参见李瑞昌：《联体与联动：作为社会治理制度的在线调解创新》，载《行政论坛》2020 年第 4 期。

域的解纷机制也分类建立平台，浙江杭州市推出首个反家暴在线服务平台"e家和"微信小程序，广东和谐医调委首开先河研发医患纠纷线上处理客户端"泽安园APP"，山东临沂市大力推广"道交一体化平台"开展道交纠纷类型化、专业化解纷；此外，电子商务领域开展的在线纠纷解决实践也取得一定成效，包括深圳众信在线纠纷解决服务平台、淘宝推出网上大众评审团的众包解纷模式、闲鱼推出的陪审团式闲鱼小法庭等。可以预见，在未来的多元纠纷解决模式中，在线调解将被进一步推广。然而，随着在线调解的不断发展，线下调解与在线调解的机制运行差异带来了新的挑战，如何纾解两种机制差异带来的挑战，充分发挥在线调解的制度效能，是推进在线调解过程中亟待解决的问题。

一、线下调解机制的特征审视

调解作为基层治理与法治秩序的重要组成部分，吸收了传统民间调解的诸多优良特征，在基层治理中取得了良好的治理效果。线下调解的主要特征有：调解技艺的实践运作以经验为主导；纷争主体基于自身利益考量对调解人形成人格信任；纷争主体出于关系理性对拥有符号资源的权威作出让步。

（一）经验主导型调解

线下调解在基层社会治理中以经验调解为主导。以人民调解为例，调解队伍的主要特征表现为专职调解员少、兼职调解员居多和文化程度偏低；人民调解组织的构成情况主要表现为以村（社区）人民调解委员会为主的特征。这些特征表明接受过系统教育的专业人才严重匮乏，调解员开展调解工作主要凭借不断积累的调解经验和语言说服等解纷技巧。

首先，专职调解员较少、兼职调解员居多。以"枫桥经验"的发源地诸暨市为例，2017年共有742家人民调解委员会，其中专职人民调解员116名，平均每个调解组织有0.16名专职调解员；全市人民调解员总数为3536名，其中兼职人民调解员3420名，占比96.72%；[1] 中西部地区的专职人民调解员则更少，以湖北省赤壁市为例，2018年全市共有人民调解组织198个，专职调解员4名，[2] 平均每个调解组织仅有0.02名专职调解员，远低于2018年中央政法委等六部门联合印发《关于加强人民调解员队伍建设的意见》中"行业性、专业性人民调解委员会应有3名以上专职人民调解员，乡镇（街道）人民调解委员会应有2名专职人民调解员"的标准。另外，全市人民调解员总数为772人，其中兼职调解员为768人，占比99.48%。可以看出，专职调解员较少，兼职调解员占比明显偏高。

其次，从文化程度来看，调解员队伍的文化程度参差不齐并呈现文化水平偏低的情形。《关于加强人民调解员队伍建设的意见》指出，乡镇（街道）人民调解委员会的调解

---

[1] 参见汪世荣、朱继萍：《人民调解的"枫桥经验"》，法律出版社2018年版，第21、30页。
[2] 王炎林：《赤壁市人民调解工作调研报告》，http://www.xnsrd.gov.cn/zsll/lltt/201812/t20181204_1472543.shtml，访问日期：2021-12-21。

员一般应具有高中以上学历，仅行业性、专业性人民调解委员会的调解员要求具有大专以上学历。2018 年赤壁市人民调解组织中，初中或初中以下的调解员占 69%，高中或中专占 26%，大专约占 4%，本科及以上约占 1%。① 安徽省濉溪县 2019 年关于人民调解工作情况的调研报告也指出，调解员队伍存在文化程度偏低、业务能力参差不齐的现象。②

再次，人民调解组织以村（社区）人民调解委员会为主，辅以在纠纷集散地设立行业调解组织。以西南地区的四川省雅安市为例，截至 2020 年底，全市共成立人民调解组织 906 个，其中村（社区）调委会占 662 个；③ 另外，在赤壁市的 198 个人民调解组织中，村（社区）人民调解委员会占 175 个。除了村民委员会、居民委员会需要设立人民调解委员会以外，企业事业单位可根据需要设立人民调解委员会，纠纷多发地也可以设立行业性、专业性人民调解组织，如批发市场、商业街设立行业调解委员会，派出所、交警队设立人民调解室，④ 目前行业性、专业性调解组织依然较少，覆盖率较低。当然，各地为满足社会需求不断创新发展线下调解模式，深圳市福田区的"福田模式"通过政府购买服务，公开招投标聘任律师事务所开展调解工作，吸纳律师担任调解员，⑤ 进一步向专业化迈进。

同样，民间调解在化解纷争矛盾时仍以经验调解为主。在乡土社会的秩序中，利用民间规范化解纷争是共同体在长期交往活动中形成的经验，共同体成员普遍遵守的地方习惯、村规民约等民间规范是约束个体行为的基层治理机制，民间规范的独有特质和实践经验能够有效解决民事纠纷。例如，在一起赡养纠纷案例中，某村刘老汉由于抚养了有生理缺陷的二儿子，其三儿子以老人偏向老二为由不履行赡养义务，调解人对其反复宣讲《婚姻法》中关于赡养和抚养的规定却无济于事，继而利用公众舆论和其子婚娶的双重压力进行道德劝说，使其主动履行赡养义务，成功化解矛盾纠纷。⑥ 在该案例中，调解员普及法律知识无果后，运用丰富的调解经验，借助民间规范巧妙地化解纠纷。乡土社会的亲邻之间利用民间规范化解纠纷通常比法律更能达至合意。

（二）情感与人格信任

"信任可以定义为对他人在交换中会考虑到自我的利益的信心或期待。它代表着对一

---

① 王炎林：《赤壁市人民调解工作调研报告》，http://www.xnsrd.gov.cn/zsll/lltt/201812/t20181204_1472543.shtml，访问日期：2021 - 12 - 21。
② 濉溪县人大常委：《关于我县人民调解工作情况的调研报告》，http://www.ahsxrd.gov.cn/content/detail/5d2d8dfc45cb820403000000.html，访问日期：2021 - 12 - 21。
③ 参见魏涛主编：《雅安年鉴（2021）》，开明出版社 2021 年版，第 144 页。
④ 参见汪世荣等著：《人民调解的"福田模式"研究》，北京大学出版社 2017 年版，第 26 页。
⑤ 参见纪琼：《论我国律师调解的制度定位》，载《河北法学》2020 年第 10 期。
⑥ 祁雪瑞：《纠纷解决机制：民间法与人民调解及枫桥经验》，载谢晖、蒋传光、陈金钊主编：《民间法》（第 14 卷），厦门大学出版社 2014 年版，第 115 - 116 页。

个事件或行动将会发生或不会发生的信念,这种信念是在重复的交换中被相互期待的。"①基于自身利益的考量,参与者在调解中通常会选择信任调解人,该信任体现在参与者愿意将个人信息进行交换,参与者对调解人建立的信任关系使其相信通过提供信息,调解人能够给予某种资源或信息作为回报,如减少信息不对称或者提出相对合理的解决方案。科尔曼认为,信任的给予意味着受托人利用委托人给予的资源为其谋取利益,"如果受托人值得信任,委托人通过给予信任所获利益大于拒绝信任受托人所得利益"②。信任能够促进参与主体之间的沟通。例如,在"张某某家属与淄博市某医院医疗纠纷调解案"中,张某某家属因担心自己是外地人,医调委会不公正调解,而无法与调解员建立信任关系。调解员表明立场并为一天没吃饭的家属订热粥和饭菜,耐心做双方的工作,用真诚取得患方信任后,才逐渐缓解患方对调解员的抵触情绪,趋于理性地协商赔偿事宜。③调解人与纠纷主体之间构筑信任关系,能减少彼此因不信任衍生的阻碍,从而提高工作效率。

信任是人际关系的必要条件。虽然信任不是增加调解成功率的必要手段,但却是某一类纠纷得以进一步进行的基础,医疗纠纷是典型的需要建立信任进行调解的纠纷。例如,在"重庆市江北区祝某与某医院之间医疗纠纷调解案"中,患方家属因患儿祝某的死亡情绪异常激动,调解员对患儿母亲心情的认同和一系列专业的表现取得了患儿母亲的信任,为纠纷的解决奠定了基础。④在涉及情感、情绪的纠纷中,情绪不稳定的一方当事人需要把悲痛的情绪发泄出来,调解人进行情绪疏导、积极安抚、认真倾听当事人的诉说,能够快速取得当事人的信任,为纠纷的解决提供基础。

卢曼根据信任对象的不同,将信任分为人格信任与系统信任两种类型。⑤人格信任是基于对被信任者的了解程度与人格特质而形成的信任,而系统信任主要体现在个体对专家知识、系统能力或规章制度的信任。由是观之,线下调解建立的信任更多的是一种人格信任。调解人所掌握的社会资源、调解过程中表现出真诚的个人品格、公正客观的态度以及调解人的经验、知识和理性等,皆为建立信任关系的可能因素,只要当事人认为对方是可信的,就容易同对方建立起信任关系。

在乡土社会的场域单元内,组织成员之间的人格信任以情感和道德共识为基础,民间社会的解纷技艺注重情理感召和道德感化相结合。情理交融的解纷方式能够弱化意气之争并消除敌对情绪,濡化纠纷主体的同理心并激发情理共鸣,改善社会网络中失调的人际关

---

① [美]林南:《社会资本:关于社会结构与行动的理论》,张磊译,上海人民出版社2005年版,第149页。
② [美]詹姆斯·S.科尔曼:《社会理论的基础(上下)》,邓方译,社会科学文献出版社2008年版,第92页。
③ 中国法律服务网:《张某某家属与淄博市某医院医疗纠纷调解案》,http://alk.12348.gov.cn/Detail?dbID=48&dbName=RTHZ&sysID=4840,访问日期:2021-12-05。
④ 中国法律服务网:《重庆市江北区祝某与某医院之间医疗纠纷调解案》,http://alk.12348.gov.cn/Detail?dbID=48&dbName=RTHZ&sysID=4948,访问日期:2021-12-05。
⑤ [德]尼克拉斯·卢曼:《信任:一个社会复杂性的简化机制》,瞿铁鹏译,上海人民出版社2005年版,第50-79页。

系。熟人社会的道德价值体系对共同体内部的秩序维系具有重要作用,道德规范和舆论谴责成为民间纠纷解决的约束规则。道德规范维系社会主体的交流交往活动,社会舆论则是约束个体行为的道德惩戒机制,违背道德规范者将遭到社会成员的排斥。道德和情感的内在约束,使民间纠纷解决变得更高效。

(三)权威与关系理性

我们所处的时代是一个权威的时代,我们的许多确信,包括对科学的确信,都是基于权威,而不是调查研究。① 一般而言,拥有调解权威的通常是那些掌握经济、政治和社会资源的人,或者在某一社会空间内德高望重的人,这一群体更有条件获得道德上的正当性,即调解员实践的符号资源。② 在调解队伍的人员构成中,有相当一部分调解员是从法院、检察院、律师事务所和其他司法部门退休后从事调解员职务的法律服务工作者,他们对法律的了解程度比普通民众更深,在信息获取和判断等方面拥有更多的资源。在资源不对等的权力关系中,拥有符号资源的调解人对纷争的解决享有支配地位,但同时也承担着相应的义务,该义务主要表现在调解的运作应当遵循合理的原则并以规则为导向。

调解人的权威能够在解决纠纷时利用自身所拥有的符号资源给纷争主体施加压力,其中"面子"和"人情"是调解员长期积累的符号资源。在纷争主体各持己见、相持不下,靠说理和道德教化无法说服当事人的情况下,通过调解人的权威施加压力和感召力,动用调解人的"面子""人情"等符号资源能促成纷争主体让步。此外,为及时有效地解决纠纷,调解员通常会利用自身的符号资源联动多方力量,邀请当地的村(居)委会干部、派出所民警、专业律师等人员共同参与调解,借助多方资源形成合力,推动调解工作的开展。身份权威施加的压力可以减少当事人之间的对立情绪,增进纷争主体的理性沟通。

此类理性是一种关系理性。"交易理性驱动着行动者对交换中的交易收益和成本进行计算,而关系理性推动着行动者对关系收益和成本进行计算。"③ 即使纷争参与人的妥协和让步在经济利益的理性计算方面不是最优的,也能通过妥协和让步获得某种社会资本或资源作为回报。线下调解中调解人联动多方力量施加的权威压力或调解技艺中使用的道德压力,以及纷争主体出于维持和修复关系的考虑,无形中迫使当事人出于关系理性选择让步,这种让步对当事人而言是经过理性计算后的选择。例如,司法部发布的人民调解工作指导案例中,"汤原县王某与某村委会山林土地纠纷调解案"的当事人因情绪激动而提高了索赔数额,调解员劝告王某索要赔偿要于法有据,且"以后还要在村里从事生产生活,

---

① [美]理查德·A. 波斯纳:《法理学问题》,苏力译,中国政法大学出版社2002年版,第100页。
② 强世功:《"法律"是如何实践的——一起乡村民事调解案的分析》,载强世功主编:《调解、法制与现代性:中国调解制度研究》,中国法制出版社2001年版,第440页。
③ [美]林南:《社会资本:关于社会结构与行动的理论》,张磊译,上海人民出版社2005年版,第152页。

不要再为此伤了和气",最终王某同意原定的赔偿金额。① 在流动性小的社会环境中,关系的维持对当事人极其重要,良好的关系和名声能够在固定的社会群体中得到认可,是人与人之间交互关系的理性形态。

二、在线调解机制的时代特质

在线调解平台整合专业人才资源与专业平台资源,集规模优势与组织资源优势于一体,使调解更趋专业化;依靠专业化和规范化的知识系统和正式制度形成的系统信任,降低了调解的时间成本;非面对面接触的网络空间所提供的安全屏障给弱势方带来安全感与赋权感,当事人可实现追求利益最大化的交易理性,减少了社会网络中对人际关系的考量带来的压力。

(一)调解更趋专业化

在线调解平台集规模优势与组织资源优势于一体,使得在线调解更趋专业化。在规模优势方面整合专业人才资源。在线调解可集聚来自全国各地的调解员入驻同一平台,截至2022年11月中旬,一站式多元解纷的人民法院调解平台已入驻3504家法院,专业调解组织9.57万个,专业调解员36.72万名。分工和专业化使得每个人都选择生产自己擅长的产品,从而提高所有产品的总量,最终实现多赢的结果。② 在线调解平台根据纠纷类型和调解员擅长的领域向当事人推荐调解员,纷争主体也可以从调解员信息库自行选择,根据调解员的擅长领域和身份信息选择适合的调解员。调解员在擅长的领域进行调解工作能发挥调解的专业化优势,积累更多专业知识和经验,从而产出更趋于最大化的法学知识总量。人工智能创新引入在线调解,更是提升了制度效能与调解质效,使在线调解更加专业化。贵阳市工商局的智能调解系统应用智能机器人协助调解,在调解阶段,由智能机器人担任调解员,通过全国首创的人工智能自助调解室可实现当事双方跨地域自助调解,对于少数自助调解不成功的案件,系统会转入人工调解,极大地提升了调解的准确率和公平性。③

在组织资源优势方面整合专业平台资源。在线调解的专业化分工可以从水平分工和垂直分工两个方面凸显专业平台的资源整合。调解的水平分工体现在平台与不同组织实现在线诉调对接机制以及组织间开展多调衔接联动机制,聚集各类专业人士打破了专业知识的壁垒。人民法院调解平台与中央台办、全国总工会、中国侨联、全国工商联、国家发改

---

① 中国法律服务网:《汤原县王某与某村委会山林土地纠纷调解案》,http://alk.12348.gov.cn/Detail?dbID=49&dbName=RTQT&sysID=8651,访问日期:2021-12-05。
② 参见张维迎:《经济学原理》,西北大学出版社2015年版,第63页。
③ 人民网官方头条号:《小i机器人应用前沿科技助力打造"云上贵州、中国数谷"》,https://www.sohu.com/a/132494837_114731,访问日期:2023-03-12。

委、人社部、中国人民银行、银保监会、证监会、国家知识产权局等单位,实现总对总对接,①平台内入驻的调解组织类型主要分为人民调解、行政调解、行业调解、商事调解和其他调解组织,各组织之间相互联动相互衔接,其中,知识产权纠纷、医疗纠纷、证券纠纷等各类行业性和专业性纠纷的调解组织和律师事务所也入驻了在线调解平台,扩展了纷争主体选择调解组织的空间。而调解的垂直分工主要体现在调解的解纷流程上,在线纠纷解决平台提供全流程一站式解纷服务,包括提交纠纷申请、咨询、评估、选择解纷方式、申请调解、申请司法确认等纵向的分工。浙江省诸暨市为创新发展新时代"枫桥经验",于2018年推进"在线矛盾纠纷多元化解平台"工作,组织建立在线申请、在线委派、在线指导调解、在线司法确认的一体化在线对接工作机制,利用互联网深度融合法院诉讼服务中心、基层法庭诉讼服务中心、专业调解委员会、律师调解室和乡镇(街道)人民调解委员会等各调解组织,各类纠纷通过一站式诉调对接以相得益彰,促进共建共治共享的一站式服务平台长效发展。

(二)效率与系统信任

相对于线下调解的人格信任,在线调解更趋于系统信任。系统信任建立在正式制度和规则的基础上,是依靠规范的专业知识和合法的规章制度形成的专家系统和规则体系的信任。随着社会分工的细化,纠纷的类型不断新增,已经向各种新型领域拓展,互联网的深度普及与纠纷主体对在线调解的需求,使得在线纠纷解决机制的专业化、系统化与规范化趋势既适应时局,又顺应民意。调解平台规范的操作流程和完善的管理制度正是系统信任所依托的载体,系统信任的专业化、系统化和规范化适应了在线调解对信任的需求。在"张某某家属与宁波市鄞州区某钢结构有限公司、某缝纫机厂劳动争议纠纷调解案"中,张某某在某厂拆卸钢棚时不慎跌落身亡,家属因缺乏法律知识以及对其他参与主体的不信任,就赔偿金额问题久争不下,又急于将死者带回老家安葬,调解员利用法律服务自助机的赔偿计算功能、视频咨询功能、文书生成功能和案例库,详细列明赔偿项目、金额、法律依据等,在规范化的知识系统提供的专业指导下,调解员迅速取得双方信任,调解进程得以加速。②可以看出,优质的法律资源满足了调解当事人的信息需求,专业的书面意见增加了调解的可信度,从而对其产生系统信任。

系统信任运用制度与技术相结合的规范化知识系统,极大地降低了调解的时间成本。在线调解可通过软件智能辅助解决纠纷,在线提交调解申请、案例智能检索、类案推送、数据分析、结果预测与评估等功能的运用,起到了较好的降本增效作用。申言之,传统线

---

① 最高人民法院:《人民法院一站式多元纠纷解决和诉讼服务体系建设(2019-2021)》,https://www.court.gov.cn/zixun-xiangqing-346831.html#,访问日期:2022-05-16。
② 中国法律服务网:《张某某家属与宁波市鄞州区某钢结构有限公司、某缝纫机厂劳动争议纠纷调解案》,http://alk.12348.gov.cn/Detail?dbID=48&dbName=RTHZ&sysID=3168,访问日期:2021-12-05。

下调解中，调解员的前期工作是通过背对背或面对面的方式与当事人频繁地沟通和交流，聆听当事人繁琐的陈述以获取争议焦点；而在线调解的申请流程需要当事人提交调解申请书，对纠纷情况进行简要说明并填写当事人申请事项，不仅减少了当事人繁琐而无重点的陈述，还简单明了地概括出争议焦点和希望解决的申请事项。此外，多元解纷平台将不同组织间的数据和资源进行集约化整合，使调解员可以充分利用大数据进行智能比对和分析，快速获取类案检索结果、相关法律法规及具体法条，为调解方案的制定提供参考，成为协助调解员调解的好帮手，减少了诸多不必要的时间成本。

（三）赋权与交易理性

不同于关系理性，交易理性追求的是利益最大化。交易理性不受人际关系的影响，对于某种关系是否中断或破裂不是首要的考虑因素。在相互隔绝的虚拟空间中，纷争参与人之间通常是素未谋面的陌生人，纠纷类型主要是涉及金钱的财产型纠纷，此类纠纷很少涉及情绪的发泄、人情成本的担忧以及对日后关系维持与修复的考量。

在线调解能够有效避免调解中肢体冲突的发生，为弱势一方表达利益诉求提供相对平等的空间。线下调解中，掌握着更多社会资源和人力资源的调解人或实力强大的一方当事人对另一方当事人造成有形或无形的压力，使弱势一方不能或不敢表达自己的全部观点和诉求，"中国的各种纠纷是被作为有可能激化转变为暴力事件、流血事件的东西来理解的"。[1] 在线调解实现了时空上的跨越，使纷争主体在物理空间上处于隔绝状态，当情绪激动的纷争主体在调解过程中发生争执，导致纠纷升级或激化时，在线调解能够避免发生肢体冲突，保障当事人与调解员的人身安全。由于互联网提供的安全屏障赋予弱势方当事人安全感与争取利益的赋权感，从而使当事人更勇于表达自己的立场与观点，对另一方不合理的要求更不容易作出妥协。

在线调解能弱化熟人网络对人际关系施加的道德压力，减少交易理性中达成合意的阻碍。这些压力可来自调解员、其他社会成员或个人自身因素。线下调解中，调解员联动多方力量和反复劝说当事人让步，无形的压力迫使坚持自己主张的一方当事人被迫放弃一部分权利而作出让步；其他社会成员基于某种道德和原则支持当事人时，当事人的妥协意味着对其他成员的背叛；或者受个人因素的影响，如对面子的重视程度，担心让步会丢了面子，"现在要是让步，这面子就折了，以后自己还怎么在村里混。"[2] 这些因素约束着当事人对利益最大化的追求，"有时不知不觉地使本来不过是利益的对立变成了原则的对立，在不能以原则作交易的心理下妥协也变得非常困难。"[3] 纯粹地对利益的理性计算更容易

---

[1] [日]高见泽磨：《现代中国的纠纷与法》，何勤华等译，法律出版社2003年版，第212页。
[2] 中国法律服务网：《宿迁市宿豫区王某和罗某邻里纠纷调解案》，http：//alk.12348.gov.cn/Detail?dbID=49&dbName=RTQT&sysID=13505，访问日期：2021-12-05。
[3] [日]棚濑孝雄：《纠纷的解决与审判制度》，王亚新译，中国政法大学出版社1994年版，第41页。

促使双方当事人达成合意，而当利益问题掺杂道德观念和个人价值时，纠纷变得很难解决。在线调解的交易理性特征使纷争主体更关注自身利益的实现，对道德、原则和面子的考虑甚微，不会因共同体成员的道德观念而影响当事人对利益的计算与妥协。

三、机制运行差异的问题呈现

随着社会环境的不断变化，传统熟人社会被打破，成为半熟人社会并将向陌生人社会逐渐转变，从道德教化的社会实态迈向注重当事人自身利益的转变，当事人的法律意识逐渐增强。进言之，传统线下调解与在线调解两种机制存在的差异带来了诸多问题与挑战：主要有年龄结构与纠纷类型差异带来的挑战，经验型主导与专业化主导差异带来的分工与技术操作难题、人格信任与系统信任差异面临的信任危机、关系理性与交易理性差异带来的权威缺失。

（一）分工与技术操作难题

在专业化水平方面，两种调解机制之间的差异在于不同的分工带来的知识增长水平不同。传统线下调解以村（社区）为主，纠纷的解决方式保持着自给自足的调解模式，调解队伍分布的集中程度较低，分散的调解队伍使得法学知识总量的增长较为缓慢。据统计，2021年人民调解委员会有68.9万个，调解人员316.2万名，①平均每个调解委员会4.6人，需要处理社区内发生的不同类别的纠纷。由于分工不明显，无论行业性调解组织和调解员的数量如何增长，甚至调解组织整体规模的增加，也难以使法学知识水平产生较大的提升。分工使得聚集在同一网络平台的调解资源生产的法学知识总量远远大于分散于全国各地的调解组织单独拥有的知识量。专业化水平的提高和经济结构多样化的改进都是分工的结果。②在线调解增加了法学知识总量，分工后单个人专门从事某一类纠纷的调解工作，极大地提升了调解的专业性。

在线调解可以使纠纷解决更加专业化，也能成为解纷过程中的阻碍。目前，解纷载体所发挥的功能主要分为作为信息通信的媒介和作为信息处理的平台。③作为信息通信使用的在线调解，如利用微信、QQ聊天软件作为通信媒介发送语音时，存在不连贯、开头和结尾不完整或者模糊不清的情形；依托音频或视频会议的同步在线调解存在参与人同时说话、声音同时出现，导致声音串联、相互干扰而产生噪音的情况。作为信息处理的在线调解要求调解员能够熟练掌握平台的操作。由于线下调解队伍存在文化程度偏低、专职调解

---

① 参见国家统计局编：《中国统计年鉴》，中国统计出版社2022年版，第779页。
② 参见杨小凯、黄有光、张玉纲：《专业化与经济组织》，经济科学出版社1999年版，第286页。
③ Ojiako U，Chipulu M，Marshall A，et al, An examination of the 'rule of law' and 'justice' implications in Online Dispute Resolution in construction projects, *International Journal of Project Management*，Vol. 36，No. 2，2017，pp. 301-316.

员较少等特征，调解员利用在线平台解纷时存在计算机操作能力差、平台操作不熟练等问题，甚至部分调解员对在线调解有排斥和抵触心理；而年轻懂技术的调解员又缺少调解经验，调解员很难在短时间内适应在线调解带来的影响。

（二）年龄结构与纠纷类型

随着智能化服务的广泛应用，由年龄结构造成的数字融入障碍不断扩大，老年群体面临的数字鸿沟问题日益凸显。2020年第七次全国人口普查数据显示，60岁以上的人口比重为18.70%。[①] 根据第50次《中国互联网络发展状况统计报告》，截至2022年6月，我国60岁及以上非网民群体占非网民总体的比例为41.6%，从年龄结构来看，60岁及以上老年群体仍是非网民的主要群体。[②] 对数字化的适应能力与互联网应用发展速度之间的差异，以及互联网应用开发理念与应用场景的设计考虑不足，造成老年群体的数字融入困境。[③] 老年群体无法具备中青年群体对数字化技术的融入程度和接受程度，在获取数字化信息资源方面处于劣势地位。因而，不善于使用网络应用的老年群体被排除在数字红利之外，很难享受在线调解带来的便利。

纠纷适合何种调解渠道取决于纠纷类型以及个案情形，纠纷类型对调解方式的适宜性选择是一个很大的考验。在熟人社会中发生的情感维系类纠纷主要以道德理念为解纷依据，"其目的是依赖妥协和道德劝告来解决纠纷，并尽可能避免当事人之间长期的相互仇视。"[④] 此类以情理或社会规范进行调解的纠纷涉及复杂的人际关系和情感因素，如亲属、继承、婚姻家庭纠纷、邻里关系纠纷，纷争主体之间有特殊的身份关系，更适合线下的经验主导型调解。线下调解机制能够发挥制度优势，调整与修复破裂的人际关系，增强两造当事人相互包容和信任的合作动机。

在陌生人社会，当纠纷涉及相对专业的法律知识时，在线调解则更具优势。最高人民法院通过在线调解多点突破，加大道交纠纷、劳动争议、证券期货、金融消费、银行保险、商事企业、医疗纠纷、涉侨涉台、知识产权、价格争议等类型化纠纷在线调解工作，截止2021年底，全国法院86.77%的道交案件实现在线调解。[⑤] 陌生人之间的纠纷以个人权利为出发点，通常是可以用金钱进行量化的财产关系，专业的在线调解平台处理此类纠纷能够达到解纷流程规范化、利益计算标准化、解决方案相对合理化的效果。

[①] 参见国务院第七次全国人口普查领导小组办公室编：《2020年第七次全国人口普查主要数据》，中国统计出版社2021年版，第9页。
[②] 中国互联网络信息中心（CNNIC）：《第50次〈中国互联网络发展状况统计报告〉》，http://www.cnnic.net.cn/n4/2022/0914/c88-10226.html，访问日期：2022-11-13。
[③] 参见杜鹏、韩文婷：《互联网与老年生活：挑战与机遇》，载《人口研究》2021年第3期。
[④] 黄宗智：《道德与法律：中国的过去和现在》，载《开放时代》2015年第1期。
[⑤] 最高人民法院：《人民法院一站式多元纠纷解决和诉讼服务体系建设（2019-2021）》，https://www.court.gov.cn/zixun-xiangqing-346831.html#，访问日期：2022-05-16。

(三）信任危机的双重叠加

一方面，人格信任在网络空间中面临信任危机。在线调解的交流方式从线下面对面转变为线上屏对屏，参与主体并非处于同一个单一的物理空间内，而是处于不可接触的网络虚拟空间中，其物理距离可能相隔千里，虽能通过网络空间传递视频、音频等信息并表达意见，但网络空间带来的距离感使参与主体之间很难建立起人格信任，依托网络空间进行交流互动的效果也会有所不足，这种脱离场域的调解情形容易引起人格信任弱化。人格信任的弱化导致调解参与人之间的沟通和合作窒碍难行，所达至的调解效果也会有所减弱。"一个社会中的普遍不信任给各种经济行为横加了另一种税，而高度信任的社会则无须支付这一税款。"① 调解参与人之间的相互不信任给纠纷解决增加了交易成本，专业化、规范化的系统信任可以减少不信任带来的交易成本。

另一方面，系统信任虽能减少人格信任危机带来的交易成本，但同样面临着信任危机。系统信任所面临的信任难题主要来自技术层面，包括虚拟空间的信息不对称以及数据安全与隐私保护问题引起的可靠性担忧。互联网技术在畅通信息渠道的同时，也使得各方当事人之间的信息更加不对称，网络空间的流动性以及参与人隐匿个人信息的情形会增加信息的不确定性。使用调解平台解纷前进行实名注册，虽能防止伪造身份等现象，但目前除了使用专门的在线调解平台以外，还有将其他通信软件作为信息沟通媒介的情形，在这种情况下，信息的真实性难以保证。"匿名性及信息不对称带来的信息失真或可能产生的伪造身份，使人们面临逆向选择和道德风险。"② 在线调解中信息不对称很难促进参与主体建立信任关系，从而产生系统信任的弱化。此外，互联网时代的数据安全与隐私保护问题也会引起参与人对可靠性的担忧，根据第50次《中国互联网络发展状况统计报告》，截至2022年6月，我国网民遭遇个人信息泄露的比例为21.8%；遭遇网络诈骗的比例为17.8%；遭遇设备中病毒或木马的比例为8.7%；遭遇账号或密码被盗的网民比例为6.9%。③ 网络技术环境的安全性与可靠性问题得不到保障，则无法纾解参与人对网络系统的不信任。

（四）调解员权威的"祛魅"

线下调解中，纷争主体通常在自行解决失败后，继而选择调解，希望通过调解员的身份权威对纠纷进行干预。基于地域形成的身份权威对纷争主体的道德约束是调解人权威的

---

① ［美］弗郎西斯·福山：《信任：社会美德与创造经济繁荣》，郭华译，广西师范大学出版社2016年版，第30页。
② 吴新慧：《数字信任与数字社会信任重构》，载《学习与实践》2020年第10期。
③ 中国互联网络信息中心（CNNIC）：《第50次〈中国互联网络发展状况统计报告〉》，http://www.cnnic.net.cn/n4/2022/0914/c88-10226.html，访问日期：2022-11-13。

重要来源，由调解人的身份权威形成的符号资源对调解策略的运用具有良好的效果。然而，在互联网时代的背景下，纷争主体对调解员所具备的专业知识、调解能力和网络平台的熟练程度等方面的重视，逐渐成为评价调解员声誉和威望的新标准，医疗纠纷、保险纠纷、知识产权纠纷等新型纠纷的出现，要求调解员应具备专业的知识加以应对。专家调解人比普通调解人更能深入纠纷实体，调解结果更具说服力。对于追求高效、便捷的纷争主体而言，熟练掌握在线调解操作技能的调解员更能得到他们的认可。进言之，经验丰富的调解员虽具备必要的社会威望和社会地位，但由于纠纷类型和解纷环境的变化，纷争主体的解纷需求已不再是简单的出于对调解员权威的考量，传统经验型调解员的权威正在经受前所未有的挑战。

更为甚者，传统的线下调解通常在某一熟悉的场景内进行，这一场景附着于熟人社会的关系网络中，纷争主体间通常是住在同一社区或同一村落的彼此认识的熟人，调解员的调解策略一般会借助在熟人社会中形成的身份权威和人际关系中的情感维系对纷争主体进行道德约束，道德规范对社区成员具有较强的约束力，可以增加社区成员之间相互交往的可预见性和信任感。但随着社会的发展，相对固定的熟人社会被打破，社区成员之间的道德约束逐渐减弱，纷争主体对调解员身份权威的崇仰和信任感也随着跨地域纠纷的增加而逐渐降低。此外，由于调解人的身份权威通常具有地域性，而权威是逐渐形成的，在某一个地域内调解员享有被尊崇的身份权威，跨越地域后并不会继续保持该权威。因而，在线调解打破了传统地域性调解模式，跨地域的纠纷主体相聚于网络空间内，调解员在线下享有的身份权威对线上的当事人不能产生威慑力和感召力。

四、打破经验定势的优化向度

为解决机制运行差异带来的问题，应当提供多元化解纷渠道，线上线下渠道优势互补，共享普惠均等的调解服务；增强远程呈现的临场感，提升网络真实性与安全性；开展先进模范宣传，引入纷争主体评价机制；以价值共识为基础，重塑自愿性权威。

（一）提供多元解纷渠道，顺应时代发展需求

伴随着城市化的推进，农村人口大规模向城市流动，社会结构和社会运行机制发生了变化，民间调解逐渐被正式的纠纷解决机制所替代，乡土社会遵循的民间自我解纷能力日渐式微。民间调解的弱化与正式解纷力量的提升，使民众更青睐于正式解纷途径。随着民众对纠纷解决的多元化需求日益增强，更多可供利用的正式纠纷解决模式和平台应运而生。面对解纷需求的变化，应根据基层社会秩序的现实情况，顺应社会变化的发展规律和演变趋势提供多元化解纷渠道。而在民间调解尚能发挥作用的基层社会秩序中，仍应保留传统民间纠纷解决的调解机制，为需要民间规范化解纷争的场域提供空间。

同时，对于网络交易平台推出的解纷机制亦应予以必要支持。在网络交易环境中，买

卖交易纠纷的增加使平台内部自发形成纠纷解决机制，内生于网络空间的纠纷解决是一种非正式的内部治理机制，参与主体可通过交易平台进行协商和调解，内部治理已成为网络交易纠纷解决中不可或缺的规制体系。淘宝平台制定的《淘宝争议处理规则》通过民间规范的方式，对交易行为、交易标的和买卖双方的争议处理等作出规范性要求，该民间规范成为平台内部治理的重要依据，平台内部解纷的优势在于其掌握了双方的交易信息，比外部解纷机制更具经验优势。当争议在内部秩序中得不到有效解决时，纷争主体还可以寻求外部渠道解决纠纷。推进多元解纷机制建设需要给予网络交易平台相对充足的自治空间，引导平台完善内部解纷机制，对民间规范在该领域的解纷作用予以肯定，促进民间解纷机制在网络领域的规范发展，为互联网用户提供更加便捷高效的解纷渠道，实现在线治理体系的有效提升。

(二) 线上线下优势互补，分层次推进平台建设

由于参与纠纷解决的群体不同，对纠纷解决方式的偏好也有所不同，线上线下二元并存的调解模式更适合当下的纠纷解决需求。数字融入程度存在年龄结构差异，年轻的纷争主体更乐意接受在线调解作为调解媒介，而年纪偏大的纷争主体更适合线下的面对面调解，应当有针对性地分类推进在线调解，建设数字包容的信息共享社会。"老年数字鸿沟的包容性治理强调充分尊重和保障包括老年群体在内的所有人群的基本需求与发展需要，创造更具人文关怀、更趋公平性的多元社会、包容社会。"[①]

2020年国务院办公厅印发《关于切实解决老年人运用智能技术困难的实施方案》，明确线上服务与线下渠道相结合的基本原则，线上服务与线下渠道应融合发展、互为补充，有效发挥兜底保障作用。质言之，线下调解机制有其不可替代的功能，不同教育背景和生活习惯的纷争当事人存在不同的选择偏好，不同的调解机制也存在纠纷解决的类型化优势。通过多渠道供给，为当事人提供更多的选择，对于不擅长或者不会使用互联网应用的群体，可以选择传统面对面的线下调解，坚持传统服务与智能化服务二元并存，让各类当事人共享普惠均等的调解服务。

在线调解渠道应当分区域、分程度推进平台建设。在条件允许的区域大力推进在线调解平台建设，条件不成熟的区域暂缓平台的推广，稳步发展，不急于求成。在推广平台建设的同时升级软硬件设备，优化网络环境，改善在线调解参与主体的使用体验。与此同时，继续推进资源整合，汇集本地区各类纠纷解决资源，集聚村、社区、乡镇、街道、企事业单位以及行业性人民调解委员会等各类调解组织于同一调解平台，邀请法官、检察官、律师和各行业的专业性人士入驻在线调解平台，增加在线调解员和组织的类型，为纷

[①] 陆杰华、韦晓丹：《老年数字鸿沟治理的分析框架、理念及其路径选择——基于数字鸿沟与知沟理论视角》，载《人口研究》2021年第3期。

争主体提供多元化选择。

（三）增强远程呈现，提升网络真实性与安全性

其一，增强远程呈现，提升临场感。提升用户对虚拟环境的感知程度，能够改善因脱离场域带来的距离感，重构参与人之间的人格信任。临场感是个体利用网络媒介进行沟通时产生无意识的认知感觉以及与他人联系的心理感知，临场感越强，纷争主体的在场性感知也会随之增加；进言之，参与主体感知到的临场感越接近现实，就越能使参与者透过媒介融入调解场景中，集中注意力参与在线调解，而忽视媒介本身的存在。平台可以构建情感交流的表达空间，尝试模拟现实调解场景，设置同线下调解场景相似的背景画面等沉浸式场景，通过创设在场性情景形成感觉特征，使参与者既能身临其境，又能体会到与他人同在的心理感知。

其二，保障身份信息真实性，提升网络环境安全性。一方面，统一身份认证，保障数字身份的真实性。作为网络安全的基础保障，参与主体身份信息的真实性对于在线调解显得尤为重要，"个人信息之上所承载的数字身份，才是真正连接着人类物理世界和虚拟世界的唯一沟通桥梁"[1]。为保障数字身份的真实性，平台应当建立统一的身份认证系统，完善身份认证体系，明确身份认证规则，使参与者可以在相对安全的环境中进行信息交流，从而构建基于数字技术的系统信任。另一方面，提升网络技术环境的安全性与隐私保护。在线调解平台应当规范个人信息收集和使用规则，最大限度地保障用户的个人信息安全，减少信息泄露的风险；加强风险监测预警与应急处置机制，开展常态化监督检查机制，发现数据安全存在风险时立即采取补救措施；加大违规采集数据与滥用数据等行为的监管力度；在数据记录与留存方面引入具有不可篡改特征的区块链技术，增加数据记录系统的真实性和可靠性，重构民众对在线调解的信任。

（四）宣传先进模范，引入纷争主体评价机制

良好的声誉能赢得公众的信任，潜移默化地影响人的行为和意识。信任的原始基础是熟悉的特征和过去的记录，而声誉是过去和信任之间的媒介，通过口碑和广告的方式能建立声誉。[2] 一方面，加强模范宣传。先进模范所宣传和展示的优秀品德，能够塑造出社会公众广泛认可的公共意象，新时代的"枫桥经验"通过榜样和典型模范的宣传，先后涌现出杨光照、蔡娟等为代表的模范人物和经验传播者。宣传和学习先进模范的动员策略，既是对社会公众进行普法和树立身份权威的过程，也是对调解经验的总结和提炼。另一方面，创新宣传方式。发挥全媒体优势，通过传统媒介和新型媒体在内容、渠道、平台等方

---

[1] 陆青：《数字时代的身份构建及其法律保障：以个人信息保护为中心的思考》，载《法学研究》2021年第5期。

[2] 参见郑也夫：《信任论》，中国广播电视出版社2001年版，第108–110页。

面的深度融合，打造新旧媒体资源融通的优势互补，扩大受众群体的范围，增强新权威的宣传广度；聚合融媒体力量，遵循新型媒体传播的规律，发挥主流媒体的资源优势，占领信息传播制高点，增强新权威的宣传效度。

在调解平台引入纷争主体对调解人和平台的评价机制，增强纷争主体对调解人及调解平台的信任。"在线纠纷解决系统中引入用户评价本身就是一种系统声誉的自我宣示"①，在调解平台引入纷争主体评价机制，并展示评价内容以及调解人员和平台对评价的回应，从而形成以评价机制为基础的监督体系，重构调解人及调解平台的声誉。构建评价机制应以纷争主体个人信息和隐私的保护为基础，明确纷争主体对调解人与平台的评价标准，构建涵盖参与主体之间的沟通程度、解决方案的满意度、调解协议的执行情况的评价体系。这种声誉效应在一定程度上制约着平台和调解人，促使平台根据评价信息及时发现问题，并进行有针对性的调整和改进，而调解人在评价机制的激励下积极回访和监督协议的执行情况能够推动"执行难"问题的解决，提高公众对在线调解的信任程度。

（五）以价值共识为基础，重塑自愿性权威

身份权威随着资源优势的减弱而逐渐消解，传统经验型调解将会随着时间的推移被专业化调解所替代，新型纷争的涌现与跨地域纷争的增加，导致纷争主体对调解员权威的认知有了新的标准。树立权威需要与时俱进，彰显时代感。"枫桥经验"的每次升级，都是对时代呼唤的回应，正因为如此，才没有因为跟不上时代的步伐而被人忘却。② 不同时代的权威体现了不同的特征，权威的重塑需要满足当下的时代使命并代表当下的道德规范和价值取向。

重塑权威应当形成以共识为基础的价值标准。遵循共同认可的标准进行调解，更能达至两造当事人的合意，形成更有说服力的权威地位，以价值共识为基础的权威，应当由压迫性权威转化为自愿性权威。在线平台所遵循的规则体系和价值标准应当以社会主体自愿服从的价值共识为基础，当然"建立在服从者内心信服和价值共识基础上的权威也具有强制性，这种强制性是一种弱的强制性。"③ 只有形成普遍认同的价值共识，才能使参与人自愿服从权威意志。以共同认可的价值标准为基础的自愿性权威，应当维护当事人的合法利益并充分尊重当事人意志。以共识重塑自愿性权威，脱离了社会结构中身份权威带来的强制性压迫，符合社会信任产生的逻辑，能够维持长期稳定的权威地位，凝聚普遍认同的价值共识。

---

① 谢鹏远：《在线纠纷解决的信任机制》，载《法律科学（西北政法大学学报）》2022年第2期。
② 参见何柏生：《作为先进典型的"枫桥经验"及其当代价值》，载《法律科学（西北政法大学学报）》2018年第6期。
③ 钱大军：《组织与权威：人民调解的兴衰、重振和未来发展逻辑》，载《法制与社会发展》2022年第2期。

五、结语

传统线下调解的经验主导、人格信任、关系理性等特征为纠纷的解决起到促进作用。与此同时,在司法科技创新的背景下,智能化与信息化建设为在线调解提供了发展契机,在线调解的专业化、系统信任、交易理性等特征为在线调解的发展提供了有力支持。深入剖析线下调解与在线调解之间的相互关系,有助于从两种机制特征的差异层面揭示在线调解与线下调解之间存在的问题与挑战。这些问题主要表现为分工与技术操作难题、年龄结构与纠纷类型差异带来的考验、信任危机的双重叠加、调解员权威的缺失。因此,通过线上线下优势互补、提供多元解纷渠道、构建信任机制以及重塑自愿性权威等优化路径,能够消解现实困境,助力调解的稳步发展。深入剖析两种机制运行差异带来的挑战,对考察调解制度的运行实效具有十分重要的作用,只有不断调整和纾解机制差异带来的难题,才能达至调解效果的最优化。未来有必要继续探讨两种机制运行差异的内在影响,进一步探索调解制度嵌入网络空间的技术应用,推进在线调解提质增效。

The Online Dimension of Civil Mediation: Characteristics, Problem Representations and Improvements

Jia Honglin

Abstract: Driven by the information technology of the mobile internet, big data, and cloud computing, the multi-dispute resolution mechanism represented by online mediation has developed rapidly. Offline mediation, which features experience-dominated, personality trust, relational rationality, etc., has proven effective in grass-roots governance. Comparatively, online mediation, which is characterized by professionalism, system trust, transaction rationality, etc., is beneficial to improving the quality and efficiency of mediation, reducing time costs, and maximizing the interests of the parties. Through the analysis of the relationship between both mechanisms, this study further reveal the representation of problems regarding the differences in the operation of mechanisms, including the problems of the division of labor and technical operation, the differences in age and dispute types, the crisis of double trust, and the lack of the authority of mediators. In this regard, the bail-out paths, such as multi-channel mutual supplement, trust system building, and authoritative role rebuilding, can be used to eliminate challenges presented by mechanism differences, thus providing a strong guarantee for the long-term development of online mediation.

Key words: online mediation; trust; rationality; professionalism

经验解释

论人民调解的适用范围[*]

——基于民间纠纷的考察

梁德阔[**]

摘　要　人民调解以化解民间纠纷为对象,定义民间纠纷是界定人民调解适用范围的关键。从民俗学视角考察,民间纠纷是指熟人之间因日常生活事件而引发的纠纷,这不同于《民间纠纷处理办法》的法学定义。民间纠纷的主体是"民","民"之间是熟人关系。"民间"指称非官方、乡村和传统,它是民间纠纷发生的场域。民间纠纷指向日常生活,不同于法律纠纷。没有"民""民间"属性和日常生活指向的纠纷不是民间纠纷。

关键词　人民调解　民间纠纷　日常生活　民俗学

我国宪法和民事诉讼法规定人民调解的对象是民间纠纷。《人民调解法》第2条规定:人民调解是指人民调解委员会通过说服、疏导等方法,促使当事人在平等协商基础上自愿达成调解协议,解决民间纠纷的活动。1989年,国务院颁布的《人民调解委员会组织条例》将人民调解的适用范围界定为民间纠纷,但没有定义民间纠纷概念。1990年,司法部《民间纠纷处理办法》第3条规定:民间纠纷是指公民之间有关人身、财产权益和其他日常生活中发生的纠纷。根据这一规定,民间纠纷主体仅限于公民,法人与法人、个人与法人之间发生的纠纷不属于民间纠纷;民间纠纷内容是人身权益、财产权益和日常生活纠纷,属于婚姻、家庭、邻里、继承、赡养等简单的民事纠纷,不是行政纠纷和刑事诉讼。2002年,司法部《人民调解工作若干规定》第20条规定:民间纠纷包括发生在公民与公民之间、公民与法人和其他社会组织之间涉及民事权利义务争议的各种纠纷,扩展了民间

---

[*]　国家社会科学基金项目"人与工业遗产共生发展的都市人类学研究"(项目编号:21BMZ099)。
[**]　梁德阔,法学博士,社会学博士后,上海师范大学哲学与法政学院社会学系教授,硕士生导师。

纠纷主体和范围。2010年,《人民调解法》仅规定人民调解是"解决民间纠纷的活动",对民间纠纷的适用范围仍没有具体、明确的规定。定义民间纠纷概念是界定人民调解适用范围的关键抓手,关系到人民调解制度的功能定位和未来发展。民间纠纷自古有之,属于民俗学范畴,不适宜用今天的法学理论解析。为此,本文从民俗学视角考察以下问题:其一,什么是民间纠纷?辨析民俗学定义和法学定义的区别。其二,民间纠纷的主体是公民还是"民"?考析"民"的内涵和特征。其三,为什么说没有民间属性的纠纷不是民间纠纷?诠释"民间"的三重涵义。其四,为什么说民间纠纷指向日常生活?比较民间纠纷与法律纠纷的差异。该文希冀从民间纠纷的主体、场域、指向三方面进一步明确人民调解的适用范围。

一、"民":民间纠纷的主体

《民间纠纷处理办法》规定民间纠纷主体是公民。公民起源于古希腊的城邦国家,当时是一个地域性概念;到了罗马时代,公民演变为一个相对于国家而存在并独立于国家的概念。现代宪法意义上公民是指具有一个国家国籍的自然人,如我国宪法规定:"凡具有中华人民共和国国籍的人都是中华人民共和国公民",反映了一种权利义务关系。准确地说,民间纠纷的主体应是民俗学意义上的"民"(folk),而不是法律和政治学意义上的"公民"(citizen),也不包含陌生的自然人。民俗学家从地域和文化视角界定"民",主要是指乡民和野蛮人,还包括流入城市的农民。乡民生活在农村,野蛮人没有文化知识,两者具有契合性。

"民"是乡民或下层人,非官方之人。早期民俗学家汤姆斯(William John Thoms)认为"民"是以乡民为主的"普通民众"(the Common People),他们掌握旧时的行为举止、风俗、仪式庆典、迷信、叙事歌、谚语和神话等。[1] 约翰·布兰德(John Brand)指出,"他们处于人类政治结构的底层",主体是"愚民"(the Vulgar 文化知识而言)或下层人(社会地位而言)。[2] 我国《汉书·董仲舒传》说:"乐者,所以变民风,化民俗也。"这里的"民"指普通百姓,与《孟子·尽心下》的"民为贵,社稷次之,君为轻"中的"民"字含义基本相同。钟敬文说:"民间……的主要组成部分,是直接创造物质财富和精神财富的广大中、下层民众。"[3] 广州的《民俗周刊》宣称"民"是平民或民众,中国民间文艺研究会确定"民"为劳动人民,他们都不是政府官员。

"民"是野蛮人和农民。安德鲁·兰(Andrew Lang)把"民"定义为"那些极少受到教育的改造、极少取得文明上的进步的民间群体、大众和若干阶级",他们是进化上的落伍者,现代社会以"欧洲农民"为代表,他说:"民俗研究者立即就会发现这些在进化

---

[1] 参见高丙中:《民俗文化与民俗生活》,中国社会科学出版社1994年版,第12页。
[2] 参见高丙中:《民俗文化与民俗生活》,中国社会科学出版社1994年版,第12页。
[3] 钟敬文:《民俗学概论》,上海文艺出版社2009年版,第2页。

上的落伍的阶级仍然保留着许多野蛮人的信仰和行为方式……民俗研究者因而被吸引去审视野蛮人的习惯、神话和思想观念——欧洲农民仍然保存着它们,并且,它们的形态并不乏本来的朴野。"① 哈特兰德(Edwin Sidney Hartland)认为"民"是"不同种族的野蛮人""未受学校教育的那些人"和"欧洲农民","他们各自看待世界以及一切自然的和超自然的事物的方式"是相同的,有时他简单明确地表述为"野蛮人和农民"。② 阿尔弗雷德·纳特(Alfred Nutt)认为"民"是"社会中那部分没有学问,又最落后的人",就是农民,"他们一直与大地母亲处于最亲密的接触之中……他们的双肩被压上了使土地生长食物,并做人类的繁重的和肮脏的工作的任务"。③

上述民俗学家认为"民"是"乡民""野蛮人""农民",那么城市人和现代人是不是"民"呢？现代民俗学者给予肯定性回答。理查德·多尔逊(Richard M. Dorson)修正了传统的民俗定义,"民俗呈现为当代性的,面对'此地'和'现在',面对城市中心,面对工业革命,面对时代问题和思潮。"④ 多尔逊认为民俗之"民"是趋向传统的匿名群众(anonymous masses),由乡下人(country folk)和部分城市人组成,他列举为：真正意义上的乡下人、迁移到城里的乡下人、这种城里人的部分后代。⑤ 阿兰·邓迪斯(Alan Dundes)也认为城里人和现代人都有民俗,他批判了两种错误观点：一个是"城市居民不属于'folk',因而他们就没有民俗"；另一个是"民俗是由'folk'在遥远的过去创造的……现代人根本不创造新民俗,而且还会越来越多地忘掉民俗"。⑥ 我国民俗学者陈勤建指出,"现实生活中流行的各种民俗事象,并非仅仅局限在下层的乡民、陋民中,古代的帝王将相、现代的总统首相、主席总理,教授学者,在生活实践中往往也是普通民众的一员,与凡人一样难以随心超凡脱俗。"⑦ 黄涛认为,在生活情境中的任何人都是民俗之"民",已经没有"阶层性"限定,所有人都可以是传承民俗和民间文学的"民众"的一员。⑧ 大藤时彦说,把民众限制在未受教育、无文化的"田夫野人",已不合时宜了,民俗归属于整个人类群体。⑨

邓迪斯认为"民"是由任何人组成的任何"民群"(folk groups),他们拥有共同点和传统。他给"民"下定义："Folk 可以用来指任何人类的群体,只要这个群体至少有一个

---

① 转引自高丙中：《民俗文化与民俗生活》,中国社会科学出版社 1994 年版,第 14 页。
② 转引自高丙中：《民俗文化与民俗生活》,中国社会科学出版社 1994 年版,第 15 页。
③ 转引自高丙中：《民俗文化与民俗生活》,中国社会科学出版社 1994 年版,第 16 页。
④ 转引自高丙中：《民俗文化与民俗生活》,中国社会科学出版社 1994 年版,第 23 页。
⑤ 参见高丙中：《民俗文化与民俗生活》,中国社会科学出版社 1994 年版,第 23 页。
⑥ 参见高丙中：《民俗文化与民俗生活》,中国社会科学出版社 1994 年版,第 25 页。
⑦ 陈勤建：《中国民俗》,中国民间文艺出版社 1989 年版,第 18 页。
⑧ 参见黄涛：《按社会情境界定当代中国民俗之"民"》,载《中国人民大学学报》2004 年第 4 期,第 130 - 134 页。
⑨ 参见［日］大藤时彦：《民俗学及民俗学的领域》,载后藤兴善：《民俗学入门》,中国民间文艺出版社 1984 年版,第 2 - 3 页。

共同点。至于这个联系群体内部的各个体的共同点究竟是什么,则要看具体情况。它可以是相同的职业、语言,也可以是共同的宗教,等等。重要的是,这样一个因为某种理由而结成的群体必须有一些它确认为属于自己的传统。"① 在邓迪斯看来,只要群体有一个共同点和自己的传统,这个群体就有民俗。我国学者高丙中指出,民俗研究领域中的"民"是有特定含义的,与现实生活中的"民"是有差异的,"生活中的人是完整的、完全的",民俗的"民"是"生活中的人的局部或片面",民俗中的"民"是"某时某刻意义上即是时间片段意义上的"。② 民俗之"民"并不等于生活中的人,只有当生活中的人表现出民俗之"俗"时,民俗学家才承认他是"民"。

由上述可知,民俗之"民"的范围在不断地扩大,这是因为"俗"的内涵发生变化,民俗学家以"俗"定"民"。汤姆斯的"民众"不会超出本民族,到人类学派民俗学家(如哈特兰德、纳特)那里,"民"不仅包括本族人,还包括异族的野蛮人,但限定为乡土范围的、非工业化的。随着城市民俗学兴起,多尔逊把一部分有乡土传统的市民加入"民",邓迪斯更是把"民"推及任何人群和各种群体的任何人,因为他们身上都能见到一些民俗传统。"民"的范围扩大的原因是民俗学家界定"民"的具体标准不一样,他们都是根据"俗"来确定"民"。也就是说,他们都先确定什么是"俗",然后再根据他们各自认定的"俗"的出现范围来确定什么是"民",③ 这是"以俗定民"法则。

"民"与"民"之间是熟人,熟人间会形成一种"亲而信"的信任模式。费孝通指出:"乡土社会的信任并不是对契约的重视,而是发生于对一种行为的规矩熟悉到不加思索时的可靠性。"④ 韦伯(Max Weber)认为:"中国人的信任是建立在血缘共同体基础之上的,即建立在家族亲戚或准亲戚关系上的,是难以普遍化的信任。"⑤ 福山(Francis Fukuyama)也认为:"华人本身强烈地倾向于只信任与自己有血缘关系的人,而不信任家庭和亲属以外的人。"⑥ 他们没有看到中国人会通过认干亲、拜把子、做人情等方式,将没有血缘联系的外人纳入差序格局中来,形成一种"拟亲缘关系",⑦ 把外人变成"自己人"。当然,这种人际信任是建立在人与人之前的熟悉程度和感情联系的基础上,还不是现代社会的制度信任,缺少法律一类的惩戒式或预防式的机制。信任建立在对他人的意图和行为的正向估计基础之上,能够期待他人做出符合社会规范的行为,它降低了社会交往的复杂性,是化解民间纠纷的必要条件之一。

---

① 转引自高丙中:《民俗文化与民俗生活》,中国社会科学出版社1994年版,第25页。
② 参见高丙中:《民俗文化与民俗生活》,中国社会科学出版社1994年版,第28-29页。
③ 参见高丙中:《民俗文化与民俗生活》,中国社会科学出版社1994年版,第28页。
④ 费孝通:《乡土中国 生育制度》,北京大学出版社1998年版,第10页。
⑤ 马克斯·韦伯:《儒教与道教》,王容芬译,商务印书馆1995年版,第232页。
⑥ [美]弗朗西斯·福山:《信任:社会美德与创造经济繁荣》,彭志华译,海南出版社2001年版,第74页。
⑦ 参见郭于华:《农村现代化过程中的传统亲缘关系》,载《社会学研究》1994年第6期,第49-58页。

构成熟人关系的基础是"情"。俗话说"远亲不如近邻",这种熟悉与生俱来,从而有了"情分",遇到纠纷就不能没完没了,大家低头不见抬头见,必须讲人情、顾面子。费孝通说:"亲密社群的团结性就依赖于各分子间都相互地拖欠着未了的人情。……欠了别人的人情就得找一个机会加重一些去回个礼,加重一些就在使对方反欠了自己一笔人情。来来往往,维持着人和人之间的互助合作。"① 人与人之间"互相拖欠着未了的人情",这种社会关联不是理性人之间的利益算计和契约结合,具有超越理性人互动的更深沉追求——实现作为人的意义。② 党国英认为,传统熟人社会一旦与基本生存资料的分配切割开来,将物质利益关系交由市场支配,就有可能建立"现代型熟人社会"。③ 礼是对人情的规范,在经历人情礼俗化过程之后,熟人社会中的人情就不只是自然情感,而是与礼俗浑然一体,构成礼俗的基本内涵。礼俗社会因此可以说是人情社会,人情也因此成为乡土熟人社会的基本思维方式。④

熟人间讲究"情面"。它要求人们在待人接物、处理关系时,顾及人情和面子、不偏不倚、合乎情理、讲究忍让。在人情和面子的裹挟下,熟人之间围绕着"给予"和"亏欠"形成了一种类似于"权利"和"义务"的认识,这种"给予"和"亏欠""权利"和"义务"在每个人心里都有一本明白账,这本账的"度"由地方性知识加以把握。"给予"和"亏欠"也需要平衡,"人情债"不还是没有脸面的事,只不过还人情是长时段的,它不要求每一次和具体的平衡。由"情面"衍生出"不走极端",即在情与理发生冲突时不要"认死理"。在熟人社会,如果一个人只认"理"不认"情",那就是"不通人情",无异于不讲理。⑤ 林语堂说:"对西方人来讲,一个观点只要逻辑上讲通了,往往就能认可,对中国人来讲,一个观点在逻辑上正确还远远不够,它同时必须合乎人情。"⑥

于是,民间社会也就成为熟人社会。熟人社会是费孝通对中国基层社会乡土本色的经典概括。熟人社会是流动性极低、变动性极小的农耕文明的产物,它是"乡土性"的,是血缘与地缘的融合,这使它不同于"陌生人社会",也不同于"熟人圈子"和现代社会的"社区"。⑦ 熟人社会具有长久性和非选择性的特点,长久性是指祖祖辈辈"生于斯、死于斯"的时间稳定性;非选择性则是社会关系"先我而在"、流动性极低的空间稳定性。⑧ 熟人社会中的行动逻辑是特殊主义的,"从熟悉里得来的认识是个别的,并不是抽象的普

---

① 费孝通:《乡土社会 生育制度》,北京大学出版社1998年版,第72页。
② 参见王德福:《做人之道:熟人社会里的自我实现》,商务印书馆2014年版,第243页。
③ 参见党国英:《建立"现代型熟人社会"》,载《北京日报》2014年12月9日,第2版。
④ 参见陈柏峰:《半熟人社会:社会转型期乡村社会性质深描》,社会科学文献出版社2019年版,第17页。
⑤ 参见陈柏峰:《半熟人社会:社会转型期乡村社会性质深描》,社会科学文献出版社2019年版,第18-20页。
⑥ 林语堂:《中国人》,学林出版社2000年版,第100页。
⑦ 参见王德福:《做人之道:熟人社会里的自我实现》,商务印书馆2014年版,第243页。
⑧ 参见王德福:《做人之道:熟人社会里的自我实现》,商务印书馆2014年版,第28页。

遍原则。……在乡土社会中生长的人似乎不太追求这笼罩万有的真理。"① 因为彼此较为熟悉，针对不同的人可以采取不同的交往方式。

二、"民间"：民间纠纷的场域

民间是"民"活动的空间，也是民间纠纷产生和化解的场域。首先，民俗之"民"规定了"民间"的涵义。布兰德认为"民""处于人类政治结构的底层"，汤姆斯、纳特、多尔逊认为"民"是乡下人或农民，邓迪斯强调"传统"是判断"民"的标准，分别对应民间的三重涵义。其次，"民间"限定了民间纠纷的空间。民间纠纷发生在熟人社会里，熟人之间重情义、爱面子，容易调解。按照"以俗定民"法则，可以说没有"民"特征的人难以成为民间纠纷的主体，不发生在"民间"里的纠纷不是民间纠纷，种概念"民""民间"是属概念民间纠纷的质的规定性。

什么是民间？文学、法学、民俗学、社会学等研究者从不同学科诠释"民间"，往往用民间社会、民间文学、民间文化、民间法等概念代之，如陈思和认为民间"是指根据民间自在的生活方式的向度，即来自中国传统农村的村落文化的方式和来自现代经济社会的世俗文化的方式来观察生活、表达生活、描述生活的文学创作视界"，② 实指民间文学。当代社会"民间"不仅指民俗学、社会学传统意义上的农耕宗法社会及其乡村空间，而且包括现今城乡的普通民众及其生活文化；所以，民间即是对社会中下层民众身份的指称，又是对他们生活与价值观念的认定。③"民间"并不是一个封闭的体系，它是开放的，任何人均可参与其间，哪怕是具有体制身份、身处庙堂之人，只要以非官方、非体制的身份，均可参与其中，成为"民"之一分子。④ 陈勤建把"民间"的涵义概括为三种：一是社会中的"人"所充当的一种角色；二是"民"生活、活动的空间世界；三是有自己固定的生活方式和文化传统。⑤ 从身份角色、地域空间、社会文化视角看，"民间"指称非官方、乡村和传统，与"民"的内涵相呼应。

最早和最基本的民间含义是"非官方"。《现代汉语词典》对"民间"的解释就是"非官方的"。陈思和认为，民间是在国家权力控制相对薄弱的领域产生，保持了相对自由活泼的形式，能够比较真实地表达出民间社会生活的面貌和下层人民的情绪世界。⑥ "官"形成公家化的官府，即以公权力运转和维持的国家，民间与国家在某种程度上形成对立和

---

① 费孝通：《乡土中国　生育制度》，北京大学出版社1998年版，第11页。
② 陈思和：《鸡鸣风雨》，学林出版社1994年版，第73页。
③ 参见赵德利：《民间文化批评的理论与方法》，商务印书馆2016年版，第16页。
④ 参见贺宾：《民间伦理研究》，河北人民出版社2018年版，第45页。
⑤ 参见陈勤建、毛巧晖：《20世纪"民间"概念在中国的流变》，载周星：《民俗学的历史、理论与方法》，商务印书馆2006年版，第65页。
⑥ 参见陈思和：《陈思和自选集》，广西师范大学出版社1997年版，第207页。

分野。① "官方的"是上层建筑的、占统治地位的、有话语主导权的。② 在社会运作过程中，无论是在乡村还是在城市，官方无不体现出一种权力意志。传统乡村社会建立在自然经济基础之上，这种权力意志存在于以人身依附关系和权利不平等为特征的等级制社会；而在传统城市社会中，则表现为以市政管理姿态出现的官方权利集团与小业主及一般市民之间的不平等。

作为非官方的民间又具有相对的独立性。任何国家，无论其能力多么强大，都不可能直接安排寻常百姓的日常生活，在国家统治与治理之外必然会形成由社会自身管理的独立生活空间，素有"皇权不下县"之说，"国权不下县，县下惟宗族，宗族皆自治，自治靠伦理，伦理造乡绅"。③ 民间社会远离权力中心，人们在祖祖辈辈定居的土地上过着日出而作、日落而息的生活。维持民间秩序依靠的是长幼尊卑的家族伦理观念和礼仪，熟悉这些观念和礼仪的乡绅们被乡民们推举为领袖，必要时他们代表乡民与居住在县城的朝廷官员打交道。除了交皇粮、纳国税，乡民们极少能感知到国家的在场，因为他们大部分时间里过着自治的乡村生活，"天高皇帝远"是他们对国家观念的形象表述。④ 民间的主要作用在于为民众提供维持日常生活的"场域"，其运行受生活自身逻辑加以规范。

在地域空间上，"民间"指称乡村，与之相对的是城市。乡村以农民为主体且高度分散，而城市以非农业居民为主体，人口高度集中，巴顿指出："所有的城市都存在着基本的特征，即人口和经济活动在空间的集中。"⑤ 在此基础上城市形成了细密的社会分工，出现众多的职业。乡村中人与人的关系建立在血缘、姻缘和地缘之上，家庭关系和邻里关系占据重要地位；人们交往范围狭小，社会活动单一，且限于衣食住行、婚丧嫁娶、生老病死等直接相关的日常生活层面。城市以业缘为主要纽带结成开放性社会关系，社会活动内容丰富，文化气质趋于开放，精神生活相对丰富。乡村传统观念浓厚，旧的传统和习惯在日常生活和社会交往中，发挥着远比城市更大的作用与影响，且变化缓慢。

民间首先是指具有现实规定性的物理空间，即地理学意义上的空间；其次，民间还具有社会文化和价值内涵，指一种作为精神取向、文化现象的社会存在，即民众的社会生活空间。⑥ 作为现代意义的民间，"不仅仅是一种地域空间的概念，而且也是一种社会文化的概念"，⑦ 民间分为地域空间的民间和社会范畴的民间，地域空间的民间包括城市市民和乡村乡民的民间，社会范畴的民间是指民众的社会生活空间。梁治平指出，"民间"并非一种人群的范畴，它本身包含了一种社会的观念，"'民间'所指的却是一个远为广大

---

① 参见于语和：《民间法》，复旦大学出版社2008年版，第15页。
② 参见金泽：《试析民间信仰的概念边界》，载《西北民族研究》2020年第4期，第107-114页。
③ 秦晖：《传统十论：本土社会的制度文化与其变革》，复旦大学出版社2003年版，第3页。
④ 参见贺宾：《民间伦理研究》，河北人民出版社2018年版，第46-47页
⑤ [英]巴顿：《城市经济学》，商务印书馆1984年版，第14页。
⑥ 参见贺宾：《民间伦理研究》，河北人民出版社2018年版，第46页。
⑦ 黄永林：《中国民间文化与新时期小说》，人民出版社2007年版，第2页。

的社会空间,一个普通民众生活和活动于其中的巨大世界。"①

从社会文化意义上讲,民间代表着"传统",与现代相对应。传统是在时间流逝和人类社会时代更替中出现的一种被传承的客体,同时也是解决传承问题的一种方式。② 通过传承传统,人们能够在客观上部分地传承过去的知识、规范和秩序,在主观上将自己与过去联系在一起。帕森斯(Talcott Parsons)用"五个模式变量"区分传统与现代,即情感与情感中立、自我取向与集体取向、普遍主义与特殊主义、先赋性与自致性、专一性与扩散性。帕森斯认为,在传统社会和现代社会里,行动者的行为动机、选择取向、价值标准、角色评价、角色关系等五个方面都是不同的,每一组变量都代表着传统社会与现代社会的两极对立。但从传统社会向现代社会发展实际上是一个逐渐的过程,不能简单地划分为两极。传统社会里包含有少量的现代因素,现代社会里仍然保留着不少传统社会的特质,绝对意义上的现代社会或传统社会是不存在的。

从乡村与城市、传统与现代的二元对立视角,社会学家和人类学家提出不同的理想类型,如滕尼斯的共同体(Gemeinschaft)与社会(Gesellschaft),涂尔干的"机械团结"(Mechanical Solidarity)和"有机团结"(Organic Solidarity),雷德菲尔德的乡民(Folk)社会与市民(Urban)社会以及小传统(Little Tradition)与大传统(Great Tradition),费孝通的礼俗社会与法理社会。"民间"类似于共同体、机械团结、乡民社会(小传统)和礼俗社会。

滕尼斯(Ferdinand Tonnies)提出"共同体"与"社会"。共同体是现实的、有机的生命体,意味着亲密的、单纯的共同生活,它通过血缘、地缘和宗教等建立起有机的人群组合,其基础是建立在共同利益之上的"本质意志"。共同体是以古老的乡村生活为代表,具有一种原始的、天然的状态,是人类共同生活持久和真实的形式。社会则表现为思想的、机械的形态,意味着公众的、复杂的外部世界,它通过权力、法律、制度的观念组织起来,其基础是建立在个人理性权衡之上的"选择意志"。社会是一种机械合成体,人与人是分离的,彼此之间处于紧张状况之中。③ 索罗金把两者的区别概括为:共同意志与个人意志、非个体性与个体性、社区利益支配与个人利益支配、信仰与原则、自然团结与契约团结、共同财产与私人财产等。④

涂尔干(Emile Durkheim)提出"机械团结"和"有机团结"。机械团结是原始社会、古代社会及现代社会中不发达社会的一种社会联结方式,它通过根深蒂固的集体意识将同质性的诸多个体结为一个整体。由于社会分工不发达,人们的经历、活动、生活方式都十

---

① 梁治平:《"民间"、"民间社会"和 CIVIL SOCIETY》,载《云南大学学报》2002 年第 2 期,第 56 – 68 页。
② 参见张岳:《在传统与现代性之间》,知识产权出版社 2019 年版,第 1 页。
③ 参见 [德] 滕尼斯:《共同体与社会》,林荣远译,商务印书馆 1999 年版,第 52、108、95 页。
④ 参见周晓虹:《西方社会学历史与体系(第一卷)》,上海人民出版社 2002 年版,第 292 – 293 页。

分相同，他们对集体具有强烈的归属感，每个人的个性都被湮没在对集体的遵从之中，并且具有一致的宗教和道德倾向。机械团结是以约束性制裁（repressive sanctions）的存在为前提，盛行的是刑法。① 有机团结的典型是近代工业社会。由于分工导致的专门化，增强了个体间的相互依赖。一方面，分工越是细致，个人对他人或社会的依赖就越是深入；另一方面，每个人的行动越是专门化，个性就越鲜明，就越是能够摆脱集体意识（collective consciousness）的束缚。有机团结是以复原性制裁（restitutive sanctions）的存在为前提，盛行的是民商法、诉讼法、行政法等。

雷德菲尔德（Robert Redfield）提出乡民社会与市民社会。乡民社会可以看作文明地区的"部落单元"，乡民居住在半封闭的社区里，在文化上属于小传统，而与城市文明的大传统相对立。小传统的特征是小规模、单一性和神圣化，大传统的特征是大规模、多元性和世俗化。② 李亦园认为，大传统是社会精英及其掌握的文字所记载的文化传统，小传统是乡村社区俗民（folk）或乡民（peasant）生活代表的文化传统。因此，前者体现了社会上层生活和知识阶层代表的文化，多半是由思想家、宗教家深入思考所产生的精英文化或精雅文化，而后者则是一般社会大众的下层文化。③ 或者说，大传统是正统的、官方的、书本的、雅的传统，小传统是异端的、民间的、日常的、俗的传统。

费孝通提出礼俗社会和法理社会。礼俗社会是"一种并没有具体目的，只是因为在一起生长而发生的社会"；另"一种是为了要完成一件任务而结合的社会"，即法理社会。④ 在礼俗社会或乡土社会中，人们奉行"差序格局"和"圈子文化"，差序格局"好像一块石头丢在水面上所发生的一圈圈推出去的波纹。每个人都是他社会影响所推出去的圈子的中心。被圈子的波纹所推及的就发生联系"⑤。以"己"为中心，一圈圈推出去，愈推愈远，也愈推愈薄。"每个人在某一时候某一地点所动用的圈子是不一定相同的。"⑥ 圈子范围的大小会因中心势力厚薄而定。乡土社会是"礼治"的社会，⑦ 礼治就是对传统规则的服膺。人们服从礼是主动的，这是因为"长期的教育已把外在的规则化成了内在的习惯，""维持礼俗的力量不在身外的权力，而是在身内的良心"。⑧

三、日常生活：民间纠纷的指向

群众性、传统性和自治性是民间纠纷的本质特征。民间纠纷的主体是"民"，"民"

---

① 参见周晓虹：《西方社会学历史与体系（第一卷）》，上海人民出版社2002年版，第251页。
② 参见 Redfield Robert. *the Folk Society. American Journal of Sociology*，1947，（52）：293.
③ 转引自陈来：《古代宗教与伦理》，生活·读书·新知三联书店2017年版，第12–13页。
④ 参见费孝通：《乡土中国 生育制度》，北京大学出版社1998年版，第9页。
⑤ 费孝通：《乡土中国 生育制度》，北京大学出版社1998年版，第26页。
⑥ 费孝通：《乡土中国 生育制度》，北京大学出版社1998年版，第26页。
⑦ 参见费孝通：《乡土中国 生育制度》，北京大学出版社1998年版，第49页。
⑧ 费孝通：《乡土中国 生育制度》，北京大学出版社1998年版，第55页。

是没有较高文化知识的基层民众，非官方之人。民间纠纷的调解员来自基层群众、代表群众并服务群众，他们依靠的是传统型权威而不是法理型权威。对于传统型领袖而言，权威来自习俗，而不是个人特征、技术能力，甚至成文的法律。① "民"和"民"之间是熟人，在熟人社会，"法律是用不上的，社会秩序主要靠老人权威、教化以及乡民对于社区中规矩的熟悉和他们服膺于传统习惯的保证。"② 民间纠纷调解要特别重视当事人的合意性和权威的正当性，纠纷处理的开始和最终解决方案都必须取得当事人的合意，棚濑孝雄称之为"二重获得合意"。③ 民间纠纷调解员的"权威"依靠道德力量，而不是实施暴力威胁、道德劝说等手段，当事人自愿服从。民间纠纷发生在"民间"，依靠民间力量调解，它是群众的自我教育、自我管理和自我服务，具有高度自治性。

民间纠纷面向"生活世界"。生活世界就是日常生活世界和可经验到的世界，它是具体的、实际的、直观的。胡塞尔说："（生活世界）作为唯一存在的，通过知觉实际地被给予的，被经验到并能被经验到的世界，即我们日常的生活世界。"④ 高丙中指出："生活世界是人的家园。人们在其中休养生息，其思想从此出发，到各种高层次的境界遨游。但是，不管它遨游多远多久，它最后还得回到这个一切都是那么熟悉，那么亲切的世界。事实上，我们看到，生活世界也就是民俗的世界。"⑤ 陆益龙认为，民间纠纷就是生活性的纠纷，即在日常生活互动实践中产生的不均衡关系和纷争行为。⑥

民间纠纷是由日常生活事件引起的，化解日常生活性纠纷始终是民间调解的主要任务。明代《教民榜文》规定："户婚、田土、钱债、均分水利、私宰耕牛、擅食果园瓜果等民事案件，系民间小事，禁止迳行诉官，必须先由本里老人、里甲断决。"清代《澎湖厅志》"劝民息讼告示"规定："凡有户婚、田土、钱债、口角、斗殴细故，实系理直者，不如邀同公亲理处息事，既不伤和气，又不须花钱，毋得轻听讼师言语，动辄告状。"这些纠纷多是因为蝇头小利或生活琐事引起，数量较大，一般通过民间调解能够解决。现代意义上的民间纠纷还包括各类经济纠纷——如婚姻家庭纠纷、经济合同纠纷、人身类侵权纠纷等，有着明显的经济利益诉求。

美国的社区调解和日本的《民间调解法》对民间纠纷的适用范围进行列举，实际操作性强。我国四川省司法厅2000年5月颁行的《民间纠纷处理办法》实施细则第五条也列举了民间纠纷的类型，包括家庭纠纷（婚姻纠纷除外）、赡养抚养纠纷、继承纠纷、邻里

---

① 参见梁德阔：《人民调解权威的正当性、类型和功能》，载谢晖、陈金钊、蒋传光主编：《民间法》第27卷，研究出版社2021年版，第218页。
② 费孝通：《乡土中国　生育制度》，北京大学出版社1998年版，第51页。
③ 参见［日］棚濑孝雄：《纠纷的解决与审判制度》，王亚新译，中国政法大学出版社2004年版，第79页。
④ ［德］胡塞尔：《欧洲科学危机和超验现象学》，张庆熊译，上海译文出版社1988年版，第5页。
⑤ 高丙中：《民俗文化与民俗生活》，中国社会科学出版社1994年版，第133页。
⑥ 参见陆益龙：《乡村社会变迁与转型性矛盾纠纷及其演化态势》，载《社会科学研究》2013年第4期，第97－103页。

纠纷、债务纠纷、房屋宅基地纠纷、损坏赔偿纠纷、生产经营性纠纷等。从法律性质看，民间纠纷属于简单的民事案件，严重的刑事案件和复杂的民事案件不是民间纠纷，它们对民间纠纷调解员能力、法律程序、法律适用等方面提出挑战。有学者认为，对于一些轻微的刑事纠纷、刑事自诉案件及刑事附带民事责任的案件，当事人愿以调解的方式解决，并且不损害第三人利益，可以纳入人民调解的范围。①

民间纠纷不同于法律纠纷，更多的是非法律性纠纷，融入日常生活之中。法律纠纷是社会主体之间违反法律规范的一种利益冲突行为。季卫东认为"纠纷就是公开地坚持对某一价值物的互相冲突的主张或要求的状态"②。范愉认为"纠纷或争议是特定主体基于利益冲突而产生的一种双边或多边的对抗行为"③。何兵认为"纠纷是指社会主体间的一种利益对抗状态"④。赵旭东认为法律纠纷是"在相对的社会主体之间发生的可以被纳入法律框架之内的那些表面化的不协调状态"⑤。由此看来，那些在法律框架之内、可以通过法律程序解决的法律纠纷只是纠纷的一部分。"事实上，在任何社会中能够受到法律评价的社会冲突仅是其中的一部分，纯粹从量上观察甚至可能不是主要部分。"⑥

民间纠纷不一定具有法律纠纷的形式要素。法律纠纷的对抗行为必须外化，非行为表现的对抗情绪不构成冲突，这是纠纷的形式要素。纠纷双方的对抗性不仅表现在内容的对抗，而且还表现在状态的对抗。纠纷对抗主要是指状态的对抗，涉及双方当事人的对抗强度和实力对比关系。⑦法律纠纷可以裁决人与人之间的行为冲突，难以裁决思想认识冲突和心理冲突，后者通常不会表现出外化的对抗性。如果思想认识宣传没有超越法定和道德容忍的范围，原则上他人不能阻止别人持有与自己不同的思想认识，也不能把这种冲突交给第三方裁判。

民间纠纷也不一定具有法律纠纷的法律性要素。法律性要素是指通过法律规范解决的可欲性。如果某个纠纷不能通过法律规范进行审查，那就很难说它是法学视野中的纠纷，这回答了司法程序解决纠纷的实效性问题。⑧现实生活中存在一些属于法律范畴内但不可诉讼救济的纠纷，如行政诉讼法、民事诉讼法、仲裁法均规定了具体的受案范围，不符合受案范围规定的纠纷，就无法纳入法定诉讼或仲裁机制中予以处理；又如已过诉讼时效期限的纠纷，当事人丧失了行使该权利的条件而不能再行使权利。⑨这些不能直接纳入法定

---

① 参见董小红：《民间纠纷变化对人民调解制度的挑战》，载《湖北社会科学》2011年第6期，第42-46页。
② 季卫东：《法律程序的意义》，中国法制出版社2004年版，第5页。
③ 范愉、李浩：《纠纷解决——理论、制度与技能》，清华大学出版社2010年版，第11页。
④ 何兵：《现代社会的纠纷解决》，法律出版社2003年版，第1页。
⑤ 赵旭东：《论纠纷的构成机理及其主要特征》，载《法律科学》2009年第2期，第82-91页。
⑥ 顾培东：《社会冲突与诉讼机制》，法律出版社2004年版，第18页。
⑦ 参见赵旭东：《论纠纷的构成机理及其主要特征》，载《法律科学》2009年第2期，第82-91页。
⑧ 参见邱双成：《当代中国民法与民事纠纷热点问题研究》，吉林人民出版社2017年版，第140-143页。
⑨ 参见邵俊武：《纠纷解决的法律机制研究》，光明日报出版社2011年版，第21页。

诉讼救济机制的纠纷，由于客观存在冲突的事实，仍是民间纠纷，但不属于法律纠纷。民间纠纷属于"私权"范畴，私权与"意思自治"紧密联系，纠纷是否发生和解决依靠当事人的主观判断，当事人对纠纷解决的过程和结果有自主性权力。法律纠纷一般走诉讼程序，民间纠纷依靠调解或非诉讼程序。非诉讼程序现有人民调解、行政调解、行政复议、行政裁决、公证、仲裁、律师调解等解决方式，传统调解还有宗族调解、亲友调解、邻里调解、乡里调解、行会调解等。

法学本身是一种"权利话语"，法律纠纷必须存在权利受损的实际或可预期状态，但日常生活中却存在大量无利益受损的民间纠纷，缺少法律纠纷的实质要素。清代康熙年间，安徽桐城张吴两家大动干戈，却"千里家书只为墙"，区区三尺土地对两个名门望族并不重要，两家争的是"面子"，斗的是"气"。麦高温说："'面子'这个字眼包含的另外一层涵义是自尊或尊严，这是中国人在任何时候以任何代价都要全力以赴的东西。无论是对是错，他都不能使自己处于蒙羞的境地，要不惜任何代价来维持自己的'面子'。"①德国法学家耶林指出："原告为保卫其权利免遭卑劣的蔑视而进行诉讼的目的，并不在于微不足取的标的物，而是为了主张人格本身及其法感情这一理想目的，与这一目的相比，诉讼带来的一切牺牲和劳神对权利人而言，通通无足挂齿——目的补偿了手段。"②

民间纠纷与法律纠纷在当事人、解决主体、解决依据和解决方式上都有区别。民间纠纷当事人比法律纠纷当事人更加宽泛，只有那些确立了法律关系的当事人才是法律纠纷当事人。民间纠纷的解决主体是人民调解组织、地方权威、当地绅士、家族长老等非政府民间组织和个人。法律纠纷的解决主体主要是行政机关、司法机关及其工作人员。民间纠纷解决的主要依据是民间法，如道德规范、传统习惯、宗教规范等。法律纠纷解决依据是法律规定，包括实体法、程序法、法律原则等。民间纠纷以诉讼外解决方式为主，包括协商方式和调解方式。法律纠纷以诉讼内解决方式为主，包括仲裁和诉讼方式。

在学术界，"纠纷"（dispute）被公认为是社会学的概念，而不是法律概念，因为只有在社会学意义上的"纠纷"才具有确定的含义，而自然界中的内在矛盾或冲突，都不能称为纠纷。③谷口安平指出：有社会就有纠纷，纠纷一词与其说是民事诉讼法上概念，倒不如说它更近于社会学的概念。④从社会学角度看，整个社会都是由纠纷组成的，反映的是社会成员间具有抵触性、非合作的，甚至滋生敌意的社会互动形式或社会关系。⑤范愉指出："纠纷作为一种社会现象，其产生不是孤立的。在研究纠纷解决问题时，首先需要注

---

① ［英］麦高温：《中国人生活的明与暗》，朱涛、倪静译，时事出版社1998年版，第336页。
② ［德］耶林：《为权利而斗争》，胡宝海译，中国法制出版社2004年版，第20页。
③ 参见汤维建等：《群体性纠纷诉讼解决机制》，北京大学出版社2008年版，第24页。
④ 参见［日］谷口安平：《程序的正义与诉讼》，王亚新、刘荣军译，中国政法大学出版社2002年版，第64页。
⑤ 参见陆益龙：《纠纷解决的法社会学研究：问题及范式》，载《湖南社会科学》2009年第1期，第72－75页。

意的是纠纷产生的社会因素。"①

四、结语

民间纠纷的主体、场域、指向的逻辑关系及定义法则。从民俗学视角考察，民间纠纷的主体是"民"，而不是法律和政治学意义上的"公民"；"民"之间互动构成了"民间"，民间是民间纠纷发生的场域。"民"与"民间"的意涵是非官方、乡村和传统，彰显民间纠纷的群众性、传统性和自治性特征，尤其排斥官方权力的介入。民间纠纷面向"生活世界"，存在于老百姓的日常生活之中。按照民俗学的"以俗定民"法则，没有"民""民间"属性和日常生活指向的纠纷不是民间纠纷，它们是"属的概念加种差概念"的关系。

民间纠纷是指熟人之间因日常生活事件而引发的纠纷。民间纠纷主体是熟人，这是因为"民"长期生活在一个自治社区，拥有共同的传统和地方性规范，体现了民间的非官方、乡村、传统的内涵。熟人间有高度的信任，他们一般不看重法律上的权利义务，而在乎情理和脸面，因此调解民间纠纷的重点是做好主体间的沟通工作。民间纠纷指向日常生活事件，这些事件往往是老百姓的家庭邻里琐事，没有多大的权利损失，容易化解，突出人民调解灵活便捷的优势。《民间纠纷处理办法》从法学角度规定民间纠纷是关于"人身、财产权益和其他日常生活中发生的纠纷"，这里的日常生活性纠纷应该是属概念，人身权益、财产权益争议发生在日常生活中，为种概念。日常生活性纠纷不一定具备法律纠纷的形式要素、法律性要素和实质要素，绝大多数是熟人间发生的非法律性纠纷。

基于民间纠纷的民俗学定义，人民调解宜以熟人间发生的日常生活性纠纷为调解对象。与司法调解和行政调解相比，人民调解是合意性最强、决定性最弱的调解方式，只有熟人间才具备这种人格信任和结构性压力，陌生人社会的调解不太可能依赖社会关系获得强制力，主要靠仲裁。② 人民调解不是必须具备法律性要素，只要不违背法律法规政策即可。虽然法律纠纷可以人民调解，但是解决法律纠纷不是人民调解的应有之义。在依法治国的背景下，应当奉行司法审判为中心，许多由法律调整的纠纷应该交由法律处理，不能让人民调解组织承担那些力所不能及的工作。

---

① 范愉：《纠纷解决的理论与实践》，清华大学出版社2007年版，第73页。
② 参见于浩：《人民调解法制化：可能及限度》，载《法学论坛》2020年第6期，第140－147页。

On the Scope of Application of People's Mediation
——Based on the Investigation of Civil Disputes

Liang Dekuo

Abstract: People's mediation aims at resolving civil disputes. Therefore, defining civil disputes is the key to defining the scope of application of people's mediation. From the perspective of folklore, civil disputes refer to disputes among acquaintances arising from daily life events, which are different from the legal definition. The main subject of civil disputes is the "folk", and the relations among the "folk" are those of acquaintances. "Folk sphere" refers to unofficial, rural and traditional, which is the field where folk disputes occur. Thus civil disputes point to daily life, which is different from legal disputes. Disputes without traits of "folk" and "folk sphere", and the direction of daily life are not civil disputes.

Key words: people's Mediation; civil Disputes; daily Life; folklore

从习俗主导到法律干预

——论自然人称姓规范体系的演进*

马洪伦 贺丽媛**

摘 要 称姓法律与称姓习俗构成了自然人的称姓规范体系，总体上经历了法律不断推进与习俗渐次退却的演进历程，可分为习俗主导、法律初步介入、法律全面干预等三个发展阶段。为贯彻《宪法》规定的法律平等保护原则，《婚姻法》改变了习俗主导时期法律默许或确认称姓习俗的立场，逐步废止了妻冠夫姓，实现了子女随父姓与随母姓在形式上的法律平等保护，但存在实效性不强、规范供给不足等问题。为维护姓氏蕴含之公共利益，明确自然人称姓的法律依据，姓名权立法解释与《民法典》第1015条在立法目的、规范结构与规范内容上全面干预称姓习俗，但是解释学争议、法律与习俗的关系等导致严格限制自然人姓氏选择范围的立法目的难以实现。法律主导的称姓规范体系同时存在法律过度介入与介入不足的问题，总体上宜转向习俗为主体、法律适当介入之原则，一方面扩大解释《民法典》第1015条，尊重自然人约定性夫妻同姓、第三姓氏等不违背公序良俗的称姓意愿；一方面制定《姓名条例》，适当修正子随父姓等与法律平等保护价值相抵触且不易自我变迁之称姓习俗，实现父母姓氏影响子女姓氏的形式平等与实质平等。

关键词 子随父姓 妻冠夫姓 第三姓氏 习俗 法律

《中华人民共和国民法典》（以下简称《民法典》）第1015条明确规定了自然人称姓①

---

* 国家社会科学基金青年项目"全国人大常委会法律解释制度的功能研究"（项目编号：18CFX013）。
** 马洪伦，法学博士，曲阜师范大学法学院副教授，硕士生导师；贺丽媛，河北大学法学院硕士研究生。
① 姓氏原本有别，姓起于女系，氏起于男系。秦汉以后，姓氏合一，通称姓或兼称姓氏。有关姓氏合一的论述参见关永礼编著：《中国姓氏文化》，江西出版集团百花洲文艺出版社2008年版，第6-7页。

的法律界限，除特定情形外，自然人应当选取父姓或者母姓。然而，自然人称姓不仅受到法律的调整，更受到习俗的约束，二者构成了自然人称姓的规范体系①。自然人称姓规范体系总体上经历了法律不断推进与习俗渐次退却的演进历程，可分为习俗主导、法律初步介入、法律全面干预等三个发展阶段。《民法典》第1015条存在过度干预与修正不足等问题，导致称姓法律与称姓习俗未能有效协调，只有系统考察自然人称姓规范体系的演进历史，厘清法律与习俗的互动关系，才能总结自然人称姓规范的经验，昭示未来改革的方向，实现自然人称姓行为的科学规制。此外，系统阐释自然人称姓规范体系的演进还具有如下学术价值。第一，民法典制定之前，研究者多围绕姓名权的立法模式开展研究；② 民法典通过之后，研究者逐渐关注姓名权规范的解释性研究。③ 既有研究大多聚焦于姓名权的法律研究，未充分重视称姓习俗及其与法律之间的互动关系。然而根据《民法典》第1015条之规定，自然人称姓范围有赖于公序良俗之解释，④ 姓氏法律与称姓习俗之关系宜系统考察。第二，既有研究大多在姓名权规范框架内研究自然人称姓的法律问题，对称姓行为和取名行为的规制差异性强调不足。"姓氏与名字不同，姓氏标表的是一个自然人的血缘传承"⑤，随着《民法典》单独规定自然人称姓的法律界限，研究者有必要将称姓行为和取名行为区别对待。本文以自然人称姓的法律与习俗的关系为主线，基于法律不断推进、习俗渐次退却的基本趋势，将自然人称姓规范体系大致划分为习俗主导、法律初步介入、法律全面干预等三个阶段，结合不同发展阶段的核心问题，分析自然人称姓规范体系存在的问题，昭示其演进之规律。

一、习俗主导时期：作为法律自由的称姓行为

1950年《中华人民共和国婚姻法》（以下简称1950年《婚姻法》）制定之前，我国法律较少规范自然人称姓行为，呈现出法律谦抑、习俗主导的总体态势。尽管习俗主导有利于平衡自然人称姓规范体系的稳定性与包容性，但随着《中国人民政治协商会议共同纲

---

① 法律规范、党内法规、党的政策、国家政策、社会规范是当代中国社会中客观存在的规范类型，在各自的不同场域发挥作用。各种规范类型的有机组合并形成一个有机体系，构成当代中国规范体系的基本制度结构。参见刘作翔：《当代中国的规范体系：理论与制度结构》，载《中国社会科学》2019年第7期。就自然人称姓规范而言，不涉及党内法规、党的政策、国家政策等，法律规范和社会规范（风俗习惯）构成了自然人的称姓规范体系。

② 参见史继霞：《论我国姓名立法的缺陷与完善》，载《山西师大学报（社会科学版）》2016年第6期；刘练军：《姓名登记规范研究》，载《法商研究》2017年第3期；李永军、项斌斌：《民法典编纂背景下姓名权与其他"人格权"的区分——兼及我国民法典人格权编的立法建议》，载《浙江工商大学学报》2019年第2期；张红：《民法典之姓名权立法论》，载《河北法学》2019年第10期等。

③ 参见王春梅：《论自然人姓名权的行政克减》，载《学术交流》2020年第2期；石冠彬：《民法典姓名权制度的解释论》，载《东方法学》2020年第6期等。

④ 从公序良俗角度解释自然人称姓权法律界限的主要文献参见郑永流：《"北雁云依"违反了公序良俗吗?》，载《荆楚法学》2021年第1期等。

⑤ 杨立新：《中华人民共和国民法典释义与案例评注：人格权编》，中国法制出版社2020年版，第40页。

领》（以下简称《共同纲领》）确立了男女法律权利平等保护的基本原则，自然人称姓习俗与法律保护之平等价值的冲突逐渐凸显。自1950年《婚姻法》始，法律开始介入甚至全面干预自然人称姓领域，形成了法律不断推进、习俗渐次退却的总体态势。

（一）法律对称姓习俗的默许与认可

中国的称姓习俗源远流长、纷繁复杂，在宗法制度与氏族观念的影响下，形成了妻冠夫姓、子随父姓的基本规范。①尽管如此，称姓习俗仍然具有一定的多元性、包容性与地方性，比如在苗族的招赘婚中，出嫁男子往往与妻家存在"三代归宗"的默契，即到他孙子那一辈，必有一个男子改回他的姓。②近年来，随着计划生育政策不断调整，浙北农村逐渐形成了"两头婚"与"两头姓"的婚姻习俗，夫妻双方婚前约定生育两个子女，一个随父姓，一个随母姓。③

在习俗主导时期，称姓行为一般被认定为法律自由，法律默许或者明确认可称姓习俗是该时期的典型特征。第一，法律对称姓习俗的默许。尽管清代以前的法律极少规范称姓行为，但是基于如下两个原因，法律实际上默许了称姓习俗。一是清代以前之法律多为刑法，民法者少；二是称姓习俗已确定无疑、不成问题，④虽无成文规定，但妻冠夫姓、子随父姓已发展为习惯与法律渊源。⑤第二，法律对称姓习俗的明确认可。根据1925年制定的《民国民律草案》第1118条，妻于本姓之上冠称夫家之姓，并取得与夫同一身份之待遇。⑥根据1931年《中华民国民法典》第1059条，子女从父姓。但母无兄弟，约定其子女从母姓者，从其约定。赘夫之子女从母姓。但约定其子女从父姓者，从其约定。⑦尽管1950年《婚姻法》规定夫妻各用自己姓名的权利，但对于约定妻冠夫姓或夫冠妻姓者，仍予以尊重。⑧此外，浙江省人民法院曾基于1950年《婚姻法》未规范子女称姓行为，

---

① 妻冠夫姓、子随父姓是嫁娶婚的主要称姓规则；夫冠妻姓、子随母姓是招赘婚的主要称姓规则，二者虽有区别，但内在逻辑一致。相比于招赘婚，嫁娶婚是更普遍的婚姻形式，因此我们将妻冠夫姓、子随父姓认定为基本的称姓习俗。
② 参见高其才：《中国习惯法论》，社会科学文献出版社2018年版，第263页。
③ 参见赵春兰、范丽珠：《论婚姻与生育的社会属性——少子化背景下浙北乡村婚育模式嬗变的田野观察》，载《河北学刊》2020年第4期。
④ 1934年，一位读者给《时事新报（上海）》写信称常见女子出嫁后于自己姓名上加一夫家的姓，但是女子在未嫁前既习惯用自己姓名，突然另加一姓，殊不方便。未知这是否法律上规定必须要加的，还是可任凭自己愿意？由此可见，妻冠夫姓是时人共识，即使他们不知妻冠夫姓乃是法律义务。参见秀云、奂若：《妻冠夫姓问题》，载《时事新报（上海）》1934年12月24日。
⑤ 参见王用宾：《妻冠夫姓问题》，载《法学季刊（南京）》第1期（1930年）。
⑥ 杨立新点校：《大清民律草案　民国民律草案》，吉林人民出版社2002年版，第353页。
⑦ 需要指出的是，关于夫妻姓氏以及子女姓氏，1931年《中华民国民法典》采取了差异化立法原则。基于男女平等之理念，规定夫妻各保有其本姓，改变了妻冠夫姓的习俗，但却明确认可子随父姓习俗。
⑧ 参见马原主编：《新婚姻法条文释义》，人民法院出版社2002年版，第123页。有研究者基于男女平等之价值、社会情势之变迁、文化观念之培养、域外经验之借鉴等提出废除允许夫妻双方约定一方冠以对方姓氏的规定。参见张学军：《论"夫妻约定冠姓制"的废除》，载《中华女子学院学报》2013年第5期。诚如下文所述，姓名权立法解释以及《民法典》第1015条事实上废止了约定性夫妻同姓自由。

向最高人民法院请示父母意见不一致前提下,子女称姓争议的法律适用问题。最高人民法院提出,若发生此问题,当以子女意志为主,子女尚且年幼时,应从民间习惯。① 因此,新中国成立初期,法律尊重或认可称姓习俗的趋势得以延续。

在比较法视野下,妻冠夫姓或夫妻同姓、子随父姓并非中国特色,默许或者认可称姓习俗亦非中国独有之立法传统。② 随着女权主义运动之兴盛,绝大多数国家修改了妻冠夫姓、子随父姓的法律规范,实现了男女权利的平等保护,但是尚有部分国家至今依然默许或认可与法律的平等保护价值有悖之称姓习俗,比如日本之夫妻同姓制度。根据《日本民法典》第 750 条,夫妻在结婚之际,必须选择使用夫姓或妻姓作为他们共同的姓。③ 日本时事通信社 2010 年的舆论调查显示,98%的婚姻中采取的夫妻同姓方式为妻随夫姓。④ 因此,《日本民法典》的平等保护仅具有形式意义,并未实现男女姓氏权利的实质平等保护。基于立法机关、司法机关皆怠于修改支持妻随夫姓的夫妻同姓制度的事实,日本夫妻称姓规范体现出习俗主导、法律默许的特征。第一,积极的民声与不作为的立法机关。⑤ 战后,随着妇女走出家庭,积极参与经济活动,日本社会关于男主外女主内的夫妇角色定位的传统观念逐渐发生变化,尤其是 1990 年代以后,赞成夫妇别姓制、反对夫妇同姓制的声浪与日俱增。但是,执政党藉现行夫妇同姓制维持日本传统家族制度的势力依然强大,推动修改民法夫妇同姓相关法条的努力未见成效。⑥ 第二,极度消极的最高裁判所。在民主政治程序长期不作为的前提下,支持夫妇别姓制的当事人把希望寄托于司法机关,于 2015 年向最高裁判所提起了夫妇同姓制违宪审查诉讼。最高裁判所坚持一贯的司法消极主义,认为夫妇同姓制具有强化夫妇作为家族共同成员身份认同、婚姻对外部社会的公示化手段、加固家庭内部关系等价值。尽管随着少子高龄化、晚婚化、非婚化、离婚率与再婚率之上升、日本人与外国人的通婚率之上升,夫妇同姓制与社会实际需要脱节,但其存废与否以及选择性夫妇别姓制度确立与否,应由国会立法裁量而不应由司法机关主导。法律无视于妻子在夫妻姓氏协商中的弱势社会地位,未积极引入选择性夫妻别姓制度,导致日

---

① 《中央人民政府最高人民法院关于子女姓氏问题的批复》《最高人民法院华东分院原报告》原文参见刘素萍主编:《婚姻法学参考资料》,中国人民大学出版社 1989 年版,第 203 - 204 页。
② 根据 1969 年《意大利民法典》第 144 条,丈夫为一家之长,妻子随丈夫的市民身份,使用夫姓。英国、德国历史上的称姓习俗参见胡康生主编:《中华人民共和国婚姻法释义》,法律出版社 2001 年版,第 88 页。
③ 需要指出的是,日本并非一直实行夫妻同姓制度,日本夫妻姓氏制度的变迁史参见平田惠美:《试论日本夫妇姓氏制度——兼与中国夫妇姓氏制度比较》,北京邮电大学 2019 年硕士学位论文,第 2 页。
④ 参见张超:《日首现要求夫妇别姓违宪诉讼》,载《法制日报》2011 年 2 月 22 日。
⑤ 与日本相比,我国民众参与立法的途径具有广泛性,但是由于公众的参与意识薄弱,加之集体行动的困境,激励机制的缺乏,公众参与立法目前仍处于象征性参与阶段。参见郭晓燕、李拥军:《公众参与立法的功能异化与矫正径路》,载《齐鲁学刊》2021 年第 2 期。因此,对于称姓习俗的法律纠正而言,我国还是宜采取自上而下的立法模式。
⑥ 参见魏世萍:《战后日本民法第 750 条修正之动向——以夫妻同姓原则为中心》,载《明道通识论丛》第 1 期(2006 年)。

本已婚女性,尤其是年轻已婚职场女性越来越多使用通称,夫妇同姓制度的实效性不断降低。①

(二) 习俗主导产生的问题

习俗主导下的称姓规范体系与社会现实关联密切,体现出实效性强、稳定性佳的特点,但也存在如下两个问题。第一,妻冠夫姓、子随父姓的称姓习俗存在性别歧视之虞,随着《共同纲领》确立妇女在政治的、经济的、文化教育的、社会生活的各方面均有与男子平等的权利,法律若继续默许或认可称姓习俗,将违背《共同纲领》所规定之法律的平等保护原则。第二,称姓习俗既无强制力又缺乏体系化,一旦产生争议,亦无救济机制可言,可能导致法律适用难题。比如《中央人民政府最高人民法院关于子女姓氏问题的批复》,在法律未规定子女称姓规则的规范前提和父母就子女姓氏不能形成一致意见的事实前提下,关于子女姓氏纠纷解决问题,最高人民法院明确否定了浙江省人民法院依抚养责任确定子女姓氏的意见,可见习俗主导下的称姓规范体系容易产生法律适用上的争议。为解决上述问题,自1950年《婚姻法》始,法律逐渐规范自然人的称姓行为,与称姓习俗产生了新的互动关系。

二、法律初步介入时期:基于法律平等保护原则的修正

在《共同纲领》和1954年《中华人民共和国宪法》(以下简称1954年《宪法》)确立了法律的平等保护原则之后,法律开始介入自然人称姓领域。1950年《婚姻法》、1980年《中华人民共和国婚姻法》(以下简称1980年《婚姻法》)以及2001年《中华人民共和国婚姻法》(以下简称2001年《婚姻法》)先后对妻冠夫姓、子随父姓的称姓习俗作出了程度不一的修正。法律初步介入称姓习俗实现了男女权利的形式平等保护,却由于介入程度、立法技术等原因,产生了规范的实效性、解释性等诸多问题,无法实现改革称姓习俗的立法目标,这是下一阶段法律全面干预称姓习俗的主要原因。

(一) 法律对妻冠夫姓、子随父姓习俗的差异化规制

依据法律的平等保护原则修正妻冠夫姓、子随父姓习俗是法律初步介入时期的特征,但是在介入时间、立法目的等方面存在差别。

第一,在介入时间上,法律先修正妻冠夫姓习俗,后介入子随父姓习俗。作为新中国

---

① 日本最高裁判所三浦守法官在2015年夫妻同姓制宪法诉讼中的补充意见印证了上述观点。他提出,女性使用通称的情形越来越多,这一现象展现出在"选择性夫妇别姓"制度缺失下,女性正在尽可能地削减、缓和"夫妻同姓制"带来的弊端。"夫妻同姓制"之社会实效性的丧失,由此可见一斑。多数意见认为通称的使用能够缓和"夫妻同姓制"的不合理性,但是这种变通的手段并没有在本质上解决问题,反而进一步暴露出"夫妻同姓制"的缺陷。

第一部法律，1950年《婚姻法》第11条明确规定夫妻有各用自己姓名的权利。从立法原意看，该规定废除了在姓名问题上歧视妇女的旧法，代之以夫妻在姓名权上完全平等的规定。① 1950年《婚姻法》实施后，已婚妇女继续使用婚前姓氏取代妻冠夫姓成为新的称姓习俗并获得广泛的社会认可。基于此，从1980年《婚姻法》到《民法典》，除表述发生细微变化之外，完全延续了1950年《婚姻法》的相关规定。② 基于法律的平等保护原则，1980年《婚姻法》第16条规定："子女可以随父姓，也可以随母姓"，法律自此介入子女称姓领域。从文义上看，"也"表示同样，随父姓和随母姓属于并列关系，不存在逻辑上的先后关系。《最高人民法院关于变更子女姓氏问题的复函》（[81]法民字第11号）提出父母双方达成共识才可以改变子女之姓氏，这表明在子女姓氏决定权上，父母具有相同的权利。但是，从语气上分析，"也可以随母姓"似乎包含着母姓对子女姓氏的影响力弱于父姓的潜在含义。此种推论与保障夫妻平等的立法精神相悖，为了更加凸显形式意义上的男女平等与夫妻家庭地位平等保护的原则，③ 2001年《婚姻法》删掉了1980年《婚姻法》第16条中的"也"字。④ 尽管将"可以"修改为"应当"，但是在父母权利形式平等意义上，《民法典》第1015条是对2001年《婚姻法》第22条的延续。

第二，在立法目的上，1950年《婚姻法》修正妻冠夫姓习俗是为了保障妇女的平等人格尊严权，1980年《婚姻法》修正子随父姓习俗是为了保障家庭生活上的男女平等权。在传统中国，妻冠夫姓代表了妇女与男子人格上的不平等。随着五四运动以及妇女运动的发展，到1930年代，已有部分妇女基于婚前历史被淹没的损失与人格毁损的耻辱，主张取消妻冠夫姓制度甚至要求夫冠妻姓。⑤ 及至抗日战争以及解放战争，中国共产党一直坚持男女平等理念，主张废除一切束缚妇女的封建习俗，实现妇女解放。红色苏区、抗日边区时期的婚姻立法⑥以及中国妇女第一次全国代表大会通过的《中华全国民主妇女联合会章程》都体现了这种精神。⑦ 国务院于1994年6月发布的《中国妇女的状况》白皮书指出，独立的姓名权是中国妇女获得的一项重要人身权利。由此可见，1950年《婚姻法》

---

① 参见胡康生主编：《中华人民共和国婚姻法释义》，法律出版社2001年版，第53页。
② 1950年《婚姻法》第11条：夫妻有各用自己姓名的权利。1980年《婚姻法》第10条：夫妻双方都有各用自己姓名的权利。2001年《婚姻法》第14条：夫妻双方都有各用自己姓名的权利。《民法典》第1056条：夫妻双方都有各自使用自己姓名的权利。
③ 参见胡康生：《中华人民共和国婚姻法释义》，法律出版社2001年版，第88页。
④ 需要指出的是，2001年《婚姻法》不仅删掉了1980年《婚姻法》第16条"子女可以随父姓，也可以随母姓"中的"也"字，也删掉了第8条"登记结婚后，根据男女双方约定，女方可以成为男方家庭的成员，男方也可以成为女方家庭的成员"中的"也"字。二者皆体现了男女平等的原则，是对旧婚俗的改革，是对几千年来以男性为中心的从夫居习俗的突破。其立法精神是提倡到女家落户、子随母姓，对破除封建思想，推行计划生育都十分有利。参见胡康生主编：《中华人民共和国婚姻法释义》，法律出版社2001年版，第29页；全国妇联妇女研究所编著：《当代中国妇女运动简史（1949-2000）》，中国妇女出版社2017年版，第154页。
⑤ 参见君穆：《妻冠夫姓?》，载《锡报》1935年1月20日。
⑥ 参见王歌雅：《红色苏区婚姻立法的习俗基础与制度内涵》，载《黑龙江社会科学》2005年第2期；王歌雅：《抗日边区婚姻立法的自由意志与道德责任》，载《中华女子学院学报》2015年第2期等。
⑦ 肖扬主编：《中国妇女运动百年简史（上）》，中国妇女出版社2009年版，第213-215页。

的制定机关认为妻冠夫姓与包办婚姻、纳妾、童养媳等皆是传统社会歧视妇女的婚姻习俗之一，一并予以废除。① 与之不同，子随父姓而不随母姓未被视为歧视妇女之婚姻习俗，所以1950年《婚姻法》未修正之。在男女权利的法律平等保护范围上，相比于《共同纲领》，1954年《宪法》新增了家庭生活方面。如果说1950年《婚姻法》修正妻冠夫姓习俗确保了男女社会权利的法律平等保护，那么1980年《婚姻法》修正子随父姓习俗则贯彻了家庭生活中男女权利法律平等保护的宪法要求。

（二）法律介入称姓习俗产生的问题

1. 子随母姓规范的实效性问题：形式上的法律与实质上的习俗

从法律介入称姓习俗的社会效果分析，1950年《婚姻法》修正妻冠夫姓习俗的作用立竿见影，1980年《婚姻法》修正子随父姓习俗则收效甚微。尽管随着人们思想观念发生变化，特别是全面二孩政策实施以来，子女随母姓情形有所增加，但是根据公安部户政管理研究中心发布的《二〇二〇年全国姓名报告》，2020年新生儿随母姓与随父姓的比例仅为1∶12。上海2018年出生的9万余名宝宝中，随母姓人数占8.8%，② 中国台湾地区子女随母姓的比例甚至更低。③

上述社会效果之差异性主要源自法律修正妻冠夫姓与子随父姓的不同方式。第一，在法律修正妻冠夫姓习俗的关系中，法律默许已婚妇女有权使用婚前姓氏，排斥妻冠夫姓习俗，若丈夫要求妻冠夫姓，则至少满足两个条件，一是取得妻子之同意，二是符合法律规定之改姓要求。诚如下文所述，在2014年《全国人民代表大会常务委员会关于〈中华人民共和国民法通则〉第九十九条第一款、〈中华人民共和国婚姻法〉第二十二条的解释》（以下简称姓名权立法解释）出台之后，妻冠夫姓习俗不是自然人改姓之法定理由，即使妻子支持，法律亦不支持妻冠夫姓之请求。第二，在法律修正子随父姓习俗的关系中，法律实际默许者乃是父母双方的自由约定权，实际认可者是父母约定子女姓氏之结果。此种介入方式产生两个问题，一是未合理考量母亲在子女姓氏协商中的天然弱势地位，母亲要求子女随母姓，不仅与父亲及其家族相抗衡，甚至与子随父姓的社会整体性习俗相抗衡。在家族以及社会压力之下，母亲之要求不仅势单力薄，甚至会引发悲剧。④ 二是法律仅仅消极承认父母协商之结果，缺乏协商不成之后的裁决机制。因此，法律关于子女姓氏约定平等权的规定仅仅给予母亲机会平等，未实现实质意义上的平等。称姓习俗有自身的变迁

---

① 与中国不同，世界上仍然有一些国家实行夫妇同姓制，比如日本。多数日本人认为夫妇同姓是婚姻对外部社会的公示化手段，是婚姻关系持续存在的表现，不是对任何一方人格尊严之歧视。
② 参见张敏：《上海警方发布"2018姓名报告"》，载《浦东时报》2019年3月7日。
③ 中国台湾地区2007年修改"民法"授权父母约定子女随父姓或者随母姓，2008年新生儿从母姓比例为1.3%，2010年为2.02%，2011年为1.52%。
④ 2002年，湖北省发生一起命案，丈夫因妻子要求子随母姓而杀妻灭子。详情参见风浪：《命案，为争夺儿子的"姓氏权"》，载《公安月刊》2003年第9期。

规律，除了法律之外，人口政策、社会观念等皆是其演变之影响因素。可以预见，随着全面三孩规范之实施，随母姓人数必然呈现上升之势头。但是，"父姓＋母姓"或"母姓＋父姓"等新复姓的出现，却意味着随母姓之困难。研究表明新复姓从1985年的0.5%上升到2005年的1.2%，① 男孩选取新复姓的比例于2017年达到了2.5%的顶峰②。

2. 第三姓氏的法律适用争议

各地在执行或适用2001年《婚姻法》第22条解决自然人能否选取第三姓氏问题时，存在较大差异，主要表现在《婚姻法》第22条能否作为自然人称姓的法律依据以及"子女可以随父姓，可以随母姓"是否禁止第三姓氏等两个问题上。在执法方面，绝大多数地方认为子女只能随父姓或者母姓，父母没有为子女选取第三姓氏的权利；③ 有些地方允许采用父母双方的姓氏，也即新复姓；④ 有些地方的公安机关认为只能随父姓或母姓，法院则认为"子女可以随父姓，可以随母姓"并非强制性规范，因为不违反法律规定和社会公序良俗，子女可以随祖父姓。⑤ 不仅执法部门认识不一，法院系统甚至最高人民法院内部也存在分歧。山东省高级人民法院就北雁云依案⑥向最高人民法院请示2001年《婚姻法》第22条的适用问题，最高人民法院形成了两种相互冲突的意见。⑦ 总之，在姓名权立法解释出台之前，不管在姓名登记的执法环节，还是在争议解决的司法适用环节，父母能否为子女选取第三姓氏未有定论。

执法或适用上的混乱源于"子女可以随父姓，可以随母姓"在解释学上的多义性。首先，对于第三姓氏而言，"子女可以随父姓，可以随母姓"含义模糊，未提供确切答案，基于解释不能突破法律文字的可能含义的范围之法律解释界限的共识，⑧ 法律文字含义模糊是运用其他解释方法的前提。其次，从"子女可以随父姓，可以随母姓"的立法目的考察，《婚姻法》做此规定，实为贯彻家庭生活中夫妻双方权利的平等保护。规范自然人姓氏的法律界限不是作为民事法律的《婚姻法》的功能，不能作为自然人称姓之禁止性规范。再次，考察《婚姻法》关于自然人姓氏的规制历史，第三姓氏则被禁止。从1950年《婚姻法》到2001年《婚姻法》，已婚妇女逐渐获得了沿用婚前姓氏的权利、子女姓氏的

---

① 参见许琪：《随父姓、随母姓还是新复姓：中国的姓氏变革与原因分析（1986－2005）》，载《妇女研究论丛》2021年第3期。

② 参见张禚心、陈俊、张琳琳、孙金辉：《2019姓名全景报告：中国人起名质量首次量化揭示》，https://www.qimingtong.com/2019full.html#7%E6%96%B0%E5%A4%8D%E5%A7%93%E8%B5%B7%E5%90%8D%E6%96%B0%E6%B0%94%E8%B1%A1，访问日期：2022－04－08。

③ 比如《山东省卫生厅关于进一步加强〈出生医学证明〉使用管理的通知》（鲁卫妇社发［2009］12号）、《上海市〈出生医学证明〉管理办法》《海南省出生医学证明管理办法》（琼卫妇社［2010］23号）、《浙江省卫生厅、浙江省公安厅关于印发浙江省出生医学证明管理规定（试行）的通知》（浙卫发［2012］96号）等。

④ 比如《湖南省公安厅关于印发〈湖南省常住人口登记操作办法〉的通知》（湘公通［2008］46号）等。

⑤ 参见河南省荥阳市人民法院（2013）荥行初字第14号行政判决书。

⑥ 参见最高人民法院指导案例89号。

⑦ 参见蔡小雪：《因公民起名引起的立法解释之判案解析》，载《中国法律评论》2015年第4期。

⑧ 参见韩大元、张翔：《试论宪法解释的界限》，载《法学评论》2001年第1期。

部分决定权以及与父亲平等的子女姓氏的决定权,在此意义上,"子女可以随父姓,可以随母姓"是一种穷尽式列举。此外,《婚姻法》强势改变了妻冠夫姓习俗,但是仅形式上修正了子随父姓习俗,仍然默许父母双方在不平等条件下产生之子女姓氏约定的法律效力。因此,对于子随母姓而言,法律尚且处于倡导阶段,遑论第三姓氏。最后,在不同解释方法产生不同解释结论的前提下,存在两种争议解决方案,一是比较目的解释和历史解释之间的效力层级,谁优先适用,就依据谁之结论。但是,方法之法的缺失导致法律解释方法的选择权往往由法律适用者自由裁量。① 二是运用合宪性解释方法,在目的解释和历史解释所得二种结论之间进行选择。合宪性解释方法被认为是效力优越于其他解释方法的更高级法律解释方法,但是合宪性解释方法只能在违宪解释和合宪解释之间作出选择,不能在合宪的解释与更合宪的解释之间作出选择。② 考察我国宪法文本称姓权包含于《宪法》第 38 条规定之人格尊严权范畴,但不管肯定第三姓氏还是否定第三姓氏皆不能被认定为与之相抵触。因此,合宪性解释也不能消解"子女可以随父姓,可以随母姓"的解释争议。最终,2014 年姓名权立法解释解决了上述问题,也开启了法律全面干预称姓习俗的进程。

三、法律全面干预时期:基于公共利益的考量

为了解决法律初步介入称姓习俗产生的问题,以北雁云依案为契机,全国人大常委会应最高人民法院之要求③于 2014 年做出了姓名权立法解释,开启了法律规范全面干预称姓习俗的阶段。《民法典》第 1015 条延续了姓名权立法解释之规定,规定了父母实施的附属于亲权的自然人姓氏给予权以及成年子女基于自由意志实施之姓氏选择权,二者皆属于民事权利中的人格权。尽管明确了姓氏选取规则,但是法律全面介入称姓习俗却引发了更多争议,自然人称姓规范体系之发展有赖于法律与习俗关系的进一步协调。

---

① 参见 [德] 伯恩·魏德士:《法理学》,丁晓春、吴越译,法律出版社 2013 年版,第 302 - 303 页。

② 自 2008 年以来,合宪性解释一直是宪法学研究的热点之一,但是关于合宪性解释的性质,研究者并未形成共识,普通法院在司法裁判中根据宪法解释法律或者符合宪法的法律解释意义上的合宪性解释以及违宪审查机关在规范合宪性审查程序中所作裁决形式意义上的合宪性解释并存,这是学界深入、系统开展合宪性解释研究必须解决的学术难题之一。合宪性解释的相关性文献参见上官丕亮:《当下中国宪法司法化的路径与方法》,载《现代法学》2008 年第 2 期;张翔:《两种宪法案件:从合宪性解释看宪法对司法的可能影响》,载《中国法学》2008 年第 3 期;翟国强:《宪法判断的方法》,法律出版社 2009 年版,第 90 - 91 页;陈金钊等:《法律解释学——立场、原则与方法》,湖南人民出版社 2009 年版,第 464 - 466 页;柳建龙:《合宪性解释原则的本相与争论》,载《清华法学》2011 年第 1 期;王锴:《合宪性解释之反思》,载《法学家》2015 年第 1 期等。

③ 一个值得反思的问题是:根据《中华人民共和国立法法》(以下简称《立法法》) 第四十六条之规定,最高人民法院有权向全国人大常委会提出法律解释的要求,但是究竟提出立法解释的要求还是通过司法解释或者批复予以解决,其决定权归属于最高人民法院。在北雁云依案中,最高人民法院内部就公民能否在父姓母姓之外选取第三姓氏产生了两派观点,无法形成统一意见,遂向全国人大常委会提出法律解释的要求。如果最高人民法院内部能够形成一致意见,上述问题将通过批复的方式予以解决。因此,虽然《立法法》规定了立法解释和司法解释的权限范围,但二者之间并不存在清晰可辨的实践界限。

(一)《民法典》对称姓习俗的全面干预

同《婚姻法》相比,姓名权立法解释以及《民法典》第1015条明确规定了姓氏选择权,对自然人称姓习俗的干预也更为全面、深入。第一,在立法目的上,从法律的平等保护到称姓规制。《婚姻法》通过倡导子女可以随母姓,实现了父母在决定子女姓氏方面的法律平等保护,其立法目的非为规制自然人之称姓行为。姓名权立法解释以及《民法典》第1015条为了维护姓氏中的血缘传承、伦理制度和文化传统等公共利益,明确规定了自然人称姓权的法律界限。此外,除维护姓氏蕴含之公共利益,《民法典》第1015条还扩展了作为《婚姻法》规范称姓习俗价值基础的性别平等原则。包含父母和未成年子女的核心家庭是中国当代社会的重要组成部分,但是家族的观念仍然存在于人们的日常生活中。在《婚姻法》框架下,子女可以随父姓,可以随母姓,实现了核心家庭中父母权利的法律平等保护。考虑到父母往往随父姓,祖母和外祖母之姓氏则不能传递至孙辈。根据《民法典》第1015条,自然人可以选择直系长辈血亲之姓氏,至少实现了祖父、祖母、外祖父、外祖母姓氏传递至孙辈的法律平等保护。第二,在规则性质上,从授权性规则到义务性规则。2001年《婚姻法》第22条规定子女可以随父姓,可以随母姓,属于授权性规则与倡导性规范,既不强制权利主体作为,也不强制权利主体不作为。[①]《民法典》第1015条规定自然人应当随父姓或者母姓,属于义务性规范与强制性规范,原则上自然人只能在父姓和母姓之间选择姓氏。第三,在规范结构上,从《婚姻法》到《民法典》人格权编。规范结构的变化影响了规范效力,《婚姻法》调整的是婚姻家庭关系,第22条意在强调男女平等、夫妻平等,不能作为认定姓名权法律界限的依据。[②]《民法典》将姓名权立法解释纳入人格权编,[③]解决了《婚姻法》第22条的规范结构与规范效力问题。第四,在规范内容上,从父姓母姓到第三姓氏。一是同《婚姻法》相比,《民法典》第1015条明确规定了自然人选取第三姓氏的条件,介入称姓习俗的范围更广。二是世界上一些国家和地区还在为废除夫妻同姓制度、争取子女姓氏决定权上的性别平等保护而努力,我国之《民法典》已先行规范自然人第三姓氏选择之界限。考虑到子随父姓仍是主流称姓习俗、子随母姓依旧式微以及任意选取第三姓氏的绝对数量极为有限,《民法典》第1015条对称姓习俗的干预可谓既全面又深入,甚至有些超前。

[①] 参见张文显主编:《法理学》,高等教育出版社、北京大学出版社2011年版,第71页。
[②] 参见蔡小雪:《因公民起名引起的立法解释之判案解析》,载《中国法律评论》2015年第4期。
[③] 《民法典》制定过程中,立法者面临将姓名权立法解释纳入婚姻家庭编还是人格权编的问题,甚至在草案起草中,出现过重复立法的情况。参见张谷:《多余的话:科学立法与民法典分编之编纂》,载王洪亮、田士永、张双根、张谷、朱庆育主编:《中德私法研究第17卷:司法造法与法学方法》,北京大学出版社2019年版,第176–186页。

(二) 法律全面干预称姓习俗产生的问题

法律全面干预称姓习俗之后，自然人称姓规范体系存在两个主要问题，一是延续自法律初步介入时期的法律的实效性问题；二是《民法典》第1015条立法目的与立法手段的冲突问题。

1. 依然存在的法律的实效性问题

习惯法是一种源自民间的知识传统，国家法则是一种更具统一性的精英知识传统，表现出相当显著的文化选择色彩，二者之间存在既相互渗透、配合，又彼此抵触、冲突的复杂关系，①《民法典》第1015条与称姓习俗的这种文化选择色彩与复杂关系仅体现在形式上，实质上法律与习俗仍然各自发生效力，法律改革称姓习俗的实效性不足。第一，《民法典》第1015条对子随母姓的消极倡导难以产生实效性。对于子随母姓而言，《民法典》第1015条延续2001年《婚姻法》第22条之倡导精神，考虑到缺乏协商不成后纠纷解决机制，法律对于子随父姓习俗采取了尊重为主的立法态度，导致子随母姓形同具文，子女姓氏决定权之实质性别平等的法律保护缺场。第二，《民法典》第1015条对第三姓氏的超前规制难以产生实效性。立法者在子随父姓平等保护上态度消极，在第三姓氏的界限上却过于激进。时至今日，子随父姓仍然是绝大多数中国人的选择，在父姓母姓之外根据个人意愿自创第三姓氏之人少之又少，《民法典》第1015条据此规定了第三姓氏的法律界限，限制了极少数人基于个人意愿的称姓自由，②赋予认同子随父姓的绝大多数自然人以第三姓氏选择权，有悖于比例原则之要求。尽管极少数人任意称姓的自由被禁止，但是绝大多数人不会因为法律授权而在父姓母姓之外选择合法的第三姓氏，子随母姓尚且意愿不足，何谈子随祖母姓？需要指出的是，法律规范与社会规范之分离并非仅当代中国存在，传统中国亦存在，比如在法律规定同姓不婚的前提下，周代即有吴孟子一类的故事，《刑案汇览》也有许多妻与夫同姓的例子，更重要的是法律采取不干涉主义，呈现出法律自法律、民众自民众的情形。③

2. 《民法典》第1015条立法目的与立法手段的冲突关系

《民法典》第1015条规定自然人原则上应当随父姓或母姓并明确列举了三类自然人选取第三姓氏的正当理由，表明其立法目的是严格限制第三姓氏的选取范围。基于如下两个理由，其立法目的难以实现。第一，姓氏选择权性质的二元论。姓氏选择权既是一项隶属于民法人格权的民事权利，也是一项隶属于宪法人格尊严权的宪法权利。作为民事权利，

---

① 参见梁治平：《清代习惯法：社会与国家》，中国政法大学出版社1996年版，第127－128页。
② 根据最高人民法院指导案例89号（"北雁云依"诉济南市公安局历下区分局燕山派出所公安行政登记案），公民仅凭个人喜好和愿望在父姓、母姓之外选取其他姓氏或者创设新的姓氏，不属于姓名权立法解释规定的"有不违反公序良俗的其他正当理由"。
③ 参见瞿同祖：《中国法律与中国社会》，商务印书馆2015年版，第105页。

权利主体应当遵守《民法典》第1015条规定之界限；作为宪法权利，有权机关可通过姓名登记规范予以规制。只有《民法典》和有关姓名登记之规范性文件协调一致，自然人姓氏选择权的法律界限才清晰、完整。但是，因为争议颇大，公安部2007年提出《姓名登记条例（初稿）》至今尚未通过。如果有关机关制定姓名登记规范时，不能在立法目的上同《民法典》第1015条相衔接，那么《民法典》第1015条严格限制第三姓氏选取范围的立法目的将被削弱。第二，《民法典》第1015条直系长辈血亲的范围问题。《民法典》第1015条规定，自然人可以在父姓母姓之外选取直系长辈血亲的姓氏，回应了恢复祖性的社会需要。但是，直系长辈血亲的范围直接决定了《民法典》第1015条严格规制第三姓氏之立法目的能否实现，直系长辈血亲仅包括祖父、祖母、外祖父、外祖母还是也包括曾祖父、曾祖母、外曾祖父、外曾祖母甚至不限制辈数？在子随父姓传统下，虽然祖父、曾祖父等之姓氏往往保持一致，但祖母、曾祖母之姓氏却不同，如果不限制辈数，自然人可选择之直系长辈血亲之姓氏范围趋于广泛。考虑历史上部分妇女无姓氏、妻冠夫姓、族谱记录女性信息不完整等因素，辈数越高之直系长辈血亲的姓氏越难以确定，上述问题在实践中出现的可能性较低。但是，随着1950年《婚姻法》规定夫妻双方有各用自己姓名的权利以及新中国户籍登记制度的完善，世代越是推移，自然人选取第三姓氏的范围越是广泛，《民法典》第1015条严格限制第三姓氏选择范围之目的越难以实现。解释学上之争议，可通过目的解释方法予以缓解，考虑到严格限制自然人姓氏选择范围的立法目的，应当限缩解释直系长辈血亲的范围并扩大解释公序良俗的效力。然而，在法律文义相对清晰的前提下，目的解释缺乏适用前提。

四、自然人称姓规范体系的发展趋势：习俗为主体与法律适当介入

系统考察称姓规范体系发展的三个阶段，基于法律与习俗之实践互动，针对法律全面干预阶段存在的主要问题，我们认为称姓规范体系应体现法律与习俗分工负责、协同规制之关系，总体上坚持习俗为主体、法律适当介入之原则。

（一）称姓习俗的主体地位

通过扩大解释《民法典》第1015条，降低法律对称姓习俗之过度干预，尊重自然人约定性夫妻同姓、第三姓氏等不违背公序良俗的称姓意愿，实现称姓习俗的主体地位。《民法典》第1015条规定的称姓权派生于宪法上的人格尊严权，扩大解释的正当性源自宪法对人格尊严权的特殊保护。人格尊严是各国宪法共同保护之重要甚至首要价值，《德国基本法》第1条即规定人的尊严不可侵犯，尊重和保护人的尊严是一切国家权力的义务。

解释我国宪法上的人格尊严权时宜坚持双重规范意义说,① 实现人的尊严和人格尊严权的双重保护。基于宪法对人格尊严的特殊保护，法律具体化宪法规范之人格尊严权时，应以尊重为主、限制为辅，慎重基于公共利益规定过于宽泛之界限。

扩大解释《民法典》第1015条规定之作为第三姓氏界限兜底性条款的"不违背公序良俗的其他正当理由"，尊重自然人夫妻同姓、第三姓氏等称姓意愿。第一，尊重约定性夫妻同姓习俗。对于约定性夫妻同姓，我国法律经历了从默许到禁止的规范历程。明确规定夫妻有各用自己姓名权利的1950年《婚姻法》第11条不是义务性规范与强制性规范，"不妨碍结婚后夫妻双方就改变姓名问题作出一致的约定。女方可以改称男方的姓，男方也可以改称女方的姓，但任何一方及其他人都不得强迫他方违背其意愿而更改姓名。"②《民法典》第1015条规定自然人可在父姓、母姓之外选取法定扶养人之外的扶养人的姓氏，"不能选取法定扶养人的姓氏"属于当然解释。根据《民法典》第1059条，夫妻双方属于对方的法定扶养人，不管是妻冠夫姓还是夫冠妻姓，皆被禁止。在传统社会，妻冠夫姓被认定为蔑视妇女之平等人格权的婚姻习俗，但若夫妻双方自愿约定同姓，则无关乎于歧视、无碍于社会管理，尚且具有消除子女姓氏争议、有利于婚姻家庭关系维护等价值。因此，可将约定性夫妻同姓认定为不违背公序良俗之其他正当理由，纳入自然人姓氏选取范围予以保护。第二，尊重自然人在父姓母姓之外选取第三姓氏之自由。尽管姓氏中包含着血缘传承、伦理秩序、社会传统等公共利益，但是选取第三姓氏之人属于绝对少数群体。在身份证号不变以及更改姓名前后法律权利义务不变的前提下，考虑到信息技术的广泛应用，即使自然人任意更改姓氏，也不会影响到公共秩序，不会增加社会管理负担，若基于社会管理之需要限制公民之改姓自由，则无法通过比例原则的审查，③ 至于对其自身社会关系之影响，则属于意思自治与责任自负范畴了。此外，善良风俗难以作为自然人更改姓氏的有效界限，若只有少数自然人随意更改姓氏，则无关乎于姓氏选择的善良风俗；若多数人皆主张可随意更改姓氏，那么称姓习俗则发生相应变化，即便法律强势介入，其实效性亦难以保证。

(二)《姓名条例》与子随父姓习俗的实质修正

随着《民法典》规定了自然人姓名权的纲领性条款以及社会之发展，制定《姓名条例》的立法时机逐渐成熟。第一，姓氏选择属于公民的宪法自由，法律应少些禁止性规定，凡能够被称姓习俗包容且符合法律保护之重要价值利益者，法律可尽确认之。但是，

---

① 参见林来梵：《人的尊严与人格尊严——兼论中国宪法第38条的解释方案》，载《浙江社会科学》2008年第3期。
② 马原主编：《新婚姻法条文释义》，人民法院出版社2002年版，第123页。
③ 以比例原则分析我国台湾地区"姓名条例"关于姓名更改界限的主要文献参见陈典圣：《姓名权之保障与姓名条例》，载《全国律师》2017年第7期等。

对于子随父姓等明显与法律平等保护相抵触且不易自我变迁的称姓习俗，法律不能局限于消极的平等保护，应通过制定《姓名条例》实现父母姓氏影响子女姓氏的法律的实质平等保护。第二，包含姓氏选择权在内的姓名权既是一项宪法权利也是一项民事权利，《民法典》第1015条规范自然人姓氏选择行为，《姓名条例》规范行政机关的姓名登记行为，二者构成完整的称姓法律规范体系。第三，《姓名条例》具有规范行政机关的姓名登记行为、① 具体化《民法典》第1015条、修正部分称姓习俗等多元化功能。尽管公安部2007年提出的《姓名登记条例（初稿）》搁置至今，但是学界关于姓名登记立法的努力不曾停止，② 为制定《姓名条例》提供了足够的理论支持。

《姓名条例》涉及的问题很多，比如名称、③ 性质、④ 基本原则⑤等，但是基于本文主题以及篇幅，我们仅从性别平等保护原则的角度，分析《姓名条例》如何修正子随父姓习俗，改变《民法典》第1015条的形式平等原则，实现男女权利之实质平等。《民法典》第1015条规定自然人原则上随父姓或者随母姓，形式上体现了性别平等保护的法律原则，实质上是对子女称姓习俗之默许，完全交由父母双方协商决定。以子随父姓为代表的称姓习俗具有极强的稳定性，尽管人口政策、社会观念已发生较大变化，但是子随父姓仍然是中国人称姓的主流习俗，且在可预期的未来，在法律不予干预的情况下，很难发生变化。宪法上的基本权利具有主观权利和客观法的双重性质，作为主观权利的基本权利主要产生防御国家权力的功能，作为客观价值秩序的基本权利产生制度性保障功能。⑥ 就子女姓氏中男女权利的平等保护而言，它既是一种主观权利，产生防御国家权力的功能，即国家不得立法子女只能随父姓或者子女只能随母姓，否则即构成制度性歧视⑦；它也是一项客观法，产生要求国家保障的权利。前者要求国家不予歧视，后者要求国家消除社会歧视。

---

① 刘练军：《姓名登记规范研究》，载《法商研究》2017年第3期。
② 有研究者已系统提出了《姓名登记条例》学者建议稿及立法理由，参见刘练军：《姓名登记条例学者建议稿及理由》，载《东南法学》2019年秋季卷。
③ 在称谓上，《姓名登记条例》局限于规范行政机关的姓名登记行为，《姓名条例》则可以涵盖自然人选取姓氏法律界限的具体化，具有更强的包容性，我们主张制定《姓名条例》而非《姓名登记条例》。
④ 我们主张将《姓名条例》定性为行政法规，由国务院制定。包括姓氏选择权在内的姓名权包含于宪法上的人格尊严权并由《民法典》明确规定，根据《立法法》第65条第1款，执行法律规定需要制定行政法规，因此具体化《民法典》有关规定的任务应当由国务院完成。
⑤ 除了性别实质平等保护之外，《姓名条例》应坚持的原则还有许多，比如未成年人权利保护原则。我国当前的称姓法律主要在平衡姓氏文化体现之伦理秩序与公共利益、男女权利的平等保护等价值基础之上规范自然人选取姓氏的行为，自然人成年且拥有完全民事行为能力时，方可根据法律选择姓氏，未成年人的自由意志保护力度不足。自然人改姓的司法实践存在尊重年龄较大能辨识自身行为的未成年人意志的经验，《姓名条例》可借鉴规范之。
⑥ 基本权利的主观权利和客观法的双重性质的详细论述参见张翔：《基本权利的双重性质》，载《法学研究》2005年第3期。
⑦ 制度性歧视是指由于国家正式规则的认可或者公权力主体的推行，使一定社会群体持续遭受普遍的、规范化的不合理对待。相关性研究成果参见任喜荣：《制度性歧视与平等权利保障机构的功能——以农民权利保障为视角》，载《当代法学》2007年第2期；任喜荣、周隆基：《制度性歧视的内涵与辨异》，载《北方法学》2014年第2期；任喜荣、周隆基：《制度性歧视的类型化研究》，载《复旦大学法律评论》2017年第5辑等。

《民法典》第 1015 条已经实现了国家不予歧视的要求,但尚未实现消除社会歧视的要求。《姓名条例》有必要介入子随父姓习俗,在子女姓氏决定权上,消除社会歧视,实现实质意义上的性别平等保护。

我国台湾地区采用抽签制消除子女姓氏决定中的社会歧视问题,这是一个可以借鉴的方案。根据 2010 年修订的"台湾民法典"第 1059 条,父母于子女出生登记前,应以书面约定子女从父姓或者母姓。夫妻对子女之从姓未约定或约定不成时,以抽签决定。① 从父姓的文化传统以及男女平等皆是值得追求的价值,如果同等价值之间的权衡需要一种技术性解决方式,那么抽签就是一种适当的选择。② 尽管如此,抽签制还是存在一些缺点,一是在多个子女的前提下,每个子女姓氏皆由抽签决定,不仅产生效率问题,若抽签导致多个子女皆随父姓或者皆随母姓,也可能危及家庭和谐;二是子女称姓涉及法律保护的重要价值和利益,抽签制是立法者未完全履行立法责任之表现,可能构成不典型意义上的立法不作为。基于上述两个原因,我们提出如下解决方案:若父母协商不成,第一个子女的姓氏可通过抽签决定;若父母协商不成,第二个子女的姓氏在父姓母姓之中选择且不同于第一个子女;若父母协商不成,其他子的女姓氏由抽签决定。如此一来,在多个子女前提下,至少有一个子女随父姓或者随母姓,能够在兼顾效率的前提下实现子女称姓中男女权利的实质平等保护。

总之,自然人称姓行为不仅属于个人自由,也涉及血缘传承、伦理制度与文化传统等公共利益,需要习俗与法律的系统规制。称姓习俗是社会主流姓氏观念不断演进与传承的具体表现,具有较高的稳定性与较强的社会接受度,但是也存在与称姓法律的衔接甚至冲突问题。在此过程中,称姓法律可能过度干预称姓习俗导致其实效性不足,也可能干预不足导致违背性别平等保护等法律价值的称姓习俗持续存在。为了解决上述难题,学界宜持续研究自然人称姓规范体系的有关基础理论问题,为立法者提供必要的理论支撑,实现自然人称姓规范体系的合理配置。

From Custom Domination to Legal Intervention
——On the Evolution of the Normative System of Natural Persons Surname

Ma Honglun, He Liyuan

Abstract: The law on surname calling and the custom of surname calling constitute the

---

① 关于该条文的详细变迁史以及子女称姓问题详见戴东雄:《子女称姓之现代化》,载《法制史研究》第 30 期(2016 年)。
② 参见侯学宾:《抽签制:何种情况才是适当选择》,载《检察日报》2019 年 10 月 23 日。

normative system of surname calling for natural persons, and in general, they have gone through the evolutionary process of continuous advancement of law and gradual retreat of custom, which can be divided into three stages of development, such as domination of custom, preliminary legal intervention and comprehensive legal intervention. In order to implement the principle of equal protection of law as stipulated in the Constitution, the Marriage Law has changed the position of tacitly allowing or confirming the custom of surname calling during the custom – led period, and gradually abolished the custom of taking the husband's surname, and realized the equal protection of law in the form of children taking the surname of the father and the surname of the mother, but there are problems such as weak effectiveness and insufficient normative supply. In order to protect the public interest contained in the surname and to clarify the legal basis for the surname of natural persons, the legislative interpretation of the right to name and Article 1015 of the Civil Code comprehensively interfere with the customs of the surname in terms of legislative purpose, normative structure and normative content, but the hermeneutic controversy and the relationship between law and custom make it difficult to achieve the legislative purpose of strictly limiting the scope of the choice of surname of natural persons. At the same time, there are problems of excessive legal intervention and insufficient legal intervention in the legal – led surname standard system, and in general, it is advisable to shift to the principle of custom as the main body and appropriate legal intervention. On the one hand, it is necessary to expand the interpretation of Article 1015 of the Civil Code and respect the will of the natural person to name the same surname and the third surname without violating public order and good customs. On the other hand, the Name Regulation should be formulated to correct the name customs which are inconsistent with the value of legal equality protection and difficult to self – change, so as to realize the formal equality and substantive equality of parents' names affecting children's names.

Key words: the son takes the father's surname, the wife takes the husband's surname, the third surname, custom, law

实践论下的"良俗"判断[*]

谢 郁 刘 力[**]

摘 要 "良俗"不等于公共利益、道德或伦理秩序。藉由习俗研究的习惯路径与仪式路径,以生育习俗为研究对象,可以发现:从生育习俗产生最初具有的"目的—手段"结构的主观理性,经由自然之物向象征符号的转化、得以脱离功利性考量,再到成为生产共同体权威的存在。生育习俗实质完成了从习惯到仪式的转变,进而得以成为维系共同体、确立组织结构、树立特定权威的一种方式。因此,与其争议习俗是习惯抑或仪式,毋宁说其代表着特定共同体的组织方式。从实践论的视角重新阐释习俗,可以在实践的行动理由、个体实践与共同体结构关系中获得新的理解。习俗从借助自然之物到操弄象征符号的转变,正是为了使遵循习俗实践的事实理由转变为信念理由,并确保社会共享同一套意义系统。意义系统的共享与维系,依赖于共同体关系结构的持存,否则,意义系统将出现裂缝乃至瓦解,从而使遵循习俗的行动理由回归到事实理由,产生更多偏离习俗的个人理性行为,最终导致习俗发生改变。在这样一种实践论的认识下,我们得以更深刻地理解"良俗",其既指向习俗的信念理由与价值取向,也指向对不同共同体的维系与统合,而是否违背良俗在两种共同体关系结构中有着不同判断与处理规则。

关键词 良俗 习惯 仪式 实践 共同体

一、问题的提出

"公序良俗"中的"良俗",即"善良风俗",并非一个确定性概念,见于《民法典》

---

[*] 国家社会科学基金后期资助项目"中国计划生育制度变迁问题研究"(项目编号:20FFXB011)。
[**] 谢郁,法学博士,广东工业大学政法学院讲师,硕士生导师;刘力,浙江大学光华法学院博士研究生。

第八条"民事主体从事民事活动,不得违反法律,不得违背公序良俗",第十条"处理民事纠纷,应当依照法律;法律没有规定的,可以适用习惯,但是不得违背公序良俗",第一百五十三条第二款"违背公序良俗的民事法律行为无效。"从中可以发现效力位阶排序为:法律〉(公序)良俗〉习惯≈民事法律行为。对"良俗"的界定与判断,与对"习俗"的理解分不开,而"习俗"则属于法律所称的"习惯"。若以集合来看,良俗∈习俗∈习惯。人们在社会生活中依循着各种习俗,所谓习俗,在《辞海》解释为"风俗习惯"①。为方便读者理解,于此可下一个大致的定义,习俗指在社会上具有历史因袭性,在特定区域被大部分人所认同与遵循的,具有一定约束力的民间规范。不论是否依循特定的习俗,相关民事法律行为若要在司法裁判中被"良俗"所否定,就需要有一个判定"良俗"的标准。否则,每个人都将会遭遇两个具体的实践性问题:一是哪些习俗可视为良俗,需要被遵循或不得违背;二是哪些基于遵循习俗的民事行为会被视为违背良俗而受到规制。在司法实践中,"良俗"往往被替换为公共利益、道德或伦理秩序等价值,典型的案例如所谓的"公序良俗"第一案——2001年"泸州遗赠案"②,与之相当的2000年"杭州遗赠案"③,再如诸多的彩礼纠纷案件、冥婚纠纷案件,更是在不同地域法院或同一地域平级法院乃至上下级法院判决之间产生冲突,形成不同的判决结果。④ 在这类涉及民间习俗的问题上,"良俗"的判断问题,实际上又呈现为某特定社会秩序的变与不变的张力问题。"公序良俗"这一立法设计,根本上是在私法自治原则的基础上设定一个阀门,避免虽不直接违反强制性规范、但又不值得倡导乃至需要改变的习俗获得法律的支持,因为法律具备指引、评价与教育的功能。然而,"习俗"基于其历史因袭,社会普遍遵守与带有一定文化特质,同样有其特定的价值,从而一旦适用"公序良俗"准则,往往会遭遇诸多社会争议。因此,我们需要对习俗作更具实践意义的分析,以一种实践论的视角将习俗作为一种个体实践置于特定社会结构中去理解习俗的生成、演变与转化机制。由此才能

---

① 紧接着的"习俗制度"一词的解释则详细得多,指"民俗的一个组成部分。由风俗习惯凝固传袭而成的具有规范性、强制性的制度化民俗。如图腾制度、宗族制度、舅权制度等。它在民众中的认同,使其具有一定的制度效力。另一方面,它还具有习俗的信息和规范的压力,迫使人们不得不受它的约束。"夏征农、陈至立主编:《辞海》(第六版),上海辞书出版社2009年版,第2462页。就本文所谈习俗而言,更接近于此处的"习俗制度"的解释。
② 参见张某诉蒋某遗赠纠纷案(2001)纳溪民初字第561号。二审维持原判:"遗赠人黄某的遗赠行为虽系其真实意思表示,但其内容和目的违反了法律规定和公序良俗,损害了社会公德,破坏了公共秩序,应属无效民事行为。"
③ 潘毓霞、伊始:《法院为何将百万遗产判归小保姆》,载《法苑》2000年第13期。
④ 相关实证研究参见,高荣林:《婚恋领域公序良俗原则之实证研究》,载《贵州警察学院学报》2021年第6期;林兴勇:《论彩礼返还的司法困境及解决对策》,载《巢湖学院学报》2021年第5期;金眉:《论彩礼返还的请求权基础重建》,载《政法论坛》2019年第5期;徐颖、李诚予:《冥婚案件的司法难题与"良俗"的边界》,载《第十七届全国民间法/民族习惯法学术研讨会论文集》,第1248-1256页。在彩礼返还纠纷案件中,即便《民法典婚姻家庭编司法解释(一)》规定了彩礼返还的三种情形,在实践中仍然基于返还责任主体、彩礼财产范围和返还比例标准问题而导致同案不同判的现象,而这类问题的本质仍然是对这些民间习俗应如何看待和处理,使之能够被民众所接受之余,又符合现代法律精神与国家提倡的社会新风尚的问题。

更好地把握我们生活中或司法裁判中面对的风俗习惯，从而明确"良俗"的判断标准。

从方法论来看，目前对习俗的研究可大致分为两条路径：一是习惯路径；二是仪式路径。第一，从习惯的角度出发，习俗与（商业）惯例、社会规范乃至法律间的关系则为研究的重点。马克斯·韦伯认为，"习俗（sitte）指的是一种在常规状态下的典型的一贯性活动，因为人们只是'习惯'于这样做，并且始终是不假思索地模仿着做"，"这是一种集体性的行动方式（massenhandein）"。① 约翰·康芒斯同样把习俗视为许多个人习惯的相似点，认为"习惯、惯例、前例以及根据它们推论出来的习惯假设，我们解释为'习俗'"。② 他认为习俗和习惯假设是构成一切人类的基础的原则，且是一种人性的法则，遵循的不是公道或幸福，而是安定原则。③ 故在参与社会行动前，习俗已使人完成制度化。也正是在这意义上，康芒斯比之前的经济学家更关注集体行动的作用——"集体行动控制个体行动"（主要是个人交易关系的控制），而集体行动的主要指向就是"无组织的习俗"。④ 正是在这种"个人习惯—集体习俗"的分析框架下，20世纪60年代以来，习俗成为博弈论者研究个体行为如何形成协调均衡的重要问题。如大卫·刘易斯用纯协调博弈论的架构，提出了约定（convention）的实质，一种对于共同利益的普遍性意识。社会中的行为各方在各自独自行动，为达到一个可能的协调平衡，需要"拥有一个恰如其分的、和谐互助的预期系统"。⑤ 习俗就是这样一种预期系统，其生发机制在于达成意见的一致（包括默认），以及更重要的是"突出特点"（尤其"先例式的协调"）。⑥ 再如，梅纳德·史密斯提出的演进稳定策略：一旦这种演进稳定策略被采纳，它就在以群体中形成一种均衡，而这种均衡不能为另外的不能验证的其他策略所侵扰。⑦ 罗伯特·萨金借此概念把习俗定义为"在有两个以上演进稳定策略的博弈中的一种演进稳定策略。这即是说，习俗是有两个以上行为规则中的一种规则，而任何一种规则一经确立，就会自我维系（self-enforcing）"。⑧ 同样，任何一方偏离这种演进稳定均衡的奕者都要付出一定的代价。第二，从仪式的角度出发，习俗与神话、宗教之间的关系成为关注重点。此研究进路若要追寻原点，可溯及亚里士多德的关于酒神颂（酒神狄奥尼索斯祭祷仪式）与悲剧的关系，即创作

---

① ［德］马克斯·韦伯：《经济与社会》（第1卷），阎克文译，上海世纪出版集团2010年版，第438页。
② ［美］康芒斯：《制度经济学》，于树生译，商务印书馆2021年版，第824页。
③ 参见［美］康芒斯：《制度经济学》，于树生译，商务印书馆2021年版，第820页。
④ 参见［美］康芒斯：《制度经济学》，于树生译，商务印书馆2021年版，第2-3、7-16页。
⑤ ［美］大卫·刘易斯：《约定论：一份哲学上的考量》，吕捷译，生活·读书·新知三联书店2009年版，第27页。
⑥ 参见［美］大卫·刘易斯：《约定论：一份哲学上的考量》，吕捷译，生活·读书·新知三联书店2009年版，第42-50页。
⑦ See M. J. Smith, G. Price, The Logic of Animal Conflict, 246 *Nature*, 15-18 (1973); M. J. Smith, G. Parker, The Logic of Asymmetric Contests, 24 *Animal Behavior*, 159-175 (1976); M. J. Smith, *Evolution and the Theory of Games*, Cambridge University Press, 1982.
⑧ Robert Sugden, Spontaneous Order. Vol. 3, No. 4 *Journal of Economic Perspectives*, 89 (1989).

过程中对神话里人物行为的"模仿",借以使情感得到"陶冶"①,并以此开启了"神话—仪式学派"。但该学派由于过分关注仪式和戏剧的关系,并做哲学美学上的提升和总结,难以有效回应民间习俗。直到现代人类学和社会学对仪式的"结构"和"功能"研究,习俗才真正成为重要研究对象。埃米尔·迪尔凯姆和布罗尼斯拉夫·马林诺夫斯基作为其代表人物,设立了两套分析范式。迪尔凯姆把世界划分为"神圣(scared)/世俗(profane)"二元,宗教被视为一种与"神圣事物(sacred thing)"相联系的"信仰与习俗(practices)"整合的体系。② 习俗是一种共同行动,是能够把信仰周期性地生产和再生产出来的手段的集合,其对于人的利益的重要性是象征性的。马林诺夫斯基确立了"功能主义"这一仪式理论新范式。他认为迪尔凯姆的理论着重于社会的心理基础(超个人的社会实体),是"多少带有玄学色彩的理论捷径",而这可用个人是在相同的物质文化制约过程下产生的相同反应之集合的经验性现象来解答。习俗是一种"依传统力量而使社区分子遵守的标准化的行为方式",人们的信仰建立在人类生活现实和经验之上,仪式是实现这一逻辑关联的具体行为。③ 马林诺夫斯基对习俗运用了无意识理论,并探求社会秩序背后的某种稳定的"结构",以此来理解变动不居的经验之流。

无论是习惯路径还是仪式路径,似乎都有殊途同归的意味,即最终诉诸人类的生活经验,问题是如何调和其中的个体行动与社会结构、有意识与无意识、理性与非理性等因素。对于习惯路径而言,习俗当中许多"理性不及"的因素,习俗存在的自身就是一种社会成本,以及偏离习俗给个人带来的额外成本等,都难以被视为是一种节约机制,从而挑战博弈论的解释力;而对于仪式路径,随着社会的迅猛发展、不同社会形态和族群交流日益扩大和深入,需要对仪式中混杂其他社会的行为和观念,以及个人在仪式中的行为开始策略化的现象作出新的回应。为此,两种路径发生了融合,比如皮埃尔·布迪厄在分析文化生产者时引入利益观,并用场域与惯习的关系来加以说明,④ 从而通过习俗所承载的意识形态、社会结构功能来对其所作用的社会个体进行分析,即对如何塑造个体价值、行为、思维方式等问题,有着较强的解释力。既有的(个人)习惯与(集体)仪式研究路径,确实造成了人们对习俗认识的分裂性,因为两者回溯到具体的"所指",实质是不同的社会实践现象。前者更多指的是人们在围绕交易、交往活动而形成的商事习惯、协调规则,在这类活动中,个人更多已经从社会有机体的结构中脱离出来,因而是现代性的产物;而后者更多指的是人们在社会文化中所形成的神话信仰、宗教巫术,这更多是前现代的产物,即"个人"这一概念在其中往往是不存在的。因此,在这一意义上,两者是无法

---

① 参见亚里士多德:《诗学》,罗念生译,人民文学出版社1962年版,第3-6、18-24页。
② Durkheim, E., *The Elementary Forms of Religious Life*, Translated and with an introduction by Karen E. Fields. The Free Pess, 1995, p. 44.
③ 参见[英]马林诺夫斯基:《文化论》,费孝通等译,中国民间文艺出版社1987,第10、18、30页。
④ 参见[法]皮埃尔·布迪厄,[美]华康德:《实践与反思——反思社会学导引》,李猛、李康译,邓正来校,中央编译出版社1998年版,第17-19、157页。

共同置于一个分析框架内进行叙事的,或者说必须考虑到个人与其所在共同体的关系,才得以展开讨论。习惯路径所指向的习俗与仪式路径所指向的习俗,差别不在于理性程度或强制程度,它们实际只共享了部分集体的社会经验和外在的习惯遵从两个特征,内在结构和生发原理并不相同。

生育习俗在人类社会中是古老且横贯始终的,其关乎人生命的延续及其意义,并以此为轴心衍化出婚姻、丧葬等一系列习俗。目前社会实践中,生育习俗是影响人们婚育观念及相关实践的重要因素,而大量涉及"良俗"判断的也多是在婚姻家庭继承纠纷领域。本文以生育习俗作为主要研究对象,正是出于上述考虑,加之当下中国各地的生育习俗或兴盛或式微,给了我们一个习俗以及其作用社会的变迁视角,有助于我们考察生育习俗的整个诞生、演变与消亡机制。在论述过程中,我们从个体实践的视角进一步剖析习俗的习惯与仪式路径,以实践论的立场超越习惯习俗与仪式习俗的不同底层逻辑,将其还原到个体实践与共同体结构关系之上,从而提出在处理习俗与判断"良俗"问题上可以采取的策略。

二、生育习俗的再理解:理性与象征

仅就生育习俗而言,其祖宗崇拜及神秘主义的倾向,使其与神话信仰、宗教巫术的关系更紧密,因而可沿着仪式路径进行探讨,同时个体生育行为的利益取向,使其又能够结合习惯路径中的一些有益启示而开展论述。也就是说,某实践在一开始能够被普遍性理解与接受的,从而成为一种集体性的行动,必然包含某种理性结构——"目的—手段"的关系结构,即使这种结构可能是一种主观构建。把握这一点,在最初生育习俗的诞生,以及随后的演化、式微问题上,我们都可藉由此实践的理性结构获得一种新的理解。

(一)生育习俗的理性渊源

习俗所呈现出来的最基本的表达方式,都可以追溯到现世目的的取向上,即使在现代自然科学看来,几乎都是谬误的,但仍然无法否认其产生之初所具有"手段—目的"结构的主观理性。但需要注意的是,这里的主观理性与可通过因果律关联的"手段—目的"结构的科学理性相异,也与在特定目的下存在最优手段选择的工具理性不同,其仅仅是一种直观的或构想的、但可被理解的概括性关联。首先,生育习俗最初所意欲实现的目的与整个人类族群所面对的自然环境、经济结构等外部物质因素相关。其次,人类在这些外部因素背景下,对他们所欲实现目的的方法选择,又与初民们在自然科学知识极度匮乏的前提下,基于他们心灵中所当然构想的万物关联有关。因此,在以上目的与手段所依存的相关性结合中,有着淳朴的理性结构,从而诞生出可称之为"原始宗教"的生育习俗雏形。

就处在自然状态而言,没有一定的人口,是无法抵御外界之侵犯,也无法形成一定规模的生产力从自然界里获得生存资源。由于自然环境的恶劣及医疗卫生的缺乏,所以人类的平均寿命很短，而且非正常死亡率高，尤其对于缺乏自我保护能力的人类幼崽而言。因此，只有高生育率，才可能避免高死亡率带来的种族灭绝的危险。除此之外，家庭或家族层面的"血缘拟制"，也是为了补充自然生育缺口所创设的制度。① 另外，无论是以狩猎采集为主的原始社会，抑或以农耕畜牧为主的古代社会，都是一种体力型经济。这意味着，孩子只要长大成人，即可成为部族或家族（家庭）重要的生产力，增加种群的生存发展可能，这是直观的现象。而且，所有人的生活技能是在成长过程中参与集体劳务及生产所培养出来的，不存在专门的技能教育支出。因此，从经济学的成本分析来看，子女的净成本（预期支出的当前价值加上父母劳务的估计价值，再减去预期货币收益的当前价值及子女劳务的估计价值）为负，即属于一项"耐用生产品"②，其所依附的共同体可以从中可以得到利益收入。而对于出生就有残障的婴儿，往往也会将其弃掉或处死，如中国古代民间对连体、畸形或残疾胎儿等的溺杀现象。总而言之，因为在体力—自然资源型经济结构为主的社会里，所以不论是男孩还是女孩，只要健全，他们都是"耐用生产品"；而且，在生产力无法突破性发展的前提下，由于可利用的自然资源是相对固定和有限的，所以对于那些主要承担给付小孩养育成本的共同体（家庭或家族等）来说，新成员数量的增加会比质量的增加来得更有效。换言之，更多的子女（尤其是子），在自然生产资料可承受的范围内，就意味着整个家族或家庭的生活水平的提升。

上述目的与手段的关系，是一种经验直观且具高度概括性的主观理性，并不需要通过计算就能体认，从而也揭示出"重男轻女"观念习俗的"理性"缘由：基于男女身体素质的差别，在体力—自然资源型经济里，男性的效用一般还是要比女性高。当然，这一现象背后除了男女身体素质外，更与整个父系社会制度的塑造紧密相关，或者说后者发挥了更持久的作用。无论东方还是西方，在早期社会都能找到这样一种现象，如古罗马时期的"家父权"制度，中国古代家庭伦理和父权秩序等。社会为了维系家庭的独立性和男权地位的稳固，女性被社会文化及制度塑造为男性的依附物而存在。比如，女性从出生开始就从属于父亲，成人出嫁后则从属于丈夫，丈夫去世后从属于成年的儿子……显然，一个社会如果确立起某种身份秩序，实际是有利于减少种群内部、家族之间的摩擦，否则在父系权力结构的社会里，女性的这种多重归属，意味着血缘延续与财产分配的不确定性，将会引起各个共同体内部的各种利益纠纷、影响整体团结。因此，相较于女儿，儿子自其出生

---

① 梅因在《古代法》一书中提及了"血缘拟制"现象。他认为，在原始社会初期，血缘拟制对于一个家族的发展是起到重要作用，关键在于它是允许以人为的方式来发生家族关系，即需要获得家族的承认，这也就给予了家族自我增强实力的自由，他们可以选择对本族有帮助的人进行吸收，而当他们自己感觉到自己力量足以抵抗外来压力时，又可以终止用这种血缘夸张的方式添补新成员。参见 [英] 梅因：《古代法》，沈景一译，商务印书局1959年版，第87页。另，在《早期制度史讲义》里梅因着重讲了这样一种作为社会基础的血缘关系，详见 [英] 梅因：《早期制度史讲义》，冯克利、吴其亮译，复旦大学出版社2012年版，第32－47页。

② 参见 [美] 加里·S. 贝克尔：《人类行为的经济分析》，王业宇、陈琪译，格致出版社、上海三联书店、上海人民出版社2015年版，第178－179页。

就一直从属于其依附的家族内，尤其对家庭而言，娶妻生子、赡养父母，从而又进一步提升生育男孩所能给家庭带来的预期经济利益。

在上述分析中，我们可看到"早生早育""传宗接代""多子多福"和"重男轻女"等生育观念存在的功利性依据及其现世意义。为达成这些观念目的，人们从成人、结婚、生育、抚育到丧葬等采取了一系列的手段方式，也即我们所熟知的各类习俗。比如，中国生育习俗里有名的胎神、送子观音、灶神祭拜等，人们试图通过祈求、进贡、效劳，让其显现神通使得自己能够顺利怀孕、健康生育和子嗣昌盛。这实际又表现出一种如同纯商业式的理性化形式：祈求者先是为神做出奉献（或承诺为其做某种奉献），然后要求为此得到适当回报（商业服务），怀孕或生男丁。① 故，在祈祷仪式中往往涉及献祭等物质给付行为。如将果实、动物、活人等献祭，后来在寺庙经营下转为以香油钱为主等，在生育习俗里，根本上都涉及一种"我给了你，你也要给我"——"你给了我，我要回给你"——"你没给我，一定是哪没做好"的交易理性观念。而且，当人们采取相应的行为，而无法实现目的时，理由就会转为两种：一是其对神灵所献祭的还不够，不足以换取它们想要的东西；二是有人没有好好遵守而触犯神明。这两种理由均没有消解对习俗的工具性意义。而且，不论习俗以何种形式存在，其"运作在主观上被视为通向某一特定目的的适当手段"。② 在这种适当性中，我们可将其视为习俗所具有可主观建构的理性结构，若没有这种结构，习俗是不可理解，也无从遵循的。

（二）生育习俗的象征化

人类生育活动不同于电闪雷鸣地震火焰等自然现象，后者来自天地或自然界，生育本身即可直观地展现新生命诞生，以及对原生命的延续。相较于其他习俗，生育习俗所指向的愿景，本就超越生育主体的今世利害，从而容易成为无法仅凭实际利害得失所决策的事情。当生育习俗与祖先崇拜、家族祭祀结合时，即融入了对死亡的理解，就更容易成为一种脱离于理性考量的价值服从行为。要实现上述效果，离不开祖先崇拜的普遍化与共同体规模的持续扩大。正如梅因所发现的，"所有早期社会并不都是由同一祖先的后裔组成，但所有永久和团结巩固的早期社会或者来自同一祖先，或者则自己假定为来自同一祖先"③。人在一开始，就不是视为一个个人而始终被视为一个家族（氏族）的成员，人与人结合的纽带是血缘和对父辈的服从。换言之，一开始生育就不被认为是一种个体行为，而是一种集体行为；生育考量也不是一种基于个人目的的理性考量，而是一种集体目的的理性考量。因此，很难说生育习俗是由个人习惯的普遍化所形成的，其更可能是一种集体

---

① 马克斯·韦伯同样指出了祈祷的这种纯商业式的理性化形式。参见［德］马克斯·韦伯：《经济与社会》（第1卷），阎克文译，上海世纪出版集团2010年版，第548－550页。
② ［德］格哈特：《帕森斯学术思想评传》，李康译，北京大学出版社2009年版，第258页。
③ ［英］梅因：《古代法》，沈景一译，商务印书馆1959年版，第87页。

需要。

因此，个体不可能如市场经济活动那般，进行一种即时且可量化的功利计算，并通过人与人之间的博弈而形成某种均衡或帕累托最优的状态。原本主要限于个人或既存共同体的现实功利考量，超越了今世利害，延展为无法预计的后世之中，而且祖先福荫和惩罚的因素考量占据了主导地位。正因如此，个体在采取生育行为时就愈加无须作单纯可量化的功利计算，生育行为成为一种执着于以传宗接代作为个人终极关怀的责任行为，也即愈加脱离可直观的、且具有一定功利性考量的主观理性，陷入于集体无意识之中。在这一过程中，需要生育习俗进一步完成象征化。先民眼里具有生育象征的各种具有"超凡魅力"之物，如对于蛙、鲤鱼、石榴等繁殖力旺盛的动植物的崇拜，与其接触或画在日常器物之上，以及更多的是一些谐音所指向的物品与其在生育习俗中代表的新意涵。这些事物成为他们祈祷、借力之对象。他们认为任何自然之物都具有意识和特殊的能力，且这种能力是能够通过某种仪式性程序而被赐予或过渡到自己身上，并由此不断固定及形式化成仪式某种的动作或程序。上述构成了仪式最早的雏形以及象征意义的赋予。

被作为习俗固化下来的这些仪式，帕森斯认为其包含了努力（信念），故属于一种社会行动类型。他认为"任何东西只要人们信其神圣，即可为神圣。使之为神圣的正是他们的信念。"①"单纯的物质力量或许会引起恐惧，却不能引起尊崇。"②就帕森斯的理解，仪式所承载的这种神圣范畴的情感，就是尊崇，就是一种自愿的情感取向。因此，当所有习俗都完成了象征化，赋予那些特定的"超凡魅力"事物以象征性，并赋予人格化。人格化的产生，会使得原本这样会使得那些行为逐渐脱离功利考量，变成某种禁忌性的存在。如某人诞生了不健康或畸异的胎儿，则是神明的显灵，甚至昭示着整个集体的灾祸，从而致使对习俗仪式外在的精细化和规范化带来更强烈的需求。而且，这种强制与习惯构成的习俗所形成的共同期待，产生的强制是高具场域性和巨大的。个人通过习俗而制度化，是通过习俗的规训作用完成的。"任何曾在自然主义意义上被证明富有成效的纯巫术行为，仍会以曾被公认有效的形式一再重现。随后，这个原则会扩展到整个象征领域，因为对表面上富有成效的方法出现丝毫的偏离，都会导致程序的失效。因此，所有领域的人类活动都会卷入巫术象征主义的范围。"③ 韦伯对巫术的这段描述，同样适用于生育习俗。

生育涉及两方面的象征意义——祖先福荫的获得和自身生命的延续。凡是禁忌发挥着巨大能量的地方，绝不可能出现原生性的经济理性化。④ 如首当其冲的是无儿之禁忌，相关言语的忌讳，被视为"断子绝孙"的可怕诅咒，哪怕儿女稀少亦被视为自身福薄或报应等；此外，还有结婚的禁忌、怀孕的禁忌、饮食的禁忌等。围绕着生育而形成的婚育习俗

---

① 参见［德］格哈特：《帕森斯学术思想评传》，李康译，北京大学出版社2009年版，第415页。
② ［德］格哈特：《帕森斯学术思想评传》，李康译，北京大学出版社2009年版，第417页。
③ ［德］马克斯·韦伯：《经济与社会》（第1卷），阎克文译，上海世纪出版集团2010年版，第530页。
④ ［德］马克斯·韦伯：《经济与社会》（第1卷），阎克文译，上海世纪出版集团2010年版，第562页。

几乎伴随人的一生，尤其集中在婚育环节。每个人难以轻易逾越和打破这些禁忌，否则会招致灾祸，而现实中也引致亲友长辈的斥责。在婚育习俗中，有两类人承载着重要的功能，一是家长（族长），二是可统称为"三姑六婆"的一类群体。① 前者可视为权威——执法者角色，而后者则视为知识——服务者角色。在此，并不适合马克斯·韦伯在宗教社会学中关于先知、祭司和巫师的分类，或也正由于此，并没有出现其所认为的消解家长在家庭祖先崇拜中的地位。家长仍然是主导的，其维系着整个家族的统一，并作为一直延续而下的血脉结点（这从族谱的记录中很直观地得出），承担延续和兴旺家族的使命。由于中国古代独特的儒家式的家国治理理念，在家庭与国家的构成中并没有因为事实上血缘、地缘两种不同的构成模式而产生冲突，国家的构成仍然被拟制血缘关系，故两种权力结构逻辑是一致的。如果家庭祖先崇拜以及家长权威的力量和重要性始终未受损害，并获得巩固，它们自然就会形成一种极为强韧的个人纽带，对家庭和氏族发挥深远的影响，使家庭成员牢固地结为一个具有强大内聚力的群体。这在主观及客观上，都使得每个人的血缘、地缘的身份关系变得更加紧密，这就使得若要脱离于此，或违背家庭或氏族的整体利益，都会遭到强力的抵制。换言之，象征化的生育习俗，指向的实质是一个共同体维系或其内部权威的生产问题。

三、习俗实践的行动理由考察

从生育习俗产生最初具有的"目的—手段"结构的主观理性，经由自然之物向象征符号的转化、得以脱离功利性考量，再到成为生产共同体权威的存在，前述这样一个演变过程的讨论，可知生育习俗实质上完成了从习惯到仪式的转变，进而得以成为维系共同体、确立组织结构、树立特定权威的一种方式。因此，与其说争议习俗是习惯抑或仪式，毋宁说其代表着特定共同体的组织方式。习俗的稳定性质有赖于这样一个事实：只要多数人继续坚持并遵守习俗，那么凡是与这个多数联系在一起而又不适应习俗的人，就很容易陷入或大或小的不便和烦恼。若我们始终视个人在习俗中秉持着一种有限理性，那么习俗之于个人行动的意义，也即遵循习俗的行动理由取决于个人在其习俗所辐射的共同体中，处于一种怎样的权力关系。其实，无论是法律法规、行政命令，抑或生育习俗，所有规范实际都指向不同的权力关系，并同时加诸个人身上。而且，这种复合压力不是静态的，而是动态的，从而在不同情境、不同时间里可能就有不同的行动决策。在法教义学的视野里，国家法律法规有着最高权威的预设，这意味着对于每个人的实践而言，应当排除其他规范的考量而遵循法律法规，但此实践有效性往往是通过国家权力予以保证实施的。也就是说，

---

① "三姑六婆"一词最早见于元末明初的文人陶宗仪的《缀耕录》一书中，称"三姑者，尼姑、道姑、卦姑也；六婆者，牙婆、媒婆、师婆、虔婆、药婆、稳婆也"。但其中大部分职业，并非元末才有，而古已有之，如宋代家训里就有提起其中几种妇女，并归为一类。这些妇女有官方亦有民间的，承担宗教与心理慰藉，医疗与生育，婚姻，买卖与中介等职能。

实践中这只是一种一厢情愿，而且就国家而言，法律法规与行政命令之间同样存在一种张力，法律法规与行政命令都是国家的所谓权力保证对象，两者具体在实现优先级上也会存在动态性的差异。因此，若将法律法规、行政命令和生育习俗都视为一种规范，那么在个体行动层面，将会形成一种独特的实践逻辑，这将有助于我们更进一步理解习俗与其他规范间的关系。为此，我们要做一种实践论的考察，即考察个体在所处共同体关系中的实践可能性，挖掘遵循习俗实践背后的行动理由，不同行动理由的胜出规则将揭示出习俗与其他规范（尤其是法律法规）之间的关系。

（一）习俗中的事实理由与信念理由

在任一实践中，当追问该行动者的行动理由（目的）时，只要将其归为事实理由，则必然可以进行无限倒退的理由追问，而归为价值理由则可终止论证，明希豪森论证困境中就指出了这一点。这是因为对于价值，其所秉持的是一种实践批判态度，继续追问已经没太大意义。任何实践的作出，都有相应的行动理由支撑，故实践的背后是理由的权衡。当人们于多种可选择的行动方案中进行行为抉择时，意味着考量的理由并非唯一且存在冲突。多理由间的权衡需要自主地作出决定，在这一过程中，反思性给行动者的实践提供了可说明性的理由；可理解性给社会总体的社会整合提供了意义共识的基础。换言之，行动理由既是个人实践的反思性与可理解性的前提，也是结果。① 这一来自拉兹实践理论的启示，可以很好地说明所有规范，不论是法律法规、行政命令，抑或是生育习俗，只要具有实践有效性，都必然作为个人实践的行动理由发挥作用，关键在于：何者能在理由权衡中胜出。

在拉兹看来，实践哲学以讨论的实践问题的类别进行划分，可分为价值理论、规范理论和归责理论，而行动理由（reasons for actions）是规范理论的最基本概念。② 遵循生育习俗的背后，充斥着"男性偏好""多子多福""传宗接代""养儿防老""家庭/人生完整"等理由。行动理由中包含着两种陈述，用于构成理由的事实（facts）陈述和信念（beliefs）陈述。在拉兹的理由逻辑里两者都是能进行逻辑分析的。但他认为，是事实，而非对事实的信念，才是理由。"因为理由用于指导行为，而人们的行为常常由事实而非人们对事实的信念所指导"。③ 拉兹认为那些归之于信念的行为解释路径，只是表明，行为取决于他的"某确定的理由是适用的"这种信念，而非"这些理由是适用的"这一事实。因此，以此去指导或评价某一实践行为时，"实践者相信这样一个事实"就难以成为规范的理由。在拉兹看来，唯有事实理由，才能客观指导和评价实践，基于事实才能产生

---

① 参见谢郁：《中国计划生育制度变迁中的实践与规范冲突研究》，华南理工大学2017年博士论文，第46页。
② ［英］约瑟夫·拉兹：《实践理性与规范》，朱学平译，中国法制出版社2011年版，第4页。
③ ［英］约瑟夫·拉兹：《实践理性与规范》，朱学平译，中国法制出版社2011年版，第4页。

规范性。可见，信念不能成为理由是由于拉兹所要阐述的规范理论就必须排除这种理由，并想办法把某些不得不归之于信念的理由转换为事实来作解释。他必须认为事实才能指导人的行为，即便人的行为往往需要信念的理由作解释，但信念是归于个人主体意识范畴的，无法据此指导或评价实践。"要决定我们应当做什么，我们就必须要发现世界是怎样的，而不是发现我们的想法是怎样的。"① 然而，如果把理由看作是对个人而言的理由，在这一层面上信念又是重要的，事实要指导我们的行为必须要通过我们对它的意识。正是以上"行为说明"与"行为评价"的分裂性，与规范逻辑中的事实——个人关系构造，致使拉兹"坚持认为唯有事实才是理由的观点，和用一个人对理由的信念来说明行为的方式结合了起来。"② 然而，这种做法在人的具体实践分析中，还是存在不可弥合的间隙。

拉兹对理由句子的逻辑结构作出了如下分析，其列出五种不同的情境（句子类型）：(1)"……是……的理由"（——is a reason for）；(2)"有理由……"（there is a reason for——）；(3)"x 有理由……"（x has a reason for——）；(4)"x 相信……是……的理由"（x believes that——is a reason for——）；(5)"x 做 φ 的理由是……"（x's reason for φ-ing is——），以上五种情境的句子均可还原为一个基本式："对 x 来说，陈述 p 是其做实践 φ 的理由"，继而分为两个类型：有"对 x 来说，事实陈述 p^1 是其做实践 φ 的理由"，和"对 x 来说，信念陈述 p^2 是其做实践 φ 的理由"。事实 p^1 与信念 p^2 涵盖了三种具体的情况：(1) 事实，但不相信；(2) 事实，且相信；(3) 不是事实，但相信（不可能存在，"既非事实也不相信"的实践理由）。事实上，拉兹将信念 p^2 的理由包含在实施性理由（operative reasons）的概念里。③ 他认为，价值、欲望或利益均可构成实施性理由的信念，并以客观价值与主观价值的区分来说明：如果 p^2 是客观价值，那么每个人都有一个实施性理由去促进 p^2；如果 p^2 是主观价值，那么对于是其利益或欲求 p^2 的人来说，他有促进 p^2 的实施性理由。但是，这根本上来说不是客观价值与主观价值的问题，客观价值实际上已被他视作（社会）事实的一种信念，而主观价值则被视为非事实的一种信念。故信念 p^2 的存在是为了说明存在一类理由，即无论所信念的内容是否是事实，之于行动者而言均可视为事实。换言之，若一个实践者最初引用的事实理由被经验为假的时候，他仍完全可以

---

① ［英］约瑟夫·拉兹：《实践理性与规范》，朱学平译，中国法制出版社 2011 年版，第 6 页。
② ［英］约瑟夫·拉兹：《实践理性与规范》，朱学平译，中国法制出版社 2011 年版，第 10 页。
③ "当且仅当，信念其存在包含着实践批判态度地称之为实施性理由"。其中，朱学平译本为操作性理由，实际是有点歧义的。Operative 一词指实施中的，有效的或起作用的，是能够导向现实的一种概括的抽象、价值，本身并不当然包含操作性的具有步骤、方法、手段等。与之相对的是辅助性理由（auxiliary reasons），辅助性理由中能起到许多作用，但需要指出的是它们具有帮助确定有理由实施的实践行为的功能，故承担该功能的辅助性理由又可称之为确定性理由（identifying reasons）。主要有两种情形，一是对有操作性理由实施的实践行为的具体确定，如例子我想帮助他，这是实施性理由，而具体借给他 400 元就会帮助他（当然可以更多），则是辅助性理由。二是用在冲突理由间的强弱对比时可帮助确定哪一个更有分量。如例子我想帮他，这是实施性理由，但有两件事都能做到，然后哪种做法更有益则需要引入辅助性理由来处理。关于后者，强弱理由的判断规则中会再加以阐述。参见 ［英］约瑟夫·拉兹：《实践理性与规范》，朱学平译，中国法制出版社 2011 年版，第 25 - 27 页；Raz J., *Practical reason and norms*, Oxford University Press Inc, 1999, pp. 33 - 35。

通过援引对该为假的事实的信念为真来作为其行动理由，以此赋予自身实践行为的"合理性"，即便这种因果联系是通过主观建构的。然而，对于他人而言，则要视实践者其所秉持信念陈述的内容是否是一个事实，或者该信念与行动之间联系能否在他人心中重演，也即是否具有可理解性来作判断。在这一过程中，往往需要实践者对其信念理由作事实性的补强，如加诸更多的社会背景、行动环境、他人互动等细节，才有可能对实践者的信念理由达成更多的理解，乃至承认其行动的合理性。由此，展现出信念理由与事实理由在行为解释路径中的真正区别，与其说信念理由不具普遍性的规范证明力，毋宁说信念理由要达至对其合理性的理解，需要遵行的是另一套解释路径与标准。

（二）信念理由于遵循习俗中的作用

实践者能够就自己的行为提供某种解释，但这种解释暂且不论是否得到他人认同，在他人是否得以理解的层面上，是取决于被实践者视为事实的信念理由能否同样被他人所理解，而无论信念陈述本身是否为真。有关信念的解释与理解之间，这一沟通若要得以实现，两者必须共享一套相同的意义框架，否则解释或理解都无法发生，而这正是习俗所具备的主观理性结构。"提供解释"并不一定要付诸话语形式的表达，"一种在行为实施过程中能够被娴熟运用的默会知识，行动者很难对这种知识进行话语形式的表达"，如吉登斯提出的"实践意识"[①]，或布迪厄所说的"惯习"（habitus）[②]，乃至吉尔兹所称的"地方性知识"[③]都涉及这一现象。这可以说是社会学的一种共识，也是我们日常生活中能够随时体验的。它们的主要表现就是信念，内含着道德、价值、欲望或利益等因素在其中，也正是因为这些因素的存在，才难以用话语形式进行表述。需要注意的是，这里关键的不是解释者的解释内容，也不是理解者必须要理解解释者的真实意图，而是这种沟通最后要实现的目的，使得他人认同其行动理由。因此，即便实践者对其行动的真实意图作掩饰，即便理解发生了歪曲，只要在实践者主观认识里可以成为一种行动理由，并且社会认同该行动理由，那么行动理由与行动之间就建立了因果联系之桥，实践就能够获得理解，并得到一定的宽容或许可。正因如此，可作为行动理由的法律法规、行政命令或生育习俗，决定他们在行动抉择中胜出的，不是因为其本身的事实性，或出自国家立法机关、上级行政机关、一直以来的传统的这些规范，比如，在法教义学学者看来，当然是法律法规优于行政命令及生育习俗；但在社科法学学者看来，则生育习俗更能得到普遍的遵从；而在一般老百姓眼里，就得要看他相信哪种不利后果必然会发生，以及他能够承受那种不利后果。

[①] 参见[英]安东尼·吉登斯：《社会理论的核心问题：社会分析中的行动、结构和矛盾》，郭忠华、徐法寅译，上海译文出版社2015年版，第63页。

[②] 参见[法]皮埃尔·布迪厄、[美]华康德：《实践与反思——反思社会学导引》，李猛、李康译，邓正来校，中央编译出版社1998年版，第163-173页。

[③] 参见[美]克利福德·吉尔兹：《地方性知识——阐释人类学论文集》，王海龙、张家瑄译，中央编译出版社2000年版，第222页。

任何规范遵循的背后，都包含着两种不同内容的信念：（1）遵循该规范符合自身的信念；（2）相信其他人都会遵循该规范，而且不遵循该规范的话，就必然会招致自己无法承受的不利后果（惩罚）。由于这两种信念是相异的，因此，在不同的情境中既可能相互促进从而对个人形成支配状态，也可能相互冲突从而产生更多元的实践。

现实中，大量遵循婚育习俗而非法律法规、行政命令的案例，往往发生在传统婚育习俗盛行的地区，其所展示的就是习俗所塑造的信念理由对于个人支配的这种状态。人们不曾准确地说明为何非得要生男来完成传宗接代的任务，或者为何要支付大量的彩礼和遵循诸多的婚礼仪式，尤其一些禁忌作用机制。但是，即便难以进行话语形式的表达或解释，行动者同样相信，这样的行为"真的"能达致某种好的状态或维持当前既有的平衡状态，尤其是避免某种坏的后果。故这在行动者主观意识里，亦是一种"事实"上的"目的—手段"关系，而与其共享一套相同的意义框架的人，也能够理解这种"目的—手段"关系，认同这样一种信念理由。在生育实践情形中，当一个人指出"无后为大"，或者说到结婚要拜天地时，同处中华传统文化圈内的人们必然能够理解；但若对一个西方外来者而言，则可能难以理解，并需要从文化、历史等方面事实作进一步补强解释。然而，哪怕其最后理解了这些遵循习俗的实践与行动理由的逻辑，也不代表其认同这一观点。信念理由，尤其是无法通过话语形式表达的实践意识，这类默会知识对于外来者而言，要想获得该"认知—意义"框架，并不是一件容易的事。换言之，要想获得非共享同套框架的人的理解，是很难的，因为这是一种主观理性，所以往往需要通过别的事实对此进行解释和补强，即试图转化为一种客观的经验理性或科学理性以形成理解。事实理由均可以通过话语形式的解释提供，故而更具有清晰确定性；而信念的实践意识具有模糊潜在性，且依赖于是否共享同套认知框架下的意义系统，导致他者的可理解或认同度上是有区别的，进而作为一种行动理由的有效程度，亦是有差别的。然而，它却能够塑造一个人关于某种理所当然的道德看法，成为个人实践选择的强有力理由。

上述所要说明的是，对于实践者个人而言，信念的内容无论是否是事实，皆不妨碍行动者将其作为事实看待。故信念理由同样可被视为事实理由。但相较两者，仍然具有一些差异，但这不是真假值的差异，而是证明方式的差异。事实理由往往承担的是，补强或确定信念理由的功能；以及，当实践者认为其所依据的事实理由为假时，就会援引信念理由。生育实践的理由中，信念理由与事实理由就存在此重要的差别，它们决定了生育实践者在获得不同主体理解中的不同策略。对于一个群体而言，生育的事实理由虽然能被更多人所理解，但每一个人所处的现实境况是不同的，因此事实理由的盛行导致的生育实践行为是多元化；而生育习俗的信念理由是内生于该共同体的日常生活和文化结构中的，由此导致的群体成员对习俗的高度认同，从而作出的生育实践行为具有高度的一致性。

四、判断"良俗"的基本规则

规范的遵循依赖于对规范的信念，否则就具有巨大的不确定性，而且两者在实践意识层面是相互作用与强化的。然而，正如我们所见的社会多元实践那般，规范是会发生变迁，偏离规范的行为也会产生。法律法规、行政命令与生育习俗的变迁是不同的，从规范安定性来看，高度仪式化与象征化的生育习俗最高，法律法规次之；而从可规范偏离性来看，三者则取决于个人所处场域中的权力关系对比，也即人只要在社会里就必然归属于不同的共同体中，家庭、单位、社会乃至国家等，在这些特定场域中，不同共同体所给个人的压力是不同的，个人对这些共同体的认可程度也是不同的，因此不同共同体所创制的规范，或者说不同共同体的规范权威于个人而言也是不同的。于此，我们再次对生育习俗进行剖析，讨论其权威源于何种共同体结构，以及个体理性又是如何脱离于共同体或集体意识而独立发挥作用的。

（一）两类自我认识与共同体关系结构

一般而言，习俗的遵循与作为信念理由的实践意识之间相互作用与强化，但若仅仅如此，习俗并不会发生变迁，偏离习俗的行为也不会产生。在习惯路径看来，这必然基于个体理性，但该理性是如何脱离于集体意识？而在仪式路径上，这一问题更是难以回应的。以婚嫁习俗为例，一些地方仍保存并得到普遍遵循，有些地方则已经式微或西化，而更多地方则中西两套仪式并行不悖，这展现了不同婚嫁文化冲撞后的多元结果。中西婚嫁仪式中有着不同的取向，前者涉及家族延续，因而更多是孝悌、和睦和生育的价值取向，而后者则更多指向父母对子女的爱、夫妻间的爱情等价值。两类婚嫁习俗的不同价值取向，尤其为生育实践提供了不同的信念理由。在行动理由的权衡中，事实理由间的比较往往无所谓强弱之分，关键在于不同行动理由所内涵的价值判断存在高低之分或认同之别。比如，在多育或丁克的实践中，是否工作忙、是否没钱等事实理由并不起决定作用，起决定作用的是他们所秉持的信念理由，事实理由更多在同一信念理由下发挥重要作用。换言之，理由的强弱判断原则，更多是一种价值或道德的认同原则，而这取决于个人基于其与共同体关系的认识而获得的"自我"认识。

至此，我们得以理解"良俗"的实质，并尝试作出一个初步的描述。"良俗"也是习俗，当然也内涵着特定的信念理由与价值取向，但该信念理由与价值取向是指向特定价值的，或者说其在人们实践所应当起到的是统合不同共同体之间的价值或道德认同，而不是分立这些共同体、引发不同规范间的冲突。其中，对"特定价值""价值或道德认同"的确定，首先取决于个人的"自我"认识。因此，所有关于习俗的社会实践中，根本上是要看个人在其中对"自我"认识，其实质是自我与他人及共同体关系的认识，个体对遵循习俗的态度改变，取决于他自身与相关共同体关系的改变。这给予了我们判断"良俗"与处理相关习俗问题的基本方向。对"自我"的认识大致可分为两种。

1. 立基于特定"身份"的自我认识

这样的"自我"，是归属于某个共同体之内，且该共同体中的身份构成其人生的已知与价值判断之起点,即身份优先的理由权衡。有负荷的判断原则。一般而言,身份有两种类型:其一是我是X家的一分子或某人的父亲或某人的子女等,这类身份是不可选择的,或者说是一出生即给定的;其二是我是某单位里的一员或我是你的朋友或伴侣等,它是后天可以选择的。这些不同身份背后都有着不同的价值序列。众所周知,一个人所具有的身份是多重的,其中第一种类型的身份,也即血缘—地缘关系中的身份,对于个人而言更为固有、被动和具沉重性,梅因在《古代法》中所用"身份"(state)一词,实质上就是指这样一种消极被动的固有状态。[①] 因此,这构成自我认识的特定"身份",指的就是第一类型的身份。这类共同体加诸个人的道德责任,与后天可选择的身份,也即第二类型身份下的个人所"自主"承担的义务是不一样的,即便后者往往迫于特定理由而不得不承担违背个人意愿的义务。尤其基于血缘、地缘关系之上的人情纽带,使位于其中的每个人都对共同体的成员负有责任,这些责任预设了先于个人自主选择的行动理由,以及他人干涉的正当性。例如,遵循社会传统生育习俗、秉持社会传统观念的个人,把自身视为一种具有特定乃至必然使命的"自我",即以家庭(家族)共同体为背景存在的、以作为家庭(家族)一员这一身份的"自我"才是"真正的自我",因而我们就可以理解那些遵循冥婚习俗的人,目的在于通过婚姻的方式获得完整的自我。可见,这种习俗若要规制,根本上要改变人们对自我的认识,而这又与个人与家庭乃至当地乡村共同体的关系分不开。桑德尔认为,将自我理解为某一家庭、共同体、国家或民族之一员,理解为某一历史的承担者等我们所是的特殊个人,都导致存在一种忠诚义务,它们"不同于正义,它们不需要、甚至不允许我所作出的契约推理"。[②] 因此,当出自保持这样一种忠诚的理由而行动时,实践就不是任意的,不仅衡量各个行动理由各自的强度,而且"也估价它们对我(已然)所是的个人之合适性"[③]。换言之,它追求的是一种实践的适当性,而非实践的功利性。

2. 立基于"主权个人"的自我认识

与立基于"身份个人"的自我认识不同,基石在于主权的个人与当代自由主义者所持之"自我"概念相一致——"自我先于且独立于其目的和目标"。[④] 换言之,当自我不被其他诸关系,尤其是非自我选择的关系所影响决定,价值判断的起点在于自我,拥有自律地选择自己目的能力的人格。这般自我认识的个人,与他人的社会关系之形成,采取的是"协同—契约"行为。立基于"主权个人"的自我,并不意味着就不栖身于任何共同体,其同样要在诸多社会关系的身份之中展开其社会生活,只是这种身份是可选择的,也即前述的第二种类型身份。迈克尔·桑德尔将这种"自我"称为"无负荷的自我"(unen-

---

① [英]梅因:《古代法》,沈景一译,商务印书馆1959年版,第111页。
② [美]迈克尔·桑德尔:《自由主义与正义的局限》,万俊人等译,译林出版社2001年版,第216 – 217页。
③ [美]迈克尔·桑德尔:《自由主义与正义的局限》,万俊人等译,译林出版社2001年版,第218页。
④ [美]迈克尔·桑德尔:《民主的不满——美国在寻求一种公共哲学》,曾纪茂译,江苏人民出版社2008年版,第13页。

cumbered self，也被译为"无根的自我")。① 这种自由独立的主体性人格之个人，完全可以从洛克、卢梭、罗尔斯的社会契约理论中，缔结社会契约的"人"的形象里获得理解。无负荷的自我最大的道德就如罗尔斯所说的互惠性一般，介于"利他主义"与"相互利用"之间②，即彼此皆是同等的权利、义务的人的观念，不参照每个人在实践基于独具一格的角色和身份而可能产生的权利义务增减的现实。在此意义上，我们再来审察"泸州遗赠案"与"杭州遗赠案"的主体，即可发现在他们看来，他们与其所在的共同体——家庭的关系已然瓦解，而处于无负荷的自我，因而能够采用"协同—契约"方式与他人建立新的互惠关系，而不必受血缘亲缘关系所影响。然而，这样一种方式，却被视为违背公序良俗，显然在法官看来，个人与家庭共同体的关系、传统家庭伦理所内涵的价值更为可欲和需要维系。总的来说，这种无负荷自我的体验，在现代社会里是深刻和突显的，尤其呈现在个体通过求学、工作或互联网，获得了抽离各种血缘、地缘身份羁绊的自我的体验。人们处在这样一种强有力的解放状态，不再受制于未经自我选择及反思的道德制约，或不是自己选择之行动理由与归属关系的主观价值束缚。它体现出了一种双重反思性，也是一种先予价值与理性割裂的状态。在这种自我认识下的个体，对规范的遵守，是建立在二阶反思之下、认同基础之上的实践，而这又是符合现代法律原则与精神的。

　　上述转化背后，是个体不再用人所属的（和终极关怀相一致的）共同体性质和关系来界定"自我"，个体对自身所处的共同体的认识发生了变化，个人意识到自身是可以独立于共同体并重塑自我与他人及共同体的关系，进而使共同体结构也发生了变化。这里的共同体，指的是出生家庭（家族）、故乡和国家等一切不可选择的共同体。诚然，在特定情况下，将个人生活资源基本垄断、使人难以退出及选择的工作单位，也可视为这样一种共同体。因此，所有规范，包括习俗的所谓习惯抑或仪式路径，实际都可以指向两种不同的共同体关系：特征为"契约关系—可选择性"的契约共同体关系与特征为"身份关系—不可选择性"的身份共同体关系。在身份共同体中，虽然都是不可选择，但对个人的影响呈现出以个人为中心、基于"血缘—地缘"亲疏关系而形成的差序位阶，也就是在彼此的冲突中，国家的规范权威一般是弱于故乡弱于家庭（家族）的。基于血缘、地缘关系的身份共同体，当然地包括拥有相同血缘或生于该地的所有人以之构建的共同体，由于无关个人的意志，具有不可选择性，所以实际也最容易基于个体的不同利益取向而走向分崩离析。一方面，此类共同体若要维持其存在，就必须得保证一定的秩序。该秩序因为无法如契约共同体那般基于理性利益动机而结合的，即不存在全体参加者个人自由的合意的保障，所以必须把共同体的价值作为全体的价值，并依赖于一种基于共同情境而反复操练形

---

① 参见［美］迈克尔·桑德尔：《民主的不满——美国在寻求一种公共哲学》，曾纪茂译，江苏人民出版社2008年版，第15－16页。
② ［美］约翰·罗尔斯：《作为公平的正义——正义新论》，姚大志译，上海三联书店2002年版，第123页。

成的一种规律性做法。另一方面，实践者无法当然地从共同体中脱离，为与共同体的利益高度关联而具有高度一致性，而不得不将个人自我的实践行为倾向于它，否则就会感受到"不自在"，甚至需要承受共同体的指责或不好的后果。实践者深刻地与身份共同体及周围的成员发生关联，为保持一致性，在理由强弱排序中当然地以共同体所追求的价值目的为判断标准。这类行动理由的违背成本往往被信念无限放大，俨然成为某种道德的来源或禁忌的存在，因而在理由衡量中，个人的理性无法奏效。

相反，若个人处于契约共同体关系结构中，人的终极关怀与理性脱钩，个人观念凸显，个体自主性成为行动正当性的价值基础，并获得了对现实一切既有权威的反思能力。为达成个人目标而凭着个人意志缔结成共同体，让渡的是具体的权利义务。该共同体关系内部，个人对其自主独立性的认识始终是起点，且选择进入与退出的现实可能也强化这一点。因此，个人不会为在共同体中的自我实践预设一套价值序列或目标体系，而是通过对周围环境和他人客体行为的期待等涉及本人实践成本因素考量进行的行动理由权衡。共同体关系中，共同体的价值目标与主权自我的契合，或共同体内部他人客体行为的期待，是被当作达到实践者本人所追求的和经过理性计算的目的的辅助性理由之一。因此，习俗才会展现出韦伯所说的，如果一种习俗不是纳什均衡，就会有人在重复社会博弈中偏离这种策略选择，最终使社群或社会整体导向或演进出一种是纳什均衡的习俗。在社会现实中，人们甚至会超越纳什均衡而演进出帕累托均衡的习俗。

（二）"良俗"的界定与处理规则

基于上述两类自我认识与共同体关系结构的分析，我们得以进一步界定"良俗"。一方面，"良俗"的信念理由与价值取向是指向共同善的①，这里的共同善或可看作在契约共同体关系中发展出的超越纳什均衡而演进出帕累托均衡的习俗所内涵的价值理由，或可看作在契约共同体关系中可引导或塑造成员形成帕累托均衡秩序的价值理由；另一方面，"良俗"是能够在人们实践中起到统合不同共同体（主要是契约共同体与身份共同体）之间的价值或道德认同、消弭不同共同体认同冲突的习俗。因此，"良俗"并不完全等于公共利益、道德或伦理秩序等价值。司法实践中对于"良俗"的判断与处理，需要讨论待考察习俗其栖身的共同体性质、结构关系，以及习俗所内涵的价值理由等。主要步骤与规则如下。

1. 锚定该习俗所形成的与赋予其权威的来源，即其所依存的共同体，考察该共同体的关系结构，是一种身份关系结构，抑或已经式微，并向契约关系结构转变过程中，还是一种契约关系结构

（1）若习俗所依存的共同体是契约共同体，那么对待该习俗我们可以更宽容地承认其

---

① 就我国而言，为了更具操作性，可以将其明确为社会主义核心价值观。

效力，只要其所内涵的价值取向与社会主义核心价值观不冲突即可，因为该习俗可能是或者有可能发展为一种均衡状态或帕累托状态，因而可视为一种良俗。

（2）若习俗所依存的共同体是身份共同体，但该身份共同体已经在向契约共同体转变的话，那么需要探讨该习俗是否仍然符合以及能够实现当事人的利益，否则手段与目的不再匹配，不应当继续承认其效力。

（3）若习俗所依存的共同体是身份共同体，那么则需要进一步明确其身份关系的类型与特质，因为探讨该习俗所内涵的价值取向是否符合社会主义核心价值观之余，还要了解该共同体的价值或道德认同。

首先，若该习俗所内涵的价值取向不符合社会主义核心价值观，那么可视为违背良俗。

其次，若该习俗所内涵的价值取向符合社会主义核心价值观，或者与社会主义核心价值观不冲突，但该共同体的价值或道德认同是排他的，乃至与其他共同体相冲突的，由于习俗所起到的是维系与强化共同体权威的功能，所以该习俗也不应得到司法的效力确认。

2. 在对违背良俗的习俗处理上，由于目的是要改变一种习俗，所以更根本的方式是作用于习俗所依存的共同体，将该共同体从身份共同体转换为契约共同体，从而需要通过经济、政治或文化的手段促成该共同体结构的转型或瓦解，仅仅依赖司法方式是不行的

据此，我们可以简要地分析一些例子。例如，同是2000年初裁判的"泸州遗赠案"与"杭州遗赠案"，背后都指向家庭共同体的结构关系，但应当首先注意到的是两地家庭共同体的结构关系在改革开放以来、市场经济的冲击下已然发生了不同程度的改变，这决定了两地如何判定"良俗"。传统家庭共同体由于是父权关系结构，而且根据继承的习俗，我国非常强调财产在本家族、本系之中传承，即便女性，在家族没有兄弟在的时候也有继承权。根本上而言，财产在本家族内传承的习俗，与确保家族这一身份共同体的认同、延续与发展是密切相关。问题在于，现代社会身份共同体日益呈现出契约共同体的结构关系，从而导致我们更关注相关实践能否发展为一种均衡状态或帕累托状态。如"泸州遗赠案"中，黄某在不离婚的情况下，将财产遗赠给自己婚外同居对象，显然不利于家庭共同体的维系，一方面进一步促使家庭共同体从身份关系结构向契约关系结构转化，这自然是不符合当地仍是以身份共同体主导的家庭结构关系的价值与道德认同；但更重要的是，另一方面使得原本已趋向契约共同体的家庭关系也无法实现共同体成员的利益，违背了契约的诚信价值基础，使家庭充满猜忌与愈加分崩离析。因此，"泸州遗赠案"将黄某遗赠的行为视为违背公序良俗而不予以承认其法律效力。

再如"杭州遗赠案"中，叶某立下遗嘱剥夺子女继承权而将其遗产赠予保姆，意味着不存在遵循继承习俗的信念理由，杭州中院也承认了该遗嘱内容真实、合法有效，实乃一方面肯认家庭共同体的契约关系结构，因而更加强调个体的意思表示是否真实有效；另一方面则是试图强化遗产继承与赡养照顾的契约关系，破除简单的血缘关系，在现代家庭关

系结构中或是一种重塑家庭"孝"价值的做法。然而，所谓家庭关系的进一步功利化以及带来的问题，也是不得不考虑，根本上还是在于我们到底希望家庭共同体应当是一种怎样的关系，以及对遗嘱自由作何种限制会带来更好的价值或道德取向。

另外，在面对彩礼习俗时，同样如此。如果在家庭共同体已然成为契约关系结构的情形下，我们就应当考察该具体的彩礼习俗是否符合当事人的利益，即作为手段的彩礼习俗与缔造稳定、和谐婚姻关系的目的是否匹配，如一些彩礼是作为两人新建立家庭的基础等，而家庭共同体的稳定、和谐也是符合社会主义核心价值观的。如果该遵循彩礼习俗的行为只是起到强化传统父（夫）权家庭结构关系或者破坏家庭稳定、和谐关系的作用，那么该彩礼习俗所内涵的价值取向就不符合社会主义核心价值观，从而该彩礼习俗既不应该被视为良俗，也不应当承认该遵循彩礼习俗的具体民事行为的法律效力。

五、余论

从实践论的视角重新阐释习俗，可以得到以下新的理解。遵循习俗必然也存在着理由，而行动理由的陈述——事实理由与信念理由的区分，揭示出实践行为在个性化与社会化间的张力，以及实践可反思性与可理解性在不同人群中的差异。在不同的共同体之间，事实理由抑或信念理由，会带来不同范围的社会化程度，且人们对于事实理由的理解与信念理由的理解模式是不一致的：信念理由的理解需要共享同一套意义系统，而事实理由只需要符合人们的经验常识或一般的自然因果律即可。习俗从借助自然之物到操弄象征符号化的转变，正是为了使遵循习俗实践的事实理由转变为信念理由，并确保社会共享同一套意义系统。意义系统的共享与维系，依赖于共同体关系结构的持存，否则，意义系统将出现裂缝乃至瓦解，从而使遵循习俗的行动理由回归事实理由，并产生更多偏离习俗的个人理性行为，最终导致习俗发生改变。在这样一种实践论的认识下，我们得以更深刻地理解良俗，注意到习俗所依存的共同体，明确遵循或不遵循习俗的个人与其所在共同体的关系结构，而是否违背良俗在两种共同体关系结构中有着不同判断与处理规则。

Judgment of "Good Customs" Under the Theory of Practice

Xie Yu, Liu Li

Abstract: "Good custom" is not equal to the public good, the moral or ethical order. Based on the habitual and ritual paths of custom research, and taking birth customs as the research object, we can find that: from the subjective rationality of the "end – means" structure originally possessed by the birth customs, through the transformation of natural things into symbols, to be freed from utilitarian considerations, and then to become the authoritative existence of the production community. The birth customs essentially completed the transformation from habits and rituals, it becomes a way to maintain community, establish organizational structure and establish specific authority. Therefore, rather than arguing that customs are habits or rituals, they represent the way in which a particular community is organized. Re – interpreting customs from the perspective of practice theory can gain new understanding in the reasons for action of practice, the relationship between individual practice and community structure. The change of custom from from borrowing from nature to manipulating symbols is precisely to convert its factual reasons into belief reasons, to ensure that the latter share the same system of meaning. The sharing and maintenance of the meaning system depends on the persistence of the community relationship structure. Otherwise, the custom will return to naturalism, resulting in more individual rational behaviors that deviate from the custom, which might lead to the change of the custom. Under such a practical understanding, we can have a deeper understanding of "good custom", which not only points to the of belief reason and value orientation of customs, but also to the maintenance and integration of different communities, and whether the violation of good customs has different judgment and processing rules in the two community relationship structures.

Key words: good customs; habits; rituals; practice; community

村规民约中环境规制的生演逻辑*
——基于制度经济学的解释

林雅静 胡 苑**

摘 要 以村规民约形式存在的环境规制可以为乡村环境治理"保驾护航"。借用制度经济学理论有助于理顺村规民约中环境规制的产生、演变逻辑。起初,乡村环境问题刺激了环境的规制需求,后来基于共享心智模型的路径依赖环境规制成形于村规民约。然而,环境规制的演进涉及村庄治权与国家治权的角力,为寻求制度结构性博弈均衡的结果,需重点探讨村规民约与正式法律体系间实现环境共治均衡的契机及均衡的界点,实现"自然秩序"与"法定秩序"融合,促进村民遵守规则维持生态可持续发展。

关键词 村规民约 环境规制 制度变迁理论 环境共治均衡

一、引言

人类团体交往中,每个人追求更多获利的结果不仅取决于自己的行为,而且也取决于其他人的行为。因制度具有减少不确定性、减少机会主义和促进合作、外部性内部化、提供激励和约束机制等功能,[①] 使其在社会交往中不可或缺。法学语境中通常认为制度是"调整人们之间关系、规约行为者行动的强制性规则体系"。[②] 与该法律制度概念不同,制度经济学对"制度"的定义更为广阔。

---

* 成果获台达集团中达环境法学教育促进计划资助;受中央高校基本科研业务费专项资金资助。
** 林雅静,上海财经大学法学院博士研究生;胡苑,法学博士,上海财经大学法学院教授,博士生导师。
① 黄少安主编:《制度经济学》,高等教育出版社2008年版,第9-11页。
② 龙文懋:《制度哲学·法哲学·法律科学——制度的哲学思考与制度哲学概念探讨》,载《哲学动态》2009年第8期。

旧制度经济学派代表人物凡勃仑认为"制度实质上是个人或社会对有关的某些关系或作用的一般思想习惯","人们是生活在制度——也就是说,思想习惯——的指导下的,而这些制度是早期遗留下来的";"今天的制度——也就是当前公认的生活方式"。[①] 另一代表人物康芒斯将制度定义为"集体行动制约个人行动的一系列行为准则。"[②] 新制度经济学派中,拉坦[③]和舒尔茨[④]都视制度为一套行为规则;诺斯认为"制度是一系列被制定出来的规则、守法程序和行为的道德伦理规范"[⑤],是"决定人们的相互关系而人为设定的一系列制约"[⑥];青木昌彦将制度概括为"关于博弈重复进行的主要方式的共有信念的自我维系统",实质是对博弈均衡的概要表征(信息浓缩)[summary representation (compressed information)]起着协调参与人信念的作用。[⑦] 综合各经济学者对"制度"的定义,共通之处在于承认制度是规则,并且制度"由非正式制度(道德的约束、禁忌、习惯、传统和行为准则)、正式制度(宪法、法令、产权)和实施机制组成。"[⑧]

一个国家或一个时代的人类交往秩序体系经由正式制度(正式法律)和非正式制度(民间法)所调整。[⑨] "人们行为选择的大部分行为空间是由非正式制度来约束的。"[⑩] 村规民约作为非正式制度中的一类,通过村规民约实施乡村环境自治是现实状态。围绕这一现象,本文尝试对环境规制的产生原因、演变方向等进行设问,即乡村环境问题只能规制而非用其他手段解决吗?为什么环境规制是以村规民约形式出现?未来如何演进以及最合适的环境治理模式是什么?下文将借助经济学制度变迁理论,从外部视角以解释论路径回答以上设问,继而重点探索为实现博弈均衡,促使村规民约与法律实现环境共治均衡稳定状态。

二、乡村环境问题的应对:刺激规制供给

乡村从古至今都以不同样态呈现出不同的环境问题,如古代以资源消耗过度的忧患居

---

① [美]凡勃仑:《有闲阶级论:关于制度的经济研究》,胡依默译,商务印书馆1964年版,第139－140页。
② 黄少安主编:《制度经济学》,高等教育出版社2008年版,第6页。
③ [美]拉坦:《诱致性制度变迁理论》,载[美]R. H. 科斯(Coase)、[美]阿尔钦(Alchain A.)、[美]诺斯(North D.)等著:《财产权利与制度变迁:产权学派与新制度学派译文集》,刘守英等译,上海三联书店、上海人民出版社1994年版,第359页。
④ [美]舒尔茨:《制度与人的经济价值的不断提高》载[美]R. H. 科斯(Coase)、[美]阿尔钦(Alchain A.)、[美]诺斯(North D.)等著:《财产权利与制度变迁:产权学派与新制度学派译文集》,刘守英等译,上海三联书店、上海人民出版社1994年版,第253页。
⑤ [美]道格拉斯·C. 诺思:《经济史中的结构与变迁》,陈郁、罗华平等译,上海三联书店、上海人民出版社1994年版,第225－226页(引者注:音译"诺思"系"诺斯")。
⑥ [美]道格拉斯·C. 诺斯:《制度、制度变迁与经济绩效》,刘守英译,上海三联书店出版社1994年版,第15页。
⑦ [日]青木昌彦(AOKI MASAHIKO):《制度比较分析》;周黎安译,上海远东出版社2016年版,第11－12页。
⑧ 卢现祥、朱巧玲:《新制度经济学》(第三版),北京大学出版社2021年版,第87－88页。
⑨ 参见谢晖:《论民间法结构于正式秩序的方式》,载《政法论坛》2016年第1期。
⑩ 卢现祥、朱巧玲:《新制度经济学》(第三版),北京大学出版社2021年版,第88页。

多，现代以农业环境污染和不可再生资源枯竭为主要问题。乡村环境问题除科技力量消除污染，是否还有其他的解决之道，历史曾给出答案。

南宋时起，周宁县浦源镇浦源村护鱼规约、政和县杨源乡杨源村鲤鱼溪护鱼禁约、顺昌县元坑镇谟武村《洵水荫木碑记》、洛江区虹山乡虹山村水尾树碑①等规约在当地涵养水源、保持水土、维持渔业和林业资源可持续方面发挥了积极、稳定的作用。在当代，依然延续着以合村公议的方式制定出环境规约的做法，或是嵌入村规民约作为其中的条款、篇章，或是单独一部综合性环境保护公约：如浙江省海宁市斜桥镇华丰村响应"垃圾分类"政策，在村规民约中加入"华丰是我家，环境靠大家，垃圾分好类，东西不乱堆"②的条款；又如有些地方的环保规约占据村规民约专门一章的篇幅，如内蒙古赤峰市元宝山区平庄镇南荒村在《村规民约》中专门用一章详细规定环境卫生行为，并对违反者施以批评教育、适当处罚、取消评比资格；③再如重庆市石泉苗寨继"禁事碑"立碑（第一种村规民约）百年后（2013 年）又在其不远处新立一块综合性规范"环保公约碑"（第二种村规民约）。④ 如今，在石泉苗寨内，家家户户门上都贴着《大河口村村庄生活垃圾治理自治公约》，这是石泉苗寨的第三种"民约"。⑤ 用村规民约解决环境问题是贯穿古今的一致选择，这一现象可以从环境需求、规制需求、规制供给三环节解释。

---

① 《乡规民约家训，传承文化基因》，新华网 http：//www.xinhuanet.com/politics/2017-02/09/c_129472498.htm，访问日期：2022 年 3 月 1 日。

② 《浙江省海宁市斜桥镇华丰村》，中华人民共和国民政部频道 http：//mzzt.mca.gov.cn/article/zt_cgmy/yxfl/cgmy/201812/20181200014023.shtml，访问日期：2022 年 3 月 1 日。

③ 《村规民约》，赤峰市元宝山区政府频道 http：//www.ybs.gov.cn/ybszdjw/607451/607464/623867/index.html，访问日期：2021 年 6 月 30 日。

④ 《酉阳：环保公约村规民约"约"出最美村寨》，中华人民共和国农业农村部频道 http：//www.moa.gov.cn/xw/qg/201909/t20190920_6328407.htm，访问日期：2022 年 3 月 1 月。碑文记载：石泉苗寨保护公共约守，始酉阳知事立碑于石泉苗寨火烧溪畔，冀慕人共护家园，迄今百年有余，吾等居山即有看守之职责，依水则应尽照料之义务，百年白驹过隙，石泉美景依旧，寨民幸福安康。为承继祖训，保山林清泉，育苗寨生态，香港瑞安海鸥社、香港樊尚、酉阳苍岭政府倡议，污水不入溪泉，斧履不入山林，弃履不乱掷于地，永保人与自然和谐。吾等共守之。这块碑设立当天，苍岭镇政府在石泉苗寨内各大小道口摆放了垃圾桶，促使村民养成垃圾不乱丢的习惯。村寨清洁之风兴起，从此不管走到哪户人家，不管是室内还是室外，都是干干净净的。

⑤ "村民石邦富告诉记者，该公约施行已经 5 个月，虽然还没有村民因违反公约规定被处罚，但是对村民的行为有一定的约束作用。他说，相比前几年，石泉苗寨的环境卫生又得到了提升，特别是按户每月轮流担任保洁员的制度深入人心，家家户户都当了保洁员，都体会到了讲卫生的好处，因此更能遵守公约中的规定。"见《酉阳：环保公约村规民约"约"出最美村寨》，中华人民共和国农业农村部频道 http：//www.moa.gov.cn/xw/qg/201909/t20190920_6328407.htm，最后访问日期 2022-3-1。该公约规定：积极参加卫生活动，参与和支持农村环境卫生改造，养成良好的卫生习惯；落实门前"三包"（包卫生打扫、包秩序规范、包绿化）责任制，生活垃圾定点存放，杜绝垃圾乱扔、粪便乱排、柴草杂物乱堆乱放现象；家禽家畜集中圈养，不得散养，狗必须拴养，死禽死畜要深埋；禁止人畜粪便及生活废水乱排，不得向排水沟倾倒固体物和有毒液体；红白喜事中产生的垃圾必须自觉清扫，不得推给保洁员；保洁员负责主要干道及干道两边白色垃圾清扫、转运垃圾；自觉保护树木，不乱砍滥伐，保持绿化地段无杂物、无杂草、无垃圾，确保树木生长旺盛；严格落实卫生评比制度，并将结果及时公示；凡居住在本村庄内的全体人员都有义务和责任执行本公约，违反上述规定者，责令其限期改正，并视情况处以 50-500 元罚款。

(一) 环境的规制需求与供给关系

"制度选择及制度变迁可以用'需求——供给'这一经典的理论构架来进行分析。"①最早人们视环境为资源物时,对既得环境利益的稳定存续有着源源不断的需求,比如昔日里鱼儿成群结队、鳞光闪闪,在出现竭泽而渔的危机时,村民们自发订立"禁渔碑"②遏制过度捕捞行,恢复河流湖泊生态;再如保护水井不受污染、维持子孙享用干净水的权利,而共商共立的"禁井碑"③。这类现象,反映了当维持生态可持续的需求与生态危机加剧的矛盾出现时,则产生规制环境利用行为的需求。"禁渔碑""禁井碑"是对规制需求的回应,即规制供给。

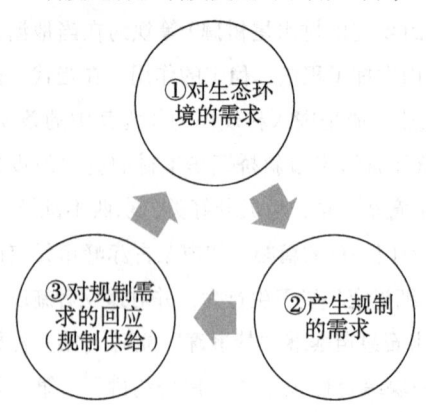

图1 环境的规制需求与供给的传递图示

(二) 环境需求与规制的联动关系

"自然物"上附着的生态性、资源性特征重合易让人对环境行为产生误解。既是"环境"又是"自然资源",是同一自然物的一体两面,于是保障资源利用的行为往往易被混淆为防治污染环境的行为。如村规民约中规定"保护水源禁止污染",看似属于保护环境"生态性"方面的禁止行为,但实际是为了水源能被长久利用和村民饮水安全。因而将水源作为一种可再生资源进行保护,这才是初始目的。

人们对环境需求的认知也是变化的过程。维护环境干净,还是环境优美,这是保护环境的不同目标。假设一条河流曾经有鱼后来恶臭,人们一开始是希望河流不再臭气熏天,于是开展防污治污行为,同时规定"禁止向河道丢弃垃圾";后来,人们对河流的需求转变为可以养鱼观赏或饮用等更优水质的需求。新的环境需求产生新的环境规制需求,传导出新的环境规制供给。于是水污染物排放标准加严、水质标准提升以及科学的"增殖放流"行为助力于修复江河湖泊的水生态圈。从污染防治到改善生态环境质量的转变,反映人们对环境的需求处于持续变化中,对环境保护的要求也从需求型转向舒适型,对环境行

---

① 林毅夫:《关于制度变迁的经济学理论:诱致性变迁与强制性变迁》,载[美]R. H. 科斯(Coase)、[美]阿尔钦(Alchain A.)、[美]诺斯(North D.)等著:《财产权利与制度变迁:产权学派与新制度学派译文集》,刘守英等译,上海三联书店、上海人民出版社1994年版,第371页。

② 现存"禁渔碑"以明清时期镌刻居多,也有当代立碑,明清时期的禁渔碑,参见钟帆:《平昌发现百年前"禁渔碑"》,载《四川日报》2021-03-11;2019年树立的禁渔碑,参见《村里竖起禁渔碑》,新华网ht-tp://m.xinhuanet.com/2019-04/26/c_1124422048.htm,访问日期:2022-3-1。

③ 参见浙江省文成县地方县志编纂委员会:《文成县志》,中华书局1996年版,第965-966页。

为的规定也从禁止性行为转向授权性行为。

环境规制需求与供给是个持续动态的状态，在两者稳定适配前总会经历一方处于"脱钩"的失衡状态，可能规制规范过于严苛侵犯人身权利，也可能规制规范过于软弱丧失作用。比如"新中国成立前的岜沙苗寨约定抓住放火烧树和砍树的人要活埋"①，后来岜沙村（岜沙苗寨）村规民约改为"有毁坏公益林、人为引发了森林火灾十亩以上，按照三个'120'（即 120 斤猪肉、120 斤大米和 120 斤米酒）承担违约责任"②。这类责罚中，前者"埋人"的行为后果远远严厉于刑法的一般行为后果③。反之，譬如洱海晚清时期大量的村规民约寻求官方介入，规定对破坏山林之人"送官究治"，④ 此时，即使是一般的责罚，也需要官方正式法律处罚的介入，则是规制规范过于软弱的例证。

（三）环境的规制主体辨析

哈定提出著名的"公地悲剧"现象：假设一群牧民可以任意使用同一块草地，且每位牧民多养一头牛增加的获利大于购养成本，那么每一位牧羊人都想拥有更多的牛。随着牛群数量剧增，草地负载的牛群消耗数量过重而生长缓慢不能满足牛群食量时，整个牧场的牛因饿死、疾病而单位收益下降。公共资源"搭便车""公地悲剧"的现象告诫人们如果不对公共资源的使用权人加以约束（内在道德约束或外部规范约束），那么极易引发资源无序开发利用致使产生资源不可持续的危害。因此，基于环境是公共物品的属性，要保持集体利益不受损害，维持整体公平，就需要制定规则，使个体利用环境资源的行为有章法可循。否则，基于理性人且信息不充分的设定下，个体行为对集体中的其他个体产生的影响，可能使得个体利益与集体利益不必然一致，甚至于个体利益最大化导致集体利益最小化。村民对于解决环境问题的路径一如既往地选择以村规民约应对的方式。这种方式是以集体规则约束个人行为，通常是以成文的规范外部制约集体中的成员，也伴随着群体共识内化于心。至此，可以得出的结论是村规民约的规制方式，即集体规则的模式在理论上更有利于解决公共资源难题，那么下一个要解决的问题是谁更适合成为规制的主体。

宪法第 9、10 条规定自然资源资产归属国家所有和集体所有的范围。国家基于信托的监管责任、集体基于所有的权限，两者都是适格的规制主体，两者也皆有侧重的事权：村

---

① 北京消防：《【揭秘消防宣传火枪队】国内"战斗民族"为了防火有多彪悍?》，https://xw.qq.com/amphtml/20211130A018HV00，最后访问日期 2021 年 12 月 10 日。新中国成立前当地对于放火烧山和砍树的行为没有法律法规约束，而是村寨长老持枪立约保护森林树木。

② 《全国最硬核苗寨！寨老提着火枪搞消防，人为火灾会被罚 120 斤猪肉》，贵州网络广播电视台频道 https://www.gzstv.com/a/7c7dc5c403c64ef09c1b2068a634bec9，访问日期：2021 - 12 - 10。

③ 故意放火烧毁林木，尚未造成严重后果的，比照刑法第 114 条处 3 年以上 10 年以下有期徒刑。放火致人重伤、死亡或者使公私财产遭受重大损失的，处 10 年以上有期徒刑、无期徒刑或者死刑。构成失火罪的比照刑法第 115 条二款处 3 年以上 7 年以下有期徒刑；情节较轻的，处 3 年以下有期徒刑或者拘役。

④ 参见吴晓亮、董雁伟、丁琼：《明清时期洱海周边生态环境变化与社会协调关系研究》，人民出版社 2019年版，第 258 - 259 页。

集体所属的自然资源资产归村集体协商分配使用，但涉及乡村环境污染事权，国家仍有介入的合法性依据①。如果以规则制定成本、完备性为标准，国家成为乡村环境的规制主体，其经过严格、复杂的立法程序出台的正式法律规范，在解决乡村普遍性的环境问题方面掷地有声、强而有力，却在解决农村纷繁复杂、事无巨细的事情上捉襟见肘、疲于应对。相比之下，村集体成为环境的规制主体可以用更低的协商成本达成群体生态共识并有效遵守形成良性循环，显得更具合理性与可行性。村集体比起国家在解决乡村环境问题上有天然优势，更适合作为环境规制主体的第一顺位。

三、村规民约出现环境规制的原因：制度变迁的解释

前者论述了环境问题引出规制需求与供给的一对关系。然而，为什么环境规制是以村规民约为载体或以此形式出现？环境问题能用村规民约解决吗？本文尝试从"路径依赖"的逻辑与生态诱致性变迁、强制性变迁视野的角度加以分析。

（一）村规民约生态化②应然：传统路径依赖

"所谓路径依赖，就是由于时间的不可逆性，经济条件、制度规则和行为惯例形成后，会使经济决策主体进行选择的时候形成对现有条件的依赖，反复强化现有条件所指定的发展路径。"③ "具有相同文化背景和经历的个人将会共享合理收敛的心智模型"，"制度就是心智模型的一种"，"当共享心智模型在长期内保持稳定，就会产生认知上的路径依赖"。④运用路径依赖理论可以解释村规民约为何在当代中断后又复兴，也可以解释村规民约生态化的原因。

自北宋《吕氏乡约》起算至今，村规民约已存在近千年历史。历代乡村治理形式大体呈现基层"受控且自治"的政治形态。在国家权利下渗基层时，历史上存在如汉朝里父老⑤、宋朝约正等在村庄有影响力的人作为国家权力与基层社会之间的一个桥梁。⑥乡贤的才能与品质获得处理村民纷争的权威与信任，成为村规民约的管理执行者。村规民约伴随运行，是介于国法与家法之间的治理工具，填补统治者"皇权不下乡"的治理空地。

---

① 国家环境义务，根据宪法第二十六条规定"国家保护和改善生活环境和生态环境，防治污染和其他公害。"
② 为便于概括村规民约出现环境规制内容、实现环境保护的过程，本文称之为"村规民约生态化"。
③ 胡乐明，刘刚，李晓阳：《新制度经济学原理》（第二版），中国人民大学出版社 2019 年版，第 231 页。
④ 卢现祥、朱巧玲：《新制度经济学》（第三版），北京大学出版社 2021 年版，第 332-333 页。
⑤ 里父老并非朝廷命官，但又被官方认可。他们一方面对宗族事务有较大的影响力，甚至决定权；另一方面，对乡村秩序也起着重要的作用，无论是维持乡村治安、督促农桑、催缴赋税，还是祭社、求雨以及其他一些公共活动中，都有里父老参与其中。里父老在汉代乡村社会的秩序中，起到了官方地缘关系与宗法血缘关系交汇点与结合点的作用。参见马新：《里父老与汉代乡村社会秩序略论》，载《东岳论丛》2005 年第 6 期。
⑥ 参见《乡村究竟是一种什么样的概念，历代中国政府又是如何管理它的?》，百度百家号频道 https：//baijiahao. baidu. com/s? id = 1649453556047924538&wfr = spider&for = pc.，访问日期：2022 - 3 - 1。

"乡约""乡规""乡规民约",以及少数民族地区的"款约"①属于"村规民约"的不同称呼。

长时间发展里,村民的行为逐渐成为惯习记载入村规民约得到固定强化。村规民约也因为内容聚焦于切实保障村民的利益而成为理所当然的存在。于是,当出现新问题,即生态环境被破坏影响村集体的生存和发展权益时,比起寻找新制度解决新问题所耗费的成本,村规民约生态化的方式自然而然成为首选。此外,村规民约生态化也更有利于发挥本土生态知识,比如布朗族崇拜树神、鸟神,对此加以利用形成保护野生动物的村规民约。②

(二) 生态化诱致变迁内因:群体环境价值共识

林毅夫首次提出诱致性变迁与强制性变迁两类区分。"诱致性制度变迁指的是现行制度安排的变更或替代,或者是新制度安排的创造,它由个人或一群(个)人,在响应获利机会时自发倡导、组织和实行;强制性制度变迁由政府命令和法律引入和实行。"③诱致型变迁因具有盈利性、自发性、渐进性等特点④与非正式制度联系更多;强制性变迁以国家和政府为主体与正式制度联系更多。但这仅是理论上的划分,在实际生活中诱致型变迁和强制型变迁紧密相连,共同推动社会制度变迁。

诱致性变迁与强制性变迁在经济学中被认为是制度变迁的两种形式,然而如果视其为思考制度变迁的框架,即从内部与外部探讨制度变迁的动因也未尝不可。预期利益在诱致性内因中是重要"火花",群体共识在诱致性内因中是夯实基础的"火药",两者碰撞才有可能绽放绚烂的烟花:首先,社会交往中的人基于某些契机意识到预期利益的存在;其次,群体普遍性地认同预期利益,继而引发制度变迁需求;最后,自下而上完成制度变迁供给。于环境保护而言,这种预期利益则是保护或维持优美环境所能带来的利益,即环境利益。这种预期利益可能来自丧失生态可持续后的"亡羊补牢"利益,也可能是主观能动性的前瞻期待。

1. 生态理性长期默化

早在先秦时期,儒家已经萌生生态伦理思想,认为人与自然须处于和谐关系之中,方法是遵守自然规律。例如《礼记·祭义》记载"树木以时伐焉,禽兽以时杀焉"和《孟

---

① "款约"多指侗族少数民族地区的规约习俗,又称"侗款"。
② Su, K., et al. "Efforts of Indigenous Knowledge in Forest and Wildlife Conservation: A Case Study on Bulang People in Mangba Village in Yunnan Province, China." *Forests*, Vol. 11. 11 (2020).
③ 林毅夫:《关于制度变迁的经济学理论:诱致性变迁与强制性变迁》,载[美] R. H. 科斯(Coase)、[美] 阿尔钦(Alchain A.)、[美] 诺斯(North D.)等著:《财产权利与制度变迁:产权学派与新制度学派译文集》,刘守英等译,上海三联书店、上海人民出版社1994年版,第384页。
④ 参见胡乐明、刘刚、李晓阳:《新制度经济学原理》(第二版),中国人民大学出版社2019年版,第211页。

子·梁惠王上》记载"不违农时,谷不可胜食也;数罟不入洿池,鱼鳖不可胜食也;斧斤以时入山林,材木不可胜用也",均表明想要实现资源可持续利用得讲究时间和限度。"天人合一"思想中人是大自然整体的一部分。人类以生存为目的向大自然的索取行为符合"取之有度,用之有节"的原则,才是理性索取。而"竭泽而渔""杀鸡取卵"自古以来都是贬义词存在。

中国古代生态理性思想源远流长,影响了上至君王下至黎民,形成生态环境伦理共识。于是当出现资源被无序开采、利用,近乎枯竭时,常有贤人志士愤而群起制定禁止性公约倡导村民全体保护环境、维持生态平衡。比如,1913年重庆市石泉苗寨下寨门旁立有专项保护森林可持续开采的"禁事碑",目的是为了杜绝盗伐林木、提前采收经济林木的行为。① 河北省武安徘徊镇泽布峧村在"清道光二十六年刻立村规民约碑,碑文规定:禁止向河沟内倾倒垃圾,否则罚款。清光绪二十九年,临城南程村刻立晓谕事照碑:水井为全村公有,不准污秽"②。

生态理性在当代依然是群体共识。20世纪80年代,中国经济与社会制度转型,强制在农村实施分田到户、分林到户的资源分配政策,一时间出现农户基于个体利益焚薮而田,集体资源被耗竭的情况,此时村民同样也是第一时间想到用村规民约的方式控制环境资源严重恶化的情势。学者莫金山收集大量金秀瑶族的村规民约和历史史料,得出"20世纪80年代初瑶族农村中大量乱偷盗集体木材问题的出现是瑶族村规民约产生的直接原因",并找到制定时间最早的村规民约出自《六巷四个生产队关于封山造林、封河养鱼问题的决定》(1980年3月15日)。③ 无独有偶,龙脊山地区受山地地形限制只能因地制宜发展梯田,在落实分田到户政策后,龙脊壮族村民在山上无禁止地伐木取薪导致原有的梯田稻作农业因水土保持功能下降、生态系统紊乱而难以为继。村民为扭转这一局面于是在1989年制定了《封山育林公约》。④

虽然相似的事件在历史长河中反复出现:个体追求利益最大化导致群体不利后果产生的"公地悲剧"重复上演,但群体生态理性始终贯穿从古至今,并在环境难题发生时

---

① 《酉阳:环保公约村规民约"约"出最美村寨》,中华人民共和国农业农村部http://www.moa.gov.cn/xw/qg/201909/t20190920_6328407.htm,最后访问日期2022年3月1日。碑文记载:这是一块禁事碑,立于民国3年,即1913年,(酉阳自治县)西二乡(今苍岭镇)的林木常常被盗和被牲口践踏,经济林木没到采收期村民就提前采收,影响了经济林木的生长,于是议事会长王裕泰、副议长石宗渥等将情况反映给了酉阳知事马为。为了保护林木,马知事特发布了"示禁事",并刻下石碑立在石泉苗寨前,作为寨规民约。碑文规定:"凡有桑、麻、桐、茶、漆、桔、楮等,洋桔非过大暑,白桔非过白露,桐、茶、楮非过霜降……先期自行采摘,与盗同罪,罚金三元,盗者加倍。其余杉、竹、木柴、草木各有主,有偷窃被获属实者,照五元以上十元以下议罚……"在石泉苗寨的后山上,古木参天。当地老人石邦玉介绍,寨子后面有古树100多棵,包括古楠木树、枫树、柏树等,这些树之所以历经数百年仍苍翠欲滴,就是因为禁事碑对当地森林起到了保护作用。

② 《乡规民约家训,传承文化基因》,新华网 http://www.xinhuanet.com/politics/2017-02/09/c_129472498.htm,访问日期:2022-3-1。

③ 莫金山:《瑶族村规民》,民族出版社2012年版,第20页。

④ 付广华:《生态环境与龙脊壮族村民的文化适应》,载《民族研究》2008年第2期。

"眷顾"村规民约，促使其内生出环境保护内容。

2. 环境利益诱致

环境利益与其他利益并非泾渭分明、非此即彼，而可以是相互交织、相互转换。以利益获取时序划分：第一层，优美的生态环境给予人视觉、身心的享受是美学价值；丰富的自然资源自给自足是生产价值。第二层，利用拥有的环境权益与他人交换获得的经济价值，如碳汇交易、生态旅游、农作物出售。第三层，涵养水源、保持水土、维持人与自然生命共同体可持续发展是生态价值；自然环境与人为环境营造出的社会稳定和谐安宁的社会价值。上述环境利益、经济利益、社会利益相辅相成关系存在的前提是在一个环境优美、资源富饶、坚持绿色发展理念的地方。倘若在穷山恶水或资源禀赋弱的地方投入与前者相同的人力物力，随时间推移后者环境与经济效益均不佳时，这将改变当地人民心中衡量环境与经济的天平砝码。事与愿违的结果反倒可能迫使该地回到以前丢了绿水青山谋发展的道路。即使先天条件满足，也要认清绿色发展道路绝非一蹴而就，也不能将环境视为"快消品"。

近年来，乡村生态旅游如火如荼。环境利益经由旅游业途径转化为经济利益也是诱使村规民约出现生态环境保护内容的原因之一。在工业转型发展旅游业的乡村，逐渐将生态文明建设写入村规民约并加以实施得到良好的实施效果。比如浙江杭州富阳区截至目前已有近百个行政村将生态文明建设和环境保护内容写入村规民约。① 此举意在增强村民环保意识以推动村民环境自治的自觉性。除此之外，从挖煤采矿转向旅游业的北京门头沟区水峪嘴村现在街巷整洁环境优美，这也得益于《水峪嘴村村规民约》为环境"保驾护航"：环境规制条款"护山护林……不乱排放污水，保障水道畅通……不得向永定河排污……"占了村规民约一半以上篇幅。② 500余名村民因绿水青山增加旅游收入，于是更加爱山护林。③ 诸如此类，整个门头沟区170余村都在村规民约中纳入各村关注的环境保护内容，如东山村写入"村民分片护林"，城子村明确"生活垃圾分类"，王家坡村关注"保护潭柘寺景区周边环境"……截至2016年底，门头沟区林地面积增加至13万公顷，森林覆盖率达到41.18%，林木绿化率达到64.27%。④

---

① 《生态文明建设写入村规民约》，载《中国环境报》2016-3-4.
② 《水峪嘴村村规民约》，总共13个条款，8条内容与村庄环境保护相关。并且参见《水峪嘴环境保护写进村规民约"约"出美丽乡村》，载《北京晚报》http://www.bjwmb.gov.cn/jrrd/yw/t20180330_862516.htm，访问日期：2022年5月3日；《环保义务写进村规民约》，新华网http://www.xinhuanet.com/local/2017-01/17/c_129449342.htm，访问日期：2022-5-3。
③ 《北京这个村庄和"脏乱差"毫不沾边？可不是光凭自觉》，北京晚报百家号频道https://baijiahao.baidu.com/s?id=1596317257548550686&wfr=spider&for=pc，访问日期：2022-5-3。
④ 《环保义务写进村规民约》，新华网http://www.xinhuanet.com/local/2017-01/17/c_129449342.htm，访问日期：2022-5-3。

(三) 生态化强制变迁外因：生态文明自上而下

自最早的成文村规民约《吕氏乡约》①起，学者们普遍将村规民约定性为非正式规范，在历史变迁中也是由个体到群体、自下而上、渐进式地增加、修改诸如民事纠纷、环境保护等在内的内容。但是近年来随着国家治权干预，中央颁布一系列有关村规民约从顶层设计到具体要求的政策文件，使得一些政策后出现的村规民约更像是正式法的"传声筒"。因而村规民约生态化需要从诱致性和强制性双方面解释。

强制性制度变迁是政府为主导者，自上而下迅速制定、实施推动新旧制度交替。这种变迁形式以国家强制力为后盾有助于保障制度运行，但由于具体的制度规则不是经由相关利益者重复博弈产生，加之"善变"的现实需求与"滞后"的规则供给之间的信息差，将不可避免地出现制度"水土不服"。

随着2018年5月，习近平总书记在全国生态环境保护大会中提出："要持续开展农村人居环境整治行动，打造美丽乡村，为老百姓留住鸟语花香田园风光。"全国掀起村规民约制定与完善行动。一些村规民约将"垃圾分类"写入既有村规民约中；也有一些村规民约是在政府主导的"村规民约制定运动"下产生的，着重强调村规民约中环境相关的条款，体现生态文明法治在农村环境治理中融合。如2019年佛山市南海区全面启动村规民约工作，南海区民政局要求各镇把整治环境污染作为重要事权管理之一写入村规民约。②尽管2019年评选出的全国优秀村规民约特征之一是富有创意的形式结构，如传统结构型、三字经型、民歌型、顺口溜型、五字诀型、古训型，③但没有一篇村规民约有除教育警示外的其他类似财产罚与行为罚的违"约"后果。④

四、村规民约的演进：环境共治均衡结果的追求

仅仅保持单一制度在需求与供给两者间的平衡是不够的，几乎任何一个社会的制度不仅需要与同空间并存的其他制度彼此协调，还需要制度中的人们处于利益和力量的非摩擦状态。⑤青木昌彦视制度为博弈规则，认为参与者通过对他人行动规则的主观认知（浓缩

---

① 安广禄：《我国最早的乡规民约》，载《法制日报》1997年12月12日版。也有学者认为根据时间更早（公元1030年）的《宋史·范仲淹传》记载，历史上最早的村规民约是由范仲淹为当地羌人订立的条约。但该条约与《吕氏乡约》根本区别在于，范仲淹是以皇帝诏命的名义犒赏羌族各部，自上而下式给他们订立条约，其非村民自发自愿。参见王铭铭、王斯福：《乡土社会的秩序、公正与权威》，中国政法大学出版社1997年版，第484页。
② 周传勇、李宁、殷小彬、陈丽明：《村规民约"约"出文明善治路》，载《佛山日报》2021年10月31日。
③ 陈荣卓、李梦兰、马豪豪：《国家治理视角下的村规民约：现代转型与发展进路——基于"2019年全国优秀村规民约"的案例分析》，载《中国农村观察》2021年第5期。
④ 参见2019全国优秀村规民约，现已集结出版，具体可见乡镇论坛杂志社编写组：《优秀村规民约（居民公约）选编》，中国社会出版社2021年版。
⑤ 参见黄少安主编：《制度经济学》，高等教育出版社2008年版，第104-105页。

信息的信念），制定、选择自己行动规则（策略）。当被依赖于做决策的这些浓缩信息逐渐丰富并增速缓和时，所有参与人的决策变动幅度降低，趋于稳定。① 当"给定条件下，现存的制度安排的任何改变都不能给任何个人或团体带来额外的收入"时，则出现"制度均衡"状态。②

当前的村规民约正走向被法律"剥夺"处罚权，逆向溯游"无牙齿"阶段的覆辙。国家正式制度的改变在一段时间内会对村规民约原本稳定的结构状态造成冲击。村规民约已不仅是某个村集体内部成员的博弈，更是关乎村集体与国家集合概念下的"人民群体"之间的规则博弈。

（一）村规民约的演进状态：与国家法律博弈的结果

特定管辖范围的村规民约所体现的村庄治权与国家治权共同但有区别。这两者实质是"性质非常相似的管制规范竞争其各自的管辖地位和范围，力图加强或扩张自己治权的行动，一直没有寻得制度化的解决方法"。③ 正式制度与国家捆绑，非正式制度与个人联系更多，于此则为村规民约与村集体紧密联系。因此，要把村规民约与正式法的关系厘清，就需要把规则制定者（或言之村庄治权）与国家治权的关系厘清。

1. 村庄治权与国家治权的角力

基层民主自治组织究竟是作为政府基层的行政职务延伸，还是以人民群众自主自我管理为重心，即村庄治权与国家治权的角力在20世纪80、90年代存在巨大分歧。广西是全国第一个成立村民委员会的地方，也是全国率先试点撤掉村委会改建"村公所"④ 的地方。"村公所"与"村委会"有迥然不同的设置差异：首先，组织性质上，"村公所"行使乡镇政府赋予的行政管理职能，听从上级任务指示，领导各村工作，具有强烈的行政色彩；"村委会"是"自我教育、自我管理、自我建设和自我服务"的群众自治组织，以村民合意为特征。其次，组成成员上，村公所干部由乡镇政府任命，属集体性质的合同干部，由国家发工资，因处理事项繁多基本上脱产工作；"村委会"成员由村民民主选举产生、受民主监督、行使的是众议后的决策，职务收入由村民决定和支付。广西的试点实践证明虽然"村公所"的行政化管理有利政府工作，但自上而下的政策常常不符合村民实际情况，造成村民愤懑不满、村公所干部工作开展困难⑤，结果事与愿违。1994年在民政厅

---

① 参见卢现祥、朱巧玲：《新制度经济学》（第三版），北京大学出版社2021年版，第359页。
② 卢现祥、朱巧玲：《新制度经济学》（第三版），北京大学出版社2021年版，第354页。
③ 张静：《乡规民约体现的村庄治权》，载《北大法律评论》1999年第1期。
④ 1985年，广西成立"村公所"作为乡镇人民政府的派出机构，实际是将原来村委会的领导班子改称而来。1988以后实行村公所体制。
⑤ "村公所的干部像风箱里的老鼠，两头受气……上级的许多任务不合实际，比如有的山区不适合种水稻，上级却下达了粮食产量的任务，种不种？种了明摆着叫农民吃亏，激起干群矛盾。无奈之下，谎报数字，应付差使。"引自王维博：《中国第一个村民委员会诞生记》，载《村委主任（下）》2010年第3期。

《关于撤销村公所改设村民委员会的调查报告》的建议下,广西开始全面铺开撤销村公所,恢复村委会。①

广西"全面建立村民委员会——全面撤村建所——全面撤所复村"的历史轨迹证明乡村治理适合走自我管理、自我监督的农村基层民主自治道路。时至今日,村民合村公议、汇聚民智、体现自治的村规民约也经历着考验。

2. 村规民约的三种演进状态：死、生、合

已有大量文献从实践和理论论证村规民约对当代乡村社会治理一直呈现出有效的工具使用价值：村规民约有效性的田野调查方面,诸如高其才走访贵州省锦屏县的平秋镇魁胆村②、启蒙镇边沙村③等东中西部45个行政村④,徐晓光调查黔东南苗族地区⑤,池建华考察南方主要少数民族乡村地区⑥,李学兰和柴小华着重调研宁波市滕头村⑦等,以少数民族地区的乡村和经济发达地区的乡村为例,分析村规民约不断被修订调整以符合乡村治理的实际需求。村规民约有效性的理论证成方面(此处将之等同于论证民间规范有效性的论证),高成军认为即使习惯规则赖以运行的"熟人社会"和"传统权威"已今非昔比,但受社会化制度变迁和国家权力的影响,习惯规则仍然能"通过传承发展实现自身的变迁和'现代化'"。⑧吴元元从法律社会学的功能分析视角认为"社会规范的自我实施机制依托声誉和长期博弈关系得以顺利运行,提高社会治理效率。"⑨这些文献中也提及村规民约在农村环境治理方面行之有效。不仅如此,报纸也报道出：实践中用村规民约整治乡村环境有着立竿见影的效果。⑩

---

① 参见王维博：《中国第一个村民委员会诞生记》,载《村委主任(下)》2010年第3期。
② 高其才：《延续法统：村规民约对固有习惯法的传承——以贵州省锦屏县平秋镇魁胆村为考察对象》,载《法学杂志》2017年第9期。
③ 高其才：《通过村规民约的乡村治理——以贵州省锦屏县启蒙镇边沙村环境卫生管理为对象》,载《广西民族研究》2018年第4期。
④ 陈寒非、高其才：《乡规民约在乡村治理中的积极作用实证研究》,载《清华法学》2018年第1期。
⑤ 徐晓光：《"罚3个120"的适用地域及适应性变化——作为对黔东南苗族地区"罚3个100"的补充调查》,载《甘肃政法学院学报》2010年第1期。
⑥ 池建华：《通过村规民约促进生态宜居建设——以南方主要少数民族村规民约为考察对象》,载《贵州民族研究》2020年第9期。
⑦ 李学兰、柴小华：《当代法治实践中的村规民约——滕头村规民约的文本解读》,载《甘肃政法学院学报》2010年第3期。
⑧ 高成军：《转型社会的习惯法变迁——学术理路的考察及反思》,载《甘肃政法学院学报》2018年第6期。
⑨ 吴元元：《认真对待社会规范——法律社会学的功能分析视角》,载《法学》2020年第8期。
⑩ 南海区大沥镇盐步社区未订立公约前环境脏乱差,在开展村规民约制定、实施工作后环境干净整洁。见周传勇、李宁、殷小彬、陈丽明：《村规民约"约"出文明善治路》,载《佛山日报》2021年10月31日A03版。双胜村践行村规民约解决了环境卫生难题,"实现从'集中整治'到'日常维护'、从'他人监督'到'自我规范'转变。"见欣闻：《巧借村规民约"东风"约出文明实践"新风"》,载《兴安日报》2021年10月26日第001版。上海市新源村成立农村人居环境整治领导小组,制定人居环境长效管理综合考核标准及奖励办法等,并将人居环境长效管理写入村规民约,实现人居环境整治规范化、长效化、常态化管理。见《打造宜居舒适有温度的农村社区,石湖荡镇新源村入选全国乡村治理示范村镇名单》,百度百家号 https://sghexport.shobserver.com/html/baijiahao/2021/10/11/558007.html,最后访问日期2021年10月11日。

"在改革开放后的乡政村治体制下，传统村规民约得以复苏并呈现出两种形态，即部分村规民约被改造后虚化为一种形式化的文本，形同虚设；部分村规民约则转型为法律、政策的地方化版本，重获新生。"① 少数民族地区受习惯法潜移默化影响，"在议定、修改村规民约时，从尊重、选择的原则出发传承良善固有习惯法，延续法统"②。归纳而言，当前村规民约的演化后果有三种状态：第一种名存实亡；第二种借助正式法的外力影响变迁；第三种内在自发传承中发展变迁。

第一种，名存实亡的演化状态，是村干部与基层政府无意识"合谋"的结果。一方面是村干部把村规民约当成应付领导视察工作和任务考核的材料，不予重视其真正价值；或者一味追求村规民约语言风格的形式创新，忽略内容实质。另一方面村规民约被基层政府涤除处罚条款后，演变为村民视若无物的倡议书。③ 这种情况下村规民约经由外部强制性（正式法）变迁，保障其自身运行的执行者权限被削弱，只得维系于遵守村规的道德认同。这种情况下，村庄治权已然悄悄让位于国家治权。

第二种，借助正式法的外力影响变迁，村规民约呈现与法律法规并轨的状态。首先，村规民约产生与修订的过程须严格遵守法律规定的内容与程序的要求。内容方面，《村民委员会组织法》第二十七条明确规定，村规民约不得与法律法规、政策抵触，并且赋予基层政府在村规民约报备后有权责令改正其中违法的内容，从而杜绝了村规民约内容不符合国家法律、政策的现象出现。程序方面，《村民委员会组织法》从主体资格、权利义务、管辖等方方面面环环相扣，体现基层组织选拔与组织管理的公平公正。④ 其次，法律、政策的意志强制注入村规民约。村民委员会组织法第一条表明村民委员会组织成立的目的是"为了保障农村村民实行自治，由村民依'法'办理自己的事情……"换言之，有"农村小宪法"之称的村规民约（包括村民自治章程）虽然是村民最为直接接触的日常行为规范，但隐含着规范的评价准则是法律而非村民的合意。此外，"1984 至 2020 年期间，仅国务院各部委下发文件中提及或要求村规民约加入相应内容的达到 130 多件，其中 2010 年以来就有近百件"⑤。在这一情景里，国家治权在村规民约制定中强化，村庄治权受控于国家治权，村规民约俨然是正式法的具象化延伸，甚至于村规民约大有"一个模子刻出来之

---

① 周铁涛：《村规民约的当代形态及其乡村治理功能》，载《湖南农业大学学报（社会科学版）》2017 年第 1 期。
② 高其才：《延续法统：村规民约对固有习惯法的传承——以贵州省锦屏县平秋镇魁胆村为考察对象》，载《法学杂志》2017 年第 9 期。
③ 参见周铁涛：《村规民约的当代形态及其乡村治理功能》，载《湖南农业大学学报（社会科学版）》2017 年第 1 期。
④ 第四章规定村民会议及村民代表会议的主体资格及表决效力；第八、十条规定村民委员会及其成员作为村规民约的实施主体，且有义务"管理本村属于村农民集体所有的土地和其他财产，引导村民合理利用自然资源，保护和改善生态环境"；第三十八条"驻在农村的机关、团体、部队、国有及国有控股企业、事业单位及其人员"也要遵守村规民约的规定强调了村规民约属地管辖的特征。
⑤ 孙梦、江保国：《断裂与更替：普及时期村规民约的法治化》，载《兰州学刊》2022 年第 1 期。

样"。第二种情况与第一种情况的区别在于前者在村民自治中仍占有不容忽视的一席之地。

第三种，村规民约从内在自发传承中发展变迁，保留本土生态知识为内核。这种情况往往存在于保有地方性知识的少数民族地区，村规民约成为地方性知识的载体与外化表征。有学者梳理云南省雨崩村覆盖当地旅游开发前、中、后三个阶段的四个版本的村规民约，揭示了该地将神山崇拜的内核充分融于村规民约，充分调动起村民在自然资源可持续利用、环境保护及化解旅游环境矛盾的积极性。[①] 少数民族地区蕴含丰富的地方性生态知识并自发形成一套人与自然和谐相处的习惯（大体如下表所示），在长久时间中有效保护森林资源、土地资源、水资源和野生动植物。村规民约从村民们自小到大耳濡目染的习惯中提取群体共识，扎根于传统的经验习俗认知，强有力地将个体整合至群体集合中，共同遵守生态环境保护约定。需要警惕的是这种自发演变虽然具有强大的内在生命力，但是在社会现代性变迁中难免遭遇信仰崩塌危机，容易成为时间维度里的"过客"。所以这种自发演变要保持其生命力就需要不断剖析其内核本质，借以科学解释支撑、与时俱进。

表1　少数民族环境习惯

范围分类	具体内容
保护森林资源	思想基础：神木崇拜
	具体习惯：种树还山制度、禁止滥砍滥伐的禁忌、森林防火习惯、森林防盗习惯
保护土地资源	思想基础：土地崇拜
	具体习惯：关于不动土、公山、公共牧场、墓地的水土保持习惯，关于休耕与轮歇、轮种与轮作、间种与套种、有机肥料、生物灭虫等土地改良习惯，关于干栏式建筑、丧葬习惯对土地的节约、关于山体、岩石、洞穴的自然崇拜与保护习惯
保护水资源	思想基础：水的崇拜，有水祭、挑新水、买水钱等仪式
	具体习惯：保护水源林习惯、相邻用水和分配用水习惯、修建和保护水利设施习惯
保护野生动物	思想基础：对野生动植物的图腾崇拜，体现万物同源思想
	具体习惯：对香草及其他植物的保护、禁止滥捕滥捞和毒鱼、鸟兽的禁忌

资料来源：根据袁翔珠《石缝中的生态法文明》（中国法制出版社2010版）一书整理的关于中国西南亚热带岩溶地区少数民族生态保护习惯

孟德斯鸠认为法律与自然地理条件相适应，同理，作为民间法类型之一的村规民约也

[①] 参见刘相军、张士琴、孙九霞：《地方性知识对民族旅游村寨自然环境的治理实践》，载《旅游学刊》2021年第7期；孙九霞、刘相军：《地方性知识视角下的传统文化传承与自然环境保护研究——以雨崩藏族旅游村寨为例》，载《中南民族大学学报（人文社会科学版）》2014年第6期。

有地域性特征。这种地域性特征使得此三种演进状态与村规民约数量没有绝对对应关系，可能某区域的村规民约呈现不同的演进状态，也可能呈现一致的演进状态。单个村规民约可能交替发生过三种演进，也有可能只有经历其中一或两种演进状态。

然而，当村规民约被压抑的"个性"与现行国家法"普世性"扩张存在认知逻辑冲突时，就会出现村庄治权与国家治权博弈。均衡结果是博弈理想状态，也是乡村环境共治所追求的理想结果。

（二）村规民约与正式法的关系：同质性与异质性

"法律作为一种规范人们交往与交换的正式规则系统，追根溯源，是从社会现实中的人们的行事方式、习俗和惯例中演化而来的。"① "无论是在人类历史上的任何一个文明社会，还是在当代任何一个社会。均实际上进行着或者说发生着从个人的习惯到群体的习惯、从习俗到惯例、从惯例到法律规则这样动态的内在发展过程。"② "制度自身蕴含着多元冲突社会中不同主体之多元的意义期待"③，是社会主体多次性、复杂性博弈的均衡结果。正式制度与非正式制度共同构建起规范人们行为的秩序，两者之间均有可能出现互补或替代效应。④

"正式制度和非正式制度之间只有量的差异，而无本质的不同。"⑤ 民间规范和法律在本质上一致，均是人类为维护秩序、解决纷争而出现的引人向善、惩戒恶行的人类社会交往规则。暂不考虑合意的内容，以合意人数的多寡为区分点，则法律是绝大多数人的合意，村规民约是单个小群体的意思自治。

村规民约与法律在合意形式上具有同质性，且治理功能可叠加实现同一目标。村规民约与法律规则的关系也可用包含关系表示（如图2）。法律有限的条文内容在千变万化的情境中遭遇立法疏漏、解释困难、执法阻滞等危机，而民间规范恰是因灵活性赋予严格、封闭的法律概念广阔的外延或"缓冲带"，在个案应用阐述时缝合法律的局限。

图2 村规民约与法律的平面关系

但是若考虑合意内容更迭，则同心圆的两个圈（村规民约和法律覆盖的效力范围）将有扩大或缩小的变化，可能村规民约的外圈始终包含法律的里圈；也可能法律的内圈持续扩大甚至反包村规民约在内。这种差异来自村

---

① 韦森：《经济学与哲学：制度分析的哲学基础》，上海人民出版社出版2005年版，第203页。
② 韦森：《经济学与哲学：制度分析的哲学基础》，上海人民出版社出版2005年版，第196页。
③ 谢晖：《法律意义的追问—涂释学视野中的法哲学》，法律出版社2016年版，第5页。
④ 胡乐明、刘刚、李晓阳：《新制度经济学原理》（第二版），中国人民大学出版社2019年版，第196页。
⑤ 卢现祥、朱巧玲：《新制度经济学》（第三版），北京大学出版社2021年版，第94页。

集体的心智模型（共识）和法律所代表的最广大人民的心智模型（共识）是否同一，也受国家对乡村环境治理的面向影响，更是取决于村庄治权与国家治权角力下村规民约与法律的博弈结果。相比达成合意的组织形式变化，内容上的演进博弈才是后续探讨的重点。

（三）村规民约的乡村环境治理面向：合作博弈与均衡结果

"正式制度只有在与非正式制度相容的情况下，才能发挥作用。"① 虽然，法律与村规民约存在些许冲突，村庄环境治权和国家环境治权也存在零和博弈，但两者依然有合作博弈的空间。从制度实施效果而言，若想追求均衡结果②，需要村规民约与环境法律共同发挥耦合作用。

1. 合作的契机

（1）契机一：村规民约是法律制度实施的"润滑剂"。

村规民约包括成文与不成文的村民共识。传统村规民约的规则运行依赖于熟人社会中村民遵守规则的道德约束及一些违"约"惩罚。21世纪的中国乡村处于城市化发展的过渡状态，更像是"半熟人社会"，相较熟人社会，村民之间的熟悉度、地方性共识、民间规范的内心约束力、村集体身份认同感在下降。③ 尽管如此，法律和村规民约却能在纠纷解决中形成互补。灵活性的村规民约比起法律解释更显地是富有人情味的说理，在解决双方纠纷中充当情理配置，与法理配合默契。法律查清基本事实后将自身内容转化为村规民约的道德情理表达出来，村规民约"在此基础上发挥富有人情味、灵活性说理优势，在情感上理顺和修复双方之间的'熟人'关系，对纠纷的圆满解决和双方日后相安无事起着'点睛之笔'的功效。"④

以乡村如火如荼开展的"生活垃圾分类制度"落实行动为例。早期村规民约普遍地将"保持环境卫生干净"作为环境规制内容，如"自觉搞好自家门前环境卫生，日日清扫，处处保洁，将垃圾整理装袋，放入垃圾桶。丢进垃圾池，不让生活垃圾落地。"⑤ 当2017年《生活垃圾分类制度实施方案》逐步推广到各省、市、县、乡镇及农村时，村民一时不习惯于垃圾分类行为，也反感从固化的垃圾混合清理行为转变成区分"易腐垃圾"和"其他垃圾"的思维，一度垃圾分类效率低下。为改变实施效果不佳情况，村干部和志愿者挨家挨户讲解"垃圾分类"制度，基于原有"环境卫生清洁"的共识，说服村民参与

---

① 卢现祥、朱巧玲：《新制度经济学》（第三版），北京大学出版社2021年版，第95页。
② 从博弈论来讲，一个制度是纳什均衡意味着所有人都要去遵守它。反之，如果一个制度不是纳什均衡，那么则至少有一部分人不会遵守它，也可能所有人都不遵守它。见卢现祥、朱巧玲：《新制度经济学》（第三版），北京大学出版社2021年版，第93页。
③ 参见贺雪峰：《新乡土中国》，北京大学出版社2013年版，第9页。
④ 陈雅凌：《半熟人社会的纠纷解决与规则适用》，载《原生态民族文化学刊》2020年第5期。
⑤ 刘文：《环保条款写入"村规民约"》，载《乡镇论坛》2014年第9期。

村庄环境守护。随着"垃圾分类"成为日常行为，一些乡村在村规民约中加入"垃圾分类"内容倡导、巩固、延续这种行为。

同样地，在乡村河流点源治污与农业面源污染治理中，"河长制"卓有成效的原因不仅在于补充执法监督能力，更在于"河长"游说能力。村民排污意图与政府治污职责的对抗关系被"河长"居中缓解——"河长"采用村民易于接受的言辞与方式，借助身份信任，灵活解释"保持河道清洁"的村规民约内容，说服村民理解并支持法律政策。

（2）契机二：村规民约是立法的催化剂。

民间规范的灵活性解释契合个案，不仅有解决具体纠纷的功能价值，还有推动法律制度落地的功效。村规民约作为规范事实为法律理性输送规范经验。如村规民约条文"禁止污染水源"与环境制度水污染物排放许可证制度的前提一致——一切污染水环境的行为均被禁止，除非获得许可授权；如村规民约中"砍伐一棵树，栽活五棵树"等惩罚性赔偿条文的有效检验不失为当代环境惩罚性赔偿制度的先验实践。

（3）契机三：法律是村规民约失效后的护盾。

村规民约与法律都以彼此为实施依靠。基层执法队伍人员数量有限，难免在一些管理事项上力有不逮。村规民约辅助环境制度落地，不失为绝好的制度"拍档"。当出现突破村规民约拘束力的个例时，环境法律作为村规民约破防时的护盾"登场"。多层次环境法律制度与村规民约结合，形成多层次、多方面、多种类的环境共治局面，也促进了制度性结构均衡。如图3所示，相比图2中的平面包含关系，立体视角更好说明环境共治的约束模型：村规民约的违反者从开放的外圈（村规民约）进入封闭的内圈（法律），受多层次法律约束。法律内部仍以"上位法在效力上优于下位法，下位法在适用上优于上位法"为协调原则。

综上，在乡村环境保护秩序的制定与执行中，村规民约与环境法存在诸多合作博弈的契机。

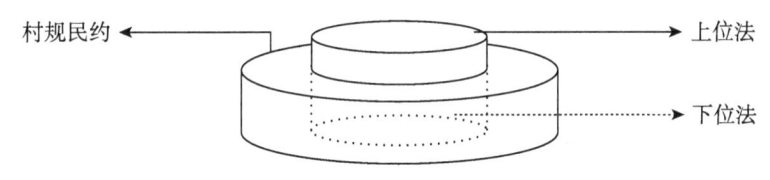

图3 村规民约与法律的立体关系

2. 均衡的界点

"现代村规民约具有行政嵌入与乡村内生的二元性。"① 村庄治权与国家治权存在此消彼长的关系。均衡的结果则是寻求两者之间的平衡点，克制国家权力的过度干预，抑制社会权力的过度膨胀；反之，也是增强国家权力在基层的声音，化解社会权力的虚化。

---

① 卞辉.：《农村社会治理中的现代乡规民约研究》，西北农林科技大学2014年博士学位论文。

(1) 村规民约：赋权与收权。

以2018年为分界线，总体而言，2018年以前的村规民约与这之后的村规民约相比有很大的区别：2018年以前的村规民约在形式上大相径庭，但在内容上参差不齐，具有强烈的地域性特征；而2018年后的村规民约在内容上颇有千篇一律之风，但文字表述形式上风格多样。两者内容最明显的区别莫过于被众多学者诟病的"非法滥设罚款"在2018年后的村规民约中荡然无存。

诚然，村规民约膨胀到与正式法起强烈冲突，严重影响国家法治现代化大局的稳定：处罚规则超越国家法的范畴，甚至出现村民委员会拒绝执行司法判决结果的情形，[①] 但如果认为村规民约的处罚条款于法无据，于是清除现今村规民约所有的处罚内容，那么这一村规民约"合法化"的过程是否合理？2014年修订的环境法因加重惩罚规制被誉为"长出牙齿的环保法"，被学者津津乐道，相比于此，村规民约是反向退化惩罚手段的过程，这样的演变是否过于投鼠忌器？换言之，乡村能否赋权？村规民约能否处罚有据？

在此，本文观点认为乡村赋权（立法保有村规民约的自由裁量空间）正当时。当代的乡村社会正从传统乡村过渡到现代乡村法治社会的过程，乡村当下经历的环境问题远比早前复杂，乡村要解决的不仅是早已有之的资源利用规模增加、环境污染类型和范围加剧、生态环境危机加深等问题，还要面对现代科技带来的新环境问题。这些纷繁复杂、各地迥异的规制需求难以通过正式法完全满足，因而只能指望村规民约回应特殊的规制需求。此外，当前一些环境法律落地乡村也需要村规民约配合，如果村规民约在此时"松软"，就好比"上头数把榔头锤下，下面一团棉花"，法律传送受阻。因此，基于正式法规则非完备性和法律实施有限性，本文认为欲实现正式法与村规民约的双轨治理，乡村赋权是可行之计。

赋权的同时也需要注重收权。村规民约如果能被法律允许设定处罚规则，那么只能在法律授权的一定范围内获得自由裁量空间，视当地实际情况、行为人情节程度及责任承担能力等等情况灵活针对个案做出处罚结果。裁量的上限与下限在法律授权时可以参照行为相关或相近法律规定确定，但不必等同。

(2) 环境法治：选择性进入乡村。

村规民约的三种演进状态唯有第三种合作博弈可以延伸出制度的结构性均衡。环境共治均衡结果离不开彼此关系的协调、衔接与准确分工定位。建议将环境治理事项决定权交由乡村，法律作为"守夜人"角色。

环境天然捆绑集体利益，环境污染与破坏不仅损害当代人之间享有干净环境的权利，也损害后代人同等的权利，是故环境问题常以不可持续的忧患迫使带有"公共"性质的秩

[①] 参见黄永林、袁渊：《论村规民约治理的形成及其与现代法治的关系》，载《湖北民族学院学报（哲学社会科学版）》2019年第2期。

序规范出现并对集体加以规制。这种规制要求一视同仁地制止成员的某种行为发生,因为任一禁止行为的发生都是对集体中的每个人造成损失。这一点是与村民之间产生民事和刑事关系的最大区别——法律主体不明确、损害结果非单一指向受害人。国家环境责任意味环境法律规制乡村环境问题有正当性基础。但如前文所述,因村规民约的优势地位,建议环境法治为乡村环境事权保留裁量空间。另一原因也在于环境制度与农村环境问题的焦点有所不同。

农村环境问题与城市、海洋、自然保护地等关注的环境问题不同。在城市普遍具有的光污染、噪声污染、垃圾围城、空气污染、水污染等环境问题,在农村并非普遍存在,即环境制度并不需要等同地适用于农村环境场域中,暂时分为以下两类:

第一类,已在农村推行但部分地区必要性不足的法律制度。农村环境制度因地而异,如在富裕乡村垃圾分类可以更好地提升资源利用率,但在一些乡村却费力不讨好:村民居住分散,且原本垃圾产生量少,仅勉强达到垃圾清运的日最低标准额;在实行垃圾分类运输处置后更加不能满足清洁公司每日处理垃圾容量的最低水平,但处理机器运行成本以开机启动次数为计算标准,这一悖论在于处理更少的垃圾将会浪费更多的机器运行资源。有鉴于此,诸如西藏、新疆等仅仅只是在主要城市建成垃圾分类基础设施,并不需要在土地广阔、人烟稀少的一些乡村建立垃圾分类中转站,但乡村人群大规模聚集地除外。

第二类,需要严格执行的环境法律制度,如农村养殖场规模化的畜禽养殖、农业面源污染、工业排放废水需要持续运用水污染物排放许可证制度;曾经污染空气的焚烧秸秆行为大多已被禁止教化,仍需要防止"死灰复燃"。

然而以上一般性分类不足以涵盖农村"十里不同天"的地域性特征,与其用僵硬的划分类型不如将环境事项的决定权交予乡村,而非一刀切适用。

(3) 环境共治的例外:尊重少数民族习惯。

环境共治以村规民约与正式法律规范融合为一般原则,以尊重少数民族环境习惯为例外。一些少数民族保留着原生态的环境习惯,遵循着人与自然和谐共生的理念,暗含着天地人合一的规律,需要豁免于法律的"格式化"渗入。比如与现今节约用地实行火葬仪式不同,藏族保留天葬仪式[①],这与藏医学分不开。喇嘛观察内脏病变的位置及情况联系死者生前的症状描述,积累科学的医学经验,并传承后世。这也就解释了藏族地区一些寺庙喇嘛给患者诊断送药并非单纯是心理安慰。还有贵州一些苗寨地区因山地潮湿,故搭建吊脚楼,一楼养猪,二楼住人。长久以来该养猪行为遵循环境净化规律——猪吃人类剩余食物,猪粪被用于作物施肥。但若依据农业污染治理政策强制要求乡村不能散养家禽,这不仅是破坏少数民族的环境习惯,更是忽视其背后蕴含的生态价值理念。

---

① 只有高尚的人才能在死后享有天葬仪式。天葬中喇嘛会解剖出人体内脏招引圣洁的秃鹫就食,祈愿死者魂归净土。

五、结语

村规民约中的环境规制内容，比起其他民商事、刑事的内容发源较晚，在当代体现出更为强烈的"现代性"特点。当代农村环境问题的日益加重部分是由于科技生活引致的不可降解污染，比如建筑垃圾、塑料垃圾、农药及固体废弃物。此外老生常谈的资源利用分配与其他污染行为偶有发生。随着乡村人员流动频繁进入半熟人社会状态，科技利好改善村民生产、生活、居住条件，生态政策红利惠及农村，城乡信息差的减少加快了个体知识及群体共识更新速度……乡村与外界的界线越发薄弱，影响村规民约解决环境问题的因素增多，集体内部原本稳定的结构开始波动，虽然没有脱离诱致性内因与强制性外因共同作用的框架，但是决定规则的主导因素已较之前不同。正式法，这一外部力量增加，经由个体缓慢渗透间接作用于村集体或直接影响村集体决策。当村规民约与其他不同规则碰撞时，被认定有效、无效或被融合、摒弃的不确定结果使得村规民约状态不稳定。

"制度是人与人在重复博弈中合作的结果。"① 村规民约是"自然地理环境下所生存的人们之间以及人们与该自然地理环境之间对话、磨合、博弈的结果"，② 也是村规民约代表的村庄治权和正式法律体系代表的国家治权之间角力的结果。制度像空气之于人一样不可或缺，它减少社会交往中的有限理性人对预期决策的不确定性，增加合作利益均衡结果内化的效益性。当村集体和国家的信念和行动规则有一致目标且存在功能叠加实现"1+1大于2"效果时，那即是理论上所追求的均衡结果。村规民约与正式法于乡村环境治理方面因两者具有同质属性使得两者之间的诸多契机促使其相辅相成。环境共治均衡状态下既调和了"法定秩序"与"自然秩序"的矛盾，又促进村民遵守规则维持生态可持续发展。

Evolution logic of environmental regulation in village rules andregulations
——Explanation based on Institutional Economics

Lin Yajing, Hu Yuan

Abstract: environmental regulation in the form of village rules and regulations "escort" rural environmental governance. This paper takes the environmental regulation in village rules and regulations as the research object, and uses the theory of institutional economics to analyze the logic of its emergence and evolution. Rural environmental problems stimulate the demand and supply of environmental regulation, and the path dependence of environmental regulation based

---

① 卢现祥、朱巧玲：《新制度经济学》（第三版），北京大学出版社2021年版，第349页。
② 谢晖：《法律意义的追问—涂释学视野中的法哲学》，法律出版社2016年版，第5页。

on shared mental model is shaped by village rules and regulations. However, the evolution of environmental regulation involves the struggle between village governance and national governance. In order to seek the result of institutional structural game equilibrium, this paper focuses on the opportunity and boundary point of realizing the balance of environmental co – governance between village regulations and formal legal system, in order to provide practical suggestions for solving rural environmental protection.

Key words: village rules and regulations; environmental regulation; institutional change theory; balance of environmental co governance

新型农村社区纠纷解决中的民间法适用：问题与路径*

张　旭**

摘　要　城乡统筹与融合的兴起，势必对新型农村社区治理秩序产生影响。民间法作为一种内生性的秩序规范，为其注入契合转型的法治价值，成为社区控制机理的关键。通过对新型农村社区案例进行考察，发现传统农村基层治理在迈向新型农村社区治理秩序转型过程中面临无序风险，呈现出社区自治与民间法适用的"合谋"、基层司法机关适用民间法困难、"小事件"在治理过程中调适的困惑、传统与现代规范适用冲突等多重困境。为此，应当立足于新型农村社区治理的实际，建立起民间法与成文法适用的识别机制，通过"自治传统、社区体制与居民"三方协同联动，将"小事件治理"融入新型农村社区治理，加强成文法对民间法自发性的规范指引，从而优化民间法在治理新型农村社区过程中的运行环境，并推动实现乡村振兴。

关键词　新型农村社区　民间法　司法裁判　路径优化

一、问题的提出

党的十九大报告明确提出，全面依法治国是中国特色社会主义的本质要求和重要保障。最高人民法院发布的《最高人民法院关于深化人民法院司法体制综合配套改革的意见——人民法院第五个五年纲要（2019－2023）》指出，深化多元化纠纷解决机制改革，推

---

* 国家社会科学基金重大项目"社会主义核心价值观与法治文化建设研究"（项目编号：17VHJ005）；陕西省民族宗教事务委员会项目"集体记忆视野下西部中心城市全方位嵌入型社区建设研究"（项目编号：2022MZW021）。
** 张旭，武汉大学法学院博士研究生。

动把非诉讼纠纷解决机制放在首位。① 对当代中国的法治建设而言，单靠国家成文法是难以建立完善社会法治秩序，新型农村社区作为法治治理的薄弱环节更应该值得关注。随着乡村振兴战略的提出、城镇化的加速转型，我国产生了一批兼具传统乡村与城市社区显著特征又不同于两者的新型农村社区，② 即主要是按照城镇体系布局，实行集中搬迁所形成聚居式生产生活的共同体。当前新型农村社区治理结构规范断层，适用法律规范呈现出新形态和新特征，同时影响新型农村社区生产生活关系价值观的规范指引力受到冲击，传统规范显然已不能完全解决新型农村社区现有的治理现状。因此，检视民间法适用的多重困境，重塑一种与之相适应的规范的解决方案直接关涉新型农村社区居民的生活质量，更是关涉乡村振兴目标实现的重要环节。

目前关于新型农村社区纠纷解决中民间法适用的理论实践研究，③ 主要依赖于两种路径：一种是调查搜集现实生活中的民间法；另一种是司法裁判活动结合民间法的形成路径，聚焦于法律多元、社会治理与司法适用等实践的视角。④ 虽然民间法作为调整社会秩序的规范已达致共识，但新型农村社区纠纷解决亦可依靠公权力介入解决。这种纠纷解决方式虽然一定程度上可以纾解矛盾，但也产生了负面效果。首先，新型农村社区法治资源依旧匮乏，传统内在自治资源尚未能充分开发；其次，新型农村社区治理天然排斥民间法，治理过程中的排斥延续犹如"丢石头所形成同心圆波纹"的惯习性影响；⑤ 最后，以重叠复杂人际关系为核心的熟人社会依旧是新型农村社区治理的障碍，加之治理回应机制缺位，社区群众对公权力参与治理缺乏信服力，使得诸多矛盾叠加共振，加剧社区治理问题的复杂性。

新型农村社区较以往所考察的民间法实践场域有所不同，呈现出纠纷主体多元、⑥ 纠纷规模群体性与内容多面化、⑦ 争议解决暴力化等鲜明的时代表征。本文通过考察民间法

---

① 参见张海鹏：《中国城乡关系演变 70 年：从分割到融合》，载《中国农村经济》2019 年第 3 期。
② 最高人民法院编：《关于深化人民法院司法体制综合配套改革的意见：人民法院第五个五年改革纲（2019 - 2023）》，最高人民法院网 https://www.court.gov.cn/fabu - xiangqing - 144202.html，访问日期：2022 - 2 - 9。
③ 这里的新型农村社区，区别于传统的自然村、城市社区委员会，它是由若干行政村合并在一起，统一规划建设，形成的新型社区。目前主要有"城镇开发带动"模式、"中心村建设"模式、"产城联动"模式等三种。
④ 参见梁治平：《清代习惯法：社会与国家》，中国政法大学出版社 1996 年版，第 126 - 127 页；谢晖：《论民间规范司法适用的前提和场域》，载《法学论坛》2011 年第 3 期；刘作翔：《具体的"民间法"——一个法律社会学视野的考察》，载《浙江社会科学》2003 年第 4 期；张中秋：《中西法律文化比较研究》，中国政法大学出版社 2006 年版，第 452 页；[奥] 尤根·埃利希：《法律社会学基本原理》，叶名怡译，中国社会科学出版社 2009 年版，第 493 页；冯岚俨：《"活法"理论研究—埃利希法律社会学思想评述》，中国政法大学出版社 2003 年版，第 251 页；[日] 千叶正士《法律多元》，强世功译，中国政法大学出版社 1997 年版，第 191 页；[美] 克劳福德·吉尔兹：《地方性知识：事实与法律的比较透析》，邓正来译，生活·读书·新知三联书店 1998 年版，第 94 页。
⑤ 参见强世功：《一项法律实践事件的评论：法律是如何实践的》，载王铭铭、王斯福主编：《乡土社会的秩序、公正与权威》，中国政法大学出版社 1997 年版，第 510 - 519 页。
⑥ 参见唐иро洪等：《构建化解"城乡政治"中多元利益冲突的法治机制》，载《云南社会科学》2011 年第 1 期。
⑦ 新型农村社区纠纷已由婚姻家庭、宅基地等传统纠纷扩展到农村生产生活的各个层面，涉及农村经济纠纷与农村行政纠纷，因纠纷形成的社会因素多，生成的过程也较为复杂多变，一旦纠纷得不到有效的解决，极易导致诸多暴力性案件。

一个截然不同环境中的争议解决实践，为现有文献增加一个必要的研究视角。民间法作为一种生根于民间惯习的适用规范，如若不将其自治的规范功能置于新型农村社区的语境下进行考察，则难以有效解决社区治理中的现实问题，更遑论实现乡村振兴的战略目标。

二、新型农村社区纠纷解决中的民间法：一种内在的法理阐释

改革开放40年以来，新型农村社区常规性与非常规性的纠纷呈井喷式增长。[①] 面对繁冗的社区事件，建构回应型的纠纷解决制度显得尤为迫切。"面对作为新型农村社区纠纷与日益凸显非常规性纠纷案件几何级的骤增，加之较以往"国家法中心主义"纠纷解决机制的不足，引入"民间法"化解新型农村社区纠纷方显必要。20世纪，费孝通先生所白描的农村社会更多的是以"情感"要素为主"熟人社会"，[②] 显然，乡村社会纠纷与民间法这样的调适规则存在天然的"契合性"，民间法的调适就在于此。正如德国著名社会学家菲迪南·滕尼斯在其代表性著作《共同体与社会》结论与前瞻中谈及的，可例证其理念：

一种共同生活的秩序，只要它是建立在意志协调一致，通过习俗和宗教产生和改良，它就表现着同另一种共同生活秩序对立，后一种秩序是以聚合一起的、联合的选择意志为基础的，通过政治的立法得以安全，通过公众舆论而得其思想的和有意识的解释，即获得自我辩护。此外，一种共同和有拘束力的法，在各种意志的相互关系作为强制性准则的一种制度，扎根于家庭生活之中，并且从土地占有的事实吸取其重要的内容，它的形式基本上是通过习俗决定而获取……它是简单的法。[③]

上述所白描传统共同体"法"、社会性"法"与现代国家"法"间的区隔，旨在强调法律纠纷解决并非为一元方式存在，而是一种多元化的动态实践样态，因此，理应认真对待广泛适用新型农村社区纠纷中的"民间法"。其实，非正式社会规范的研究早已在欧洲大陆成为传统，从萨维尼、马克思、埃利希、杜尔凯姆到卢曼等人，都是法社会学传统技艺现实主义理念的典型代表，都强调法与习惯及其他社会规范内生逻辑，而且对法律制度的解释也产生深远影响，进而形成一种实证主义之风。作为优位法源说的埃利希认为法官审理案件不能仅根据成文法，而且应结合其他社会规范。正如他所言：试图将一个时代或者民族的法律禁锢在法典章节之中，就如试图把水流限制在池塘之内，这样就仅剩下一潭死水。[④] 因此，埃利希认为法官应当通过"活法"的实践应用，在现实中建立一套相对严格的裁量标准，规制法官个人裁量权。

综之，依据上述观点对新型农村社区适用的民间法做如下定义：民间法是独立于成文法之外，经过国家认可，在一定地域或团体、行业之中实际地调整着人们之间权利和义务

[①] 参见顾培东：《试论我国社会中非常规性纠纷的解决机制》，载《中国法学》2007年第3期。
[②] 参见费孝通：《乡土中国》，上海人民出版社2006年版，第13-21页。
[③] [德] 菲迪南·滕尼斯：《共同体与社会》，林荣远译，商务印书馆1999年版，第328-329页。
[④] [奥] 尤根·埃利希：《法律社会学基本原理》，叶名怡译，中国社会科学出版社2009年版，第488页。

关系的行为规范。涵摄如下：（1）镇规民约。十八届四中全会通过的《中共中央关于全面推进依法治国若干重大问题的决定》郑重提出，发挥乡规民约、行业规章、团体章程等社会规范在社会治理中的积极作用。①（2）礼俗习惯。恩格斯指出："在社会发展的某个阶段，人们把每天重复着的生产、分配和交换产品的行为用一个共同规则概括起来，设法使每个人服从这个共同规则，这个规则首先表现为习惯，后来便成了法律"。②（3）社区公约。虽在强制力方面并不能与成文法相较，但更贴近基层社会生活，细化道德成本，具有现实可操作性。尤其是在市民公约进入社区当中，对社区的治理有一定积极作用。（4）社区规章。作为交易习惯③的一种经常载体，社区规章蕴含着对社会某领域发展的概括和总结，起到加强内部控制和团结协作作用。如安徽省律师协会自治章程的有关规定。④（5）宗教规范。正如伯尔曼所言："即使是最富神秘的宗教里，也存在并且必定存在着对于社会秩序和社会正义的关切。任何一种宗教均有并且必定具有法律的要素，没有法律的宗教将变为纯粹个人神秘体验"。⑤《人民调解法》即规定："人民调解员根据纠纷的不同情况，可以采取多种方式调解民间纠纷"。在一些信仰宗教的地区，法律给予调解者依据其当地宗教信仰习俗适用适当的宗教性规范。

值得注意的是，处理新型农村社区纠纷民间法的存在样态并非是固定的，而是一个动态演化的过程，当然，这对把控个案司法裁判的依据来源有一定的难度，因此，有必要对司法实践中的民间法适用问题进行深入研究。

三、新型农村社区纠纷中民间法适用的应然阐释：理论前提与实效分析

（一）现实规范适用的理论前提

首先，民间法适用于新型农村社区的法理基础在于其是一种民众采取"自由的方式"进行救济的方式。（1）民间法与成文法具有性质上同一性。在法社会学看来，法的表现形式既包括民间法形式，亦有成文法在内。⑥在新型农村社区中，因民间法能够较好反映当地的风情民意，经过世代的反复使用，后逐渐被选择与认同，一定程度上具有稳定性；（2）民间法与成文法具有价值上的融贯性。尽管民间法与成文法在调整范围上有所不同，

---

① 参见《中共中央关于全面推进依法治国若干重大问题的决定》，人民日报 http://cpc.people.com.cn/n/2014/1029/c64387-25927606.html，访问日期：2022-4-2。
② 参见《马克思恩格斯选集》第2卷，人民出版社2012年版，第538页。
③ 交易习惯是指在交易行为当地或者某一领域、行业采用并为交易对方订立合同时所知道或应当知道的做法；或者指当事人双方经常使用的习惯做法。参见最高人民法院《关于适用〈合同法〉若干问题的解释（二）》第七条的规定。
④ 例如：《安徽省律师协会章程》第五十三条规定："会员有下列行为之一的，本会视情节给予行业处分：（一）违反《中华人民共和国律师法》和其他法律法规强制性规定；（二）违反本章程和律师行业规范的；（三）严重违反社会公德，损害律师职业形象和声誉的；（四）违反律师职业道德和执业纪律；（五）其他应受处分的违法、违纪行为。"
⑤ [美] 哈罗德·伯尔曼：《法律与宗教》，梁治平译，中国政法大学出版社2003年版，第68-70页。
⑥ 参见梁治平：《清代习惯法：社会与国家》，中国政法大学出版社1996年版，第35页。

但其调整目标本质上是一致的。如法官司法裁判中往往存在民间法与成文法均可适用的情形，将这种法适用领域的现象称之为"第三领域"。① 在这一领域民间法与成文法并无高下之分，法官可让当事人自由选择适用何种形式民间法形式进行救济。②

其次，民间法适用新型农村社区有"明文法律"规定的基础。我国《宪法》有明文规定："各民族均有权利使用和发展各自的语言文字，均有权利维持或发展各自的风俗习惯。"《民法典》480条规定："承诺若事先已经依据交易习惯给出的话就不再进行相应的通知。"③ 关于上述民间法的具体内涵，本文查询相关法律条文发现，这四类并不属于我国立法体系当中的一部分，且无成文法明确的给予其以司法裁判依据，但在司法实践中，司法机关裁判中的承认使其具有一定的司法价值。

最后，民间法适用新型农村社区实践规范基础在于传统文化"和合"的理念。其一，适用民间法是由新型农村传统的"和合"文化观念所决定，就内在特有合理性与可接受性机能而言，给"民间法"现实适用奠定了基础。如彝族地区的"家支文化"，当民众之间产生纠纷，也可由"家支头人"的习俗进行调解，因其具有较高威望，调解成功率大，可避免民众间的冲突，减少物质方面内耗，进而将法治文化融入乡村建设中来，保持彝族社会稳定健康发展。④ 其二，适用新型农村民间法是由村民纠纷的特征所因应。新型农村社区纠纷基于传统婚姻彩礼、继承析产与赡养扶助、土地纷争等传统的问题基础上，又出现多层次、多元化的复杂司法纠纷面向，若一味依据成文法处置，看似解决，实则使法律之外的仇恨加剧。因此，司法机关适用成文法的同时更应该关注新型农村社区规范的潜在自治规范功能。

(二) 个案司法适用的实效分析

1. 选取样本的总体情况析论

本文研究样本的获取主要来自"中国裁判文书网"，以"外嫁女"⑤ 为全文检索关键词，同时在"本院认为"部分二次检索。时间截至2022年3月31日，共获取样本993份，筛选获得有效文书672份。从案件适用具体类型上来看，聚焦于民事纠纷当中侵害集

---

① 最早是由黄宗智教授借助对清代历史档案资料的研究于1993年提出，用以指出在国家、民间社会、正式与非正式法律的交叉地带的第三领域（the third realm between state and society），民间法适用这一前提。

② 参见田成有：《乡土社会中的国家法与民间法》，载《开放时代》2001年第9期。

③ 合同法解释二第七条中规定：下列情形，不违反法律、行政法规强制性规定，人民法院可以认定为合同法所称"交易习惯"（1）在交易行为当地或者某一领域、某一行业通常采用并为交易对方订立合同时所知道或者应当知道的做法；（2）当事人双方经常使用习惯做法。对于交易习惯，由提出主张的一方当事人承担举证责任。

④ 参见张邦铺：《彝族传统法文化对凉山彝区乡村治理的影响与对策》，载谢晖、陈金钊主编：《民间法》，（第20卷），厦门大学出版社2017年版，第136-153页。

⑤ 本文外嫁女涉及（1）嫁外村或城市居民但不迁出户口的；（2）嫁入本村且户也迁入的；（3）嫁出去后为分红又迁回原籍的；（4）出嫁后没有生活来源又回原籍的；（5）嫁出去后未迁出户口就离婚的；（6）原籍迁回离婚；（7）再婚入女；（8）与村委会签订协议，明确不享有分红的寄养户；（9）离婚后回娘家的妇女；（10）其他人员等。

体经济组织成员权益维护的案件占比约 83.65%；行政纠纷案件则集中于农村土地析权的纠纷占比 14.62%；刑事案件占比约 0.64%；执行案占比约 0.36%；国家赔偿案有共 17 件，占比约 0.04%，可看出"外嫁女"土地权益纠纷的案件数量总体呈递增趋势（见图1），可见该乱象仍是纠纷治理关注的重点，不容忽视。需说明的是，因列入统计的判决中部分案由的认定方法不明，故未做该指标统计。

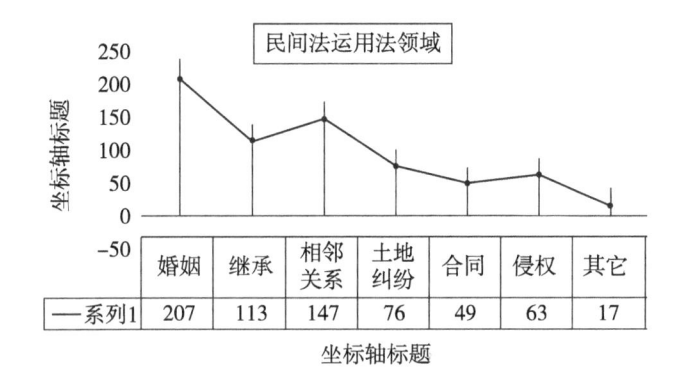

民间法运用法领域

	婚姻	继承	相邻关系	土地纠纷	合同	侵权	其它
系列1	207	113	147	76	49	63	17

图 1：民间法适用部门法案件的具体数量示意图
（数据来源：司法文书裁判网）

2. 选取典型个案的类型化析论

通过统计 2010－2021 年中国司法文书裁判网的案件数据，可以从整体宏观数据上看出新型农村社区纠纷中，尤其"土地权益纠纷案件"数量呈递增趋势（见图2）。因此，本文从筛选的 672 份样本中选取典型判决对这一实践场域做比对分析，尤其关注新型农村社区纠纷解决中个案裁判的情形，其中涉及法院"同案不同判"的案例予以类型化实效分析，并辅助以个案在司法适用中援引部门法规范数据加以统计，进而为新型农村社区纠纷案件提供精准解决方案。

部门法案件数量线性关系

年份	2011	2012	2013	2014	2015	2016	2017	2018	2019	2020	2021
案件数量	24	51	194	1453	2255	2653	3689	3166	3756	3928	4015

图 2：新型农村社区纠纷"土地权益纠纷案件"数量示意图
（数据来源：司法文书裁判网）

首先，从选取的新型农村社区纠纷中民间法的具体个案实践与司法裁判结果中做如下透视：从案例中所援引的样本案例判决中可以看出，裁判依据看似维护当事人合法权益，却超越法律治理的边界，侵犯村委会的自治权。案例一、三中法院则出于尊重村委会的角度，认为当事人权益分配实属村民自治范畴，司法不宜过多干涉，案例二中承包地土地分配权益纠纷采取了回避态度，使得村民的权益无法通过司法得到及时救济，严重侵害本地社区居民的合法权益。

案例一：浙江临海大洋街道办事处某村委会、李某、朱某二人等侵害集体经济组织成员权益纠纷一案。案中村规民约的规定与其他法律抵触，一、二审法院均以仅依据村规民约排除成员权益于法无据为由，未将村规民约的规定适用于司法过程中，将村规民约的合法性审查推至乡镇政府。① 案例二：湘潭某村中庞某、王某与被上诉人QX镇杨荣村委会的承包地征收补偿费用分配纠纷一案。案中，村规民约规定无明显与现行法律、法规相冲突内容，法院虽未明确表示损害村民合法的权益依据，但实际参照村规民约的内容做出裁判。② 案例三：卢某与李某、广西金陵镇G村1组及第三人之广道村委会的第三人撤销之诉一案中，终审法院在裁判时参照了镇规民约的自治规范，尽管案件当事人对村规民约的合法性存在质疑，但法院未予以回应。③

其次，从新型农村社区纠纷个案适用法律所用部门法条④与案件数量来看，⑤ 在所抽取的样本中，其中417份判决援引《最高人民法院关于审理涉及农村土地承包纠纷案件适用法律问题的解释》⑥，如王某、厦门海沧区东孚街道东瑶村民委员会村民小组侵害集体经济组织成员权益纠纷一案⑦等；其中94份判决援引《村民委员会组织法》⑧ 第27条，12份判决援引《村民委员会组织法》第24、36条，⑨ 112份判决援引《民法通则》第5条⑩，18份判决援引《物权法》第63条，⑪ 如岳艳红、李锦萱与咸阳市陈杨寨街道办事

---

① 详见浙江省台州市中级人民法院（2016）浙10民终2091号民事判决书。
② 详见湖南省湘潭市中级人民法院（2018）湘03民终45号民事判决书。
③ 详见广西壮族自治区南宁市西乡塘区人民法院（2020）桂0107民初12537号民事判决书。
④ 《村民委员会组织法》27条、36条，《妇女权益保障法》33条、32条、55条，《最高人民法院关于审理涉及农村土地承包纠纷案件适用法律问题的解释》24条，《民法通则》5条，《物权法》59条、63条。
⑤ 因一份判决可能援引多个法律规范，故此表中援引不同法条的判决数量总和大于样本总数。
⑥ 《最高人民法院关于审理涉及农村土地承包纠纷案件适用法律问题的解释》第24条：农村集体经济组织村委会及村小组可依民主程序，决定本集体经济组织内部分配已收到的土地补偿费。
⑦ 详见福建省厦门市海沧区人民法院（2018）闽0205民初3136号民事判决书。
⑧ 详见广东省韶关市翁源县人民法院（2020）粤0229民初435号民事判决书。
⑨ 详见四川省都江堰市人民法院（2016）川0181民初640号案民事判决书。
⑩ 《民法典》第5、6、7条："民事活动应当遵循自愿、等价有偿、诚实信用的原则"，第6条：公民、法人的合法的民事权益受法律保护，任何组织和个人不得侵犯。"详见福建省厦门市海沧区人民法院（2018）闽0205民初3136号民事判决书。
⑪ 《物权法》第63条，现对应《民法典》265条。即每个集体组织成员有权对集体组织、村民委员会或其负责人做出损害其权益的决定。注意：请求撤销的为"决定"而非"负责人"资格。

处王村第一村民小组侵犯集体经济组织权益纠纷一案中,法院对原告的诉讼请求予以支持。①

最后,新型农村社区中的纠纷问题形成原因是诸多因素造成的,除民间法影响、经济成本驱动、成文法的回应上也有缺失,然而村民自治的内在治理功能更为关键,这一功能正是回应社区新纠纷的体现。由此,这也造成新型农村社区的治理存在一定限度。从选取的样本案例中可以看到,主体主要通过制度性的规范文件或借助村民大会民主决议方式维护居民合法权益。例如,选取的2019年广东西区街道塘布村的民主决议的一案中,一致同意给予卢某等人村民小组成员资格的裁决是一个很好的例证。

综之,上述案件所援引的部门法规定中,②诸多民间法适用可以对新型农村社区纠纷解决提供价值理念指引,是一种现实司法性的考量,对纠纷的解决提供行动法中的理由,但也同时带来新的实践挑战,如案例中"外嫁女"裁判现状就使原本处于弱势群体的女性容忍村集体"同籍但异权"差别对待,加之成文法规范的缺失,造成的裁判结果遭遇"秋菊式困惑"的难题。由此可见,正视民间法在司法裁判中的适用现状是解决新型农村纠纷的关键。

四、新型农村社区纠纷中民间法适用的问题

美国学者弗里德曼提出:"重大法律变化是随着社会变化而发生,并取决于社会变化"。③ 乡村振兴战略的提出,新型农村社区治理问题成为不可逆的趋势,也意味着以礼俗秩序价值为主导的传统乡村社会价值观体系的再塑。因此,在新型农村社区纠纷治理过程中,司法必须回应当下新型农村社区治理的现实。

(一)新型农村社区日常生活纠纷:面临社区自治与民间法"合谋"困境

新型农村社区的自治并非纯粹意义上的内在"自治",而是深受民间法影响着的"自治",是以处理家庭为单位纠纷的自治。新型农村社区的家庭成员间关系构成个体生活的日常场域,出现需要应对因家庭析产、居住变动等纠纷调适的难题,其所指向社区治理的依赖路径亦难以应对。

首先,新型农村社区深受传统乡村内部熟人或本地权威即可完成一套自治的逻辑话语实践机制。如在外嫁女案例中就呈现出新型农村社区居民将现代意义村民自治与传统的性别歧视结合,否定外嫁女在新型社区居民资格的去权(disempower),进而达致新型农村

---

① 详见陕西省咸阳市秦都区人民法院(2018)陕民申401号民事判决书。
② 值得注意的是《民法典》2021年1月1日正式施行,鉴于行文中所涉及的判决均已在《民法典》生效前作出裁判,故在统计相关法律适用情况时仍将其予以列明。
③ [美]劳伦斯·M. 弗里德曼:《法律制度—从社会科学角度观察》,李琼英、林欣译,中国政法大学出版社2004年版,第314页。

社区自治同民间法上的"合谋",该类行为被定型后,将使得社区居民自治内排除外嫁女合法权益就有了双重正当性理由。

案例四:G省F市南海镇作为一个新型农村社区典型,其所在原自然村的政府在申请法院强制执行"外嫁女"股权分息时,却遭遇大部分拒绝履行。因此,在该镇D村针对此项行政决定书展开做了开户代表的大会。结果参加的269的个户主中,其中254户签名不执行,15人同意,从数据上看可以预见成文法必定会遭遇民间法的强力,影响成文法在新型农村社区的切实适用。①

其次,新型农村社区的自治规范与民间法适用正在形塑一种正当化"合谋"。即当社区居民合法权益遭受损害时,新型农村社区自治组织认为其是"依法有效行使自治权",基层政府亦不能干预自治边界。

案例五:H省X县村民为获赡养费将其长子起诉至当地法院,要求支付5000元作其赡养费,同意甚至可以作为"买断性质的费用"作为附条件。法院无法可用,建议起诉方撤诉,但矛盾依然存留,后双方当事人找到社区长老权威拟定协议并由被告支付赡养费用,此后双方接受该协议。② 案例六:2004年湖北麻城村民老甲71岁,儿子拒绝承担赡养义务。遂请小甲叔父李某主持双方进行和解,达成承担赡养费用的合约。然而次年,小甲以生活困难为由再次予以拒绝承担费用,无奈起诉法院,后判决其向老张依约每月支付100元。赡养费虽经诉讼手段解决,但父子矛盾却加剧。③

上述两则案例,不同形式产生不同效果。案例五中主体选择绕过成文法处理纠纷,将二者的沟通意见契约化,这是民间纠纷解决适用习惯法的现实操作。新型农村社区村民规约作为一种重要的民间法渊源表现形式已在学理上得到认可,但我国当前的法律体系中并未被普遍接受,"而仅有个别情况下承认特定习惯具有法律效力"。④ 司法活动最终结果是保障正义,习惯法的相关规定更易使社区居民接受,但其与成文法冲突使得其在适用中力有不逮,司法机关只能选择回避,进而导致裁判权威大大折损。因此,新型农村社区纠纷解决面临内在自治与民间法"合谋"根源并不在法院,而应在其内在治理规范的客观实在。

(二)新型农村社区公共生活的理性对待:基层司法机关适用民间法的挑战

首先,现有成文法与新型农村社区内在民间规范不能完全有效地契合,基层司法机

---

① 笔者与X县F镇某社区访谈,2021年11月29日,G省X市。
② 参见王敏:《农民民事纠纷解决途径调查与研究:"农民也是理性的"》,载王晨光主编:《农村法制现状》,社会科学文献出版社2006年版,第210页。
③ 参见洪浩:《非诉方式:农村民事纠纷解决的主要途径》,载《法学》2006年第11期。
④ 参见沈宗灵:《法理学》,高等教育出版社2009年版,第320页。

关处理的纠纷大多为公共行政处理的事项，民间法适用很难发挥其天然优势。援引的案例七从侧面映照出基层司法机关在解决新型农村社区成文法适用的缺陷，然而这也从纠纷本身衍生出"案结事未完"困局。然而通过援引样本的案例可以发现西苑社区在处理本社区的纠纷时，这种民间法的适用理路具有相对于成文法形式性上的灵活性，更能有助于通过民间沟通的理性化解矛盾。在处理西苑社区析产与影响社区居民日常社区生活体验的家庭纠纷案件中，民间法适用也有其天然契合性。因此，无论如何，借助民间法化解都将易于消弭当事人间的紧张关系。需要注意的是如若国家以成文法"强制力"导入复杂多元的民间习惯中，这样不仅会催生出新矛盾，而且也严重影响基层司法机关的权威性。

案例七：西苑社区自2019年开始建设，2018年西苑社区的所有村民均在该社区购买了房产。然而拆迁安置完成后，西苑社区频发数件离婚案件，其实自2016年该社区被征地之始，就已有13例离婚的典型案例、同时还伴随着社区某些男性居民挥霍、暴力等层出不穷的社区乱象，基层组织在处理这类案件当中，适用社区内在自治组织规范进行调解，尤其重视亲属参与社区的调解元素不容忽视。因新型农村社区内在公共生活习惯的约束能力，社区居民还会保有一定的道德约束力。[①]

其次，新型农村社区纠纷解决适用民间法的处理机制又有其适用自身限度。"民间法作为社会治理的规范，与成文法同样具有其治理的限度，"[②] 然而其在认定司法实践案例中却力有不逮。由此，尽管民间法有一定积极效果，但并不能与成文法相提并论。在选取有效样本的案例中，如有关村规民约规定剥夺拖欠集体款项的拖欠者亲属的分红权利，就侵犯了拖欠者亲属的合法权益，法院最终判决支持拖欠者亲属关于要求获得分红款的诉求，对村规民约的规定未予适用；面对这样的境地，在判决时法官往往运用个人的智慧，将民间法进行一定程度上的转化后加以适用。在成文法的覆盖下进行相应法律解释，从而实现需要的审判结果。[③] 从选取样本中也可以透视现象，其一，在调解阶段民间法使用的频率较高，判决阶段则较少，其54.6%左右的法官在调解阶段使用民间法，仅18.3%的法官在各阶段适用过，但到了裁决阶段，则约13.1%的法官在判决阶段适用；其二，在判决书引用的过程中，6.2%法官将其作为裁决的依据，而将其作为证据使用也占比12%。因此，适用民间法应理性地看待。

（三）新型农村社区转型中的关键处置：调适"小事件"治理路径难题

首先，新型农村社区既有的治理体系应对"小事件"的应对能力缺位。

[①] 笔者与西部某省三苑社区居委会访谈，2021年12月20日，S省X市。
[②] 参见于语和、张殿军：《民间法的限度》，载《河北法学》2009年第3期。
[③] 广东省高级人民法院民一庭、中山大学法学院：《民俗习惯在我国审判中运用的调查报告》，载《法律适用》2008年第5期。

案例八：西部某省 T 新型农村社区的镇居委会经民主推选出 32 个社区治理管理人员，根据该镇居委会自治对 T 新型农村社区开展不同的特色服务，特色活动每周至少 1 次。社区纠纷一般向楼组长咨询建议，之后向物业、居委会、业委会和解，再之后通过各种私人关系处置。一些安置小区特定问题：如在新型农村社区将绿化的树木拔掉种菜，物业派人清理后，村民会继续种菜。处理类似细小事件的上述程序由居委会协同解决。①

案例中可看出：相较于传统村落聚居，新型农村社区增添了更多新的元素，特别是一些新的事务，将成为影响社区居民体验生活的关键事项。一般而言，这些事务又往往具有"细小"的表征，相对于新型农村社区治理中的选举、自治而言，这类事项往往与社区居民生活休戚相关，但在应对小事件问题上，不够灵活，尤其采用一种程式化的民主请示程序，导致新型农村社区既有制度机制较难适应"小事件"处理。

其次，新型农村社区自治单元处置"小事件"有效性与合法性难以有效平衡。

案例九：西部某市 Y 区郊区 X 新型农村社区是作为回迁居住地，这里的居民以四个村的村民为主，且大多数范围来自 S 镇 10 个自然村的村民，占业主总数约为 75.26%。因来源有差异，社会关系分散，因大部分失地农村，闲暇活动场域之一的公共娱乐休闲场所，然而正是此类公共场域却易滋生一些暴力性质的事件。如麻将馆、茶馆等。虽然有关涉居民代表的治理力量的在场，但每次都是一些未完结的事件后又引发二次伤害。②

案例九中可以看出，区别于城市社区自治范围的构建，其居委会的职责是管理社区居民，而作为传统的新型农村社区是基于地缘关系的共同体，在治理上依托属地管辖。相较城市社区，新型农村社区治理下仅能调动老年人，年轻人归属感并不在此，社区治理渠道只是联络到特殊人群，并无行政建制，仅有法律适用上的合法性，缺失习惯法上治理的合理性，加之大多数居民都是分散的个体，较难动员。由此，在新型农村社区公共生活的治理难题上需要借助"软性"文化力量，凝聚来自 10 个自然村居民，形成一种新的共同体。

（四）新型农村社区基层治理能力缺失：走向现代化社区中的传统与现代冲突

新型农村社区作为一种过渡形态，目的是实现社区美好生活，然而有关新型农村社区生活体验最终是通过个体性感知予以集中表达。因此，在新型农村社区再造中理应关注居民情感上的共振共鸣。

首先，传统的"礼"与现代"法"的制度走向相互融通适用中的冲突。

案例十：三庄镇某社区在 2019 年村庄规划中完成原本具有公共性质的红白喜事等公

---

① 笔者与西部某省 T 社区居委会访谈，2021 年 12 月 20 日，S 省 X 市。
② 笔者与西部某省 X 社区居委会访谈，2021 年 12 月 26 日，T 市 Y 区。

共活动实行困难,根据三庄镇某社区的实际情形,下半年该社区始设有关的理事会,将三庄镇的某社区活动中心改造为办理公共事务的办理区,作为专门办理特殊事项的特殊区域。有了该解决的办法,三庄镇社区就能够对文化礼仪规范进行引导,建立习惯性的做法,进而有效遏制浪费,甚至已经出现一切简化形式。①

从案例中可观察出:通过血缘、地缘结合的传统自然村的社区居民,按照自治规范运行形成一种具有高度稳定性的礼法秩序。虽系非正式化制度,但其在维系秩序、回应诉求上始终不可或缺。因此,在"礼"与"法"的制度冲突下实现不同维度的平衡成为破解传统性与现代性冲突难题,进而成为提升新型农村社区治理能力现代化的路径依赖。

其次,传统"礼法文化"话语系统在社区治理的指引功能上存有偏差。

在新型农村社区的治理过程中,社区居民适用成文法遭遇晦涩的法律术语,专业的法律话语系统无法表达其诉求,进而导致自身权益在遭遇侵害时无法进入法律程序的指引,更无论得到及时有效的救济。因此,此种情形也让新型农村社区居民感到迷惘。② 现代法治精神与大众朴素正义思想之间是有区别的,亚里士多德将法律喻为"没有激情的理性",而"民间法"适用则以"习俗为根本",其适用必须在法律的框架下进行。尤其是在法治建设进程较为缓慢的地区更加重视其对法律权威性的影响:其一,传统的道德集体主义与现代法治的个人主义之间的矛盾中。传统中国是熟人社会,重视人与人之间保护友好和睦的关系,强调伦理道德,而现代法治注重理性的逻辑推理。其二,中国传统观念与现代法治依法判决观念的矛盾之中。在司法判决中"情理"甚至比法律更重要,法官出于"习俗"综合分析得出裁判结果可以违背法律的刚性规定而得到群众的一致认可。现代法律虽然体现"习俗"的诉求,但是依法判决却是一个绝对不可违背裁判原则。③ 相较成文法的治理,这些礼法实质上更能营造邻里关系的归属感。如谈到为营造新型农村社区多彩公共活动过程是联结公共生活的价值体验,回应社区治理刚性机制的疑难就为一个较好的例证。

五、新型农村社区纠纷中民间法适用的实践弥合

司法在面对新型农村社区纠纷中民间法适用的现实问题时,苏力教授认为法治建设过

---

① 笔者与三庄镇某社区居委会就村庄规划访谈,2021年12月29日,Y区S镇。
② 参见郭星华、王平:《中国农村纠纷与解决途径:关于中国农村法律意识与法律行为的实证研究》,载《江苏社会科学》2004年第2期。
③ 如在唐慧女儿一案中,被告人轮奸未成年少女又强迫其卖淫致使其感染性病,其行为令人发指,用传统的话语就是"罪大当诛"。但该案经过一、二审判处被告死刑后,经最高法死刑复核程序改判被告人无期徒刑。由于我国"严格控制和慎重适用死刑"司法观念的影响以及法律上对"情节特别严重"这一构成要件的认定,最高法依法认为被告人的行为"罪不当诛"对死刑不予核准的决定对民众的观念形成强烈的冲击,在很长一段时间内民众无法接受最高法裁定。

分移植西方法律制度而忽视了"中国社会中也许并不起眼的习俗惯例"。① 探索民间法司法适用的可能性，目的是指引民间法更好地融入司法实践。因此，结合社区实践案例的现实经验，在融合习惯法与成文法互动机制的基础之上，提出治理新型农村社区纠纷的有效解决方案，从而推进社区的高效治理。

（一）塑造民间法与成文法适用的识别机制，破解"合谋"的治理难题

首先，主体司法机关在调查识别中，应将民间法与成文法知识兼容。在民间法进入司法适用路径中，一些案件也存在着当事人搜集民间法等现象，但是当事人个人的能力较为有限，这样的个案现象并不能从根源上解决问题，若需彻底的解决纠纷，则需要司法机关整理，加强对民间法的搜集甄别工作。② 在经过初步筛选与整理后，民间法可促成规范化；在理论搜集工作完成后，还需要法官对其进一步的筛选整合，并且由法官专门会议对整理的民间法进行科学论证，探索出相应的结果，亦可邀请当地法学专家或其他专业法律人提出参考性意见并就合理成分采纳，根据特定的案件融入民间法，实现与成文法的融合，形成一套自身独特运作机能最终方案，也为其他地区开展类似的司法活动提供经验样本指南。③

其次，建立健全当事人提议审核机制。依照《民事诉讼法》规定：我国实行"不告不理"与"谁主张，谁举证"的民诉原则。④ 法官中立性援引民间法内容作为裁判依据，需要当事人进行举证。由当事人提出相关的证据证明某项民间法的存在，该规范在举证者个人行为及社会中存有普遍性，当事人还可邀请一些民俗学者或专家证人对其在本区域的普遍性和规范性论证。作为对法官的辅助功能性的专家辅助人就是在于弥补法官判案对事实的某项缺失，影响案件的公正。由此可见，当事人举证在于可以提供证人证言，之后法官依照设计标准审查该民间法，并经审核标准确定其存在，进而得到确信与采纳。

（二）通过"三方"的联动协同机制，化解基层机关适用民间法的困境

新型农村社区作为一种过渡性质的地域共同体模式，虽然建设目标与治理体系参照城市社区，但也留存深刻的农村规范特性。首先，实行社区治理与主体有效互融。新型

---

① 参见瞿同祖：《中国法律与中国社会》，中华书局2003年版，第19页。
② 我国近代史上就曾发生过司法机关搜集整理民间法的先例；如"在清朝末年和民国初期，为完善民事立法，都曾进行过较大规模的民间风俗习惯的调查整理工作。民国初年时期，由北洋政府的司法部发起设立，在各地普遍设立了民商事习惯调查会作为审判机关的专门附属机构，虽然受到当时时政局势的影响未能更加深入的进行搜集整理，但依然取得了较为丰硕的成果。直到1930年南京国民政府时期在重新制定民法典时，对民间习俗的搜集整理工作才再次受到重视。"参见李卫东：《民初民法中的民事习惯与习惯法》，中国社会科学出版社2005年版，第125页。
③ 参见苏力：《法治及其本土资源》，中国政法大学出版社1996年版，第36页。
④ 《民事诉讼法》第六十四条规定：当事人对自己提出的主张，有责任提供证据。

农村社区居民有着天然性熟人社会的性质渊源，社区的治理与群众主体的能动性不可分。虽然有地缘关系，但并不能完全移植现有居住地进行治理，仍存在着集体成员身份、亲属关系网络及共同生活经验三者所塑造的日常生活，这也是社区治理与居民行为实践的制度化结合面。由于治理制度与居民私人生活间存在着丰富的空间，需要某种治理机能的沟通，成为社区治理与日常生活间的转换器，以案例九中的公共文化为例证，新型农村社区的生活秩序形成借助习惯法对公序良俗的建构，由社区公共生活向市民化生活秩序转型过程中，社区生活秩序的建构必然需要摒除传统的礼俗文化，回应现实转型上的治理诉求。

其次，在新型农村社区纠纷解决内在自治机制下，建立主体性和解的社区框架机制。新型农村社区转型建设中的纠纷解决过程是主体合意的一种程式表达。在自治的体制内，应充分尊重主体间的意思表示，尊重其地位，创造有效沟通空间，在制度优势上给予当事人一定的解释权利，进而寻找纠纷解决的平衡点。如案例中H县K村在土地开发中，社区形成收益增值，居民与原集体在利益分配的勾连下导致治理效能低。加之新型农村社区居民多是本乡本土的农民，共享一套传统自治内的文化，而且往往具有特殊话语功能，这正是凝聚人心的砝码。因此，有必要在尊重民间权威往的基础上，在新型农村社区自治内在机制下，建立主体性和解的社区框架机制，形成一种有力的引导约束机制，并与社区自治、群众参与相贯通。总之，实施新型农村社区中"自治习惯、社区体制与社区居民"三方协同联动，应以新型农村社区居民为主，居委会协同治理为辅，形成以信息互通为枢纽、资源互享为支撑，进而扩容社区治理资源的运行的半径范围，积极探索纠纷处置的新方案。

(三) 明确民间法有效性法源地位，将"小事件"治理融入社区控制机制

首先，明确民间法有效性的法源地位，发挥其司法解释的补充性功能。司法解释制度在我国的法律体系中占有重要的地位。之所以能够得到各国的普遍承认，在于成文法中条文固有两个短板：其一，语言的模糊性，法律条文由语言文字组成，不同的角度理解会产生不同的效果；其二，法律条文固化性、滞后性，一定程度上影响司法公正。因此，法官需要结合具体案情进行相应的司法解释。正如法国著名比较法学家勒内·达维所指出的，对于成文法国家来说，"法律非经解释不能适用，法律的适用以解释过程为前提"。[①] 具体到司法解释制度，其在保障法律统一适用及弥补立法缺失上具有不可替代的功能。新型农村社区治理相对复杂，在不同的社区往往存在着复杂的情况。因此，需要司法解释制度进

---

① [法] 勒内·达维：《当代世界主要法律体系》，漆竹生译，上海译文出版社1984年版，第109-114页。

行相应补充，弥补成文法不足所带来的缺陷。① 如彩礼返还案例中的法律适用：《最高人民法院关于适用〈合同法解释（二）〉》也涉及交易习惯部分，其中关于《合同法司法解释（二）》第7条对交易习惯的认定标准、举证责任承担等做了详细规定，由此保证了新型农村社区和谐，减轻基层行政组织治理负担。

其次，在民间法司法适用中将"小事件"融入新型农村社区纠纷治理之中。影响新型农村社区居民日常生活感受的大多为小事件的处理上。大部分的社区纠纷往往不会通过正式制度予以处置，而是借助民间内在机制。然而在社区民事纠纷中，未给予民间法较为清楚的定位，仅通过列举形式阐明法源地位而对指导案例做个别化处理，如：《民法总则》第十条②，就可看出并未对民间法进入司法程序提供有效支持，仅是为法官认定民事行为无效提供指导原则，这无疑导致民间法司法适用环境尴尬，如《民俗习惯在我国审判中运用的调查报告》中指出45% 法官认为成文法界限原则化是适用民间法的瓶颈，法官在具体裁判时亦缺乏相对规范的操作程序和识别标准"。③ 对此应当由全国人大进行相应立法，在法源问题上明确民间法的法源性地位，打破相对模糊的立法格局，增加民间法适用的一般性规定，使法官裁判于法有据。

新型农村社区的"小事件"具有分散性，依靠群众治理的微化治理对策应相应贴近居民日常，特别是转型共同体的不断衰退也给新型农村社区治理造成冲击，导致治理需求应然提升。然而这种作为管理的末梢，基层组织往往承担是"大事"而非新型农村社区与居民相关"小事"，这恰给社区治理造成难题。因此，应始终秉持"群众路线"的融入工作机制，将"小事件"治理融入社区控制机制，减轻基层组织工作负担。

（四）加强成文法对民间法自发性规范指引，实现无序到秩序的转变

首先，法官裁判案件应保持开放态度，综合对案件进行判断。虽然成文法一直是处理纠纷的主要手段，但并非唯一。法官在裁判案件时还应当考察当地民俗，尤其上述社区居民纠纷中的样本案例，注重成文法与民间法的融贯，意识到法律条文来化解新型农村社区的矛盾的方法并非唯一路径依赖，否则将易致使一方当事人过激反应，如苏力教授《崇山

---

① 如《婚姻法解释（二）》第10条规定了婚约效力和彩礼返还问题，并明确规定在三种特定情况下可以要求返还彩礼。之所以出台这样的规定，主要是考虑到我国的特殊情况，例如我国部分农村地区，男女双方在结婚之前都会商议一定数额的彩礼。随着近几年经济生活水平的提升，部分地区彩礼价格水涨船高，屡屡出现天价彩礼。有些农村家庭为了凑够彩礼数额，不仅需要掏出毕生的积蓄，甚至还要向亲戚朋友借钱以弥补相关缺漏。但是天有不测风云，有些婚姻在较短时间内因为种种问题而破裂，则此时，双方便会因为彩礼而产生纠纷。在这样的情况下，出台相应的司法解释并规定彩礼返还的情形无疑是有助于减少一方的经济负担，也可以保障其一定的经济利益。

② 《民法总则》第十条规定：处理民事纠纷，应当依据法律；法律没有规定的，可适用习惯，但是不得违背公序良俗。

③ 参见眭鸿明：《论民俗习惯的司法价值—以姜堰法院"风俗习惯司法化"为例》，载《法商研究》2008年第1期。

峻岭中的中国法治》中的类似案例：在"猪拱罐山"一案中，受害者请求赔偿，按照现今法律与当地的礼俗存在明显差异，当地习俗认为除实物赔偿外，还应有法律未规定的"做法事"弥补损害。若按照成文法，法官理应拒绝这样请求，但这样不仅会加剧双方的矛盾，更会使原本脆弱的司法力量难以立足。因此，在支持受害人实物请求的基础之上，法官通过反其道而行之的策略，暂不调解矛盾，让侵害人倍受压力，并适时在私人身份进行"善意"提醒的基础上，灵活适用民间法，达致纠纷解决的功能，最终实现"案结事了人和"的目标。

其次，以群众路线为指引，注重法官裁判理论与实践的互动。随着法官的职业化程度不断提高，与当地基层法官办案人员相较，他们的优势在于经过完备的法律培养体系，通过法律职业资格考试，对成文法较为熟悉。但是他们极少接触到新型农村社区，尤其是地方上风俗文化与社会严重脱节。[①] 在审判一些案件过程中难免会感到棘手，主要在于理论与实践存在着一定的差距，只有将所学知识与当地实际情况相结合，才能够更好地进行司法裁判。对此，建议青年法官应主动深入群众当中，积累相关经验为日后裁判打下良好根基，同时也应积极向有丰富经验本土法官学习，对案件类型化整理，为类似的纠纷做足充分准备。此外，还应以开放包容的心态适用新型农村地区的民间法，做到成文法与民间法的有效互动联合（如表1），才能实现法律与社会双重效应。新型农村社区治理体系的建设目标，除了不断推进社区体制正规化之外，更加现实的目标在于使社区居民形成的生活秩序，营造稳定行为模式，成为新型农村社区公共生活共识的文化样板。因此，以社区日常生活场域为践行背景，加强成文法理性对民间法自发性的指引，实现无序到秩序的转变，是实现美好新型农村社区生活的关键。

表1　新型农村社区治理中"成文法"与"习惯法"内在对比示意

治理标的	治理特性	治理依据	公共产品	路径依赖
大事件	基层行政性	法律、行政法规	基础性设施	规章制度
小事件	价值性、细小性	礼俗文化	道德与信任	关系与习惯

六、结语

新型农村社区纠纷治理的空间在于居民日常生活秩序的内在逻辑与治理原则上的耦合，而达致司法正义（Access to justice）乃是一种基于社区治理的超越个案意义的法治至上追求。[②] 党的十九大报告中提出"人民群众美好生活需求"是对社会生活秩序的表达，

[①] 参见张晓萍：《民间法司法运用的制度建设》，载《甘肃政法学院学报》2011年第5期。
[②] ［加］威廉·夏巴斯：《获取司法正义的权利：从国内运动到国际标准》，赵海峰译，《环球法律评论》2003年夏季号，第390–394页。

全面推进依法治国作为一种国家治理手段和体系,正是对贯彻这一精神的综合运用。"任何法律制度和司法实践的根本目的都不应只是为确立一种威权化思想,而理应为解决实际问题,调整社会关系。民间法在新型农村社区治理场域的适用,使其治理秩序更加和谐有序,进而形成一种制度正义"。① 法律乃是一种易于实践本旨的社会实践,作为制度形式本身亦应为考虑的关键性因素。② 目前新型农村社区纠纷解决中的民间法适用研究重心主要在对司法个案的实践解决上,③ 然而伴随我国经济建设的高速发展,乡村振兴战略的提出,新型农村社区纠纷也呈现出治理的复杂面相。现存大量的成文法规范并不能行之有效解决新型农村社区纠纷的现实问题,一定程度上影响了司法裁判的权威性。而引入具有柔性价值的民间法能对解决新型社区纠纷起到不可小觑的作用,尤其是在解决社区纠纷时,将民间法的部分解决机制嵌入地方的立法实践当中,这对调整在新型农村社区纠纷中受到破坏的权利义务关系具有指导作用,同时亦是维系社区规范秩序的一种关键性的解决方案。通过明确新型农村社区纠纷解决中民间法适用的规范化路径,逐一化解当前司法实践中的疑难问题,促使基层法院摆脱司法裁判中的桎梏,从而推动新型农村社区效能治理乃至对实现乡村振兴战略目标均具现实意义。

The application of folk law in the settlement of disputes in new rural communities: Problems and paths

Zhang Xu

Abstract: With the rise of Urban – Rural Coordination and integration, it is bound to change the new rural community governance order. As an endogenous order norm, folk law injects the value of the rule of law that fits the transformation and becomes the key to the community control mechanism. Through the case study of the new rural community, it is found that the traditional rural grass – roots governance is facing the risk of disorder in the process of transition to the new rural community governance order, showing multiple dilemmas such as the "conspiracy" between community autonomy and the application of folk law, the difficulties in the application of folk law by the grass – roots judicial organs, the confusion in the adjustment of the "small event" governance path, and the conflict in the application of traditional and modern norms. This requires that we should start from the reality of the new rural community governance, we will

---

① 参见苏力:《崇山峻岭中的中国法治—从电影〈马背上的法庭〉透视》,载《清华法学》2008年第3期。
② [英]约瑟夫·拉兹:《法律的权威-法律与道德论文集》,朱峰译,法律出版社2005年版,第148页。
③ 参见广东省高级人民法院一庭、中山大学法学院:《民俗习惯在我国审判中运用的调查报告》,载《法律适用》2008年第5期。

make breakthroughs in specific ways such as striving to shape the identification mechanism for the application of folk law and written law, and integrating "small event management" into the new rural community governance, through the tripartite coordination mechanism of "autonomy tradition, community system and residents", Strengthening the principle of written law and guiding the spontaneous regulation of folk law. And then optimize the operation environment of folk law in the process of governance of new rural communities, At the same time, it has special practical significance to help realize the goal of Rural Revitalization.

Key words: new rural community; folk Law; judicial adjudication; path optimization

现代法治社会民间法功能再反思

于 鑫[*]

摘 要 民间法具有纠纷解决中的补充功能、权利义务下的分配功能、社会秩序中的组织功能与意识形态下的教化功能。但这些功能大都以乡村社会、司法活动为中心，不能满足现代法治社会的内需。为此，从立法层面探讨民间法的法律塑造功能，从执法层面探讨民间法的秩序塑造功能，不仅有利于国家法与民间法的互动融合，而且有助于推动民间法功能与现代法治社会更加契合。理论反思与实践检讨表明，现代法治社会应当继续重视民间法，充分发挥其应有的功能，为法治发展奠定民间法基础。

关键词 民间法 国家法 司法纠纷 地方立法 执法个案

在当代社会，强力的国家法并非唯一的社会控制体系。民间法作为一种综合多元的规范体系，可以为社会提供秩序所需要的规则。民间法与民间秩序的形成远早于国家法，从古至今一直在为人类种群服务，因为其"存续在于人们有动力亦有能力对违反规范者予以惩罚，而遵守规范符合人们的长期利益，其本质是一种非法律的合作均衡"[①]。这样意味着，民间法的主要功能是规范一定区域内行为主体间的社会关系，形成相对稳固的域界秩序。在现代法治社会，国家法占主导地位，越来越多的乡村以及社群向城镇化迈进，使得国家法的"枝蔓触须"延伸的越来越广，大大挤压了民间法功能的发挥。在社会的具体实践过程与乡村法治推进进程中，国家法的优势虽然得到充分彰显，但是民间法的功用依然不可小觑。为此，必须对现代法治社会中民间法的功能再探讨，以更好服务当今法治建设的实践需要。

---

[*] 于鑫，湖南师范大学法学院博士研究生。
[①] 张伟强：《论民间法的能与不能》，载谢晖、陈金钊主编：《民间法》（第8卷），厦门大学出版社2009年版，第78-85页。

一、基础认知：民间法功能的国家法审视

民间法是相对于国家法而言的一种法，也是相类似于国家法功能的一种"法"。自国家诞生以后，人们通常站在国家法的立场上来审视民间法的功能，逐渐形成了对民间法功能的基础认知。

（一）与国家法相对立场上的民间法功能认知

民间法有着非常明显的存在条件，即在国家与社会间有着明确的二分界限的情势下，与归属于国家范畴的国家法显然不同，民间法归并于社会规范范畴。它是一种独立于国法的"活法"，是一种非常灵活的、非正式的、社会的秩序规范系统，其目的在于实现社会控制与进行社会秩序构造。民间法的"活"主要体现在其属性上，它具有可成文可不成文、可传统可现代、可地方可国际等特性。其"具有极其多样的形态，它可以是家族的，也可以是民族的；可能见诸文学，也可能口耳相传；它们或是人为创造，或是自然生成；或有明确的规则，或表现为富有弹性的规范；其实施可能由特定的人负责，也可能依靠公众舆论或某种微妙的心理机制"①。换言之，民间法具有丰富的多元要素，具备多样性与复杂性特征。如谢晖教授所言，从时间维度来看，民间法连接古今②；从空间维度来看，民间法架通中外③；从主体维度来看，民间法分别族群④；从文化维度来看，民间法界定俗圣⑤。而且，民间法往往被认为是道德、习惯、习俗，或者被认为是乡规民约、家规族训等。这一切都反映了民间法的非国家、非官方性，它的根是人民的、地方性的。此外，民间法也具备开放性与包容性，从其定义界定的广泛性上便可知晓，但其核心意涵却始终不曾改变，即它主要围绕"社会关系"展开，一般又以社会实践或社会经验为构件、以一

---

① 杜志强：《从"私了"案件分析国家法与民间法的冲突和整合》，2018-10-26，微信公众号"卓盈法律顾问"，https://mp.weixin.qq.com/s/RKMjGdj2Ktz2quK1sih9BQ。

② 从既往而言，无论在我们中国还是在国外，都存在着大量的民间法。参见谢晖：《致辞与总结｜跨学科视野下的民间法》，2022-01-19，微信公众号"民间法与法律方法"，https://mp.weixin.qq.com/s/oK5rhZHN685UiRGgjTosVg。

③ 几乎可以说，民间法就是我们人类的日常生活。生活及其方式的多种多样，决定了在不同空间范围内，民间法的明显区别。所以，在不同的国家、不同的区域，都有各自不同的民间法，哪怕在同一个地方的不同村落，民间法的表现也多种多样。参见谢晖：《致辞与总结｜跨学科视野下的民间法》，2022-01-19，微信公众号"民间法与法律方法"，https://mp.weixin.qq.com/s/oK5rhZHN685UiRGgjTosVg。

④ 不同的族群，人们生活在不同的环境中，因此，不同族群之间的规则，实在是多种多样，不一而足的，但它们都在分别有机地构造着不同族群的社会秩序，支配着不同族群人们的交往行为，甚至决定着人们的思想观念。即使在同一族群的不同地方，人们对同一个现象，仍然会赋予完全不同的规范意义。见谢晖：《致辞与总结｜跨学科视野下的民间法》，2022-01-19，微信公众号"民间法与法律方法"，https://mp.weixin.qq.com/s/o-K5rhZHN685UiRGgjTosVg。

⑤ 民间法或者民间规则不仅仅有世俗的，也有神圣的（这不意味着世俗的民间法没有神圣性）。世俗的民间法就是因应人们的日常需要而自生自发地、或自觉合意地形成的民间法。而神圣的民间法，是从宗教视角所谈的民间法，是神启的、但在人们的日常生活中不可或缺而践行的民间法。见谢晖：《致辞与总结｜跨学科视野下的民间法》，2022-01-19，微信公众号"民间法与法律方法"，https://mp.weixin.qq.com/s/oK5rhZHN685UiRGgjTosVg。

定的血缘或地缘关系为基础，最终建立起的多元统合体系。

（二）与民间法相似立场上的民间法功能认知

从民间法的内部规训来看，民间法与国家法内核相近，都扮演着调整秩序、维护秩序的角色。"在学界，对民间法界定比较有代表性的观点主要有梁治平的'知识传统说'、朱苏力的'本土资源说'和郑永流的'行为规则说'"①。其中，"行为规则说"就比较显性地体现了民间法的行为规制功能。虽然其为不具有官方背景的社会主体制定，主要于长期社会生活中自发形成，但是它拥有与国家法诸多的相似特质。② 而且，由于民间法的复杂多样性，对其功能不可片面抽象解读，而须基于其作用面向的社会以及社会发展趋势来断定，因为民间法是真正的"活法"，不能与社会这个民间法的运行底座相分离，社会结构的变化或转型实时影响着民间法的地位、形式以及功能。据考证，在历史长河中曾有大量民间法活跃于世，但随着社会结构的变迁，有的已完全失去原有意义与价值，有的已消逝或正在走向消逝，有的仍然顽强存活并继续发挥其作用。从民间法的生成与作用范围来看，其"产生和流行于各种社会组织和社会亚团体，从宗族、行帮、民间宗教组织、秘密会社，到因各种各样目的暂时或长期结成的大大小小的会社。它们也生长和通行于这些组织和亚团体之外，其效力小至一村一镇，大至一县一省。"③ 也就是说，民间法有着极为广阔的覆盖面，默默约束着所触及的人事物。

综上可知，不论是从民间法与国家法相对的角度，还是从民间法与国家法相似的角度，都隐隐透露着民间法的"规范"指向，揭示了民间法的部分功能——制约、调控与维系功能。

二、基本共识：民间法功能的主要彰显

从目前研究来看，学界对民间法的功能的探讨比较重视。比如，李瑜青认为"从结构功能主义的角度对习惯法/民间法加以研究就很有价值……需要进一步加以发问的就是，在这种社会结构之中民间法具有什么样的功能以及如何发挥其所具有的功能"④。熊春泉

---

① 田成有：《中国法治进程中的民间法运用》，https：//m.aisixiang.com/data/7369.html，访问日期：2023 - 02 - 05。

② 一是分配性，即民间法在一定的时空范围内分配着人们的权利和义务；二是普遍性，即民间法在一定的时空范围内为人们普遍适用和遵守；三是活动性，即民间法在当下正被人们所适用与遵守，而非仅仅存在于历史记忆；四是稳定性，即民间法能够为人们的行为提供稳定的预期，而不是变动不居；五是合理性，即民间法的内容既符合文明社会的基本价值理念，又符合当地社会的一般认知。民间法的上述特征也是其成为法学研究对象的重要原因。见汪全军：《民间法·软法·地方法制：三种新兴法学理论的比较研究》，载《民间法》2019 年第 23 卷。

③ 杜志强：《从"私了"案件分析国家法与民间法的冲突和整合》，2018 - 10 - 26，微信公众号"卓盈法律顾问"，https：//mp.weixin.qq.com/s/RKMjGdj2Ktz2quK1sih9BQ。

④ 李瑜青：《民间法研究中法律人类学进路的探讨》，载谢晖、陈金钊主编：《民间法》（第 10 卷），厦门大学出版社 2011 年版，第 73 - 80 页。

等从民间法规则的角度出发,认为"民间法规则具有积极和消极的规制功能"①。胡平仁认为,"民间法研究要走出迷思与困境,实现其内在价值,必须确立和践履四大使命……从理论上分析论证民间法的功能、地位和正当性,使之合法化"②。张建认为,"通过利用规范分析方法涵摄价值分析和社会实证,将民间法能够规则化、具体化和可操作,同时辅助以具体的法律方法,则能使得民间法在司法实践过程中碰到的法律解释、法律漏洞、价值衡量以及法律论证等问题/难题上充分地发挥自身应有的功能"③。谢晖认为,"民间法作为法律渊源,既可以被法官直接援引作为裁判规范,也可以被法官作为构造裁判规范的'原材料'加以运用"④。刘顺峰认为,国内既有的民间法研究主要以文化主义范式、规范主义范式和社会学范式为代表,其中,在规范主义范式中,民间法在司法中发挥着类似于国家法的规范功能。⑤ 这些都表明学界从不同维度对民间法的功能进行了探讨,同时也反映了对民间法功能的不同研究进路与适用场景。

(一)纠纷解决的补充功能

第一,诉讼内纠纷解决的冲突性⑥。"一般情况下,国家法与'民间法'往往是两套不同的规则,这两套规则有着不同的内容,但调整范围却是重叠的"⑦,即都是为了解决纠纷。一方面,如果民间法的调整范围涉及"公法"范畴,倘若涉及诉讼,一般按照国家法规定处理,此时民间法需做出让步,遵循"以国家法为主、民间法为辅"的原则,但却可能引起一定范围内长期受民间法调整下的人民群体的怀疑、不解与失望,以及该范围内社会关系的混序。另一方面,如果民间法的调整范围涉及"私法"⑧范畴,在诉讼中,为

---

① 熊春泉、马婧:《民间法规则:基础、功能及转化》,载《江西师范大学学报(哲学社会科学版)》2011年第3期。
② 胡平仁:《民间法研究的使命》,载《湘潭大学学报(哲学社会科学版)》2012年第2期。
③ 张建:《民间法的功能展开与规范分析方法》,载谢晖、陈金钊主编:《民间法》(第13卷),厦门大学出版社2012年版,第340—348页。
④ 谢晖:《民间法与裁判规范》,载《法学研究》2011年第2期。
⑤ 参见刘顺峰:《民间法的人类学范式》,载《江苏社会科学》2021年第2期。
⑥ 主要体现于司法过程或司法裁判中。民间法具有地域性、非正式性和内生性等特点,它的特点决定了民间法进入国家法的最好途径是司法途径。见唐艳秋、孙晖:《试论民间法的司法进入》,载《政法论丛》2007年第2期。学者贾焕银对"民间规范的司法运用"问题进行了诸多探讨,张晓萍也探讨了"民间法的司法运用制度"。对民间法在司法过程中功能的研究,是民间法研究中非常重要的研究域。见张建:《民间法在司法过程中实际功能的类型化研究》,载《甘肃政法学院学报》2013年第6期。
⑦ 陈秀萍:《诉讼外纠纷解决方式的合理性探析》,载《河海大学学报(哲学社会科学版)》2012年第3期。
⑧ 如民间法的核心价值观对民事纠纷解决具有指引功能,家族规约具有调解乡里邻间矛盾的法治功能,民间规约蕴含人与自然关系的调适功能,习惯法具有补充国家法能力不足功能。见宋才发:《民间法调解民事纠纷的功能、原则及路径》,载《河北法学》2022年第5期。《民法典》规定的"公序良俗"原则,隶属传统"民间法""习惯法"范畴。把民间法引入刑事司法审判活动,有助于发挥其调适功能,是推进实施《民法典》的现实需要。参见宋才发:《〈民法典〉引入民间法解决刑事纠纷的调适功能研究》,载《江汉大学学报(社会科学版)》2022年第1期。又如,在司法过程中运用法定的识别标准对民间习惯的适法性予以检验和认定的"适法习惯"。参见魏治勋:《"适法习惯"及其司法功能》,载《厦门大学法律评论》2016年第2期。

了更好、更快地解决纠纷，一般会依据民间法规定结案，遵循"以民间法为主、国家法为辅"的原则，此时国家法便需无奈做出一定的妥协与退让，以尊重这种约定俗成的规范，此做法虽具备一定程度合理性，但也可能破坏国家法的普遍、统一与权威性，降低人们对司法系统的信任度。换言之，在诉讼内，只要民间法与国家法调整范围存在重叠，就有可能出现二者在纠纷解决过程中的冲突。

第二，诉讼外纠纷解决的缓和性。其一，是诉讼外的公力救济。国家法与民间法其实都为纠纷当事人预留了"去诉""无讼"的空间，即以合意为基础的调解制度以及仲裁制度，二者均属于诉讼外的公力救济手段，扮演着诉讼的替代角色。如学者所言，"在各种类型的调解活动中，除了正式法律之外，民间法也不同程度地发挥着重要的作用"①。比如"民间规范在纠纷和解中具有各种功能……可以支持纠纷者的权利诉求，可以成为解决纠纷的直接依据，也可以支撑国家规范而成为和解的间接依据"②。所以，相对于诉讼内对簿公堂的刚性解决机制，诉讼外低成本、高效率的自由、灵活、柔性解决机制显然更具正当性与合理性，不仅不损国家法权威，也考虑到了民间法的规范效用，更以纠纷当事人可接受的方式与标准解纠决纷。在此背景下，由于受到纠纷主体、客体、内容、方式、目标等因素的制约与影响，民间法比国家法更受青睐，因为其更讲人情、更易平息矛盾，且受众面更广、接受度更强。其二，是诉讼外的私力救济。这种情况下，纠纷当事人一般采取暴力强制或威胁、以武力争胜、委托第三方处理、当事人自己协商或请求中间人协商等的方式来化解矛盾，前两种方式非法，后两种合法。所以，在私力救济中，当事人一般会选择与己方便有利的民间法，而非诉诸内容复杂且铁面无私的国家法，从而让民间法发挥其功能。

总之，"一切规范的存在，都是为给纠纷解决预备一套方案，民间法也不例外"③。在纠纷解决中，民间法主要发挥的是其"自生自发的衍生功能与法律漏洞的补充功能"④。主要表现为其可以填补国家法的不足：在法律价值层面，其可以通过对法律原则的支持和灵活适用，调整法律与社会现实的冲突；在法律规范层面，其可以作为解释法律的依据与社会命题；在法律制度层面，其可以作为制度事实。⑤ 或言之，"民间法具有强劲的生命

---

① 厉尽国：《多元纠纷解决视野中的民间法》，载谢晖、陈金钊主编：《民间法》（第8卷），厦门大学出版社2009年版，第58-67页。
② 唐峰：《民间规范在纠纷和解中的功能》，载谢晖、陈金钊主编：《民间法》（第10卷），厦门大学出版社2011年版，第125-135页。
③ 谢晖：《论民间法与纠纷解决》，载《法律科学》（西北政法大学学报）2011年第6期。如学者言，在解决纠纷、化解社会矛盾以及实现社会和谐的法治进程中，我们必须重视并且更加深入地研究民间法。见厉尽国：《多元纠纷解决视野中的民间法》，载谢晖、陈金钊主编：《民间法》（第8卷），厦门大学出版社2009年版，第58-67页。
④ 张楚溪：《当代中国法治秩序建构中的民间法功能研究》，哈尔滨商业大学2018年硕士学位论文。
⑤ 参见朱文雁：《民间法于法律漏洞补充中的功能探析》，载《东岳论丛》2008年第6期。

力，具有广阔的发挥作用和发展的空间，不仅是国家法的重要渊源，也是国家法的补充"①。而且，值得注意的是，这种补充主要为承载、表达民间规范意涵的"方法性"补充，即表现为对国家法内容、形式、目的、价值等方面的漏洞补充。

（二）权利义务的分配功能

首先，在乡土社会中，民间法的权利义务分配功能体现的较为明显。尤其在"契约性民间法"中，民间法通过市场性的契约这种自动机制来对乡土社会予以整合。乡土社会中的人们为了一定的个人利益或公共福利，借助贸易、协作等方式来推动系统的分工、运作，其背后体现的是某种惯例性的操作机制。比如在贵州清水江流域的契约中，明显可以看到彼时民间法相关的权利义务分配内容。在温厚民风、善良风俗、人际依赖、社会道德等因素的加持下，这种民间契约更易达成，形成了一种完全依靠民间习惯的乡土自治之风。实际上，它是经由民间法与市民社会的内在关系来驱动的，产生了一种特色专属的规范性机制与话语体系，目的在于为市民的权利义务而斗争，展现自身的精神气质与内生价值。总之，这种契约性的"习惯、惯例、习惯法是市民社会内部起主导作用的行为规范，是权利斗争的手段和记载权利的宪章，也是市民阶级走向文明化的章程"②。

其次，在其他范畴中，民间法的权利义务分配功能体现的较为多元。比如，从土地财产权的视角来看，农村妇女的土地财产权利在土地的承包、调整、流转与收益中可能会遭受民间法的侵害，为了更好地解决这种冲突，就必须依据民间法的分配功能③；从妇女继承权的视角来看，民间法在出嫁女与丧偶儿媳继承权问题上不可或缺④；从公有产权与单位产权的视角来看，民间法于其运营中发挥着重要功能⑤；从社会权力的视角来看，民间法具有"对社会资源的调节、组合与分配的能力"⑥；"从法经济学的视角看，民间规则是通过私人自主博弈而实现的最优产权安排……依赖于利害关系人自主博弈和自我实施的民间规则，才是产权安排的理想状态，是整个社会规则的根本基础"⑦；从跨国民间法规制的发展视角来看，其"一方面反映了规制权从国内向全球层面的重新分配；另一方面也反映了规制权在公共和私人规制主体之间的重新分配"⑧；从法律合法性的外部救济视角来看，民间法的分配功能可以一定程度弥补法律的价值缺陷和技术缺陷⑨；等等。

---

① 刘旺洪：《论民间法及其与国家法的关系》，载《江海学刊》2007年第4期。
② 魏治勋、解永照：《论契约性民间法的向度考察》，载《柳州师专学报》2006年第2期。
③ 参见欧阳国庆：《民间法与国家法双重视野下的农村妇女土地财产权》，载《求索》2006年第6期。
④ 参见朱爱农：《国家法与民间法的调适》，载《宁夏大学学报（人文社会科学版）》2014年第6期。
⑤ 参见谢晖：《公有产权、单位产权与民间法》，载《甘肃理论学刊》2014年第1期。
⑥ 吕廷君：《论民间法的社会权力基础》，载《求是学刊》2005年第5期。
⑦ 赵海怡、钱锦宇：《法经济学视角下国家法的限度——民间规则与国家法关系的重新定位》，载《山东大学学报（哲学社会科学版）》2010年第1期。
⑧ 姜世波：《跨国民间法的兴起及其与国家法体系的互动》，载《甘肃政法学院学报》2012年第4期。
⑨ 参见谢晖：《论民间法对法律合法性缺陷的外部救济》，载《东方法学》2017年第4期。

总之，民间法的分配功能往往因掺杂利益与资源的社会纠纷而兴起，它的权威在于对这种利益与资源的控制与掌握，而且必须具有其他规范不具有的分配优势。在古代社会，其主要通过契约来实现其分配功能；在现代社会，无论是社团的、社区的、平台的、企业的、乡间的公约、规约或民约，都既存在指令性的义务规范，也存在选择性的权利内容，从而保证民间法的权利义务分配功能得以延续不绝。

（三）社会秩序的组织功能

其一，在于民间法对乡村社会秩序的组织建构。在农业大国的中国，乡村乡民仍然占据主力，很多时候，他们形成的是一个比较亲近的熟人社会，乡民们通常更关注自身的利益，相对于国家法而言，民间法更能为他们带来诸多好处，他们也更愿意选择、相信民间法的事务处理能力，久而久之，民间法便于乡村社会关系中具有现实合理性。也就是说，"在诸多社会规范中，民间法作为一类特殊的规范形式，以其独特的作用性调整着人们的行为，影响着人们的心理活动和行为模式。其具有诸多的现实功能：秩序生成功能——产生秩序的规则本身，秩序维系功能——影响主体的行为模式，秩序保障功能——对伦理秩序的传承。"① 而且，由于乡村的地域广袤性、知识的地方性与色彩的民间性，国家法对乡村社会秩序的作用甚小且比较有限，乡民们大多也不懂法律的真正价值，很少利用法律，所以，投射到现实中就是国家法的法治秩序于乡村的地位往往不如民间法的社会秩序。毕竟，"中国乡村社会的社会秩序呈现出一种极为复杂的情况，即'法治秩序'与'礼治秩序''德治秩序''人治秩序''宗法秩序'等组合而形成了一种'多元混合秩序'。显然，在这种'多元混合秩序'中，法治秩序尚未占主导地位。"②

其二，在于民间法对乡村社会秩序的组织重建。"乡土社会并不是一个定型的、统一的、整体的社会，它在时间上和空间上都表现出一种复杂性。乡土秩序及其重建观主要包括权威重建、社会重建、规范重建、文化重建四种观点。"③ 它们都关注了国家、现代性与乡土社会特性三个层面，而且，它们的最终指向都是"以法治秩序为主导"。随着国家治理的不断转型，国家法与民间法不再是独立难融的对立冲突关系，而是尊重差异的互动融合关系。在法治秩序的引领下，乡民群众的积极参与和主动创造意愿逐步提高，自闭自封的乡土社会秩序更加注重文化的交流与吸纳，国家法于乡村的实施与推行阻力更小且更容易被乡民们接受和认同，逐步实现了法治秩序与乡村社会秩序的巧妙衔接与制度互融互鉴。如此，乡村社会秩序便有了鲜明的法治色彩与法治价值，也更易与现代社会相契合，

---

① 于语和：《中国传统民间法论纲——基于法学品格、文化特质及现实功能的视角》，载《北京理工大学学报（社会科学版）》2014年第1期。
② 邓红蕾、刘雪梅：《论中国乡村社会法治秩序的建构》，载《中南民族大学学报（人文社会科学版）》2003年第4期。
③ 卢东凌：《乡土社会秩序重建——以法治秩序为主导的多元秩序》，载《科学社会主义》2011年第1期。

形成了一种"社会的自我秩序化能力"——"社会日常生活中内生着自我秩序化的控制能力,而控制的主体和客体都是社会自身"①。换言之,"乡村社会法治秩序的建立是在国家持续的社会整合与乡村社会变迁及二者互动中实现的。城乡一体化离不开乡村法治秩序的重构。"②

总之,在民间法的组织功能中,面临的最大问题便是如何进行协作。就民间法的整体性而言,协作其实重于自由,因为"有秩序"更为重要。民间法是一个"自由规范的联合体",是一个相较国家法更为自由的系统性规范。就其自身运行与发展而言,民间法的自由就意味着社会秩序、社会安全与社会预期的自由。但就整个国家秩序而言,民间法与国家法自由协作创造的秩序才是最重要的。民间法组织乡土社会的构建是其自由体征,而民间法组织乡土社会秩序向法治化的重建或重构,则是其秩序体在③。此外,在我国各边远民族地区,民间法的组成主要包含四个层面:一是宗教,二是伦理道德,三是禁忌,四是习俗,它们主要反映了民间法的制约、调控、维系三大功能,亦是其组织功能的一大体现。

(四)思想意识的教化功能

一方面,是基于控制目的的民间法教化。不同于更具文化选择的"大传统"国家法官方教化,民间法属于实用理性的"小传统",是一种民间教化。教化的最终目的在于控制,在于法的行之有效与秩序的良好运行。民间法的教化以人为基础,立足于人性和文化,确保人可以在其编制的规则之网与意义之网内安身立命,其主要表现为以下几种形式:"州县官教化、族表、礼养高年、乡官教化、宗族教化、乡饮酒礼、乡约教化、私塾和义学教化、戏剧和小说教化是中国古代的主要教化形式,除此之外,书院、慈善组织和宗教等都有教化的功能……从而形成一个有机的教化体系"④。而且,不同的教化形式对应着不同的教化对象与教化内容,以便迎合不同形式的人的身份,通过伦理或民间律法,把人的思想紧紧束缚于法网之中,使人不得出现僭越之举,不得恣意践踏这种规范的正当性,不得挑战其权威性。加上在沟通礼俗的乡绅推动下,大大提高了民间社会的风化维持与纲常伦纪,极大拉近了民间法与人之间的距离,从而完成教化的传输与融合。

另一方面,是基于合规目的的民间法教化。民间法的教化之所以能实现在于其拥有强大的动力来源——自身的规范作用、人们的内心确信、对经济利益的追求以及国家法的内

---

① 庞正:《法治秩序的社会之维》,载《法律科学(西北政法大学学报)》2016年第1期。
② 徐铜柱:《城乡一体化进程中乡村法治秩序构建逻辑》,载《天津行政学院学报》2016年第4期。
③ 恰如谢晖教授所言:"只有在一个良好的、自由合作的秩序体系当中生活,人们才是安全的,才是能真正保障人们的整体性自由的。从这个意义上讲,民间法在组织社会秩序方面往往发挥着比国家法还要大的功能。"见谢晖:《致辞与总结 | 跨学科视野下的民间法》,2022-01-19,微信公众号"民间法与法律方法",https://mp.weixin.qq.com/s/oK5rhZHN685UiRGgjTosVg。
④ 汪雄涛:《法律文化视野下的教化——大小传统之间的沟通桥梁》,载《中西法律传统》2003年第3卷。

在影响。通常，在显性层面，人们一般反对教化，而在隐性层面，在社会的进步的大趋势下人们又不得不从内心接受教化，以便保障社会秩序观念与秩序意识形态的统一性与整体性。典型例子就是"入乡随俗"的理念，不管人们内心真正愿意与否，但其外在表现必须合乎当地规矩与具体情境。比如，在传统乡规民约的教化过程中，主要包括从乡风民俗与乡民思想两个方面的教化内容。它其实是把长期形成的经验性公共的规则输送给每个私人个体，然后再经由私人个体反映给公共场域，形成一个循环往复的教化链条，以便使人们的行为"牢固地限定在人情、礼俗、宗法、习惯的规范秩序内"①，最终达致合规目的。

总之，教化的目的在于使人接受、让人奉行。在国家法的层面，"要求法律科学（规律）化，并教人们科学、准确地把握法律的精神实质与内涵，既是某些意识形态教化强制的灌输，也是不少法学流派坚定固执的主张"②。同样，在民间法层面，也要让人们能够认知、熟知以致掌握民间法的精神与规律，让其成为一种人们内心科学的方法、内容或体系，从而真正发挥其实效。

三、应然追问：民间法功能的现代探索

学界目前对民间法功能的研究主要包括四个层面，即民间法于纠纷解决中的补充功能、权利义务中的分配功能、社会秩序中的组织功能以及思想意识层面的教化功能。这四大功能又贯穿于三大视野下的民间法形象，即本土资源视野下、法律文化视野下以及法制现代化规范理论视野下的"民间法"。当然，这些功能是民间法的基础底色，是民间法保持旺盛生命力的重要指标，更是现代法治社会的重要素材，在理论与实践方面意义重大。而且，从业已研究格局来看，对民间法功能之讨论其实主要集中于两个方面：一是以乡村社会为中心，二是以司法活动为中心，其在这两个层面均有广泛的适用域，但是有学者认为其却在立法与行政管理活动中极少适用③。通常，"国家立法代表了某种建构理性，然而由于人类理性的有限性，国家法律常常不具备可行性，不能达到预期的治理目标……而民间法本身内生于社会生活，一般不会出现背离既有社会生活条件的情况。"④ 且民间法生发于市民社会，可以从制度层面促进市民社会的稳定发展，从行政管理方面加强民间法对市民社会秩序规则的研究与整理，可以更为充分有效的发挥民间法的法治功能。

（一）立法层面：通过民间法的法律塑造

在我国，每一个地方都有不同的民间生活主体类聚成群、和谐共存，其背后必然有相

---

① 田成有：《传统与现代：乡土社会中的民间法》，中国政法大学 2005 年博士学位论文。
② 谢晖：《民间法、民族习惯法专栏主持人手记（六十三）：法的可接受性与民间法》，载《甘肃政法学院学报》2016 年第 6 期。
③ 参见陈斌：《民间法的话语反思及其功能拓展》，载《福建行政学院学报》2015 年第 4 期。
④ 张伟强：《论民间法的能与不能》载谢晖、陈金钊主编：《民间法》（第 8 卷），厦门大学出版社 2009 年版，第 78 - 85 页。

应的民间规范相随相伴。各地方立法者必须为民间民众而立法,其立法活动不仅要贯彻国家法之精义,还须于地方细微、个性之处体现各地特色。根据《立法法》第七十二条第一款与第七十五条规定可知,各地方可根据各自行政区域的具体情况和实际需要,制定地方性法规;民族自治地方也可根据各地民族的政治、经济与文化特点制定各地条例并对法律法规作出变通性规定,只要不与宪法、法律、行政法规相悖即可。民间法也恰好符合这种特殊性规定,换言之,地方立法只有切实关注地方既有民间规范,关注其于地方立法中之功用,才能让各地方特色鲜明、更新颖,臻至"百法齐放"之宏景。况且,各地立法者一般也最为了解、熟知本地民间规范,将其选择性、针对性吸收于地方规范,并非障碍,反而有助于各地方立法更符合民间实际、民间需求与民间法治建设。

首先,将民间法立法化具备可能性。相较于国家法效力范围的整域性、效力对象的全面性、主旨精神的融贯性与社会关系的规范性,民间法则体现为知识体系的乡土性、作用范围的地域性、生成传承的自发性与实施机制的内控性,所以在某种程度上其可以处理解决国家法未顾及、顾及起来"不经济"与难以彻底解决的社会问题。[1] 也就是说,"民间法的法益疆界旨在保护国家范围内不同区域或领域,亦即各种场域法域范围内的场域公共秩序法益,决定了其外延疆界为民族法、乡村法、行会法,以及各种习惯法(包括禁忌、习惯、惯习、礼俗等)"[2]。在此意义上,民间法名副其实地成为国家法的得力外援,在国家法"调整不安(法律意义倒错)、调整不到(法律意义缺漏)、调整不能(法律意义冲突)、调整不定(法律意义模糊)"[3]的情形下充当"救济法"。

但是这种外部救济并不官方、正式,也不具有时效上的长久性与适用上的普遍性。若想让民间法真正从幕后走向前台,就必须以立法手段将民间法牢牢地与国家法捆绑在一起,而且,从可行性与契合性角度出发,把民间法上升至地方立法的高度是尤为迫切且必要的。因为民间法不仅仅属于传统的范畴,也同样具备现代法律的特性,即民间规范的社群性、传承性、经验性与地方立法的地方性、固有性、执行性拥有相融可能[4],其"不仅为地方立法者提供着认可的规范基础,同时,也为其提供着在此基础上进行创制的需要"[5]。需要注意的是,民间法的地方立法塑造不能是全盘照搬,而必须是在扬弃的基础上斟酌选取,在改造的基础上综合提升,在加工的基础上追求契合。

其次,是民间法于立法后功能的发挥。依前文所提可知,民间法其实在纠纷解决的补

---

[1] 参见姚选民:《论民间法的场域公共秩序逻辑——基于广义法哲学视角之民间法的基石法理型构》,载《湖南大学学报(社会科学版)》2021年第6期。
[2] 姚选民:《论民间法的疆界:广义法哲学视角》,载《吉首大学学报(社会科学版)》2021年第6期。
[3] 谢晖:《论民间法对法律合法性缺陷外部救济之范围》,载《西北民族大学学报(哲学社会科学版)》2020年第4期。
[4] 民间规范与地方立法融合发展的具体路径为:民间规范先导地方立法,地方立法吸收民间规范,民间规范补充地方立法,地方立法规引民间规范。见石佑启、谈萧:《论民间规范与地方立法的融合发展》,载《中外法学》2018年第5期。
[5] 谢晖:《论我国地方立法基于民间法的创制》,载《法学杂志》2019年第11期。

充上可以作为司法者之规范准据,在权利义务的分配上具有明确的规范内容与规范结构,在社会秩序的组织上具有规范价值与规范理念,在思想意识层面上拥有规范原则。这些均与地方立法规范具有趋同性,而且它们的方式与目标也具有同一性,都是以良法、善治为依归。"大多数民间规范的内容只有通过地方立法才能获得合法性,并使之明确化、规范化;地方立法只有不断从民间规范中汲取养分,才能不断充实内容,获得社会民众的认同"①。如此,民间法便具有以下新功能:

(1) 合法准据功能。民间法往往是非成文、非正式、非官方的,经常游离于法律规范边缘,导致其若出现或夹杂于法律场合,往往显得不伦不类,其说服力与接受度都存疑。但将其上升至立法高度,对其援引便具备规范层面的合法性,也成为司法者必须适用的依据之一,也正式拥有法律上的拘束力。

(2) 国家强制功能。以往民间法运用比较注重自觉性,带有明显的主观色彩,人们可遵守也可不遵守,适用比较随意,引用也具有很大的商榷空间。经过立法装饰后的民间法,便正式成为国家法的一分子,具有了国家强制力的保障,虽然自由度大大受限,但威信力大大增强,其功能更具锐性与刚性。

(3) 实用稳定功能。民间法的形成与传承一般需长期积累与选择净化,通常植根于人们的意识与信念中,人们对它的熟悉度也决定了其实用度,有的规范虽然延续性较强,但可能与现代社会严重脱离甚至背离,任由其发展势必影响社会稳定。经过立法的重塑,民间法可以保证地方立法规范不出现水土不服、经常被架空、稳定性差的窘态,缩小了地方立法规范与民众的距离,使其更实用,稳定性也大大增强。

总之,民间法通过地方立法,可以与国家法有效融合,追求的是一种实用功能主导型立法观,它将承统民间法作为国家立法之重要渊源,在它看来,"民间法的功能是去描述某些表现为惯常事实的社会行为,并且这些惯常行为构成人类共同体得以维持和延续的内在秩序"②,在此背景下,民间法被立法者重视,从而保障民间法的功能于立法层面得到最大化的延伸。

(二) 执法层面:通过民间法的秩序塑造

在人们对法治认同更为深入的现代,民间规范不仅是一种客观存在与客观事实,更是一种基本的社会治理方式,其社会认同度亦逐步上升。实际上,民间法于纠纷解决中不仅容括着其于司法层面的功能——前期定分止争,更包含其于执法层面的功能——后期奉法严行,只不过前者更为显性,后者更为隐性。如果说立法是民间法功能的上层彰显,司法是民间法功能的中层表征,那么执法便是民间法功能的下层展现。三者与民间法功能之关

---

① 王春业:《论民间规范与地方立法的良性互动》,载《暨南学报(哲学社会科学版)》2017年第9期。
② 刘平、房广亮:《功能主导型立法观的确立与作用——基于人权保护和公权力的限制》,载《东岳论丛》2017年第2期。

系由远及近，即"远距→中距→近距"。可知执法与民间法之功能发挥其实最为密切，因其与民间民众之生活联系也最为紧密。从执法直接目的上，其需以民间法为支撑；从执法事实认定上，其需以民间法为判准；从执法权力行使上，其需以民间法为依据。即民间法对行政执法活动有着非常正当、不可或缺的影响价值，必须得到应有正视。

首先，民间法具有执法实效。有学者认为，"考察民间法对行政机关执法情况的影响，可以使我们更加准确地把握行政机关执法活动的现状"①，这就将民间法与行政执法活动紧密联系起来。一方面，在乡村基层，民间法与行政执法还比较脱离。费孝通与苏力都曾意指，"现代法律进入乡土社会后需要注意所进入空间内部的土生土长的本土资源"②，但由于国家法的地域性较弱，致使执法实效于乡村社会会大打折扣。另一方面，在城市基层，民间法的生存空间比较狭小。因为城市的基层大多都是乡村城市化后的镶嵌群体，它们身上的乡土性已得到极大淡化，其行为、观念均向城市靠拢，思想已突破了乡村的边界，都想极力摆脱原有地方民间法的束缚。

而民间法的地方立法化可以为此困境架通桥梁，在乡村基层执法中附加"本地土法"可以大大提高执法效率，而在城市基本执法中缩小"乡土气息"则可以让这些基层群体得到应有尊重，他们也更愿意配合执法。基层执法者不仅要考虑民间法与地方立法的关系，更要兼顾民间法与社会偏好的关系，确保"涉农法律实效"③不打折扣、不处悬浮。因为这种执法中民间法是具备内容上的传统性与现代性、性质上的乡村性与城市性、法治上的冲突性与合辙性、存在上的事实性与规范性④，保障民间法的执法实效。

其次，是民间法于执法中功能的发挥。国家法于具体执法中，尤其是在基层民间执法中常常受限，亦经常滋生矛盾。因为国家法并非万能，其也需要为民间法的秩序维持留下发挥空间。而民间法不仅有着国家不可代替的功能，还可以考虑到国家法考虑不到的相关因素，更重要的是，民间民众对民间法的依赖度与选择度都比较高，这无形之中抬升了民间法的执法权威，塑造了其"更接地气"的民间形象，增强了其于执法中的正当性与合理性。而且，若"执法中民间法被纳入正式秩序"⑤，还可以打通国家法与民间法的内在逻辑，让民间法与执法中产生了一些新的价值功能：

（1）转化与变通功能。在转化方面，"国家法和民间法之间实则存在着转化的可能"⑥。在实践性的执法中，经过地方立法化的民间法可以将国家法治话语与精神扩充至

---

① 尚海涛：《中国民间法研究学术报告（2009年）》，载《山东大学学报（哲学社会科学版）》2010年第1期。
② 刘燕舞：《国家法、民间法与农民自杀——基于一个地域个案农民自杀现象的分析》，载《云南大学学报（法学版）》2010年第5期。
③ 陈柏峰：《基层政权与涉农法律的执行实效》，载《环球法律评论》2010年第5期。
④ 参见谢晖：《主体中国、民间法与法治》，载《东岳论丛》2011年第8期。
⑤ 谢晖：《论民间法结构于正式秩序的方式》，载《政法论坛》2016年第1期。
⑥ 卫跃宁、廉睿：《中国民间法的当代价值及其应用路径》，载《烟台大学学报（哲学社会科学版）》2016年第3期。

基层社会，拓宽国家法的适用域。在变通方面，地方上有地方立法、民族自治地区有变通立法，相应的，民间法在尊重国家法治统一的前提下也可于基层执法中进行变通性执法。

（2）引导与诠释功能。一来，民间法通过执法正式实施可以达到尊当地、顾民意、缓矛盾的效果，因为它可以引导国家法适时适域的进行灵活调整，真正让国家法实现入主农村、下沉基层的效应。二来，民间法可以凭借执法手段来诠释民间法规则，将乡村基层治理理念、精神与素养逐渐融入国家法治之中，使国家法更接地气，增强二者之间的良性互动。①

（3）裁量与经济功能。对于前者而言，执法势必涉及执法裁量权的运用，民间法可以在尊国法、满诉求的前提下实现让执法兼具"情"与"法"，为自由裁量权设限，减少滥用自由裁量的现象，规范执法活动。对于后者而言，执法必须要考量各种各样的执法成本，尤其是时间与精力成本，民间法可以极大降低执法过程中许多不必要的阻力，提升执法效率，使执法更"经济"。

总之，"生活是具体的，民间法在生活中的体现和表现也是非常具体的"②，执法活动更是这种具体实在的实际运用。换言之，民间法于执法层面的功能一般体现于具体的案例中，即执法个案中。因为"事实上，执法深入人们日常生活的各方面，是连接国家与社会的重要桥梁，民众可能很少与司法机关直接打交道，但任何人都无法摆脱执法的不同程度的影响"③。民间法执法功能的发挥具有特定的空间性、本土性与组织性，而且是一种极为微观的权力流动，这正是民间法执法功能的内在本质。

四、结语

民间法的功能在与国家法的对立条件下得到应有支撑与验证。目前学界主要关注于民间法的补充、分配、组织与教化功能，但是这些功能并不能完全应对发展迅速的法治现代化国家。为此，对现代法治社会中民间法新功能的探索很有必要，尤其是学界比较忽略的民间法于立法和执法层面的功能。如此，民间法便可以在立法、执法与司法场域获得一席之地，不仅有助于民间法与国家法的互动，更有助于民间法功能的发挥。但是，文章对民间法这种功能性的探索与反思尚不全面，还留存较大的讨论空间。未来，希望学界对民间法的功能研究越来越成熟完善。

---

① 参见周铁涛：《农村法治化治理中的国家法与民间法》，载《行政与法》2017年第4期。
② 刘作翔：《具体的"民间法"———一个法律社会学视野的考察》，载《浙江社会科学》2003年第4期。
③ 周尚君：《从执法个案到一般理论：法学研究方法论反思》，载《政治与法律》2023年第1期。

Rethinking the function of folk law in modern society ruled by law

Yu Xin

Abstract: Folk law has the supplementary function in dispute settlement, the distribution function under rights and obligations, the organization function in social order and the edification function under ideology. However, most of these functions are centered on rural society and judicial activities, which cannot meet the domestic needs of modern legal society. Therefore, discussing the legal shaping function of folk law from the legislative level and the order shaping function of folk law from the law enforcement level is not only conducive to the interaction and integration of national law and folk law, but also conducive to promoting the function of folk law to be more compatible with the modern rule of law society. Theoretical reflection and practical review show that the modern rule of law society should continue to attach importance to folk law, give full play to its due functions, and lay a foundation for the development of the rule of law.

Key words: folk law; national law; judicial disputes; local legislation; law enforcement cases

传统与现代的糅合：
网络平台线上多元解纷模式的完善[*]

丁亚琦[**]

>**摘　要**　我国经济社会发展进入新时代，社会变革和互联网技术的叠加效应给人类生活带来了翻天覆地的新变化。各种矛盾纠纷不断涌现，网络平台领域发生的纠纷也呈现出快速多元增长趋势。传统的纠纷处理模式难以解决网络平台日益增多的矛盾纠纷，网络平台线上多元解纷模式应运而生，它的理念和做法与生俱来地将传统的基因糅合于现代的互联网高新技术之中。然而网络平台线上多元解纷模式面临信任不足、居中裁判偏离和解纷规则不完善等挑战，因此，需要构建与完善网络平台线上多元解纷信用机制、纠偏机制、内生机制、外衔机制和规则制定机制，以此推动网络平台线上多元解纷模式的日臻完善。
>
>**关键词**　网络平台　线上多元解纷　机制完善

党的二十大报告强调，在法治轨道上全面建设社会主义现代化国家。[①] 由此可知，现代化国家的实现需要与之相匹配的现代化法治体系。[②] 当前，我国经济社会发展进入新时代，社会变革和互联网技术的叠加效应给人类生活带来了翻天覆地的新变化。与此同时，受制于我国历史传统、社会结构和发展水平等客观因素的影响，社会大众的思维观念与利益格局各不相同，因此，网络平台领域矛盾纠纷呈现多元快速增长趋势。网络平台纠纷作为数字经济时代的一种新型纠纷，必然要求与之相匹配的纠纷解决方式。诉讼虽然是解决

---

[*] 湖南省新文科研究与改革实践项目：新文科视域下高校法治人才培养创新机制研究。
[**] 丁亚琦，法学博士，湖南师范大学法学院副教授，硕士生导师。
[①] 参见习近平：《高举中国特色社会主义伟大旗帜　为全面建设社会主义现代化国家而团结奋斗——在中国共产党第二十次全国代表大会上的报告》，载《人民日报》2022年10月26日。
[②] 刘晓红：《论我国民商事纠纷多元化解决机制的现代化》，载《东方法学》2023年第2期。

纠纷的重要途径，但这种传统的纠纷解决方式难以满足网络平台矛盾纠纷快速增多的需求，因此，网络平台矛盾纠纷的解决不能走"泛讼"之路，需要构建和完善依托互联网技术定纷止争的新型解纷模式——网络平台线上多元解纷模式，积极有效回应社会主义现代化法治国家建设的要求。

一、问题的提出

近年来，数字经济快速发展，互联网技术正逐渐成为我国高质量发展的重要引擎。伴随着电子商务等新业态新模式的发展，新问题新纠纷也随之而来。与此同时，社会生活的平台化使得网络平台的用户数量越来越多。根据中国互联网络信息中心发布的第51次《中国互联网络发展状况统计报告》，截至2022年12月，我国网民规模达10.67亿，较2021年12月增长3549万，互联网普及率达75.6%。[1] 网络平台迅猛发展，尤其是一些超级网络平台动辄数亿乃至上十亿用户，导致内部纠纷也与日俱增。而纠纷的化解从来都不是司法机关独有的事，它是全社会共同的责任。当前，互联网技术不仅给经济发展和人类生活带来了巨大变化，而且为纠纷解决提供了广阔的新场域，由此网络平台线上多元解纷模式在数字经济时代应运而生。[2]

网络平台纠纷处理出现了国家处理与网络平台自身处理、线上处理与线下处理等多元解纷并存模式。与多元解纷线上线下国家处理模式相比，网络平台线上多元解纷模式具有独立存在的价值。究其原因：一是网络平台纠纷处理仅依靠国家应对则显力量不足。网络平台的跨国性使得以地域管辖为主的传统纠纷解决方式难以适应网络平台跨国性链接的特点，导致网络平台纠纷的地域管辖难以实现，且大量网络平台纠纷往往不具有可诉性，需要采取诉讼以外的多元解纷方式。二是网络平台处理纠纷的内生动力充足。网络平台为了增强用户黏性和塑造自身良好形象，以及国家要求强化网络平台的管理责任，使网络平台在内部机制构建方面动力充足。此外，网络平台线上多元解纷模式的采取有其深厚的传统底蕴和坚实的现实考量。因此，网络平台线上多元解纷模式能在很大程度上替代线上线下多元解纷国家处理模式这种公共规制手段发挥作用。[3]

传统意义上以国家为中心的纠纷解决机制势必发生新的变化，网络平台线上多元解纷模式在新形势下应运而生。那么，网络平台线上多元解纷模式将面临哪些新问题？如何从传统与现代的角度审视这些新问题？如何构建与完善网络平台线上多元解纷模式？等等，这些问题需要我们在实践中进行探索并从理论上作出解答。

---

[1] 中国互联网络信息中心：《第51次中国互联网络发展状况统计报告》，https：//www.cnnic.cn/n4/2023/0303/c88-10757.html，访问日期：2023年5月1日。

[2] 本文所指的网络平台，是指网络服务的提供者，亦即依托于硬件、软件、网络、信息技术、算法等为用户提供中介服务的互联网企业。网络平台线上多元解纷模式，是指网络平台线上和解、调解、仲裁和诉讼等多种纠纷解决方式、程序或制度共同存在、相互协调所构成的纠纷解决系统。

[3] 高薇：《网络交易中的私人纠纷解决：类型与特性》，载《政法论坛》2013年第5期。

二、网络平台线上多元解纷模式面临的挑战

(一) 网络平台线上多元解纷信任不足

网民对网络平台线上多元解纷模式的不信任，既包括对互联网本身的不信任，也包括对网络平台线上多元解纷模式程序公正与实体公正的不信任。由于曾经的互联网技术和功能的局限性，导致网络平台线上多元解纷的适用场景和范围相对狭窄，并且虚拟的网络空间往往充斥着大量真假难辨的信息，网民难以对无形的互联网环境放下心中戒备，他们对网络平台线上多元解纷模式既认知不足，也不信任其多元解纷的公正性。而网民对网络平台线上多元解纷模式缺乏信任，必将制约着网络平台线上多元解纷模式的运用与发展。

(二) 网络平台线上多元解纷居中裁判偏离

网络平台在数字经济时代承担着维护网络空间公共秩序、保障用户权益的公共职能，公正处理纠纷是网络平台作为裁判角色的应然之义。然而，网络平台公共职能担当不足，居中公正裁判者角色偏离。网络平台线上纠纷处理由于受专业能力、纠纷数量、利益导向以及作为理性经济人的有限理性等因素的制约，导致纠纷处理结果的公平性不足。有学者指出，在缺乏有效制约的条件下，网络平台在纠纷处理过程中既是规则制定者又是规则实施者，这样的角色冲突就可能导致争议解决的公平性与中立性不足的问题。①

(三) 网络平台线上多元解纷规则不完善

网络平台线上多元解纷模式的立法并不完善。在网络平台线上纠纷处理方面，我国国家层面只是建立了相关的制度雏形。比如，《电子商务法》第63条规定了电子商务平台可以建立线上纠纷解决机制；② 又比如，《网络安全法》第49条提出，网络平台应该及时受理并处理有关网络信息安全的投诉和举报。③ 但网络平台线上多元解纷的程序设计和运行逻辑依旧缺少国家立法层面的制度构建。民事诉讼法及其司法解释、仲裁法等有关程序性法律制度对网络平台线上多元解纷目前并没有具体明确的规定。网络平台为了保障正常运转，也纷纷制定纠纷处理的相关规则。比如，京东制定了有关网上购物交易纠纷处理总则，微信制定了有关在线支付用户服务协议，新浪制定了有关网络社交微博用户服务使用协议，e代驾制定了有关网上约车信息服务协议，以及还制定了中国互联网行业自律公约等规则。然而，网络平台本身制定的规则也存在一些问题。网络平台为了塑造良好的声誉

---

① 高薇：《网络交易中的私人纠纷解决：类型与特性》，载《政法论坛》2013年第5期。
② 《中华人民共和国电子商务法》第63条：电子商务平台经营者可以建立争议在线解决机制，制定并公示争议解决规则，根据自愿原则，公平、公正地解决当事人的争议。
③ 《中华人民共和国网络安全法》第49条：网络运营者应当建立网络信息安全投诉、举报制度，公布投诉、举报方式等信息，及时受理并处理有关网络信息安全的投诉和举报。

以及迫于监管部门和社会舆论的压力,尽管在用户协议或者平台规则中规定其纠纷处理权、处理方式、举证责任分配、证据审查、事实认定、期限和流程等内容,但在缺乏外在矫正机制的情况下,网络平台的规则本应符合法律规定,却基于利益的考量,往往与法律相抵触或者不符合法律的精神。

此外,网络平台线上多元解纷模式还存在一些困难。一是网络平台线上多元解纷模式的适用受到限制,需以当事人同意为前提,否则多元解纷程序无法启动。二是网络平台线上多元解纷模式缺乏当事人面对面的沟通从而削弱了多元解纷的效果。三是与网络平台线上多元解纷模式相关的技术标准和法律适用标准也可能不统一。四是互联网技术一般会留下永久痕迹进而使得多元解纷保密性不强。所有这些因素都将影响网络平台线上多元解纷的开展。

三、网络平台线上多元解纷模式之传统底蕴

网络平台线上多元解纷模式是多元解纷与互联网高新技术相结合的产物,它的理念与做法与生俱来地将传统的基因糅合于现代的互联网高新技术之中,具有深厚的传统底蕴。

(一)作为法源习惯的具体指引

矛盾纠纷及纠纷处理伴随着人类社会的产生而出现。在矛盾纠纷处理中,国家法与民间法相互影响、彼此形塑。不论是在诉讼领域还是非诉领域,民间习惯在纠纷处理中都具有十分重要的作用。[1] 当民间习惯被有意识地在现代意义上予以改造、吸收,其与国家法之关系亦被重新调整,它不仅能相对完整地延续下来,并能继续在民间的社会和经济生活中发挥重要作用。[2] 在纠纷的处理过程中,习惯往往能起到援引、指引或者处理依据的作用。网络平台是一个具有独特习惯和惯例的空间,随着网络规则的完善,网络空间将逐渐形成一些统一的具有网络规则性质的习惯,这些习惯将成为网络平台线上多元解纷的重要依据。

《民法典》第10条的规定就足以说明习惯在法律适用包括在网络平台线上多元解纷中的作用。该条规定,处理民商事纠纷,应当依照法律;法律没有规定的,可以适用习惯,但是不得违背公序良俗。这一条表明,习惯的法律地位已经正式上升为民法的法律渊源,习惯已经通过法律条文的形式确定为纠纷处理的依据。[3] 当然,习惯也成为网络平台线上多元解纷的重要依据。因此,在研究网络平台线上多元解纷模式时研究习惯的作用就成为

---

[1] 陈建华:《论习惯在民事司法适用中的现状、困境与出路——基于我国司法实践的视角》,载谢辉、陈金钊主编:《民间法》(第17卷),厦门大学出版社2016年版,第362-371页。

[2] 温丙存、邢鸿飞:《调解的百年嬗变:本原、异化、新生与重构——基于民事纠纷调处实践的历史考察(1912—2012年)》,载《中国农业大学学报(社会科学版)》2014年第2期。

[3] 中国审判理论研究会民商事专业委员会:《民法总则条文理解与司法适用》,法律出版社2017年版,第33页。

必要。正如学者所言,"从理论高度研究习惯意义非凡,但是从实践角度研究习惯也十分必要,特别是关于司法如何考虑、运用习惯、如何使之与法治发展相一致,是法学学者义不容辞的责任。"①

(二) 无讼法律文化的深度浸润

中国传统社会是一个"熟人社会",注重人情伦理,强调息事宁人。中国儒家文化中力行"息讼""以无讼为有德,以有讼为可耻""调处息争""和为贵"的思想造就了人们普遍厌讼的司法心理。正如孔子指出"听讼,吾犹人也。必也使无讼乎"。尽管现代社会逐渐走向"陌生人"社会,但传统的人际交往方式、逻辑仍然被保留下来,成为人们日常生活的一部分。比如,我们经常说的退一步海阔天空,忍一时风平浪静,都是受传统文化之影响。被称为"东方经验"的调解,与诉讼相比,调解的优势是不言而喻的。② 国外的学者,如英国著名大法官迈克尔·科尔爵士(Michael Kerr)也认为:用法律程序去解决复杂案件需要时间,而调解这种方式能够极大地节约时间,因为不需要定义法律上谁对谁错。③

我国无讼法律文化在中国共产党新民主主义革命时期赓续光大。当时,中国共产党领导下的革命根据地更加强调如何通过实质有效的方式化解民众之间的社会矛盾,并在此基础上把民众团结起来。而调解正好契合当时的政治形势要求,也成为团结群众、组织群众、促进社会建设的一种有效手段。从当时的司法档案来看,比如,1942年发布的《晋西北村调解暂行办法》《晋察冀边区行政村调解工作条例》。再比如,解放战争时期《冀南区民刑事调解条例》《关东地区行政村(坊)调解暂行条例草案》等等。这些调解规范的出现逐渐显现出调解的优先地位,体现出当时中国共产党对于调解制度的青睐。而这一团结群众、组织群众的政法调解传统亦逐渐融入党的群众路线,是我国基层社会治理的重要组成部分,进而成为化解社会矛盾纠纷的良器之一。总之,我国的无讼理念,凝聚着中华民族独特的法律文化意识,不仅是外显于中华社会的治理模式,而且是内嵌于纯朴人心的处事习惯与生活方式。

(三) 德法共治融入自治智治的日益彰显

网络平台线上多元解纷模式符合德法共治融入自治智治的思想理念。法安天下,德润人心。习近平总书记强调,法律是准绳,任何时候都必须遵循;道德是基石,任何时候都

---

① 彭中礼:《习惯在民事司法中运用的调查报告——基于裁判文书的整理与分析》,载《甘肃政法学院学报》2014年第6期。
② 最高人民法院司法改革领导小组办公室:《人民法院司法改革与中国国情读本》,人民法院出版社2012年版,第45页。
③ 胡仕浩:《中国特色多元共治解纷机制及其在商事调解中应用》,载《法律适用》2019年第19期。

不可忽视。在新的历史条件下，要把法治中国建设好，必须使依法治国和以德治国相互补充、相互促进、相得益彰。德治强调，以其说服力和劝导力来提高社会成员的道德觉悟，从这一层面上讲，"德治"社会更倾向于以"调解"方式化解社会矛盾，修复社会关系。南宋胡太初曾说："大凡蔽讼，一是必有一非，胜者悦而负者必不乐矣。"① 作为法治的诉讼，追求程序正义和实体正义，以诉讼来解决纠纷，其结果可能是一方赢了，另一方输了，有时甚至是两败俱伤。然而与诉讼不同的具有德治功能的调解具有维护双方关系和长远利益等诸多价值。

在某种程度上，网络平台线上多元解纷模式符合德法共治思想，并融入自治与智治之中。网络平台线上多元解纷所达成的调解协议就是一个共赢的协议，能实现德法共治的目标。网络社会的人性获得极大的解放，网络时代更应当尊重人的本性，时时处处关心人、爱护人，让网络平台享有充分的自治权。我国无论是制定政策、完善制度还是解决具体纠纷，都应当重视民心、尊重民意、体察民情，兼顾法律效果和社会效果，坚守法律底线和道德底线，实现法、理、情的有机融合。② 自治、法治与德治为网络平台线上多元解纷提供了一套有效的善治经验，再融合互联网技术的"智慧治理"，完善网络平台线上多元解纷新模式，实现"以自治为核心、法治为保障、德治为基础、智治为支撑"的新体系，为网络平台线上多元解纷注入数字内涵、科技支撑与智慧效能。

四、网络平台线上多元解纷模式之现实逻辑

哲学家维特根斯坦曾经说过，"我贴在地面步行，不在云端跳舞。"这提醒着我们研究问题时理性思考与立足实践的重要性。网络平台线上多元解纷模式不仅具有深厚的传统底蕴，而且扎根于坚实的社会现实之中。

（一）遵循网络平台线上多元解纷规律

任何社会不可能没有矛盾。冲突是不可避免的，纠纷的发生和解决构成了人类社会发展的一对永恒性矛盾，人类社会正是在解决这对矛盾的过程中不断趋于进步的。③ 社会矛盾纠纷的发展规律证实，目前我国已经进入了主体多元与关系多向度的社会治理时代，需要透过多元化纠纷解决机制保证纠纷解决系统的内在协调，稳定解纷主体间的互动。社会治理对法治功能的依赖凸显了多元化纠纷解决机制的重要性，因此，转变社会治理理念，优化机制建设方略，这也是建设法治国家、法治社会的必然诉求。

---

① 毛希彤：《中国古代的调解息讼策略》，https://www.bj148.org/wh/bl/zh/202011/t20201120_1590127.html，访问日期：2023-05-01。
② 廖永安、胡仕浩：《新时代多元化纠纷解决机制：理论检视与中国实践》，中国人民大学出版社2019年版，第9页。
③ ［美］查尔斯·霍顿·库里：《社会过程》，洪小良等译，华夏出版社2000年版，第28页。

在以互联网为显著时代特征的背景下,当今中国原有的社会结构、经济结构、地缘结构、文化结构已经发生改变,社会呈现出革命性、颠覆性的发展趋势。① 互联网时代让社会具有越来越强的互动性以及无限可能性,对我们的生活、思维以及纠纷的解决都产生了深刻的影响。进入21世纪之后,电子与网络技术的兴起精简了无数的程序,在线服务和"云储存"功能有效降低了诉讼成本,多元化纠纷解决程序也正在发生翻天覆地的变化,数字正义真正进入了我们的生活与研究范畴,塑造着未来调解制度,其中跟替代性纠纷解决机制密切相关的是适用信息技术的在线纠纷解决机制。② 正如习近平总书记指出:"以互联网为代表的信息技术日新月异,引领了社会生产新变革,创造了人类生活新空间,拓展了国家治理新领域,极大提高了人类认识世界、改造世界的能力。"③ 总之,网络平台线上多元解纷模式的兴起,是各种影响因子在互联网时代背景下综合作用的结果,是遵循了网络平台线上多元解纷规律的体现。

(二) 发挥网络平台线上多元解纷优势

网络平台线上多元解纷模式具有诸多优势,具体说来:

第一,有利于分担纠纷线下处理压力。互联网的快速发展带来了大量的在线纠纷,且随着互联网用户的数量成几何式增长,在线纠纷的数量也会呈现井喷的状态,而法院以及替代性纠纷解决方式都将难以应对这些纠纷爆炸式增长的局面。面对此种境况,我们需要采用最优化的方式利用有限的司法资源。而网络平台线上多元解纷模式恰好能有效缓解诉讼所造成的压力。因此,互联网时代亟须发挥网络平台线上多元解纷模式的优势,以确保网络世界中公平和正义的实现。

第二,有利于便捷高效地处理纠纷。线上纠纷解决机制打破了传统的空间和时间局限,当事人可以通过移动终端设备实现纠纷线上解决的全流程操作。具体而言,线上纠纷解决机制的解纷程序有效省去了传统线下解纷模式的物理空间要素,也无须为了线下沟通而舟车劳顿。相较于线下解纷模式,将线下解纷模式移步到网络平台后,便于当事人自己实际操作,体现了线上解决纠纷程序的便捷性,能加快正义实现,避免"迟来正义"的出现。正因为如此,美国学者Ethan Katsh将网络信息技术工具所打造的在线纠纷解决环境称为"第四方"。在2003年召开的联合国第二届在线纠纷解决论坛上,学者们专门以"第四方"为主题展开讨论,他们认为:"由网络信息技术工具打造的纠纷解决环境充当了纠纷解决者(第三方)外'第四方'的角色,提供了一个多层级的交流和多元化的信息系

---

① 龙飞:《中国在线纠纷解决机制的发展现状及未来前景》,载《法律适用》2016年第10期。
② 数字正义这一概念首次出现在一本20世纪90年代出版的科幻小说里,之后逐渐进入研究人员的视野。
③ 习近平:《习近平在互联网大会开幕式演讲(全文)》,http://www.xinhuanet.com/politics/2015-12/16/c_1117481089.htm,访问日期:2023-05-01。

统,该系统可以迅速提高纠纷处理的效率和减少纠纷处理的费用。"①

第三,有利于节省纠纷处理成本。与线下解纷相比,网络平台线上多元解纷模式通过线上解纷,为当事人减少了时间投入和经济支出成本,同时还缩短了解纷周期,有利于降低纠纷处理成本。比如,涉及跨国消费纠纷时,网络平台线上多元解纷花费的成本通常比争议的标的价值要低,比线下多元解纷的成本更低廉。特别是在争议标的额较低的纠纷中,线上多元解纷的低成本更加扩大了其运用的可能性,这样就能够让越来越多的消费者接近正义。

第四,有利于保障当事人意思自治。如果采用网络平台线上多元解纷模式,争议当事人可以自主决定选择什么样的解纷方式,自主选择解纷机构、组织或者个人。可以就具体的争议、权利义务等事项进行自主协商,决定是否中断、终止或者重新开始,自主决定最后的除仲裁、诉讼外的多元解纷结果。若调解未成或当事人对已经达成的调解协议仍有争议,可继续选择仲裁、诉讼等其他纠纷解决方式以保障自身权益。所有这些都充分尊重与保障了网络平台当事人的意思自治。

(三) 顺应网络平台线上多元解纷改革潮流

随着我国新时代社会主要矛盾发生变化,日益增加的纠纷导致法院"案多人少"的矛盾日益突出,而人民群众的司法需求日益多元,深化多元解纷机制改革成为全面依法治国的重要内容。通过近年来的改革,我国解纷渠道已从"一枝独秀"发展到"百花齐放",和解、调解、仲裁、公证等非诉机制蓬勃兴起。放眼域外,西方法治发达国家为克服对抗式诉讼代价昂贵等固有弊端,自 20 世纪 70 年代末以来,提倡推行以调解为核心的非诉纠纷解决机制,持续开展了一系列改革,形成了接近正义运动的"第三次浪潮",② 即一方面简化程序,增加社会成员利用司法的机会;另一方面,将正义与司法(法院)区分开来,纠纷解决的功能从法院向社会转移,使公民有机会获得具体而符合实际的正义。由此可见,当今,网络平台线上多元解纷已经成为世界潮流,网络平台线上多元解纷模式已成为解决线上纠纷最为适合的模式。正如彭特(Ponte)和卡夫纳(Cavenagh)所认为的,在线团体正在寻找一种能够与网络的速度和效率相匹配的冲突解决选择。

五、网络平台线上多元解纷模式完善路径

网络平台线上多元解纷模式作为一种依托互联网技术实现定纷止争的新型解纷模式,既有优势也存在不足,如何进行完善,重点从以下五个方面进行探讨。

---

① Ethan Katsh, Dispute Resolution without Borders: Some Implications for the Emergence of Law in Cyberspace, 11, *First Monday*, 2 (2006).
② 廖永安、胡仕浩:《新时代多元化纠纷解决机制:理论检视与中国实践》,中国人民大学出版社 2019 年版,第 1–2 页。

(一) 完善网络平台线上多元解纷信用机制

解决网络平台线上多元解纷模式的信任问题,可以从以下方面着力。

第一,宣传网络平台线上多元解纷正当性。多元正义论认为,诉讼不是实现正义的唯一途径,应将正义与司法(法院)区分开来,通过调解、仲裁等方式,同样能到达正义的彼岸。随着替代性纠纷解决运动或称"非正式正义(司法)"运动的兴起,单一正义论受到挑战,多元正义论为多元解纷方式并存和竞争提供了有力的支持。1976年在主题为"民众为何对司法不满"的庞德会议上,哈佛大学法学院教授Frank Sander作了题目为"纠纷解决多样性"的发言。在他看来,纠纷解决的方式不只有诉讼一条门径,而是依据案件性质的不同存在着"多门径",如调解、仲裁等等。"多门径"理论的提出,隐含着正义实现方式的多元化,因此,常被学界认为具有里程碑意义。[1] 随着我国进入互联网时代,为了充分发挥网络平台线上多元解纷的正义价值,需要借助媒体的传播力和引导力,不断扩大网络平台线上多元解纷模式正当性的宣传渠道,不断扩大网络平台线上多元解纷模式的影响力,网络平台纠纷当事人才愿意尝试使用这种多元解纷新模式,网络平台线上多元解纷模式才有可能获得广大网民信赖,发挥其应有的价值功能。

第二,培植网络平台良好社会声誉。在商业社会中,声誉总是扮演着重要的角色,任何一个团体组织要想取得恒久的成功就必然要考虑到自身的公共形象。网络平台良好的声誉是公共形象的重要维度。网络平台在网络空间中处于连接市场主体、资源要素的重要地位,如果网络平台无法有效的矫正商家和用户的机会主义行为,提高其纠纷处理的公正性、及时性和有效性,商家和用户就会指责、抱怨网络平台未按照用户协议或者平台规则履行合约义务或者社会责任,其建立的纠纷处理系统也会失去公信力,网络平台的声誉就会受到损害。社会认同感较低的网络平台不仅要透支其声誉还会损及核心利益。总之,要通过培植网络平台良好声誉激励网络平台公正高效处理纠纷。

第三,提高网络平台书面交流技巧。网络平台多元解纷线上交流方式因为缺少语境往往会带来一些问题,因此书面表达就显得格外重要。网络平台应当重视以下方面的书面交流技巧以此提升可信度。一是网络平台应当恪守公正,公正意味着杜绝个人的喜好、偏见与成见,只有唤起当事人心中的公正感觉,才能建立与提升自己的信任度。二是网络平台应当始终保持言行一致,给当事人形成值得信任的印象。三是网络平台应当表达明确且有条理,不管是同意或是不同意,阐明观点都必须清楚明确、有条有理。四是网络平台应当专业,与当事人进行直接交流时应当具有良好的专业素养。

第四,构建网络平台可信任的网络环境。良好的网络环境有利于增强可信度。比如,网络平台的设计如果遵循便利性原则,设计出来的网络平台能让访问者更容易使用,则会

---

[1] Michael L. Moffitt, Robert C. Bordone, *The Handbook of Dispute Resolution*, Jossey–Bass, 2005, p. 19.

增强使用者对网络平台的信任度；再比如，网络平台如果严守保密，网络平台线上多元解纷能让当事人相信他们的私密信息不会被泄露，则会提高使用者对网络平台的信任度。实践证明，良好的网络环境能够增强、巩固网民对网络平台的信任。

（二）完善网络平台线上多元解纷纠偏机制

解决网络平台线上多元解纷居中裁判的偏差问题，一方面应当坚持透明性原则。透明性原则既包括程序透明也包括结果透明。以公开促公正，为确保网络平台线上多元解纷模式的接受度，网络平台应当公布、告知下列的信息：法律依据包括法律条文、衡平法或行为准则在内的解决纠纷的实体法和程序法等内容；裁决人的名单、教育背景、工作经历以及当事人选择裁决人的方法，还有申请裁决人回避的程序；纠纷解决程序收费办法；裁决是采取公开还是保密的方式；裁决书的法律效力以及对该裁决结果的救济措施；其他需要予以公布的其他息，比如，网络平台每年受理案件的数量、有效解决的案件数量等。另一方面可以建立大众评审制。以淘宝网平台建立的大众评审制为例，该制度规定由大众评审员对平台内部纠纷涉及集体会员违规行为进行集体判定。① 为了达到上述制度创设之目的，淘宝网平台就大众评审处理的纠纷类型、评审原则、评审员的招募、回避、激励、退出等评审程序作了初步规定，尤其是吸纳了买家与卖家双方，并设置了评审员回避原则，以保证裁决结果的公正性和独立性。在实践中，这种通过"众议纠纷解决机制"推进平台治理的方式在一定程度上被网络平台所认可。比如，滴滴平台设置的"公众评议会"，将网约车司机与乘客间各类矛盾问题进行归纳总结，交给公众讨论，并且能够通过投票、留言的方式来表达自己的意见。② 又比如，微信平台根据《微信公众平台运营规范》《微信公众平台"洗稿"投诉合议规则》设立洗稿投诉合议机制。③ 再比如，闲鱼平台的"小法庭"，通过随机抽取一定数量的用户作为"法官"对买卖纠纷进行处理。这些足以说明大众评审制在网络平台线上多元解纷纠偏中起着不容忽视的重要作用。

（三）完善网络平台线上多元解纷内生机制

网络平台线上多元解纷内生机制是指网络平台自身为了更好地塑造网络平台内部秩序、获取商业信誉和利益而逐渐内生衍化出的纠纷解决机制。这种网络平台内生的纠纷解决机制本质上是市场私主体所承担的具有公共属性的治理任务，回应用户的公平、正义期待是其价值所在。网络平台因为其居中的连接者身份获取了纠纷解决的权限。网络平台为

---

① 方旭辉：《网上纠纷解决机制的新发展——从网络陪审团到大众评审制度》，载《江西社会科学》2014年第11期。
② 黄永进：《滴滴上线"公众评议会"，三个热点问题引60万人大讨论》，https：//www.dongchedi.com/article/6630609310986535438，访问日期：2023年04月20日。
③ 王潘：《为鼓励原创 微信试运行"洗稿"问题投诉合议机制》，https：//tech.qq.com/a/20181203/016864.htm，访问日期：2023年04月20日。

了塑造平台内部的正义秩序，需要构建与完善以下内部纠纷解决机制。

第一，完善多元解纷并举机制。如前所述，网络平台线上多元解分方式有和解、调解、诉讼和仲裁等方式。网络平台线上和解、调解等非诉处理方式具有手段灵活、程序简便、效率高等优势，网络平台线上非诉处理方式增添了纠纷解决途径，让当事人有更多的程序可供选择，但与此同时，网络平台线上非诉处理方式在体系性、独立性、程序设计方面存在欠缺。网络平台线上诉讼相较于其他非诉处理方式，一方面具有终结性、权威性、强制性等优势；但另一方面存在周期长、程序多、成本高和对抗性强等不足。毫无疑问，网络平台线上多元解纷方式各有优劣，如果不能充分发挥各种纠纷解决方式的优势并协调好相互之间的关系，不仅不能充分发挥诉讼程序终结性与权威性的优势，同时也使非诉方式程序简便高效的长处无用武之地，因此，网络平台线上纠纷处理是多措并举而非单一举措孤立支撑。网络平台线上多元解纷并举、共同协作才有利于化解纷争、避免对抗。正如美国学者富勒所言："法治的目的之一在于以和平而非暴力的方式来解决争端。"①

第二，完善多元解纷自我监管程序机制。多元解纷自我监管程序既是为了规范网络平台的管理，也用于保护用户、商家的合法权益不受侵犯。网络平台自我规制中蕴含着类似公权力的特征，虽然这种具有准公权性质的自我管理行为并不一定会侵犯用户的基本权利，但是如果对网络平台缺乏自我管理，尤其是在涉及对用户、商家的虚拟财产权和其他权利的剥夺、限制的时候则可能侵犯用户的基本权利。比如，清除数据、中断服务、封号、扣分、降级等惩罚性行为时则可能会导致用户权益的受损。"受规制的自我规制"的实现策略之一是可以引导、促进作为对用户行为进行管理的网络平台建立一定的程序机制。在设置网络平台自我监督程序时，要重点考虑网络平台公正性、网络平台自治以及惩罚的严厉程度三个方面。具体而言，在网络平台公正性方面，自我监督程序性应当综合考虑用户、商家的知情权、申辩权等重要的程序性权利，既要控制网络平台管理权力时的恣意，又要能够维护、保障用户的权利和利益。在网络平台自治方面，自我监督程序设置应当引导网络平台在平台规则中自我设置一部分程序，通过自我设限的方式避免外界的干预。应当完善对纠纷处理的主体、证据审查、事实认定、执行等给予规定。在惩罚的严厉程度方面，自我监督程序性权利如果涉及一些严厉的惩罚，比如，对一些公众号进行封号会给其品牌以及财产权利带来严重影响，其程序应当更为严格，如果一些类似于扣分的比较轻微的惩罚方式则可以降低对程序的要求。

（四）完善网络平台线上多元解纷外衔机制

网络平台线上多元解纷外衔机制是指网络平台为了更好地承担纠纷化解功能而与自身

---

① 廖永安、胡仕浩：《新时代多元化纠纷解决机制：理论检视与中国实践》，中国人民大学出版社2019年版，第1页。

之外的多元解纷组织建立协同关系解决纠纷的机制。在网络空间内部的纠纷数量与日俱增的背景下，单一主体处理海量网络空间内的纠纷时往往显得捉襟见肘。如何促使公权力部门与网络平台之间的纠纷解决的合作模式将是塑造网络空间秩序的关键。随着社会生活的平台化以及在线生活的快速增长，纠纷的增长在所难免，网络平台难以调动庞大的资源对纠纷进行圆满的处理。网络平台纠纷处理的资源有限性无法满足纠纷数量的日益增长。在一定程度上，国家的权力尤其是司法权力的存在价值就在于弥补私人解决纠纷带来的暴力、冲突和秩序混乱的结果。网络平台内的纠纷解决其实包括了规则判断甚至是法律判断、证据审核、事实认定、侵权行为认定等复杂的活动。网络平台所具有的处理纠纷的专业知识难以满足海量纠纷处理的需求。网络平台自身角色的重叠导致其在纠纷处理中难以保持中立性。基于此，如果可以将部分纠纷转移到其他纠纷化解的渠道，不仅可以缓解网络平台纠纷解决的压力，还可以将这部分纠纷的处理交给与买家、卖家、不存在利益关系的第三方以公平地处理纠纷。总之，网络平台内生的线上多元解纷机制与外部纠纷解决机制进行衔接与协调有其正当性与必要性。

第一，建立纠纷化解线上公共平台机制。建立纠纷化解线上公共平台，明确其在线上纠纷解决中的合法地位，强化其与平台线上内生纠纷解决之间的合作。虽然国家司法权力及其运行能够对网络空间中的公共秩序起到明显作用，但是这种纠纷解决存在一些弊端。一是网络平台内部的大量纠纷由于涉及金额过小而很难进入司法诉讼程序，然而微小的纠纷对当事人而言却是利益分配的大事，因此仍要对这些纠纷提供化解和处理之道。二是通过诉讼处理纠纷会增加大量的成本，尤其是在网络空间中，当事人的异地性以及证据搜集的难度等都会导致通过诉讼解决纠纷效率低下的问题。三是网络平台的跨国属性以及跨境交易的快速发展，导致以国家为中心的纠纷解决机制可能无法验证契约条款以及执行情况，或者难度会很大。因此，以国家权力和司法诉讼为中心的纠纷解决机制难以在网络空间展现其有效性。美国私人第三方参与在线纠纷解决的实践可以为我国建立纠纷化解线上公共平台提供参考。以美国 Square Trade 平台为例，Square Trade 是 eBay 推荐其用户使用的在线争议解决平台，当买家和买家之间发生纠纷且都向 Square Trade 申请在线协商时，基于双方的同意，Square Trade 便会排定时间并提供受密码保护的网页，双方可以在这个空间内自由交流和传递信息，这种免费的在线沟通机制促进了双方之间交流纠纷的解决，最后达成在线协商协议而终结程序，如果双方无法通过协商解决，则纠纷进入在线调解阶段，此时由具有专业知识和技能的调解员来调解。[①]

第二，建立纠纷化解线上跨平台合作机制。也就是，构建跨网络平台线上纠纷处理合作关系。由于私人纠纷解决机制也可能存在问题，比如，前面所讲的第三方专业从事纠纷解决的网络平台属于私人提供准公共服务的范畴，这些网络平台本质上也是市场主体，作

---

① 肖永平、谢新胜：《ODR：解决电子商务争议的新模式》，载《中国法学》2003 年第 6 期。

为理性的经济人,为了获取利益其也可能与合作的网络平台进行合谋或者出于私利之需求,会在效率和公正之间作出选择。而行业协会、社会组织或者仲裁机构的"理性"也是有限的,逐利性也可能会带来一系列问题。因此,需要建立纠纷化解线上跨平台合作机制。在建立纠纷化解线上跨平台合作机制时,为了克服理性经济人的不足,可以考虑由政府创办试验性、示范性的线上跨平台合作机制。

第三,建立网络平台线上纠纷解决与司法的对接机制。网络平台线上内部纠纷解机制一方面能够有效地保护用户的合法权利;另一方面网络平台线上内部纠纷解决机制也化解了一部分纠纷,起到一定的纠纷过滤作用。但是,这种纠纷解决机制的过滤作用仍然有限,仍有部分纠纷由于证据材料留存于网络平台,决定了未来这部分纠纷的解决需要司法系统与网络平台进行合作。当网络平台内部的纠纷解决机制不足以满足用户的公平、正义纠纷解决需求时,则需要国家司法权力的介入,而国家司法权力介入纠纷解决时需要网络平台在数据共享上予以协助和配合。同时,"案多人少"是当前司法面临的重要困境,建立网络平台纠纷解决与司法的衔接机制亦具有现实意义。因此,构造网络平台线上内部纠纷解决与国家司法之间的衔接机制就显得必要。需要探讨构建网络平台线上多元解纷与司法衔接机制包括但不限于以下内容:一是信息共享机制建设。网络平台掌握了大量的用户信息,在未来的纠纷解决过程中,法院系统可以借助网络平台提供的海量数据以弥补法院系统信息之不足。二是证据合作衔接机制。网络平台的数据如何转化为证据是关乎用户合法权利的重大制度建设。在这一方面,如何实现网络平台所掌握的证据的提取、转化、认定等都需要网络的合作,因此可以从制度层面作出详细规定,实现证据提供、转化的制度化。三是执行合作机制。无论是网络平台线上的内部纠纷解决机制还是法院的纠纷解决,最终都要靠执行来达到权利救济的目的。四是合作交流制度。网络平台在纠纷处理方面欠缺专业性,尤其是法律专业知识。因此,可以建立两者之间的经验交流制度,通过学习培训、经验交流等提升双方人员的纠纷解决能力。五是司法确认机制。调解与诉讼的对接是整个衔接程序中最重要的部分,如何实现诉调对接是成功构建网络平台线上多元解纷模式的重心,主要涉及前期调解与司法确认的衔接,应从程序上和实体上进行审查。如果调解协议合法则出具司法确认裁定书,作为准予执行调解协议的法律文书。

(五)完善网络平台线上多元解纷规则制定机制

法律是社会最低限度的要求,是社会的最大公约数。网络平台为了确保正常运转需要制定相关规则,其制定的规则与国家法律相异且功能互补,是相对独立运行的规范体系。

首先,要强化网络平台规则制定意识。为了及时、正当、权威、快捷地实现权利救济和权利保护,我国需要强化网络平台规则制定意识,及时制定填补立法空白,让网络平台线上多元解纷模式被赋予更加完备的法律规范支持。马长山教授认为,网络社会"私人腐败凸显、规则意识较弱、诚信环境欠佳,是制约'互联网+条件下'软法之治'的重要瓶颈"。① 可见，强化网络平台规则制定意识的重要性。

其次，要鼓励网民共同参与规则制定。网络平台在规则制定中享有主导权，如果增加网民规则制定的话语权，让广大网民能直接参与网络平台的规则制定，就有利于增强网络规则的公信力和约束力，有利于网络平台矛盾纠纷的有效解决。

最后，要完善网络平台线上纠纷处理规则。从宏观层面来看，需要修改国家法律制度。比如，在《民事诉讼法》《仲裁法》《人民调解法》等法律补充或完善网络平台线上多元解纷的规定，如网络平台线上多元解纷的申请程序、执行程序；在《网络安全法》《消费者权益保护法》《电子商务法》中补充有关网络平台线上多元解纷网络运行安全和纠纷解决办法等规范性法律条文，使其真正成为我国网民青睐的、具有合法性意义的正义解纷途径；从中观层面来看，需要国家主导网络平台制定相关制度。政府在发展和推动网络平台线上多元解纷模式中首先应当在政策上予以支持。政府可以主导制定基本的准则，可以包括网络平台线上多元解纷模式网站设立的资质要求、从业人员的资格、保证中立、公正、高效的程序规则、收费标准、网站欺诈、违约、侵权的法律责任等。三是从微观层面来看，网络平台需要制定相关具体实施规则。

综上所述，互联网时代网络平台矛盾纠纷多元快速增加，单一的司法救济方式难以满足人民群众日益增长的多元解纷需求。一个和谐稳定充满朝气的网络社会，既需要公正高效权威的司法系统予以支持，也需要构建网络平台线上多元解纷体系。网络平台线上多元解纷模式通过增强信任、修改规则、完善机制必将日臻完善。

The Combination of Tradition and Modernity:
TheImprovement of Online Multiple Dispute
Resolution Mode on the Network Platform

Ding Yaqi

Abstract: China's economic and social development has entered a new era, and the combined effect of social transformation and Internet technology has brought earth-breaking new changes to human life. Various conflicts and disputes continue to emerge, and disputes in the field of online platforms also show a trend of rapid and diversified growth. The traditional dispute settlement mode is difficult to solve the increasing number of disputes on the network platform, so the online multiple dispute resolution mode of the network platform has emerged. Its concept and practice are born to blend the traditional genes into the modern high-tech Internet. The on-

---

① 马长山：《互联网+时代"软法之治"的问题与对策》，载《现代法学》2016年第5期。

line multiple dispute resolution mode is faced with challenges, such as lack of trust, the deviation of the referee and imperfect rules of dispute resolution. Therefore, it is necessary to build and improve the credit mechanism, deviation correction mechanism, endogenous mechanism, external cohesion mechanism and rule – making mechanism of online multiple dispute resolution, so as to promote the perfection of the online multiple dispute resolution mode.

Keywords: network Platform; online multiple dispute resolution; mechanism improvement

实证分析

边疆治理视域下民族民事习惯的司法适用

——基于 210 份裁判文书的法理分析*

闫晓君　韩　丽**

> **摘　要**　本文以 2018 年 1 月 1 日至 2022 年 9 月 30 日在中国裁判文书网发布的 210 份相关民事裁判文书为研究对象，对其主要内容特别是"本院认为"部分作细致的法理分析，从而透视中国边疆地区民族习惯在司法中的援用并对案件事实认定或法律依据选择所产生的影响，以期在边疆治理视域下对完善民族民事习惯的司法适用提出合理化建议。
>
> **关键词**　边疆治理　民族民事习惯　司法适用

引　言

边疆，一般将其界定为"靠近国界的那个地方"。一方面，边疆是一个地理概念，陆疆和海疆都是边疆的有机组成部分，所谓陆疆是指沿国界内侧有一定宽度的地区，而海疆则指濒海国家国土疆域的重要组成部分。另一方面，边疆是一个历史概念，它是随着统一的多民族国家的形成而发展起来的。我国的边疆地区面积大，边疆问题与发展问题、民族问题、宗族问题、生态问题及国际问题联系在一起，十分复杂，却又至关重要，必须给予高度关注，并对边疆地区进行有效治理。边疆治理作为社会治理的下位概念，在满足社会治理总体特征的前提下，具有鲜明的个性特征和内涵。周平认为，"从本质上看，边疆治理是一个运用国家权力并动员社会力量解决边疆问题的过程"①，这一定义强调国家权力

---

* 国家社会科学基金重大专项项目"社会主义核心价值观与法治文化建设研究"（项目编号：17VHJ005）。
** 闫晓君，理学博士，西北政法大学教授，博士生导师；韩丽，西北政法大学博士研究生。
①　周平：《我国的边疆与边疆治理》，载《政治学研究》2008 年第 2 期。

和社会力量在边疆治理中的共同作用,是动员和被动员的关系。方盛举则称"边疆治理是以政府为核心的多元主体为实现边疆的安全、稳定和发展,依法对边疆区域内的公共事务进行管理和处置的活动及其过程"①。这一定义明确了边疆治理的主体、目标以及边疆治理的主要内容,即"公共事务的管理和处置活动及其过程"。吕文利在《新时代中国边疆治理体系与治理能力现代化:意蕴、内涵与路径》一文中,强调中国共产党的领导在边疆治理中的地位和作用②。

有效治理离不开制度的支持,制度和治理两者相辅相成、相得益彰。制度是治理的依据,制度的性质决定治理的方式;治理是制度的实践,制度的实践过程就是治理。治理制度包括宪法、法律、政策等,需要说明的是,基层社会治理的制度资源不同于国家和政府治理的制度资源。前者主要依靠宪法、法律,后者主要依靠社会规范③。习惯是社会规范的重要组成部分,而且在边疆基层社会治理中习惯的作用更加明显。

学界对民事习惯的研究,大都聚焦于具有社会普遍意义的习惯研究,鲜少将视野放到边疆地区的民族习惯。本文以2018年1月1日至2022年9月30日在中国裁判文书网发布的210份相关民事裁判文书为研究对象,对其主要内容特别是"本院认为"部分作细致的法理分析,从而透视中国边疆地区民族习惯在司法中的援用并对案件事实认定或法律依据选择所产生的影响,以期在边疆治理视域下对完善民族民事习惯的司法适用提出合理化建议。

一、民族习惯司法适用的理论基础

《中华人民共和国民法典》将"习惯"一词写入民法条文,第十条规定"处理民事纠纷,应当依照法律;法律没有规定的,可以适用习惯,但是不得违背公序良俗"。《中华人民共和国民法典》中"习惯"(包含"习惯""当地习惯""交易习惯""风俗习惯")一词共出现十九次,其中"交易习惯"出现十四次。第一千零一十五条规定"少数民族自然人的姓氏可以遵从本民族的文化传统和风俗习惯",直接体现了民事立法对民族民事习惯的尊重和认可。

(一)《民法典》第十条对"习惯"的界定

准确地适用习惯作为民事的裁判依据以明确习惯的内涵和构成为前提。《中华人民共和国民法典》中所称的习惯的性质,即是指事实上的习惯还是习惯法,学界存在一定争议,前者似乎更具说服力。"习惯法是由习惯发展而来的一种法律渊源,而事实上的习惯

---

① 方盛举主编:《当代中国陆地边疆治理》,中央编译出版社2017年出版,第49-50页。
② 参见吕文利:《新时代中国边疆治理体系与治理能力现代化:意蕴、内涵与路径》,载《云南社会科学》2021年第1期。
③ 参见汪世荣:《"枫桥经验"视野下的基层社会治理 制度供给研究》,载《中国法学》2018年第6期。

则是经过长期的历史积淀而形成的一种为人民自觉遵守的行为模式。这种行为模式获得社会成员或国家的认可，成为习惯法，便具有法的约束力，成为法的渊源之一。"① 可知，将习惯作为民事裁判的依据，是国家司法对事实上的习惯的一种认可。但是某个习惯被司法机关通过民事裁判的方式适用后，是否意味着其上升为习惯法，且对今后的案件或者其他法院具有约束力？答案或许是否定的。在具体个案中，法官适用某个习惯并形成生效判决，对具体个案的当事人具有法律约束力。但是不可否认习惯具有一定的地域性和特殊性，已生效的判决对其他案件的影响，理应具体问题具体分析。而这也是本文采取相对微观的视角来对民事习惯中的民族财产习惯进行重点考察的重要原因。

（二）习惯与法律规则、法律原则的关系

法律规范一般可分为强制性法律规范和任意性法律规范，强制性法律规范的适用应当优先于习惯，但是任意性法律规范是否能够优先于习惯，尚存在不一致观点。一般情况下，法律规范优先于习惯适用，这是在《中华人民共和国民法典》第十条中确定的。但是在一定情况下，任意性法律规范可能劣后于习惯适用。如民法典第一百四十条的规定，在认定沉默是否可以视为意思表示时，将交易习惯作为认定依据之一。立法赋予习惯补充或解释当事人意思表示的功能，那么习惯的效力就可能优先于任意性法规。

而对于法律原则与习惯的适用，首先习惯的适用应当符合公序良俗等民法基本原则要求，民法典第十条明确"不得违背公序良俗"。其次在习惯符合民事基本原则要求的前提下，考虑到习惯相较于原则更为具体，利于保持法律秩序的稳定，可优先适用民事习惯。民族民事习惯的适用与一般民事习惯适用同理，而且民族民事习惯更具有法律意义。

二、民族民事习惯司法适用的现状分析

（一）中外习惯的司法适用的比较

作为普通法系代表的英国，习惯属于法律渊源之一，甚至英国制定法中许多概念需要借助判例进行解释。1804年颁布的《法国民法典》并未将习惯确定为民事法律渊源，更有法律规定自《拿破仑法典适用》之日起，法官不得再从国王敕令、习惯等规范中寻找裁判依据②。但是随着工业革命到来和社会结构的变化，法国民法学者开始认可习惯作为法律渊源的地位，法国法院开始对习惯规则进行确认，并在司法中适用。同样，《德国民法典》虽然也未在法律条文中明示习惯的法源地位，但是司法实践中不乏某种习惯出现在最高法院的判例中，借助司法实践而成为习惯法③。

民国时期，大理院和司法部通过发布判例和司法行政命令，将民事习惯引入司法审判

---

① 刘作翔：《法理学》，社会科学文献出版社2005年出版，第92页。
② 参见谢鸿飞：《论习惯在近代民法中的地位》，载《法学》1998年第3期。
③ 参见［德］卡尔·拉伦茨：《德国民法通论》，王晓晔等译，法律出版社2013年版，第15页。

之中。民初司法机关审理案件时，以现行律民事有效部分为法律依据，但是显然不能满足社会经济发展的变化和民事案件激增的现状，民事习惯在民事诉讼中具有重要地位。1915年北洋政府发布《审理民事案件应注重习惯通饬》要求各地审判机构注意在民事审判中适用民事习惯，并对民事习惯的调查取证做了规范。大理院上字一二二号判例规定，"法无明文规定者，从习惯；无习惯者，从条理。"在法律实践层面确定了习惯作为法律渊源的地位。而且对于民事习惯在司法审判中的具体适用，区分显著习惯和非显著习惯，确定不同的适用规则。

（二）民法典实施前后民族民事习惯司法适用的总体分析

鉴于《民法典》涵盖了《民法总则》的内容，且《民法典》第十条习惯司法适用的条款与《民法总则》中基本一致，为更好地梳理《民法典》颁布后民族习惯的司法适用问题，有必要对2017年10月1日《民法总则》生效后的适用进行研究。故本文选取2018年至2020年《民法总则》生效后而《民法典》尚未生效时期，和2021年至今《民法典》生效后时期这两个时期民族习惯的司法适用进行对比，便于构建更为合理的司法适用机制。

以此为前提，本文对"中国裁判文书网"数据库中公开生效的裁判文书进行统计分析，限定民事案由，以"民族习惯"为关键词，进行全文检索。截至2022年9月30日，共获得案例418个。在2018年1月1日至2022年9月30日期间210个，其中2022年6个、2021年34个、2020年52个、2019年48个、2018年70个，作为本文的分析样本。

1. 区域分布

2021年1月1日—2022年9月30日，40个案件分布在天津市（1）、内蒙古自治区（1）、吉林省（1）、山东省（1）、四川省（10）、青海省（2）、辽宁省（1）、上海市（1）、河南省（1）、广西壮族自治区（1）、贵州省（5）、云南省（2）、西藏自治区（1）、甘肃省（1）、新疆维吾尔自治区（2）。可知，四川省、贵州省受理案件数量居多，其余区域均为1到2起。

2018年1月1日—2020年12月31日，170个案件分布在北京市（1）、天津市（4）、河北省（3）、辽宁省（2）、浙江省（1）、安徽省（2）、河南省（4）、湖北省（1）、广东省（4）、广西壮族自治区（24）、四川省（19）、贵州省（15）、云南省（43）、甘肃省（6）、青海省（19，含最高人民法院1起）、新疆维吾尔自治区（3）、新疆维吾尔自治区高级人民法院生产建设兵团分院（3）、内蒙古自治区（1）、西藏自治区（2）、陕西省（1）、宁夏回族自治区（5）、山西省（2）、黑龙江省（4）、海南省（1）。可知，云南省、广西壮族自治区、四川省受理案件数量居多，青海省、贵州省也受理十余起案件，其余省份不到十起。

综上，《民法典》颁布前后受理案件数量均处于前三的为四川省，总体看来贵州省、云南省、广西壮族自治区、青海省等边疆地区或者少数民族聚居地区案件受理数量居多。

2. 层级分布

2021年1月1日—2022年9月30日，40个案件由高级法院审理的3起、中级法院审理的14起、由基层法院审理的23起。

2018年1月1日—2020年12月31日，170个案件由最高法院审理的1起、高级法院审理的7起、中级法院审理的50起、基层法院审理的112起。

综上，基层法院审理的案件居多，最高法院审理的1起，即2018年11月30日青海湘商投资产业发展有限公司、山东世纪经纶营销企划有限公司技术服务合同纠纷，在裁定书中对"藏文竖写"是否违背民族习惯，"藏文不得竖写"是否为众所周知的常识作出的认定。

3. 案由分布

2021年1月1日—2022年9月30日，其中人格权纠纷3起、婚姻家庭、继承纠纷18起、物权纠纷7起、侵权责任纠纷4起、合同、无因管理、不当得利纠纷6起、与公司、证券、保险、票据等有关的民事纠纷2起。

2018年1月1日—2020年12月31日，人格权纠纷11起、婚姻家庭、继承纠纷40起、物权纠纷11起、合同、无因管理、不当得利纠纷53起、知识产权与竞争纠纷2起、劳动争议、人事争议27起、与公司、证券、保险、票据等有关的民事纠纷2起、侵权责任纠纷23起、（2008—2011）——历史案由1起。

综上，2021年1月1日—2022年9月30日人格权纠纷、婚姻家庭、继承纠纷等人身权纠纷案件18起，占同期所有民事案件的45%，2018年1月1日—2020年12月31日人格权纠纷、婚姻家庭、继承纠纷等人身权纠纷案件78起，占同期所有民事案件的46%，可知《民法典》颁布前后人身权与财产权纠纷所占比例并未发生明显变化，但是具体案由案件有所变化，比如《民法典》颁布后劳动争议、人事争议纠纷尚未出现，与此同时人格权纠纷、婚姻家庭、继承纠纷案件比例大幅度下降。

（三）我国民族民事习惯司法适用实践

经检索，在"中国裁判文书网"上获取的以"民族习惯"为关键词的民事案件中，以判决书方式结案的399起，以裁定书方式结案的19起。本文选取的在2018年1月1日至2022年9月30日期间的210个案件中，以判决书方式结案的195起，以裁定书方式结案的15起。通过对所选取样本的整理分析，研究法院在具体个案中对民族民事习惯的适用。

1. 法院适用民族民事习惯的情形

一是查明案件事实。此时民族习惯的作用主要体现在作为法律事实构成的要素上，强调的是"事实性"。首先，民族习惯会对侵权纠纷赔偿金额产生影响。在吉林省白山市中级人民法院审理的中国人民财产保险股份有限公司江源支公司、李宝国等机动车交通事故责任纠纷二审中，在关于营养费标准问题上，一审法院认为"因李宝国系回族，结合其民族习惯，每日 50 元并不为过，对此法院予以支持"①，二审法院予以维持。在四川省会东县人民法院审理的安正德、安正荣等与吴大信等机动车交通事故责任纠纷一审中，原告安正德、安正荣提出诉讼请求除死亡赔偿金、丧葬费、车费、精神抚慰金以外，另有"彝族安葬人工费损失"一项，虽然判决中并未对其进行详细解释，法院在判决结果中也未予采纳。但是法院认为"原告诉请的彝族安葬费 5000 元，应属于丧葬费用中，其在第 2 项诉请中已包含，其再请求属重复诉请，本不应支持。但此次交通事故死者马某属彝族，本院体现司法尊重少数民族习惯精神，维护少数民族合法权益、维护民族团结角度考虑，可以适当考虑支持该项费用 3000 元为宜。"② 可见，法院实质上对"彝族安葬人工费损失"是认可的，并且判决相应赔偿金额。在中国某财产保险有限公司阿勒泰地区分公司与王某、张某乙等机动车交通事故责任纠纷二审中，一审法院援用本地处理丧事的一般惯例及民族民事习惯，认定双方当事人争议的误工时间为 7 天，二审法院予以维持③。

其次，民族习惯会对劳动争议纠纷节假日时间认定产生影响。我国幅员辽阔、民族众多，各民族生活习俗各异，在多年的发展中形成不同的民俗和节庆文化。考虑到尊重少数民族风俗习惯，根据国务院《全国年节及纪念日放假办法》（2014 年 1 月 1 日起施行版）第四条规定："少数民族习惯的节日，由各少数民族聚居地区的地方人民政府，按照各该民族的习惯，规定放假日期"。据此，《新疆维吾尔自治区人民政府关于修改〈新疆维吾尔自治区少数民族习惯节日放假办法〉的决定》《广西壮族自治区少数民族习惯节日放假办法》等地方性规章对民族习惯节日作出规定，如新疆维吾尔自治区肉孜节、古尔邦节、广西壮族自治区三月三节等。在广西洁邦环保科技有限公司上林县分公司、邱炳朝劳动争议一审、新疆华蒙通物流有限公司与冯国权劳动争议一审、周其备、广西万德丰物业服务有限公司劳动争议二审等案件中，法官根据法律法规以及地方性法规、规章在对节假日作出认定基础上，对加班工资的支付作出判决。而且在平果超能电子医疗器械科技有限公司、广州市泽誉信息科技有限公司买卖合同纠纷二审中，认为超能公司辩称"壮族三月三"并非国家法定节假日缺乏依据。

再次，民族习惯对原被告主体资格的确定的影响。在顾海燕与赤列顿珠修理合同纠纷一审案件中，欠条中所载的被告名称"赤列"，与被告名称"赤列顿珠"不符，但考虑到民族习惯，即仅用姓名中的前两个字代替全称，认定被告主体适格④。另在焦咩方团诉焦月方团、王二团旺、焦岩凹门买卖合同纠纷一审案件中，原告提交了一份证据，即芒市风

---

① 吉林省白山市中级人民法院（2022）吉 06 民终 365 号民事判决书
② 四川省会东县人民法院（2018）川 3426 民初 647 号民事判决书
③ 参见新疆维吾尔自治区乌鲁木齐市中级某甲法院（2018）新 01 民终 66 号民事判决书
④ 西藏自治区拉萨市堆龙德庆区人民法院（2019）藏 0103 民初 1091 号民事判决书。

平镇风平村委会芒波村民小组出具的证明，证实因傣族的民族习惯，喜欢取小名，原告和收据中方团为同一人，法院予以认可。①

二是裁判民事案件。此时民族习惯的作用主要体现在法律论证过程中的援引，强调的是"规范性"。首先，民族习惯对民事归责的影响。在李精成、李聚黄等健康权纠纷、廖兴文、王正兰生命权、健康权、身体权纠纷等侵权案件中，民事习惯在认定是否存在侵权行为以及是否具有过错中发挥了作用。"各方当事人之间按民族风俗基于双方系家族关系相互之间拜年喝酒，符合当时的民族习惯""因当地"看会"，张玉宝提供酒水给亲戚朋友就餐，符合当地的民族习惯和民风民俗"②，在判断当事人对损害是否承担赔偿责任时，先对喝酒行为是否符合民族习惯进行评价，在符合民族习惯的前提下再具体分析当事人是否存在过错、是否尽到安全义务。

其次，民事习惯对婚姻家庭纠纷的影响。经过对所选样本的分析，发现民事习惯在婚姻家庭及其衍生出的纠纷中的适用是比较常见的。彩礼返还、婚姻成立、子女抚养、父母赡养等案件中，民族习惯的适用与否往往对裁判结果发生重大影响。在婚姻财产纠纷案件中，基于当地民族习惯，男方于婚前支付一定的财物给女方，可称为彩礼，在符合《最高人民法院关于适用〈中华人民共和国民法典〉婚姻家庭编的解释（一）》第五条的前提下，法院予以支持。但是在特殊情况下彩礼并非全部返还，如在马某1与马某婚约财产纠纷一案中，法院认为"马某1与马某12虽经人介绍确立恋爱关系后。按照民族习惯举行了婚礼，但双方未办理结婚登记，现双方不愿继续共同生活，故马某1主张返还彩礼符合法律规定应予支持。鉴于双方已经共同生活并生育了孩子，基于公平原则和公序良俗原则，马某12、马某13、马某14按40%比例返还较为妥当，对答辩意见予以采纳，确定为30800元。"③ 在本案中，虽然双方未办理结婚登记，但是考虑到生活事实，法院最终判决彩礼部分返还。另外，在王某与刘某1、刘某2分家析产纠纷一案中独生子与父母同家居住共同生活的习惯，何乜配、罗雪、罗春等承包地征收补偿费用分配纠纷一案中儿子承担父母亲丧葬费用的主要支出、女儿在葬礼中亦购买牲畜进行祭祀的习惯，韦长平、陈秀文等与韦立杰赠与合同纠纷一案中所有家庭成员无论长幼均应视为家庭财产的共有人的习惯等，皆是对民族习惯的理解和认可。

另外，民族习惯对其他民事纠纷也发生影响。在艾永立与申玉海侵权责任纠纷一案中，内蒙古自治区宁城县人民法院"新坟是随祖坟而葬"的民族习惯，认为被告申玉海家在争议墓地原先埋有祖坟，被告申玉海家可以在争议土地埋葬新坟，现原告艾永立以被告申玉海家的坟墓侵占他家的林地为由起诉要求被告申玉海将坟墓迁出的要求不符合当地民

---

① 云南省芒市人民法院（2018）云3103民初324号民事判决书。
② 贵州省黔东南苗族侗族自治州中级人民法院（2021）黔26民终3020号民事判决书。
③ 甘肃省兰州新区人民法院（2020）甘0191民初1704号民事判决书。

族习惯，违背公序良俗，故对原告要求被告停止侵权行为恢复土地原状的诉讼请求不予支持。①

2. 法院排除适用民族民事习惯的情形

上文所述及的皆为法院在对具体案件的判决中对民族习惯予以适用的情形，或是基于查明案件事实的需要，或是作为对案件裁判的依据，总之体现的是法院对民事习惯的认可。但是并非所有的民族习惯都能得到司法审判的采纳，根据《民法典》第十条的规定，习惯的适用是有前提条件的，即法律没有规定的，且不得违背公序良俗。在对所选样本进行分析中，发现法院对民族民事习惯的排除适用也是常有的。首先，在法律有规定的情形下民族习惯的排除适用，最典型的是对以民族习惯缔结婚姻关系的不认可。在杨落芳、沈建同居关系析产纠纷一案中，云南省宁蒗彝族自治县人民法院认为"原告杨落芳与被告沈建未依法办理结婚证，按民俗举办婚礼后开始同居生活，原、被告双方属同居关系，不是合法的婚姻关系。"②但是，即便对婚姻关系不认可，对同居关系存续期间的权利义务的处理上又做了考虑。在阿某1与阿某2、阿某3婚约财产纠纷一案中，对于被告阿某3应返还其从原告阿某1处收取的彩礼款一事，"鉴于原、被告于×××年××月××日按民族习惯举行婚礼，且以夫妻名义共同生活了一段时间，故本院酌情考虑被告返还原告彩礼120 000.00元"。③而且，对于彩礼返还的数额，民族习惯中不符合法律规定的，法院也不予支持。在尺某、卢某离婚纠纷一案中，对于尺某"因卢某过错造成离婚，按照彝族习俗以彩礼的三倍赔偿尺某135000元的主张，法院认为"尺某并无证据证明造成离婚的原因是因卢某过错所致，且在诉讼前和诉讼过程中，双方也未按照石棉县彝族风俗习惯调解成功。故尺某的该项主张，由于无证据证明符合法律规定，或者符合石棉县彝族风俗习惯，本院不予支持。"④

此外，在合同纠纷中也可能存在对民族习惯的排除适用。韦忠平、胡廷英合同纠纷二审一案中，云南省文山壮族苗族自治州中级人民法院在对韦忠平、胡廷英与西山社区中寨小组之间口头协议的效力如何的问题进行审理中，援引《中华人民共和国森林法》第十五条第三款，森林、林木、林地的所有者和使用者应当依法保护和合理利用森林、林木、林地，不得非法改变林地用途和毁坏森林、林木、林地，和《殡葬管理条例》第十条第一款禁止在耕地、林地建造坟墓的规定，认为"双方口头达成的上述协议具备合同的性质，该合同内容涉及改变西山社区中寨小组所有的集体林地用途为建造坟墓，违反了上述法律、行政法规的强制性规定，且随着文山市殡葬改革政策的推行，韦忠平、胡廷英建盖的空坟

---

① 参见内蒙古自治区宁城县人民法院（2019）内0429民初3341号民事判决书。
② 云南省宁蒗彝族自治县人民法院（2021）云0724民初13号民事判决书。
③ 四川省昭觉县人民法院（2018）川3431民初18号民事判决书。
④ 四川省雅安市中级人民法院（2021）川18民终595号民事判决书。

墓已被政府部门拆除。"① 故根据《中华人民共和国合同法》第五十二条第五款的强制性规定，认定韦忠平、胡廷英与西山社区中寨小组达成的口头协议属于无效合同。

值得注意的是，青海湘商投资产业发展有限公司与山东世纪经纶营销企划有限公司技术服务合同纠纷中，青海省海东市中级人民法院一审、青海省高级人民法院二审至最高人民法院再审，双方围绕山东世纪经纶营销企划有限公司提供的产品宣传页、包装标识等涉及是否违背民族习惯发生争议，一审法院以未提供证据予以证实驳回原告请求。二审法院认为"因未提交证据予以证实，结合其在接受经纶企划公司工作成果时并未提出异议这一事实，故对其主张不予采信"②，最高人民法院在再审中认为，"经查，经纶企划公司在履行合同义务期间，已及时将上述工作成果通过邮件发送至湘商投资公司指定邮箱中，湘商投资公司接收上述工作成果，对此并未提出任何书面异议。湘商投资公司并未提交证据证明，'藏文竖写'违背民族习惯，也无确切证据证实'藏文不得竖写'为众所周知的常识。故对湘商投资公司的相关主张不予支持。"③ 可知，主张适用民族习惯的一方承担一定的举证责任，否则要承担举证不能的后果。

3. 其他情形

通过考察2018—2022年中国裁判文书网公开的民事判决发现，除了在具体案件中对民族习惯的适用以外，民族习惯适用的原则偶尔也会在民事判决中被提及。在吉某1、吉某2等婚约财产纠纷民事一审民事裁定书中，"按照民族习惯支付彩礼或者返还彩礼，应当以法律为依据，禁止结婚索取财物，尊重婚姻自主选择权，践行自由和平等的社会主义核心价值观，结合民族习惯，依法妥善处理案涉纠纷"。④ 在尺某、卢某离婚纠纷民事二审民事判决书中，"尊重少数民族风俗习惯，是党和国家民族政策的重要组成部分，妥善运用民族风俗习惯，结合我国相关法律规定处理纠纷，有利于定分止争。但在作为少数民族的双方当事人进行诉讼时，民族风俗习惯必须符合相关的法律规定。"⑤

另外，民族商事习惯在案件判决中的适用值得关注。相较于民事习惯，商事习惯在具体案件中的适用具有复杂性，需要考量的因素也更为多元。由于我国民事立法秉持民商合一的传统，商事习惯亦为《民法典》第十条文义涵摄的法源范围。在马俊林与李亮亮合同纠纷一案中，被告李亮亮辩称被答辩人在距离答辩人兰州拉面馆不足一千米处开设兰州拉面馆的行为违反民族习惯，指出"对于经营兰州拉面生意，甘肃及青海回族人民通过总结经营经验和习惯，为了保护兰州拉面品牌源远流长，避免民族内部同行业恶意竞争或不正当竞争，经民族商会和拉面协会共同商定，民族内部经营兰州拉面馆在县城不得在原有的

---

① 云南省文山壮族苗族自治州中级人民法院（2020）云26民终461号民事判决书。
② 青海省高级人民法院（2022）青民申366号民事裁定书。
③ 最高人民法院（2018）最高法民申5199号民事裁定书。
④ 四川省马边彝族自治县人民法院（2022）川1133民初113号民事裁定书。
⑤ 四川省雅安市中级人民法院（2021）川18民终595号民事判决书。

拉面馆周边一千米开设第二家兰州拉面店。"① 河南省延津县人民法院在判决中，虽然未对兰州拉面馆的开设距离是否符合民族习惯作出认定，但是判决双方基于开设距离所签订的马俊林与李亮亮的补偿协议有效，驳回了原告马俊林的诉讼请求。

三、民族民事习惯司法适用的实践困境

虽然《民法典》对民事习惯的司法适用提供规则指引，但是以《民法典》第十条为主的法律规范仅为原则性规范，而且民事习惯司法适用规则并未考虑民族习惯具有不同于民事习惯的特殊性，从而导致法院在适用民族民事习惯时可能面临较多困境。

（一）民族民事习惯规范性的欠缺

与一般民事习惯一样，"民族民事习惯具有内源的传统型、地域性与环境有限性、不确定性等固有缺陷"②，但是民族习惯还具有自身特点，需要我们在司法适用中予以重视。一是民族性。作为民族成员在长期的生产、生活和社会交往中形成的行为规范，民族民事习惯历史的惯性和约定俗成的韧性使其成为国家法之外解决社会纠纷的重要规则。民族民事习惯因民族的不同而不同，甚至同一民族不同地域的习惯都会有所差异。二是历史性。早在晚清民国时期，涉外民商事案件的法律渊源主要包括国内立法、条约和习惯三个方面的内容。由于民族较多且分布较广，各民族在处理纠纷时的习惯也有不同，在处理涉外纠纷时所采用的地方习惯法难免侵染民族特色，比如，回民往往依据"经典"调解纠纷，所谓经典即指的是以《古兰经》为主的伊斯兰教经典。有清一代，虽然刑事案件一般由《大清律例》进行裁判，但是民商事纠纷依然采用地方民族习惯来解决。三是复杂性。由于历史原因，边疆民族地区经济发展往往滞后与内地省份，生长在兹的人民的社会认知、法律素养等也比较匮乏，他们在民事诉讼中援引的所谓民族民事习惯，不少是与国家法律法规不符的，甚至是严重违背的，比如以民族习惯而举办结婚仪式而不去办理婚姻登记，收养子女但并未履行相应手续等等，这种情况是对审判人员的一种考验，考验其是否能够处理好民族民事习惯和法律法规的关系，在具体案件的办理中准确地适用或排除适用某个民族民事习惯。

（二）民族民事习惯程序化的欠缺

针对习惯的生效要件，学界主流学说为"四要件说"③，即人人确信以为法之心，一定时期内反复为同一行为、法令所未规定之事项及无悖于公共秩序与利益。其中"法令所

---

① 河南省延津县人民法院（2019）豫 0726 民初 436 号民事判决书。
② 李可、韩秋杰：《〈民法典〉施行前后习惯司法适用机制疑难问题研究》，载《湖北民族大学学报（哲学社会科学版）》2022 年第 3 期。
③ 参见李可：《习惯法－一个正在发生的制度性事实》，中南大学出版社 2005 年版，第 198 - 200 页。

未规定之事项"和"无悖于公共秩序与利益"已被《民法典》第十条所采纳。但是"人人确信以为法之心"和"一定时期内反复为同一行为"缺乏外在的识别要件,在司法实践中如何对这两个要件进行识别和认定,值得我们思考。实践中,法院往往要求当事人对此要件予以举证证明。对于民族习惯是否符合"法令所未规定之事项"和"无悖于公共秩序与利益",需要法院在案件审理中予以审查,但是审查的原则、标准、程序等尚存在一定的争议。而且,民事习惯的适用方式多采用在判决书及其他法律文书中以间接说理论证的形式出现。

此外,在对商事习惯的适用中,也存在一些问题。首先由于商事习惯不同于贯彻市民社会理念的一般民事习惯,对商事习惯的评价存在专注于公平合理原则,忽视商事活动的灵活性和创新性等特点的缺陷。而且,基于对商事习惯弥补商法漏洞的谨慎,商事习惯较少作为判决依据,更多地出现在裁判文书说理部分。在马俊林与李亮亮合同纠纷一案中,法院甚至未对"清真面馆距离"这一回族习惯作出任何评价,而是以协议是否具有效力来作为判决的重要依据。此外,在司法实践中还存在商事习惯适用突破"商事制定法 – 民事制定法 – 商事习惯"的适用顺位的情况,这种突破是否应给与肯定,值得我们商榷。

四、完善民族习惯司法适用的建议

"民间规范的司法运用始终是一项需要持续推进的未完全理论化的事业"[①],作为民间规范的重要组成部分,民族民事习惯在司法审判中具有重要的功能作用,一方面它可以为民事案件审理特别是在缺乏法律法规的情况下提供一种裁判依据,另一方面它可以为各民族生活生产秩序的维系贡献力量。本文通过对民族民事习惯司法适用的现状分析及实践困境的分析,从宏观和微观两大方面提出完善民族民事习惯司法适用的建议。

(一)从宏观方面,建立民族民事习惯的查验机制,适时适地开展民族民事习惯调查工作

"民族习惯是各民族在长期的生产生活中自发形成的行为规范,具有内部性"[②],通过开展民族习惯调查将其显性化和固定化,是民族习惯能够规范地长久地适用于司法审判的先决条件。回顾历史,中国近代全国范围大规模的开展的民商事习惯调查主要有两次,一次是清政府于光绪三十三年(1907年)组织的民商事习惯调查,一次是民国七年(1918年)北洋政府组织的民商事习惯调查。此外,陕甘宁边区高等法院于1942年至1944年开展民事习惯调查,共收集8各县69条具有权利义务内容的民事习惯[③],形成了《中国民事

---

① 张智辉:《检察权优化配置研究》,中国检察出版社2014年版,第285-286页。
② 库尔特·勒温,陈思宇,曾文婕,黄甫全,潘蕾琼:《行动研究与民族问题》,载《民族教育研究》2019年第2期。
③ 参见汪世荣:《陕甘宁边区高等法院对民事习惯的调查、甄别与适用》,载《法学研究》2007年5月。

习惯大全》、北洋政府司法部《民商事习惯调查录》、南京国民政府司法行政部《民事习惯调查报告录》等调查成果，对清末民初的民事立法、司法产生深远影响。在对今日民族习惯调查的机制设计时，我们应该充分学习清末民初民商事习惯调查的经验。

首先，确定调查机构和人员。清末民事习惯调查始于光绪三十三年（1907年），由修订法律馆负责，同年各省设立调查局。民国七年（1918年），北洋政府司法部要求全国各地设立民商事习惯调查会，遂开始民商事调查运动。可知，无论是清末时期还是民国时期，民事习惯调查都建立了从中央到地方的调查机构，故而我们在考虑机构设置时，也要统筹兼顾中央和地方，做到政令统一、上情下达、下情上传，便于调查工作的开展。至于调查机构的人员，则可以司法人员为主，广泛动员基层工作人员、相关学者等参与，积极建言献策。而且考虑到民族习惯的特殊性，各级民族宗教主管机关也应加入。

其次，制订调查章程和规则。清廷分别于宣统元年（1909年）和宣统二年（1910年）颁布《法律馆调查各省商习惯条例》《调查民事习惯章程十条》，其中《法律馆调查各省商习惯条例》分为五个章节，对二十四种营业习惯的调查问题作出设计。及至民国时期，民商事习惯调查工作开始后，各地民商事习惯调查会陆续制定相应章程、规则，以《湖南省民商事习惯调查会章程及附属规则》为例，规章主要分为会章、调查规则、编纂规则三个章节。故而我们在开展民族习惯调查活动前，须先制订调查章程和规则，各地在中央调查章程的指导下，结合地方实际，制订适用于地方的章程。在章程内，不仅要规定调查目的、调查原则等，更要对调查内容和问题做详细规定。特别是对于商事习惯要给予足够的重视，可设置不同于民事习惯的调查内容和问题。

再次，收集整理调查成果。民事习惯调查在多大程度上能发挥作用，不仅在于调查活动的开展过程，也在于通过调查所得的资料的分析、整理。如果民事习惯调查完毕，即将收集的各类资料束之高阁，而不是将其进行系统研究，那么调查的意义将大打折扣，清末调查成果的散佚就不得不说是一个遗憾。在对调查成果的整理中，要明确由哪个机构来完成此项工作，这决定了成果的是否具有法律强制力，直接影响其在司法审判中的地位。也要明确调查成果的体例安排，是以地域进行分类，还是以习惯类别进行分类，考虑怎样的体例安排便于司法人员在审判实践中适用。

（二）从微观方面，完善民族民事习惯的适用机制，优化民族民事习惯的识别和适用

首先，在一般情况下民族民事习惯的适用劣后于法律的适用，但优于民事习惯的适用。根据《民法典》第十条的规定，只有在法律没有规定的前提下，才可能适用民事习惯，而民族民事习惯作为民事习惯的下位概念，当然需要受此条款的约束。但是需要注意，由于强制性规范体现国家公权对私法秩序的维护，是民事生活的"底线"，故而强制性规范必然优于民事习惯的适用。但是对于任意性规范是否优于民事习惯的适用，是值得

商榷的。若是严格按照《民法典》第十条的字面意思，似乎无论是强制性规范还是任意性规范都皆因其法律的地位而优于民事习惯的适用。但若考虑到民族民事习惯在解决民事纠纷中的功能优势，不妨赋予其优于任意性规范的适用顺位，原因是任意性规范可被视为是对当事人民事活动的指导和建议，当事人是可以通过约定进行排除任意性规范的适用，当事人若是通过约定排除规范的适用同时选择某种民族民事习惯的适用，理应得到司法裁判的认可。另外，关于民事习惯和民族民事习惯的适用顺位问题，是局部和整体的关系，也是特别和一般的关系。可以参考特别法和一般法的适用，因特别法优于一般法，故而民族民事习惯优于民事习惯，这样更有利于裁判结果的接受和遵循。

其次，在适用规则的设计上，既要重视民族习惯的识别，又不能忽视民族习惯的具体适用。在对民族习惯进行识别中，可以依据"四要件说"以外观标准和内在标准的双重标准对拟适用的民族习惯进行考察。在外观标准下，主要是对"人人确信以为法之心"和"一定时期内反复为同一行为"的审查，在青海湘商投资产业发展有限公司、山东世纪经纶营销企划有限公司技术服务合同纠纷等案件审理过程中，"藏文不得竖写"等民族习惯是否适用直接影响当事人责任分配进而对案件审判结果造成改变。但是由于无法证明拟适用的民族习惯是"众所周知的常识"，最终审理法院排除民族习惯在案件中的适用。在内在标准下，主要是对"四要件说"中另外两个要件，即"法令所未规定之事项"和"无悖于公共秩序与利益"的审查，与《民法典》第十条的规定相契合。在吉某1、吉某2等婚约财产纠纷、尺某、卢某离婚纠纷等案件审理过程中，"按照民族习惯支付彩礼或者返还彩礼，应当以法律为依据""但在作为少数民族的双方当事人进行诉讼时，民族风俗习惯必须符合相关的法律规定"等说法为民族习惯的适用奠定前提条件。在韦忠平、胡廷英合同纠纷一案的审理过程中，在一审法院认为"该协议符合当时殡葬政策、符合当时的民族习惯。依照民事法律的相关规定法律没有规定，可以适用民族习惯。该协议不违反法律强制性规定，合法有效"的情况下，而二审法院认为"双方口头达成的上述协议具备合同的性质，该合同内容涉及改变西山社区中寨小组所有的集体林地用途为建造坟墓，违反了上述法律、行政法规的强制性规定，且随着文山市殡葬改革政策的推行，韦忠平、胡廷英建盖的空坟墓已被政府部门拆除。因此，本案韦忠平、胡廷英与西山社区中寨小组达成的口头协议属于无效合同"。本案中，民族民事习惯是否违反法律规定，民族民事习惯是否能够适用，直接影响当事人之间合同效力，虽然两级法院的裁判结果大相径庭，但是均对该民族习惯进行了适用与否进行了论证。

此外，通过对所选取案件的考察发现，在民族民事习惯的适用问题上，审理法院多采取的是"谁主张谁举证"原则，即主张适用民族民事习惯的一方向法院提供相关证据，证明民族民事习惯能够适用于案件处理中，若不能证明，则承担举证不利的责任，青海湘商投资产业发展有限公司、山东世纪经纶营销企划有限公司技术服务合同纠纷等案件中皆是由于当事人举证不能，而未能对民族习惯予以适用。但是举证证明民族习惯符合"四要件说",对于当事人来说,是有一定难度的,特别是长期生活在边疆地区的普通民众,对法律规定、证据规则的知悉程度致使他们可能无法完成,而且民族民事习惯本身固有的复杂性也不易于普通民众获取和证明。在这种情况下,审理法院应当采用积极的态度,必要的时候可依职权调取证据,并进行司法判断和审查后,直接运用于具体案件的裁判之中。法院可采取阅读文献、咨询专家、函询有关单位等方式,也可采用选择具备相关知识的陪审员或者采用巡回审判等方式,来充分准确地了解案件涉及的民族民事习惯。另外,在民事案件的调解过程中,纠纷处理解决的方法更具灵活性和多元性,尊重民族民事习惯对双方的纠纷进行调解,更有利于实现定分止争的目的。在李伟、李牛记等与李小四解除收养关系纠纷一案中,云南省元阳县人民法院认为"本案纠纷发生地系少数民族哈尼族聚居区,社会发育程度相对滞后,公民法律素养有待提升,民族习惯与风俗与村规民约等对人们的日常生活有相当的约束力,在与法律规定没有原则性冲突时,少数民族优秀传统文化对促进当地社会进步与稳定、经济的发展起到一定作用"。[①]

结　语

民事习惯长期以来一直是乡村社会治理和乡村秩序构建的纽带,同时也是中华民族传统文化的积淀和体现,民族民事习惯在中国古代边疆地区纠纷处理中也发挥着重要作用。晚清时期,中俄双方官员定期在西北边境地区组建会审法庭,适用哈萨克族习惯法和伊斯兰教法,对民间民刑纠纷进行处理,即所谓司牙孜制度。根据《哈萨克法初探》的记载"十九世纪末,在塔城、伊犁、喀什噶尔附近中俄边界地区,沙俄、清朝官员和哈萨克部落头人每三年、五年开会一次,讨论双方纠纷问题,依哈萨克习惯法清理两属边民互控积案。"自1879年创办司牙孜以来,中俄共举办司牙孜16次,其中塔城9次,伊犁5次,喀什噶尔2次,另举办规模有限的司牙孜会若干,共办结三万五千余件中俄边民纠纷。[②] 司牙孜制度的建立,对晚清时期中俄边民纠纷的裁判发挥积极作用,并对今日国际纠纷的和平解决提供有益借鉴。

如今,习惯作为乡村治理的一种本土资源,是传统乡土社会构建和稳定社会秩序的纽带,也是乡村社会治理最常见的一种表现形式。当下乡村尤其是边疆民族地区的乡村经济仍然不太发达,民族民事习惯在民族地区基层社会治理中发挥重要作用。民族地区的村寨族长、元老、新乡贤参与下的民族地区基层社会治理,民族民事习惯正在逐渐潜移默化地发挥着一定的功能作用,形成一种具有约束力的"非正式制度"。在边疆民族地区,人们常常还不习惯通过司法来解决矛盾纠纷,"不愿打官司"或者"害怕打官司"的认知普遍存在。对于他们来说诉讼程序解决纠纷不仅成本高,而且不一定能满足他们想要"论理"

---

① 云南省元阳县人民法院(2018)云2528民初537号民事判决书。
② 参见厉声著:《中俄司牙孜会谳制度研究》,载《新疆社会科学》1988年第4期。

或者"说请"的需求，与此相反习惯则扮演着非常重要的角色。在边疆地区基层社会治理中，不只需要不断加强法治乡村建设，及时发现并有效处置影响社会稳定的苗头性、倾向性问题，而且需要把法律的"硬治理"与道德、习惯等的"软治理"结合起来，充分发挥民族民事习惯在解决纠纷和维护社会稳定方面的积极作用。

Judicial application of national civil habits from the perspective of frontier governance
—Jurisprudential analysis based on 210 judgment documents

Yan Xiaojun, Han Li

Abstract: This paper takes 210 relevant civil judgment documents published on the website of China Judgment Documents from January 1, 2018 to September 30, 2022 as the research object, and makes a detailed legal analysis of their main contents, especially the part of "the Court's opinion". In this paper, the application of ethnic customs in judicature in China's border areas and its influence on the determination of case facts or the selection of legal basis are analyzed in order to put forward reasonable suggestions on improving the judicial application of ethnic civil customs in the perspective of border governance.

Key words: frontier governance; national civil customs; judicial application

高等学校教师职称评审外审程序的法治与自治
——以台湾地区教师升等为镜鉴[*]

杜国强[**]

摘　要　在台湾地区的教师升等中,外审程序有助于教评会在专业判断领域对教师升等作出最为妥当之决议。虽然法令规范与大学自治规章对此已经形成比较完善的制度框架,但外审程序是否存在瑕疵仍然是诸多案件攻防的焦点,争议涉及外审委员的资格与遴选方式、外审的前置环节、二次外审的容许性、外审意见的拘束力等方面,"最高行政法院"透过具体个案的判决澄清了相关问题,既体现了法治保障教师基本权利的精神,又促进了大学自治下规章品质的提升。我国大陆地区对此应予以借鉴,妥善处理高校教师职称评审外审程序中自治与法治的关系。

关键词　教评会　教师升等　外审程序

一、问题的提出

尽管 2018 年科技部、教育部等四部门联合发文开展了对"唯论文、唯职称、唯学历、唯奖项"的专项清理行动,论文在职称晋升的重要性仍然不能低估。如果承认科研是教师的基本职责之一,论文又是最能体现教师科研水平的指标,前述清理运动毋宁说是针对教师评价中指标的单一化与"数量至上"的不良倾向,这也是职称评审中代表作制度产生的基本背景。

---
[*] 国家社会科学基金重大研究专项项目"全面推进依法治国与国家治理法治化研究"（项目编号：17VZL008）
[**] 杜国强,管理学博士,西北政法大学行政法学院副教授,硕士生导师。

按照《职称评审管理暂行规定》第6条的规定，职称评审委员会（下简称"职评会"）负责评议、认定专业技术人才学术技术水平和专业能力。又根据2016年中共中央办公厅、国务院办公厅印发《关于深化职称制度改革的意见》的要求，职称评审推行代表作制度，重点考察研究成果和创作作品质量要"建立以同行专家评审为基础的业内评价机制，注重引入市场评价和社会评价"。因此，职评会虽属于高等学校教师职称评审决定的参与作出机构，但其在收到职称评审申请后，应首先将教师提交的代表作转由同行专家外审，这已成为职称评审中的标准动作。

近年来，因为外审程序引发的纠纷开始出现，例如复旦大学教师陈云申报教授职称，2009年进入外审程序前被国际关系与公共事务学院教授会预审投票否决，2010年进入外审程序后却没能通过，她认为，"要么是外审专家给出了不恰当结论，要么就是受到了外部干扰或暗示"[1]。陈云后来选择向复旦大学申请公开每位外审专家的评审意见和结论，以及外审专家的基本情况。有公法学者亦敏锐地注意到，"对代表作的匿名评审程序极不规范，往往为极少数掌握内幕信息者所操纵，甚至出现故意打压特定申报者、匿名评审不通过重新选择专家评审等光怪陆离的现象。"[2]

在台湾地区，教师评审委员会（下文简称"教评会"）是与大陆地区职评会对应的机构，其职权包括但不限于教师聘任、资格审定、职称升等等事项。又因为，前述事项大多涉及高度专业性的判断，教评会有力所不及之处，故按照法令规范与各大学的自治章程，须将相关材料送交外审委员提出审查意见，这与大陆地区教师职称评审中的外审程序确有相通之处。教评会对外审委员的审查意见通常采取尊重立场，进而导致外审程序对教师基本权利具有间接但实质的影响。于是，外审程序是否存有瑕疵，便成为诸多纠纷各方攻防的战场所在。

本文以台湾地区大学教师升等纠纷为中心，主要透过对相关案例的剖析，揭示台湾地区外审程序及其重要规则，以期引发对大陆地区高校教师职称评审外审程序中法治与自治关系的思考。

二、嵌套在教评会体制中的外审程序

在台湾地区，大学教师升等是一个从教师提交申请到学校送达教评会决议的连续过程，图1是台湾地区法令规范规定的完整教师升等步骤，[3] 各个大学的自治规章基本与此

---

[1] 参见《复旦女副教授告母校：职称评审中遭受不公正对待》，http://roll.sohu.com/20120820/n351046670.shtml，访问日期：2019-11-18。

[2] 章志远：《论公立高校职称评审行为的司法审查》，载《福建江夏学院学报》2012年第5期。

[3] 各校情况略有不同，有的外审程序发生在系教评会环节，有的出现在院教评会环节，有的更实行院校教评会二轮次送审或者系院校三轮次送审。对于后者，董保城教授认为，"升等不是权利救济，也不是升官等，只有一个专业见解，不须叠床架屋铺陈三级三审。"董保城：《法治与权利救济》，元照出版有限公司2006年版，第167页。

框架保持一致。

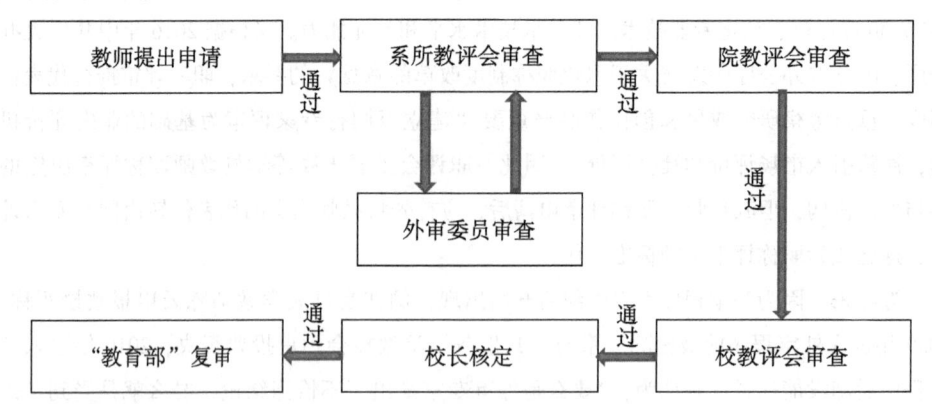

图 1　台湾地区教师职称升等流程

可以看出，教评会体制构成了外审程序的运作框架，外审则是教评会进行审议的必经步骤，外审程序是嵌套在教评会运作的"大程序"中的"小程序"。

（一）教评会与外审程序

"大学法"第20条规定："大学教师之聘任、升等、停聘、解聘、不续聘及资遣原因之认定等事项，应经教师评审委员会审议。学校教师评审委员会之分级、组成方式及运作规定，经校务会议审议通过后实施。"低位阶的"教育人员任用条例"第14条将大学教师的职称等次即通常的升等顺位分为讲师、助理教授、副教授、教授，其他条款同时规定了各等次的基本资格，以副教授为例，需要具备下列条件之一：（1）具有博士学位或其同等学历证书，曾从事与所习学科有关之研究工作、专门职业或职务四年以上，并有专门著作者；（2）曾任助理教授三年以上，成绩优良，并有专门著作者。"专科以上学校教师资格审定办法"（下简称"审定办法"）第29条对教师升等的基本程序进行了明确："教师资格审定，由学校办理初审及本部办理复审；其属自审学校（包括部分授权自审学校）者，复审程序由本部授权学校为之。"第40条规定："本部得授权学校自行办理教师资格部分或全部之复审；其授权基准、范围、作业规定及教师证书年资核计方式，由本部公告之。自审学校（包括部分授权自审学校）得自行订定较本办法更严格之审查程序及基准。"

根据上述法令规范，台湾地区大学教师升等制度具有明显的"一制两轨"的特点。所谓"一制"即法令规范对大学教师的职称等次、基本资格、审核程序作出统一规定，这当然有利于等次管理的规范性，但作为大学自治核心内容的人事自治、学术自治也因此受到相当的压缩，从而形成所谓"管制下的自治"；"两轨"则是教师升等分为"教育部"进行审查的"部审"与"教育部"授权的大学自行审查的"自审"两种轨道，在"自审"部分，允许学校制定更为严格的一般性、抽象性规定，这又体现了对大学自治的尊重，有助于提高大学的研究质量，促进学术发展。

教评会是大学内部具体行使教师升等审查权的机构，其法定处理事项相当广泛。以台湾科技大学根据"大学法"第20条及该校组织规程第45条制定的《教师评审委员会设置办法》为例，教评会处理事项包括：（1）拟订本校教师评审委员会设置办法。（2）拟订本校教师聘任、升等相关办法。（3）评审教师、研究人员、专业技术人员之：①有关聘任、升等、聘期、停聘、解聘、不续聘、延长服务及资遣原因之认定等事项；②有关教师评鉴等事项；③有关教学、研究发明、学术论著、服务贡献等事项；④有关国内外进修、年资加薪、年功加俸等事项；⑤违反"教师法"第17条规定义务事项。其他大学设定的教评会负责审议处理的项目，虽略有区别，但主要事项不外乎与台科大的规定大同小异。这已经近乎将学校对教师作出的大多数重要决定均纳入教评会的范围之内。难怪有人惊呼，"教评会是学校管人的最高机构"。

在教师升等领域，教评会的权力涉及申请人初审资格认定、外审委员选聘、论文疑义解决等诸多方面，"教育部"制定的"专科以上学校教师评审委员会办理教师资格审查注意事项"（下简称"注意事项"）虽然对教评会的运作要点作出规定，但或是担心侵扰到大学自治，仅仅划定教评会的基本框架，具体机制则要求学校对教评会的组成、审查的程序及审查的决定制定明确与妥善的内部规定。结果是，"大专教师之聘任升等之主要问题，毋宁是校教评会对各学系的人选有最终的决定权。"① 进一步以本文关注的外审程序为例，台湾科技大学《教师聘任暨升等审查办法》规定，教师升等应提各级教评会进行（系）初审、（院）复审及（校）决审三级审查。申请外审的著作，不仅"须与任教课程有关"，而且外审实行的是复审与决审两轮制。申请人著作及格未必能升等，但不及格将确定无法进入教评会的审定环节，某种程度而言，外审是决定教师能否顺利升等的第一道"鬼门关"。

因此，外审程序虽然由教评会的启动，并且嵌套在教评会机制之中，对教师却具有重要意义。

（二）教师升等中的两个行为及其性质分析

在职称升等中，对教师具有重大影响的行为有两个：教评会的升等决议与外审委员的评审行为。

1. 教评会的升等决议

从台湾地区相关规定看，公立大学是各级"政府"依法令规范设置实施教育的机关，设立在公立学校内部的教评会则属机关内部之机构，然而其职能又绝非纯粹的幕僚或咨询性质，而是法定的对特定事项有处理权限的组织，问题是，教评会的升等决议是否构成行

---

① 李仁淼：《教育法与教育人权》，元照出版有限公司2017年版，第26页。

政处分？① 教师能否就此申请司法救济？

在台湾地区，公立大学具有"机关"的属性，其结果是公立大学与教师的关系必然落入特别权力关系的窠臼之中：教师处于与公务员相似的地位，基于特别原因受到高度支配，不仅规则的调整密度相当稀疏，而且司法救济管道有限。法院在实务上曾认为，教师对学校所做决定的申请救济存在"宽度"，只有足以改变教师身份、影响公法上财产请求权，或者对其权益有重大影响的惩戒措施，救济程序才会一路畅通至最后的行政诉讼；如果其他措施则属大学对教师工作条件的处置，仅能提出申诉、再申诉而已。这明显与大陆法系特别权力关系发展过程中区分"基础关系"与"经营关系"及后续的"重要性理论"相合拍。相比特别权力关系理论的传统立场，法院的做法固然是在打开教师权利救济的镣铐，然而仍有一部分决定究竟是否应提供司法救济极易引发困扰，升等争议曾经就是其中之一。②

相关的升等案例中，各方虽立场不同，但均以"司法院"大法官释字第462号解释（下简称"第462号解释"）作为论述前提。该解释的重要性在于，"无异对现行大专教师升等程序的整体制度建制投下一颗变革的巨石，释宪者扮演其制度擘书与催生者的双重角色，影响至巨。"③"第462号解释"首先明确"各大学校、院、系（所）教师评审委员会关于教师升等评审之权限，系属法律在特定范围内授予公权力之行使，其对教师升等通过与否之决定，与'教育部'学术审议委员会对教师升等资格所为之最后审定，于教师之资格等身份上之权益有重大影响，均应为'诉愿法'及'行政诉讼法'上之行政处分。受评审之教师于依'教师法'或'诉愿法'用尽行政救济途径后，仍有不服者，自得依法提起行政诉讼，以符'宪法'保障人民诉讼权之意旨。……"这就明确了升等决定的可诉性问题，不必再讨论升等是否系属基础关系或对教师的影响是否足够重要。进一步而言，既然升等决定是行政处分，就存在适用"行政程序法"中相关规定的问题，正如有学者所言，"举凡听证及陈述意见、说明理由等程序，以及处分效力之规定，均应有适用之余地为是。"④

需要注意的问题有两点：其一，"第462号解释"强调的是教评会在教师升等领域的权能，且该权能应受学校及其代表人（校长）的尊重，⑤ 但又因法律规定对教师作成并送

---

① 在概念内涵上，台湾地区的行政处分基本对应于大陆地区的具体行政行为。
② 此处是就释字第462号解释出台当时的背景而言。自2016年"司法院"释字第736号解释公布后，教师不服学校的具体决定，如果提出申诉、再申诉后仍没有获得满意救济，只要认为该决定已经侵害其权利或法律上的利益，就容许提出行政诉讼。诉讼救济的大门已经空前拓宽。
③ 叶俊荣：《学术标准的建立与司法审查的功能》，载《台湾法学杂志》1999年第3期。
④ 蔡茂寅：《大专教师升等纷争之救济——大法官释字第四六二号解释释评》，载《台湾法学杂志》1999年第8期。
⑤ "尊重"一方面意味着教评会并非纯粹的机关内部单位，而是法定的具有部分权利能力的公法组织，但在另一方面，尊重又不意味着学校对教评会的审议决定必须接受，教评会的权利能力是不完整的。在甲某某与中正大学升等纠纷中，甲某某申请升等教授，系院教评会均通过，结果遭校长推翻。"最高行政法院"认为，"教评会享有一定判断余地，行政机关首长及法院均不能代为判断，仅能审查判断程序是否违反程序正义。"而本案教评会审议时确未考虑甲某某违法兼职因素即作出决定，"校长否认其程序不予核定，自属合法。"这是校长基于行政监督地位的职责，参见台湾地区"最高行政法院"2005年度判字第01732号判决。

达评审决定的主体仍为大学，教评会仅为大学此一机关内部的单位，教师对评审决定不服的，被告系其所供职的大学；其二，教师升等决议系行政处分，其原因在于该行为是法令规范授权大学的处理事项且具有法律效果，但同时，又因该事项涉及大学学术自由的贯彻，具体的条件与程序由大学透过自治规章予以调整，故在升等决议合法性的判断上，自治规章仍然是重要依据。

2. 外审委员的评审行为

教评会在组织建制上属合议制，成员一般来自不同的领域，虽有代表性却不足以实现每一决定都能以最具专业之判断作为基础，因此，"第462号解释"第二段规定："大学教师升等资格之审查，关系大学教师素质与大学教学、研究水平，并涉及人民工作权与职业资格之取得，除应有法律规定之依据外，主管机关所订定之实施程序，尚须保证能对升等申请人专业学术能力及成就作成客观可信、公平正确之评量，始符合'宪法'第二十三条之比例原则。且教师升等资格评审程序既为维持学术研究与教学之质量所设，其决定之作成应基于客观专业知识与学术成就之考量，此亦为宪法保障学术自由真谛之所在。故各大学校、院、系（所）教师评审委员会，本于专业评量之原则，应选任各该专业领域具有充分专业能力之学者专家先行审查，将其结果报请教师评审委员会评议。"

由前述条文，可以推导出几点：其一，就重要性程度而言，在台湾地区，大学教师的升等资格审查属于法律保留事项，需要有规则上的依据以确保其明确性，事实上，"教育法""大学法"以及"教育部"颁布的各种职权命令已经为大学教师升等审查搭建了一个较为完善的规范框架；其二，包括大学在内主管机关制定的教师升等程序应接受比例原则尤其是适当性原则（合目的性原则）的检验，即有关升等的规定应有助于对申请人专业学术能力与成就作出"客观可信、公平正确"的判断，手段与目的之间存在关联；其三，外审程序是确保"客观可信、公平正确"的重要机制之一，不仅是教评会作出升等决议前的法定步骤，不可缺省，也应遵循"先外审、后决定"的顺序性要求，不能颠倒。

在学理上，外审行为应定位为"行政程序行为"，系行政机关在实施行政程序之过程中以达成实体裁决为目的的活动或措施。"行政程序行为"是否为行政处分，不能一概而论。原则上，考虑到行政效率与诉的实益，"行政程序行为"并非行政处分。但在例外情况下，如果程序行为导致行政过程无法或者不能向前推进，从而使实体性处分无法做出，形成权利保护的漏洞时，该行为即具有行政处分的属性。① 从过程上讲，外审委员的审查并非大学对申请人的最终意思表示，仅仅是教评会评议申请人是否具有升等资格过程中的中间性活动；从性质上讲，外审又是教评会委托外审委员就专业问题给出意见，具有内部沟通、成绩确认的性质，其本身通常不会对申请人产生具有确定力的法律效果，因而并非

---

① 杜国强：《程序性行政行为及其司法救济——对一起具体案件的评析》，载《陕西行政学院学报》2017年第2期。

行政处分。因此，申请人不能直接攻击外审意见，对外审意见的法律救济只能依附于对教评会的不予升等的决定之上，即通过起诉不予升等决定的方式，要求法院审查外审委员的审查是否存有瑕疵。

"第462号解释"公布后，学界虽就其部分内容持有疑问，例如"授权行使公权力"的表述是否准确、对教评会行使的其他权力是否具有适用余地、司法机关对教评会决定的审查密度难以把握等问题，但总体仍持肯定态度，"本号解释在明确化大专教师升等纷争之司法救济管道，以及在尊重学术自由的前提下，限缩教评会以多数决方式作成升等决定的见解，具有积极正面之意义，值得赞同。"①

三、外审程序纠纷中的主要争点

笔者于2019年11月在台湾东吴大学访学期间，曾登录"司法院"法学资料检索系统，在对台湾地区最近二十年即2000年至2019年的大学教师升等纠纷进行检索后发现：

表1 台湾地区教师职称升等纠纷数量（2000年–2019年）

法院	数量
"最高行政法院"	95
"台北高等行政法院"	104
"台中高等行政法院"	18
"高雄高等行政法院"	47
"台湾台中地方法院"	1
"台湾澎湖地方法院"	1

案件总量为266件，其中"台湾澎湖地方法院""台湾台中地方法院"受理之纠纷均因不属于"行政诉讼法"第229条第2项所规定适用简易诉讼程序之事件，应适用通常诉讼程序，被移送至"台中高等行政法院"。所有案件中，与外审程序相关的有105件，占到总数的39%，足见其争议之大。105件案件数量众多且内容庞杂，逐一审视已经超出笔者能力范围，因此主要就上诉至"最高行政法院"的案例，对外审程序中的主要争点归纳如下：

（一）外审委员的资格

外审委员虽然是专家，但也是具体、现实的个体，他们的学识背景、道德素养、政治立场等都可能影响到外审意见的客观性。"在人际网络错综复杂，恩怨是非往往夹杂不清的情况下，同行审查虽是一个理论上较佳的评审方式，但其风险其实相对亦大。尤其是同行间彼此习性早已熟知的情况下，一方面升等申请人可能因不愿树敌而自我压抑其学术自

---

① 蔡茂寅：《大专教师升等纷争之救济——大法官释字第四六二号解释释评》，载《台湾法学杂志》1999年第8期。

由、批判精神；另一方面亦非绝不可能透过造作审查委员之指定，以达成特定之结果。"①外审委员的资格问题是确保外审程序客观性与公信力的基础。

从积极方面讲，外审委员应具备特定条件方可确保外审目的之达成。"注意事项"第6点明确要求："对于研究成果之评审，应兼顾质与量，并建立严谨之外审制度，遴聘该专业领域之校外公正人选担任外审工作。"积极资格分为"专业领域"与"公正"两项：(1)"专业领域"要求外审委员应与申请升等的教师具有相同专业。唯此仍不足够，现代学术分工趋于细密，外审委员的选择还应尽可能具有与教师的研究方向一致。一旦发生纠纷，教评会对此承担举证责任。在赵梅如与成功大学升等纠纷一案中，②赵梅如认为成功大学教评会遴选之外审专家3位似皆非亲职教育或家庭教育方面的专家，亦非有测验专长，主张外审程序违法。二审法院审理后认为，成功大学并未提供外审委员所属详细领域或具备何种专长的资料，进而指出，"所谓校外专家应以申请人所属或相关领域之专家学者，始有能力审查申请人之著作是否具有学术之水平，如校外专家与申请人所属或相关领域不同，则其所为审查结果，在程序上自属违法，法院自应加以审查。……一审判决对此攸关原处分有无违法之事项，并未加以指驳，已有判决不备理由之嫌。"故将一审判决予以废止并令重作。(2)"公正"意味着外审委员有足够的能力作出专业之判断，有公道的人格给出平允的意见。按"注意事项"的规定，外审委员以具有"教育部"审定之教授及"中央研究院"研究员资格者为原则，若无适当人选，对于送审副教授以下资格者，可以具有"教育部"审定之副教授、助理教授及"中央研究院"副研究员、助理研究员资格担任之，但不得低阶高审。这在能力方面确保了外审委员的专业性判断。至于人格的把控则因为飘忽难定，主要透过回避性规定加以实现。

从消极方面讲，与申请人有利害关系的专家不具备审查资格，需要回避。不过何谓"利害关系"，"注意事项"并未具体涉及。从各校规定看，大致有以下情形：送审人之研究或论文指导教授；送审人代表著作之合著人或共同研究人；现与送审人同校服务者；与升等申请人有亲属或行政程序法第三十二条有关规定者。违反回避制度的法律后果为：未回避审查者，其评审结果无效。然其余有效之评审，仍得计入审查结果。有效外审委员人数不足时，就不足之人数另行送审补正。在曾正雄与"国防"大学升等纠纷一案中，③外审委员给出的外审成绩为：5位及格，1位不及格。不过事后发现，有3位与曾正雄为学会理事关系应予以回避。"国防"为兼顾申请升等教授案有利之部分，保留原先没有疑义3位审查委员之成绩（2位给予及格，1位给予不及格），重新遴选3名审查委员办理原告升等教授案后，重新遴选的3位审查委员均给予不及格，审阅的最终结果是：2位给予及

---

① 蔡茂寅：《大专教师升等纠争之救济——大法官释字第四六二号解释释评》，载《台湾法学杂志》1999年第8期。
② 参见台湾地区"最高行政法院"2011年度判字第1587号。
③ 参见台湾地区"最高行政法院"2018年度判字第64号。

格，4位给予不及格。曾正雄虽就此提出异议，但二审法院认为此种做法，"即属合于应于当事人有利及不利之情形，一律注意"，原处分"当属有据"。

另外，为了确保外审程序的公正性，教评会在选任外审委员时，允许申请人自行提出一份"回避名单"供教评会参考，这有助于教评会寻找最可能客观做出专业判断的外审委员。

(二) 外审委员的产生程序

外审委员应当是"专业领域之校外公正人选"。问题是，该人选究竟应如何产生？是教评会决定还是申请人所处领域的学术主管抑或其所在单位的行政主管决定？产生机制的不同很大程度上会影响外审委员的可信度。杨敏华与静宜大学升等纠纷一案中，杨敏华质疑静宜大学该次升等事务承办人与其存在意识形态对立而有聘雇不当之专家审查之可能。承办人是否有权决定外审专家是本案的争议重点。有学者认为，"学校人际关系范围不大，尤其外审专家决定又由同一学术领域同事决定，人际的恩怨确实可能影响外审专家之选择，或许夹怨报复应该不是理性的教师的行径，但是报恩配合选择外审专家，却可能存在。"外审委员选任中，究竟是夹怨报复多还是报恩配合多是一个很难考证的问题，但透过一定的程序有助于最大限度地避免。

依照"第462号解释"中关于"各大学校、院、系（所）教师评审委员会，本于专业评量之原则，应选任各该专业领域具有充分专业能力之学者专家先行审查"之规定，外审委员应当由教评会选任，而非其他人员指定。不过，台湾地区实践中，由学校行政人员签核选任的做法以往常有出现。对此，"教育部"于2007年10月15日台学审字第0960156470号函明确要求，"学校应依'司法院'释字第462号解释，由教评会选任审查人，不得由系（所）、学校主管推荐人选，并循行政签核方式，由校长或教务长选任。"而对于"由院长或校长越过教评会、直接圈选外审人选"的做法，申请人若提出相关救济，已有法院判决学校违法的案例。"台北高等行政法院"2013年诉字第1148号判决即基于东华大学办理教师升等时，外审委员的产生方式并非经由院教评会决定，而是由"院办公室请系教评会召集人提供15位外审委员名单，再密陈院长与校长圈选6位"，而认定东华大学违反相关法令，判决升等未通过的原处分应撤销。

实践中，外审委员的产生是否符合学校内部规则是重要的审查内容。在王纯娟与东华大学升等纠纷一案中，① 该校《升等办法》第12条规定："院教评会在审核同意送外审后，应将升等者之著作签请校长聘请校外专家学者6人评审，院原则上应提供15人以上之外审参考名单"。但在该案实际操作时，外审委员参考名单计18位，除院依系争升等办法规定提供的12位人选外，其余6位乃东华大学当时的校长自行增列，而最后获聘之6位外审委员中，编号4号及6号之外审委员乃校长自行增列，又适为对王纯娟送审著作评

---

① 参见台湾地区"最高行政法院"2013年度判字第729号。

分结果给予不及格的3位外审委员中之2位。故本件升等案关于外审委员的选任程序,明显违反争该校《升等办法》的规定,且影响行政处分的实体结果,已然构成原处分应予撤销之事由,应使王纯娟在没有任何程序瑕疵的情形下,重新遵守所有必要的程序规定,合法正确地作出决定。

(三) 外审的前置程序

教评会将申请人著作送交外审前是否有权先行审查?"注意事项"并未作出规定。从功能角度考量,学术资源具有有限性,初步审查承担着过滤网的作用,将那些明显不具备升等条件的申请人排除在外审程序之外。申请人只有通过预先审查才能进入包括外审在内的后续程序。换言之,教师的申请不必然导致外审程序的启动。不过,该审查首先应制定明确、具体的规则,这既是大学自治的要求,也是教师升等的指挥棒。当然,先行审查应当严格限定在形式事项上,不得提早进行实质的专业评价。

在阙河鸣与交通大学升等纠纷一案中,[1] 交通大学制定的《评审办法》规定:"依著作总点数决定是否进入外审",系教评会以阙河鸣点数不够为由,拒绝将其著作送交外审。阙河鸣认为,该做法已经形同于由教评会单方面决定教师能否升等,违反"第462号解释"中的专业平量原则。二审法院经审查后认为,申请人所提论文是否具有规定的数量?是否与任教科目性质相关?是否为学位论文之一部分?是否与前次升等之论文相关?是否经出版公开发行?这些在法令规范上都有明确的要求,即便送交外审后合格,教评会也无从予以升等,"毫无限制地雇请外审委员,消耗学校资源,结果也是徒劳无功。"再考虑到各期刊所采纳刊登之学术标准高低不一,若无客观指标,会造成比较上的困难,更有不公平之疑虑,故交通大学规定"点数计算"以教评会所列之期刊为限,有利各申请人论文点数比较且一体适用于所有申请人并不构成对"第462号解释"的违反。

(四) 教师的程序性权利

教师对外审委员的审阅意见有无陈述、申辩等程序性权利?早先的做法是,教师仅能就教评会作出的不予升等决定表达异议。但根据"教育部""专科以上学校教师资格审定办法"第39条第1款第2项的规定,评定为不及格的评审意见,应提供给申请人。申请人有权就此进行答辩或说明,该陈述虽然未必产生推翻外审意见的效力,但亦可供教评会讨论评议时参考,这样显然更为符合正当程序的基本要求。

在甲某某与成功大学升等纠纷一案中,[2] 甲某某不服成功大学不通过其送审之结果,向教评会提出书面申复,教评会函复不予受理。法院认为,关于外审的结果,依成功大学

---

[1] 参见台湾地区"最高行政法院"2014年度裁字第879号。
[2] 参见台湾地区"最高行政法院"2002年度判字第2291号。

相关规定，既为决定申请人得否通过复审之先决要件，对于申请人之工作权、职业资格之取得等权益有重大影响。成功大学制定的《教师升等办法》第12条对于申请升等初审、复审结果之不服，均规定申请人得以书面申复救济，且并无禁止或限制教师不得对该升等办法第六条所定校外专家审查结果申请救济。而成功大学《申复案处理要点》第2点对于著作外审结果之异议却规定不予受理，"但损及申请人对其工作权与职业资格取得权等权益之维护，致行政救济机关无法就外审结果，审查其是否遵守相关程序，或其判断、评量有无违法或显然不当之情事，而剥夺申请人就此请求司法救济之权利，对申请人之诉讼权自有重大影响"；亦逾越前述"升等办法"之授权范围，无法保证能对升等申请人专业学术能力及成就作成客观可信、公平正确之评量。因此，支持了甲某某的诉请。这无疑将申请人程序性的防御关口大幅度提前。

（五）是否允许二次外审

教师升等的实际作业中，常会出现意外情况，例如教评会发现送交外审的某篇著作不符合法令与学校规定，或者外审委员被发现外审意见存在内部结构性矛盾，教评会应如何继续推进升等程序，对已经取得的外审意见又该如何处理，能否重新办理外审程序，更换外审委员再审或者告知外审委员澄清意见，便成为关键。从已有案例看，法院态度较为开放，以允许二次外审为原则，且申请人不能以第一次有利于己，主张一事不再理及信赖保护利益。

在林盈君与中央警察大学升等纠纷一案中，① 林盈君的著作经送3位校外审查委员审查结果，分别评给为65分、82分及58分。校教评会会议审认第1次外审评分有疑义，决议另加送3位校外审查委员审查，经评给为55分、60分及85分。后经校教评会会议审议，以林盈君校外审查成绩计有3位委员评为及格，3位委员评为不及格，不符合该校教师升等审查要点之规定，决议不予升等。林盈君认为，另加送3名外审委员，此举本质上就是否决原外审委员之审查意见及专业。法院认为，"本件审查委员不论系第1次外审给予65分及格成绩或两次外审给予不及格成绩之委员，均就上诉人著作有无创新见解、学术或实用价值、研究能力方法及理论基础、论文写作格式、5年内研究成果为全面性审查，系依照专业学术做出判断，并就前开事项斟酌、考量，且具体详细说明其认定之理由，核无错误情事。"

再如周晓青与暨南国际大学升等纠纷一案中，② 暨南国际大学外文系教评会将周晓青的著作送请A、B、C等3位校外学者专家审查，评定分数为85分、76分、70分，审查结果为推荐、勉予推荐、不推荐，以学术贡献不足为由，决议不通过升等。周晓青提起诉愿后，诉愿机关命暨南国际大学另行作出合法决定。暨南国际大学故将周晓青之著作再送

---

① 参见台湾地区"最高行政法院"2018年度判字第112号。
② 参见台湾地区"最高行政法院"2013年度判字第829号。

请A、B、C等3位审查人厘清其审查意见之真意，经A审查人调整评分为75分，变更审查结果为勉予推荐，B、C审查人则维持原评定分数及审查结果。系教评会决议以平均成绩未达75分为由，仍不通过上诉人申请升等案。周晓青认为，教评会的做法侵犯其就第一次外审成绩的信赖保护利益，并违反一事不再理原则，亦重新评分亦影响到外审委员的独立性。法院认为，教评会的做法恰恰系尊重外审委员审查意见之体现，"并无任何预设立场，亦无任何有暗示外审委员应将评分调整较第1次之分数为低之情形，因而，原外审委员第2次的审查补充除审查意见可能增加正面肯定与负面评价之意见外，所评分数亦可能有增加或减少之情形出现，并非系教评会所得主导、掌控或影响其审查之独立性。"

从基本行政法理的角度出发，当事人关于二次外审违反一事不再理原则、损及信赖保护利益的主张确实不应被采纳。如前所述，外审委员的评审行为是教师升等中的"行政程序性行为"，此阶段尚不存在一个对申请人权利义务加以规范的实体决定，更无申请人因信赖该实体决定而对其利益进行处分或者因该实体决定赋予其特定资格而实施某种行为的问题，换言之，评审行为没有实质的确定力或者存续力。不过，从保护申请人程序性利益的角度，仍应对引发二次外审的情形做进一步研判。二次外审可分为同人二次外审与换人二次外审。对前者而言，如属于过程性评价与结论性意见不符，二次外审要求其予以澄清体现了对学术判断的尊重；如教评会在外审意见作出后发现申请人的著作之一不符合条件的或者如周晓青案在外审意见没有结构性错误的情况下要求外审委员予以厘清，极易造成外审委员有先入为主的意见，某一著作不合格固然不等于全部著作均不合格，然而对外审委员而言，被认定为不合格的著作多少会对其二次外审产生心理影响，同理，教评会要求给出85分成绩的外审委员补充审查，外审委员极可能怀疑系因第一次成绩太高导致，近而在二次外审中予以降低，此时在不废弃第一次外审意见的基础上，宜换人二次外审。

（六）外审意见的拘束力

学理上认为，外审委员对申请人的著作享有判断余地，允许两个以上的审查意见均属正确，其他机构对此应予以尊重。判断余地的本质是基于"功能不及"与"功能不宜"而形成的介入谦抑，① 一方面，既然法律无法对申请人著作的成绩规定详尽的判断标准，其他机构的复审必然面对事实或法律上不能克服之处，所谓审查只能是"行不及言"；另一方面，著作成绩的判断涉及主观价值，具有高度的属人性，非要作成二次判断，不过系以某一主观价值判断来代替另一主观价值判断，恐将陷入责任旋涡难以抽身。

基于判断余地理论，首先，外审委员的意见在原则上应被教评会接受，教评会对外审委员的专业审查之意见唯有在能具体说明理由的情形下，方可予以拒绝。"第462号解释"规定："教师评审委员会除能提出具有专业学术依据之具体理由，动摇该专业审查之可信

---

① 林锡尧：《行政法概要》，元照出版有限公司2018年版，第78页。

度与正确性,否则即应尊重其判断。"在徐裕如与中正大学升等纠纷一案中,① 徐裕如的著作送请4位外审后,其中1位总评"极力推荐",2位总评"极力推荐与推荐之间",1位"总评推荐与勉予推荐"之间。中正大学院教评会审议时,将外审的意见总结为,"申请人的文章数量在该学科中表现只能算是中等。在几何分析的研究成果,深度和难度均有待提升。其研究工作显示出申请人对该领域未能全面理解,甚至有理解偏差之处,在外审委员所服务之单位升等为正教授之机会不大。因此,未获外审委员及本院教评会委员一致的肯定。"教评会以此为由作出不予升等的决议。法院认为,教评会的所谓归纳实际上是对外审委员意见的选择性处理,完全无视外审委员所给意见中有利的部分。其做法已违反"应确保客观可信、公平正确的学术评量原则。"

其实,即便发现足以动摇可信度、正确性的状况,教评会后续的处置不外乎直接推翻与二次送审,直接推翻可能陷入教评会是否有足够的专业能力提出具有专业学术依据的具体理由的困境,二次送审又会面临送审程序应该如何重新组织,实现两次外审的切割,以避免教评会被质疑故意阻挠教师升等或不尊重第一次外审结果。如何确保第一次外审的公信力才是治本之策。

其次,司法机关对外审意见并非不能审查。"第462号解释"规定,"受理此类事件之行政救济机关及'行政法院'自得据以审查其是否遵守相关之程序,或其判断、评量有无违法或显然不当之情事。"这意味着所谓外审委员的审查意见纵有判断余地,也无免受司法审查的特权。但因为外审意见通常具有专业领域的权威地位,相比教评会,司法机关审查外审意见的空间更小,以保持高度尊重为原则,已有案例几乎是一边倒地坚守自制原则。不过,从判决书的表述仍能观察法院审查外审意见的基本框架。在邓振源与"教育部"升等纠纷一案中,②"最高行政法院"指出:"学审会依上开行为时'大学独立学院及专科学校教师审查办法'规定之程序,送请两位学者专家评审,其中一位评分为60分,并叙明缺点为:无特殊创见、学术或实用价值不高。此项论断,乃以审查者之专业知识为审查基准,对于送审者著作之实质内容所为之判断,本院仅得据以审查其是否遵守相关之程序,或其判断、评量有无违法或显然不当之情事。查本案本部分之审查程序及审查者之判断、评量,尚无违法或显然不当之具体情事,本院自应尊重此一专业判断。"反推之,"过程是否遵守相关之程序"与"评量内容有无违法或显然不当之情事"是司法审查的两个主要方面。例如,外审委员依法令规范是否具有资格、有无需要回避的情形、是否错打成绩、有无漏评项目、是否不经任何论证过程径直作出令人不能信服的评语或者虽有论证但是评审意见与之矛盾等等。如果出现前述情形,法院都可能撤销原不予升等处分,由教评会重启评定程序。

---

① 参见台湾地区"最高行政法院"2012年度诉字第439号。
② 参见台湾地区"最高行政法院"1999年判字第749号。

在上述案例中，司法机关对外审程序的审查既有大学的自治规章与法令规范是否一致，也涉及自治规章本身是否具有正当性或其有无切实得到的遵守，更是表达了对外审意见原则遵让而不盲目遵从的谨慎立场。

四、台湾地区教师升等外审程序对大陆地区的借鉴意义

确立与完善外审程序的目的在于对教师专业学术能力与成就进行"客观可信、公平正确"的判断，这与对高等学校教师职称评审权的性质定位密切相关。

在高等教育"放管服"改革的推动下，职称评审改革的步伐不断加快。2012年，《国务院关于第六批取消和调整行政审批项目的决定》《教育部关于做好高等学校副教授评审权授予工作的通知》颁布后，高等学校副教授评审权的审批工作由教育部下放到省级人民政府教育行政主管部门实施。浙江省、陕西省又进一步将副教授职称评审权下放到高等学校，这是与我国大学制度建设与人才体制改革相适应的重大探索。2017年，教育部、中央编办、国家发展改革委、财政部、人力资源社会保障部在联合发布《关于深化高等教育领域简政放权放管结合优化服务改革的若干意见》中明确提出：将高校教师职称评审权直接下放至高校，由高校自主组织职称评审、自主评价、按岗聘用；完善同行专家评价机制，建立以"代表性成果"和实际贡献为主要内容的评价方式。所有高等学校均获得了全部职称层次的评审自主权。为了确保职称评审不因下放而失序，教育部、人力资源社会保障部2017年又颁发《高等学校职称评审监管暂行办法》。"政府对高校职称评审的行政规制，已经彻底告别'审批式管理'的时代，进入'监管式治理'的契约阶段。"① 这意味着，教师评审权开始由高等学校直接行使，教育行政主管部门尊重其作为控制知识与技能的学术机构的性质。在职称评审标准上，除了师德表现与教学业绩以外，学术方面开始注重同行的专业评价，该评价"不仅是关涉学术作品的事实判断，更是价值判断。当价值判断的重要性不断凸显时，程序的重要性也在不断上升。"②

高等学校凭借专业身份对教师的学术水准与能力进行评价，这是源自宪法规定的科学研究自由的学术自治的重要表现。问题在于，此种自治仍然具有社会公权力的属性，或可谓其为一种与"国家公行政"对应存在的"社会公行政"，③ 如何进行规范进而成为与行政法总论存在密切关联的学术法的核心议题。德国学者承认："学术有其自己的规范，基于此项理解，学术体系的封闭性在法规范上获得确保。在该领域中，国家在管制及执行面向上的管制要求，常立刻碰到学术的界限，因此在此领域行政法的发展有限。"④ 国家有

---

① 魏红梅、王曦：《论高校教师职称评审权力的下放与规制》，载《江苏高教》2018年第9期。
② 田贤鹏：《高校教师学术代表作评价实施：动因、挑战与路径》，载《中国高教研究》2020年第2期。
③ 姜明安：《行政法与行政诉讼法》，法律出版社2003年版，第11页。
④ ［德］施密特·阿斯曼：《秩序理念下的行政法体系建构》，林明锵等译，北京大学出版社2012年版，第125页。

必要发展出其他的规制方式，单方的管制应让位于为追求总体"成效"的合作，"合作的原则具有重要的意义，因为学术的本质即展现于合作之中。学术、研究及学说是一个建立于沟通上的认知程序。……在学术法领域，合作是顺应其事物之结构，因而成为管制的切入点。此外，还应考虑基本权之保障，因为《基本法》第5条第3项确保学术自由，因此与学术相关的国家决策程序应顺及基本权主体的自主性。"①

受此启发并借鉴台湾地区经验，大陆地区外审程序的完善既需关注国家立法与大学自治规章的各自出场，更应追求二者的优势互补，同时从基本权利保障的角度思考对学术自治的司法审查界限。

第一，外审程序固然属于高校自治范畴，但仍可由国家进行框架性的立法规制。包括外审程序在内的职称评审是高校人事自治与学术自治的体现，原则上应由高校制定的规章等具有民间法性质的规范加以调整，唯此，高校自治的实现才能获得制度性屏障。国家立法须尽可能采取谨慎立场，避免因为"规制赤字"造成对自治事项的任意掏空。不过，"随着'自治'一词在社会功能分化的发展趋势下，每每被误解成'摆脱拘束'甚至'免除监督'，……"② 高校自治并非意味着高校就享有完全与绝对的治外法权。事实上，在落入自治范畴的事项中，有些处于核心地带，诸如学术概念的理解、学术观点的争议、学术品质的评价等，属于维护学术自由、确保学术发展之必需条件，国家囿于专业能力的限制不宜透过立法介入；有些则与宪法规定的公民基本权利存在紧密关系，此时，学术自治的空间会发生收缩。立法机关为确保基本权利的实现能够符合宪法基本价值、贯彻民主法治的要求，可以制定法律加以规范，从而将高校自治纳入国家的宪制秩序中。就此而言，高校自治与依法治校并不冲突，《高等教育法》第11条要求高校"依法自主办学"即是例证。当然，此领域的国家立法不是高权行政下事无巨细的管控，而是基于公共利益与教师基本权利"看门人"的身份进行的宏观调整与原则规制。规范密度以保障基本权利为前提，规范结构采用框架式，即依据比例原则仅在最为必要与对高校自治影响最小的范围内进行立法调整。

职称评审不仅关涉人事自治、学术自治，也与教师作为普通公民的劳动权相关。劳动权是"公民赖以生存的基础，是行使其他权利的物质上的前提。"③ 其不仅是一种自由权，也具有社会权的属性，国家机关有责任透过制度、组织与程序达到合理实现的状态，在程序部分表现为一定的步骤、顺序等要求。目前，在大陆地区，无论是上位阶的《教育法》《教师法》《高等教育法》，抑或下位阶的《职称评审管理暂行规定》，对职称评审中的外审程序均未涉及，《意见》中虽然强调"外审制度必须规范和强化"，却明显带有政策宣

---

① [德]施密特·阿斯曼：《秩序理念下的行政法体系建构》，林明锵等译，北京大学出版社2012年版，第125页。
② 黄舒芃：《学术自由、大学自治与国家监督》，载《月旦法学杂志》2013年第7期。
③ 童之伟：《宪法学》，清华大学出版社2008年版，第209页。

示的色彩，能否落地很大程度上取决于高校的自我规制。因此，建议在法律层面对外审程序通过命令性规范做出规定，并明确未经外审程序做出的职称评审决定属于足以导致该决定无效的"重大且明显违法"情形，以此保障教师的劳动权。至于外审程序的具体内容，可由高等学校在尊重教师最低限度的程序性权利的基础上，以专业判断为导向进行详细设计。

第二，以公法基本原则为牵引，实现高等学校对外审程序的自我规制。高等学校自主行使职称评审权意味着其成了标准制定、程序设计、结果确定的主要控制者。主要控制者即是第一责任人。高等学校应遵循与国家追求公共利益、干预公民基本权利时相同的公法原则，制定体现自身特色又具有专业适切性的职称评价标准与评审程序，进而实现良好的自我规制。

在外审程序部分，有学者发现存在下列问题："一是专家遴选程序不合理，有的学校是参评人自己找校外专家写推荐意见；二是部分学校的同行专家意见只是学院职称聘任分委员会的参考意见，最终学院推荐名单由分委员会成员投票决定；三是大部分学校的专家库人数偏小，入库标准不严格，参评者与同行专家的学科匹配度不高；四是送审同行专家时时常有人为因素渗入。"① 为解决前述问题，一方面，从形式法治的角度，高等学校要积极进行规则建设实现外审程序的制度化，避免无"法"可依，对外审专家的资格、产生过程、外审意见的拘束力等问题进行明确；另一方面，实质法治更要求高等学校的自治规章应该有助于教师得到"客观、公正"的专业评价。为防止外审出现偏颇甚至不正确的意见，高校制定的规则需具备公开、公正、公平等品质。公开意味着外审规则与外审意见能够被教师公开查询或下载，对外审专家的评审意见和评审结论，"其涉及对当事人是否满足评审条件的专业性评价，直接影响其职称评定，无论是否将其定性为行政处分，都应依当事人的申请而公开"；② 为求公正，外审规则应包含利害关系的回避、片面接触之禁止、外审意见的说明理由等规定；在公平部分，教师对外审意见不服，尤其是其中与专业判断无涉的事实部分，至少应享有答辩或说明的权利。

第三，畅通包括外审程序在内的职称评审行为的司法救济管道。"司法是人权法律保护的最后屏障"，③ 如果承认职称评审关涉到教师的基本权利，自治就不能成为高等学校在职称评审上"我行我素"的挡箭牌，其行为即便有内部规则甚至章程作为依据，仍不能免除来自司法机关的审查。基本权利的程序保障在狭义上同时也是最核心的要求就是司法程序的保障。台湾地区首先在"判断余地"理论之下强调了司法权介入学术自治的界限，其次又从"过程是否遵守相关之程序"与"评量内容有无违法或显然不当之情事"进行外审程序的有限审查，确有可借鉴之处。在美国，"当法官被要求审查一项真正的学术决策的内容时，他们应该表现出对教师所作专业判断的高度尊重。法官一般不会推翻这些决

---

① 李福华：《论高等学校教师职称评审的结果公正与程序公正》，载《清华大学教育研究》2016年第2期。
② 成协中：《高校信息公开义务的展开与个案解读——以复旦大学教师职称评审案为例》，载《行政法学研究》2013年第3期。
③ 莫纪宏：《现代宪法的逻辑基础》，法律出版社2001年版，第307页。

策,但例外的情况是,这些专业判断偏离公认的学术标准,以至于显示出作出决定的个人或者委员会并没有真正的从事专业判断。"① 学术自由及其内在秩序固然需要尊重,但面对日益专业化的学术判断,法院亦不能犹如遇到危险的鸵鸟一般隐忍退让,而应在具体案件的审查中努力探索学术自治与基本权利保障之间的平衡。

五、结语

外审程序的完善反映出教评会所作之升等决定可能导致教师基本权利受损的共同认知,即教师升等一旦受到非专业的操控或评价,不公或者恣意几乎难以避免,唯有透过精致的规则设计与制度安排,保障教师的基本权利,促进大学的学术发展,实现法治下的自治。台湾地区的制度发展与实践争点为我国大陆地区高等学校教师职称评审外审程序的完善提供了有益的镜鉴。

A Study on the External Audit Procedure of the Teacher Evaluation Committee in Taiwan Regional: some Cases Study on the Promotion of University Teacher

Du Guoqiang

Abstract: In Taiwan region, the external audit procedure can ensure that the teacher evaluation committee makes the most appropriate decision in the field of professional judgment. Although a relatively perfect normative framework has been formed around the external audit procedure, the external audit procedure is still the focus of attack and defense in many cases, involving the qualifications and selection methods of external audit committee members, the preconditions of external audit, the admissibility of secondary external audit and the binding force of external audit opinions. The system was further developed by "the Supreme Administrative Court" through case – by – case decisions. We should learn from this in the Mainland region, so as to promote the academic development of universities and protect the basic rights of teachers.

Key words: the teacher evaluation committee; the external audit procedure; the promotion of teacher

---

① Regents of the University of Michigan v. Ewing, 474 US 214 (1985)

民间法视野下"事实替代"的个案考察与法律限制*

——以美国"同性婚姻合法化"案件为例

张玉洁**

摘 要 事实性民间规范与国家法之间的"事实替代",一直是民间法领域的核心命题之一。它在法治实践中缘起于社会群体意志的变化,而在法学理论方面则可以追溯到"反多数难题"。美国"奥贝格费尔诉侯吉斯案"的发生,恰恰为"同性婚姻"这一事实性民间规范提供了一个民间法"替代"国家法的检验场域。其审理过程与裁判结果表明,事实性民间规范对国家法的"替代",既反映出变化中的社会群体意志对现代司法的深刻影响,也描绘出司法谦抑哲学与司法能动哲学的激烈较量。为了顺应事实性民间规范并保持司法裁判的公正性,我国司法机关应当保障法官裁判的独立性,妥善区分社会群体意志与公共舆论,并维护宪法和法律的权威。

关键词 事实性民间规范 反多数难题 同性婚姻 司法

引 言

一直以来,社会对待同性婚姻的态度,都被视为一种事实性民间规范,即"以行为为主要载体和传播手段",并且具有默会知识特性的民间法类型。① 在这类民间法下,社会

---

* 中国博士后科学基金第67批面上资助项目"人工智能辅助量刑的法律风险与规制策略研究"(项目编号:2020M671057)。
** 张玉洁,法学博士,华东政法大学在站博士后。
① 参见魏治勋:《事实的规范力量——事实性民间规范及其秩序价值》,载《山东大学学报(哲学社会科学版)》2009年第3期。

公众对待同性婚姻的态度，总是以个人好恶为中心，并借助社会环境的放大功能来展现的"群体"意志。它缺乏规则表述和强制手段，却具有意识约束力，以至于每个人都能够被捆绑于同一种群体意识之中，甚至影响国家法的具体规则。对此，谢晖认为，司法领域中国家法与事实性民间规范之间相互影响，就发生在社会公众群体意识的"事实替代"之中。① 这种"事实替代"形式在同性婚姻合法化问题上得到了清晰的展现，由此也成为困扰世界各国司法实践的重要难题之一。

21世纪初，同性婚姻作为一种"事实性民间规范"，开始在世界范围内得到"默会"。2015年，美国联邦最高法院经由"奥贝格费尔诉侯吉斯案（Obergefell v. Hodges，以下简称'奥贝格费尔案'）"② 确立了"同性婚姻"的合法性，将社会群体意志上升为一种国家意志，从而使得同性婚姻由事实性民间规范转变为国家法上的制度性事实。③ 伴随着2017年我国台湾地区司法机构"大法官"对同性结婚行为的认可，我国台湾地区成为亚洲首个以法律方式承认和保障同性婚姻的地区。④ 吊诡之处在于，美国"奥贝格费尔案"与我国台湾地区同性婚姻合法化的过程，均反映出司法权同立法权的冲突问题。其中，非民选机构之法院能否推翻民选代表们所制定之法案的争议，成为司法权同立法权冲突的核心命题。虽然学界将这一核心命题归纳为司法的"反多数难题"，但社会公众群体意志的"事实替代"却在这一难题中扮演着重要角色。

本文无意于探讨同性婚姻合法化的正当性与否，而仅窥探同性婚姻合法化过程（以美国"奥贝格费尔诉侯吉斯案"为观测点）中事实性民间规范的作用机制，由此来探明社会群体意志如何在司法裁判中获得正当性支持。上述问题的结果将会证明，"司法裁判的逻辑起点，必定是事实问题"。⑤ 而司法制度作为一种法律制度，其本身便具备"事实"辨别功能。而且，伴随着事实性民间规范的变化，司法机关不仅能够借助变化中的社会群体意志力量，有效地推动国家法的发展，同时也要谨守其权力边界，稳妥地推进事实性民间规范与国家法之间的"事实替代"。

一、"事实替代"的理论发端："反多数难题"

事实性民间规范与国家法之间的"事实替代"，在法治实践中缘起于社会群体意志的变化，但在法学理论则可以追溯到"反多数难题"，即司法审查与民主立法的较量。一般认为，"反多数难题"发源于美国学者毕克尔关于司法机关推翻民主立法结果的合法性追

---

① 参见谢晖：《法律哲学》，湖南人民出版社2009年版，第253页。
② Obergefell v. Hodges, 135 S. Ct. 2071（2015）.
③ 参见杨桦：《论地方立法对民间规范的吸收与规制——基于制度性事实理论的分析》，载《法商研究》2019年第5期。
④ 参见许瀛彪：《公序良俗视角下同性结合法律问题研究——从我国台湾地区修法争议谈起》，载《海峡法学》2021年第1期。
⑤ 彭中礼：《司法裁判过程中的事实解释》，载《厦门大学学报（哲学社会科学版）》2021年第4期。

问。在他看来，法院作为国家权力机关中"最不危险的部门（The Least Dangerous Branch）",① 却在掌握司法审查权之后，成为合法的"反多数力量"。通过行使该项权力，法院可以宣告民主立法结果违反宪法，并要求其按照法院意志重新做出指向性立法。当然，立法机关并无义务服从法院的意志，但在"二元逻辑（即'是'或'否'）"特征明显的法律领域，法院推翻原有的立法结果，就意味着立法机关必须践行一种相反的意志。因此，毕克尔认为，法院判定某项法律规定违反宪法的过程，事实上是以9位法官的意志取代了民主立法结果的过程。换言之，"反多数难题"就是美国联邦大法官以事实性民间规范替代国家法的过程。毕克尔关于"反多数难题"的疑虑，成为后世探讨事实性民间规范与国家法之间的"事实替代"的基本立场。

受毕克尔的启发，美国法学界开始关注司法与社会群体意志之间的关系问题。有学者认为，司法机关的存在本身就是一个反民主的政治制度，民主并非司法权的构成要件。② 显然，从政治权力的生成机制来看，司法机关及其人员组成并不依赖于民主选举，甚至在制度起源上是反民主的。这是因为，司法机关的设定源出于公民对于立法机关的不信任，并要求形成一种权力制约关系。因此，司法机关的政治设定不仅排斥民主选举，而且排斥社会群体意志。它仅服从于法律。显然，基于制度目的而设定的司法权不仅与民主无关，而且也不能当然地具备超越民主决策的力量。拉里·亚历山大（Larry Alexander）在此基础上进一步探究民主选举与司法裁判的关系问题。他发现，全体公民可以通过投票的方式，将自己的意志赋予民主代议制机关，并自愿服从民主投票的结果。但在司法机关面前，法官的投票行为超越了民主投票的结果。全民选举相较于法官投票而言，不再具有恒定意义。由此发现，司法机关对法律合法性的审查，正在危及现代国家的民主统治。③

倘若说民主的概念、意义或范围无法获得精准把握的话，"反多数难题"的支持者们则开始在"民主"的变体上寻找理论支撑。杰西·乔珀（Jesse H. Choper）提出，法院本质上是一个反民主的机关。即便它时常站在社会公众的一方，做出符合民主决策的判决，但这丝毫不影响其"反多数主义（Counter - Majoritarian）"的裁判机制。④ 这里的"反多数主义"，是指法官人数同社会公众的人数对比。例如：立法决策是经由民选代议制机关做出的、反映社会群体意志的结果；而司法决策却是反映法官意志的结果。由此，司法裁判的民主化程度自然落后于立法决策的民主化程度。倘若基于此种判断，法院推翻民主立法的职权行为，本身就是有待商榷的。遵循乔珀的学说进路，莫顿（F. L. Morton）在民

---

① Alexander Bickel, *The Least Dangerous Branch: The Supreme Court at the Bar of Politics*, Yale University Press, 1962.
② George Mace, The Antidemocratic Character of Judicial Review, 60 *California Law Review*, 1140 (1972).
③ Larry Alexander, What is the Problem of Judicial Review, 31 *Australian Journal of Legal Philosophy*, 1 (2006).
④ Jesse H. Choper, On the Warren Court and Judicial Review, 17 *Catholic University Law Review*, 20 (1967 - 1968).

主的现实样态上发展了"反多数主义"学说。他认为,"反多数主义"的真谛并非说法院是反民主的,而是说它是"反代表性(Anti-Representational)"的。政府组织理论表明,民主统治的方式有赖于民选代表。这些代表以社会公众的名义行使国家权力,并接受社会公众的监督。[1] 显然,关于法官的制度设计并非如此。一方面,法官并非经由社会公众选举产生;另一方面,法官的专业水平不会影响其任期。为了缓和上述矛盾,当下的美国法院正在有目的地解释宪法,以缓和司法机关同立法机关的对抗关系。[2]

上述指责旨在否定司法机关的民主属性,从而证明司法裁判同民主决策之间的紧张关系。[3] 而且,在"反多数难题"的支持者——如毕克尔(Alexander Bickel)、莫顿(F. L. Morton)、杰里米·沃尔德伦(Jeremy Waldron)等[4]——看来,除非司法官员(即法官)产生于民主选举的结果,否则在民主国家中,作为制度衍生品的司法官员无力攫取任何高于民主决策的力量。这种假定显然是难以实现的。由此,有学者辩称,"反多数难题"将会是宪法学家的理论终结点。[5]

然而,伴随着事实性民间规范的持续影响,司法机关与立法机关在社会群体意志话语权上产生了更多的分歧。在学者们看来,"反多数难题"本身是对民主命题的误读。尽管法官并非通过民主选举的方式产生的,但这丝毫不能证明,法官作出的司法裁判将会带来违反社会群体意志的结果。[6] 从权力分立理论的设计初衷来看,法官对现行法律的审查权源自公众对于民主代议制决策方式的不信任,而非社会群体意志本身。事实上,美国著名法学家约翰·伊莱(John Hart Ely)就表示,司法的制度作用在于纠正法治进程中非理性行为,而实现这一目的的方式则是由法官审查法律本身的合法性。[7] 倘若以违反社会群体意志为理由而否定该项制度设计的意义,那么,美国将损失一种民主决策的检验和监督机制。而该项机制恰是以社会群体意志为启动条件的。为此,司法审查制度的这种特性被凯

---

[1] F. L. Morton, Judicial Review in France: A Comparative Analysis, 36 *American Journal of Comparative Law*, 1 (1988).

[2] David A. Strauss, Modernizing Mission of Judicial Review, 76 *University of Chicago Law Review*, 859, (2009).

[3] 有学者认为,议会及其立法体现了"人民民主"的实质,法院无权从民主机构手中夺取宪法意义的决定权。因此,"反多数难题"的支持者们强调,司法机关对法律的审查不应当涉及宪法的内容。See William Gangi, *Saving the Constitution from the Courts*, University of Oklahoma Press, 1995; Gerald N. Rosenberg, *The Hollow Hope: Can Courts Bring About Social Change?* University of Chicago Press, 2008; Mark Tushnet, T*aking the Constitution Away from the Courts*, Princeton University Press, 1999。

[4] See Ronald Dworkin, *Freedom's Law: The Moral Reading of the American Constitution*, Harvard University Press, 1996; Jeremy Waldron, Law and Disagreement, Clarendon Press, 1999; Jeremy Waldron. Disagreement and Response, 39 Israel Law Review, 50 (2006).

[5] Kenneth Ward, Counter-Majoritarian Difficulty and Legal Realist Perspectives of Law: The Place of Law in Contemporary Constitutional Theory, 18 *Journal of Law & Politics*, 851 (2002).

[6] John Hart Ely, Democracy and Distrust: A Theory of Judicial Review, Harvard University Press, 1980, p. 46.

[7] John Hart Ely, *Democracy and Distrust: A Theory of Judicial Review*, Harvard University Press, 1980, p. 102-104.

尔森、韦伯等人称为"扳道工理论",旨在隐喻法院在纠正偏见式立法决策中的关键作用。[1] 按照该理论的内在逻辑,司法机关将摆脱"反民主机构"的批判,并且展现出民主制度的基本要素——反映社会群体意志与检验国家立法。有学者认为,"宪法约束并非要取消多数决民主,而是使它更加健康。以司法审查为例,它是'反多数的(Counter - Majority)',但并不是反民主的。"[2] 因此,司法审查不仅有助于保障民主的实现,而且可以促进民主的进化。[3]

此外,学者们还针对"反多数难题"的基本立场展开批评。他们认为,"反多数难题"通过立法机关的"民主标准"来检测司法审查的合法性,本身即违背了司法机关的角色设定。莱恩(Corinna B. Lain)就提出了"反转式(Upside - Down)"的法治观:远离社会群体意志的部门有可能更能反映多数人的意愿。在她看来,美国民主制度的设计并未展现出其真实样态。实际上,美国立法机关的民主选举,受到议会结构、政治游说、主题回避等因素的深刻影响。其在反映社会群体意志的回应上往往大打折扣。因此,莱恩宣称,司法机关虽然并非民主选举产生,但在纠正偏见式的立法偏好(如堕胎、宗教、同性恋等敏感问题)上却具备民主功能。[4] 不仅如此,民主不仅不排斥司法权,甚至在一定程度上提升司法权的行使效果。我国学者姜峰认为,"(美国)司法审查就像一个制动装置,它用来防备民主机制的失灵。"[5] Terri Peretti 通过对比伊莱、莱恩、佛里德曼等人的学说以及美国制度实践,发现政党力量的对立削弱了社会群体意志的立法体现。为了提升国家立法的民主化,公众倾向于通过司法审查的方式纠正立法机关的违法行为,从而使得司法审查制度成为当下公民表达民主意愿的重要方式。[6]

虽然"反多数难题"与民主立法之争尚未形成定论,但不可否认的是,司法审查的事实性认知明显有悖于毕克尔等人的担忧。目前看来,"反多数难题"不但没有造成司法权的扩张,相反,它却遏制美国立法机关、行政机关的无理性行为,减少了违法立法的数量。倘若剥夺司法机关的审查权,那么,在立法权缺乏有效制约的情况下,立法和司法都将验证一种缺乏公平、正义监督的形式。[7] 此外,众多司法审查的典型案例——布朗案、[8]

---

[1] Jonathan Eastwood, The Role of Ideas in Weber's Theory of Interests, 17 *Critical Review: A Journal of Politics and Society*, 89 (2005).

[2] 姜峰:《多数决、多数人暴政与宪法权利——兼议现代立宪主义的基本属性》,载《法学论坛》2011年第1期。

[3] Michel Troper, Logic of Justification of Judicial Review, 1 *International Journal of Constitutional Law*, 99 (2003).

[4] Corinna Barrett Lain, Upside - Down Judicial Review, 101 *Georgetown Law Journal*, 113 (2012).

[5] 姜峰:《同性婚姻、宪法权利与民主审议——以罗伯茨大法官的反对意见为中心》,载《法学评论》2015年第6期。

[6] Terri Peretti, Democracy - Assisting Judicial Review and the Challenge of Partisan Polarization, 2014 *Utah Law Review*, 843 (2014).

[7] C. Perry Patterson, Judicial Review as a Safeguard to Democracy, 29 *Georgetown Law Journal*, 829 (1941).

[8] Brown v. Board of Education of Topeka, 347 U. S. 483 (1954).

罗诉韦德案、① 劳伦斯案等②——证明,"反多数难题"只构成毕克尔们的理论隐忧。事实上,美国社会中涉及司法审查的判决不仅未落入法官的掌控之中,反而逐步与事实性民间规范相结合,并以司法方式缓解了立法的滞后性。而且,事实性民间规范正在司法领域中形成一种潮流,导致美国司法同社会群体意识的结合。新近发生的"奥贝格费尔案"即印证了这一观点。

二、超越理论论争:一个判例检验

事实性民间规范与国家法之间"事实替代"问题的讨论,历来是理论家们的舞台,但在新近发生的"奥贝格费尔案"中,却戏剧化地上演于美国联邦最高法院。2015年6月,美国联邦最高法院审理了一起同性婚姻案件。该案件是四个同性婚姻案件(关涉14对同性恋伴侣以及2名失去同性伴侣的同性恋者)的合并案件。案件主体部分由"奥贝格费尔案"构成,主要涉及同性婚姻登记及相关民事权利问题。在上述四个案件的发生地法律规定,婚姻制度认可的是男女之间的结合,而不涉及同性婚姻问题。因此,同性恋伴侣无法取得法律上的婚姻关系。这实际上影响了同性恋者的诸多民事权利,如继承权、收养权、③ 婚姻自由等法定权利。④ 最高法院的九名法官最终以5∶4的微弱优势,判定同性婚姻具有合法性,并命令各州通过立法(包括修改法律和认可他州法律)的方式承认并登记同性婚姻。但是,美国最高法院首席大法官约翰·罗伯茨(John G. Roberts)在同性婚姻合法化问题上提出了异议声明。其异议理由不在于同性婚姻的合法性本身,而是聚焦于"事实性民间规范能否作为司法裁判的依据"。罗伯茨认为,最高法院承认"同性婚姻合法化"的判决事实上超越了自身的职权范围,因为"基于事实性民间规范做出裁判"不是宪法赋予司法机关的权力。同样的,通过联邦最高法院判定"同性婚姻合法化"亦非"宪法的成功,因为宪法与同性婚姻无关"。

显然,罗伯茨的异议充分诠释了"事实性民间规范"与国家法之间矛盾的真谛,并反对司法机关从立法机关手中攫取"事实性民间规范"的辨识权。对此,联席大法官安东宁·斯卡利亚(Antonin Scalia)予以了支持。他认为,同性婚姻合法化的判决是在威胁美国的民主政治,这将侵占美国公民自我管理的自由。按照斯卡利亚的逻辑,在排除"同性婚姻合法与否"的考量之下,美国最高法院对"奥贝格费尔案"的判决事实上超越了司法谦抑性的裁判基础。法官将自身置于更高的道德要求之上,并将司法裁判职能视为推进事实

---

① Roe v. Wade, 410 U. S. 113 (1973).
② Lawrence v. Texas, 539 U. S. 558 (2003).
③ Tanya Washington, Susannah Pollvogt, Catherine Smith, Lauren Fontana, Children's Rights in the Midst of Marriage Equality: Amicus Brief in Obergefell v. Hodges by Scholars of the Constitutional Rights of Children, 14 *Whittier Journal of Child and Family Advocacy*, 1 (2015).
④ Elizabeth Brenner, Marriage for All: The Legal Impact of Obergefell v. Hodges in Texas, 78 *Texas Bar Journal*, 622 (2015).

性民间规范与国家法相互融合的重要方式。由此导致美国传统上的法律解释方式逐渐退化为一种辨识事实性民间规范的主观感受。另一位异议者——塞缪尔·安东尼·阿利托（Samuel Anthony Alito）——则在另一重意义上证明了"事实性民间规范"对司法裁判的影响。在他看来，最高法院关于同性婚姻问题的阐述，不应当归结为"国家是否认可同性婚姻"的问题，而应当是"我们能否从宪法中获得答案"的问题。显然，宪法并没有回答这一问题，而是将它重新交给了人民。由此，阿利托大法官提出了自己关于"事实性民间规范"主张：最高法院的9位法官无论具备怎样的才智，都无法通过违宪审查的方式来发现宪法未加规定的权利。因为那是社会群体意志的产物，而非法律解释问题。因此不在司法讨论之列。克莱伦斯·托马斯（Clarence Thomas）的批评则直指多数派法官"正当程序原则"的主张。他反对多数派法官从"正当程序原则"中衍生出实质性权利，认为多数派法官对于美国宪法第14条修正案的解读违背了"正当程序原则"的传统意义。他发现，实质性权利的法定化并非司法机关的任务，而是立法机关所承担的任务。所以他主张，司法应当从事实性民间规范的"事实替代"中退出来。鉴于上述四名大法官对于"事实性民间规范"融入司法的否定态度及法官数量，我们将其称为"少数派意见"。

然而，该案件的最终判决并未支持少数派法官的主张。言下之意是，"事实性民间规范"得到了美国联邦最高法院多数法官的支持。那么，同性婚姻合法化能否视为"事实性民间规范"的胜利呢？事实上，"奥贝格费尔案"的判决表明，美国最高法院在事实性民间规范与国家法的"事实替代"问题上仍然坚持了一种保守主义的态度。首先，肯尼迪大法官（Anthony M. Kennedy）借助古代先贤（如中国的孔子、古罗马的西塞罗以及法国的托克维尔等）的经典论述，阐明了婚姻制度的意义。但作为法学家、律师以及法官的肯尼迪显然认识到，这种论断无助于证明"同性婚姻"的合法性，反而可能成为少数派大法官攻击的重点。因此，肯尼迪转而获得一个折中的判断——"婚姻是社会与秩序的基石"。由此，主张同性婚姻合法化的一方可以获得两个间接性判断：一是以婚姻方式实现的人际结合，是形成社会的基础结构之一，它有助于社会的持续与发展。显然，无论是"反多数难题"的支持者还是反"同性婚姻"者都无法反驳这一观点。二是承认婚姻是秩序生成的一种方式。假设传统上并未形成婚姻观念，那么人们之间的冲突以及冲突程度将会缺少一种制约措施。[①] 因此，承认婚姻的权利意义显然不会为法律所阻断。但是，上述观点似乎无法推翻少数派大法官关于"反多数难题"的论断，并且远离事实性民间规范与国家法的"事实替代"这一主题。事实上，肯尼迪大法官杰出的司法智慧至此方始。

---

① 桑本谦从制度发生学上回顾了婚姻制度的起源与功能，表明婚姻制度首先体现出一种功能意义，其次才表现为国家对公民基本权利的尊重。参见桑本谦：《配偶权：一种"夫对妻、妻对夫"的权利？——从发生学视角对婚姻制度和配偶权的重新解读》，载《山东大学学报》（哲学社会科学版）2004年第1期；李拥军、桑本谦：《婚姻的起源与婚姻形态的演变——一个突破功能主义的理论解释》，载《山东大学学报》（哲学社会科学版）2010年第6期。

基于上述折中判断，肯尼迪探讨了美国社会中婚姻观念的变化：从宗教婚姻信仰到有目的的联姻、从妇女权利解放到种族通婚，诸多婚姻观念得以在美国最高法院得到保护。然而值得疑虑的是，肯尼迪关于"婚姻观念与时俱进"的观点虽然证据确凿，但依然没有回应反对者的诘难——笔者亦承认这一点——无论美国社会的婚姻如何变化，肯尼迪都未回应"反多数命题"。但是这并不能否认，肯尼迪通过不同案件中婚姻观的变化，正在将婚姻观念的裁判权牢牢地掌控于司法机关手中。这在事实上解决了"同性"婚姻与违宪审查的管辖权问题。如果说婚姻观念的变化与司法无关的话，至少最高法院在此获得了审查地方婚姻立法的机会。

但是，肯尼迪大法官并未放弃对事实性民间规范的争夺。在后续说理中，肯尼迪阐述了社会公众对待同性恋的看法（肯尼迪关于"婚姻是社会与秩序的基石"的论断在此显现了作用）：其一，专业性证明。基于精神病学、心理学、犯罪学的研究成果，同性恋问题逐步从最初的"精神疾病—犯罪行为说"转向"正当性取向心理—非违法行为说"。[①]科学证据的提出，表明法律对待同性恋问题的态度缺乏社会基础。倘若人们仍旧坚守形式法治的观念，就有可能忽视实质正义。其二，公众投票的积极引入。在美国联邦最高法院审理该案件之前，同性婚姻问题一直属于州立法的范围。因此，对于同性婚姻是否合法问题，缅因州、马里兰州以及华盛顿州曾于2012年12月通过全民公投的方式，承认同性婚姻具有合法性。至此，美国有10个州（包括哥伦比亚特区）承认同性婚姻。然而，受到民主化观念的影响，截至2014年裁判前夕，美国承认同性婚姻的州数量达到35个，占美国各州总数67.31%。而纽约时报、皮尤调研中心（Pew Research Center）以及盖洛普民意调查（Gallup Poll）等民意调研显示，美国公众支持同性婚姻合法化的比例达到了71%；[②] 此外，肯尼迪大法官也提出了法律意义上的支持意见，即判例法的支持。劳伦斯案、Loving v. Virginia 案以及 Griswold v. Connecticut 案的判决表明，"平等条款"与"正当程序条款"适用于人们关于同性婚姻的讨论，[③] 而"禁止同性结婚"的地方立法显然违背了上述宪法条款。至此，婚姻的社会意义、变化中的婚姻观、社会群体意志的力量以及判例法的综合交织，为"奥贝格费尔案"的裁判奠定了坚实的基础。金斯伯格（Ruth Ginsburg）、布雷耶（Stephen Breyer）、索托马约尔（Sonia Sotomayor）、卡根（Elena Kagan）等四位大法官赞同肯尼迪大法官的观点，最终形成了"多数派意见"。由此，同性婚

---

① 美国精神病学学会（APA）于1973年将"同性恋"排除出"精神疾病"的范围，并在1998、2000年的《立场声明（Position Statement）》中否定了性取向治疗的可能性。2008年美国精神病学学会郑重提出，任何改变性取向的医疗措施都无法证明是有效和无害的。参见 American Psychiatric Association. Answers to Your Questions About Sexual Orientation and Homosexuality. http：//www.apa.org/topics/lgbt/orientation.aspx，访问日期：2022 - 10 - 28。

② 参见调研报告网（Polling Report），http：//www.pollingreport.com/civil.htm，访问日期：2022 - 10 - 28。

③ 参见杨贝：《法庭意见、论据与论证——析美国最高法院对劳伦斯案的裁决》，载《环球法律评论》2014年第4期。

姻得以在全国（指美国）范围内合法化。

比较上述不同意见可以发现，是否承认事实性民间规范与国家法的"事实替代"，构成了9名大法官之间的主要分歧。虽然"奥贝格费尔案"的判决隐蔽地肯定了司法对事实性民间规范的接纳，但在"反多数难题"者看来，事实性民间规范只是国家法产生的方式，它只能（且应当）通过公民投票的方式影响国家的法律、政策。因而它无法构成司法裁判的基本依据。显然，基于事实性民间规范的"事实替代"获得的司法裁判，其正当性、合法性仍是一个有待证成的问题。无法证明这一问题，美国公众在"奥贝格费尔案"中获得的胜利将毫无意义。

三、事实性民间规范与国家法"事实替代"的司法逻辑

在"奥贝格费尔案"中，多数派法官的胜利，并未遮掩少数派法官的异议之声。罗伯茨大法官认为，"这并非宪法的成功。宪法与同性婚姻无关。"事实上，这无异于提出了一个合法性追问，即事实性民间规范如何获得"事实替代"的正当性、合法性支撑。尽管联邦最高法院的审判职能已经完结，但学者和法官们仍需要回应这一追问。否则，"奥贝格费尔案"所带来的进步将只是个案意义上的，而不具备制度进化的效果。因此，承接少数派法官与"反多数难题"者的追问，本文将通过案例与理论相结合的论证方式，阐述事实性民间规范"事实替代"的正当性问题。

在"奥贝格费尔案"中，事实性民间规范与国家法之间的"事实替代"仅是司法机关内部、不同司法哲学之间的碰撞，并未触及立法权与司法权的对抗问题——立法机关不仅未介入该案，甚至未批评司法权的扩张——因此，事实性民间规范与国家法之间的"事实替代"完全可以还原为大法官之间的司法哲学之争，而且这种司法哲学之争在多数案件中均出现了。① 那么，该论争究竟反映何种司法哲学差异呢？在此，我们不妨回顾一下"奥贝格费尔案"的两种主张：少数派法官认为，司法裁判关注事实性民间规范的做法，将改变司法权的法律构成，即脱离法官对法律的尊崇，转而推测公众的好恶。这并非司法机关的职权范围，而是立法机关所应当关注和实施的范围。而多数派法官则坚持，事实性民间规范赋予了司法机关纠正立法过失的社会基础，有利于矫正非正义的国家立法，顺应社会公众的"默会"知识。上述两种不同的主张展现了大法官之间的不同司法哲学。前者侧重于司法的传统职能，将裁判依据划定于法律的可寻范围之内，并拒绝接受法律的扩张解释。而后者则遵循了一种实用主义的思维进路，主张司法裁判不仅可以超越现行法的不当限制，而且可以依据社会群体意志的变化情况，从传统和历史中寻求法律文本的正确理

---

① 美国学者布莱恩·拉姆等人的研究显示，美国联邦法院大法官对于某一案件形成一致意见的概率大约为15%–20%。这就意味着司法哲学之争将出现在80%以上的案件中。参见［美］布莱恩·拉姆、苏珊·斯温、马克·法卡斯：《谁来守护公正：美国最高法院大法官访谈录》，何帆译，北京大学出版社2013年版，第233页。

解、重新划定法律的范围。① 由此,上述论争可以归纳为司法的"谦抑性"与"能动性"之争。

传统上,司法的谦抑性与能动性关涉的是法律解释的性质问题。倘若法官严格按照成文法的文本、目的、背景以及知识体系来解释法律,那么,这种法律解释结果将被视为司法谦抑哲学的表现;但若法律解释的过程,除了考量法律文本之外,同时纳入政治、道德、伦理以及惯例等其他价值因素的考量,"创造"出一种新的行为标准,那么它将划入司法能动哲学的范畴。② 按照此种逻辑,"奥贝格费尔案"中"事实替代"与法律解释的结合,显然预示着一种"司法造法"的结果。由此,"反多数难题"成功地营造出司法权扩张的危机。笔者承认,司法谦抑哲学同法律解释之间,保持了高度的一致性。谨守司法谦抑哲学,就意味着法官同法律规定具有价值判断上的统一性。据此做出的裁判也暗含着司法服从法律意志的内涵——这是一条稳妥且毫无逻辑错误的思维进路,亦是司法谦抑哲学的基本价值——但必须承认的是,司法谦抑哲学的形式合理性优点同样也是其重要缺陷之一。在法律解释与社会群体意志之间,司法谦抑哲学很难作为社会价值观的推动者而存在。一旦事实性民间规范倾向发生变化,司法谦抑哲学往往难以对此做出及时应对,甚至是死守僵化的观念而背离社会群体意志。因此,对于法治国家而言,法律解释需要在保持司法的谦抑性的同时,大胆而谨慎地接受司法能动主义的观念,从而保证法律规范、司法解释与社会群体意志的一致性。美国法学家沃尔夫就敏锐地发现,"能动和克制不能简单地归结为这样的观点,即奉行能动主义的法官就是在'立法',而崇尚克制的法官就仅仅是在'解释宪法'。毫无疑问,能动和克制的区别更多只是一个程度不一而非性质不同的问题。"③ 按照沃尔夫的观点,司法能动哲学与司法谦抑哲学是一对解释力度不同但完全同质化的哲学。尽管这在裁判的谨慎性、公正性上有待论证,但"奥贝格费尔案"的最终判决的确证明,多数派法官不仅坚持了司法能动主义哲学的传统,也尊重了宪法的制度价值。

首先,司法能动哲学、政治角力、事实性民间规范共同构成司法民主化判决的基础,但该哲学基础远在"奥贝格费尔案"的发生之初就已经确定了。按照罗纳·索辛(Lorne Sossin)的观点,法官的任命应当具备以下条件:公平、透明以及政治绝缘,以此保证司法的公正性和独立性。④ 但是,美国联邦最高法院大法官的任命机制似乎突破了这种限制。根据美国宪法第 2 条第 2 款的规定,最高法院的法官由总统提名,并在取得参议院的

---

① Robert Post 认为,宪法理论往往不能实现其理想的语言表达。See Robert Post, Democracy, Popular Sovereignty, and Judicial Review, 86 *California Law Review*, 429(1998).
② 参见杨建军:《重访司法能动主义》,载《比较法研究》2015 年第 2 期。
③ [美]克里斯托弗·沃尔夫:《司法能动主义——自由的保障还是安全的威胁》,黄金荣译,中国政法大学出版社 2004 年版,第 3 页。
④ Lome Sossin, Judicial Appointment, Democratic Aspirations and the Culture of Accountability, 58 *University of New Brunswick Law Journal*, 11(2008).

意见和同意后，得以任命。因此，为了在联邦最高法院中获得较多的支持，总统总是希望将与自己政见相同或相近的法官提名为大法官，从而使得该政党在联邦最高法院的投票上保持强势地位。因此，从政治策略的角度来看，美国最高法院大法官的构成是各政党政治角力的结果，其中蕴含的政治力量的对比。

其次，衡平法构成事实性民间规范"事实替代"的制度基础。在"奥贝格费尔案"中，"反多数难题"者与多数派法官均批判司法与事实性民间规范的关联性，并否认同性婚姻与宪法的相关性。然而，细思该案件的裁判过程可以发现，多数派法官并未试图从宪法条款中获得正面支持。相反，婚姻的社会意义、变化中的婚姻观、社会群体意志的力量以及判例法才是多数派法官的理论根基。而这些依据的获得并非来自宪法条款，而是源自衡平法。众所周知，"美国的宪法……来源于自亚里士多德以来西方文明中自然法的观念，来源于英国悠久的普通法传统。"① 然而，普通法的僵化性致使英国不得不引入衡平法，以增加法律的弹性和公正性。由此导致美国宪法中隐含了英国的衡平法因素。而司法审查的制度内因就在于此。正是公众对于国家立法公正性的担忧，导致法官能够以司法审查的方式检验美国立法，进而消解事实性民间规范与法律条文的矛盾。因此，"奥贝格费尔案"的胜利，事实上是衡平法的作用结果。它无关于宪法条文，却反映宪法保障公民权利的基本精神。

再次，宪法条款成为事实性民间规范"事实替代"的最终归结点。无论是司法谦抑哲学还是司法能动哲学，均企图在宪法文本中发现其法律依据，从而保证裁判意见符合国家法的规定。这种合法性裁判进路主要出于两种考量：一是尊重宪法的制度价值。宪法作为国家的根本大法，拥有指导国家立法的制度意义。倘若能够从宪法文本中发现裁判的法律依据，无异于将个案中的裁判智慧上升至法律制度的高度。显然，这种制度影响对法官个人而言，是极具吸引力的。二是满足形式法治的需要。众所周知，成文法最主要的贡献在于人们能够预判自身行为的合法性以及国家权力的边界，保证法律的稳定性与权威性。但如果一项满足实质正义的司法判决在宪法中无法获得形式化（即文本化）支持，那么，宪法的权威性将遭受质疑。因此，即便"奥贝格费尔案"证明，事实性民间规范对国家法的"事实替代"已经克服了"反多数难题"，但司法对于社会群体意志的接纳仍只能隐含于宪法条款之中。

社会公众可以允许法官能动地解释法律，却无法接受司法判决源出于法官的主观判断。否则其正当性、合法性将遭受质疑。无论法官秉持何种司法哲学，裁判意见又存在何种分歧，判决结果都应当是对宪法的解释、适用。"奥贝格费尔案"中的多数派法官深知此种裁判逻辑，虽然他们凭借衡平法以及社会群体意志的力量证成了事实性民间规范"事实替代"的合法性，但最终仍回归到"平等条款""正当程序条款"中来。如此裁判，不

---

① 任东来：《美国宪法的英国普通法传统》，载《美国研究》2002年第4期。

仅没有同国家法相背离，反而维护了宪法的权威。只不过"大量进步主义的司法判决在宪法文本上都相对薄弱。这也是此类判例出台以后引发争议经久不绝的原因"。① 从这种意义上讲，司法能动哲学的谦抑性回归的确印证了沃尔夫关于"程度不同而性质相同的司法哲学"的判断。为此，事实性民间规范的"事实替代"势必也要在整个法治国家建设层面得到必要的限制。

四、我国如何应对事实性民间规范与国家法"事实替代"

从世界范围内来看，"同性恋合法化"案件的确促成了事实性民间规范与国家法之间"事实替代"。荷兰、英国、法国、德国等国家也通过国家法的形式，接受了"同性婚姻"这一事实性民间规范，从而在法治上确保了同性婚姻的合法化。② 在事实性民间规范深刻影响和革新国家法的当下，我国应当重视"同性婚姻"的法律定位问题。而且，早在2001年，我国中华医学会精神病学分会便将"同性恋"剔除在精神病名单之外。③ 而在"民法典婚姻家庭编草案"三次审议稿征求意见过程中，又讨论过"同性婚姻合法化应该写入民法典婚姻家庭编"的问题，但考虑到社会各方面因素，最终未加采纳。④ 这一事实表明，事实性民间规范的变化虽然尚未带来我国国家法"事实替代"，但已经初步显现出了萌芽状态。为了保证法官辨识到事实性民间规范的变化，并毫无偏私地做出裁判，我国司法在事实性民间规范与国家法"事实替代"上应当做好如下三个方面的限定。

其一，事实性民间规范对国家法"事实替代"，不得侵犯法官的独立性。从理论论争以及司法实例来看，司法裁判的生成在某种程度上接纳了社会群体意志，但这种接纳需要"政治效果、社会效果和法律效果的统一"。这样，即便某些人企图利用媒体、网络等形式制造"社会群体意志"，其结果也未必能够影响或改变司法裁判——尤其是那些能够推动国家法修改的司法裁判。因此，事实性民间规范与国家法之间"事实替代"可以反映真实的社会群体意志变化，甚至在某种程度上推进国家法治水平的提升，但应当防备事实性民间规范侵犯法官的独立性。一旦社会群体意志的力量掌握了司法的裁判权，规则之治将让步于不可测的群体意志，而社会群体意志往往又是缺乏公共理性的。因此，即便司法饱受"反多数难题"的谴责，但社会群体意志仍不得侵犯司法的独立性。这是司法机关得以检

---

① 汪庆华：《司法能动主义视野下的同性婚姻和平等保护——基于欧伯格费案的讨论》，载《浙江社会科学》2017年第1期。

② 有统计数据显示，截至2022年10月，全球已有27个国家及地区通过立法公开承认同性婚姻的合法性。参见《2022年同性婚姻合法化国家有哪些?》，https：//zhuanlan.zhihu.com/p/564156090，访问日期：2022-10-30。

③ 吴玉姣：《关于何为法律的探讨——从同性婚姻合法化说起》，载《武汉科技大学学报（社会科学版）》2019年第3期。

④ 《全国人大法工委："同性婚姻"等被建议写入民法典 我国现有约7000万同性恋者》，https：//m.thepaper.cn/baijiahao_5319817，访问日期：2022-10-25。

验国家法的根本保证。① 这并非否认事实性民间规范对国家法"事实替代",而是意在强调社会群体意志与司法裁判的结合无关于司法权的性质,只关乎裁判结果同社会群体意志的一致性。"即使考虑民意,司法审查也不是民意的简单复写,而更多、更主要的是借助独立判断和理性论证。"② 因此,事实性民间规范对国家法"事实替代",必须是在法官的独立裁判之下。

其二,事实性民间规范对国家法"事实替代",应当妥善缺分社会群体意志与公共舆论。社会群体意志的群体性要素极易引发人们的判断错误,从而将公众舆论划归至社会群体意志的整体范畴之下。③ 事实上,社会群体意志同公众舆论之间具有明确的界限,二者不仅在范围上缺乏交集,甚至在性质上也有巨大差异。这是因为,社会群体意志以个案方式启动的、用于表达某一类人或某一类行为合乎公共价值、公共认知的结合体,而非个体基于感性认识所带来的情感判断集合。④ 例如"奥贝格费尔案"关注的是同性恋伴侣是否享有结婚权的问题,而非该案原告能否结婚的问题。因而,在司法领域,公众舆论往往针对社会热点案件展开评论。其评判出发点是公众的伦理道德与情感支撑,而评判内容则聚焦于个案的裁判结果以及道德承受度。例如,我国"药家鑫案""彭宇案""宜兴胚胎案"中的公众舆论,即是公众道德情感的一种抒发。公众舆论企图以道德情感的表达,引导法官做出合乎道德标准的裁判。⑤ 显然,这并非社会群体意志的典型表达,并且有悖于"依法裁判"的司法原则。因此,事实性民间规范对国家法"事实替代",应当以社会公众权益为标准,以制度进步为目的,蔽除私人倾向与私人情感的介入。此外,司法机关也应当审慎地看待社会群体意志的体现方式。例如:我国的丧葬习俗并没有在法律上设定明确的禁止性规定和肯定性规定,但往往根据《民法典》上的"公序良俗"原则加以评判。即便法官可以用"公序良俗"为理由来否定丧葬习俗的适用,却不会做出过度的限制。这是因为,"丧葬习俗"作为一种事实性民间规范,对国家法之间有着事实认定上的差异和冲突。只要不深刻影响国家法治秩序,国家就会对事实性民间规范采取一种"宽容的态度"。由此观之,社会群体意志在司法领域发挥作用需要经过长期的经验判断,并且应当在全国范围内获得多数支持。

其三,依据事实性民间规范所做出的司法裁判仍应当维护法律权威。对于法官而言,

---

① Elizabeth A. Larkin, Judicial Selection Methods: Judicial Independence and Popular Democracy, 79 *Denver University Law Review*, 65 (2001).

② 何海波:《多数主义的法院:美国联邦最高法院司法审查的性质》,载《清华法学》2009 年第 6 期。

③ Palle Svensson, Conceptions of Democracy and Judicial Review, 27 *Nordisk Tidsskrift for Menneskerettigheter*, 208 (2009).

④ Jeffrey Goldsworthy, Structural Judicial Review and the Objection from Democracy, 60 *University of Toronto Law Journal*, 137 (2010).

⑤ 有学者认为,这种公众舆论的情绪化表达,是一种民粹主义的司法现象。参见刘练军:《民粹主义司法》,载《法律科学(西北政法大学学报)》2013 年第 1 期;Edward Shils, *The Torment of Secrecy: The Background and Consequences of American Security Policies*, The Free Press, 1956, pp. 100 - 101。

变化中的事实性民间规范与国家法之间并不总能够保持一致性。为此，法官必须在社会群体意志、制度进步与法律权威之间做出某种权衡——在遵从社会群体意志的情况下捍卫法律权威①——使得国家与公民均能从司法裁判书中获得某种助益。这就要求法官灵活运用司法技术来解决上述难题。一方面，法官要加强事实性民间规范的合法性解释。法律解释为法官提供了隐蔽的权衡场域和技术支持。众所周知，法律解释是一个隐性的思维过程，它可以掺杂文本主义的考量，也可以采取动态社会事实的推理方式。后者"增加了人们认识它的难度，也增加了立法者或司法者把这些社会事实及其规定性周全地表达在法律中的难度"。② 因而无论属于何种思维方式，它仅存在于法官的主观思维之中，而不会展现于公众面前。从而使得法官能够从维护法律权威的目的着手，发现社会群体意志同法律文本的关联点，进而证成该事实性民间规范的合法性。当然，隐性的思维过程不能成为司法说理的正当依据，它需要转化为强有力的法律依据。因此在另一方面上，法官需要借助法律条款的抽象性规定，在事实性民间规范与国家法之间确立某种内在一致的价值。例如"奥贝格费尔案"中多数派法官对"平等条款""正当程序条款"的援引，证明了"禁止同性结婚"违反法律规定，从而将社会群体意志限定于法律权威之下。

结　语

事实性民间规范与国家法之间的"事实替代"，已经成为法治国家建设进程中不可避免的组成部分，甚至在司法领域演化为司法与立法的"反多数难题"。然而，"反多数难题"能够静态地说明司法与立法的冲突现象，却无法明晰两者背后的深层次矛盾。通过"同性恋合法化"案件的深度分析可以发现，上述深层次矛盾就是事实性民间规范与国家法之间的"事实替代"。"在某种意义上，任何一个重大宪法案例都像一个'路由器'：诸多历史传统、政治理念、社会运动、文化思潮乃至政治暗流在此汇聚，并产生碰撞，促发各种潮流发展的新动向。"③ 当事实性民间规范发生变化的情况下，司法机关就需要稳妥处理社会群体意志与国家意志的沟壑，并做好民间"默会"事实与法定事实的平衡。由此，事实性民间规范与国家法之间的"事实替代"，就成为社会发展的隐蔽方案。而司法机关对事实性民间规范和国家法的事实辨别，不仅不会损害公民的基本权利以及国家的法定秩序，而且要能够同变化中的社会群体意志保持一致。因此可以说，事实性民间规范是对国家法的一种有益补充和社会纠正，也是司法权推动社会进步的重要方式。值得警惕的是，事实性民间规范的司法运用，需要法官从长期的社会观察中来获得结论，切忌在社会

---

① 在亚里士多德看来，唯有法律可以实现"中道的权衡"。民主化裁判让步于宪法权威的真谛即在于此。参见［古希腊］亚里士多德：《政治学》，吴寿彭译，商务印书馆1983年版，第169-170页。
② 谢晖：《论新兴权利的一般理论》，载《法学论坛》2022年第1期。
③ 刘晗：《美国同性婚姻权裁决的三重语境　平权运动、美国宪法与西方文明》，载《中外法学》2018年第1期。

群体意志波动较为强烈的时期作出判断。不过,我国完备的司法制度似乎已经对此做出了制度回应,例如:案例指导制度对不适当立法的细化矫正。由此看来,事实性民间规范与国家法之间的"事实替代",已经为我国司法机关所重视,并正在多种途径加以改进。

Case Investigation And Legal Limitation Of "Fact Substitution" From The Perspective Of Folk Law
——Take The Case Of "Homosexual Marriage" In The United States As An Example

Zhang Yujie

Abstract: The "factual substitution" between factual folk norms and national law has always been one of the core propositions in the field of folk law. It originates from the change of the will of social groups in the practice of rule of law, and can be traced back to the "anti-majority problem" in legal theory. The occurrence of the case of Obegefeld v. Hodges in the United States provides a testing field for the factual folk norm of "homosexual marriage" that folk law "replaces" national law. The trial process and adjudication results show that the "substitution" of factual folk norms for national law not only reflects the profound influence of changing social group will on modern justice, but also depicts the fierce competition between judicial modesty philosophy and judicial activism philosophy. In order to conform to the factual folk norms and maintain the fairness of judicial decisions, our judicial organs should ensure the independence of judges' decisions, properly divide the will of social groups and public opinion, and maintain the authority of the Constitution and the law.

Key words: factual folk norms; anti-majority problem; homosexual marriage; judicial

陕甘宁边区司法的"常识"之维*

董安静**

摘　要　陕甘宁边区建立初期，司法运作存在较大问题亟待改革，但李木庵主导的以专业化为核心的边区司法改革草草收场。此后，立足边区实际的"马锡五审判方式"备受推崇，从这一司法模式的实际运作来看，其重点是查清案情和进行判决，起决定作用的是"常识"而非"专业知识"，不规则且易获取的"常识"才是陕甘宁边区司法所真正需要的。这种"常识"包括法律"常识"、司法人员伦理"常识"和地方性"常识"，从而具有浓厚的主观性、地方性和个人化特征，这使得"马锡五审判方式"更依赖司法人员个体。边区政治清明以及以共产党员为主的司法人员强烈的道德自觉，使得这一主要依靠"常识"运作的司法模式成效显著。这一司法模式因实现了制度与社会需要之间的对应关系而在特定历史条件下得以推广，其中体现的追求情、理、法相统一的内在精神在现代社会仍具有现实意义。

关键词　常识　陕甘宁边区　司法　传统

问题的提出：常识与专业知识

陕甘宁边区建立之初，边区的司法承袭了苏维埃时期的司法模式，在这一时期，"更多地强调法律的阶级属性，将法律作为发动被压迫阶级的工具"[1]。长期的地下斗争和游击战争使中国共产党内相当一部分人沾染上较强的游击作风[2]，对于法律规则和程序缺乏敬畏之心。司法审判程序简单、审判方法随意，没有形成使用成文法的习惯，欠缺基本的

---

* 国家社会科学基金重大项目"中华法系与中华法律文化问题研究"（项目编号：20@CH038）。
** 董安静，华东政法大学法律学院博士研究生。
[1] 侯欣一：《陕甘宁边区高等法院司法制度改革研究》，载《法学研究》2004年第5期。
[2] 雷经天指出："我们还没有真正肃清残余的游击主义作风"。参见高海深：《陕甘宁边区审判史》，陕西人民出版社2007年版，第239页。

法律法规，对边区的风俗习惯也不甚了解，司法人员的专业化程度低，对法律知识缺乏研究，也未能吸收过去司法工作中的宝贵遗产。司法人员被随意借调从事其他行政工作也导致了从事审判事务的人员匮乏。一系列的问题导致案件积压和审理的草率，引发群众不满。在这一背景下，李木庵于1942年5月开始进行边区司法改革。这一改革以强调司法审判的规范化和司法人员的专业化为方向①，试图改变"重实体，轻程序"的司法模式导致的一系列问题。以李木庵为代表的改革者看到了边区司法存在的诸多问题，但却未能对边区的实际和特殊情况进行详细认真调查，更多的是按照自己理想的司法制度推动改革，强调法律的超阶级属性，推动审判独立，推动建立健全法律法规，规范审判工作，推动司法工作和人员的专业化。② 而边区的特殊历史环境为改革带来了极大的阻力：边区民众文化水平较低，缺乏法治观念，只要求诉讼的公平和效率；司法人员普遍不具备专业知识，对专业知识和程序的强调使他们面临着严峻的压力，这一改革遭到他们的抵制。李木庵推动的司法改革不符合边区社会的实际需要，也与其支持者预想的司法模式差距过大③，随着李木庵于1943年12月辞去陕甘宁边区高等法院院长职务而宣告终止。司法专业化的改革以失败告终后，边区转而推行以马锡五审判方式为代表的司法模式，这一模式强调依靠群众，深入调查研究，便利民众，调判结合。因为契合了社会需要而受到民众欢迎，在边区和其他解放区推广。

学界有关陕甘宁边区司法的研究已有不少，如侯欣一强调边区司法由司法为民到人民司法的转变④，其他研究多把重点放在马锡五审判方式上，张希坡有专著探讨马锡五审判方式⑤，有关"马锡五审判方式"所代表的司法运作模式究竟是传统中国司法模式的继受⑥，抑或是区别于传统的新创制⑦，争论一直持续至今。更多的学者关注马锡五审判方式在当代中国司法治理中的可借鉴性⑧。本文则通过观察陕甘宁边区十余年司法运作历

---

① 正如改革的支持者谢觉哉所指出的："要建立正规的司法制度，制定成文的法律，充实干部与人才，司法要服从于政治，司法工作者要懂得政治，懂得政策，司法要服从于抗战，要适合于战争要求，司法工作者要着重在具体的事实上学习，要从对于标本例子的研究到法律理论的学习，要吸收旧的创造新的。"参见张希坡：《革命根据地法律文献汇编第三辑（第二卷）》，中国人民大学出版社2018年版，第407页。
② 积极参与此次司法改革的司法人员大多刚刚到达边区，对西方现代法制以及"中华民国"的法律制度较为了解，但缺乏对边区的深入了解。
③ 边区司法工作的重要领导谢觉哉的支持是李木庵能够推动司法改革的重要因素，但随着改革推进，谢觉哉的态度发生根本性转变。参见谢觉哉：《谢觉哉日记》，人民出版社1984年版，第557页。
④ 参见侯欣一：《从司法为民到人民司法——陕甘宁边区大众司法化司法制度研究》，中国政法大学出版社2007年版。
⑤ 参见张希坡：《马锡五与马锡五审判方式》，法律出版社2013年版。
⑥ 参见喻中：《吴经熊与马锡五：现代中国两种法律传统的象征》，载《法商研究》2007年第1期。
⑦ 例如陈洪杰：《司法如何民主：人民司法的历史阐释与反思》，载《比较法研究》2016年第5期；方乐：《以人民为中心司法理念的实践历程及其逻辑意涵》，载《法律科学》2021年第4期；梁洪明：《马锡五审判与中国革命》，载《政法论坛》2013年第6期。
⑧ 例如张应平：《回归"马锡五"的思考》，载《现代法学》2009年第5期；胡永恒：《马锡五审判方式被"发明"的传统》，载《湖北大学学报（哲学社会科学版）》2014年第1期；高志刚：《传统司法群众路线的实践合理性反思》，载《江西社会科学》2015年第12期。

程，尝试论证边区司法始终未曾改变的内在逻辑，那就是依据"常识"运作，而这正是学界以往研究中所没有关注到的，透过这一视角能够更清晰地发现边区司法与中国传统司法运作的内在关联，清代以来依靠"常识"进行的司法运作因符合边区社会需要而为边区司法所传承发扬。

美国人类学家克利福德·格尔茨对常识进行过深入探讨。他指出，常识是"使我们自己免于被迫接受重大的矛盾、理路上明显的不一致以及明目张胆的诈欺的那种平常能力"①。他将常识看作"一群相对组织化、被清晰意识到的思想"，是"对经验的有意识的反省"。常识呈现为警句、谚语、众所共见的道理等箴言式的表达，是俗民生活智慧的典范形式，而非正规的教条、公式化的理论或精心构建的教义。常识因为能够掌握住俗世生活广袤的繁杂多样性而得到重用。②格尔茨认为任何一个身心机能没有重大缺陷的人都能了解常识性的结论，被陈述清楚明确的常识性结论易于赢得人们的理解和支持，常识是对几乎所有人开放的。常识是反专家的甚至是反知识分子的，因为其拒绝接受任何人明白地宣称自己在这方面有特殊的专才，它与任何奥秘的知识、特别的技术或颖异的天分无关，也鲜少关系到专门的训练。③换句话说，常识将世界表象为一个任何人都可以清楚认识的熟稔的世界，在其中的每个人都可以凭借自己的智力对事理作出判断。格尔茨有关常识的阐述对于我们理解为何常识能够在陕甘宁边区司法运作中发挥关键作用具有重要意义。

在陕甘宁边区，提交给司法机关的案件里，属于普通民事纠纷的案件占绝大多数。边区政府成立初期欠缺成文法，能够适用于民事案件审判的法律更是寥寥无几，对这些少之又少的法条的理解并不需要高深的法律专业知识修养。边区是一个相对简单和静止的农业社会，民事案件多集中在案情并不复杂的婚姻和土地纠纷等领域，处理民事纠纷的司法人员多是经过土地革命斗争锻炼出来的工农干部，这些司法人员虽然文化程度不高，欠缺法律知识，但是他们政治立场坚定，忠实于革命事业，了解新民主主义法律精神，与群众发生密切的联系，能够负责地为群众解决纠纷。④正如雷经天所指出的："我们的裁判员虽然大都是工农干部，但他们大部分是经过长期锻炼的，都是经历过苏维埃运动的，所以他们虽没有高深的文化理论，但都有丰富的实际斗争经验，因此一般案件的处理都还正

---

① [美]克利福德·格尔茨：《地方知识——阐释人类学论文集》，杨德睿译，商务印书馆2016年版，第147页。
② 参见[美]克利福德·格尔茨：《地方知识——阐释人类学论文集》，杨德睿译，商务印书馆2016年版，第142－144页。
③ 参见[美]克利福德·格尔茨：《地方知识——阐释人类学论文集》，杨德睿译，商务印书馆2016年版，第146页。
④ 参见侯欣一：《陕甘宁边区高等法院司法制度改革研究》，载《法学研究》2004年第5期。

确。"① 理论上他们具备裁决依据通行"常识"即可审理的民事纠纷的能力。② 对于剩下的少量的刑事案件而言，按制度规定，一般死刑案件，必须报经边区高等法院复核同意后，再转报边区政府主席批准或者转呈本府审委会批准后才许执行，才能执行。③ 由于法律较少且并不复杂，并不需要专业化的知识，只要能够查清案情，起码的公正还是能够保障的。因而可以推断出边区的司法，最需要的是"常识"而非专业知识。但是这仅仅是建立在一定推理上的假设，需要我们来证明其合理性。

为了更好地进行这一求证工作，我们从具体的个案入手，选择具有代表性的案件，即在边区广受推崇的马锡五审判的疑难案件。④ 如果在疑难案件的审理中，是"常识"而非专业知识起到主导作用，那么相对简单的案件就更能通过"常识"的运用而获得妥当的处理。

一、封捧儿与张柏的婚姻上诉案原委及其审理

虽然李木庵主导的边区司法改革于1943年12月以失败告终，但关于完善边区司法工作的努力并没有因此而结束。1944年1月6日林伯渠在《边区政府一年工作总结》报告"关于改善司法工作"中提倡马锡五同志的审判方式，这一审判方式受到边区政府的肯定和称赞，并在边区和其他解放区得到推行，并取得十分显著的成效，被视作一种"理想类型"的审判方式。⑤ 为了更好地理解这一审判方式的内在逻辑，我们对其中最为典型的婚姻纠纷案件进行分析。

华池县封捧儿与张柏的婚姻上诉案的处理使得马锡五广受赞誉，这一案件也是最能体现马锡五审判方式的案件之一。案件发生在陕甘宁边区华池县温台区四乡封家园子，封捧儿是该村庄农民封彦贵的女儿，张柏是张金才的二儿子。1928年，在封捧儿四岁的时候，封彦贵将其许配给张柏为妻，但因年龄过小，封捧儿没有到张家。时间到了1942年，随着当地旧习"彩礼"不断增长，封彦贵为了从女儿身上获取更多"彩礼"，以边区政府提倡"婚姻自主"为名，要求解除与张柏的婚约，并为女儿另找婆家。一开始封彦贵将女儿许给高家，但后来嫌弃"彩礼"较少且女儿坚决不同意而悔约。是年5月，封彦贵又将女

---

① 高海深：《陕甘宁边区审判史》，陕西人民出版社2007年版，第242页。
② 有学者也注意到了边区司法以处理民事纠纷为主的状况，将马锡五审判方式视为处理民事纠纷而进行的创制。参见范愉：《简论马锡五审判方式——一种民事诉讼模式的形成及其历史命运》，载《清华法律评论（第二辑）》，清华大学出版社1999年版。
③ 陕西省档案馆，陕西省社会科学院：《陕甘宁边区政府文件选编（第七辑）》，档案出版社1988年版，第182页。
④ 1944年3月13日《解放日报》在报道马锡五同志的审判方式时，报道了一件婚姻纠纷案，即封捧儿与张柏的婚姻上诉案；两件土地纠纷案，分别为合水县五区王治宽与王统一土地纠纷案以及丁万福与丑怀荣土地纠纷案。这三起案件中婚姻纠纷案又是其中难度最大最有代表性的，本文拟对该婚姻纠纷案件作为典型分析。参见张希坡：《马锡五与马锡五审判方式》，法律出版社2013年版，第251-255页。
⑤ 参见张希坡：《马锡五与马锡五审判方式》，法律出版社2013年版，第251页。

儿许给城壕川南塬的张宪芝之子为妻，获得"彩礼"法币2400元、银圆48元，但封捧儿对此表示反对。后来张金才知道此事，将封彦贵告到华池县政府，县司法处以包办婚姻为由撤销了封捧儿与张宪芝之子的婚约。次年2月，封捧儿到赵家洼子钟聚宝家吃酒时遇到张柏，两人见面之后都表示愿意结婚，但1个月后，封彦贵又以法币3000元、银圆20元以及哔叽布4匹的"彩礼"将封捧儿许配给庆阳县新堡区财主朱寿昌为妻。3月10日在封家订婚，当即交法币7000元、布2匹以及3斤棉花，封捧儿对此表示反对，并设法告知张柏。张金才于是召集本家兄弟子侄商讨，商议之后决定"抢亲"。3月18日夜，张金才纠集张金贵等亲戚20余人携带棍棒闯入封家，封彦贵不在家，只有封捧儿与奶奶、妈妈和妹妹在家。奶奶见此情形大喊："土匪抢人啦！"张金才见状招呼张柏拉走封捧儿，到崖背与其他人会合。封彦贵得知后于次日控告到华池县司法处。县司法处指出抢亲属于违法行为，于是下令追捕参与抢亲的主要人员，张金才、张金贵等人先后到案，事先躲起来的张柏与封捧儿也先后到案说明情况。1943年5月3日，县司法处作出判决，认定张金才犯抢亲罪判处徒刑6个月，并宣布因抢亲而成婚的张柏与封捧儿婚姻无效、彩礼没收。判决宣布之后，封彦贵因对张金才处刑太轻不满而上诉，附近群众也深感判决不公，封捧儿更是因反对判决而直接前往庆阳城陇东专署向马锡五专员告状。受理此案后，马专员先是向当地区乡干部了解案件的实际情况，又向附近群众了解对案件的看法，接着向封捧儿征求意见，了解到她坚决与张柏结婚，不愿与朱姓结婚，同时也听取了张柏的意见。马专员认识到已经掌握了案件的全部真相后，就会同县司法处裁判员对案件进行公开审理。当众审明封彦贵为了获得更多"彩礼"屡次包办封捧儿婚姻，以张金才为首、张金贵为次的张姓聚众抢亲同样属实，封捧儿当众再次表明愿意与张柏结婚。之后听取在场群众对案件的意见，大家都认为：封彦贵为获取高额"彩礼"屡次出卖女儿违反了边区婚姻条例，应当受到处罚；张金才会同张金贵等人抢亲严重扰乱社会治安，同样应当受到惩处。对于张柏与封捧儿的婚姻效力，群众尤其关注，都认为不应当因为抢婚的原因而予以否定。基于上述事实，陇东分庭于1943年7月1日作出二审判决：决定撤销一审判决；以聚众抢婚罪判处张金才有期徒刑2年6个月；以抢婚罪判处张金贵有期徒刑1年6个月；以附和抢婚罪分别判处张德赐、张仲以及张老五劳役3个月；封彦贵因屡次出卖女儿包办婚姻被判处劳役3个月；封彦贵出卖女儿的法币7000元没收；依据婚姻自主原则准予张柏与封捧儿婚姻有效。这一判决宣判之后，当事各方均服判息讼，对群众进行了普法宣传教育，也使司法人员更好地把握边区司法政策。

这起案件之所以被认为是疑难案件，一是与同样被作为典型宣传的马锡五审理的其他案件比较而言；二是这起案件争讼时间较久，针对同一案件作出过两种截然不同的裁决结果；三是案件相对复杂，牵涉人员较多。对于这起疑难案件，尤其令人关注的是为什么在马锡五负责处理此案并作出最终裁决之前，其他司法人员不能通过对案件的审理达到"定纷止争"的效果，而马锡五却能够彻底解决这些较为复杂的纠纷？导致这种极大差异的原因是什么？这是本文接下来要分析的地方。

二、"常识"主导下的司法运作

（一）"常识"与司法人员查案

在马锡五审判的这起案件中，关于封捧儿与张柏的婚姻效力问题，经过两次审理，判决结果截然相反。如华池县司法处判决宣告封捧儿与张柏的婚姻无效，之后陕甘宁边区高等法院陇东分庭判决宣告封捧儿与张柏的婚姻有效。之所以出现这种截然相反的判决结果，撇开制度外的因素而言，司法人员的判决在很大程度上取决于他对案件事实的认定。边区的司法制度创立之初，成文法极为缺乏，在少量的成文法里难以找到认定案件事实的具体的而又成系统的规定，尤其是对于民事案件。但是有关审判经验，尤其是如何查明案情，也是有一定的积累的。

边区各地的司法人员虽然大多数文化水平较低，不懂得旧的法律条文，很少接受法律专业知识学习，但是并不能因此就认为他们做不了好的审判人员。陕甘宁边区仍然属于农业经济占主导的农业社会，纠纷案件的类型较为简单，民众在日常生活中本就存在按照一定的习俗惯例解决民事纠纷的实践。在陕甘宁边区初期缺乏成文法的背景下这些习俗惯例对于纠纷的解决更是至关重要，尽管随后边区制定了《陕甘宁边区婚姻条例》《陕甘宁边区地权条例》《陕甘宁边区土地租佃条例》等法律法规，但这些法规既不是直接来源于资产阶级旧民主主义的法规，也不是直接来源于社会主义国家的法规，而是符合边区社会实际需要的法规，这些法规吸收边区的习俗惯例。经过苏维埃运动长久锻炼的工农干部担任司法干部时，看似对法律一无所知，但是如果给他们研习的机会，由于他们在土地革命斗争中获得的实际斗争经验，他们是能够较快地理解斟酌边区实际情况而制定成文法的。边区政府也给他们提供了学习法律知识的机会，要求司法干部加强对法律知识和法律政策的学习。[①] 对于司法政策和风俗习惯有所认知的司法人员实际上对边区少量成文法并不陌生，要他们通晓法条并没有太大障碍。

虽然建立在法律政策和习俗惯例基础上的法律"常识"对司法人员来说并不存在问题，但是"常识"含义并不仅仅指此。对于司法人员而言，只有在查清案情的基础上才能将他们的法律"常识"派上用场，但是有关案情真假难辨，边区没有建立律师制度，案情只能依赖司法人员自己去查明，因而采用何种方法才能查明案情，可能是司法人员在裁决案件时存在的最大难点。而边区各地都缺少司法人员，甚至部分县连裁判员也没有，工作

[①] 边区的司法干部，大多数是经过革命斗争从群众中产生出来的，不限于学历及文化程度，但必要具有一定的条件，这就是忠实于革命，忠实于国家和人民，忠实于抗战事业，真正能够为人民解决问题，得到人民的信任，至于法律知识和司法工作经验，即在实际工作中培养训练出来，使成为一个更合格的司法干部。过去法院曾办过三期司法训练班，现在延安大学设有司法系，即是专门培养训练边区司法干部的学校。参见高海深：《陕甘宁边区审判史》，陕西人民出版社2007年版，第271页。

只得由县长来承担。边区政府对于司法工作也没有给予足够的重视,在司法干部极其缺乏的情况下,还每年随意抽掉司法干部参与赴乡征粮等行政工作,致使司法工作无法正常开展,发生案件积压问题,民众诉讼无人受理,因而对政府产生不满。与此同时,人民向司法机关告状,除自己使用的旅费及败诉赔偿外,没有任何司法费的负担,极低的诉讼成本使得民众减轻了提起诉讼的顾虑,诉讼案件增多。① 这一系列因素致使司法人员与诉讼案件之间的矛盾较为突出。司法人员能够用在司法审判上的时间相当有限。而要在有限的时间内查清案情,一方面需要司法人员有伦理方面的"常识",也就是明了司法人员的责任;另一方面是要有一些关于当时当地风土习俗人情等方面的"常识"②。有了这些"常识",对于司法人员查明案情可以起到事半功倍的效果。

具体到封捧儿与张柏婚姻上诉案而言,为什么马锡五做到了之前的司法人员没有做到的事情?其他司法人员的问题究竟出在了什么地方?根据已有的材料可以看出主要有两方面的原因:一是司法人员对边区各县的风土民俗了解较少,对于案件没有引起足够的重视,只看到案件抢亲的表象,对封彦贵为了得到高额彩礼数次出卖女儿的违法行径没有予以调查处理,对于导致案件发生的封捧儿与张柏的婚姻问题没有仔细调查,处理草率,仅以存在抢婚为由认定两人的婚姻无效,而没有深入了解两人自愿结婚的真实诉求,这种只图省事而不深入了解案情的处理方式,不仅不能定分止争,而且使得矛盾更加激化。归根结底是因为司法人员缺乏有关当时当地风土习俗人情等方面的地方性"常识"。另一个重要的原因是初审该案的华池县司法处司法人员缺乏司法人员的伦理"常识"。司法工作是人民政权中的一项重要建设,和其他行政工作一样,是替老百姓服务的。边区的司法方针是和政治任务配合的,是要团结人民,教育人民,保护人民的正当权益。公正无私、全力以赴的为民众排解纠纷,是司法人员应该做的事情,是作为司法人员的伦理"常识"。先前处理案件的司法人员只追求简单省事,不深入调查了解案情,以至仓促结案,即是缺乏司法人员伦理"常识"的体现。

与华池县司法处草率的初审相比,马锡五的成功显而易见。首先,在马锡五处理此案的时候,案件各方当事人均对县司法处的判决表示不满,附近群众同样深感不满,案件中的关键人物封捧儿更是毅然徒步80里到庆阳专署上告。种种情状致使马锡五不能不重视该案,而处理该案首要考虑的就是如何便于查清案情。对马锡五来说,如果在查清案情的基础上能够处理好这个案子,就能够更好地向民众宣传法律,普及法治观念,指导其他司法人员对相关案件的处理。在案件的处理中,作为司法人员的伦理"常识"同样也起到了

---

① 边区的司法机关是完全替人民服务的。人民向司法机关告状,除自己使用的旅费及败诉赔偿外,没有任何司法费的负担,因为边区的司法机关没有什么讼费、送达费、抄录费、申请费、检验费、状纸费等等的征收。参见高海深:《陕甘宁边区审判史》,陕西人民出版社2007年版,第267页。

② 边区立法机关也意识到斟酌边区实际情况进行立法的重要性,因此有针对边区婚姻土地租佃等方面的习俗进行社会调查,以使相关立法能够符合边区实际得以施行。参见张希坡:《革命根据地法律文献汇编第三辑(第二卷)》,中国人民大学出版社2018年版,第255-262页、332-336页。

重要作用。在马锡五的办案思路中,抢婚的违法行为当然需要处理,但关键是要搞清楚婚姻当事人的意见以及封彦贵在这一事件中的行为性质,这正是导致抢婚的原因。如果只是认定张金才等人抢婚行为不当,便一切都是无理的,这样的判决不合情理,也违反了有关婚姻自主的法律规定,只会激化矛盾,无法真正地解决纠纷,也会使民众失去对边区司法的信任。考虑到本案案情复杂,不仅仅要审阅该案初审司法人员已经掌握的相关信息,还要实地调查,通过询问走访当地干部群众,并询问案件关键当事人了解其真实想法,最终作出既符合情理又符合法律的裁决结果。马锡五的上述办案思路和行为,并非是在任何的法律文献中直接找到的依据,而是基于他对人性的把握以及对地方性"常识"的了解作出的。①

据此,可以看出,马锡五之所以能够很好地解决封捧儿与张柏婚姻案件,不是因为他具有专业的法律知识,也不是因为他是独立于行政的专门司法人员,主要是在于他有查清并审结本案更大的责任和信心。他在把握人性、了解地方性"常识"的基础上,运用其智慧,摆脱了司法人员个人主观看法对案件审理造成的误导,通过实地调查研究,了解民意,找出本案纠纷产生的关键因素,即封彦贵以女儿为财物反复出售,使得封捧儿与张柏的自主婚姻无法达成。简言之,他调查案情的成功的关键并非是基于专业化知识的长期培养,而是与经验阅历紧密相关的对"常识"的体认。可以看出,只要司法人员秉持全心全意为人民服务的态度,有不辞劳苦调查研究案件的责任心,就能够较好地查明案情。因而这种不拘形式不需要太多法律专业知识的审理方式,更易于被当时普遍文化水平不高但是愿意为人民服务的司法人员接受。

(二)"常识"与司法人员结案

马锡五通过实地调查研究,听取相关各方意见,基本查明案情。本案起因于许了亲事翻悔造成的"抢亲"纠纷,而此类"抢亲"的婚姻习俗便是边区不合理的旧习之一。② 如果不去了解这一习俗,乍一看"抢亲"行为是十分恶劣应当予以惩处。边区制定的婚姻条例同样关注到了这一习俗,并进行了相应的规定,华池县司法处没有很好地理解法律,仅仅关注"抢亲"违法并据此宣布婚姻无效。而没有关注到边区法律已经规定了要对"抢婚"行为区别对待,只要男女双方同意结婚的,婚姻即为有效。观察本案的最终裁决结

---

① 马锡五1899年出生于陕西省宝安县芦草沟村的贫苦农民家庭,小学文化程度,青年时代走向社会到处奔波,直至1930年投身革命队伍,1935年内加入中国共产党。历任陕甘宁省苏维埃主席、庆环专区专员、陇东专区专员、边区高等法院院长等职务,他工作认真负责,坚持群众路线和调查研究的优良传统,在司法工作中表现尤其突出,被群众称为"马青天"。参见张希坡:《马锡五与马锡五审判方式》,法律出版社2013年版,第4-16页。

② 陕甘宁边区的婚姻习俗,虽然经过了革命的洗礼,但还带着浓厚的古风。以前,青年男女的婚姻完全由父母媒妁包办,很小甚至未出生的时候,就由父母包办订婚。婚事讲好之后,解约是决不允许的,这一习俗一直延续至今。一旦将女儿许配给他人,便不能翻悔。有些时候,女方翻悔了,男方就动员本族人去"抢亲"。参见张希坡:《革命根据地法律文献汇编第三辑(第二卷)》,中国人民大学出版社2018年版,第332-333页。

果，便充分考虑了边区农村中的这一不合理的旧习俗。依照当时的法律规定，对"抢亲"行为进行处罚是不存在争议的。华池县司法处初审判决的争议在于极端看问题，只看现象，看不到问题的本质，对于封彦贵屡次出卖女儿违法行为过于纵容，没有看到封捧儿与张柏实质上是自愿结成婚姻，这一裁决结果考虑不充分，判决不公，不仅一般群众对此不满意，而且被纵容的封彦贵同样不满意并上诉。马锡五则在判决理由中，对于该案件中的需要评价的法律行为进行了充分的说理，说理通俗易懂，法律依据予以充分的说明，这一合情合法的判决得到了各方的认同。达到了教育民众遵守婚姻法等相关法律，革除不合理的旧习俗的作用。

但需要引起我们关注的是，马锡五在作出判决之后，虽然一般群众认为此案处理适当，但案件当事人认为处罚过重，马锡五本人也存在一些疑虑，并就此征求边区高等法院院长李木庵的意见。主要涉及两个方面内容：一是没收七千元法币聘礼是否合适？二是是否可以减轻对"抢亲"主要参与人张金才和张金贵的处理？李木庵强调以朱家是否为善意第三人来确定聘礼是否应当没收；考虑"抢亲"主要参与人的日常表现决定是否要从宽处理。该案的最终裁决又根据李木庵的意见进行了改动。而据封琴芝（即封捧儿）事后回忆："只记得封家被罚苦役为公家挖了一个窑洞，张家挖了七个窑洞，即被释放。①"由此可见马锡五在法律专业知识上尚有不足，他虽然判处没收聘礼但甚至找不到能够说服自己的法理依据；他也没有严格按照法律规定对原被告双方当事人判处并执行相应的刑罚。在承认封捧儿与张柏婚姻有效的前提下，本着缓和原被告双方关系，教育而非惩罚的原则，对原被告双方处以一定期限的苦役代替刑罚。如果严格按照法律规定进行惩处，被处罚的各方可能因刑罚过重而对政府产生不满。对双方当事人来讲，婚姻既承认有效，封家和张家即结为姻亲，如果对双方按照法律规定的刑罚加以执行，可能导致本为姻亲的双方结怨，不利于其家庭的和睦以及社会和谐。因而对双方的违法行为以罚做相当的苦役来惩处，可以使得各方损失减少到最小程度。判决因此能够得到诉讼双方当事人的遵从，最终得以结案。这种"大事化小""皆大欢喜"的结案艺术之所以能够出现在判决中，是与主审人员马锡五对"常识"，尤其是地方性"常识"的体认和运用分不开的。

三、陕甘宁边区司法"常识"的特征分析

（一）"常识"的主观与客观

上文已经论述了能否体认并妥善运用"常识"，直接决定了司法人员在审理和判决案件方面的成败，比以法条为核心的法律专业知识具有更重要的地位。这种"常识"则包括法律"常识"、司法人员的伦理"常识"和地方性"常识"在内。就特定的社会和人群而

---

① 参见张希坡：《革命根据地法律文献汇编第三辑（第二卷）》，中国人民大学出版社2018年版，第514页。

言，"常识"是相对客观的，但就个人而言，它具有很强的主观性色彩。

就法律"常识"而言，其客观性色彩相对浓厚一些。法条是一个社会主流价值导向的体现，但陕甘宁边区在法律的适用上较为独特。首先在司法审判上，原则上适用边区政府制定的法律规范；如边区法律无具体规定者，有选择地适用国民政府的相关法律，但只有适合广大人民的利益、适合边区的历史环境、适合民主政治以及适合抗战团结需要的国民政府的法律才能被采用；如果没有适当的法律规范可供援引或参考，则依据边区政府政策以及边区人民良好的生活习惯处理案件。在裁决案件时选择何种法律依据对司法人员便是一种考验①，所以边区的法律"常识"在很大程度上即是边区的立法原则和法律精神，它要求维护普通民众利益，让大多数民众满意。只有掌握了这一"常识"，司法人员在处理案件选择法律依据时，才能在边区的法律、国民政府的法律、政策和习惯之间作出正确的选择。以封张婚姻案为例，马锡五在处理此案时依据边区1939年制定的《陕甘宁边区婚姻条例》宣布婚姻有效，依据国民政府1935年制定的《刑法》对"抢亲"等犯罪行为进行惩处，同时参考了边区一般社会惯例解释父母包办婚姻问题。符合边区历史环境和广大人民利益的法条、政策及习俗都可以作为处理案件的依据，如果司法人员对于此种法律"常识"有所体认，在选择适用法律的时候，参照具体法条之时就不会有大的偏颇。这类法律"常识"都是可以从边区的立法原则和司法政策中推导出来的，具有较大的客观性，对那些经历土地革命、经过司法培训、领悟能力不是太差的司法干部来说不存在太大问题。

所谓司法人员的伦理"常识"，包括司法人员的操守、上对边区政权下对百姓的责任心等因素，这类伦理"常识"是在具体行动中体现出来的，这使其客观性色彩降低，更多的则带上类似于"良心"的主观因子，特别是在边区政权初建时期，由于缺少成文法，很多案件的处理无法给出相应的法律依据，完全是凭借司法人员的"良心"进行裁决。这种主观色彩浓厚的"常识"至少具有以下特点：第一，个人对"常识"的体认与其特定的阅历和经验相关；第二，个人对其已有的"常识"进行运用和获得的结果因个人的性情、智慧和技巧等因素而差异明显；第三，难以对"常识"本身进行有效的监督和考察。

那些地方性"常识"，大致包含边区各县辖区内的民情、风俗习惯、人口等与地方相关的特殊情况。如本案所反映的与陕甘宁边区农村地区相关的包办婚姻、抢婚等方面的"常识"。这些"常识"可以从地方上的方志和档案中获得，也可以通过司法人员访察民情而切身体会。虽然这类"常识"因地而异，但毕竟对具体某个地方而言，其内容大体比较客观。但是边区政府并不对司法人员是否掌握此类"常识"进行考核，这使得对这类

---

① 虽然国民政府的相关法律可以在边区各地的案件审理中加以适用，但是由于边区司法干部强调法律的阶级属性，在这一意识形态的影响下，国民政府的法律在边区司法中的适用较为有限。如1943年边区政府工作报告中就指出，司法机关的法律依据，必须是边区施政纲领及边区政府颁布的各种现行政策法令。参见张希坡：《革命根据地法律文献汇编第三辑（第二卷）》，中国人民大学出版社2018年版，第444页。

"常识"的掌握成为个人性的东西。个人性的东西因人而异，没有哪个人可以作为标准；即便有这样的人，但这种极端个人化的东西也不易为他人所效仿而无法普及。就封张婚姻案而言，马锡五对地方性"常识"的体认和运用就远非初审该案的华池县司法处的司法人员所能比。

通过上述分析可以看出，对司法人员审理案件具有决定作用的"常识"，有的具有较强的主观性，有的则客观性成分较大。那些主观性的东西本就难以考察和仿效，即使是有些颇具客观性内容的，也因为其地方性特点沦为个人性的东西，增加了学习和考核的难度。在边区特定历史环境下，由于法律规则的缺乏以及各种制约因素的存在，都使得司法人员在处理案件时享有较大的自由发挥空间。司法人员处理案件时的首要任务是查明案情，而如果要查明案情，又必须能够体认并妥善运用前述"常识"。而那些"常识"又是极具主观性和个人性的，因此案件的审理结果与司法人员的个人素养密切相关。如果司法人员能够妥当地体认和运用"常识"，在洞悉案情的基础上酌情处理进行判决，则该判决有望得到遵从，而非"判而不决"。

(二)"常识"的养成与司法人员选任

陕甘宁边区司法干部的任免大体分为两种方式，一种是通过边区权力机关选举产生，任期与每届参议会任期相同，可连选连任，选举产生之后，还需报经主管上级政府任命，同时发布任免命令和委任状；第二种是由具有任免权的行政机关直接任命。按照法律规定，边区高等法院院长、副院长、各分庭庭长由边区政府主席任命。由于县司法处处长绝大多数是由县长兼任，因而也由边区政府主席任命。县司法处审判人员，即可以由边区政府民政厅委派，也可以由县政府报请民政厅委任。边区在选任司法人员时，将政治素质放在第一位，边区司法系统从业人员几乎都是中共党员①，在边区司法工作的领导者看来，司法人员最主要的品质是要忠实于革命事业，能够奉公守法，刻苦负责，并了解新民主主义的法律精神。② 司法人员只要政治素养高，法律知识缺乏是可以弥补的，而对于外来知识分子因为政治素养没有经过长期考验不敢委以司法职责。因此边区司法人员以土生土长的工农干部为主，这使得司法人员相对更熟悉管辖区域风俗民情，这对于司法人员"常识"的培育也更为有益。

虽然司法人员的本地化有利于"常识"的培育，但是任期制度对于培育司法人员"常识"存在较大的负面影响，边区各地司法人员经常面临着更换。以1942年以前陕甘宁

---

① 虽然在1943年边区推行"三三制"政策后，司法系统按照规定配备了少量的党外人士，如日后担任边区高等法院副院长的乔松山即为国民党党员，但是这种安排更多的是一种象征意义。
② 转引自侯欣一：《从司法为民到人民司法：陕甘宁边区大众司法制度研究》，中国政法大学出版社2007年版，第109页。

边区延安地区各县司法处司法人员为例，多数司法人员任职不超过两年即被调离。① 短暂的任职容易滋生机会主义行为和短期行为，这些行为与培养负责任、有良知、肯吃苦耐劳等伦理"常识"是背道而驰的。同时任职的短暂也使得司法人员不愿意去学习和体察与风土民情、经济状况等相关的地方性"常识"。因为，这些地方性"常识"对于在不久的将来调离该地的司法人员用处有限。

司法人员短暂的任期对培养他们为地方司法所需的"常识"不利，但是就边区的制度设计而言，行政较之司法具有优先考虑的地位。边区司法系统人员的整体素质与行政、党务、军队从业人员之间的差距较大。与边区司法机构相比，"边区政府则组织健全，干部队伍中多是久经考验的经验丰富的职业革命家，素质要高得多。暂时将司法机构纳入政府，由政府领导司法工作，显然有利于借助政府的力量弥补司法工作在组织、人员素质、适用法律等方面的不足，保证司法工作的更好开展。"② 对于边区而言，"司法与行政一致，司法机关受政府直接领导。"③ 司法审判同样是作为行政治理的一个方面和环节而获得其自身意义的。边区各地司法人员所需的司法"常识"的培育和考核就只能更多地托付给通过对于工农干部出身的司法人员进行专业培训、来自各方面的监督和司法人员本人的道德自觉等。正如上文已经提到的那样，对司法人员进行的法律专业知识的培训只能保证司法人员的法学"常识"，对于边区各地司法人员的地方性"常识"和伦理"常识"则无法进行考察。因此，最后只能诉诸司法人员本人的道德自觉。边区存续的时期政治清明，以共产党员为主的司法人员的道德自觉是能够发挥效力的。正是因为边区各地司法人员具有极强的道德自觉，才使得马锡五同志这一典型案例并非个例，当边区号召学习马锡五审判方式时，边区以及其他解放区各级司法机关在推行这一审判方式时取得了显著成效，涌现出了被称为"奥青天"的志丹县府审判员奥海清、陇东分庭推事石静山等一批广受民众赞誉的司法工作者。但不可否认的是，部分地区在推行马锡五审判方式时存在不尽如人意的状况，这主要是因为部分司法工作者缺乏伦理"常识"，缺乏全心全意为民众服务的责任心，存在畏难情绪。就此而言，边区司法的最大问题是无法形成一个可靠的途径来保证"常识"培育和运用。

四、"常识"、专业知识与社会需要

(一) 回归常识的陕甘宁边区司法

就陕甘宁边区的司法而言，和以法学为主体的的专业知识相比，"常识"占有更重要

---

① 参见侯欣一：《从司法为民到人民司法：陕甘宁边区大众司法制度研究》，中国政法大学出版社2007年版，第112-114页。
② 李智勇：《陕甘宁边区政权形态与社会发展》，中国社会科学出版社2001年版，第39页。
③ 参见张希坡：《革命根据地法律文献汇编第三辑（第二卷）》，中国人民大学出版社2018年版，第436-438、443页。

的地位。正如上文所指出的,"常识"具有浓厚的主观性、地方性和个人化色彩,难以对之进行有效的监督和考核,多数司法人员任职期限较短,这妨碍了他们自身"常识"的培育,尤其是那些"伦理"常识和地方性"常识"。因而,我们不能指望边区司法人员都是富有"常识"的,这是边区司法存在的重要问题之一。正是因为边区各地司法人员对有关"常识"的掌握不尽如人意,因而在边区的司法中更强调充分发挥调解在司法中的作用,强调边区各地的司法运作要以"调解为主,审判为辅",不仅仅民事案件都要进行调解,甚至绝大多数刑事案件也要先进行调解。司法中强调发挥调解的主导性作用,这与边区各地依靠"常识"而非专业知识进行司法运作密切相关。甚至主导边区司法改革走向专业化的李木庵也强调发挥调解在司法中的关键性作用。① 与之相反,同一时期,国民政府直接统治的广大区域内在司法运作过程中,意识到推行专业化司法重重阻力后,也强调发挥调解在纠纷处理中的作用,但通过调解处理纠纷需要司法人员具有更强的责任心更为积极主动的介入案件,而其司法人员更多地表现为遇有案件就往上推,不想方设法去解决问题,这导致调解在司法运作中起到的作用十分有限,因而广大民众对其司法运作的不满情绪较为突出。这反过来也促使陕甘宁边区司法干部轻视依据专业知识裁决纠纷的司法模式。

  对于边区各地的普通民众而言,对公正的获得依赖富有"常识"的司法人员,但在边区并非每个司法人员都是富有"常识"的,这给人留下边区的司法似乎存在很大问题的假象,事实并非如此,而边区所处的历史环境下也不可能创制出一种更好的司法模式。边区经济文化十分落后,人口稀少,居住分散,绝大多数人都是文盲,当地民众生性散漫,对于现代文明和法治的了解十分有限,人们需要的是传统的能为民做主的"青天大老爷"。②边区是农业经济占绝对主导地位的农业文明社会,普通民众基本上共享并大致遵循一套行之有效的价值观念和思维模式。边区各地司法人员的"常识"跟普通人对常识的理解并不存在根本性的差异。③ 事实上,司法人员都试图理解、维护并运用地方性"常识"于司法审判之中。尽管不同的人,他们理解运用的水平和能力存在差别。所以普通百姓完全有理由期待出现像马锡五那样富有"常识"并能够妥善运用的"青天大老爷"。④ 也许,司法人员能够真正践行伦理"常识"才是获得并运用其他"常识"的前提,而边区各地的司法人员在践行伦理"常识"方面具有独特的优势,因而以"常识"为主导的司法模式在边区取得了显著成就。但也必须要看到,司法人员的伦理"常识"在任何一种制度下都是

---

  ① 参见张希坡:《革命根据地法律文献汇编第三辑(第二卷)》,中国人民大学出版社2018年版,第436-438、442-443页。
  ② 马锡五在正确处理曲子县发生的孙某人被杀案之后,群众便称颂马锡五同志为"马青天"。参见张希坡:《马锡五与马锡五审判方式》,法律出版社2013年版,第178页。
  ③ 马锡五常说:"三个农民佬,胜过地方官。"参见张希坡:《马锡五与马锡五审判方式》,法律出版社2013年版,第193页。
  ④ 边区司法的目标即为让绝大多数民众满意,而边区绝大多数普通民众反感强调程序、耗时费力的专业化司法,欢迎便捷彻底解决纠纷的司法模式,这种模式以明察秋毫的"青天大老爷"为典型代表。

无法进行准确检验的,这种不确定性与司法所追求的确定性是相互矛盾的。

李木庵主导的司法改革告诉我们,边区各地的司法人员如果不是主要运用"常识"查清案情,进而在"常识"的指引下断案,而是运用法律专业知识来裁判案件,效果是极其不理想的。边区失败的司法改革已经表明,在边区特殊的历史环境下我们找不到也设想不出比利用"常识"审断案件更理想的模式,"常识"而非法律专业知识才是仍属农业社会的边区各地司法运作中最需要的,尽管这种"常识"也存在诸多不完美的地方。

(二) 国民政府司法专业化转型的艰难探索

与陕甘宁边区相比,国民政府直接治理的中国广大区域的情况则更为复杂,从整体上看,国民政府统治的广大区域出现了由农业社会向工商业社会缓慢演变的趋势,整个社会的价值观念和思维模式也开始多了起来,社会分工日趋复杂,职业渐趋多样化。在此情况下,国民政府接受了来自西方的法律文明,与法律和审判有关的知识即法学知识得以发展,以专研和运用法律和法学为业的法学家、法官、检察官、律师等逐渐为社会所认可,专业知识而非"常识"在司法运作中逐渐获得了话语权。然而,当时中国社会转型处于起步阶段,法律和法学从业人员的专业化程度较差,中国绝大多数地区经济文化落后,国民文盲率较高,法治意识极为淡薄。在这样的历史环境下,国民政府推动专业化的司法运作模式就面临水土不服的问题,绝大多数民众对这一司法模式并不认可。[①] 陕甘宁边区政府在进行司法治理的同时,显然注意到了依靠专业化知识的司法模式存在的问题,并希望以边区为试点探索出更符合中国国情的司法治理模式,将边区打造成司法治理模范区。在充分考虑到边区所处的历史环境和社会需要的情况下,边区政府既没有采取社会主义国家的司法模式,也没有采取资本主义国家的司法模式,而是实事求是的选择依据"常识"推进边区司法运作,这一选择立足边区实际,符合社会需要,取得了良好的效果。

(三) 常识与传统中国司法的内在逻辑

需要指出的是,常识在传统中国司法模式中发挥关键性作用。主要依靠"常识"来运行的司法模式并非边区首创,我们可以将这一模式的来源追溯到清代的州县司法。就清代州县司法的实际运作来看,其重点同样是查清案情和进行判决,在这一过程中起到决定作用的同样是"常识",包括律学"常识"、官员伦理"常识"和地方性"常识"等,这使得清代的州县司法具有浓厚的主观性、地方性和个人化特征,而在这一过程中官员个体的

[①] 国民政府也对司法运作中存在的一系列问题深入反思并进行改革,比如强调立法时要斟酌中国实际,在司法时要充分运用调解这一手段,不应当一判了之。强调吸收优秀中华法文化成果,达致情理法的统一等。参见范忠信:《为什么要重建中国法系:居正法政文选》,中国政法大学出版社2009年版。

素质起到至关重要的作用。① 只有能够熟练运用"常识"进行司法的官员才能在案件的处理中达致"天理""国法""人情"相统一的结果。而这一结果同样为边区司法所追求。② 在边区司法模式的探索中,没有因意识形态而彻底否定传统中国司法治理模式,而是强调有选择性地吸收中国传统法文化中的合理部分。比如边区司法工作的主要领导者谢觉哉就对传统中国司法运作十分了解。他强调案件的裁决要做到合乎"天理""国法""人情",他将状师与律师做比较,强调律师存在的合理性,他以传统中国司法为例强调状词和判词都应当简洁地说明道理。③ 他的相关论述对于边区司法运作产生了积极的影响。

五、结语

在陕甘宁边区,由法学知识主导司法运作的这一新生事物十分陌生,既成的习惯、既定的信仰以及习以为常的判断在发挥着重要作用,边区司法制度设计者主观追求和努力建立的是一套以"常识"为主导的司法运作模式。边区建立初期,由于司法人员的伦理"常识"尚在构建,对法律"常识"和地方性"常识"掌握不足,因而司法运作存在较大问题,弥补不足的方法是激发司法人员强烈的道德自觉以使其具备较高的伦理"常识",通过不断的教育培训掌握法律"常识",通过深入群众实地调研以摸清地方性"常识",从而依据"常识"解决诉讼纠纷。李木庵主导的与国民政府"旧式"司法模式相类似的专业化司法改革从来都不是边区司法所追求的,其迅速失败更是从反面证明了推行以马锡五审判方式为代表的司法模式的正确性。这一模式延续了清代以来的司法运作模式,都看到了在其所处历史环境下司法真正需要的是"常识"而非专业知识,依据"常识"裁决纠纷最终达到情、理、法相统一的结果。④

在现代社会中,工商业取代农业成为主要支柱,社会分工高度复杂,整个社会的价值观念和思维模式也日趋多元化。在这种情况下,那种在农业社会一元化价值观念和思维模式下方能适用的司法模式显然已经不符合现代社会需要,建立在知识分工基础上的专业化司法模式取代了传统的司法模式,生活在现代社会中的民众也基本接受了具有法学知识的专家主导司法的专业化司法模式。现代中国仍然处于向法治社会转型的艰难探索时期,在这一过程中法律的不完善以及司法人员专业化程度的缺失使得民众对专业化的司法运作模式产生怀疑,进而大力鼓吹依据"常识"运作的传统司法模式,认为传统的司法模式更能

---

① 参见李启成:《"常识"与清代州县司法》,载《重述中国法律史(第一辑)》,杨一凡、陈灵海主编,中国政法大学出版社2020年版,第566-586页。

② 雷经天:无论是仲裁调解或判断案件,必要合于"天理""国法""人情",因此,引用法律必要合理,必要合于当时当地的实际情况,这才是正确的。参见陕西省档案馆,陕西省社会科学院:《陕甘宁边区政府文件选编(第七辑)》,档案出版社1988年版,第106页。

③ 参见谢觉哉:《谢觉哉日记》,人民出版社1984年版,第396-397页。

④ 滋贺秀三将清代地方官针对人民就"户婚田土细事"提起诉讼而进行的审理定义为"调解的一种",这种观点在学术界有较大的影响。所以清代的司法同样可以说是"调解为主,审判为辅"。参见[日]寺田浩明:《权利与冤抑:寺田浩明中国法史论文集》,王亚新等译,清华大学出版社2012年版,第298-310页。

实现情、理、法的统一，更符合民众对通过司法实现公平正义的愿景。客观地讲，持有这种观点的主要原因是没有很好认识现代社会中的法律同样是情、理、法并重，很多民众在法律之外仍大力呼吁"情理"，主要是因为部分司法人员的专业化程度尚有欠缺，将法律运用于司法审判的过程中没有体悟法律的全盘精神，仅仅生硬地适用单一的法律条文，只求在法理上说得通，却有可能悖于天理、人情，因而司法裁决一经作出，即招致民众的普遍反对，进而在一片声讨中重新作出裁决，这极大地损害了司法的公信力。[①] 因而我们可以得知，民众呼吁向传统司法模式学习有益经验的主要原因并非是传统司法模式更能适应当代社会需要，而是因为部分司法者适用法律时不注意法律的全盘精神导致裁决结果无法实现情、理、法相统一，因而现代法治社会的建设的真正努力方向应当是提高法律和法学从业人员的专业化程度，不断提高民众对以专业司法为核心的司法制度的信心。

在现代社会中提倡马锡五审判方式仍具有现实意义，但应当认识到我们真正应当学习的是其在司法裁决中努力实现情、理、法相统一的精神要义，而非是大力推广其司法的外在表现形式，对马锡五审判方式在一定程度的适用虽然符合我国仍处于社会转型阶段的复杂国情，但是这一模式的保留只能是一种妥协，适用于仍具有农业社会特征的部分地区，随着我国社会转型的完全实现，这一司法模式外在形式的消亡不可避免。无论是传统社会的以"常识"为核心的司法模式还是现代社会以专业化知识为核心的司法模式，其成功的本质都是适应当时社会需要，更有利于实现公平正义，也即是情、理、法的统一。从以上的论述中我们可以说以马锡五审判方式为代表的司法模式创制过程中表现出来的实事求是的优良传统对当代中国的法治建设仍具借鉴意义。法学知识在保卫着构成当代中国世界观核心特征的那些思想与行动体系，如今我们根本无法想象一个不依赖法学知识进行司法运作的世界，但是法学知识在中国的成长也遇到了一些障碍，当法学知识这种较为精雕细琢的象征体系已经恪尽职守之后仍然无法满足现实需要，我们应当不忘发挥常识的作用。法治建设中需要实事求是地看待制度与社会需要之间的对应关系，只有这样才能减少建立现代司法体系的阻力。

[①] 陈顾远先生很早就阐述了现代民主国家的法律同样是情、理、法并重，司法裁决的不公主要是因为司法人员专业化程度的欠缺。参见范忠信等编:《中国文化与中国法系：陈顾远法律史论集》，中国政法大学出版社2005年版，第275－282页。

The dimension of justice "common sense" in the Shaanxi – Gansu – Ningxia Border Region

Dong Anjing

Abstract: At the beginning of the establishment of the Shaanxi – Gansu – Ningxia Border Region, there were major problems in judicial operation that needed to be reformed urgently. However, the judicial reform of the border region with specialization as the core under the leadership of Li Muan came to an abrupt end. Judging from the actual operation of this judicial model, the focus is on finding out the facts of the case and making judgments. It is "common sense" rather than "professional knowledge" that plays a decisive role, and "common sense" is the judicial office of the Shaanxi – Gansu – Ningxia Border Region. What is really needed, this kind of "common sense" includes legal "common sense", judicial ethics "common sense" and local "common sense", so it has strong subjective, local and personal characteristics, which makes the "Ma Xiwu trial method". "It is more dependent on individual judicial officers. The political clarity of the border region and the strong moral consciousness of the judiciary, mainly members of the Communist Party, have made this judicial model, which mainly relies on "common sense", effective. This judicial model truly realizes the corresponding relationship between the system and social needs, which is why it can be promoted under specific historical conditions, the inherent spirit of pursuing the unity of human sentiment, heavenly principles, state law embodied in it still has practical significance in modern society.

Key words: common sense; Shaanxi – Gansu – Ningxia Border Region; judicial; tradition

艰难的平衡：少数民族狩猎文化权的现代困境与消解*

——以台湾地区"王光禄案"为例

何 浩**

摘 要 我国台湾地区的少数民族在狩猎时因需要使用枪支猎杀野生动物，进而常常出现与现行法规范相冲突的情形，这种情形并未随着社会经济的发展而减少，反而一直处于高发态势，王光禄案即为其中的典型代表。此案实际反映了少数民族的狩猎文化与社会治安、野生动物保护等公共利益相冲突的问题，进而勾连出如何在尊重少数民族文化权利与维护重大公共利益之间进行平衡的现代困境。解决这一困境，应承认少数民族狩猎文化权的存在；但此项权利并非一项积极权利，而是一项消极权利；对该权利可以进行限制，但必须基于重要的公共利益，且所采取的手段与所实现的目的之间应具有实质关联性。

关键词 少数民族狩猎文化权 王光禄案 重大公共利益 野生动物保护

一、问题的提出

我国台湾地区的少数民族[①]有着悠久的狩猎传统，这在岛内的多个部落中均有体现。[②]

---

* 国家社会科学基金重大研究专项项目"社会主义核心价值观与文化法律制度的构建研究"（项目编号：19VHJ018）。

** 何浩，苏州大学王健法学院博士研究生。

[①] 根据中国大陆的官方用语，统一将我国台湾地区社会所称的"原住民"称为少数民族，故在后文中出现"原住民"提法时，均为我国台湾地区的提法。需要在此作出解释的是，本文使用的是"少数民族狩猎文化权"但实际上所探讨的是少数民族个体的狩猎文化权，而非少数民族群体的狩猎文化权，前者属于个人权利，后者应属于法国学者 Karel Vasak 在 1977 年提出的"第三代人权"概念。参见高点法学编辑委员会：《第三代人权——环境权》，载《判解集》2021 年第 2 期。

[②] 在台湾当局所承认的 16 个原住民族中，13 个原住民族都有狩猎传统。参见黄虹霞提出《释字第 803 号解释部分协同意见书》，https：//db.lawbank.com.tw/GetFile.ashx? pfid = 0000291607，访问日期：2021 - 12 - 02。

由于狩猎活动需要猎捕野生动物，这类传统在现代法治社会常常面临不被法律认可，并可能因此入罪的问题。近年来，岛内少数民族因狩猎传统所产生的入罪问题并未随着岛内社会的变化而绝迹，相反，这类案件仍保持着高发的态势。据统计，自 2004 年 2 月 4 日至 2018 年 3 月 31 日，岛内各级法院仅涉少数民族非法狩猎保育类野生动物的案件就达到 675 件，其中被判处有期徒刑以上的案件比例达到 67.5%。① 在这些案件中，发生于 2013 年的王光禄案即为其中最具代表性的案件。此案历经一审、二审、三审，乃至最终的"释宪"程序，受到了岛内实务界和学界的广泛关注。② 台湾地区的少数民族内部族群众多，不同族群之间的文化差异明显，这些带有不同少数民族特色的文化在现代社会面临着如何与法秩序相协调的难题，而如何妥善处理好此类争议，已成为一个亟待解决的重大现实问题。

以往学界在分析类似问题时，多采用"习惯法—国家法"的二元视角，趋向于以整体化的思维模式去解决此类争议，将少数民族内部的这种文化传统视为一个统一的整体，导致最后的分析结果要么是对这种文化的整体承认，要么是对这种文化的整体否弃，均难令人信服。③ 在笔者看来，以王光禄为代表的少数民族狩猎传统实际上应当被置于公法的框架下进行考虑，运用公法上的权利限制理论解决这一类型的问题，所得出的结论才更能为社会所接受。因此，本文将以王光禄案为例，分析少数民族的狩猎文化是否应当受到现代法秩序的保障，以及当此类文化与社会公共利益出现冲突时应当如何进行平衡与抉择的问题。

二、王光禄案的脉络梳理

（一）主要案情

2013 年 7 月间某日，台湾地区布农人王光禄在台东县某河床上拾得一把他人遗失的且

---

① 参见张宏节：《非法狩猎保育类野生动物判决之实证研究——以原住民文化抗辩为中心》，载《法律扶助与社会》2018 年第 1 期。

② 自王光禄案进入司法程序后，岛内即有多名学者就此案进行探讨。例如一向研究台湾少数民族风俗习惯的民间法学者王皇玉即对此案的终审判决表达不同意见。参见王皇玉：《建构以原住民为主体的狩猎规范：兼评王光禄之非常上诉案》，载《台大法学论丛》2018 年第 2 期。再如许玉典：《原住民族狩猎文化权作为文化集体权——评释字第 803 号解释的释宪同理心》，载《裁判时报》2021 年第 8 期。岛内实务界人士中，如林长振：《原住民族狩猎权之立法规定及司法问题》，载《台湾原住民族研究学报》2014 年第 4 期；张宏节：《非法猎捕保育类野生动物判决之实证研究——以原住民文化抗辩为中心》，载《法律扶助与社会》2018 年第 1 期；陈新民：《最高法院的觉醒——由提出王光禄释宪案所引发最高法院提出释宪案的制度与原住民权益保障的法制问题》，载《政大法学评论》第 155 期。

③ 譬如有学者提出，在现代国家法秩序下，民间习惯法规范处于法律弱势地位，因此原住民对传统习惯权利的主张需要作出审慎反思和策略应对。其所提出的解决方案是将习惯权利司法化，但并未指出如何在司法中如何解决相关难题。参见张斌：《尴尬的地方性知识、习惯权利与权利正义》，载谢晖、陈金钊、蒋传光主编：《民间法》（第 18 卷），厦门大学出版社 2017 年版，第 72 - 83 页。又比如有学者认为，解决的办法是承认少数民族群体权利的固有性，并建立少数民族法院，由少数民族的族人来解决相关争议。然而该种见充其量只能是由更懂少数民族风俗的人来审理，本身并未提出如何解决法秩序与少数民族风俗习惯冲突问题的方案。参见陈铭聪：《少数民族习惯与法律冲突案例分析研究——以台湾地区"风倒榉木案"判决为视角》，载谢晖、陈金钊、蒋传光主编：《民间法》（第 15 卷），厦门大学出版社 2015 年版，第 182 - 191 页。

具有杀伤力的土造长枪一支，该枪含有瞄准镜及5发子弹，王光禄遂将该枪占为己有。由于王光禄的母亲向他表示自己想吃野味，王光禄便持该枪上山在未经申请的情况下，在台东林区猎得野生动物山羌、长鬃山羊各一只。2013年8月25日凌晨，王光禄在台东县林管处关山工作站被当地警方查获，并被移交台东县地检署。① 依据台湾地区的规定，王光禄的行为触犯了数个规范：

首先是持有枪支的行为。依据台湾地区"枪砲弹药刀械管制条例"第8条第4项规定："未经许可，持有、寄藏或意图贩卖而陈列第一项②所列枪砲者，处三年以上十年以下有期徒刑，并科新台币七百万元以下罚金。"虽然依台湾地区相关规范，"原住民"可以经允许后持有自制的枪支，但王光禄所拾获并持有的枪支，并不属于所允许持有的枪支类型。因此，王光禄的持枪行为被认为构成非法持有可发射子弹具杀伤力之枪枝罪。

其次是捕杀野生动物的行为。依据台湾地区"野生动物保育法"第21-1条第1项的规定③，猎捕保育类野生动物只能基于"传统文化"与"祭仪"需要，否则根据该"法"第41条第1项第1款的规定④，将被处以六月以上五年以下有期徒刑，同时可并科新台币二十万元以上一百万元以下罚金。王光禄系出于自用的目的猎捕野生动物，按照规定必须事先进行申请，且不得猎捕保育类野生动物，但其所猎杀的动物中，山羌及长鬃山羊均为当地"法律"所禁止捕杀的保育类野生动物。⑤

（二）审理经过

一审。在一审中，台东地方法院认为，王光禄的上述行为构成了非法持有可发射子弹具杀伤力之枪枝罪、非法猎捕保育类野生动物罪，应数罪并罚，遂于2013年10月15日判处王光禄有期徒刑三年零六个月，并处罚金七万元新台币。⑥

---

① 参见台湾地区"最高法院"刑事第七庭声请书，第5页。
② "枪砲弹药刀械管制条例"第8条第1项规定，未经许可，制造、贩卖或运输制式或非制式钢笔枪、瓦斯枪、麻醉枪、猎枪、空气枪或第四条第一项第一款所定其他可发射金属或子弹具有杀伤力之各式枪砲者，处无期徒刑或五年以上有期徒刑，并科新台币一千万元以下罚金。
③ "野生动物保育法"第21-1条第1项规定，"台湾原住民族基于其传统文化、祭仪，而有猎捕、宰杀或利用野生动物之必要者，不受第十七条第一项、第十八条第一项及第十九条第一项各款规定之限制。"前述所列法条，其规定分别为：第17条第1项：非基于学术研究或教育目的，猎捕一般类之哺乳类、鸟类、爬虫类、两栖类野生动物，应在地方主管机关所划定之区域内为之，并应先向地方主管机关、受托机关或团体申请核发许可证；第18条第1项：保育类野生动物应予保育，不得骚扰、虐待、猎捕、宰杀或为其他利用。但有下列情形之一，不在此限：一、族群量逾越环境容许量者。二、基于学术研究或教育目的，经中央主管机关许可者。第19条第1项：猎捕野生动物，不得以下列方法为之：一、使用炸药或其他爆裂物。二、使用毒物。三、使用电气、麻醉物或麻痹之方法。四、架设网具。五、使用猎枪以外之其他种类枪械。六、使用陷阱、兽铗或特殊猎捕工具。七、其他经主管机关公告禁止之方法。
④ "野生动物保育法"第41条第1项第1款规定：有下列情形之一，处六月以上五年以下有期徒刑，得并科新台币二十万元以上一百万元以下罚金：一、未具第十八条第一项第一款之条件，猎捕、宰杀保育类野生动物者。
⑤ 参见台东地方法院2013年度原诉字第61号刑事判决。
⑥ 参见台东地方法院2013年度原诉字第61号刑事判决。

二审。一审判决作出后,王光禄即向台湾地区"高等法院"花莲分院提出上诉,认为一审法院处罚过重,其具有"原住民"之身份,依法可持有土造枪支。二审法院经审理后认为,被告王光禄明知其所持有的枪支不属于部落的土造枪支,从该枪支的性能及制造工艺来看,均已超出"自制"的范围,而王光禄所猎杀的动物又均属于濒危野生动物,并不属于"原住民"可以自行猎捕的范围,最后由于时代发生重大变化,狩猎已不再是"原住民"获取食物的来源,而野生动物保护因其紧迫性具有重大公共利益,且立法者已考虑到"原住民"的传统文化,在立法上做了适度让步,因而一审法院的判决并无不当。①

三审。二审判决作出后,王光禄又上诉至台湾地区"最高法院",后者认为一审及二审判决所依据的事实及法律并无错误,最终于2015年11月3日作出终审判决,驳回其上诉。② 至此,王光禄案经过普通程序后已判决确定。

(三) 声请"释宪"

王光禄案经"最高法院"判决驳回确定后,台"最高法院检察署检察总长"即以"原确定判决的实体部分违背法律"为由,向台"最高法院"提起非常上诉,后者认为本案所依据的相关法规范有"违宪"之虞,遂向台湾地区负责解释"宪法"的"司法院"提出"释宪"声请。③ 在"释宪"中,控辩双方围绕如下三大系争规定展开辩论:第一,"枪炮弹药刀械管制条例"仅允许少数民族合法持有"自制枪支",而不及于空气枪或制式猎枪,这一规定是否属于对少数民族狩猎文化权的过度限制?④ 第二,少数民族在狩猎前必须事先申请,否则即应受处罚,该规定是否违反比例原则?⑤ 第三,"野生动物保育

---

① 参见台湾地区"高等法院"花莲分院2014年度原上诉字第17号刑事判决。
② 参见台湾地区"最高法院"2015年度台上第3280号刑事判决。
③ 参见台湾地区"最高法院"函台刑七106台非1字第1060000024号。
④ 根据"枪炮弹药刀械管制条例"第20条第1项规定,"原住民未经许可,制造、运输或持有自制猎枪、其主要组成零件或弹药;或原住民、渔民未经许可,制造、运输或持有自制鱼枪,供作生活工具之用者,处新台币二千元以上二万元以下罚锾,本条例有关刑罚之规定,不适用之。"依据上述条文,台湾地区少数民族只有在未经许可使用"自制猎枪"时才可免除刑罚,否则将受刑事追究。
⑤ 根据"野生动物保育法"第21-1条第2款规定,猎捕、宰杀或利用野生动物的行为应经主管机关核准,其申请程序、猎捕方式、猎捕动物之种类、数量、猎捕期间、区域及其他应遵循事项的具体办法,由"中央"主管机关会同"中央"原住民族主管机关定之。根据"原住民族基于传统文化及祭仪需要猎捕宰杀利用野生动物管理办法"第4条第3项的规定,"申请人应填具申请书,并检附下列文件,于猎捕活动二十日前,向猎捕所在地乡(镇、市、区)公所申请核转直辖市、县(市)主管机关核准。但该猎捕活动系属非定期性者,应于猎捕活动五日前提出申请:一、参加人员名册及其国民身份证统一编号与住址。二、猎捕动物之区域图。三、猎捕活动自律规范或公约。四、申请人为原住民者,应检附部落会议同意文件。"以及第4项第4款的规定,"前项申请书应载明以下事宜:(第一至第三款省略)四、猎捕动物之种类、数量、猎捕期间、方式及区域。"

法"规定狩猎保育类野生动物不及于"自用"用途是否不当?①

2021年5月7日,台湾地区负责"释宪"的"司法院"就本案所涉及的"法律"是否"违宪"等问题作出第803号解释,认为在王光禄所适用的相关规范中,除关于"自制枪支"的规定不能有效保障原住民的生命权与健康权而有不当,以及"原住民族基于传统文化及祭仪需要猎捕宰杀利用野生动物管理办法"中第4条第3项要求"原住民"必须在一定实现内提前提出狩猎的申请"违宪"外,其余所涉"法律"均不存在"违宪"问题。至此,王光禄案的判决结果最终确定。②

三、迥异于制定法的少数民族狩猎民间法

台湾地区"司法院""释宪"后,王光禄并未因此入狱服刑。2021年5月20日,王光禄被台当局"特赦",免除刑罚执行。王光禄虽然最终免于受刑,但该案的"释宪"结果却并未赢得岛内少数民族的认同,在"释宪"结果出炉当天,即有岛内的少数民族团体到"司法院"前齐声抗议。泰雅尔族民族议会秘书长欧蜜·伟浪即表示,大法官担忧的野生动物保育,原民祖先已有非常好的制度及禁忌,让山林不至于被灭绝,却从来不被了解。③ 王光禄更表示,除非判其死刑,否则就不会停止狩猎。④

要弄明白上述争议,就不得不提到岛内历史悠久的少数民族狩猎文化。在17世纪以前,狩猎一直是岛上少数民族的主要生产方式,岛上的少数民族们通过渔捞和狩猎来维持生存,因而形成了一套独特的渔捞文化和狩猎文化。⑤ 对岛上的少数民族来说,渔猎与农耕活动并非只是纯粹的经济活动,而是受神灵控制的行为,何时狩猎、狩猎前后有哪些禁忌,均需要遵守相关规范,否则会受到神灵诅咒。围绕狩猎活动,各个不同的部落氏族均有其自身的狩猎习惯。譬如,在邹族内部,就有一套相当丰富的狩猎文化规范:

---

① 根据台湾地区"原住民族基本法"第19条规定,"原住民得在原住民族地区及经中央原住民族主管机关公告之海域依法从事下列非营利行为:一、猎捕野生动物。二、采集野生植物及菌类。三、采取矿物、土石。四、利用水资源。前项海域应由中央原住民族主管机关会商中央目的事业主管机关同意后公告。第一项各款,以传统文化、祭仪或自用为限。"根据该条规定,原住民可以基于传统文化、祭仪或自用为目的而"依法"猎捕野生动物。而规范猎捕野生动物的"法律"即为"野生动物保育法",根据该法第21-1条的规定"台湾原住民族基于其传统文化、祭仪,而有猎捕、宰杀或利用野生动物之必要者,不受第十七条第一项、第十八条第一项及第十九条第一项各款规定之限制。前项猎捕、宰杀或利用野生动物之行为应经主管机关核准,其申请程序、猎捕方式、猎捕动物之种类、数量、猎捕期间、区域及其他应遵循事项之办法,由中央主管机关会同中央原住民族主管机关定之。"根据该条的规定,猎捕保育类野生动物只能基于传统文化或祭仪的需要,而不包括"自用"。换言之,"原住民族基本法"第19条第五款规定的"自用"实际并不适用于猎捕保育类野生动物。
② 原住民狩猎案,"司法院大法官会议"释字第803号。
③ 参见《王光禄狩猎释宪 原民怒批"一场闹剧"》,https://www.gdgcyc.com/ybtyptsy/231.html,访问日期:2022-08-09。
④ 参见中时新闻网:《王光禄恐维持有罪 原民猎人怒:判我死刑才会停止狩猎》https://www.chinatimes.com/cn/realtimenews/20210507004968-260402?chdtv,访问日期:2022-08-09。
⑤ 参见王皇玉:《建构以原住民为主体的狩猎规范:兼评王光禄之非常上诉案》,载《台大法学论丛》第47卷第2期。

出猎在曹族①为仅次于出草之圣洁行为，尤其祭祀前之团体为然。故一决定出猎日期后，即应守各种禁忌 peisia，出发先一日即集合于会所 kuba 共宿，禁食禁触葱、韭、鱼等食物，禁止与女人接触，当晚参加猎队者全体进行梦卜，梦凶即停止行猎，出猎当日绝早由部落出发前，由领导者先行在途中行鸟卜，即听名为 oazmʉ 鸟的鸣声，鸣声愉快有节者为吉，长声悲鸣者为不吉，应停止行猎，行进途中遇蛇横道上，或山猫者亦凶，数人同时打喷涕者亦凶，有此等征兆皆停止出发，或由领猎者于次日再行鸟卜，二次皆未获吉兆者改期举行。个人行猎时亦有此等禁忌，唯不作梦卜与鸟卜耳。②

而在排湾族猎人撒可努所著的《飞鼠、山猪、撒可努》一书中，撒可努描写与猎人父亲一起上山打猎的情景：他的父亲用尖刀刺入大公猪心脏，大公猪用剩余的力量做最后的反抗，父亲双手抚摸着大公猪，口中念着："谢谢你赐给我的家族，你身上的肉和那壮硕的后腿。我们会为你唱歌，希望下次你能跑得更快、更远，增长你的智慧，躲过我的陷阱，去教导你的子孙和小孩"，转过来对他说，"我对着山猪说我们猎人家族对大自然循环感谢的话，有一天你也会成为一名好猎人，有一天当你要结束你猎取的猎物生命时，请让它听到你说的话，要感谢大自然和祖先，给你智慧和一双很会跑的双脚，让你所猎的动物走得安心。我们是猎人家族，有猎人的规范，对生命尊重，祖先才会给你更多的猎物；如果你对大自然不敬，不依循着猎人对自然的法则，动物就不会再到你的猎场奔跑、条约、追逐。"③ 布农族的猎人在打猎之前，需要进行梦占，再祝祷祭告祖灵，准备出门前，还需要进行鸟占，行前第一次听见绣眼画眉鸟鸣叫，出自右边大吉，可以继续狩猎，出自左边则需返回。④ 上述材料表明，围绕"狩猎"这一活动，岛内不同的部落几乎都有一套自己的民间规范，而作为布农族人的王光禄自然深受这种民间规范的影响。

只不过，随着社会的变迁，狩猎已逐渐退出岛内少数民族的生活，转而成为某种具有文化意义的活动，加上20世纪60年代以来岛内野生动物被违法猎捕的趋势日益加剧，许多野生动物的数量大幅度减少，台湾当局遂出台相关规范对少数民族狩猎活动进行规范，主要有三大限制：一是需要提前申请，二是不得猎捕保育类动物，三是所使用的枪支规格受到严格限制。违反者三者的任何一种均会受到处罚，特别是后面两种规范的违反将涉嫌触犯刑法。

本次王光禄案的判决实际也是在此种规范的指引下所作出的，从法理上看，法官据

---

① 邹族在早期被称为曹族。
② 台湾省文献委员会编：《台湾省通志．卷八，同胄志》，众文图书股份有限公司1972年版，第61－62页。转引浦忠勇：《猎场是男人的身体——邹族传统狩猎及渔捞文化研究》，载《台湾原住民研究论丛》2017年第21期。
③ 亚荣隆·撒可努：《飞鼠、山猪、撒可努》，耶鲁国际文化出版社2016年版，第36－37页。转引自王皇玉：《建构以原住民为主体的狩猎规范：兼评王光禄之非常上诉案》，载《台大法学论丛》第47卷第2期。
④ 参见王皇玉：《建构以原住民为主体的狩猎规范：兼评王光禄之非常上诉案》，载《台大法学论丛》第47卷第2期。

法裁断，且考虑到本案的实际情况已作了从轻处罚，并未有技术上的问题。只是，少数民族作为岛上最早的住民，而如狩猎这样的活动已经与少数民族的文化习惯有很深的联系。从民间法的角度而言，少数民族内部对狩猎活动已形成一套非常完整的民间规范，这套规范虽然与法规范相比带有更多的神秘色彩，但这套民间规范也同样发挥了良好的效果，因为这座岛屿上的野生动物并未因少数民族们的狩猎活动而发生种类灭绝的问题，这表明这套民间规范在维系少数民族的生存与野生动物的种类保护之间能够达成良性平衡。但随着汉人社会的主导，特别是随着现代法治秩序成为台湾社会的通行规则后，少数民族内部的这套习惯规则随之被摒弃，取而代之的是明确的、有强制力作后盾的法律，而这套法律规则又与原始的习惯之间存在很大的缝隙，这种缝隙正是导致了王光禄被惩罚的主要因素。

从王光禄的族群习惯来看，王光禄狩猎是完全合乎部落狩猎习惯的：首先，王光禄狩猎并不是出于经济营利目的，而是为了满足他年迈的母亲想吃野味的心愿。在部落内部，年长者想吃野味，子女去打猎实现这一心愿，这在族人看来是天经地义的事情。其次，王光禄所猎捕的动物数量仅有两头，一只山羌和一只山羊，这一数量无论从任何族群狩猎规范来看均难谓过量。最后，王光禄猎捕野生动物也并未采取违背部落内部规范的手段猎捕，王光禄虽然是使用超出规格的枪支猎捕野生动物，但用枪并非族群内部规范所禁止的行为。可以说，王光禄此次的狩猎行为完全符合其族群内部的习惯。然而，在部落的内部狩猎习惯之外，还有一套更为强大的规范，这套规范即法律规范，而这种规范在台湾地区落地施行并未经过太长的时间。据学者考据，台湾地区一直到1948年后才开始颁行《狩猎法》，而真正开始对少数民族的狩猎行为采取严格限制，采取申请制，并严格区分保育类野生动物和一般野生动物则是在1989年"野生动物保育法"制定后才开始的，而这种区分却并未区分狩猎的主体。① 台湾社会虽在20世纪80年代末开启了政治化改革，赋予民众以真正民权，但真正意义上的法制的全面革新却并非同时进行，且由于少数民族人口始终不占优势，因而在历次涉及狩猎规范的制定时，少数民族始终都是一个失语的群体，在没有话语权的情况下只能被迫接受这种规范。少数民族的民间狩猎规范就这样在权力的觥筹交错之间被忽视了，最终所形成的狩猎规范是一套完全祛除少数民族文化传统的规则，这套规则不是按照少数民族长期传承的风俗来制定，而是依据现实结果而导向，何种动物数量少一些就禁止猎捕这种动物，何种手段对野生动物伤害性大一些就禁止这种手段，狩猎必须事先报备，族群的禁忌在现代的法制面前丝毫未被正视，而只是愚昧落后的象征。正是由于这种原因，王光禄原本合乎部落狩猎规范的行为在法制面前成为逾越规则的表现，因而也自然须受到法制的制裁。对此，有学者批评道："台湾的历史，一向不是

---

① 参见张宏节：《非法猎捕保育类野生动物判决之实证研究——以原住民文化抗辩为中心》，载《法律扶助与社会》2018年第1期。

由原住民所书写，而是以汉人的观点，并且以汉人为主体的前提下所建构，完全不是从原住民的观点出发"。① 这种批评不无道理，时至今日，台湾少数民族的狩猎文化仍然被当成"犯罪问题"对待，其背后症结在于台湾社会没有认真对待少数民族的主体性，少数民族只是一个需要被"管理"的对象。

要将少数民族们的习惯权利从民间规范转化为受到官方认可的法定权利，显然需要经过某种转化。从对习惯权利的定义来看，习惯权利多指以习惯或习俗为依据的权利，它是人们在长期的社会生活过程中形成的或从先前的社会承传下来的，或由人们约定俗成的、存在于人们的意识和社会惯常中，并表现为群体性、重复性自由行动的一种权利。② "狩猎"似乎很容易被划入这一权利的保障范围来。但归根到底，习惯权利只有受法秩序接纳和认可才可能受到保护。就此而言，实际上习惯权利若想获得保障，面临着法制化和司法化两条路径的抉择。在法制化缺乏话语权的前提下，司法化似乎就成为一个不可避免的选项。③

四、少数民族狩猎文化权的现代困境

王光禄案正是在上述情况下被推到司法化这一路径来的。在用尽所有普通司法救济途径后，王光禄选择了通过提起"释宪"的司法审查程序来为维护自己的部落风俗习惯做最后的努力。进入到违宪审查的程序后，本案也被置于公法的审查框架下展开，案件的争点被归纳为如何处理少数民族的文化权利与维护重要公共利益之间冲突的问题，而少数民族所享有的文化权利与立法者所欲实现的野生动物保护、维护社会治安这三者均属值得保护的重要法益，这成为本案的疑难之处。④

（一）少数民族狩猎文化权是否应受承认存在争议

针对"少数民族狩猎文化权是否存在"这一问题，存在两种观点。第一种观点持否定说。该观点认为，狩猎活动的主要功能在于维持少数民族的基本生存，但在今天的社会，这项功能已经完全丧失，当代社会已经不再具有需要依据狩猎来维持生存的情况，狩猎只具有休闲娱乐和观光的功能，因此狩猎活动只能作为一般的行为自由予以对待，并不存在"狩猎权"一说。⑤ 否定说的立足点在于文化的变迁，狩猎文化虽然曾长期作为少数民族

---

① 参见施正锋：《原住民的历史重建》，载《台湾原住民族政治与政策》，新新台湾文化教育基金会出版社2005年版，第2页。转引自王皇玉：《建构以原住民为主体的狩猎规范：兼评王光禄之非常上诉案》，载《台大法学论丛》第47卷第2期，第845页。
② 参见张文显：《法哲学范畴研究》，中国政法大学出版社2001年版，第313页。
③ 参见张斌：《尴尬的地方性知识、习惯权利与权利正义》，载谢晖、陈金钊、蒋传光主编：《民间法》（第18卷），厦门大学出版社2017年版，第82页。
④ 参见释字第803号解释黄瑞明提出之部分协同部分不同意见书，第1页。
⑤ 参见释字第803号解释黄虹霞提出之部分协同意见书，第16页。

文化的核心内容，但此种文化并非一成不变，也会随着历史的变化而发生相应的改变。该观点具有一定的合理性，但少数民族与一般汉人毕竟存在不同，汉人摆脱原始的刀耕火种和渔猎生活或许已有上千年的历史，但少数民族却可能只有短短的一两百年，而且更带有被迫性，也许大多数少数民族已经习惯于现代生活方式，但此种文化作为一项存在上千年的传统，必然对少数民族的文化形塑产生了重要影响。因此，如果完全否定少数民族的狩猎文化权并不能实现尊重多元文化、尊重少数群体文化权利的目的。

第二种观点与前一种观点相反，持肯定说。这种观点认为，与一般人进行狩猎活动的意涵不同，一般人进行狩猎主要是出于休闲娱乐目的，因此只受一般行为自由保护，法律基于公共利益的需要可以进行限制，只受宽松的审查，但狩猎对少数民族而言具有重大意义，由于漫长的部落历史，狩猎是少数民族在很长一段时间维系生存的必需手段，这一活动对少数民族的文化产生了重大影响，基于狩猎活动，形成了一整套属于少数民族所独有的文化，这种经由狩猎所形成的少数民族文化对少数民族的身份认同、主体建构以及人格自由发展具有重要关联，如果一个人所处环境的文化枯竭，不再延续，则他可以选择的自主性也将随之减损。就此，少数民族的狩猎活动关系到族群的认同问题，显然属于文化权的范畴，应受宪法和法律保护，属于基本权利所保障的范畴。① 这种观点虽然看到了狩猎活动对少数民族在族群认同、自我实现上的重要性，但存在过度拔高此项行为自由的嫌疑。原因在于，一项权利如为基本权利，则其适用主体上必定具有一定的广泛性，而非仅归属于个别群体，否则此项权利即不得称为基本权利，而只能为某一群体所享有的普通权利。但狩猎文化权显然并非一项为基本权利主体所广泛享有的权利，而是仅属于具有狩猎传统的少数民族才享有的权利，因此，狩猎文化权利显然不是一项宪法上的基本权利。

（二）狩猎文化权的权利性质不明：消极权利抑或积极权利？

既然少数民族拥有受法律承认的狩猎文化权，那么这种权利在法律上应视为何种性质的权利呢？按照学界通说，权利一般分为积极权利和消极权利，前者除了要求国家不侵害外，还要求国家积极作为，采取有效措施落实；后者则主要强调国家的消极不干预。② 对这一问题的回答也存在两种不同的观点。

第一种观点认为，少数民族的狩猎文化权利属于纯粹的消极权利，强调公权力的消极不干预。这种观点认为，国家义务所针对的对象在于宪法所肯认的各种价值（包括各种基本权利）的尊重与维护义务，并通过立法的方式落实，而这一过程往往需要对各种利益进行衡量和决定，因而享有广泛的形成义务。③ 这种义务的履行与国家保护义务相似，均遵

---

① 参见释字第803号解释许志雄提出之部分协同部分不同意见书，第7页。
② 参见上官丕亮：《论国家对基本权利的双重义务——以生命权为例》，载《江海学刊》2008年第2期。
③ 参见查云飞：《国家保护义务视角下的顺风车规制——以35份地方规范性文件为分析对象》，载《苏州大学学报（法学版）》2019年第1期。

循"极致化原则",是一种积极地、持续不断追求目的实现的过程,并不存在"完成义务"的说法,对这类国家积极义务的合宪性判断,需要以"下限"为准绳,只有在其未达到最低限度时,才有违宪的可能。① 但少数民族的狩猎权利的行使,并不需要"国家"的积极作为,而是需要"国家"的消极作为。少数民族是否选择狩猎,选择使用何种工具,在何时狩猎,均属少数民族的自由,这种自由的行使只需要"国家"予以尊重即可,并不需要予以积极实现。若非此,则会推导出极为荒谬的结论,例如,当少数民族认为自己狩猎的枪支不足时,是否"国家"有义务发放枪支? 又比如少数民族认为其上山打猎可能面临有野生动物攻击的危险,是否需要"国家"派员进行守护?② 消极权利说从少数民族狩猎文化权实现的方式着眼,发现了这一权利的主要实现方式在于当事人的自由选择,而非公权力的积极作为介入,应当说具有较大的合理性。

第二种观点认为,少数民族狩猎文化权不仅具有自由权属性,还具有积极权利属性,即"国家"有积极实现的义务。③ 这种观点的论点有二:首先,根据《公民与政治权利国际公约》第27条规定,"凡有种族、宗教或语言少数团体之国家…与团体中其他分子共同享受其固有文化、信奉躬行其固有宗教或使用其固有语言之权利…",从这一规定中的"享受"一词推导出,少数民族的文化权具有积极权利的属性。其次,从客观环境来看,少数民族相较于社会上的大多数成员,其因人数较少处于弱势,文化很容易被社会主流文化所同化。因此"国家"采取积极矫正措施或优惠性差别待遇并无不可。因此,将少数民族狩猎文化纳入基本权保障,实际上是有必要性的。④ 积极权利说也具有一定的合理之处,原因在于少数民族在社会中,其人数居于少数,其文化也难以成为主流文化,因而存在容易被主流文化所同化的可能。如果单纯依靠少数民族自身来接续维系此种文化,虽然仍有可能,但在客观社会环境下,如果不借助外力予以保护,则维系此种文化的可能性相对较低,因此此一权利的实现不仅需要公权力不予干预侵害,还需要公权力采取积极措施有效实现这一目标。

(三) 狩猎文化权被限制的审查基准存在分歧

少数民族狩猎文化权并非绝对权利,可以基于特定目的进行限制,对这一认识基本不存在分歧⑤,但对限制前述权利的措施应受何种密度基准审查,则存在三种不同的见解。

第一种观点认为,少数民族的狩猎文化权事关少数民族的人性尊严,因此除非有特别重要原因,且该限制手段属损害最小之选择,否则不得进行任何限制,故该观点主张采用

---

① 参见释字第803号解释蔡宗珍提出之部分不同意见书,第6-7页。
② 参见释字第803号解释蔡宗珍提出之部分不同意见书,第12页。
③ 持有这种观点的大法官主要为许志雄和许宗力。
④ 参见释字第803号解释许宗力提出之不同意见书,第5页。
⑤ 参见法治斌、董保城:《宪法新论》,元照出版有限公司2005年版,第189-190页。

严格的审查基准。① 此种观点的论证路径是：首先，该观点认为，少数民族的狩猎文化权事关少数民族的人格发展及人性尊严，其涉及能否实现族群认同和自我实现，因而属于特别重要的基本权利；其次，该观点主张，少数民族先于"国家"而存在，狩猎活动也属自古有之，这种进行狩猎的自由不是"国家"赋予的，而是一项自然权利；最后，该观点认为，申请制、限制狩猎保育类野生动物等规定均属于对少数民族狩猎文化权的过度侵害，不能把保护每一只动物作为目标。进而主张，申请制应当废止，禁止狩猎保育类野生动物的规定也应当根据物种的数量进行动态调整及及时分级。② 此种观点虽然看到了狩猎活动的先"国家"性，但也忽视了此项活动于少数民族意涵上的变迁。诚然，在社会尚处于传统农耕时代下，狩猎活动确系关系到少数民族能否实现基本生存、自我实现的问题，因而与少数民族的人性尊严具有重要关联，但在现代分工已经高度细化的情况下，则难谓对少数民族仍有此种意涵。

第二种观点认为，相较于一般人的狩猎行为，少数民族的身份特殊，狩猎活动对其具有一定的文化意涵，如果对此进行限制，所采取的手段与所欲达成的目的之间必须有实质关联性，因而须采用中度审查标准。该种观点认为，少数民族狩猎文化权并非不可进行限制，只是这种限制不能过度。本案中，"枪炮弹药刀械条例"将合法持有并使用枪支的范围限缩在"自制枪支"，虽然在法明确性上不存疑义，但该规定本身可能有威胁少数民族人身安全的可能。如果立法者认为，使用自制枪支以外的枪支会破坏生态平衡及危害社会治安，合乎逻辑的做法应该全面禁止使用枪支，因为即便是自制猎枪也存在上述危险。因此，上述限制与最终目的的达成之间不具有必然的因果关系。而对少数民族基于"自用"为目的全面禁止狩猎保育类野生动物则稍显过当，其提出的解决办法是根据保育类野生动物的数量进行动态限制。③ 中度审查说具有较大的合理性，原因在于，相较于一般人，该权利的主体具有特殊性，故应视为一项较为重要的权利，除非基于重要公共利益，且该限制手段与实现该公共利益具有实质关联性，否则不能认定为合宪。

第三种观点认为，少数民族狩猎文化权只是一般行为自由，只要立法者限制此项自由与所追求的公共利益之间具有合理的关联性即可，因此应采取宽松的审查基准。④ 此种观点认为，狩猎野生动物的行为本应受到禁止，但法律却允许少数民族基于其特殊身份而作出例外规定，此种自由相对于一般人的自由而言已属让步。狩猎行为在现代社会对少数民

---

① 持有此种观点的学者主要有王皇玉、蔡明诚、许志雄、许宗力、黄昭元等。参见王皇玉：《建构以原住民为主体的狩猎规范：兼评王光禄之非常上诉案》，载《台大法学论丛》第47卷第2期，第845页；释字第803号解释蔡明诚提出之部分不同意见书；释字第803号解释许志雄提出之部分协同部分不同意见书；释字第803号解释许宗力提出之不同意见书；释字第803号解释黄昭元提出之部分不同意见书。

② 持有此种观点的大法官主要包括许宗力、蔡明诚以及黄昭元。参见释字第803号解释黄昭元提出之部分不同意见书，第7页。

③ 参见释字第803号解释许志雄提出之部分协同部分不同意见书，第8、9、13页。

④ 持有此种见解的大法官主要为黄虹霞。参见释字第803号解释黄虹霞提出之部分协同意见书，第10页。

族的意义已经由过去的维持生存转换为休闲观光,其功能已经发生了根本性改变,且社会已经发生根本改变,绝大部分少数民族均对狩猎感到十分陌生,因此狩猎对少数民族的重要性已经极低。因此,该观点认为,限制这类自由只要是出于维护公共利益即可。① 此种观点以实在法对狩猎活动的规定出发,推断出狩猎行为的普遍禁止性,而少数民族作为例外规定,不受前述规范限制,因而由"一般禁止到例外允许",认为此项自由属于一般行为自由。但正如前述所言,少数民族狩猎活动具有一定的文化意涵,而非纯粹的行为自由,故此种观点也有待商榷。

五、少数民族狩猎文化权现代困境的消解

由上文梳理可知,本案中所反映的少数民族狩猎文化权的现代困境起诉主要体现为三个方面,分别是该项权利是否存在;如果存在此项权利,则其应理解为何种属性的权利;如对该项权利进行限制,应当采取何种审查基准。笔者认为,不能仅秉持模糊的衡平原则来处理这一问题,而应当结合少数民族文化的具体内容与其所处的社会及时代背景进行判断。

(一) 少数民族的狩猎文化权应得到承认

笔者认为,少数民族狩猎文化权属于文化权的保障范围。首先,狩猎的功能虽然发生了改变,但并不等于所有人均摒弃了此项功能。尽管狩猎的主要功能——维持生存——在现代社会已几乎不复存在,但并不能就此否定这一活动在少数民族文化传统中的重要地位。今天的少数民族可能不再需要依靠狩猎来猎得肉类补充营养,但这不意味着就应该禁止少数民族进行狩猎活动。作为一项历史悠久的行为,狩猎活动对于延续少数民族的繁衍,族群文化的形成发挥了重要作用,这项活动固然可能因为时空的转换而在功能上发生变迁,但一项功能是否发挥,不仅需要依据社会客观环境来审视,也需要依据少数民族的文化习惯来检视。也许青年一代的少数民族已选择购买人工饲养的动物作为营养来源,但不能因此就排斥那些习惯于狩猎来补充营养的少数民族的行为可能。换言之,也许在有的少数民族看来,狩猎完全已经过时,但这并不意味着所有少数民族都如此认为。一项自由或许因为长久不使用而受到存立的质疑,但不能因为时间上的闲置即否认这种自由的存在。

其次,狩猎是少数民族文化中的重要组成部分。狩猎的本质属于少数民族利用自然资源的方式之一,长期以来作为少数民族的重要传统,也是诸多祭仪、传统节日的重要内容,构成了个别少数民族认同其族群文化的重要基础。通过狩猎活动,少数民族个人不仅可以学习并积累对动物、山林以及生态环境的经验、技能与传统知识,从而塑造其对于部

---

① 参见释字第 803 号解释黄虹霞提出之部分协同意见书,第 12 – 13 页。

落族群的认同，而且还可以与其他少数民族共同参与、实践及传承其部落的文化，因此是其少数民族文化形成与传承的重要环节。① 文化因差异而多彩，一个族群区别于其他族群的重要标志，即在于文化上之不同。这种文化上的不同，即表现为外部的行为，如汉族将春节视为最为盛大的节日，藏族将元月一日至十五日视为其新年；或内心信仰上的不同，如回族民族因信奉伊斯兰教而禁食猪肉等，都属于此种外部上的区别。少数民族与一般汉人在历史上直到近一两百年才开始交流融合，在更远的历史中，少数民族有一套自己的文化，其中狩猎即是其中的重要组成。而一项文化不仅需要内心信仰，也需要外部实践，否则即成为纯粹的内心信仰自由。

最后，狩猎活动属于少数民族文化权的重要组成。对少数民族文化权的保护在多项世界公约中均有体现：（1）《世界人权宣言》第 27 条规定，"人人有权自由参加社会的文化生活，享受艺术，并分享科学进步及其产生的福利。人人对由于他所创作的任何科学、文学或美术作品而产生的精神的和物质的利益，有享受保护的权利。"这表明，文化权利属于人权的重要内涵之一，少数民族自然也享有文化权利。（2）《公民与政治权利国际公约》第 27 条规定，"凡有种族、宗教或语言少数团体之国家，属于此类少数团体之人，与团体中其他分子共同享受其固有文化、信奉躬行其固有宗教或使用其固有语言之权利，不得剥夺之。"这一规定表明，社会上居于少数的团体享有享受其固有文化的权利，任何人不得剥夺。狩猎活动与少数民族的生活紧密相关，属于其固有文化。（3）根据 2007 年 9 月 13 日联合国通过的《联合国土著人民权利宣言》第 8 条的规定，少数民族享有不被强行同化或其文化被毁灭的权利。第 11 条规定，少数民族有权奉行和振兴其文化传统与习俗，包括有权保持、保护和发展文化过去、现在和未来的表现形式。上述三项重要的国际公约分别确认了文化权是重要的人权、少数群体的文化权利应受尊重、少数民族的文化应受保护，为少数民族的文化权建构起了一套较为全面的法律依据。就此范围内，狩猎活动作为少数民族文化权的重要组成方式，显然应受法律保障，成为"狩猎文化权"②。

（二）少数民族狩猎文化权属于消极权利

少数民族狩猎文化权虽然在某种程度上具有要求公权力积极实现的社会权属性，但笔者认为，其本质上仍属一项消极权利。法国学者贡斯是第一位划分出消极自由与积极自由的学者，但真正意义上对此进行明确划分的却是现代哲学家塞亚·伯林。根据他的定义，消极权利是指免予政治权利干扰的权利，而积极权利则是指行使政治权力的权利。③ 有学

---

① 参见原住民狩猎案，"司法院大法官会议"释字第 803 号。
② 参见释字第 803 号解蔡明诚提出之部分不同意见书，第 7 页。
③ 消极权利与积极权利系由塞亚·伯林在《自由四论》中提出并被广泛接受的。参见［美］史蒂芬·霍尔姆斯、凯斯·R. 桑斯坦：《权利的成本——为什么自由依赖于税》，毕竞悦译，北京大学出版社 2004 年版，第 21 页。

者就此提出"所有的权利都是积极权利"的论断。① 尽管权利的实现确实需要公共服务的保障以及公权力以强制力作为后盾实现,但不可否认的是,各国宪法中所规定的权利大多以政府消极不作为为实现基础,这表明上述二分法仍具有重要意义。原因在于,如果将所有的权利都视为积极权利,则一方面将有混淆权利的属性进而导致"国家"借由"积极权利"一说降低其作为义务,因为通说认为积极权利并不具有主观权利功能,即个人不得以其权利遭受侵害为由径行要求"国家"予以救济,② 进而导致表面上公民的权利有了公权力作为后盾实现的可能,但实际上却导致其权利落入窠臼,则将出现对公权力的防范不能之虞;另一方面,也将导致"国家"的负担过重,进而难以为继。如果将少数民族狩猎文化权之视为一项积极权利,则将产生如下法律效果:首先,这意味着"国家"有义务帮助每一位少数民族享有此种权利,并为其提供最低限度的实现这一权利的条件,以帮助其实现,而这种最低义务通常是针对维系个人生存发展的基本权利而言,狩猎文化权显然不具有前述的重要性;其次,这意味着该项权利的取得与否需要"国家"积极创造条件便于其获取相关利益,但少数民族能否实现其狩猎权主要依赖于野生动物的种类与数量,而这恰恰是需要通过管制才能实现的。

以本案中所争议的"自制猎枪"规范是否尽到了保障少数民族安全从事狩猎活动义务为例。根据"枪砲弹药刀械许可及管理办法"的规定,少数民族仅允许持有通过自制而成的猎枪,且不及于空气枪,制式枪支被排除在外。据此,王光禄主张,此种自制猎枪因制造水平较低,其安全系数不及于工业化量产的制式枪支,因而并不能有效保障少数民族从事狩猎时的生命权与身体权。其论证理由是:既然"国家"承认了少数民族的狩猎文化权,就应该同时保证其安全地从事狩猎活动的权利。这种主张也得到了"司法院大法官会议"的肯认。但在笔者看来,这种论证显然是存在逻辑断裂的。原因在于,狩猎并非必须只有使用枪支这一种工具才可进行,同时存在多种工具和方法可以选择,例如设置陷阱、使用弓箭等均可达成前述目的,使用自制猎枪只是少数民族狩猎时工具选择自由中的一种,这是一种自由而非一项义务。换言之,少数民族并非必须使用自制枪支狩猎不可。但某些学者显然将此二者的性质颠倒过来,将自由解读为了一项义务,这显然是误读了规范本义。正确的做法不是继续开放少数民族持有枪支的规格和种类,而是提高自制猎枪的安全规范,使之能够符合安全性标准,否则最终的结果将会是少数民族使用日益先进的枪支,安全和便捷性可能得到了保障,但野生动物最后却被猎捕殆尽,最终即便享有此项权利,也无实现的可能。

(三) 对少数民族狩猎文化权的限制应适用中度审查基准

笔者认为,少数民族狩猎权虽然与少数民族的文化构成具有密切关系,但仍可基于公

---

① 参见[美]史蒂芬·霍尔姆斯、凯斯·R. 桑斯坦:《权利的成本——为什么自由依赖于税》,毕竞悦译,北京大学出版社2004年版,第30页。

② 参见法治斌、董保城:《宪法新论》,元照出版有限公司2020年版,第354页。

共利益的需要对其进行限制,对此种限制应当中度审查基准。原因有以下几点。

首先,少数民族狩猎活动的功能已经发生了根本变更,不再关涉少数民族"人性尊严"。学者的实证研究显示,狩猎在漫长的历史中始终是岛内少数民族的主要生产方式。① 早期少数民族进行狩猎的动机主要有三,分别是祭仪、荣耀以及食用,而食用是主要的动机。但随着社会结构的改变,特别是生产方式的改变,在现代社会,狩猎的动机已经转变为以休闲娱乐为主,食用功能已退而成为几乎可以代替的最小动机,而经济上的动机(主要为猎物作为山产)仅占极低比例。② 上述事实表明,狩猎作为少数民族维持生存的主要功能已经发生了根本性的变化,即狩猎活动不再是攸关少数民族能否生存的核心手段。按照康德的观点,人类与其他动物不同,人类具有智慧、实践理性的能力,并且根据个人信仰与意志而行动,人类本身就是一道德主体,作自己的主人,而非受制于他人。③ 晚近以来,人性尊严被世界各国规定为宪法的最高价值和最高原则。④ 德国联邦宪法法院认为,人必须为自己存在,不得作为以及特别不得贬为国家统治之客体来处理,也即人不得变成物或是一种东西。⑤ 但对狩猎活动进行限制显然不会导致对人性尊严的侵害,因为狩猎并非少数民族获取食物的唯一来源,甚至也不可能是重要来源,而且并无任何证据显示,食用野生动物是少数民族不可或缺的重要组成,狩猎传统基于特殊的时空环境而产生,但这一时空条件已经发生了重大改变,且持续时间已超过仅半个世纪,狩猎的文化意涵早已发生了根本变迁。少数民族既不存在透过狩猎来维持生存根基,也不存在将之作为一项与日常生活紧密相关的文化活动,故狩猎活动显然无涉少数民族的人性尊严。于此而言,对少数民族的狩猎活动进行限制即不可能采用严格的审查标准。

其次,对少数民族狩猎文化权的限制系基于保护重要公共利益。任何一项权利,除非其不产生外部行为效果(如思想自由),否则皆可基于正当目的进行限制。⑥ 狩猎活动因其工具的使用(枪支)将可能产生危害社会治安的风险,其狩猎的对象(野生动物)将可能产生破坏生态平衡的风险,此二者均属于重要的公共利益。于前者而言,枪支作为少数民族的狩猎工具之一,如不加限制,将可能导致少数民族基于狩猎的需要购买任何先进的枪支,进而有导致枪支流入黑市,危害社会公共安全的风险;同时,枪支的技术越先进,其对野生动物的危害性越大。⑦ 不论是社会治安,抑或是野生动物保护,前者涉及社会不特定人群的生命安全,后者涉及不可逆的生态环境。于重要性上,均优于少数民族的

---

① 参见王皇玉:《建构以原住民为主体的狩猎规范:兼评王光禄之非常上诉案》,载《台大法学论丛》2018年第2期。
② 参见杨亚杰:《北邹族狩猎文化与现况》,台湾环球技术学院2008年硕士学位论文,第21-22页。
③ 参见法治斌、董保城:《宪法新论》,元照出版有限公司2020年版,第245页。
④ 参见王进文:《"人的尊严"义疏:理论溯源、规范实践与本土化建构》,载《中国法律评论》2017年第2期。
⑤ 参见法治斌、董保城:《宪法新论》,元照出版有限公司2020年版,第245页。
⑥ 参见李惠宗:《宪法要义》,元照出版有限公司2006年版,第105页。
⑦ 参见释字第803号解释黄虹霞提出之部分协同意见书,第10页。

狩猎文化权。故而，显然可以基于这两大重要公共利益对少数民族的狩猎文化权进行限制。

最后，现有限制措施对于达成前述两项重要公共利益具有实质关联性。为实现野生动物的有效保护及维护社会治安稳定，立法者采取了如下措施：狩猎事前申请制、禁止基于"自用"目的猎捕保育类野生动物、禁止使用"自制枪支"以外的枪支。（1）事前申请制度，要求少数民族事先向主管机关进行申请，要求少数民族申报拟狩猎动物的数量及动物的种类，同时设置了狩猎前申请时间。上述规定，可能有与少数民族狩猎禁忌相抵触的情形，因而此次被宣告"违宪"，但并不等于申请制毫无意义。由于少数民族的狩猎区域相对宽泛，主管部门如果要实现对猎物数量的控制，需要事先通过数量的控制来作为事后核查的依据，尽管少数民族可以不再需要事前申报猎物的种类和数量，但仍可由主管部门设定一定猎物的种类与数量限制以作为保护野生动物的平衡的重要手段。（2）禁止基于"自用"为目的猎捕保育类野生动物。保育类野生动物因其濒危、珍稀而容易灭绝，因而必须予以谨慎维护，而"传统文化"和"祭仪"均有固定的时间，此时间经过主管部门划定均避开野生动物的繁殖期，因而能够避免干扰物种繁衍。但"自用"行为带有偶发性和零散性，其时间常常不固定，如不加以禁止，将可能导致野生动物无法正常繁衍，且自用的需求可能较大，因而对保育类野生动物可能产生毁灭性破坏。（3）禁止使用"自制猎枪"以外的狩猎工具。与传统的狩猎技术相比（如弓箭、陷阱），枪支的便捷性及杀伤力极大，因而对动物具有极大威胁性，基于此，立法者将合法狩猎工具仅限于"自制枪支"并对其规格进行了必要限制，其核心目的在于控制枪支的杀伤性，进而保护野生动物。同时，此种限制也能够避免枪支成为危害社会治安的来源（制式枪支便携、杀伤力强）。就此而言，上述措施均对于实现野生动物保护及社会治安维护有实质关联性。

六、结语

台湾地区是一个糅合了少数民族、汉人、东南亚民族的多元社会，自20世纪90年代以降，岛内的政治环境发生了重大变化，争取权利的运动成为台湾地区社会的一种潮流。此种背景下，少数民族也纷纷站出来，控诉过去所遭受的不公。当然，表达诉求、讲述历史，这本身是少数民族的一项基本权利，但法律的作用之一，就在于实现社会共存，而不是尽可能满足一部分人的权利主张。要内化权利的成本，从而促成一种审慎、节制的社会生活，就需要把法律的保护对象从主观权利上移开，而放置到权利与义务的中间点上。这个中间点，狄骥称之为社会团结。① 回到今天，王光禄案的判决结果或许会被不少支持少数文化权利的学者视为"法律"对习惯文化的侵蚀，但正如狄骥所言，如果一个群体只懂得不加限制、不计成本地向社会要求实现其权利，最终所带来的结果很可能是加速权利的

---

① ［法］狄骥：《公法的变迁》，郑戈译，商务印书馆2019年版，第230-231页。

不可实现。对待少数民族的狩猎文化，应站在同时站在尊重文化与承认历史变迁的双重视角对待。

首先，"原住民们"在台湾岛上居住了成百上千年，其狩猎文化也与之伴随了数百年，但岛上的动物并未因狩猎活动而走向灭绝，足见传统的狩猎活动并不会导致动物走向灭绝。因此，不能主观地认为狩猎活动均会导致动物灭绝，不受规范的滥杀滥捕更可能是导致野生动物数量大量减少甚至灭绝的主要原因。

其次，少数民族的狩猎文化也不是一成不变的。就连极力维护少数民族拥有持枪权的王皇玉学者自己也承认，"原住民族本身并无自制猎枪的历史传统"①，足见尽管狩猎文化是少数民族的一项传统，该项传统的内涵也并非丝毫未发生过改变，作为狩猎传统之重要内容的工具的变化即是一个重要的体现。因此，那种认为少数民族的狩猎文化必须得到百分之百地保留的观点本身也无法回应历史变迁的事实。一项文化总是在与社会的其他文化相冲突与糅合中不断发生着变化的。

最后，少数民族的狩猎文化虽应受到尊重，但并非毫无限度。狩猎行为并非一种无害的文化，而是需要以猎捕野生动物为前提，这其中，野生动物作为一种稀缺资源，一旦灭绝即无法再生。少数民族若在狩猎时逾越其原本的民间规范，使用先进工具超出合理限度进行狩猎并危及野生动物生存时，即可认为已构成滥用其权利。

A Difficult Balance: The Modern Dilemma and Resolution of Minority Hunting Cultural Rights: Taking the "Wang Guanglu Case" in Taiwan as an example

He Hao

Abstract: The ethnic minorities in Taiwan area of our country often use guns to kill wild animals when hunting, which often conflicts with the current legal norms. This situation has not decreased with the development of social economy, but has been in a high incidence situation. Wang Guanglu The case is a typical representative of them. This case actually reflects the conflict between the hunting culture of ethnic minorities and public interests such as social security and wildlife protection, and then collides with the modern dilemma of how to balance the respect for the cultural rights of ethnic minorities and the maintenance of major public interests. To solve this dilemma, the existence of the cultural right of ethnic minorities to hunt should be recog-

---

① 参见王皇玉：《建构以原住民为主体的狩猎规范：兼论王光禄之非常上诉案》，载《台大法学论丛》2018年第2期。

nized; however, this right is not a positive right, but a negative right; this right can be restricted, but it must be based on important public interests and adopted. There should be a substantial correlation between the means and the ends achieved.

Key words: minority hunting cultural rights, Wang Guanglu case, major public interests, wildlife protection

风水纠纷的裁判困境及其优化方法[*]
——基于 263 份裁判文书的分析

周盼盼[**]

摘 要 随着乡土精英权威的下降以及法治进程的推进,越来越多风水纠纷诉至法院寻求权威救济。生效司法裁判文书表明风水纠纷的司法裁判缺乏统一标准,造成了司法裁判风水纠纷时存在不正当回避、同案不同判现象明显、说理不充分等问题。应当将民俗习惯作为破解风水纠纷司法裁判困境的重要规则,通过规范证明和识别程序,强调注重裁判说理等方式优化风水纠纷的裁判路径。

关键词 风水纠纷 司法裁判 裁判方法

社会问题并不会因社会形态在时空上的次序排列变化自然而然地更替出现,而是会在同一时空中杂糅出现,因此当今中国的社会问题往往是"传统农业社会、工业社会、甚至是后工业社会叠加的问题"。[①] 司法裁判所面临的社会纠纷也是如此。当代社会正处于由传统向现代转型的过程之中,各种利益交织在一起,传统与新兴事物亦不断冲突,从而导致涉及风水纠纷的司法案件日益增多。但司法实践当中,不正当回避风水纠纷、对风水纠纷的认定一刀切、忽视风水纠纷当事人精神需求等问题层出,究其根本是现有法律制度并未将风水纳入调整的利益范畴,以致司法能否裁判、如何裁判风水纠纷成为疑难。因此,对风水纠纷细化分类,梳理司法裁判风水纠纷的基本样态与路径,总结现有风水纠纷裁判的困境,在现有司法制度基础上探寻切实可行的方法,有助于优化类似案件的司法裁判过程,强化司法裁判的可接受性。

---

[*] 国家法治与法学理论研究项目"我国立法目的条款的司法适用方法研究"(项目编号:19SFB5001)。
[**] 周盼盼,山东师范大学法学院硕士研究生。
① 参见石佑启、杨治坤、黄新波:《论行政体制改革与行政法治》,北京大学出版社 2009 年版,第 6 页。

一、风水纠纷的含义及其类型

(一) 风水纠纷的含义

"风水",最早出现在《葬书》中,"经曰气乘风则散,界水则止""风水之法得水为上藏风次之",有学者以此认为"风水"一词出现在《葬书》而不是更早的相宅书籍中,说明风水是专门为死去的人选择埋葬墓穴而应用的"藏风得水的技术"①,但是考察《葬书》中"支垄二者俱欲得,水高垅之地或从腰落虽无大江拦截……虽藏风亦不可用平支之地",可知"藏风得水"主要是考虑山形地貌和江河等水源进行选址来实现的,这与《汉书》中记录的"堪舆天地总名也""造图宅书"的堪舆术内容重合,且后世之书中多有"堪舆风水"之说②,说明在历史发展中风水与堪舆已无实质差异,因此当下将风水定义为"择地立家室""择地以葬"③之术,即人们在安宅、葬墓选址以及布置时所用的选择和处理方法并无不妥。

考察风水适用过程,发现其中不乏对气候、地质、地貌、生态、景观等④因素的考量,有学者认为"从环境科学方面,中国风水……成为中华自然国学中的奇葩"⑤。也有学者认为风水一定程度上是在地理学基础上发展起来的神秘数术⑥,也有学者认为是"以神学为基础的谶纬、庇荫德等迷信思想的滥觞"⑦。上述定性都具有片面性,无法准确涵盖风水,一方面风水之术对于地形、气候、水源等环境因素的考量是有大量古籍佐证的事实。另一方面,因人们对于世界认知的有限而将改善生存环境寄希望于虚无神圣的超自然力,风水由此衍生的神秘属性也是不可回避的,所以风水的定性应当是兼具一定现实合理性的多元风俗文化。⑧

风水纠纷即风水利益冲突而引发的纠纷,综合上述风水之术发展过程中的特点以及263份裁判文书中风水纠纷的实际情况,可知风水纠纷具有如下特点:一是纠纷性质多元。风水涵盖现实合理需求又兼具精神信仰色彩,所以由风水引发的纠纷,其冲突内核属于具有合理依据的现实权益受损、朴素生活情感受损还是个人信仰心理的放大,抑或是上述多方因素的综合,并不具有确定性。二是纠纷内容具有区域性。"十里不同风,百里不同

---

① 参见郭彧:《风水史话》,华夏出版社2006年版,第13页。
② (明)郝敬:《尚书辨解十卷》《周礼完解十二卷》。(明)黄省:《五嶽山人集三十八卷》。(清)徐乾学:《读礼通考一百二十卷》等。
③ (明)王炜:《青岩丛录》,《五朝小说大关》本,上海扫叶山房,民国十五年(1926)刊行。
④ 程建军:《风水与建筑》,中央编译出版社2016年版,第1页。
⑤ 参见商宏宽:《广义风水论与人类生活环境系统》,载《安阳大学学报》2002年第4期。参见商宏宽:《广义风水论与人类生活环境系统》,载《安阳大学学报》2002年第4期。
⑥ 参见陈进国:《信仰、仪式与乡土社会:风水的历史人类学探索》,中国社会科学出版社2005年版,第204页。
⑦ 程建军:《风水与建筑》,中央编译出版社2016年版,第268页。
⑧ 参见程建军:《风水与建筑》,中央编译出版社2016年版,第268页。

俗",不同地区的风俗文化各有不同,融入地区生活成为民众信仰的风水自然也会各有不同,因此具体的风水纠纷内容会随地区的不同而发生变化。三是损失难以量化。风水纠纷中的风水受损,除去相关物品、人力等可量化的经济损失,更多的是当事人所主张的难以量化的精神损害,具体而言,精神受损的方式、程度、时间长短不仅无法利用科学手段证实,甚至民众都难以准确表述,为此造成的风水纠纷的损失估定和赔偿范围的不确定性就难以避免。

(二)风水纠纷的类型

量化风水纠纷的权益损失不具有可行性,但是依据当事人主张的损害将其类别化,或可为司法裁判介入风水纠纷奠定合理基础。通过实际案件中当事人的主张、法院调查后的认定结果以及学术调查分析的综合考量,本文认为依据风水纠纷中当事人主张的受损权益,可将风水纠纷分为有实际物质损害的风水纠纷和精神信仰损害型风水纠纷。

实际物质损害型风水纠纷是指当事人所受损害属于物理层面实际物质的风水纠纷,如采光受影响、噪声影响、生活环境变恶劣①等情况,但是由于农村地区民众对于法律用语的陌生以及生活用语的表述习惯,该类损害请求往往被泛泛地统称为风水受损,出现了风水外衣掩盖实质利益纠纷的情况,例如因邻居新建的厕所离水井过近,认为粪池中的粪水会污染饮用水源,在诉讼中表述为不符合农村风俗、影响风水②。

精神信仰损害型风水纠纷较为复杂,根据人们对风水的认可程度,可具体分为三种情况:一是风水内容已经成为地区共识,对民众行为具有普遍规范作用,成为特定区域生活民众的朴素信念,因此当事人所受的损害能受到当地成员的普遍认同,有学者认为该类情况下民众享有的权利属于新兴权利③中的"风水权"。④ 例如窗户不得正对别人家的大门,是某地风俗习惯,不得违背。⑤ 二是对于将风水视为信奉取向的民众来说,风水被破坏会使得其笃信某种禁忌被触犯自己利益会遭受损害而内心恐惧不安。该类纠纷主张的损害没有形成地区共识,具有极大的个人主观性,例如当事人主张祖宅是阳宅,拆除之后会影响整个家族的兴衰存亡,将妻子因病去世以及家族中其他两位亲人的离世,归结于风水问

---

① 如影响空气质量、污染水资源、污染土壤的行为,例如养猪场建立在触犯风水"瘴气煞"的上风口,造成整个村庄臭气熏天,是为风水问题对人们实际造成损害的例证。参见董磊明、宋苑:《实践性风水中的"相向解释"——基于辽东宋屯经验的分析》,载《民俗研究》2016年第5期。
② 安徽省舒城县人民法院(2016)皖1523民初2129号民事判决书。
③ 所谓新兴权利,是指在人们的交往行为中,尽管于法无据,但实际上能够普遍地、一般地、经常地影响人们资格、利益、主张等得以拥有、运用和处分的情形。谢晖:《论新兴权利的一般理论》,载《法学论坛》2022年第1期。
④ 参见谢晖:《论新兴权利的一般理论》,载《法学论坛》2022年第1期。
⑤ 江西省宜春市中级人民法院(2018)赣09民终1488号民事判决书。

题①。三是风水"祛魅化"②趋势下,风水被破坏与个人利益受损害之间的关联具有极大的解释弹性,举轻还是举重完全取决于当事人在各方因素中的博弈能力③,换言之,风水并不再是神圣的信仰,而是民众主张某种权益或者损害的可控话术,正如乌丙安所说的中国民间信仰与行为目的是多功利性④,例如为了限制上屋邻居长期排水习惯,编造别人排水到自己水沟涉及风水问题,主张风水不是迷信,对人心理有重大影响的风俗,是客观存在的。⑤

二、我国司法实践中风水纠纷案例的基本样态

本文拟从司法案例入手,基于实证研究结果而探寻风水纠纷的裁判方法。具体路径是:在北大法宝网站输入关键字"风水",限制搜索范围"法院认为",截至 2022 年 12 月 30 日,得到民事裁判文书 1537 份,除去仅有"风水"二字,但与本文讨论风水并无关联的文书,得到关联文书共 337 份,其中具有风水纠纷内容的文书共 263 份(包括同一案件不同审理程序的裁判文书,和处理同一民事主体行为引起的多起纠纷事件做出的裁判文书⑥,因本文研究基于裁判文书内容,分析结果并不受该类情况存在的影响),因此本文以时间跨度为 2008 年至 2022 年的 263 份裁判文书作为样本。

(一)地域、法院层级分布以及归属案由

如图 1 所示对风水纠纷裁判文书地域分布进行统计,共有 25 个省份裁判了风水纠纷,加之非诉救济路径的存在,不难得出风水纠纷在全国范围内普遍存在的结论。其中大部分的文书集中在东部地区,其结果可能受民族分布状况的影响,西部多为少数民族聚居地,一是因其语言、文化背景、宗教信仰各有不同,⑦其对于风水的信仰和认识程度存在差异,二是民族地区原有的民族风俗习惯具有一定的稳定性,在纠纷调解中发挥重要作用,例如彝族"德古调解"⑧,侗族的"宁老",苗族的"理老",景颇族的"山官",

---

① 广东省台山市人民法院(2017)粤 0781 民初 282 号民事判决书。
② 参见董磊明、宋苑:《实践性风水中的"相向解释"——基于辽东宋屯经验的分析》,载《民俗研究》2016 年第 5 期。
③ 参见董磊明、宋苑:《实践性风水中的"相向解释"——基于辽东宋屯经验的分析》,载《民俗研究》2016 年第 5 期。
④ 参见乌丙安:《中国民间信仰》,上海人民出版社 1996 年版,第 4 页。
⑤ 广东省茂名市中级人民法院(2021)粤 09 民终 3376 号民事判决书。
⑥ 审理苏州方正地产发展有限公司与多名房屋买受人产生商品房销售合同纠纷,共有 26 份裁判案件文书,且 26 份文书中关于风水问题的处理高度一致。
⑦ 参见黄艳:《民族地区社会治理中情理法的冲突与融合》,载《学术论坛》2019 年第 5 期。
⑧ 参见陈永亮、张立辉:《乡村振兴视域下新时代民族地区移风易俗路劲——以四川省凉山彝族自治州 J、Y 县为例》,载《民族学刊》2020 年第 6 期。

瑶族的"瑶老",藏族的老人、部落头人后代,① 西北农村地区的宗教对当地治理影响也很大②,为此西部地区诉至法院的风水案件数量较之东部较少。

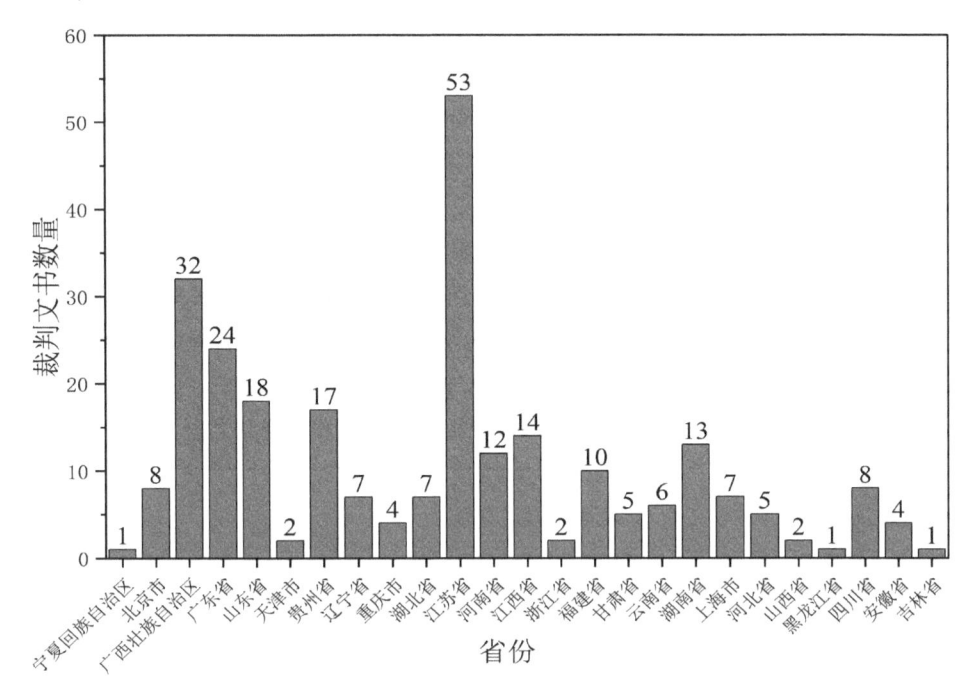

图1 风水纠纷裁判文书地域分布统计

对风水纠纷裁判审理程序的情况为:一审裁判文书87份,二审裁判文书有72份,简易程序裁判文书有101份,再审裁判文书有3份,其中二审裁判结果为全部改判的有5份③,5份文书中对于风水的认定结果都并未出现与原判决矛盾甚至是完全颠覆原判的情况④,3份再审裁判文书都驳回再审申请⑤。法院层级分布状态为:高级人民法院作出的裁判文书为1份,中级人民法院作出的裁判文书为92份(91份为二审裁判文书,1份为再审裁判文书),基层人民法院作出的裁判文书为170份。上述情况表明,风水纠纷集中

---

① 杨雅妮:《民族地区法院调解社会化的本土资源及其推进路径》,载《湖北民族大学学报(哲学社会科学版)》2022年第6期。

② 参见杨军:《西北民族地区社会治理中情理法的冲突与调适》,载《云南民族大学学报(哲学社会科学版)》2018年第3期。

③ 湖北省黄石市中级人民法院(2019)鄂02民终213号民事判决书、广东省清远市中级人民法院(2018)粤18民终312号民事判决书、湖北省十堰市中级人民法院(2018)鄂03民终1171号民事判决书、广西壮族自治区钦州市中级人民法院(2019)桂07民终584号民事判决书、江苏省苏州市中级人民法院(2021)苏05民终12667号民事判决书。

④ 72份二审裁判文书并不必然是对前述87份一审裁判文书的最终裁决,因为风水问题往往是上诉人在二审审理所提出的新主张,所以87份一审裁判文书和72份二审裁判文书之间并不具有必然关联关系。

⑤ 湖南省高级人民法院(2016)湘民申1518号民事判决书、浙江省嘉兴市中级人民法院(2020)浙04民申94号民事判决书、江苏省无锡市中级人民法院(2015)锡民申字第00063号民事判决书。

发生在基层法院，但风水主张的登场并不限于基层法院一审，而是随基层法院裁判案件的不同走向以不同样式在后续诉讼程序中出现，具体包括：一是普通案件一审判决未能使得双方当事人都信服，在二审中通过风水主张来增加胜诉的筹码，二是风水纠纷案件本身复杂，经基层法院审理并不能使得双方当事人接受，所以当事人会诉至二审法院甚至申请再审。当然，一审案件之后不再上诉也并不代表风水纠纷就得到实质性解决，3份再审案件都驳回再审请求，5份裁判结果为全部改判的案件中都未作出与原判决相悖的风水认定，其实质性解决效果也有待考究。

如图2所示，对涉及风水纠纷的裁判文书所属案由进行统计，风水问题与合同纠纷、排除妨害纠纷、财产损害赔偿纠纷、相邻关系纠纷、物权纠纷等诸多民事关系交织在一起，更说明风水纠纷的复杂性，由此可见，司法如果不裁判具有交织现象的风水纠纷，仅就其他应当裁判的权益纠纷就构成不当躲避，而如果避开必要风水问题，仅处理其他民事关系纠纷，有治标不治本之嫌，因此确定风水纠纷的救济制度是当务之急。

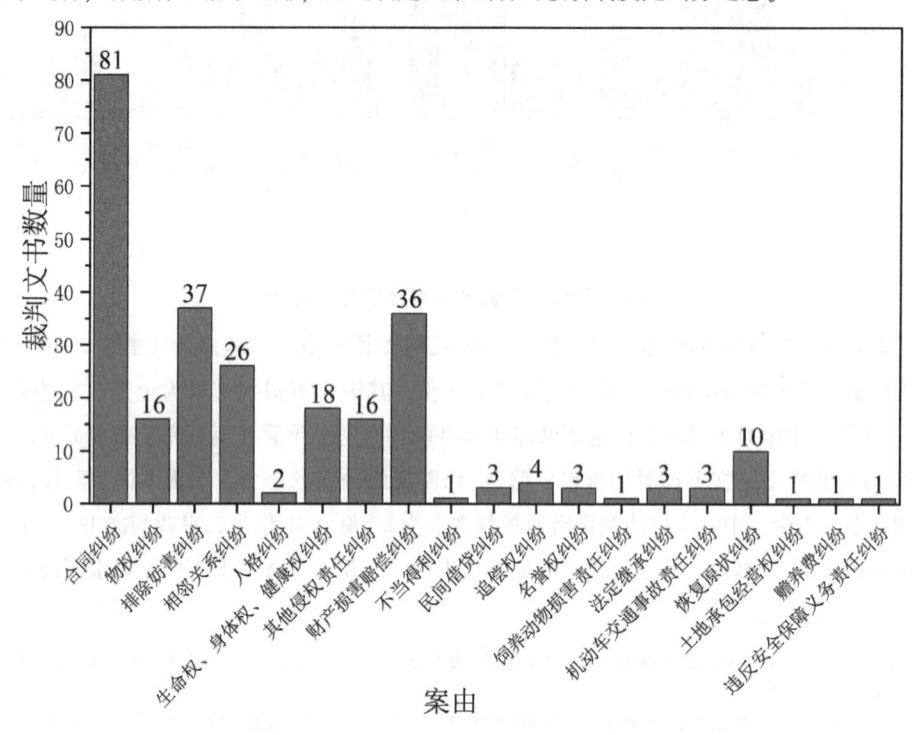

图2　风水纠纷裁判文书所属案由统计

（二）现有风水纠纷的司法裁判路径

263份文书中，不予受理的有16份，剩余247份文书审理了风水纠纷。不予受理的16份文书的理由中，3份文书中出现广西壮族自治区高级人民法院桂高法（2003）180号

《关于当前暂不受理几类案件的通知》，① 5 份文书中出现《国务院殡葬管理条例》②，1 份文书中出现《广西壮族自治区殡葬管理条例》③，13 份文书出现《民事诉讼法》。

如图 3，对 247 份裁判文书中关于风水问题的态度进行统计分类。法院认可风水存在合理性的文书有 22 份，占总份额的 8.4%，否定风水具有合理性的文书共有 179 份，占总份额的 68.1%，态度不明确的文书有 62 份，占总份额的 23.6%。认可比例仅为 8.4%，直接说明了风水纠纷的司法裁判中风水认可率低的现实。

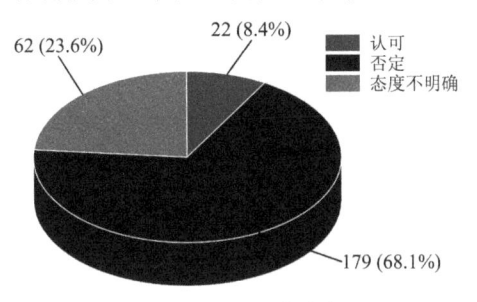

图 3 裁判文书对待风水问题的态度类别

如表 1，对认可风水具有合理性 22 份文书理由进行梳理，其中有 15 份文书表述为符合民间/农村习俗，2 份文书表述为符合公序良俗，1 份文书表述为当事人作为当地成年人应当知道祖坟风水对一个家族的重要性，1 份文书表述为风水因人而异，1 份文书表述为租赁房屋会考虑风水等因素，1 份文书表述中认可丧葬中看风水的费用，1 份文书表述为风水作为一种主观心理因素会影响房屋租赁价格。

有 1 认为风水具有合理性的理由分类

数量	理由
15	符合民间/农村习俗
2	符合公序良俗
1	当事人作为当地成年人，应当知道祖坟风水对一个家族的重要性
1	风水因人而异
1	租赁房屋会考虑风水等因素
1	认可丧葬中看风水的费用
1	风水作为一种心理因素会影响房屋租赁价格

---

① 广西壮族自治区崇左市中级人民法院（2015）崇立民终字第 10 号民事判决书、广西壮族自治区上林县人民法院（2017）桂 0125 民初 1318 号民事判决书、广西壮族自治区上林县人民法院民事判决书。
② 广西壮族自治区南宁市邕宁区（县）人民法院（2018）桂 0109 民初 1567 号民事判决书、广西壮族自治区横县人民法院（2018）桂 0127 民初 4105 号民事判决书、河北省沧县人民法院（2022）冀 0921 民初 75 号民事判决书、广西壮族自治区上林县人民法院（2017）桂 0125 民初 1318 号民事判决书、广西壮族自治区崇左市中级人民法院（2015）崇立民终字第 10 号民事判决书。
③ 广西壮族自治区横县人民法院（2018）桂 0127 民初 4105 号民事判决书。

如图4，对裁判文书否定风水具有合理性的表述进行统计，否定的具体理由包括：41份文书表明风水属于封建思想、18份文书表明不属于公序良俗或善良风俗、104份文书表明中包含无科学依据或法律依据或客观事实依据中的一项或多项，7份文书表示违背社会主义核心价值观，9份文书表示不符合法治精神，10份文书表示不具有合理性，15份文书表示不予支持或不成立，但并未说明具体理由①。

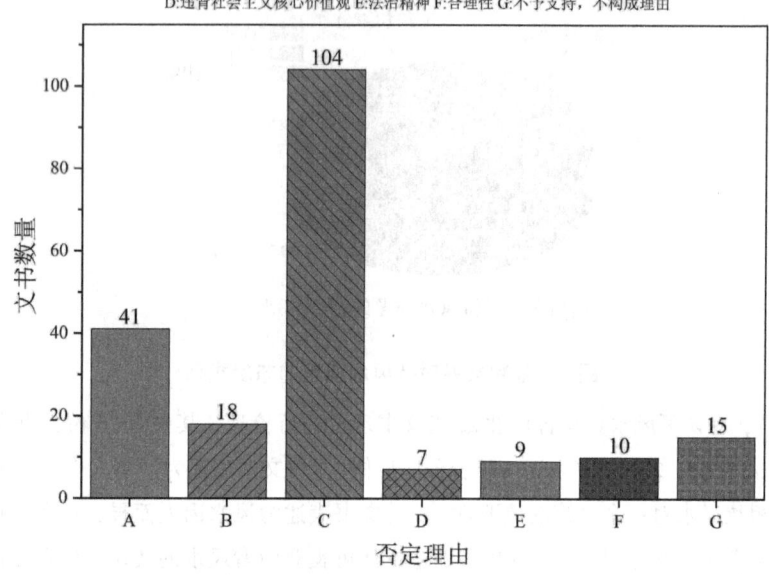

A:属于封建、迷信思想 B:不属于公序良俗或善良风俗 C:无法律、客观事实或科学依据
D:违背社会主义核心价值观 E:法治精神 F:合理性 G:不予支持，不构成理由

图4 裁判文书否定风水具有合理性的原因

态度不明确的62份文书当中，33份文书表述为没提供证据证明，29份文书则是未对风水问题进行处理，仅处理案件中的人身损害、财产损失、相邻关系等纠纷。

如图5流程图所示，可知现有司法对风水纠纷的裁判路径，首先对于诉至法院的风水纠纷，法院判断是否属于受理范围，其裁判依据包括：广西壮族自治区高级人民法院桂高法（2003）180号《关于当前暂不受理几类案件的通知》《国务院殡葬管理条例》《广西壮族自治区殡葬管理条例》《民事诉讼法》。依据上述条件判断后，法院如果认为属于民事诉讼受理案件，则会进入对案件的审理程序，如双方当事人的请求或主张中存在风水问题、人身权益受损、财产权益受损、相邻关系等混杂的情况，现有裁判的处理方式主要为两大类：一是处理包括风水问题在内的所有问题，处理过程包括程序上审查所呈证据的关联性和证明力以及实体上认定风水问题的性质两大部分，二是对风水问题不进行处理，仅处理人身权益受损、财产权益受损、相邻关系等问题。由此可知，风水纠纷中的部分进入司法审理环节之后，又会被层层"筛选"，最终被认可并得到司法正面裁判的风水纠纷少之又少。

---

① 部分裁判文书的理由多样，上述所涉及的文书存在重复计算的情况。

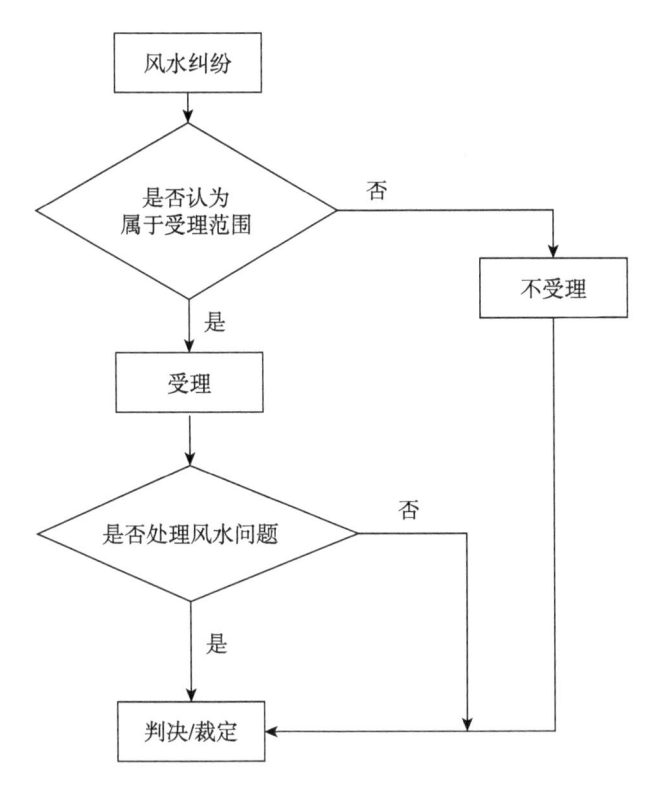

图 5　司法裁判风水纠纷的路径

三、现有风水纠纷裁判的困境

经上述数据分析，可发现现有风水纠纷裁判的困境在于：缺乏法律救济规则，没有统一的法院受理标准；对于风水纠纷衍生的风水费用赔偿问题也无统一裁定方式，导致同案不同判现象明显；裁判文书对于风水问题的说理不充分，无法帮助当事人理解并接受裁判结果。

（一）缺乏法律救济规则

风水纠纷寻求司法救济时没有统一规则，使得法院存在不合理回避风水纠纷的"甩手"行为。裁判文书中不予受理的依据中，除广西壮族自治区高级人民法院桂高法（2003）180号《关于当前暂不受理几类案件的通知》十三条规定明确规定"葬坟纠纷案件包括因争坟地争风水等引发的各种纠纷案件……暂不受理"，其余情况下风水纠纷是否会进入司法审查程序更多由法官自由裁量。《民事诉讼法》中规定符合起诉的条件并不产生当然排除风水纠纷的效果，《殡葬管理条例》第三条中虽有规定"国务院民政部门负责全国的殡葬管理工作。县级以上人民政府民政部门负责本行政区域内的殡葬管理工作"，并无也不可能具有排斥司法裁判之意，即使法院认为"该类案件涉及面广、社会关注程度高、影响当地社会稳定",但仍依据《殡葬管理条例》《民事诉讼法》裁定不予受理或驳回诉讼请求,理由是单纯依靠诉讼途径难以得到有效解决,应通过其他方式予以妥善解决①。但是实际上,有许多风水纠纷早已经过当地有关机构介入,例如马某1、马某2等人将毕某1父亲毕某2的坟墓毁坏,毕某1请求当地派出所及政府司法所等部门处理无果,无奈诉至法院,②莫某1、莫某2与温某1、温某2物权保护纠纷一案中,也是政府组织调解无效之后诉至法院③。由此暴露的问题就是司法将其明知社会关注度高、影响当地社会稳定、且基层组织调解无效的纠纷拒之门外,可见统一救济规则的缺位,使得某些影响重大的风水纠纷会被"高高挂起",造成基层秩序混乱。当然,这里并非为所有不被受理的风水纠纷的当事人声讨法院,而是风水纠纷这一"宽大外衣"之下本身就存在需要法院救济的民众朴素信念、财产权益、人身权益,部分法院未考虑上述情况以及风水纠纷行至末路的窘境就决定回避,难免有欠妥当。

(二) 案件同案不同判现象明显

裁判风水纠纷中同案不同判的情况,会导致司法秩序的混乱,当事人难以确定其主张的风水权益和由风水纠纷衍生的其他权益损失能否得到救济,例如同样是请求赔偿看风水的费用,19个案件中,14份文书中不予支持,5份文书给予不同程度的支持。在周某1诉周某2物权保护纠纷案中,原告周某1主张的400元风水费用未得到法院支持④,在应某与李某、杨某侵权责任纠纷中,应某主张被告赔偿其按照农村习俗找风水先生看坟产生的费用,法院不仅不予采纳,还对原告提出严肃批评⑤,但是在郭某1、郭某2财产损害赔偿纠纷案中,郭某3、郭某4主张赔偿包含聘请风水大师工费在内的新坟入葬费用,虽然没有提供正式发票予以证实,但是法院考虑到风俗民情酌情支持2000元⑥,李某、冯某1与被上诉人王某、冯某2共有、继承纠纷中,对于包括看墓地、看风水的大执宾服务费7000元,法院认为是处理丧葬事宜必要支出,予以确认⑦。如此对立的态度,除去对案件双方直接产生法律效力上的影响,更会使得潜在风水纠纷当事人对司法裁判的合理性产生怀疑。

(三) 裁判说理不充分

说理不充分,是目前风水纠纷裁判中普遍存在的现象,这也导致裁判说理并未发挥帮

---

① 河北省沧县人民法院 (2022) 冀0921民初75号民事判决书。
② 广西壮族自治区横县人民法院 (2019) 桂0127民初192号民事判决书。
③ 广西壮族自治区南宁市中级人民法院 (2016) 桂01民终2961号民事判决书。
④ 河南省商城县人民法院 (2015) 商民初字第632号民事判决书。
⑤ 四川省会理县人民法院 (2019) 川3425民初3415号民事判决书。
⑥ 广东省清远市中级人民法院 (2018) 粤18民终312号民事判决书。
⑦ 辽宁省营口市中级人民法院 (2018) 辽08民终3308号民事判决书。

助当事人理解和接受裁判合理性的作用。不充分是指说理中"简约化"说理和"程式化"说理①的大量存在。法官裁判说理具有防卫性，这是由于在中国司法实践中，法官说理的对象更多的是法律外行的当事人甚至是一般公众，为减少当事人对自由裁量权运用之处的攻击，"简约化"说理成为中国裁判说理的特征之一。② 但在风水纠纷的裁判说理中，"于法无据，不予采信""涉及迷信，不予采信""不具有科学依据"等过于简单的语言，既没有展示针对具体案件中风水问题的逻辑推理，也没有说明价值取舍过程中考量的法理情理事理，且风水本身就是属于精神上的民俗文化，以科学性、法定性标准判断，难免"显得武断、逻辑混乱、无知和掩饰"③，此类说理甚至可以说是"简陋化"说理。

"程式化"说理是指笼统援引，并未就个案特点进行说理，就如同为了避免白卷，在解难题时简单摆上公式一般。例如以"不符合社会主义核心价值观"为由不予认可风水的7份裁判文书，皆是在最高院《关于在人民法院工作中培育和践行社会主义核心价值观的若干意见》《关于在司法解释中全面贯彻社会主义核心价值观的工作规划（2018－2023）》等文件出台以后作出的，④ 文中都笼统地认定不符合社会主义核心价值观，但并未就此展开论证，社会主义核心价值观之于具体风水纠纷中的贯彻流于形式化，究其根本是司法对风水纠纷裁判规范混乱造成的必然结果。

四、我国风水纠纷裁判的优化方法

如图6所示，优化我国风水纠纷裁判的方法在于对风水纠纷分流之后运用民俗习惯。区别将风水问题有无作为是否处理的依据，优化后的裁判路径基于纠纷中的受损权益，将实际物质损害型风水纠纷分流出去与相邻关系、环境污染、人身损害等现有民事法律关系对接。对精神信仰损害型风水纠纷的裁判关键则在于民俗习惯的运用，具体而言，法院审查当事人主张的风水权益是否属于民俗习惯，若认定为民俗习惯，则可以依据《民法典》第十条规定进行司法救济，若是认定不属于民俗习惯，属于当事人民法权益的则需根据当事人实际主张审理，属于个人基于主观信仰主张的风水权益，法院自然可以因不满足法律规定、集体认可的情理，损害他人或者社会公共利益等理由，不予支持或不予认可。但民俗习惯在解决中国纠纷时所体现的"灵活""变通""具体情形具体处理"等非逻辑的思维特点⑤，与司法裁判讲究逻辑推理的特点不同，因此利用民俗习惯规范司法运用必须追

---

① 凌斌：《法官如何说理：中国经验与普遍原理》，载《中国法学》2015年第5期。
② 参见凌斌：《法官如何说理：中国经验与普遍原理》，载《中国法学》2015年第5期。
③ 参见王申：《法官的理性与说理的判决》，载《政治与法律》2011年第12期。
④ 参见方新军：《社会主义核心价值观融入〈民法典〉解释的意义和方法》，载《苏州大学学报（法学版）》2022年第1期。
⑤ 参见楚渔：《中国人的思维批判》，人民出版社2010年版，第21－22页。

寻确定性形式①，对此可通过确定民俗习惯在司法运用中应当坚持的原则、规范风水纠纷证明、识别程序，注重风水纠纷的司法裁判说理等方式来实现。

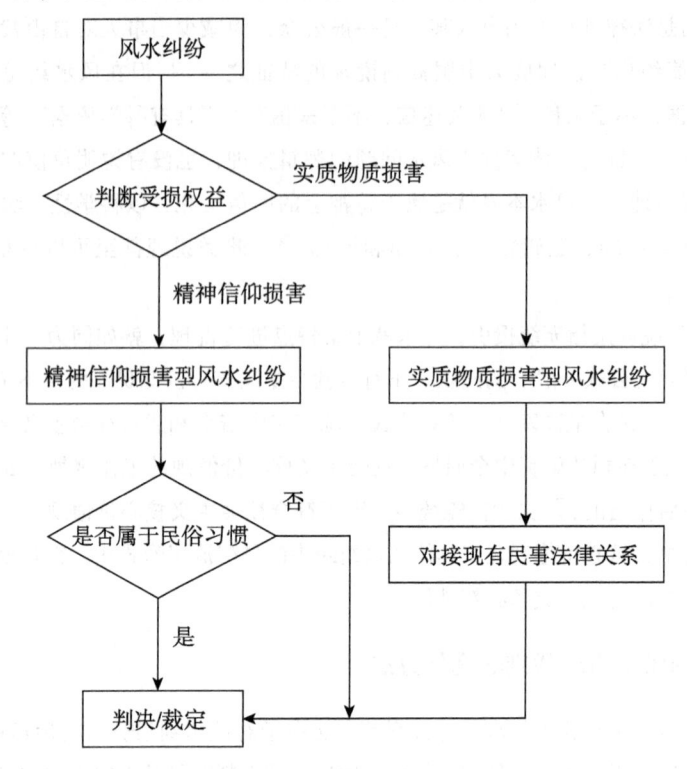

图6 优化之后的裁判路径图

（一）坚持民俗习惯在司法裁判中的合法合理运用

不可否认的是，在认定具体案件中的民俗习惯时，不论是将其视为认知渊源②，还是将其视为对司法个案处理过程中所发现法律缺陷的救济方式③，法官享有极大自主权。如何发挥民俗习惯帮法官在司法过程中平衡法理情理事理，实际解决风水纠纷的积极作用，首先须在全局上坚持如下原则。

第一，合法性原则。合法性是民俗习惯运用首要遵循的最根本原则，《民法典》第十条明确规定"处理民事纠纷，应当依照法律；法律没有规定的，可以适用习惯，但是不得违背公序良俗。"可见适用习惯是无法可依的替代选择，其根本目的还是解决纠纷，维护

---

① 参见贾焕银：《民间规范司法运用程序研究》，载《西南民族大学学报（人文社会科学版）》2015年第3期。
② 参见雷磊：《习惯作为法源？——以〈民法总则〉第10条为出发点》，载《环球法律评论》2019年第4期。
③ 参见谢晖：《论民间法对法律合法性缺陷的外部救济》，载《东方法学》2014年第4期。

法律和司法的权威和统一①，因此习惯的适用不能违背法律规定和法律原则，更不能依据习惯去否认法律的效力。具体来说"合法性"应当包括符合法律强制性规定、符合法律倡导性规范、符合法律价值取向三个内涵②。落实到风水纠纷的司法裁判中，即以合法性原则作为对实际物质损害型风水纠纷的分流标准。须注意的是"于法无据"仅构成适用民俗习惯的前提条件，就风水纠纷中寻找裁判依据的进程而言应当是未完待续的，如果法官未考虑适用习惯对于实质解决风水纠纷的可行性，在初始阶段就对风水纠纷盖棺定论，则其并未恪尽息讼止争的职能。

第二，合理性原则。《民法典》第十条中的"不得违背公序良俗"，根据民法学界的研究，一般认为公序良俗原则在确保国家一般利益、社会道德秩序以及协调各种利益冲突、保护弱者、维护社会正义等方面发挥极为重要的机能③，亦或说公序良俗包括政治——社会体制的价值抉择④，所以《民法典》第十条中习惯的运用不得触犯公序良俗所派生的禁为型规范⑤，具体来说包括不得损害国家法中的强制性规定构建的秩序、国家政策、公共利益、公众一般道德。民俗习惯依据其内容可分为"良俗""中俗""恶俗"⑥，在风水纠纷中审查可适用的民俗习惯时，经上述内容的过滤可筛去风水中不合理的恶俗，对于他家窗户不得正对大门这类具有中间性质的"中俗"，虽不具有上述良俗的积极作用，但是在逻辑上也不能得出违背公序良俗的结论。因此，中俗与良俗具有符合社会发展需要的合理性以及为当事人双方、公众都接受的可能性，可以用作司法裁判依据⑦。

第三，普遍规范性原则。民俗习惯只有具有现实的普遍规范性，司法才可能据以裁判。首先，普遍性和现实性要求民俗习惯在一定空间、时间内持续存在且反复被适用，成为一定空间的人们持续至今的常识⑧，不得是过去存在现在并不被适用的习惯，也不得是虽然存在但是人们适用时具有极大的任意性和偶然性的习惯。基于习惯的地区性特点，实践的时空、时间范围各有不同，有学者认为该空间、时间的合理值设定，只有基于田野调查才能解决且并不具有统一标准⑨，但因为具体的风水纠纷大都存在基层法院，所以以基层法院管辖区域为参考范围⑩，是司法实践中较为切实的选择。其次，只有对行为具有规范性，即有配置权利义务的强制功能，才能够成为行为的判断标准，换言之，须得风水纠

---

① 参见谢晖：《论民间法对法律合法性缺陷的外部救济》，载《东方法学》2014年第4期。
② 公丕祥：《民俗习惯司法运用的理论与实践》，法律出版社2010年版，第135页。
③ 梁慧星：《民法总论》，法律出版社2001年版，第45页。
④ 参见于飞：《公序良俗原则研究——以基本原则的具体化为中心》，北京大学出版社2006年版，第151-157页。
⑤ 参见王轶：《论民法诸项基本原则及其关系》，载《杭州师范大学学报（社会科学版）》2013年第3期。
⑥ 参见公丕祥：《民俗习惯司法运用的理论与实践》，法律出版社2010年版，第158页。
⑦ 参见公丕祥：《民俗习惯司法运用的理论与实践》，法律出版社2010年版，第157页。
⑧ 参见谢晖：《论民间法对法律合法性缺陷的外部救济》，载《东方法学》2014年第4期。
⑨ 参见公丕祥：《民俗习惯司法运用的理论与实践》，法律出版社2010年版，第158页。
⑩ 参见公丕祥：《民俗习惯司法运用的理论与实践》，法律出版社2010年版，第135页。

纷中的当事人具有实际的指示作用，这也就意味着法官只能对双方都知晓或都认可该习惯的案件中才能据以裁判，而绝不能约束不知道该习惯的人。①

（二）规范风水纠纷的诉讼程序

在证明程序上，本着"谁主张，谁举证"的基本规则，风水纠纷中应当由提出主张适用民俗习惯的一方当事人承担证明责任，一般情况下法官不得主动适用，但是若当事人具有主张民俗习惯的意思，碍于语言表述或对专业术语的陌生，法官可利用释明权进行提示②。举证的形式可以请求了解当地民俗情况的村主任、老人以及上述少数民族所提及的"宁老""理老""山官""瑶老"等人提供证人证言，或是提供有文字记载的石碑、村规民约、民俗资料等材料③。

在识别程序上，首先需明确的是，对于风水纠纷中所主张的风水或当地习俗，是地区文化和个人心理认知的体现，是精神信仰的产物，与风水息息相关的房屋以及葬墓中，凶宅本身承载的是中国人趋利避害的一种价值共识④，祖坟是祖先与后代为一"气"展开的世界观象征⑤，所以不应从具有科学性与否、法律有无明确规定来衡量。有学者认为法官选择某个习惯作为裁判依据，是因为他所处的共同体长久以来的实践都支持他，而他作为共同体的一员也选择服从这种权威，以便使他的判决更有说服力⑥，但是这是一种较为理想的状态，因为现有基层法官，大多生于城市或者长时间在城市生活，加上任职地区与个人生活环境分离等因素，对于地区的传统习惯并不具有足够的认知和自觉服从的心理⑦，所以将民俗习惯的识别建立在法官个人认识上并不可取，由基层司法机关整理地区民俗，在陪审团成员中吸收对民俗习惯具有解释"权威"的地方精英，或将作为裁判依据的民俗习惯提交至审判委员会认定等方式，可以在程序上为法官认定风水民俗习惯时提供切实的帮助，减少其对民俗习惯认定的失真和任意性。当然，对于法官而言，比起寄希望于外在的程序帮助或监督，提高自身社会知识、人文关怀等素养，切身融入地区民俗风情⑧，使得自身在处理案件时，能形成以自身价值衡量为主，程序帮助为辅的合理审查方式是更重要的任务。

---

① 参见徐清宇、周永军：《民俗习惯在司法中的运行条件及障碍消除》，载《中国法学》2008年第2期。
② 参见王林敏：《民间习惯的司法识别》，中国政法大学出版社2011年版，第77页。
③ 参见陈洪磊：《〈民法典〉视野下我国民族民事习惯的司法运用——基于235份裁判文书的分析》，载《华中科技大学学报（社会科学版）》2021年第5期。
④ 参见刘云生：《民俗信仰价值归位与民法典权利对标——十年来凶宅交易纠纷裁判反思（2010-2019）》，载《政法论丛》2021年第4期。
⑤ 参见滋贺秀三：《中国家族法原理》，张建国、李力译，法律出版社2003年版，第304页。
⑥ 参见雷磊：《习惯作为法源？——以《民法总则》第10条为出发点》，载《环球法律评论》2019年第4期。
⑦ 参见公丕祥：《民俗习惯司法运用的理论与实践》，法律出版社2010年版，第177页。
⑧ 参见徐清宇、周永军：《民俗习惯在司法中的运行条件及障碍消除》，载《中国法学》2008年第2期。

（三）强化风水纠纷的裁判说理

司法在本质上是一种判断权，[①] 而裁判说理是法官告诉当事人和公众判断结果和判断理由的直接表述，[②] 裁判说理本质上是辅助式的，是帮助当事人接受司法裁判的手段[③]，换言之在争议较大或社会影响较大的案件中，说理论证对裁判的定分止争和社会价值引领具有帮助作用。但是在本就极具地方性和复杂性的风水纠纷中，裁判说理"简约化""程式化"、格式套话的泛滥，论证过程和判别标准不明的情况，削减了帮助民众接受裁判的效用，也难以发挥平衡民俗习惯与法律权益之间的作用。为此，整体素质还不够高的基层法院在裁判风水纠纷时，尤其要注重裁判说理，提升司法公信力和司法权威。说理应当做到"阐明事理、释明法理、讲明情理、讲究文理"。具体而言，首先在认定证据证明的事实基础上，应当说明为何适用/不适用相关法律或民俗习惯，由于风水纠纷中当事人所主张的是自己生活中认同的人情道理，所以必须在其所主张的情理、地区集体的情理和社会公众的一般情理中衡量取舍，并且不能因对风水的偏见逃避对具体风水纠纷中的风水问题说理责任。其次在说理用语上，要运用当事人能听懂并能接受的说理方式，不能专注法理教义，产生对牛弹琴的情况[④]。

这样的说理并非空中楼阁，在现有的司法裁判中具有可行性，例如在王素萍等与赵雪萍买卖合同纠纷二审民事判决书中，因坚信水晶特殊的转运招财、招贵人、防小人等风水神化功能产生的买卖合同纠纷，裁判说理中首先就社会主义核心价值观中"敬业"倡导公民踏实工作，勤劳致富的价值取向否定通过崇拜虚无的封建迷信思想，其次从水晶物理层面分析其商品交易价值，说明转运招财等风水功能并不符合其客观属性，最后区分人民对美好生活期待的合理性思想交流和利用虚构水晶意识形态宣讲封建迷信达到敛财的不良目的，最终认定珠宝文化公司通过组织风水聚会活动宣讲风水等封建迷信思想违背公序良俗，损害社会公共利益，买卖水晶洞的合同无效。[⑤] 再如当事一方主张另一方种植树木在民俗习惯上影响风水的争议中，裁判说理内容在程序证明上充分表明对于民俗习惯的认定标准，展示原告未能提供相应材料证实，其次就实体上对原告具体主张的住宅基地或坟地周围的风向水流等形式的风水问题，综合衡量当事人内心信仰和公共利益、他人的合法权益，最终作出判决。[⑥] 当然，本文并非倡导所有风水纠纷中对于风水主张都如此详尽说理，在双方争议不大或风水仅为当事人暂提的话术等情形下简要说理并无不当，但是对于

[①] 参见孙笑侠：《司法权的本质是判断权——司法权与行政权的十大区别》，载《法学》1998年第8期。
[②] 参见雷磊：《从"看得见的正义"到"说得出的正义"——基于最高人民法院〈关于加强和规范裁判文书释法说理的指导意见〉的解读与反思》，载《法学》2019年第1期。
[③] 参见凌斌：《法官如何说理：中国经验与普遍原理》，载《中国法学》2015年第5期。
[④] 参见凌斌：《法官如何说理：中国经验与普遍原理》，载《中国法学》2015年第5期。
[⑤] 北京市第三中级人民法院（2020）京03民终1786号民事判决书。
[⑥] 江苏省海门市人民法院（2020）苏0684民初4551号民事判决书。

极具争议的风水问题上,如同上述案例就争议的风水问题具体说理,将价值判断标准以及裁判逻辑充分于具体案件中展示,对于民众接受裁判说理,明确风水纠纷中主张的合理性,宣传正确的精神价值都有积极作用。

五、结语

在我国城市化的巨大浪潮中,风水纠纷作为传统秩序与现代规则交织与碰撞的现实一隅,对现代司法裁判的受理规则、证明程序、实体认定、裁判说理提出了新的考验。本文针对现有风水纠纷的司法裁判困境,在对诉至法院的风水纠纷进行分类的基础上,将民俗习惯在司法程序上的运用作为优化裁判路径的方法,在现有的法律体系中具有可行性。但不可否认的是,城市化进程下人员快速流动,具有普遍规范性的民俗习惯在地域上的适用范围也随之不断变化,加之时代发展下代际思想存在极大差异,民俗习惯是否为地区民众普遍认可并不是容易确定的客观存在,因此,如何在不断变化的社会背景中,依据地区现实合理认定风水纠纷中涉及的民俗习惯,是裁判风水纠纷的司法实践中需要不断探索的重要课题。

The adjudication dilemma of geomantic omen disputes and its optimization methods
——Analysis based on 263 judgment documents

Zhou Panpan

Abstract: As the authority of local elites declines and the rule of law advances, more and more geomantic omen disputes are brought to court for authoritative relief. It is shown by the effective judicial judgment documents that there is no uniform standard in the judicial judgment of geomantic omen disputes, which leads to some problems such as improper avoidance, obvious phenomenon of different judgments in the same case, insufficient reasoning and so on. Folk customs should be regarded as an important rule to solve the dilemma of judicial adjudication of geomantic omen disputes, and the adjudication path of geomantic omen disputes should be optimized by standardizing the procedures of proof and identification and emphasizing the reasoning of referees.

Key words: geomantic omen disputes; judicial adjudication; adjudication methods

域外经验

习惯法像个洋葱：习惯法的多层路径及其在当代世界中的地位[*]

［波兰］简·巴兹利·克拉克拉 著[**]　于庆生 译[***]

摘　要　本文提出了一种新的、原创的习惯法概念，它适合于当代世界，并在其中发挥作用。所提出的概念是一种多层路径，通过区分习惯法现象中规范性质不同的几个方面来加以应用。克拉克拉在本文中将习惯法比作洋葱，并将其一层一层地剥开，识别出习惯法的四个主要组成部分。首先是包含预期行为模式的这一体系的行为方面。第二层仍然与人的实际行为密切相关，由社会行为的倾向和指导原则构成。然后，克拉克拉走向具有更多象征意义的层面，它们以更间接的方式与人的行为相联系，并构成习惯法的认知文化组成部分：社会价值层和社会认同层。该路径旨在提高可能分析的深度和复杂性，并反映出社会秩序在许多社群中发生的渐进变化。

关键词　习惯法　洋葱比喻　多层路径　法律与文化

一、导言

习惯法作为一种存在于法律与文化交叉点的现象，是与本书密切相关的概念。在本书专门探讨个案研究的第二编中，戈斯卡关于现代巴勒斯坦习惯法中谋杀的一章[①]是最好的

---

[*]　本文译自 Mateusz Stępień & Jan Bazyli Klakla（eds.）, *Law and Culture: Reconceptualization and Case Studies*, Springer Nature Switzerland AG, 2022, pp.35-54。

[**]　简·巴兹利·克拉克拉（Jan Bazyli Klakla），波兰克拉科夫的雅盖隆大学法律社会学系。

[***]　于庆生，法学博士，河南师范大学法学院副教授、硕士生导师。

[①]　Ewa Górska, *Palestinian Culture Through a Legal Lens: A Case Study of Customary Legal Proceedings After a Homicide in Hebron*, in Mateusz Stępień & Jan Bazyli Klakla（eds.）, *Law and Culture: Reconceptualization and Case Studies*, Springer Nature Switzerland AG, 2022, pp.87-105.

例子，但这对于普塔克-希米尔在其"普通法之外援引文化保护的个案研究"①或者尤斯泽克在有关印度"爱情圣战"一章②中提出的一些问题也很重要。在本书更加理论化的第一编中，我尝试对习惯法进行原创性的重新概念化，以便走近一种能够在当代世界的条件下深入理解这一现象的路径。习惯法领域的理论化很棘手，因为必须避免一方面因为对文化问题一无所知，另一方面又对法律问题一无所知而招致的批评。

因此，我的目标是将法学和人类学的敏感性结合起来，以便为习惯法提供一种细致入微的路径。同时，我希望它足够坚实，以便在未来的实证研究中具有灵活性和适用性。为了便于法学家和人类学家以及其他可能感兴趣的科学研究者理解我的论证，我使用了洋葱的比喻，这是个无论其研究领域如何，每个人都熟知的东西。习惯法问题不仅从在这方面研究的社会的角度来看非常重要，而且对更一般意义上的法律科学来说也很重要，因为它是"拓展法律研究领域，以包括之前'被删去的非国家法律话语'的一个灵感来源"。③

二、法律与文化

我想先谈谈法律——不仅限于习惯法——与文化的关系。斯腾平在其重新定义法律文化概念的一章④中就这一主题进行了阐述。由于我认为我这一章是本书整体的一部分，我想避免在这一点上重复其他作者已经提出的内容。因此，我只强调一下理解我进一步论证所必需的预设。

首先，在我看来，法律不是一个独立实体，而是文化的一部分。最早的文化定义强调了法律作为文化要素的形象，并作为其相互关联的方面之一。泰勒在其著作《原始文化》⑤的首页，将法律列为一个更大整体的一部分，它与知识、信仰、艺术、道德、习俗和人类作为社会成员所获得的所有其他能力一起，共同创造了文化。格尔茨写道："法律不仅仅是道德（或不道德）完备的社会的技术附加，它与从信仰象征到生产手段的一系列其他文化现实一起，构成了文化的一个活跃部分。"⑥换言之，法律仅仅是赋予文化以意

---

① Joanna Ptak-Chmiel, "*In This Case, Can There Be No Talk About Such a Justification Through Circumstances*"? *A Case Study of the Invocation of Cultural Defense Outside the Common Law*, in Mateusz Stępień & Jan Bazyli Klakla (eds.), *Law and Culture: Reconceptualization and Case Studies*, Springer Nature Switzerland AG, 2022, pp. 107-126.

② Anna Juzaszek, *Indian "Love Jihad" Goes to Court*, in Mateusz Stępień & Jan Bazyli Klakla (eds.), *Law and Culture: Reconceptualization and Case Studies*, Springer Nature Switzerland AG, 2022, pp. 57-86.

③ Roberts S, *Law and dispute processes*, in Ingold T (ed), *Companion encyclopedia of anthropology. Humanity, culture and social life*. Routledge, London, 1994, p. 963.

④ Mateusz Stępień, *Exploring New Avenues for Studying the Legal Culture: Drawing on Homi Bhabha's Theorization of "Culture"*, in Mateusz Stępień & Jan Bazyli Klakla (eds.), *Law and Culture: Reconceptualization and Case Studies*, Springer Nature Switzerland AG, 2022, pp. 9-33.

⑤ Tylor EB, *Primitive culture: researches into the development of mythology, philosophy, religion, art and custom*, J Murray, 1871, p. 1.

⑥ Geertz C, *Local knowledge. Further essays in interpretive anthropology*. Basic Books, New York, 1983, p. 218.

义的社会实践之一。正如梅齐所指出的那样,这意味着尽管倾尽全力,法律不能与文化分离,文化也不能与法律分离。① 法律领域是文化的重要组成部分。②

这种对法律的理解显然引出了法律与其他社会结构之间关系的问题。③ 如果正如许多人类学家所理解的那样,社会生活的复杂性包括许多方面,例如经济、技术、政治、美学或法律,那么我们就不能孤立地理解其中的任何一个方面。④

采用这一预设对我进一步思考习惯法有着非常直接的影响。首要的是,它使我们远离了习惯法实际上是否是适当法律的问题。不管给出的答案是什么,习惯法和其他法律类型都是同一文化机制的组成部分。卢埃林也对过分关注法律定义问题提出了类似的批评,对他来说,这种研究与法律领域的过度狭隘化有关。他以如下形式表达自己的立场:"所以我不打算尝试对法律下定义。……定义既扩展又包含……,并且排除几乎总是相当任意的。我不想把任何事情排除在法律之外。从某个方面来说,法律和生活一样广泛"。⑤ 因此,在本文中,定义问题将不会困扰我,我将在最后再回到这些问题,在此只需再次强调基于这些问题而产生的争论徒劳无功就足够了。

因此,在我为本文的目的而采用的这一预设中,法律规范和其他社会规范之间的差异并未得到特别强调。⑥ 相反,重点在于它们之间的共存,即相互依存和互补关系。⑦ 伍德曼在习惯法理论化的背景下,将其表述如下:"这里提出的主张不仅仅是'法律'一词应适用于一些非国家规范秩序。该主张可以通过以下论断来回答:使用区分国家规范秩序和其他规范秩序的术语是值得的。或者可以说,坚持传统术语更为可取,有时有人声称(尽管我认为这是错误的),'法律'一词仅用于国家的规范秩序。事实上,我的主张是,被称为国家法律的社会现象与其他社会规范秩序之间没有明显的区别。"⑧

因此,我在习惯法的理解中提出了大量看似法律外的要素和概念。规范性只是习惯法被理解为一种社会现象时的——用我在撰写本文时想到的第二个比喻——冰山一角。隐藏在水面底下的东西在严格意义上可能不会被称为"冰山",毕竟,它位于海平面以下,难以攀登。然而,这是冰山本身的一部分,在许多方面都是更根本的。这同样适用于习

---

① Mezey N, *Law as culture*. Yale J Law Hum 13: 46 (2001).
② Rosen L, *Law as culture: an invitation*. Princeton University Press, New Jersey, 2006.
③ Baier M, *Introduction*. In: Baier M (ed), *Social and legal norms: towards a socio - legal understanding of normativity*. Routledge, New York, 2016, p. 2.
④ Levi - Strauss C, *Structural anthropology*. Basic Books, New York, 1963, p. 358.
⑤ Twining W, *Law and anthropology: a case study in inter - disciplinary collaboration*. Law Soc Rev 7 (4): 591 (1973).
⑥ Johansson S, *Institutions and norms in collaboration: towards a framework for analysing law and normativity in inter - organizational collaboration*. in Baier M (ed), *Social and legal norms: towards a socio - legal understanding of normativity*. Routledge, New York, 2016, p 113.
⑦ Baier M, *Introduction*. in Baier M (ed) *Social and legal norms: towards a socio - legal understanding of normativity*. Routledge, New York, 2016, p.6.
⑧ Woodman GR, *Customary law in common law systems*. IDS Bull 32 (1): 29 - 30 (2001).

惯法。

最后，这种预设要求采用适当的文化概念作为进一步考察的具体元基础。如果将习惯法视为一种仍然存在、不断变化并适应当代世界现实的现象，那么文化的"充分"概念化必将共享这些特征。因此，我反对将文化概念化为一套相对无缝地代代相传的单一、同质的知识或信念，也反对任何关于有限地理位置的文化的概念，例如，"阿尔巴尼亚文化""波兰文化"，等等。① 重要的一点是，我认为"国家"文化的概念过于一体化，忽视了内部的重大文化差异。在我关于习惯法概念化的建议中，我反对将文化视为静态、同质或不变的概念，相反，我将使用文化概念作为一个异质和动态的过程。

毫无疑问，这是一种比最初可能与洋葱比喻相关的文化路径更适合这种概念化的方法。正是霍夫斯泰德用这个比喻来描述文化本身。在他看来，文化由不同的层次组成，因此可以与洋葱相比。洋葱的外层是象征，如食物、标识或纪念碑。下一层由英雄组成，可能包括现实生活中的公众人物，如政治家、运动员或企业家，以及来自流行文化的人物，如超人。在最靠近核心的第三层，有桑拿、卡拉OK和社交聚会等仪式。② 然而，这一方法与本文中提出的习惯法概念化的相似之处只是表面上的。尽管霍夫斯泰德试图将文化视为动态而非静态的，但他无法避免宽泛地以"一个国家——一种文化"范式的名义，将文化作为一个同质整体来看待。

三、习惯法

科学上的诚实要求我不能立即开始解释标题中提出的"习惯法像个洋葱"的命题，而是先概述对这一现象的反思形成的背景。多年来，对习惯法的考察主要基于有关定义的争议。事实上，研究者专注于将法律本身概念化，从而使这一概念包含他们正在研究的现象。潜在的问题是：如果我们所研究的社群不存在现代意义上的发达法律体系，那它们是否有法律？格鲁克曼指出，这是一种毫无意义而且空洞无物的讨论："拉德克利夫－布朗和其他人有时通过法律背后的制裁来定义'法律'，其根据是罗斯科·庞德的一句名言，法律是'通过系统地运用政治组织社会的力量进行社会控制'。进一步，如果'政治组织'意味着法院的存在，那么就存在无法律的社会。因此，埃文斯－普里查德表示，'从严格意义上讲，努尔人无法律'。然而，在同一年出版的另一本关于这些问题的著作中，他谈到了努尔法律和法律关系，并描述了人们如何认识到正义在争端的另一方。他的学生豪厄尔（一名行政官员）在其《努尔法律手册》中跟随他来到这里，称'根据严格的定义，努尔人无法律'。他立即补充说：'但很明显，在一个不太确切的意义上，他们并非无

---

① 关于文化的这一方面的更详细讨论，See Mitchell D, *There's no such thing as culture: towards a reconceptualization of the idea of culture in geography.* Trans Inst Br Geogr 20（1）: 02 - 116（1995）。

② See Hofstede GH, Hofstede GJ, Minkov M, *Cultures and organizations: software of the mind.* McGraw - Hill, New York, 2005.

法无天'，他表示，因此，他使用法律一词'相当宽泛'。"①

事实上，实证主义性质的法律概念化似乎不足以研究社会现象意义上的法律。它们非常强调监管机构、司法机构和执法机构等机构特征，将中央国家组织作为其框架，并将条款、法院或制裁的存在作为必要的法律属性加以区分。②

远离将法律与国家权力捆绑在一起的做法——这种做法在研究实践中被证明是一个危险的陷阱，因为研究通常集中在没有这种权力的社群——人类学家长期以来一直将法律，进而习惯法理解为一套具有特定特征的规范。例如，埃利亚斯在《非洲习惯法的性质》中谨慎地指出，习惯法是社群成员认为必须遵守的。③ 类似思维——强调制裁的作用——也在前面提到的卢埃林和霍贝尔的著名著作《夏延之路》得到证明。正如霍贝尔在另一本书《原始人的法》中总结的那样，当一个拥有社会公认特权的人或群体实际行使强制力，其忽视或破坏受到威胁或面临威胁时，社会规范就是一种法律规范。④ 在这种情况下，卢埃林的话似乎具有预言性——这些方法既过于狭隘（仅包括其范围内的规范），也过于宽泛（因为非法律规范也可能被视为强制性的或通过强制力制裁的）。因此，我倾向于罗伯茨提出的命题，即对习惯法的早期研究通常使用研究者而非研究对象的文化和法律体系特有的定义和先验范畴。⑤ 这一洞见提出了一个问题，即独特文化如何能被塞进这些严密框架。

通过对习惯法采用多层路径，我试图避免这种错误。这种方法是由我尽可能地自下而上创建的。的确，这不是基于我自己的实证研究，而是基于其他研究者收集的民族志材料；然而，在构建这种概念化的范畴时，我试图拒绝其他人先验提出的那些，而支持基于数据的那些。

同时，我也避免采用太多的假设，特别是带有种族中心主义色彩的假设，因为这种做法在习惯法研究中特别危险。沃利给出了一个例子，说明了这会导致我们对这一现象的思考有多么误入歧途，以及它会产生多少有害的判断："《纽约时报》最近一篇关于福齐亚·卡辛加的头版文章强调了'传统'具有压迫性质的假设。尽管文章中的信息表明卡辛加拥有精英和'现代'背景（例如，卡辛加的父亲在多哥拥有一家成功的卡车运输公司，她在加纳就读寄宿学校），但文章的用语充满异国情调，依赖于部落法、血腥仪式、放逐和部落中的族长等术语。这篇文章在修辞上暗示了所谓的'部落习惯'的枷锁与宾夕法尼亚州监狱中的实际枷锁之间的讽刺性相似之处，卡辛加是在寻求政治庇护时被拘留的；在这

---

① Gluckman M, *Politics, law and ritual in tribal society*. Basil Blackwell, Oxford, 1965, pp. 180 - 181.
② Roberts S, *Order and dispute: an introduction to legal anthropology*. Quid Pro Books, New Orleans, 2013, p. 27.
③ See Gluckman M, *Politics, law and ritual in tribal society*. Basil Blackwell, Oxford, 1965, p. 182.
④ Burke P, *Law's anthropology: from ethnography to expert testimony in native title*. ANU Press, Canberra, 2011, p. 17; Gluckman M, *Politics, law and ritual in tribal society*. Basil Blackwell, Oxford, 1965, p. 181.
⑤ Roberts S, *Law and dispute processes*. in Ingold T (ed), *Companion encyclopedia of anthropology. Humanity, culture and social life*. Routledge, London, 1994, p. 970.

里,讽刺的是,作者达格挑战美国的'自由'假设,提出其与非洲国家(毫无疑问)压迫'传统'的相似之处。同样,卡辛加在电视上对泰德·科佩尔作出诧异的回应,告诉他多哥的大多数年轻女性都很乐意接受手术,并'认为这是一件非常棒的事情',但这并不能改变该节目隐含的假设,即这些女性是被强制的,她们会很乐意逃离自己的国家以逃避这种做法。因此,媒体报道并没有承认卡辛加是一个敢于抵制她所反对的社会规范的年轻女性(部分原因是她在一个自由的家庭长大,提供了其他生活选择),而是强调了整个非洲文化和社会所谓的强制性和压迫性。"①

齐特指出,这是多年前主导人类学研究的进化论路径的结果,它在考察习惯法以及对不同于我们社会的普遍信念上留下了印记。因此,人们认为,"原始"社会与"先进"社会有着非常不同的法律,并因其习惯、自动、无意识地服从这种"习俗"而被"奴役"。②它也可以被视为东方主义和殖民主义路径对非西方、非欧洲文化的影响。③

除此之外,还有一个过度简化习惯法的问题,格尔茨等人注意到了这一点。这是他在研究马来西亚和印度尼西亚的 adat——习惯法——时所指出的:"人类学——它把思想简化为习惯——中'习惯'一词所造成的危害,也许只有它在法律史——它将思想简化为实践——上所做的事情才能超越。当这两种危害结合在一起时,结果便是产生了一种也许最能体现为惯习主义对大众司法运作的看法:惯用就是一切。由于 adat 是'习惯',所以对于那些关注它的法律制定者来说,从定义上讲,充其量是准法律的,这是一套传统上适用于传统问题的传统规则。"④

因此,我所谓习惯法等同于洋葱的建议,它的方向与此相反,它扩张而非限缩了其定义,它将包含某些人认为不属于洋葱的要素(尽管我将试图说服你,它们确实属于洋葱),而不是拒绝毫无疑问属于洋葱的属性。

四、习惯法像个洋葱

那么说习惯法像个洋葱是什么意思呢?可以说,它分层次,它是一个复杂的、多元的结构,其各个部分彼此不同,构成一种可识别的单独性质,但也是一个更大整体的基本要素。

将法律和习惯法视为一个多元复杂结构的观点并不新鲜。科马罗夫和罗伯茨描述了社

---

① Walley CJ, Searching for "voices": feminism, anthropology, and the global debate over female genital operations. Cult Anthropol 12 (3): 421 (1997).
② Cheater AP, Social anthropology: an alternative introduction. Routledge, New York, 1989, p. 155.
③ See e. g., Chanock M, Law, custom, and social order: the colonial experience in Malawi and Zambia. Cambridge University Press, Cambridge, 1985; Diala AC, The concept of living customary law: a critique. J Leg Pluralism Unofficial Law 49 (2): 143 – 165 (2017).
④ Geertz C, Local knowledge. Further essays in interpretive anthropology. Basic Books, New York, 1983, p. 208.

群处理法律规范内容不一致(无论是在习惯法与国家法相互矛盾方面,还是在习惯法本身的框架内)的方式。它是通过将某些类别的规范从字面上处理的指令提升到符号特征来解决的。这使得它们能够相互适应,因为它们存在于两个单独的秩序或层次中。① 格尔茨承认习惯法是在分析上无法相互区分的利益实现和权力冲突规制的一套务实有序的社会工具。在他看来,这些工具的性质极为不同。② 齐特写道:"正如我们所看到的,社会包括规则和偏离这些规则的行为。从某种意义上讲,我们与其将'法律'定义为一套具有约束力的权利和义务,不如将其视为这些规则与实际行为之间的关系,以及如何规制这种关系。在这里,我们不仅在法律定义中明确包括法律制度,而且还包括'习惯'解决冲突的更广泛领域。"③

我自己通过将习惯法的两个组成部分分开来开始对习惯法的反思,即指示-行为(包含正当行为模式)和认知-文化(或生活在特定地区的人在社会化过程中获得的与社会领域相关的法律假设)。从这个意义上讲,习惯法结合了指示性和象征性两方面的要素。然而,我在下面提出的建议更进一步。这两种要素的分离与洋葱鳞茎和叶子的区别相对应;尽管它们是洋葱最具特征的两个部分,但首先,它们不是唯一的部分,其次,它们也是内部分化的。

洋葱的各个部分差异很大——它有根,即所谓的根部,叶鞘分层排列,这也取决于它们是在外层还是内层而有不同,绿色的同化叶从中生长——每个要素的特征取决于洋葱的发育程度和生长环境。④ 这些要素中的每一个本身都"是"洋葱,并作为组成部分之一构成洋葱。当一个洋葱被剥离其中的一些要素时,它并不会不再是一个洋葱,但它的性质在某种程度上发生了变化。

接下来,我会将洋葱一层一层地剥开,识别出习惯法的四个主要组成部分。首先,我指的是包含预期行为模式的这个体系的行为方面。第二层仍然与人的实际行为密切相关,由社会行为的倾向和指导原则构成。然后,我转向具有更多象征意义、以更间接的方式与人类行为相联系的层面,它们构成习惯法的认知—文化部分:社会价值层和社会认同层。

(一)第一层:预期行为模式

如果我们在自然环境中看到洋葱,我们首先会发现它最明显的要素:长的、绿色的、多刺的叶子。就习惯法而言,这一层肉眼可见,表现为人们被期待遵循的社会化行为模式

---

① Comaroff JL, Roberts S, *Rules and processes*: *the cultural logic of dispute in an African context*. Chicago University Press, Chicago, 1981.
② Geertz C, *Local knowledge. Further essays in interpretive anthropology*. Basic Books, New York, 1983, pp. 214 – 215.
③ Cheater AP, *Social anthropology*: *an alternative introduction*. Routledge, New York, 1989, p. 155.
④ Brickell C (ed), *The royal horticultural society encyclopedia of gardening*. Dorling Kindersley, London, 1992, p. 345.

以及他们的实际行为。这种预期行为模式的一个例子是阿尔巴尼亚习惯法中与森林管理有关的规定，即 Kanun。① 这些规定的描述非常精确，并且基于对某些地区作为特定兄弟群体 (vllazni) 的财产以及更远地区作为特定氏族 (fis) 的财产的承认；然后，在一定距离处，森林是村庄的公共财产 (kujrit)，最后，在这段距离之外，它属于该地区 (bajrak)。管理分几个层次：族长、村长、次长者和人民自己。② 通过承认某些区域为特定群体的财产，引入了分散森林管理模式。每个群体的义务、责任范围以及不履行这些义务的后果都得到了明确界定。正如哈斯拉克所言："村会议专门处理与村有关的事项。例如，管理伐木和灌溉权。它们确定动物被送往高山夏季牧场的日期。它们规定每个家庭可以饲养的动物数量。它们采取措施确保没有人侵占超过他合理份额的森林、灌溉水或牧场。它们这样做对公共和平作出了宝贵贡献。"③

从上面的例子可以看出，这种习惯规范在结构或细节上与法律规范有一些相似之处。来自同一习惯法的另一个例子是关于禁止婚外关系的严格规则。习惯法明确规定，这种结合所生的子女不能进入家庭，也不能继承财产。同时，妻子和她的情人（因为 Kanun 没有婚姻或性别平等）在性行为过程中如果被抓，可能会被杀掉。然而，这项权利也受到法律的约束，丈夫只能向他们每人开一枪。婚礼期间，新娘的父母会为新郎提供弹药，以备妻子不忠时使用。通过这种方式，他们认可女儿的死亡是对通奸的惩罚，并且不会成为引发血仇的基础。④

在我所描述的洋葱比喻中，习惯法的这一层对应于叶子，这并非毫无道理。正如我已经提到的，这些不仅是在自然环境中最容易观察到的部分；而且，由于洋葱的形状，种植蔬菜上突出的叶子会给人一种错觉，即只有一小部分植物留在外面。现实情况却恰恰相反。就习惯法而言也是如此：肉眼可见的行为模式只是一个复杂体系的"外层"。

其次，洋葱叶子的过度生长会对其他要素产生影响：内部要素开始消失，以有利于外部要素。通过这种比较，我想提请你注意习惯法的编纂问题。当习惯法被写下来，因而必然成为一套静态的指示性陈述时，它就失去了许多关键特征。习惯法作为一种社会现象已失去灵活性，它可能不再是社会行为的有效准则，它失去了与社会共同价值的契合性，也

---

① De Waal C, *Post - socialist property rights and wrongs in Albania: an ethnography of agrarian change*. Conserv Soc: 19 - 50 (2004); Klakla JB, *The rebirth of customary law in a time of transition. The case of Albania*. in Fekete B, Gárdos - Orosz F (eds), *Central and Eastern European socio - political and legal transition revisited*. Peter Lang, Frankfurt am Main, 2017, pp 75 - 88.

② De Waal C, *Post - socialist property rights and wrongs in Albania: an ethnography of agrarian change*. Conserv Soc: 32 (2004).

③ Hasluck M, *The unwritten law in Albania*. Cambridge University Press, Cambridge, 1954, p. 162.

④ Trnavci G, *The Albanian customary law and the canon of Lekë Dukagjini: a clash or synergy with modern law* (2008). http://works.bepress.com/genc_trnavci/1. Accessed 3 Dec 2020: 21; Klakla JB, *Kanun - albańskie prawo zwyczajowe. Główne założenia oraz wpływ na społeczeństwo albańskie w XXI wieku*. in rednicka E (ed) *Wzajemne relacje prawa i kultury*. Wydawnictwo Kasper, Cracow, 2015, p. 77.

可能失去其作为社会认同要素的地位。在这种情况下,一个警告是任何曾经种过洋葱的人都知道的事实:当我们让叶子长得太长时,对整个植物没有好处。

所举例子是基于习惯法在社群中具有特定地位的假设。当我们将习惯法视为一种规范体系,是社会生活中属于其职权范围的一部分的实际监管者时,它们是有意义的。我们假设习惯法规范实际上"完全"有效,人们知道它们的规范内容和它们规定的适当行为模式,他们认为这是可取的,他们的行为至少在某种程度上反映了这一点。然而,情况并非总是如此。当这些条件得不到满足,当没有已实施和可观察的行为模式,对社群规范的确切规范内容的了解减少时,我仍然认为,谈论习惯法的消亡并不适当,正如洋葱在叶子被割掉后仍然是洋葱一样,尽管它在田间可能看不见。

(二)第二层:倾向,一套社会行为的指导原则

习惯法是一个复杂的体系,数世纪以来,在目前的社会和政治状况与制度形成期间有很大不同的社会中,它一直是社会秩序的基础和主要调节者。中欧罗姆人群体的情况就是一个很好的例子。在罗姆人的习惯法中,我们发现实际规范、命令和禁令,以及施加违反适用规则后果和解决社群冲突的程序——与我前面提到的 Kanun 非常相似。目前,罗姆人群体的隔绝状态正在逐渐消失;自 20 世纪 50 年代以来,波兰就一直在进行这样的进程,当时当局开始实施强制定居计划,打击罗姆人的流动和独立生活方式。很明显,上述形式的习惯法不再是罗姆人的唯一规范性准则,他们目前没有生活在与非罗姆人环境如此极端隔离的环境中,他们作为既有权利又有义务的公民与国家机构建立关系。① 同样,阿尔巴尼亚、中东、高加索、中非和其他数世纪以来习惯法发挥重要作用的地区的社会和地方社群正在经历或已经经历了密集的社会进程,这些进程有时会彻底改变这些社会的形态。

那么,在这些社群所处情况下该怎么办呢?一方面,根植于习惯法的特定规范和行为模式的知识消失了。然而,另一方面,与源自该法律的习俗和传统,该法律所基于的价值及其内在化的千丝万缕的联系,仍然是这些社群社会生活的重要组成部分。为了理解这一点,我们必须更加深入,更贴近地面,才能发现迄今为止被绿叶遮住的洋葱层——寻找那些超出肉眼可见的指示和行为的习惯法要素。为了本文的目的,让我们将这个过程称为"剥离"洋葱或习惯法。

剥离的第一个阶段是超越严格意义上的规范层。当我们这样做的时候,我们会看到习惯法不仅仅是规范,它还体现了以某种方式行为和评价他人行为的倾向,在这种情况下,一些研究者将其概念化为一种"习惯"。②

---

① Klakla JB, *The attitudes towards the customary law within Roma Groups in Central Europe*. Polish J Arts Cult 14: 91 (2015); Leeson PT, *Gypsy law*. Public Choice 155 (3-4): 273-292 (2013).

② Voell S, *The Kanun in the city. Albanian customary law as a habitus and its persistence in the suburb of Tirana, Bathore*. Anthropos, 85-101 (2003).

这一层习惯法显而易见的一个例子是沃埃尔所描述的情况，他研究了阿尔巴尼亚习惯法在不同的社会文化条件下是如何实施的——特别是在人们从该国人烟稀少的北部迁移到首都郊区之后。他将 Kanun 描述为与特定社会和经济环境相关的"习惯"。① 习惯是"形成人类认知、思想、偏好的内在化倾向和态度的整体，表现在日常行为中，……一个产生可客观分类的实践的原则，以及一个对这些实践进行分类的体系"，② 或者换句话说，一套潜在的行为和反应模式，是一种以某种方式行为和评价的后天倾向。③

根据沃埃尔的说法，构成与 Kanun 相关的习惯的社会领域以地理和社会隔离以及父权部落组织为特征。地拉那郊区也有类似的社会领域，因此也是习惯的基本组成部分。沃埃尔因此声称，"如果 Kanun 被视为习惯，而不仅仅是一本在历史进程中被遗忘的规则书，那它的实践仍然存在，即使在阿尔巴尼亚中部的巴索尔这样的城市地区也是如此"。④ 因此，为了弄清习惯法是如何在这些新的条件下实现的，必须从严格的规范层面"剥离"。Kanun 可以被描述为皮埃尔·布迪厄意义上的"习惯"：特定社会领域构成性结构的内在化。这一过程为社会行为提供了一个倾向体系、一种框架和一套指导原则，它们反过来又构成了社会领域。⑤

沃埃尔谈到地拉那郊区巴索尔的社会组织，作为这一层习惯法的一个例子。来自阿尔巴尼亚北部的移民将以 Kanun 为基础的氏族组织带到了一个新的领地。⑥ 它并不是在山区、人迹罕至、人口稀少的北方所知结构的直接对等，而是对基于习惯的新生活条件的回应。对沃埃尔来说，这一习惯源自习惯法，但在我看来，它是习惯法这一更广泛现象的内在层。

上述社会行为的指导原则对我来说构成了习惯法的第二层，也是这一法律在国家权力弱化时期——尤其是政治转型——复兴的有趣现象背后的原因。⑦ 当上述与习惯法有关的

---

① Voell S, *The Kanun in the city. Albanian customary law as a habitus and its persistence in the suburb of Tirana, Bathore*. Anthropos, 85（2003）.

② Bourdieu P, *Habitus i przestrzeń stylów ycia*. in Bourdieu P（ed）, *Dystynkcja. Społeczna krytyka władzy s dzenia*. Scholar, Warszawa, 2006, p. 216.

③ Voell S, *The Kanun in the city. Albanian customary law as a habitus and its persistence in the suburb of Tirana, Bathore*. Anthropos, 90（2003）.

④ Voell S, *The Kanun in the city. Albanian customary law as a habitus and its persistence in the suburb of Tirana, Bathore*. Anthropos, 86（2003）.

⑤ Voell S, *The Kanun in the city. Albanian customary law as a habitus and its persistence in the suburb of Tirana, Bathore*. Anthropos, 89（2003）.

⑥ Voell S, *The Kanun in the city. Albanian customary law as a habitus and its persistence in the suburb of Tirana, Bathore*. Anthropos, 95 - 96（2003）.

⑦ Voell S, *The Kanun in the city. Albanian customary law as a habitus and its persistence in the suburb of Tirana, Bathore*. Anthropos, 85 - 101（2003）; De Waal C, *Post - socialist property rights and wrongs in Albania: an ethnography of agrarian change*. Conserv Soc: 19 - 50（2004）; Klakla JB, *The rebirth of customary law in a time of transition. The case of Albania*. in Fekete B, Gárdos - Orosz F（eds）, *Central and Eastern European socio - political and legal transition revisited*. Peter Lang, Frankfurt am Main, 2017, pp 75 - 88.

特定习惯形成的社会领域没有发生根本性变化时，就会发生这种情况。然而，这种复兴并不意味着直接回到与几十年或几百年前相同的规范层。

为了解释这种关系，我将提及后社会主义阿尔巴尼亚的背景，因为血仇的实践是习惯法原始规范层与习惯法复兴时期的实际社会行为之间差距的典型例子。*Kanun* 作为一个一般文化概念的观念存在于阿尔巴尼亚北部社会，但其实践与日常社会活动紧密交织在一起。① 因此，在后社会主义阿尔巴尼亚，习惯法的复兴在某种程度上是这样一种情况，即我们的洋葱长出了新的叶子，取代了干枯的旧叶子，它们看起来很相似，但并不相同。

Kanun 将血仇报复描述为对犯罪或对家庭荣誉之侮辱的可接受反应，但规定只有犯罪者才能成为目标。1991 年后形成的当代认识通过增加犯罪者的所有男性甚至女性亲属，扩大了潜在目标群体。有时它也包括家庭中的未成年人。阿尔巴尼亚民族和解委员会（一个致力于调解和防止血仇冲突的非政府组织）的吉金·马库表示，"今天血仇的问题是，人们正在使用自己对 *Kanun* 的个人解释来满足他们的需求……他们在滥用法律，而不是按照原件行事，这就是为什么你会看到年轻女性成为目标"。② 这违反了格耶科夫编写的习惯法规则（这可以被视为其第一层），正如他们所说："父亲不能代替儿子被杀，儿子也不能代替父亲被杀，每个人都应该为自己的罪而死"。③ 使用 *Kanun* 为血仇报复辩护，无疑是过渡时期阿尔巴尼亚习惯法复兴的最消极的一面。

（三）第三层：社会价值

在"剥离"的过程中，更进一步，甚至更贴近地面，我们剥掉了洋葱比喻的另一层。在社会行为指导原则（可能被概念化为"习惯"）的背后，进而间接地在预期行为的特定模式背后，存在着与这一法律相关的价值。在这一点上，深入考察所采用的价值理论似乎是不可取的。对于理解进一步的考察，一个拒绝客观价值之存在的声明就足够了（因为它总是某个人想要的一个对象或事态），但同时，要愿意经验性地研究某一特定对象或事态在某一特定社会群体中是否具有价值。④

为了举例说明构成习惯法第三层的这些价值，我再次提及解决个人和部族间冲突的程序。可以从与习惯解决冲突有关的文书和规范中提取某些价值，这些价值随之可以应用于社会生活——在基于国家法律的冲突解决程序中，也在日常生活中——的其他领域。

公正就是这种价值的一个例子。习惯调解基于对这一价值的具体理解。以群体为主要

---

① Voell S, *The Kanun in the city. Albanian customary law as a habitus and its persistence in the suburb of Tirana, Bathore.* Anthropos, 90（2003）.
② Cohen NS, *Blood feuds still boiling in Albania.* USA Today, July 29（2012）.
③ Fox L, Gjeçov S, *The code of Leke Dukagjini.* Gjonlekaj Publishing Company, New York, 1989, p.172.
④ See Pałecki K, *Neutralization of values in law – main concepts.* In: Pałecki K（ed）*Neutralization of values in law.* Wolters Kluwer, Warszawa, 2013, pp 22 – 58; Pałecki K, *Aksjologia prawa.* in Kociołek – Pęksa A, Stępień M（eds）, *Leksykon socjologii prawa*, Beck, Warszawa, 2013, pp 1 – 7.

思维范畴的文化被迫对谁属于这一群体,谁是"我们"一词的指定者做出非常明确的定义。因此,他们和其他人之间存在极强的区分。为了维护公正的规则,调解人应该来自这个环境之外,但实际上这是不可能的。调解开始,当事人向调解人报告,最重要的是他在群体中的社会地位。习惯调解人通常来自具有长期社群服务传统的知名家庭。因此,介入案件的调解人将始终通过一个关系网络与双方联系在一起,这对我们来说是认为他有偏见的绝对依据。相反,在这里,它们决定了他进行调解的可能性。程序中确保涉及当事人关系的调解人进行的程序平衡的常用机制之一是,一方面为当事人提供对特定人员行使否决权的可能性,另一方面,为当事人提供任命其代表参加协调冲突解决进程小组的权利。①

另一个超越习惯法具体规定的价值是荣誉。详细描述什么样的荣誉对于本文的目的既不容易也不必要(关于荣誉的更详细讨论,请参见我对这一现象的概念化,那是以圆形监狱的比喻来进行的②)。然而,值得注意的是,荣誉通常是与习惯法相关(或在我看来构成习惯法)的关键价值之一。它可以作为上文中提到的两层的基本原理。让我们以许多习惯法制度中存在的血仇概念为例。③

以荣誉为导向,主动卷入血仇(一场事先已知代价巨大的冲突)是一种理性行为。为了说明这一点,我们举个例子:需求金字塔。④ 极大简化这一理论,可以说,从长远来看,一个人应该首先满足他的生理需求,然后满足安全感、归属感、尊重和认可以及自我实现的需求。无法满足更基本的需求阻碍了金字塔中更高层次的实现。对于在某些文化中长大的人来说,参与武装冲突,仅仅为了荣誉而死,这是不理性的,因为这样做会将安全感置于比他们认为更为基本的荣誉更高的位置。然而,一个人必须接受这样一个事实:对其他人来说,当某人的荣誉出现缺陷时,其恢复将成为最基本的需求之一。从这个角度来看,这些人所采取的行动应该被认为是完全理性的,尽管它处在不同于我们的价值体

---

① Pely D, *Where east not always meets west: comparing the Sulha process to western - style mediation and arbitration*. Confl Resolut Q 28 (4): 437 - 438 (2011); Offiong DA, *Conflict resolution among the Ibibio of Nigeria*. J Anthropol Res 53 (4): 433 (1997); Çelik AB, Shkreli A, *An analysis of reconciliatory mediation in Northern Albania: the role of customary mediators*. Europe - Asia Stud 62 (6): 897 (2010).

② Klakla JB, *The rebirth of customary law in a time of transition. The case of Albania*. in Fekete B, Gárdos - Orosz F (eds), *Central and Eastern European socio - political and legal transition revisited*. Peter Lang, Frankfurt am Main, 2017, pp 75 - 88.

③ See Mangalakova, T, *The Kanun in present - day Albania, Kosovo, and Montenegro*. International Center for Minority Studies and Intercultural Relations, Sophia, pp 1 - 15 (2004); Mustafa M, Young A, *Feud narratives: contemporary deployments of kanun in Shala Valley, northern Albania*. Anthropol Notebooks 14 (2): 87 - 107 (2008); Pely D, *Resolving clan - based disputes using the Sulha, the traditional dispute resolution process of the Middle East*. Dispute Resolut J 63 (4): 80 - 88 (2008); Pely D, *When honor trumps basic needs: the role of honor in deadly disputes within Israel's Arab community*. Negot J 27 (2): 205 - 225 (2011); Gendron R, *Alternative dispute resolution in the North Caucasus*. Caucasian Rev Int Aff 3 (4): 333 - 341 (2009); Phillips FP, *There is a world elsewhere: preliminary studies on alternatives to interest - based bargaining*. Cardozo J Confl Resolut 13: 413 - 436 (2011).

④ Maslow A, *Motywacja i osobowość*. Wydawnictwo Naukowe PWN, Warszawa, 2016, pp. 115 - 119.

系中。①

习惯法中的价值层极其重要，尽管它如此抽象，有时似乎看不见，以至于它可能不会引起研究者和实践者的关注。它影响到习惯法和国家法之间的关系，这是本文的一个关键主题，我将在稍后部分再谈。可以观察到，在习惯程序和根据国家法律体系实施的恢复性司法制度——受害者－罪犯调解、商谈等等——中，调解人都抱持某些价值，但在这些情况下，实现这些价值的过程有所不同。这就像我作为一个例子提及的调解人的公正和中立，但也包括其他价值，如保密或负责。② 重要的是，不要假定这些术语的含义相同，而罔顾其使用的文化背景如何。

（四）第四层：社会认同

通过剥离过程，我们已经来到了习惯法的第四层，即社会认同的要素。社会认同是人们源自他们所属群体的认同的一部分，是一个人基于其群体成员身份的自我意识，③ 也是"个人和集体在其社会关系方面与其他个人和集体相互区分"的方式。④ 换句话说，认同是个"知道谁是谁的问题"。⑤ 习惯法可以在这一过程中发挥重要作用。

再次以阿尔巴尼亚习惯法为例。尽管 *Kanun* 是 20 世纪 30 年代由方济各会牧师杰科夫记载下来，并且从那时起，它的副本已经广泛可用，但 *Kanun* 所规定的并不像人们认为的那样重要。⑥ 它曾经是（现在仍然是）阿尔巴尼亚传统的终极权威，尽管很少有人读过它。⑦ 乔瑞曼写道，"*Kanun* 被当作图腾，与一些美国人使用宪法的方式很相似，他们可能会谈到自己的'宪法权利'，但从未认真阅读或研究过宪法"。⑧ 它还可以与西方文化中的圣经知识相比较，因为某些隐喻和引证是常识的一部分，即使没有读过圣经的人也都知道。⑨ 就连杰科夫本人也承认，在他研究期间，他并未发现"原件 *Kanun*"。与此同时，沃埃尔将 *Kanun* 作为阿尔巴尼亚人的基础："北方的 *Kanun* 和血仇目前被认为是阿尔巴尼

---

① Pely D, *When honor trumps basic needs: the role of honor in deadly disputes within Israel's Arab community*. Negot J 27（2）：205 – 225（2011）.

② See Klakla JB, *Mediacje w albańskim prawie zwyczajowym*. in Czapska J, Szel g – Dylewski M（eds），*Mediacje w prawie*. Wydawnictwo Uniwersytetu Jagiellońskiego, Cracow, 2014, pp 71 – 82.

③ Scheepers D, Ellemers N, *Social identity theory*. in Sassenberg K, Vliek MLW（eds），*Social psychology in action. Evidence – based interventions from theory to practice*. Springer, New York, 2019, p. 129.

④ Jenkins R, *Social identity*. Routledge, London, 2014, p. 5.

⑤ Jenkins R, *Social identity*. Routledge, London, 2014, p. 5.

⑥ Joireman SF, *Aiming for certainty: the Kanun, blood feuds and the ascertainment of customary law*. J Leg Pluralism Unofficial Law 46（2）：10（2014）.

⑦ Reineck JS, *The past as refuge: gender, migration, and ideology among the Kosova Albanians*. Ann Arbor, Berkeley, 1993, p. 40.

⑧ Joireman SF, *Aiming for certainty: the Kanun, blood feuds and the ascertainment of customary law*. J Leg Pluralism Unofficial Law 46（2）：10（2014）.

⑨ See Arsovska J, *Understanding a 'Culture of Violence and Crime': the Kanun of Lek Dukagjini and the rise of the Albanian sexual – slavery rackets*. Eur J Crime Crim Law Crim Just 14：161 – 184（2006）.

亚最大的问题之一，但也被视为阿尔巴尼亚认同的象征。在社会主义时代，语言学和考古学的研究者都使用 Kanun 作为论证，以正当化并培育一种独特的阿尔巴尼亚认同。习惯法的不同版本被认为是从阿尔巴尼亚全境所遵守的单一 Kanun 衍生而来的。这证明了阿尔巴尼亚人从未被外国人同化，即使在经历了几个世纪的外国统治之后，他们仍然保持着这种独特的认同。……Kanun 被认为是阿尔巴尼亚历史上的一个重要因素……。这种说法在今天的一些政治家和学者的演讲中仍然有效。Kanun 不仅是国家认同话语中的一个重要元素，也是北阿尔巴尼亚人自我描绘的一部分。它被视为他们永久抵抗、他们文化认同的象征，也是——正如学者和旅行者所证实的，这些名字经常被引用（达勒姆、哈恩、诺普萨）——一项重大的文化成就。"①

当然，习惯法不仅是阿尔巴尼亚人身份认同的重要元素。其他习惯法制度发挥这种作用的一个例子是 Romanipen 对罗姆人群体的统一权力。它一直是将分散的罗姆人群体联系在一起并建立共同罗姆人认同的一种方式，但随着习惯法在这个社群中地位的变化，这种方式在几个世纪以来发生了变化。虽然罗姆人习惯法构成了这一群体内非正式社会控制的基础，也就是说，规范层仍然完好无损，但最严厉的制裁主要基于群体排斥。正如利森所言，要使社会排斥成为一种有效的社会控制形式，必须满足以下几个条件。首先，社群成员对个人的控制必须尽可能持续，社群内的信息流动必须顺畅。换句话说，罪过行为必须被其他人注意到，然后有关罪过的信息必须在整个群体中有效地传播。社群大多数人也必须认为将行为人排除在社群之外是适当的，同时这种惩罚对于潜在的作恶者并不可取。②

几个世纪以来，由于罗姆人的流动生活方式，他们不可能快速传递信息。群体之间的沟通，尽管显然确实存在，但效率不足以确保有关对群体犯下罪行的人的信息有效流动，因此应该被排斥。此外，罗姆人社群的生活方式受到许多习惯性规定的制约，乍一看似乎并不比定居生活更令人向往。这些条件的答案是罗姆人习惯法中存在的"玷污"制度，在这里讨论的多层模型中，它位于外层附近，即特定行为模式，也包括社会行为或习惯的指导原则。玷污，就像禁忌一样，是一个形而上学的概念，指的是神圣和世俗的划分，因此指的是宗教或魔法信仰。在不详细描述什么是玷污的情况下，让我仅提一下，由于这一概念，罗马尼亚习惯法在某种程度上是自我强制的。由于违反规则，个人便被这一纯粹事实所玷污。正如格罗珀所言，这可以与越轨和罪孽等同比较，当违反规则时，玷污就不可避免。③ 当然，这需要对这些规定的正当性以及它们在习惯法各个层次的存在深信不疑。

几个世纪以来，使得分散的罗姆人群体团结在一起的是对被排斥，进而对永久玷污之

---

① Voell S, *The Kanun in the city. Albanian customary law as a habitus and its persistence in the suburb of Tirana, Bathore.* Anthropos, 89（2003）.
② See Leeson PT, *Gypsy law.* Public Choice 155（3-4）：279（2013）.
③ Gropper RC, *Gypsies in the city: culture patterns and survival.* Darwin Press Incorporated, New Jersey, 1975, p. 90.

谴责的恐惧。如今，由于现代国家中罗姆人所处的环境和文化条件有时发生了根本性变化，罗姆人对具体规定的了解往往会消失，甚至罗姆人社群的共同习惯也会消失。尽管如此，Romanipen仍然是连接它们的纽带，尽管是以不同的方式。将群体捆绑在一起的认同功能与其说是通过这一法律的具体规定，不如说是通过援引习惯法本身来实现的。作为一名罗姆人意味着尊重和珍视传统和习惯法——即使它没有为现代罗姆人社群的日常生活提供有效的规定，但它确实有助于为一个人可以问的最重要的问题之一提供答案——我是谁？

五、结语

本文中，我基于习惯法的多层性质的观念，介绍了我对习惯法的理解。在我看来，习惯法像个洋葱，它有很多层，各层之间有很大的区别。正当行为模式只是习惯法的最外在表现；在它们的里层是社会行为的倾向和指导原则、社会价值和社会认同。

我从批评习惯法研究中严格定义法律的做法开始了我的探讨，并承诺在总结中回到这个主题。格尔茨在他为法科学生发表的讲座论文中写道，当我们谈论习惯法时，这种做法是如何受到限制的："对于久远的观念而言，要说的就这么多了。这并不是说关于它们没有更多可说的；可说的不胜枚举。但是，正如我前面提到的，我的目的并不是要将伊斯兰、印度和马来西亚关于规范和事件之间相互联系的观念编入一本适用于前父权诉讼人的手册，而是要证明它们是观念。在我看来，比较法的主要方法——它将自己的任务视为一种相互对比的规则结构，并将其视为不同社会中不同的争端解决过程——似乎都忽略了这一点：第一种方法是将法律视为一个独立的、自给自足的'法律体系'，在面对日常生活中的观念和道德上的松散凌乱时，竭力捍卫其分析完整性；第二种是通过一种过度政治化的观点，将其视为一种无差别的、务实有序的社会工具集合，用于推进利益和规制权力冲突。围绕~aqq、dharma和adat所投射的直观的裁决风格是否被恰当地称为'法律'（规则迷会觉得它们太不正式，争议迷会觉得太抽象）并不重要；尽管我自己会想这么做。重要的是它们的想象力不能被掩盖。它们不只是规范行为，更能解释行为。"①

我的印象是，试图将我提出的概念压缩到僵化的定义框架中，结果会对它造成破坏。我想提请大家注意我强调的格尔茨演讲的片段，而不是定义，这似乎与我在上文中提出的——习惯法（就像国家法一样，但这是另一篇论文的主题）不仅仅是对特定社群成员行为的简单规制——极其吻合。

因此，我想再次回到格鲁克曼和他对定义法律的批评。他写道："关于这个问题，相关文献已是汗牛充栋，如果我断然地说，这场争论的大部分都是因为对'法律'一词的争

---

① Geertz C, *Local knowledge. Further essays in interpretive anthropology.* Basic Books, New York, 1983, pp. 214-215.

议而产生的,显然是基于这样一种假设,即它必须有一种含义,而且只有一种含义。但事实显然相反。事实上,在任何一种语言中,大多数指称重要社会现象的词语——'法律'显然就是这样的词语——都可能有数个指称对象,并涵盖广泛的含义。"①

格鲁克曼认为,由于所有指称重要社会现象的词语本质上都是模棱两可的,如果我们想在科学话语中使用它们,我们就必须接受这种模棱两可。因此,争论一种含义优于另一种含义毫无意义。我们可以同意一种相互的语义容忍,以便能够处理复杂的事实,例如那些涉及整个社会控制过程,以及法律及其制度的事实。②

上述考虑适用于法律和习惯,因此也适用于习惯法。格鲁克曼指出,"使用一个以上的词来涵盖相同的规则,使用一个词来涵盖一种以上的规则,并不是因为……无法区分规则的类型。我们自己的词语……服务于多种目的。《简明牛津词典》中的'custom'一词,除了关税的含义之外,既指'惯常行为',也指'具有法律效力的既定用法'"。③ 从这个角度看,在我看来,习惯法的多层概念并没有远远超出上述语义容忍度,它包括了习惯、价值或社会认同等要素。

这种多层路径有一定的后果,我想在最后专门讨论其中一个,我认为这可能是最重要的。习惯法的多层概念的采用决定了这一法律与国家法律并不内在矛盾。在文献中,无论是那些关于习惯法的著作还是那些将习惯法作为副题的著作,都可以发现习惯法是过去的遗物,应该主要在历史背景下进行分析。最多,仍然遵循习惯法的社会被视为人类学的奇观。人们经常会面临这样一种假设,即为了使一个仍然存在习惯法的社会现代化,有必要彻底消除作为人际关系调节器的习惯法,因为它是一种落后的法律制度。沃埃尔在其论文中特别提到了这一点:"地拉那的一些学者很少去北方旅行。在他们的出版物中,*Kanun* 仅在历史层面上被讨论。其他人也没有实际的实地经验,它们拒绝承认 *Kanun* 在今天的存在。它被认为是古代法律的低级版本,在当时是合理的,但不适合现代条件。从这个角度来看,目前的做法被认为是一种原始的生存方式。因此,有关 *Kanun* 的论述与研究它的那些人,似乎与社会主义时期没有太大区别。"④

同时,仅当两者都以行为指示性因素作为特征,尤其是以构成预期社会行为模式的一层作为特征时,习惯法和国家法这两个法律体系所要求的预期行为模式之间的矛盾才会发生(尽管它不会预先判断!)。然而,当其中一个被社会条件限制在本文提到的其他层时,情况就完全相同了。当然,这个被限制的体系通常是习惯法,尽管我并不是说多层结构是它独有的。国家法律也可能像个洋葱,但从经验上观察要困难得多,因为我们很少处理某

---

① Gluckman M, *Politics, law and ritual in tribal society.* Basil Blackwell, Oxford, 1965, p. 178.
② Gluckman M, *Politics, law and ritual in tribal society.* Basil Blackwell, Oxford, 1965, p. XXIII.
③ Gluckman M, *Politics, law and ritual in tribal society.* Basil Blackwell, Oxford, 1965, p. 199.
④ Voell S, *The Kanun in the city. Albanian customary law as a habitus and its persistence in the suburb of Tirana, Bathore.* Anthropos, 88 - 89 (2003).

些层（尤其是第一层）的消失问题。习惯法的情况有所不同，主要是由于社会进程往往导致其附属性质。采用多层的习惯法概念需要对习惯法和国家法之间的关系以及它们各层之间的关系进行更深入的思考。然后，我们才可以分析比所要求行为模式的直接矛盾复杂得多的关系。

Customary Law Is Like an Onion: A Multilayered Approach to Customary Law and Its Status in the Contemporary World

Jan Bazyli Klakla, trans. by Yu Qingsheng

Abstract: In this chapter, a new, original conceptualization of customary law is presented, suitable and adequate for the role it may play in the contemporary world. The concept that is proposed is a multi – layered approach applied by distinguishing several dimensions within the phenomenon of customary law that vary in terms of their normative character. Through his chapter Klakla compares customary law to an onion and unwraps it layer by layer, identifying four main components of customary law. Firstly, he refers to the behavioral aspect of this system containing patterns of the expected behavior. The second layer, still closely connected with actual human behavior, is constituted of predispositions and guidelines for social action. Then, Klakla moves toward layers that have more symbolic meaning, are connected with human behavior in more indirect ways and constitute a cognitive – cultural component of customary law: the layer of social values and the layer of social identity. That approach aims for greater depth and complexity of possible analysis and reflects a progressive change that happens in the social order among many communities.

Key words: customary law, the metaphor of an onion, a multi – layered approach, law and culture

司法政策的制定与法律的独特功能[*]

[美] 理查德·S. 凯[**] 著　黄玉媛[***] 译

摘　要　所有的法律都由政策转化而来，法律的每一次适用都是对政策的执行。公法案件和私法案件的裁判以明确的法律规则为基础，因而是对蕴含于这些规则之中的政策的执行。在私法案件裁判中，如果法律没有预先排除，法官则可以推翻或修改既有法律规则，制定并执行自己的政策，但在公法案件裁判中，由法官制定政策更具争议。一方面，公法几乎都是成文法，法官拥有一定的自由裁量权，可以通过解释法律规则来执行自己所制定的政策，对政府行为的正当性进行司法审查；另一方面，在英国等普通法法系国家，虽然普通法日渐衰落，但班库尔特案仍有力地证明了在宪法范围内，法院可以独立制定并执行公共政策。不过，由法官在公法裁判案件中制定政策破坏了法治的基本价值，舍弃了法律和法律机构对集体福祉的唯一独特贡献——促进社会的确定性和可预测性，因此，应对其保持更为谨慎的态度。

关键词　法律　政策制定与适用　公法裁判　确定性　可预测性

序　言

虽说法律体系的性质一直颇具争议，但无疑，每部法律体系都必须包含某些基本特征。首先，每一部法律体系都必须设想人们如何在其约束下参与社会生活。其次，为确保该设想合理，每部法律体系都必须或多或少地规制某些行为。最后，除最简单的法律体系

---

[*]　原文于 2007 年发表于《昆士兰大学法律期刊》（The University of Queensland Law Journal）第 26 卷，第 237 页；稍作修改后，发表于《康涅狄格州法律论坛报》（Connecticut Law Review）2008 年第 40 卷，第 1261 页。
[**]　理查德·S. 凯（Richard S. Kay），华莱士·史蒂文斯法学教授，康涅狄格大学法学院。
[***]　黄玉媛，中南大学法学院硕士研究生。

外，所有的法律体系都必须有判决程序以保障其有效性。而围绕社会价值、法律规则和裁判行为三因素，它们之间的关系构成了法理学研究的主要内容。在本文中，笔者望重申这一主题——特别关注这些因素在法律体系被适用于实践时所产生的紧张关系，亦即反思在具体案例中运用抽象规则证明社会政策的正当性所固有的困难。①

一、政策与法律

所有的法律都由政策转化而来，法律的每一次适用都是对政策的执行。这里的政策，是指对人类社会的塑造与运行进行集体安排的条件判断。政策抉择由某些被视为有决策权的人作出，而法律规则直接或间接地源自这些政策抉择。

因此，在以公法为依据的裁判中，谈论政策的作用似乎略显重复。虚构的"卡迪"（kadi）法官在裁判时可能没有参照目的性规则——尽管这很难想象，即使是最武断的"卡迪们"都没有提到一些最低限度的、有关社会良好秩序的统一标准。② 但无论是公法裁判还是私法裁判，都以明确的规则为基础。所以，这些裁判正是在执行蕴含于这些规则中的政策。

这一结论的基本前提是，法律规则是人们在深思熟虑后作出的选择。不过现在还或多或少存在着，或者至少曾经存在过，与该前提设想恰恰相反的思想流派。其认为，存在着一个独立于任何特定人类意志的、完整的法律体系，法律裁决者的工作就是从这个抽象的系统（亦称为本体系统）中梳理出相关规则，如对"自然法"的先验体系所持有的古老而悠久的信念。而即便是这样的自然法，似乎也没有前文提及的"政策"，但这并不绝对。自然法在变化中有过许多型式，但几乎都是目的论，因为其涉及了对人类生活理想蓝图的构想。其中，有一些现代型式是根据人类繁荣的相关定义所发展变化而来，同时，为促进人类繁荣，这些现代型式的"自然法"还制定了相关规则。③ 而在更多传统的型式中，自然法则被视为神法（即上帝颁布的法律）的反映。④ 从这个意义上说，自然法也不例外于法律是某种政策的反映这一假设，⑤ 即使是约翰·奥斯汀也欣然承认神法具有真正法律的性质，因为它包含了从"某一源头"发出的命令。⑥

---

① 笔者通常专注于研究州法律，但预计同样的问题会以不同的形式影响到任何依赖实定法规则的法律制度和司法裁判。
② 英美法律语境中提到的"卡迪"是一位特别裁决的执行者。See *Terminello v Chicago*, 337 U.S.1, 11 (1949) (Frankfurter J dissenting); *McPhail v Persons (names unknown)*; *Bristol Corporation v Ross and Another* [1973] Ch 447, [1973] 3 All ER 393 (CA Civ). 当然，这是对"卡迪们"（kadis）实际历史实践的污蔑，因为其一定会坚定地执行伊斯兰教法。See Chibli Mallat, 'From Islamic to Middle Eastern Law: A Restatement of the Field' (Part II) (2004) 52 *American Journal of Comparative Law* 209。
③ John Finnis, *Natural Law and Natural Rights* (1980).
④ See Thomas Aquinas, *Summa Theologica*, pt II-1, Q. 91.
⑤ 同上脚注，第4条："但因为人注定要达到与其天生的能力相称的永恒幸福的目的，正如上文（5、5）所述那般，所以，除了自然法和人定法以外，人还应该通过神法达到该目的。"
⑥ John Austin, *The Province of Jurisprudence Defined* (1832) 139.

更成问题的，是历史上曾有人将普通法视作一个早于人类记忆存在的实体。其认为，普通法是一个比现有人类所能设计出的任何体系都要完美的体系，在这个体系里，将理性运用现有先例可以无限接近真理，但却永远不能完全掌握真理。在美国联邦最高法院对斯威夫特诉泰森案（Swift v Tyson）① 的判决中，约瑟夫·斯托里（Joseph Story）所发表的意见有时被视为美国民众这种观点的明确表态，即真正的控制性行为规则是法官作出任何判决的"前提"，而司法裁决只有在"被认为符合这些规则"时，才具有价值。② 然而，普通法的完善往往被归因于所谓自然法的衍生，且与前文提到的对自然法的理解一致。因此，普通法的规则是上帝意志的间接表现。措卡（Coke）在其报告扉页引用了西塞罗（Cicero）的话，大意是，法律遵循上帝的意志。③

但这种普通法的观点非常不可信。19 世纪初，奥斯汀嘲笑道："（'法官只宣告法律，而不制定法律'的观点，是法官采用的）幼稚的虚构……（即）司法或普通法……是无人创造的奇迹，我想它是超越永恒的存在（只是由法官不时宣告而已）……"④。到了 20 世纪，所有法律都起源于特定的人类成为主流观点。霍姆斯（Holmes）认为，普通法并不是什么"无所不在的真理"——这在现在看来几乎是经典——"这种谬误和错觉……存在于假设有这个外在的东西可以被发现。法律……若没有一定的权威支持，就不会存在。"⑤ 因此，制定法律总有起因。霍姆斯对私人协议中司法创设条件的基础有一著名解释，恰好总结了这一点：

你老是在合同中规定某个暗含条件，但你为何要如此做呢？因为你对某个社会团体或某一阶级的做法有某种信念，或对一些政策有某种意见，或者再简而言之，是因为你无法精确地量化管控自己对某一问题的看法和态度，因此就无法得出确切的、符合逻辑的结论。⑥

因此，无论是在私法还是公法中，司法裁判的依据都源于"立法"，（是可能基于对相互冲突的立法理由之相对价值及重要性的判断，）即便（该判断）是不确定和无意识的。⑦ 事实上，普通法体系以合同、侵权和财产等为核心，其整体结构反映了人类所试图

---

① 41 US (16 Pet) 1, 18 – 19 (1842).

② Joseph Story, 'Value and Importance of Legal Studies' in W Story (ed), *The Miscellaneous Writings of Joseph Story* (1852, revised ed 1972) 503, 508.

③ See Paul Raffield, 'Contract, Classicism and Common – Weal: Coke's Reports and the Foundations of the Modern English Constitution' (2005) 17 *Cardozo Studies in Law and Literature* 69, 71.

④ John Austin, *Lectures on Jurisprudence* (4th ed, 1879) 655. See also John Austin, *The Province of Jurisprudence Determined* (1832) passim 126 – 97. 其中涉及法律起源于"确定的"君主统治。

⑤ *Black & White Taxicab and Transfer Co v Brown and Yellow Taxicab and Transfer Co*, 276 US 518, 533 (Holmes J dissenting).

⑥ Oliver Wendell Holmes, 'The Path of the Law' (1897) 10 *Harvard Law Review* 457, 466. See *Cooper v Cooper*, 102 ACWS (3d) 783, [27], n 4. 其中提及现代司法重新确认政策抉择在裁决中的必然性。

⑦ See Oliver Wendell Holmes, The Path of the Law (1897) 10 *Harvard Law Review* 466.

保护并以之促进"自由"社会发展和进步的重大价值——自治、财产、平等和稳定。① 而公法作为规范集体行为形式和范围的法律,自然具有上述特征,其每一个实例都代表着对于国家机构(或州政府机构)应该做什么、怎么做的看法。②

二、普通法:公共政策的来源

那么在公法裁判中,政策的作用是如何引起争议的呢?其关键问题不在于一项司法判决是否体现了某个政策,而在于该政策的来源,简而言之,其在于法官是自行制定政策予以适用,还是适用他人制定的政策,再或者就是人们常说的,在裁判时,法官造法的程度如何?

如前所述,人们认为普通法是"无所不在的真理",而随着这一理念的消亡,人们普遍认为,至少某些时候,法官可以在私法裁判的过程中创造出新的法律。不过,这类判决几乎全都是根据某些已经明确的规则,或者隐含于已决案件中的规则所作出的,此时适用的是既有政策。与此相对,在少数情况下,当某一法院(明确或隐含地)修改或者推翻了从先例中推论出来的某一规则,那它就不再是既有政策的执行者,而是新政策的制定者。诚然,在这之中,法院担任着双重角色,并且也有能力掩饰其在多大程度上扩大解释了先法或者背离了先法,这便往往使得人们难以辨认法院是在执行既有政策,还是在制定新的政策。③ 但在私法事务中,若法律法规没有预先排除,那么法院所发挥的创制新法的作用便毫无争议是合法的(但前提是其造法的权力是有限的)。

但至少从表面上看,法官造法在公法审判中的地位却大相径庭。在现代法律体系中,公法几乎都是成文法,但也存在例外,尤其是在英国,其法律体系并不承认以一部书面的、成文的、具备法律强制执行力的宪法来创建并界定立法权的范围。所以即使是公法,有时也可能源于普通法。然而事实上,与其他地方一样,现代福利国家的监管需求为英国成文法的制定提供了越来越广阔的空间。因此,普通法对公共机构的规范和调节作用正在逐步丧失。

在普通法的衰落过程中,有个例外值得特别关注,其有力地证明了法院在宪法范围内

---

① See Maimon Schwarzschild, Keeping It Private (2006) 25 *University of Queensland Law Journal* 215, 217.
② 某种程度上,值得注意的是,可以把州看作一个致力于实现某些集体目标的企业,即迈克尔·奥克肖(Michael Oakeshott)特所说的法人团体。现代社会正在试图重建一个"非工具主义"的法律概念。See Michael Oakeshott, *On Human Conduct* (1975) 199 – 215; Brian Z Tamanaha, *Law as a Means to an End: Threat to the Rule of Law* (2006).
③ 本杰明·卡多佐(Benjamin Cardozo)批评了"在判决意见中经常呈现出来的逃避、伪装,以及浅薄且虚假的卓越。为了达致公正的结果且保持表面上的一致性,(法院常常有一些)值得称赞的做法,而那些卓越正体现于此中。" See Benjamin Cardozo, '*Jurisprudence*' in Selected Writings of Benjamin Cardozo (1947) 7, 37. 卡多佐的阐述一针见血,人们认为其善于将新观念伪装成既有普通法原则以适用。See William C Powers, Reputology (1991) 12 *Cardozo Law Review* 1941, 1949 ('Cardozo turned the law of New York on its head, and he did so without blinking an eye.').

具备独立制定公共政策的可能性。最近，英国上诉法院在班库尔特诉英国外交及联邦事务大臣一案［R（*Bancoult*）v Secretary of State for Foreign and Commonwealth Affairs］①中，判决制订了限制王室特权行使的普通法规则。在该案中，枢密院令禁止班库尔特等人及其他原住民返回位于印度洋查戈斯群岛的故居，故班库尔特等人对该法令的合法性提出了质疑。1971年，由于英美两国达成租借协议，美国计划在查戈斯群岛的迪戈加西亚岛建立军事基地，所以班库尔特等人被要求离开此地。2000年，英国政府宣布了允许原居民及其家人重返家园的计划，却又在2004年发布枢密院令推翻该决定，理由是该岛有国防需求，且无力维持人口生存。

本案中有争议的枢密院令并非是在执行先前既有的立法法案，而纯粹是君主（借由代表当时的政府）根据其自主判断而采取的行政法令。在17世纪，宪法方案实际上剥夺了君主在没有议会协助时为英格兰（最终为英国）"制定法律"的权力，以此明确了对王室单方行动的限制，但王室特权仍然"凌驾于法律之上"，即国王或女王可以不经议会行事。戴西（Dicey）认为，这种特权是"自由裁量权或专断权的残余"②，它的行使要受到议会法案的全面控制，而且与普通法一样，其权力范围已随着不断扩张的成文法体系而逐步缩小。但普遍认为，英国的海外领地政府仍受制于这种特权。

在班库尔特案中，上诉法院强调，特权本就是普通法的产物，因此其应受制于法院的普通法判决。的确，17世纪的宪法方案确立了由普通法界定君主自由裁量权的范围这一规则，法院基于此审查特权的行使无可争议。③但各方均认为，本案与特权范围无关。④此外，先前的判决已经审查了根据枢密院令授权所采取的行政措施是否符合该授权令，其案件审理基础也类似于对根据立法而采取的行政行为所进行的既定审查。⑤回归本案，受到质疑的是枢密院令本身，因为其直接体现了君主权力。如果说这种权力的行使是可以被审查的，那么又应该根据什么进行审查？这在目前尚未明晰。也就是说，上诉法院必须要找到某种法律来控制这一特权的行使方式。塞德利大法官（Sedley）在判决主文中提出了两个管治准则。首先，他借助了"合法期望"学说（该学说为根据法令授权对所实施的行为进行司法审查的实践所公认），认为这些枢密院令不当地挫败了行为对象对政府先前承诺及其行为所产生的回报期望。⑥

---

① ［2007］EWCA Civ 498（23 May 2007）.
② A V Dicey, *The Law of the Constitution*（8th ed, 1915）282.
③ Mark Elliott, *The Constitutional Foundations of Judicial Review*（2001）175 – 178.
④ 诚然，特权的内容与其应行使的范围限制之间的区别并不总是那么明显，但高等法院大法官瓦勒（Waller）在案件判决理由中阐释道，这种区别确实存在。See Bancoult［2007］EWCA Civ 498［81］；*Council of Civil Service Unions v Minister for the Civil Service*［1985］AC 374；*R v Secretary of State for the Home Dept ex parte Fire Brigades Union*［1995］2 AC 513（HL）.
⑤ 对于司法审查合法基础的进一步讨论与思考，可参见正文第三部分（"三、公法裁决中的解释"）第6、7段中关于在原有"普通法"基础上开创新实践及美国法院进行法律解释和执行政策等相关内容及其脚注。
⑥ 参见案件裁判文书第72 – 77段。See Bancoult［2007］EWCA Civ 498（23 May 2007）.

不过，塞德利大法官更关注另一个更有益于实现本文研究目的的准则。他概括道，这些命令因为构成了"权力滥用"而归属无效（该术语在英国行政法中并未确立）。① 权力滥用的一般标准尚未被明确规定，而塞德利大法官认为，引用一位法官的意见就足以明确该标准，即法院应当树立"保护公民的宗旨"。② 在班库尔特案中，法院以四段文字对是否存在权力滥用作出了更为详细地调查说明，并基于以下两个理由驳斥了本案中政府的行为：其一，由于不符合查戈斯人的利益，故英美的战略需要与殖民地特权政府的目的无关；其二，由于英国没有义务提供任何帮助，故重新安置这些原居民及其家人所造成的财政负担也与英国无关。最后，塞德利大法官得出结论，认为枢密院令"否定了人类已知的最基本的自由之一……但原因却与受其影响的人民的福祉无关"，故这是对权力的非法滥用。在得出该结论时，他必须竭尽全力裁决几个政治、社会和经济问题，包括海外领地政府的行为宗旨，政府对流离失所岛民所承担的道德义务的程度，以及外交政策、国防忧患与"受影响的人民的福祉"之间的关联性。

虽然直接行使特权的情况非常罕见，引发争议的情况更是少之又少，但法院需要审查特权的行使是否存在"权力滥用"的观念却强有力地影响着英国司法政策制定的范围。正如前文所述，其法律依据为——因为特权是普通法的产物，所以要被由法院进行解释的普通法所限制。由于特权只是国家政权的"残余"，王室可以不经上下议院同意便行使，故这种特权又是一种"原始"的宪法权力，不源自任何实在法事例。由此可认为，其与女王、上下议院所拥有的立法权相同，都是"主要立法"（与之相反，由议会法案或者特权所授权而采取的行政行为具有"从属性"，因此司法审查作为一种上级授权规范，其实施具有合理性③）。既然普通法限制着特权的行使范围，那为什么不同等程度限制议会行为的合法性呢？没错，这正是四百年前措卡法官在博纳姆医生案④（Dr Bonham）中所提出

---

① 参见案件裁判文书第 60 段。同时，塞德利大法官还在第 64 段引用了曼斯菲尔德勋爵（Lord Mansfield）的话，即在行使统治殖民地的特权时，王室不能违反"基本原则"。See *Bancoult* [2007] EWCA Civ 498（23 May 2007）。

② 参见案件裁判文书第 60 段。See *Bancoult* [2007] EWCA Civ 498（23 May 2007）. Quoted from Wade and Forsyth, *Administrative Law*（9th ed, 2004）346, which itself quotes the judgment of Sir John Donaldson in *R v Datafin* [1987] 1 QB 815, 839; [1987] 1 All ER 564, 577。

③ 因此，"越权无效原则"理论涉及对依法采取的行为进行司法审查。See Mark Elliott, *The Constitutional Foundations of Judicial Review*（2001）182 - 85. 虽然很难找到对特权行为实际行使司法审查权的明确实例，但相关研究正在慢慢增多并逐渐取得进展。在班库尔特案中，公务员工会理事会案（*Council of Civil Service Unions v Minister for the Civil Service* [1985] AC 374）常被引用，该案的争议焦点是根据枢密院命令行使权力的正当性，其中三名上议院高级法官斯卡曼（Scarman）、迪普洛克（Diplock）和罗斯基尔（Roskill），都不同程度地认为直接行使特权的方式（如枢密院令）也应受司法审查，相关主张分别见案件判决书第 407 段、第 409 - 413 段和第 416 - 419 段。在雷吉纳诉英国议会内政部国务卿案（*R v Secretary of State for the Home Dept ex parte Fire Brigades Union* [1995] 2 AC 513（HL））中，也有一些类似的说法，其认为必须以特权行为与法定义务相冲突这一事实为前提，尽管该义务尚未生效。有学者尝试深入理解实践中对特权行使的方式、存在性和范围进行司法审查的不那么有争议的做法。See Mark Elliott, *The Constitutional Foundations of Judicial Review*（2001）175 - 178。

④ （1610）8 Co Rep 107a, 114a CP.

的，今天亦有学者持有相同的观点。① 不过，大多数人将会发现有一项司法判决认定了某议会法案涉及"滥用权力"，因而非法和令人震惊。② 然而，班库尔特案的逻辑表明，最终所有重大的宪法问题都取决于法院的判决。

三、公法裁决中的解释

当然，英国对特权的审查并非公法裁决的典型案例。若如预期般立法不断限缩特权的范围，那么将导致司法权变得越来越不重要。如果抛开普通法对议会法令的挑战不谈，法院的普通法权力似乎是形成公法的次要因素，因为在一般情况下，法院在审判公法案件的主张时，面对的是由某些经授权的立法机关所制定的法令，而该立法法案必然涉及了某一政策目标和实现该目标的适当方式。故此时，制定法律和适用法律之间的区别尤为明显。但在公法案件中，法律已被制定，人们可能会认为法院只需执行即可。

然而，人们理所当然地认为即使是在成文法所管辖适用的案件中，法院也常常根据对相关政策的不同判断而作出判决。当然，在有争议的判决被公布时，被批评的通常是法院而非立法机构。但法院如何在适用限制性规定的情况下适用自己的政策呢？这便需要基于"解释"了。如果各方对所适用的法律在其条文内涵的理解上达成一致，那么即便是双方均同意适用限制性法律法规，也就不存在诉讼。事实上，几乎所有的公法案件都是在解释法律文本的含义。如果对同一文本的多种解释都是"正确的"，那么就要选择哪种解释更符合解释者对相关公共政策理念的预估。

在此详述大量有关法律解释性质又不能得出相关结论的文献毫无意义。③ 任何语言的通常解释方法都是尝试去理解作者或者说话者所适用之词语的背后含义。从法律解释角度来看，至少有一部分人持有这种观点。即使是那些同意将立法者的意图奉为法律解释首要目标的人，也往往认可当立法者的立法意图存疑时，法官就有了一定的自由裁量权空间。而且幸运的是，对于那些期望将司法选择作为判决要素之一的人来说，这种情况确实十分常见。在对宪法解释中，通常认为这种状况是因为立法者使用了范围宽泛甚至是模糊晦涩

---

① See Thomas Poole, 'Back to the Future? Unearthing the Theory of Common Law Constitutionalism' (2003) 23 *Oxford Journal of Legal Studies* 435, surveying several commentators.

② 沃勒大法官（Waller）在阐释判决理由时回应了这一点，其拒绝将枢密命令视为与议会法案同等地位的"主要立法"。参见判决文书第 60 段。因为议会法案可以进行讨论和审查，而枢密院发布命令时，"根本没有机会进行讨论和审查，其涉及的是枢密院议长未被任何限制的行为。"目前法律并未明晰二者之间的区别。法律并没有阻止议会在没有公开讨论或审查的情况下采取行动，沃勒大法官也不认为，如果议会这样做了，相关行为将是无效的。参见判决文书第 130 段。鉴于民众都清楚政府通过严格的政党纪律控制议会，故人们现在可能更想知道的，是当政府态度强硬时，这个过程将有多么不同。

③ 有诸多相关文献，此处仅列举部分。See J Goldsworthy and T Campbell (eds), *Legal Interpretation in Democratic States* (2002); L Alexander (ed), *Constitutionalism: Philosophical Foundations* (1998). 笔者的该观点源自之前撰写的另一篇文章。See R Kay, 'Adherence to the Original Intentions in Constitutional Adjudication: Three Objections and Responses' (1988) 82 *Northwestern University Law Review* 226. 虽然笔者强调宪法解释，但这也有助于对其他法律文本的解释。

的措辞，而有时立法者之所以选择适用这种措辞，是在授权给未来法官，使其有权（在援引特定条款所体现的重大价值范围内，）独立判断公共权力的行使是否正当。①

美国宪法第八修正案禁止实施"残酷和异常的刑罚"，联邦最高法院将该条款解读为对"标志着一个成熟社会进步且不断发展的尊严标准"进行磋商，可以说这是扩大而非缩小了法院的自由裁量权。最近，在决定这些标准究竟是什么时，联邦最高法院认为，在评判处以死刑是否遵循宪法的案件中，"本法院需要对特定类别的犯罪或罪犯的死刑是否相称作出独立的判决"。②

即使立法者没有明确希望根据这些条款创设司法自由裁量权，但他们制定法令的措辞有时也根本无法传达确切的含义，因而便无法适用以判决具体案件。故法官必然需要一些其他的判决依据，且（同样是在与宪法相关的整个广泛范围内，）依靠自己对涉案政府行为是非与否的看法。③ 这种观点最常体现于宪法的"人权"条款中，因为这些条款更多旨在鼓舞人心，并不含有实质性的内容。是否应对根深蒂固于人们内心深处的人权法案的立法进行宪法司法审查，批评派认为，人权条款不可能有任何可确定的和固定的含义。④ 无论这些假设在理论上是否有效，⑤ 正如下文进一步所讨论的那般，它们都是许多法院审判的基础。

笔者更为关注宪法案件中的司法行为。在此之前，我们可以思考另一个问题，如果对法律和其他地位低于法律的规范进行扩大解释，会对判决带来什么影响？从某种程度上说，这种解释由法规所用之措辞的语义范围决定，而成文法集合了人们解释过程中的诸多经验，因此司法政策可制定的余地非常之小。但即便反之，法院的解释方式也与其解释措辞宽泛的宪法条款的方式大致相同。前文已提及英国对法定机构的行为进行司法审查，到最近，这仍被认为适用了隐含于议会意图之中的某些限制，即执行任何公务时都要遵守一些基本的公平标准。⑥ 不过，这一权力的积极行使却使得法院判决和授权法律之间的联系越来越弱，因此它似乎现在已经成为一套独立于任何法定结构的原则体系。也许正因如此，更为传统的司法审查"越权无效"理论越来越不可信，试图在原有"普通法"基础

---

① 作为一个历史问题，这一设想对于某些最近的宪法有一定的合理性，但就美国宪法而言，该设想的证据并不充分。See R Kay, 'Adherence to the Original Intentions in Constitutional Adjudication: Three Objections and Responses' (1988) 82 *Northwestern University Law Review* 259 – 84。

② 法院认为，对于犯罪时不满18岁的人所犯的任何罪行，禁止死刑。See *Roper v Simmons*, 543 US 551, 574 – 75 (2005)。

③ See eg, Keith Whittington, *Constitutional Interpretation: Textual Meaning, Original Intent and Judicial Review*, 7 – 10 (1999). Michael J. Perry, *The Constitution in the Courts: Law or Politics* 55 – 62 (1994)。

④ See eg, Jeffrey Goldsworthy, *The Sovereignty of Parliament: History and Philosophy* (1999) 278 – 9. 保护宪法规定的个人权利必然涉及平衡几个相互冲突的原则。See Robert Alexy, *A Theory of Constitutional Rights* (Julian Rivers trans, 2002)。

⑤ 笔者认为这些假设在理论上无效。See Richard Kay, 'Rights, Rules and Democracy' in T Campbell, J Goldsworthy and A Stone (eds), *Protecting Human Rights: Instruments and Institutions* (2003) 117, 130 – 34。

⑥ See Mark Elliott, *The Constitutional Foundations of Judicial Review* (2001) 24 – 36.

上开创新实践的研究层出不穷。[1]

美国法院对法律的解释并不能同英国法院司法审查的经验相提并论,[2] 但当法律文本的含义存有异议需要解释时,美国法院也紧紧抓住了机会阐明其政策,如1894年美国国会通过的《谢尔曼法》,这是联邦最早的反垄断法,十分重要。[3] 其第一条规定,"任何限制州级或对外商业贸易,以垄断或其他形式组成联合,签订合同或秘密协议的……都属于违法行为"。早些时候,联邦最高法院驳回了将该法普遍适用于所有贸易限制的主张。国会使用的"一般性"术语并没有"清晰的定义",这便意味着《谢尔曼法》的适用范围将"由理性决定,并遵循法律原则,履行实施该法规所体现的公共政策之义务"。[4] 因此,联邦最高法院认为该法仅仅是对现行反对贸易限制的普通法的延伸,且以联邦刑法作为支撑。《谢尔曼法》被认为属于"普通法法规",即其适用范围和性质将由法院在判决时视案件具体情况而定,[5] 这就导致了美国很大一部分反垄断政策都是法院在诉讼过程中制定的。[6]

经立法机关同意,法官在解释法规时可以制定政策,而立法机关又可以反过来适当地修正、撤销或者改变司法结果,反垄断法就是对这种相互关系的又一次体现。国会并未阻止法院根据《谢尔曼法》适用"合理原则",但也极大改变了规范反竞争行为的法律制度。诚然,后来的许多立法也没有对此作出具体规定,甚至还进一步允许法院可以制定司法政策,[7] 但国会也制定了一些非常具体的规则和限制;[8] 同时,设立了相关行政机构,以此制定更为具体的政策、监管市场并对违法行为处以不同制裁。[9]

---

[1] See Thomas Poole, 'Back to the Future? Unearthing the Theory of Common Law Constitutionalism' (2003) 23 *Oxford Journal of Legal Studies* 435. 其中总结了几种有关司法审查的普通法基础的理论学说,包括艾伦(T R S Allan)、约翰·劳斯爵士(Sir John Laws)、道恩·奥利弗(Dawn Oliver)和保罗·克雷格(Paul Craig)的观点在内。当然,对独立权力机构进行司法审查具有严重的影响,因为这不仅表明议会对被审查过的法案的任何授权都无关紧要,而且导致议会甚至可能无法用明确的语言来检验受到质疑的法案的合法性。从这个意义上讲,普通法的司法审查理论是在主张在普通法中审查议会法案的权力。See Mark Elliott, *The Constitutional Foundations of Judicial Review* (2001) 175 – 178. 另可参见正文第二部分("二、普通法:公共政策的来源")第八段中关于对行使特权进行司法审查与可能对议会法案进行审查二者关系的相关内容及其脚注。

[2] 如下所述,美国法院则更多通过行使宪法司法审查来执行政策。

[3] 26 Stat 209, 15 USC ss 1 – 7.

[4] *Standard Oil Co of New Jersey v U S*, 221 US 1, 64 (1910).

[5] See *Leegin Creative Leather Products v PSKS Inc*, 127 S Ct 2705, 2720 (2007). 利根公司案(*Leegin*)便是一个很好的案例。在该案中,法院推翻了有关"维持转售价格"协议本身是非法的先例。多数派强调,该规则是根据1911年的普通法先例制定的,这与当下国家管控经济工作的部署截然不同。联邦最高法院在西尔瓦尼亚案中说道,"400年至100年前的普通法与我们现在所面前的问题无关……" See *Continental TV Inc v GTE Sylvania*, 433 US 36 53, n21 (1997) 2741. 因此,法院更强调普通法判决的创新性而非保守性。

[6] 在根据立法授权法院制定的法律中,同样引人注目的还有《美国证券法》10b – 5 规则。该规则由行政机关制定,从广义上禁止任何与证券交易有关的"误导性"陈述或疏忽过失。See Louis Loss and Joel Seligman, *Fundamentals of Securities Law* (2004) 1273 – 1301。

[7] 38 Stat 730, codified at 15 USC § 12 – 27, 29 USC § 52 – 53 (Clayton Antitrust Act).

[8] Eg, 64 Stat 1125, 15 USC 18 (Celler – Kefauver Act (1950)).

[9] Eg, 5 USC §§ 41 – 58, §§ 45 (FTC Act).

当法院特别是终审法院在宪法案件的判决过程中执行政策时,情况便迥然不同。如今,法院并不在立法机构的潜在监督下行事,其宪法裁决可能经常会强制执行与立法机关通过的政策完全相反的政策。且鉴于法律概念解释的宽泛性,很多时候法院在正式援引宪法所规定的在立法权之上的权力时,也将根据对公共福利的评估作出判决。如前所述,这主要表现为当公民基于宪法所赋予的个人权利提出诉求时,法院会先合理假设宪法对州行为的限制一直都是合理的,或者几乎都是合理的。在关乎言论自由权、私人生活安宁权、宗教信仰权等权利的案件中,受到法律保护的活动可能会涉及大量行为,而管控这些行为对任何有为政府来说都至关重要。在其他案件中,即使顾虑到案涉行为是维护权利的核心之举,也不能牺牲某些非常重要的公共目标。因此,宪法平衡贯穿过程始终。①

现代宪法一般都清晰地规定了这些考量。从多个方面来说,《欧洲人权公约》都可以被视作是宪法文书,其明确规定,如果"法律明文规定"了某项限制性条款,且在"民主社会"中,该限制对于实现指引政府日常活动的公共目标而言是"必需"的,那么许多权利的行使就可能会受到相关限制。②虽然判决有时取决于法律是否规定了某一特定的侵权行为,但绝大多数案件都是欧洲人权法院在评估了该行为"在民主社会中的必要性",并分析了个人所遭受的损害、所倚重权利的价值、所追求的社会目标的重要性,以及侵权措施作为实现该目标的手段的相对效用等诸多因素后,才谨慎作出的判决。而我们很难从中辨别出这种审慎与立法机构或政府在决定采取被质疑的行动之前的审慎商议有何不同。③

这种重新审议立法的法律授权在1996年《南非共和国宪法》第36条第1款中有了重大发展。该条款汇集了宪法法院在《南非共和国宪法》颁布之前所采用的大多数因素:当受保护的宪法权利受到侵犯时,宪法法院必须判断,"在以尊严、平等和自由为底层价值建构起来的开放型和民主型社会中,综合该权利的性质、限制目的的重要性、限制的性质和程度、限制的手段和目的之间的关系,以及是否存在采取较少的限制达到目的的可能性等所有相关因素后,判断对该权利进行如此限制是否合理、合法和正当。"④

这一规定可以为司法审查提供一定的形式和结构,但其实质内容之多样性、标准之不

---

① 有学者持有与之相对的观点论述。See Stephen Gardbaum, 'Limiting Constitutional Rights' (2007) 54 *UCLA Law Review* 789. 平衡原则在宪法权利案件判决中具有必要性。See Robert Alexy, *A Theory of Constitutional Rights* (Julian Rivers trans, 2002), 44 – 110, 178 – 222。
② 《欧洲人权法院》第8 – 11条中的第2款都规定了限制性条款(涉及隐私、宗教、言论、集会与结社),每条具体规定略有不同,但如正文所述,其最终涵盖了治安权的全部范围。
③ 有学者认为,人权案件裁决中的平衡涉及不可用于比较的因素,因此,其通常更适用于明确的政治决定。See John Alder, 'The Sublime and the Beautiful: Incommensurability and Human Rights' [2006] *Public Law* 697。
④ See Stephen Gardbaum, 'Limiting Constitutional Rights' (2007) 54 *UCLA Law Review* 799. 南非该法规吸收采纳了许多经加拿大最高法院认定并用以判断《加拿大人权和自由宪章》第1节中的"权利限制是否适当"的因素。See *R v Oakes* [1986] 1 SCR 103。

确定性和权衡上述利益的法定方法之欠缺性，必然将导致法院需要判断特定情况中的侵权行为是否正当。正如一位赞同该观点的学者所言，"司法职能的这一部分在本质上是非解释性的"，相反，它包括"评估国家目标和政策的重要性与契合性"。①

上述两个明确授权对政府行为的正当性进行广泛司法审查的例子是现代宪法的经典案例。但法院在采取这种做法之前几乎没有必要去获得如此明确的宪法许可。事实上，与上述提及的《欧洲人权公约》条款不同，其第3条"禁止酷刑和不人道或有辱人格的待遇和处罚"缺乏限制性条款，且与《欧洲人权公约》的大多数条款不同，即使在紧急情况下，该项权利也不能被减损，斯特拉斯堡法院已经充分确立了其绝对性。② 尽管如此，当事态发展到紧要关头，即便有充分的理由认为确实存在其他不能为人接受的待遇时，法院也始终不愿意认定其违反了这一条款。③

虽然美国宪法对其所规定的权利缺乏明确的限制，但为了防止州政府在追求非常重要的公共目标而采取行动时发现这些权利并不适用，联邦最高法院就重新定义了这些权利。不过随之而来的，是各种因情况而异的限制。联邦最高法院的大法官们善于将权利话语与复杂困难的成本效益分析结合起来，这有许多可佐证的例子，但此处分析最近发生的一个涉及宪法规定的堕胎权的范围的案件便足以。该案存在很大争议。当然，宪法文本中并没有任何有关堕胎的内容，甚至也没有任何提及被视作堕胎权基础的"隐私权"。相反，联邦最高法院将宪法第五修正案和第十四修正案中禁止"未经正当法律程序"剥夺自由的条款作为其判决合法性的根本依据。其将"未经正当法律程序"解释为"没有足够充分的理由"，对语言和历史的中立态度实在令人印象深刻。[1856年，臭名昭著的"德雷德·斯科特"案（Dred Scott）首次适用了该含义，对奴隶的财产进行了违宪的立法限制。④] 此外，它还指出，干涉或者限制某些自由需要有特别能令人信服的理由；最后，其或多或少公开审查了不同情况下兼顾个人利益和集体利益的最佳方式，这与根据更为明确的法律授权进行司法管辖的情况几乎相同。

因此，第一起堕胎案——罗伊诉韦德案（Roe v Wade）⑤ 建立起如此详细的体系以至于其判决被合理地比作监管法规也就不足为奇了。⑥ 而且就如立法条例一般，该案所蕴含的原则也随着时间的推移而不断被修改、调整和完善。最近，最高法院就堕胎问题做了声明，认为普通的立法程序与最高法院的宪法判决之间存在明显的相似之处。其争议焦点是

---

① See Stephen Gardbaum, 'Limiting Constitutional Rights' (2007) 54 *UCLA Law Review* 829.
② Eg, *Pretty v United Kingdom* (2002) III Eur Court HR 155, [49].
③ See, eg, *Caloc v France* (2000) IX Eur Court HR 45, [93] – [101].
④ See 60 US (19 How) 393 (1856). 该案判决文书第450段阐明："如果根据某项国会法案，美国公民并没有犯法，而仅是进入美国某一特定领域或将其财产带到该地就被剥夺自由或者没收财产，那么很难认为该法案具有正当法律程序。"
⑤ 410 US 113 (1973).
⑥ John Hart Ely, 'The Wages of Crying Wolf: A Comment on Roe v Wade' (1973) 82 *Yale Law Journal* 920, 926.

国会颁布的禁止"部分生产"堕胎法的规定("部分生产"堕胎法是指发育较为完全的胎儿的大部分身体被母体分娩，但头部仍然留在母体子宫内直至被穿孔破坏)。① 去年，最高法院以5∶4为之背书，援引法院先例的相关标准，认定该法符合宪法。值得注意的是，无论是其中的多数意见还是反对意见，都没有提及这类案件的唯一宪法依据——宪法第五修正案和第十四修正案，而是以法院在先例中的认定意见为出发点，即如果"根据正确的医疗判断"，堕胎"对保护母亲的生命或健康是必要的"，那么政府就不得限制这些特定的堕胎程序。② 多数派和反对派的分歧主要在于，二者对与该堕胎手术临床需要的医学证据的评估不同，其中涉及下级法院的专家证词记录、法规中提到的国会调查结果、听证会、医学期刊上的文献和专业组织的声明等诸多方面。多数派认定存在大量医学分歧的事实意味着不必需要"健康豁免"；③ 而反对派则相反，认为同样的分歧恰恰证明存在着"健康豁免"的风险。④ 因此，基于健康豁免之必要性尚未被确定与证实的情况下，判决的关键转向了适当的风险水平：多安全才算足够安全？绳子多长才算长？

正如该案和上文提及的其他案件所表明的那样，法院常常面临"这样做是否符合该规则？"之问，这与传统法律问题截然不同。事实证明，关于堕胎的法律应至少试图兼顾三个问题：妇女选择是否生育的自由、保护孕妇的健康以及胎儿的生命或福祉。正如多数派所言，"平衡是（解决问题的）核心"，⑤ 但目前尚不存在可以衡量上述三个问题程度的标准，更毋论将其进行比较。这些相互冲突的价值对人的影响必然取决于人们有关"我来自哪里"的认识，故多数派对国家保护胎儿生命安全的正当性长篇大论，而反对派则详细阐述女性独立和自主的价值。⑥ 这就难怪美国一位著名的上诉法院法官得意地将最高法院称为"天生而非偶然的非法司法机构"。⑦

四、作为公共政策的法治

笔者想着重强调法官在判决案件时制定政策的结果——破坏了法治的基本价值，这非常重要但有时并未得到充分重视。事实上，由法官制定政策草率地舍弃了法律和法律机构对社会福祉的唯一独特贡献。

---

① See *Gonzales v Carhart*, 127 S Ct 1610 (2007). 该案判决文书第1614段阐明，当（堕胎）程序对于"挽救母亲生命具有必要性"时，该禁令并不适用。

② See *Planned Parenthood of Southeastern Pennsylvania v Casey*, 410 US 113 (1992). 冈萨雷斯法院审查了该法律是否给该妇女的堕胎决定带来了"不当的负担"，并合理权衡了妇女的权利和国家保护胎儿生命的希冀这二者。See 127 S Ct 1610, 1632-5 (2007)。

③ See *Gonzales v Carhart*, 127 S Ct 1610 1635-9 (2007).

④ See *Gonzales v Carhart*, 127 S Ct 1610 1645-6 (2007).

⑤ See *Gonzales v Carhart*, 127 S Ct 1610 1627 (2007), quoted from *Planned Parenthood of Southeastern Pennsylvania v Casey*, 410 US 113 (1992).

⑥ See *Gonzales v Carhart*, 127 S Ct 1610 1626-27, 1641-42 (2007).

⑦ See Richard A Posner, 'Foreword: A Political Court' (2005) 119 *Harvard Law Review* 32, 41. 随后，作者又赶紧补充道，该句中的"非法"一词是一种客观说法。

首先，我们可以先关注另外两个常见的反对法院制定政策的理由。一方面，法院所制定的政策在社会福利方面的效果较差；另一方面，由法院制定政策不符合现代政府坚持的民主价值。对于第一个理由——决策的质量，坚持立法与审判分立可能会更具制度优势，因为立法涉及将单一的决定反复适用于多个实例，所以在人力和物力允许的范围内创设立法决策机制具有可行性，但这种机制不可能对每个个案都提供法律依据。于此，现代立法机构可能掌握了诸多可用于调查和发现案件事实的广泛资源，但其永远无法帮助每个个案进行决策。① 对于第二个理由——担忧具体案件中做出整体决策的过程，因为特定诉讼当事人及其特殊情况可能会歪曲政策制定者对该案件相关成本和利益的认知与看法。不过，牢记"疑难案件出坏法"这句谚语就可以了。以上两方面都引发了似是而非的担忧，但我们几乎无法衡量立法的"质量"，更毋论以什么可验证的方式对其进行检验。但无论对此有何疑虑，任何启发式评估（heuristic evaluation）都应当考虑到在许多现代民主国家中，民意调查至少表明了相较于立法者，法官正直的品德素养、过硬的业务能力更受民众重视。②

对法院干预公共政策选择的第二个担忧最为常见，即其破坏所适用法律之民主合法性的程度如何。从某些方面来说，这种担忧也是一种实质性的考虑，具有现实性。我们可以合理期望，只有考虑到所要治理的人民的情感与看法时，良法才可能诞生。但还有一种情况更为常见，即这种反对法官制定政策的意见以法律基本原则为前提，坚信只有民众同意才能使国家强制性权力的行使合法化。而不论是这其中哪种情况，其中的法官都被认为是不称职的，或者至少不太称职，因为其没有能力维护民众的情感看法与价值偏向。在大多数司法管辖区，法官并非由选举产生，而即便是由选举产生（如美国许多州的司法机关），他们也很少通过该选举代表身份来证明自己的行为具有合法性与合理性（尽管他们经常援引"民主"的要求③）。法官只对"法律"明确负责，上文已探讨过这在诸多情况中的内涵与要求。但无论如何，这都是相对而言的，法官至少比选举产生的立法者（民选议员）和其他政治官员更远离民主政权。该反对意见很早便存在，最近又被赋予了新的内涵而

---

① See, eg, Adrien Vermeule, 'Common Law Constitutionalism and the Limits of Reason' (2007) 107 *Columbia Law Review* 1482, 1506–18.

② 2007年9月14日至16日，盖洛普专业团队组织了一项民意调查，其中69%的美国人十分信任最高法院，而非常信任"总统"和国会的，分别为43%和50%。相关数据源自2007年12月6日康涅狄格大学的罗珀民意研究中心 iPOLL 数据库。网址： http://www.ropercenter.uconn.edu/ipoll.html。

③ 这些声明经常出现于宪法司法审查的法外辩护中。See Richard Kay, 'Rights, Rules and Democracy' in T Campbell, J Goldsworthy and A Stone (eds), *Protecting Human Rights: Instruments and Institutions* (2003) 117, 119–120。

"重新焕发活力"。① 但也有人对这些反对意见给予了明确的回应（至少在拥有可执行的成文宪法的州是如此），认为宪法司法审查制度只不过是在蓄意阻挠普通政治官员的选择罢了。②

不过，笔者对法官制定政策的关注重点并非其实际效用和权威地位。我们至少应将一部分集体决策权交给法官，由法官在裁决特定争端时作出相关决策，如此，也就相当于我们作了集体决策，这与法律赋予社会组织的特殊性质，即被中世纪哲学家称之为"神圣性"的特性并不相同。换句话说，由法官制定政策的问题不在于其使法官成为立法者，而在于剥夺了我们所可以享有的他们身为法官本应提供的服务。③

笔者曾开门见山地指出，所有的法律都由政策转化而来，但并非所有的政策都会转化为法律。也就是说，我们可以在没有任何先验规则约束的情况下，逐一决定许多公众可能关心的问题。如前所述，虚构的人物"卡迪"很可能会参照某些价值作出判决，但其判决也具有一个显著特征，即会根据具体案件中任何可能存在的考量特别行事。另一方面，建立起真正的法律体系需要有不同的政策制定方式与执行方式，即将政策置于某一具有约束力的抽象规则中，随后设立具体执行机构以执行该政策。根据规则行事关涉着诸多价值，但这些价值的核心是可预测性和确定性。法治建设必然涉及规则的时间效力，规则事先规定了国家将如何处置相关行为，而若没有，规则便也无法对行为作出任何处置。

在有组织的社会群体中，集体干预事件的数量和质量都极大地影响着人们的生活。某种程度上，这些干预是在执行既有规则，予个人决策以指导，所以措卡认为，法律发挥着"引导旅客穿越危险和未知路径"的重要作用。④ 因此，在法律的指引下，许多重大的意外事件不断减少，人们倍加珍视的安全感大大提高；且从更实际的角度来看，（在个人维度）这使得人们能更多地投入长期事业而不用担心朝令夕改，并自我定义、把控和塑造个

---

① 这一点引起了诸多讨论，如毕克尔（Alexander M Bickel）对此发表了其看法。See Alexander M Bickel, *The Least Dangerous Branch: The Supreme Court at the Bar of Politics* (1962) 16–23. 应将这种反对意见与最近的"人民宪政主义"研究热潮区别开来，后者虽有多种形式，但都强调"人民"的作用不是行使主权意志，而是参与到如何正确解释具有约束力的宪法规则的决定中去。Eg, Christopher L Eisgruber, *Constitutional Self-Government* (2001); Larry Kramer, *The People Themselves: Popular Constitutionalism and Judicial Review* (2004); Mark Tushnet, *Taking the Constitution Away From the Courts* (1999). 当然，如果我们怀疑法官是否有能力在独立于个人政策偏好的情况下解释法律规则，那我们就不太可能相信这种公众审议下的产物会更能如实反映相关规则的原有内容。与此相反，规则中提到的民主承诺是指推定人们在任何限制性法规之外，有独自作出决定的权利。曾经也曾有人试图调和宪法司法审查与民主政府之间的矛盾，但笔者发现，这些调和基本失败了。See Richard Kay, 'Rights, Rules and Democracy' in T Campbell, J Goldsworthy and A Stone (eds), *Protecting Human Rights: Instruments and Institutions* (2003) 117, 119–23。

② See Richard Kay, 'Rights, Rules and Democracy' in T Campbell, J Goldsworthy and A Stone (eds), *Protecting Human Rights: Instruments and Institutions* (2003) 117, 122–3。

③ 有学者认为，司法政策制定的司法作用已经超出了诉讼当事人权利范围，所以是非法的。See Stephen Guest, 'The Role of Courts in the Making of Policy' (2006) 25 *University of Queensland Law Journal* 307。

④ Edward Coke, *The Second Part of the Institutes of the Laws of England* (1644) 526.

人生活；同时，（在社会维度）为生产活动注入活力，给社会带来诸多其他价值。①

促进这种确定性和可预测性是法律制度的唯一独特价值。法院可以带来诸多其他社会效益或者政治效益，但这于其他政治机构而言，可能都可以做到，但唯独不能再现促进社会确定性和可预测性这种特殊效益。为此，必须将规则的创设与适用相分离，若为适用规则而使得特地设立的机构成为规则制定者，也就颠覆了宪法设计（constitutional design）。一方面，其改变了只存在原有立法机构时可能出现的政策结构；另一方面，人们不可能再预料到自己可以做些什么、其他人（包括国家在内）可能对他们做些什么。如果对规则缺乏基本的信仰，那么法律或法院将不再有任何存在的意义。②

当然，人们有理由质疑，宪法制度设计让法院来适用规则，是否能够真正进一步发挥法治的优越性？毕竟在普通法司法造法的环境中，法院正在逐步改进和完善既定核心原则的边缘内容，并通过适度改变与遵循先例原则约束，而非创设和维持既有规则来实现确定性和可预测性。一些学者主张将此适用于公法特别是宪法和相关判决中，认为其为平衡确定性和可适用性的最佳方案，③ 但美国法院在这方面的经验远远不能让人信服。诚然，联邦最高法院的法官们也基于具有约束力的先例明确重申了他们认为审判有误的案件，④ 但这种情况十分罕见且似乎越来越少。⑤ 某些因素不仅使法官们不愿局限于法律文本既有的固定含义，也似乎影响着更不确切的遵循先例的约束力，⑥ 例如，上文讨论的"部分分娩

---

① 有学者严密审查了以规则约束决策的优点。See F Schauer, *Playing by the Rules*: *A Philosophical Examination of Rule - Based DecisionMaking in Law and in Life*（1991）137 - 49. 此外，威拉德（J Willard Hurst）阐述了法律和经济发展二者之间的关系，这被视为这方面的经典论述。See J Willard Hurst, *Law and the Conditions of Freedom in Nineteenth Century United States*（1956）。

② "确定性正是法律发挥其识别作用的核心。具体而言，法律为其更具确定性的管辖而主张其在实践中的权威地位，以此减少识别错误、冲突、缺乏协商以及实践中费时费力的决策等所带来的成本。"See Alexander and Schauer, 'Law's Limited Domain Confronts Morality's Universal Empire' （2007）48 *William and Mary Law Review* 1579，1586。

③ Eg, David A Strauss, 'Common Law Constitutional Interpretation' （1996）63 *University of Chicago Law Review* 877.

④ See eg, *Seminole Tribe v Florida*, 517 US 44, 130 （1996）（Souter J dissenting）.

⑤ 最高法院大约每年都会推翻先例，这从之前十年可见一斑。See *Bowles v Russell*, 127 S Ct 2360 （2007）; *Leegin Creative Leather Products v PSKS Inc*, 127 S Ct 2705 （2007）; *Crawford v Washington*, 541 US 36 （2004）; *Lawrence v Texas*, 539 US 558 （2003）; *US v Hatter*, 532 US 557 （2001）; *Mitchell v Helms*, 530 US 793 （2000）; *College Savings Bank v Florida Prepaid Postsecondary Education Expense Board*, 527 US 666 （1999）; *Minnesota v Mille Lacs Band of Chippewa Indians*, 526 US 172 （1999）; *Hohn v US*, 524 US 236 （1998）; *Hudson v US*, 522 US 93 （1997）; *State Oil Company v Khan*, 522 US 3 （1997）; *Agostini v Felton*, 521 US 203 （1997）. 当然，法院更多时候是在将之前的主张进行范围限缩，或者只是换种说法。

⑥ "事实证明，用任何明晰的规则来确定过去的某一判决具有很大的缺陷或者非常不符当下现实情况故而要被推翻，或者甚至需要更具体地说明清楚这其中的标准，都极其困难。"See Steven D Smith, 'Stare Decisis in a Classical and Constitutional Setting: A Comment on the Symposium' （2007）5 *Ave Maria Law Review* 153，156. 有判决曾提及如何"权衡"该案例是遵循先例还是在背离先例。See *Moragne v State Marine Lines Inc*, 398 US 375 （1970）. 也有评论家提出，是否赋予判决先例效力，取决于该案是否符合十三项标准之一。See Thomas Healy, 'Stare Decisis as a Constitutional Requirement' （2001）104 *West Virginia Law Review* 43，115. 遵循先例亦有固有困难。See Frederick Schauer, 'Precedent' （1987）39 *Stanford Law Review* 571，591 - 5。

堕胎"案的判决就与法院在七年前根据非常相似的法规所作的判决截然不同。①

此外，也可能会有人反对，认为法院应适用的既有规则本就很不稳定。当然，立法规则本就具有临时性，但与由司法判决所创设的政策相比，被如实执行的立法仍能提供更多的保障。重大的立法政策通常要经过相当紧张和昂贵的调查、审议、政治协商以及相互妥协等一系列过程，而人力资源和政治资本的投入又使得经常制定立法政策不具备可行性，所以可以合理假设，通过立法执行的政策将持续相当长的一段时间且不发生重大变化。同样，该过程也意味着变革很有可能在发生前就已发出了信号，而在立法完成前，立法代表们还需要对民意有明确反应，所以改革通常还需要再酝酿一段时间。

另一方面，对于源自司法行为的政策而言，根据诉讼的不同状况，其变化也不可预测。虽然在"重大案件"中，讨论磋商和汇集意见的过程可能更加困难，但总的来说，这些案件的判决与其他案件差不多，只需要其中一两个法官改变想法，或者更常见的——更换法官名单，就可以为政策的重大变革创造条件。根据制度设计，在以重要方式修改规则前，法官不需要去考虑通常变化缓慢的公众舆论。而又由于新政策只是对现有法律的阐述，所以推定其不具有溯及力，否则将可能扰乱过去已经发生了的个人行为。美国联邦最高法院在认为追溯既往的实际成本过大而不能接受时，就遵循了"无溯及力推翻"原则，这便是对其新政策制定者这一角色的含蓄承认，但实际上，这一原则具有开放性，故而更加难以估计司法干预带来的影响。②

此外，法官在公法案件中的行为也加剧了立法政策的这种不确定性。目前虽然存在一些制度限制立法的恣意性，但宪政民主国家以宪政约束的强制性为核心，调和立法灵活性和法治。以"人民"为根本的社会代表团在重大的正式会议上制定或者通过了一系列确定的、关涉社会最基本价值的规则，并以此设立国家机关，同时又对国家机关的权力予以限制，人们也正是通过这些规则来了解宪政。因此，规则制定者在最需求秩序之处对国家权力的范围予以限制，以彰显法治政府的优势。这些超级规则虽然有效，但其有效性在一定程度上是因为这与人们所期待的政府角色相吻合。不过，如果事关重大，那最好还是由反应更为敏捷的民选官员来决策。宪法至少会在中短期内浇灭多数人的热情与冲劲，但是为了使公民能够确认行为的确定性以此更好地规划个人生活，并合理相信国家对其生活的干涉可以被预测，那么这样的代价是值得的，该目的是作出牺牲的核心前提，不可忽视。鉴

---

① 多数派并没有推翻先前判决的案件，而是区分了这两项法规；反对派则认为法院"不认真对待之前的判决主张"。现在，一审判决中的三名异议法官占据多数，而之前占据多数的四名法官则持不同意见。

② 宪法判决被推定溯及既往，但其又有一定限制。See *Lawrence Tribe*, American Constitutional Law (3rd ed, 2000) 213-32. 曾有案件涉及"无溯及力推翻"。See *James B Beam Distilling Co v Georgia*, 501 US 529 (1991). 采用中央集权宪法审查的法律体系的国家，如欧洲现在普遍采用的法律体系，往往认为宪法法院作出的宣布立法无效的判决不具有溯及力。同时，这些宪法法院有时也会作出判决，宣布其在某一特定时期内需要修改法律，这种做法令人颇感兴趣，因为其强调了法院所承担的政治和司法的双重角色。See Wiltraut Rupp – v. Brünneck, 'Admonitory Functions of Constitutional Courts' (1972) 20 *American Journal of Comparative Law* 387; Alec Stone Sweet, *Governing With Judges* (2000).

于此，实践中出现了通过司法而不是原有的积极制定政策来审查某一国家行为（或者州政府行为）是否真正违反了既有限制性规则的现象，这种反常属实讽刺。

与此同时，司法干预对规则制定的负面影响不仅仅是在立法过程中增加了一个新的审议机构那么简单，其还导致了由立法机构和其他公认的政策制定者所启动的立法程序变得混乱不堪。法院有时会跟进对政策的审查并尽可能调整，但有时并不会，这取决于其所在的法律体系是否给予了人们这样的机会，如果给予了，那么人们又是否愿意利用这些机会。① 此外，法院对政策进行调整也不意味着问题就此终结，即使是在宪法案件中，政治政策的制定者也可能会逃避或者抵制回应。（不久前，人们还普遍认为，宪法裁决的目的在于启动法院和立法机构之间的"对话"。②）而只有当人们感到有义务遵守既有约束规则时，上述负面影响才会趋近于零。简而言之，这个过程并不受宪法控制，也比定期选举产生的立法机构的运作过程更加难以预测。③

我们应正确看待这个问题。就整体而言，有效维护司法意志对社会来说并不是坏事。事实上，尽管与法律打交道对大多数人来说仍然令人迷惑和沮丧，但所幸在我们生活的世界中，这样的风险并非无法承担。④ 的确，使政策制定者像法官一样不必立即对公众舆论负责可能是明智的（但如果从头开始创设这样一个体系，其也不太可能与现有体系非常相似⑤）。也许到最后，法官参与到这一进程中来，大量的社会政策和政治政策得以完美结合，不过，这样就放弃了法律可以对集体福祉所能做出的特殊贡献。

---

① See generally, R Kay (ed), *Standing to Raise Constitutional Issues: Comparative Perspectives* (2006).

② 在这方面，早期有一篇很有影响力的文献。See Peter W Hogg and Allison Bushell, 'The Charter Dialogue Between Courts and Legislatures' (1997) 35 *Osgoode Hall Law Journal* 79。最近，有学者对其进行了扼要重述。See Christine Bateup, 'Expanding the Conversation: American and Canadian Experiences of Constitutional Dialogue in Comparative Perspective' (2007) 21 *Temple International and Comparative Law Journal* 1. 此外，斯蒂芬·加德鲍姆（Stephen Gardbaum）对明确授权某些立法"推翻"司法宪法判决的制度的看法，实际上是大多数宪法司法审查制度的真实写照，即（推翻司法宪法判决的权力有限，）但该权力跳出了司法审查中传统的非此即彼的性质以及司法至上与立法至上的二元选择，转而更侧重于关注法院和政治机构的替代性与二者中间地带权力的分配。See Stephen Gardbaum, 'Limiting Constitutional Rights' (2007) 54 *UCLA Law Review* 817。

③ 虽然笔者对司法政策制定的阐释是对许多司法管辖中的大多数公法裁决的如实反映，但并没有包含所有公法裁决，笔者也并不认为其是具有司法强制执行力的宪法所导致的。See Richard S Kay, 'American Constitutionalism' in L Alexander (ed), *Constitutionalism: Philosophical Foundations* (1998) 16, 39-50。

④ "我必须说，身为诉讼当事人，除了疾病和死亡，我还害怕任何诉讼。" See Fred R Shapiro, *The Oxford Dictionary Of American Legal Quotations* (1993) 304。

⑤ 笔者曾在之前的文献中讨论过是否将非民主因素纳入公共决策考量。See Richard Kay, 'Rights, Rules and Democracy' in T Campbell, J Goldsworthy and A Stone (eds), *Protecting Human Rights: Instruments and Institutions* (2003) 117, 129-30。

Judicial Policy – Makingand the Peculiar Function of Law

Richard S. Kay, trans. by Huang Yuyuan

Abstract: All law is policy. Every application of law is an implementation of policy. Every legal adjudication in private law as well as public always purports to be based on some articulated rule or rules and, therefore, is the effectuation of the policy embodied in those rules. In private law adjudication, if not pre – empted by statute, judges can modifies or reverses a rule inferable from prior cases, and make their own policy. But the role of policy in public law adjudication is more controversial. On the one hand, public law is almost always enacted law, but judges has certain judicial discretion that they can make and implement their own policy by interpreting the rules of law, conducting judicial review of the correctness of government action. On the other hand, even in common law countries such as the United Kingdom, it is powerfully exemplified that courts have the potential for making independent public policy decisions on a constitutional scale in *Bancoult* although the common law is retreating. However, a policy – making role for judges in public law adjudication subverts the basic values associated with the rule of law, carelessly abandoning the single unique contribution that law and legal institutions make to collective well being—the promotion of certainty and predictability of society. Therefore, a more cautious attitude should be maintained.

Key words: law; judicial policy making and application; public law adjudication; certainty; predictability